Romanistische Beiträge zur Rechtsgeschichte
Unter Mitwirkung von
E. I. Bekker, O. Gradenwitz, P. Jörs, P. Koschaker,
O. Lenel, E. Seckel, H. Siber, L. Wenger, M. Wlassak
herausgegeben von
L. MITTEIS, J. PARTSCH, E. RABEL
Heft 3

Thomas Diplovatatius
De claris iuris consultis

herausgegeben von

Hermann Kantorowicz und **Fritz Schulz**

Erster Band

Lebensgeschichtliche Einleitung von H. Kantorowicz
De claris iuris consultis. Pars prior. Edidit F. Schulz

Mit vier Tafeln

Berlin und Leipzig 1919
Vereinigung wissenschaftlicher Verleger
Walter de Gruyter & Co.
vormals G. J. Göschen'sche Verlagshandlung :: J. Guttentag, Verlagsbuchhandlung :: Georg Reimer :: Karl J. Trübner :: Veit & Comp.

Die *Romanistischen Beiträge zur Rechtsgeschichte* bilden eine in einzelnen Heften zwanglos erscheinende Sammlung. In der Regel enthält jedes Heft je eine abgeschlossene Abhandlung oder Quellenausgabe. Nach Bedürfnis soll jedoch von Zeit zu Zeit ein Sammelheft zur Ausgabe gelangen, das kleinere Aufsätze und Mitteilungen vereinigt.

Das Inhaltsgebiet der Sammlung umfaßt die Geschichte des römischen, des griechischen und des byzantinischen Rechts samt deren Verzweigungen mit anderen Rechten (z. B. Papyrologie), sowie die Geschichte des römischen Rechts im Mittelalter und in der Neuzeit einschließlich der rechtshistorisch gegründeten Kritik der geltenden Rechte. Außerdem werden geeignetenfalls auch Abhandlungen aus sonstigen Rechten (z. B. aus dem national-ägyptischen und den babylonisch-assyrischen Rechten) aufgenommen werden, insofern sie für die Bearbeitung römisch- oder griechisch-rechtlicher Probleme stoffliche oder methodische Bedeutung haben.

Die Sammlung wird geleitet von den Professoren Ludwig *Mitteis* in Leipzig (Hillerstraße 9), Josef *Partsch* in Freiburg i. B. (Hauptstraße 87), und Ernst *Rabel* in Göttingen (Wilh. Weberstraße 32).

Beiträge sind an Herrn Geh. Rat Prof. Mitteis einzusenden.

Jährlich soll nach Eintreten geordneter Verhältnisse eine Anzahl Hefte im Gesamtumfange von 35 bis 40 Druckbogen erscheinen. Die Lieferung erfolgt mit Einzelberechnung der Hefte.

Für Jahresabonnenten ermäßigt sich der Verkaufspreis um 20 Prozent.

Heft 2 kann erst nach Erscheinen von Heft 3 und 4 zur Ausgabe gelangen und wird den Abonnenten auf diese Sammlung nachgeliefert werden.

Romanistische Beiträge zur Rechtsgeschichte

Unter Mitwirkung von

E. I. Bekker, O. Gradenwitz, P. Jörs, P. Koschaker,
O. Lenel, E. Seckel, H. Siber, L. Wenger, M. Wlassak

herausgegeben von

L. Mitteis, J. Partsch, E. Rabel

Drittes Heft

Berlin und Leipzig 1919
Vereinigung wissenschaftlicher Verleger
Walter de Gruyter & Co.
vormals G. J. Göschen'sche Verlagshandlung :: J. Guttentag, Verlagsbuchhandlung :: Georg Reimer :: Karl J. Trübner :: Veit & Comp.

Thomas Diplovatatius
De claris iuris consultis

herausgegeben von

Hermann Kantorowicz und **Fritz Schulz**

Erster Band

Lebensgeschichtliche Einleitung
von H. Kantorowicz

De claris iuris consultis
Pars prior
Edidit F. Schulz

Mit vier Tafeln

Berlin und Leipzig 1919
Vereinigung wissenschaftlicher Verleger
Walter de Gruyter & Co.
vormals G. J. Göschen'sche Verlagshandlung :: J. Guttentag, Verlagsbuchhandlung :: Georg Reimer :: Karl J. Trübner :: Veit & Comp.

Druck von Metzger & Wittig in Leipzig.

Vorwort.

Eine Ausgabe des Buches De claris iuris consultis von Thomas Diplovatatius ist seit vier Jahrhunderten gewünscht worden. Dieses Buch — das neunte des im übrigen verschollenen Werks De prestantia doctorum — ist, wie bekannt, das Grundbuch der juristischen Literaturgeschichte; es ist zugleich das Hauptwerk jenes als Geschichtsforscher so sehr bedeutenden griechisch-italischen Rechtsgelehrten aus der Wende des 15. Jahrhunderts. Trotzdem mußte man es bisher vorwiegend in schlechten Abschriften der schwer zugänglichen Stammhandschrift in Pesaro benutzen. Denn die vorhandenen Ausgaben von Sarti, Fattorini, Pescatore und Palmieri enthalten lediglich Bruchstücke und gerade nicht die für den heutigen Benutzer wertvollsten Teile; auch beruhen sie, die wenigen Stellen bei Sarti ausgenommen, durchweg auf jenen Abschriften, einschließlich der keck das Gegenteil versichernden Teilausgabe Palmieris — keine genügt auch nur im Entferntesten den Ansprüchen der Wissenschaft. Der zweite Anhang der Einleitung enthält in unvermeidlicher Ausführlichkeit den Beweis für diese Behauptungen und das Nähere über die Grundsätze unserer eigenen Ausgabe. Diese ist eine vollständige, umfaßt daher auch den das Altertum behandelnden Teil des Buchs trotz seiner geringen Ergiebigkeit für die Wissenschaft unserer Tage; sie beruht auf der Handschrift in Pesaro nebst allen für die Herstellung des Wortlauts brauchbaren Quellen.

Der Ausgabe glaubten wir eine ausführliche lebens- und literaturgeschichtliche Einleitung beigeben zu sollen. Denn das Leben des Thomas Diplovatatius besitzt für die juristische Literaturgeschichte die besondere Bedeutung, die jede Wissenschaft dem Wirken ihres Stifters dankbar beimißt; und nur aus dem Verständnis seiner seltsamen Persönlichkeit wird sein Werk erklärbar und — verzeihlich. Sein Leben hat bisher, wie der erste Anhang der Einleitung darlegt, trotz viermaligen Bemühens eine uns Heutigen genügende Darstellung nicht gefunden. Was der Freund Egnatius erlauschte, was gegen Ende des Zeitalters der Verwandte Pigna aufzeichnete, im 18. Jahrhundert der Nachkomme Olivieri treulich gedenkend erforschte, entsprach den Anforderungen nur ihrer Leser; was vor einigen Jahren Enrico Besta zu Wege gebracht hat, bedeutet in gar manchem Punkte einen entschiedenen Rückschritt. Das Werk selber hat, von kurzen Bemerkungen Savignys und Bestas abgesehen, eine wissenschaftliche Erforschung überhaupt nicht gefunden. So war für Mann und Werk eine erneute Darstellung geboten.

In die Arbeit und zugleich in die Verantwortung haben sich die Unterzeichneten geteilt. Der eine (Schulz) hat die ganze Ausgabe besorgt. Der andere hat den Plan des Unternehmens aufgestellt, sodann, in angenehmster Arbeitsgemeinschaft mit Herrn Eugen Rosenstock, die Handschrift in Pesaro durchverglichen; er hat weiter die Grundsätze der Ausgabe entworfen, die Einleitung samt den Anhängen verfaßt und die Veröffentlichung betrieben. Beide Herausgeber haben sich wechselseitig bei der Durcharbeitung der Druckbögen unterstützt.

Das Ganze mußte schon des großen Umfanges wegen über zwei Bände verteilt werden. Der vorliegende erste Band umfaßt von der Ausgabe die Leben der Gesetzgeber und Rechtsgelehrten des Altertums; von der Einleitung den lebensgeschichtlichen Teil sowie die genannten Anhänge. Der zweite Band wird von der Ausgabe den Schlußteil enthalten, also die Leben der mittelalterlichen und neueren Juristen bis zum Anfang des 16. Jahrhunderts; von der Einleitung den literaturgeschichtlichen Teil. Auch dieser Band ist bereits weit vorgeschritten; seine Vollendung erfordert noch kleinere Untersuchungen im bisher feindlichen Ausland.

Den freundlichen Förderern unserer Arbeit möchten wir auch an dieser Stelle unsern Dank aussprechen; dem Forscher freilich, der unter ihnen an erster Stelle stand, Gustav Pescatore, können wir unsern Dank nur noch nachrufen. Er gilt auch den Herausgebern der Romanistischen Beiträge, die dem unerwarteten und ungefügen Gaste bereitwillig Aufnahme gewährten, sowie dem Verleger und Drucker, die zwar die Langwierigkeit der Herstellung nicht verhindern konnten, aber es zu erreichen wußten, daß das Werk keine äußeren Spuren der Zeitverhältnisse aufweist. Wir danken schließlich drei gelehrten Körperschaften: der Kgl. Preußischen Akademie der Wissenschaften, die aus Mitteln der Savignystiftung zu den Kosten der Reise nach Pesaro beitrug; der Kgl. Sächsischen Gesellschaft der Wissenschaften, die zu den Kosten des Drucks einen namhaften Zuschuß leistete; und besonders der Wissenschaftlichen Gesellschaft zu Freiburg i. Br., die nach beiden Richtungen, teils durch Verleihung des Karl Bensinger-Preises, teils aus ordentlichen Mitteln das Unternehmen entscheidend unterstützt hat.

Freiburg i. Br. und Göttingen, Oktober 1918.

Hermann Kantorowicz. Fritz Schulz.

Inhalt.

Seite

Vorwort V
Verzeichnis der in der Einleitung abgekürzt angeführten Druck- und Handschriften XIII
Index librorum, quibus in edenda hac parte priore usi sumus, quosque in adnotatione nostra plerumque solis auctorum nominibus vel brevioribus notis attulimus XIV
Explicatio signorum XXIV
Berichtigungen und Zusätze zur Einleitung. Addenda, Corrigenda XXIV

Einleitung.

Das Leben des Thomas Diplovatatius.

Erster Abschnitt: Vorfahren und Jugend 1
Stammbaumfabeln 1. Erwähnungen in der byzantinischen Geschichte 2. Kein Zusammenhang mit dem Kaisergeschlecht der Vatatzes 3. Der Vater Georg 4. Geburt des Thomas auf Korfu 1468 6. Emigrantenleben in Süditalien 7. Schulbildung in Neapel und Salerno 9.

Zweiter Abschnitt: Lehr- und Wanderjahre (1480—1490) 10
Zum Rechtsstudium bestimmt 10. Salerno 10. Neapel 11. Padua 12. Der Hauptlehrer: Jason 14. Liest über die Institutionen 16. Ruf nach Pesaro 16. Die Fürstin: Camilla d'Aragon 18. Erneutes Studium in Perugia 19. Rückkehr nach Pesaro zu Giovanni Sforza 22. Doktorprüfung in Ferrara 23. Kein Studium bei Bartholomaeus Sozinus 25.

Dritter Abschnitt: Pesaro. Im Dienste der Sforza und Borgia (1490—1513). 27
Erste Richtertätigkeit 27. Ernennung zum Fiskal 27. Die Vortrittsordnung 28. Beginnt das Werk de precedentia doctorum 29. Heirat und Erbschaften 30. Grunderwerb 32. Eingreifen Cesare Borgias 33. Generalfiskal von Cesares Staaten 34. Rückkehr Giovannis 37. Verzicht auf das Amt 38. Tätigkeit im städtischen Rat 39. Thronwechsel 40. Begegnung mit Julius II. 40. Zweite Heirat 40. Tätigkeit für Stadt und Kirchenstaat 41. Chronik von Pesaro 43.

Vierter Abschnitt: Gubbio und Pesaro. Im Dienste der Rovere und Medici (1513—1517) 44
Francesco Maria della Rovere und sein Hof 44. Ernennung zum Statthalter in Gubbio 45. Richter und Büchersammler 47. Tätigkeit im Rat von Pesaro 48. Fürstliche Aufträge 50. Eingreifen Leos X. 51. Übergabe der Stadt an Lorenzo Medici 52. Besuch in Venedig 54. Weitere Dienste in Pesaro 55.

Fünfter Abschnitt: Venedig (1517—1530) 56
Gründe der Übersiedlung 56. Wohnungen und Kinder 58. Anwalt am bischöflichen Gericht 58. Abgelehnter Ruf nach Padua 59. Beziehungen zum Buchhandel 59. Art seiner Tätigkeit als Korrektor 60. Die Viten 64. Beziehungen zu anderen Korrektoren 65. Die einzelnen Ausgaben: Dinus 66.

Seite

Innocenz IV. 66. Angelus Aretinus 67. Tartagnus 67. Bartolus 68. Das Venezianische Werk 72. Prüfung und Belohnung durch die Signorie 75. Zweiter Teil des Werkes 77. Wesen und Bedeutung dieser Arbeit 78.

Sechster Abschnitt: Lebensabend in Pesaro. Nachkommen und Erben (1531—1541—1918) 83

Fortdauer der alten Beziehungen 83. Gonfaloniere der Stadt 85. Heiraten der Kinder 86. Testament 86. Die Bücherei 87. Religiöse Schriften 89. Tod 89. Die Nachkommen und Erben 90. Schicksal der Bücherei 91.

Erster Anhang.

Die Quellen der Lebensgeschichte.

A. Literarische Quellen 93

1. Selbstanführungen 93. 2. Egnatius 93. 3. Auszug des Arcizio 96. 4. Pigna 97. 5. Garuffi. Ducange 98. 6. Papadopoli. Fabricius. Wolffhardt 98. 7. Olivieri 99. 8. Besta 100.

B. Urkundliche Quellen 104

9. Biblioteca Oliveriana 104. 10. Andere Pesaraner Archive 105. 11. Florenz. Gubbio. Venedig 105.

Zweiter Anhang.

Überlieferungsgeschichte und Ausgabegrundsätze.

A. Die Schriften mit Ausnahme des Hauptwerkes 106

1. Gedruckte Schriften 106. 2. Ungedruckt verschollene Schriften 108. 3. Ungedruckt erhaltene Schriften 109.

B. Die Überlieferung des Hauptwerkes 111

4. Älteste Erwähnungen 111. 5. Entdeckung der Oliverianischen Hs. 113. 6. Beschreibung der Hs. 115. 7. Benutzung durch Sarti 118. 8. Durch Cavallucci 120. 9. Fantuzzis Abschrift 121. 10. Fattorinis Teildruck und Savignys Beurteilung 122. 11. Benutzung durch Fantuzzi 123. 12. Savignys Abschrift 125. 13. Benutzung der vorhandenen Abschriften 126. 14. Pescatores Abschrift und Teildruck 127. 15. Palmieris Teilausgabe 129. 16. Bestas geplante Ausgabe 131.

C. Grundsätze unserer Ausgabe 133

17. Die mutmaßliche Urgestalt 133. 18. Ausgabegrundsätze 135. 19. Der Apparat 139. 20. Anhänge. Handschriftenstammbaum 141.

Thome Diplovatatii Liber De Claris Iuris Consultis. Pars Prior. [1]

Prooemium 145
Phoroneus 146
Mercurius 149
Moyses 153
Minos 155
Lycurgus 157
Numa Pompilius 160
Zeleucus 162
Draco 163
Charondas 164
Zaneuspes. Xamolsis 165
Solon 165
Publius Papirius 169
Hermodorus 170
Appius Claudius 171
Decemviri 174
Appius Claudius 175

[1] Nomina ficta vel depravata litteris cursivis exaravimus; uncis quadratis inclusimus numeros vitis saec. XVIII. Codici adscriptos; vide praef. p. 116 et 135.

	Seite
Gelius Gneus Flavius	177
Simphonius (= Sempronius)	179
Gaius Publius Scipio Nasica	180
Quintus *Mucius*	182
Tiberius *Coruncanus*	182
Sextus Cecilius	183
Publius Atilius	184
Cato	185
Marcus Cato	186
Publius Mucius Scevola	189
Marcus Brutus	190
Marcus Manilius	191
Metrodorus	192
Titus Publius Rutilius Rufus	193
Paulus Virginius	195
Quintus Elius Tubero	195
Sextus Pompeius	197
Lucius Celius Antipater	198
Lucius Crassus	198
Antistius Patercina	201
Quintus Mucius Scevola	202
Gaius Aquilius Gallus	205
Lucilius Balbus	207
Sextus Papirius	208
Gaius Iuventius	208
Pompeius Magnus	209
Gaius Iulius Cesar	211
Marcus Tullius Cicero	212
Lucinius Rufinus	213
Servius Sulpicius	214
Cornelius Maximus	216
Volusius	216
Gaius Alfenus Varus	217
Aulus Ofilius	217
Titius Celsus (= T. Caesius)	218
Aufidius Tucca	218
Aufidius Namusa	219
Flavius Pricus, Gaius Ateius, *Proculus*	219
Labeo	219
Publius Cecilius (= Publicius Gellius)	220
Gaius Trebatius	220
Cartilius	221
Aulus *Casellius*	222
Furius	222
Titus Accius	223
Quintus Mucius Scevola	225
Questorius	226
Tubero	226
Ateius Capito	228
Antistius Labeo	230
Masurius Sabinus	232
Gaius Flaccus	235
Nerva Pater	235
Fenestella	236
Gaius Cassius Longinus	236
Proculus *Nepotius*	241
Atilicinus	241
Celius Sabinus	242
Longinus	243

	Seite
Pegasus	243
Nerva	244
Priscus Iabolenus	244
Salvius Aristo	245
Valerius Severus	247
Celsus	247
Fulcinus	247
Neratius Priscus	248
Tertullianus	250
Urseius	251
Menander	251
Publius Iubentius *Iulius* Celsus	251
Aburnius Valens	253
Tuscianus	254
Salvius Iulianus	254
Ulpius Marcellus	257
Volusius Mecianus	261
Cornelius Priscianus	262
Salvius Valens	262
Iabolenus	263
Fufidius	263
Arrianus	264
Puteolanus	264
Theophrastus	264
Aufidius Victorinus	264
Quintus *Mucius* Scevola (= Q. Cervidius Scevola)	265
Sextus Pedius	267
Didius Iulianus alias Salvius Iulianus	268
Emilius Papinianus	269
Gaius *Cassius* (= Gaius)	276
Ulpianus	279
Julius Paulus	288
Papirius Justus	295
Flavius Januarius	295
Messius	295
Quintus Saturninus	295
Latinus Largus	295
Cineas	296
Gaius Cornelius Cinna	296
Grachanus Junius	296
Paconius	296
Campanus	296
Charidemus	296
Publicius	296
Arrianus	296
Blesus	296
Pacuvius Clemens	297
Bolas	297
Cheridius	297
Octavenus	297
Terentius	297
Mela	297
Plautius	297
Sabinus	298
Lucinius Rufinus	299
Maximus	300
Nesennius Apollinaris	300
Triphonius (= Tryphoninus)	301
Pomponius	302

Seite

Salvius Julianus 306
Alfenus 307
Africanus 307
Elius Gordianus 309
Marcianus 310
Hermogenes sive Hermogenianus 312
Venuleius 313
Mecianus 314
Celsus 315
Domitius Labeo 315
Proculus 316
Herennius Modestinus 317
Taruntius Paternus 320
Callistratus 320
Florentinus 321
Claudius 322
Aurelius Arcadius 323
Terentius Clemens 323
Celestinus 323
Herculeius 323
Calopodius 323
Alexander 324
Marcus 324
Magistratus 324
Furius Anthianus 324
Furius Marcianus 324
Epilogus libri 325
Gregorius 326
Hermogenes 327
Theodosius 329
[1] Iustinianus 330

I. Bella gesta per Iustinianum 331. — II. Leges latae per Iustinianum 331. — A. Codex Iustinianus 332. — B. Digesta sive Pandectae Justiniani 332. — 1. Nomina 'Digesta' et 'Pandectae' 333. — 2. Signum 'ff.' 334. — Pandectae Pisis Florentiam traductae 335. — 3. Digestum Vetus, Infortiatum, Digestum Novum 336. — Numerus librorum rubricarum et legum Digestorum 337. — 4. Ordo legum Digestorum 337. — 5. Interpretatio legum Digestorum 337. — 6. Computatio librorum versuumque ad compilationem Digestorum adhibitorum 338. — C. Institutiones Justiniani 340. — 1. 'Initium legalis scientiae' 341. — 2. Nomen 'Institutiones' 341. — Numerus rubricarum Institutionum 342. — 3. Compilatores Institutionum 342. — D. Codex repetitae praelectionis 342. 1. Quando fuerit compositus 343. — Numerus librorum rubricarum et legum Codicis. Tres Libri 343. — 2. Imperatores, quorum constitutiones in Codicem receptae sunt 343. — 3. Nomen 'Codex repetitae praelectionis' 343. — 4. Codex repetitae praelectiones compositus est post Institutiones 344. — 5 (4). Ordo legum Codicis 345. — 6 (5). Interpretatio siglorum 'AA. CC.' 345. — E. Novellae Iustiniani 346. — Liber authenticorum 346. — 1. Liber novellarum (= epit. Iuliani) et liber authenticorum 347. — 2. Ordo novellarum in libro authenticorum 351. — 3. Novem collationes novellarum 353. — F. Generalia de compilationibus Iustiniani 354. — 1. Utrum Latina an Graeca lingua Iustinianus leges suas scripserit 354. — 2. Qua lingua legis latorem uti oporteat 357. — 3. De interpretatione legum Iustiniani. De commentariis a Iustiniano prohibitis 358. — Crisis operis Iustiniani 359. — III. Res gestae Iustiniani circa ecclesiam 360. — IV. Epilogus 361. — Patria Iustiniani 361. — Homines clari aetatis Iustiniani 362. — Mors Iustiniani. Iustinianus sanctus 363.

[2] Tribunianus 363
[3] Theophilus 365

Seite
[4] Constantinus 366
[5] Jovanes 366
[6] Leontius 369
[7] Phocas 369
[8] Basilides 370
[9] Thomas 370
[10] Dorotheus 370
[11] Dioscurus 371
[12] Mena 371
[13] Constantinus 372
[14] Anatolius 373
[15] *Creatinus* 374
[16] Stephanus 374
[17] Prosdocius 374
[18] Salaminus, Isidorus, Thaleleus 374
[19] Eutolimius 374
[20] Thimotheus, *Leo de Leontio*, Plato, Jacobus 375
[21] Presentinus 375

Personenverzeichnis zur Einleitung 376
Index nominum rerumque notabiliorum 379
Tabulae 385

Verzeichnis der in der Einleitung abgekürzt angeführten Druck- und Handschriften.

Almerici, Titellose, von A. († 1674) angelegte, 20 „squarci" (Bände) umfassende, handschriftliche Sammlung von Urkundenauszügen, Pesaro Bibl. Oliveriana Cod. Oliv. 937; s. Einl. S. 104

Antaldi, Marchese Ciro A., Quattro letter; inedite del giuresonsulto Tommaso Diplovatazio, Nozze Andreani. Piergiovanni, Pesaro 1881, Stabilimento Nobili, nicht im Handel, vorh. in Pesaro Bibl. Oliv.; s. Einl. S. 104.

Besta, Enrico, Tomaso Diplovataccio e l'opera sua, in: Nuovo Archivio Veneto, Nuova Serie, Anno III., Tomo VI., Parte II (Ven. 1903) 261—361, Sonderabdruck S. 3—103; s. Einl. S. 100.

Bertuccioli, L., Mutamenti Governativi nella città di Pesaro. Pesaro 1853, Stabilimento Nobili; s. Einl. S. 16[6].

Chevalier, Ulysse, Repertoire des sources historiques du moyen age, Bio-Bibliographie, 2. Aufl., Paris 1905.

Egnatius (Giovanni Cipelli), Vita des Diplovatatius, geschrieben um 1527, nur erhalten in einem italienischen Auszug des Girolamo Ardizio, Pesaro Bibl. Oliv. Cod. Oliv. 382 Bd. 5, Bl. 95, 16. Jh.; s. Einl. S. 94.

Eubel, Conradus, Hierarchia catholica medii aevi, Bd. 3 (Münster 1910).

Fantuzzi, Giovanni, Notizie degli scrittori bolognesi, Bologna 1781—1794.

Fattorini, s. Sarti.

Garuffi, Giuseppe Malatesta, L'Italia academica, Rimini 1688; s. Einl. S. 113.

Hortis, Attilio, Di Tomaso Diplovatazio a delle sue notizie sull' Istria, in: Archeografo Triestino ser. III. vol. 1 (Triest 1905), Sonderabdr. S. 3—46; s. Einl. S. 101.

Olivieri, Annibale degli Abati, Memorie di Tommaso Diplovatazio patrizio costantinopolitano, e pesarese, raccolte da A. d. A. O. e dirette al reverendissimo P. Abate Don Mauro Fattorini Camaldolese, Pesaro 1771, Casa Gavelli; s. Einl. S. 99.

Pescatore, Gustav, Thomae Diplovatitii opus de praestantia doctorum. Erste Abteilung. Prooemium ... Justinianus ... Isidorus Hispalenis — Accursius. Berlin 1890, R. L. Prager. (Beiträge zur mittelalterlichen Rechtsgeschichte. Heft 3.)

Pigna, Matteo, Vita des Diplovatatius, geschrieben um 1586, abschriftlich erhalten Pesaro Bibl. Oliv. Cod. Oliv. 380 f. 75—117, 18. Jh.; s. Einl. S. 97.

Sarti, Mauri, et Mauri Fattorini, de claris archigymnasii Bononiensis professoribus a saeculo XI usque ad saeculum XIV, iterum ediderunt C. Albicinius ... et C. Malagola ... Bononiae 1888—1896, Merlani. 1. Aufl. Bon. 1769—1772.

Savigny, Friedrich Carl v., Geschichte des römischen Reichs im Mittelalter, Bd. 3—6. 2. Aufl., Heidelberg 1834—1850, 1. Aufl. Heidelberg 1822—1831.

Schulte, Johann Friedrich v., Die Geschichte der Quellen und Literatur des Canonischen Rechts von Gratian bis auf die Gegenwart, Bd. 2, Stuttgart 1877.

Tiraboschi, Girolamo, Storia della letteratura Italiana, antica e moderna, 1. Aufl. Modena 1771—1782.

Index librorum,

quibus in edenda hac priore parte usi sumus, quosque in adnotatione nostra plerumque solis auctorum nominibus vel brevioribus notis attulimus.

Ps. Acronis Scholia in Horatium vetustiora, rec. O. Keller, Lips. 1902 et 1904.

Claudii Aeliani De animalium natura libri XVII, Varia Historia, Epistulae, Fragmenta rec. Herscher, Lips. 1864—1866.

Aeneae Sylvii Europa (Rerum German. Script. T. 2. curante Burcardo Gotthelffio Struvio Argentor. 1717).

Alberici de Rosate Bergomensis Dictionarium iuris tam civilis quam canonici. Venet. 1573. (Bibl. Univ. Gotting.)

Prima Alberici super Digesto Veteri. Lugd. 1545.

Alberici de Rosate In primam Codicis partem commentarii. Venet. 1586. In secundam Codicis partem commentaria. Venet. 1585. (Bibl. Univ. Kiliens.)

Alexandri Tartagni Consilia. Francof. ad M. 1610. (Bibl. Univ. Gotting.)

Celeberrimi ac excellentissimi ... Andreae Barbatiae Commentaria ... conscripta in titulum de iudiciis. Bononiae per Justinianum de Ruberia 1496. Hain 2444. (Bibl. Reg. Monac.)

Celeberrimi ac excellentissimi ... Andreae Barbatiae Commentaria ... in tit. de foro competenti usque ad tit. de litis contestatione ... 1497. Hain 2445. (Bibl. Reg. Berol. Inc. 4472.)

Andreae de Isernia In usus feudorum commentaria, Francof. 1598. (Bibl. Univ. Kiliens.)

Opus preclarum ... Angeli Aretini ... super quattuor libris institutionum. Lugd. 1513. (Bibl. Univ. Gotting.)

Angeli Ubaldi Perusini. In I. atque II. Digesti Veteris partem Venet. 1580. (Bibl. Univ. Gotting.)

Angeli Ubaldi Perusini In authenticorum volumen commenmentaria. Venet. 1580. (Bibl. Univ. Gotting.)

Antiquitatum variarum volumina XVII a venerando et sacrae theologiae et praedicatorii ordinis professore Jo. Annio 1512. (Bibl. Univ. Gotting.)

Opus excellentissimum hystoriarum seu cronicarum reverendissimi ... domini Antonini archiepiscopi Florentini. Lugd. 1512. (Bibl. Univ. Gotting.)

Argelati, Bibliotheca scriptorum Mediolanensium, vol. 1. Mediol. 1745.

Aristotelis Opera, Versio latina. Venet. 1496. Hain 1659. (Ethic. Nic.: Joh. Argiropylo interprete; Politica: Leonardo Aretino interprete.)

Aristotelis Ethica Nicomachica, rec. Susemihl-Apelt, Lips. 1903.

Aristotelis Politica, rec. Immisch, Lips. 1909.

Ciceronis Orationum Scholiastae. Asconius. Scholia Bobiensia. Scholia Ps. Asconii etc., rec. Th. Stanzl, vol. 2, commentarios continens. Vindob. et Lips. 1912.

Athenaei Naucratitae Dipnosophistarum libri XV, rec. G. Kaibel, 1887—1890.

Augustini De civitate Dei, rec. B. Dombart, Lips. 1908.

Augustini De civitate Dei, rec. E. Hoffmann, Corpus Eccles. Lat., vol. 40, 1899—1900.

Divi Augustini librorum pars septima: Libri de civitate Dei. In eodem commentaria Thomae Valois et Nicolai Triveth cum additionibus Jacobi Passavanti. Basil. 1505. (Bibl. Univ. Gotting.)

Authenticum, rec. G. E. Heimbach, Lips. 1846—1851.

Antonio Avena, Il Bucolicum Carmen e i suoi commenti inediti (Padova in onore di Francesco Petrarca MCMIV, I), Padova 1906. (Bibl. Univ. Gotting.)

Azonis Summa 1596, in officina Franc. Fabri Lugdunensis et Jacobi Stoer. (Bibl. Univ. Kiliens.)

Ps. Azonis Summae: vide Savigny 5, 30.

Baldi Ubaldi Opera. Lugd. 1585.

Bartoli a Saxoferrato Opera Basil. 1588.

Bedae Chronica (Mon. Germ. Hist. Auct. antiquiss. XIII, II. Chronica minora saec. IV. V. VI. VII. ed. Th. Mommsen, vol. 3. fasc. 2. Berol. 1895).

Benvenuti de Rambaldis Imolensis Liber Augustalis (Rerum German. Script. Tom. 2., curante Burcado Gotthelffio Struvio Argentor, 1717).

Berger, Julius Paulus, Pauly-Wissowa-Kroll, Realenzyklop. der klass. Altertumswiss. vol. 10.

Johannis Bertachini Firmiani ... Repertorium ... Basil 1573. (Bibl. Univ. Gotting.)

Biblia sacra latina veteris testamenti Hieronymo interprete, rec. Tischendorf, Lips. 1873.

Biblia sacra vulgatae editionis, rec. Michael Hetzenauer, Oeniponte 1906.

Biener, Geschichte der Novellen Justinians 1824.

Joannis Bocatii ... De casibus virorum illustrium libri novem. Aug. Vindel. 1544. Philipp. Ulhardus excud. (Bibl. Univ. Gotting.)

Genealogiae Johannis Bocacii .... Paris 1517. (Bibl. Univ. Gotting.)

Boethii Commentarii in Ciceronis topica ed. Orelli-Baiter, Cic. Opera 5, 1, Tur. 1833.

Ps. Boethii De doctrina scholarum, ed. Migne Patrololog. Ser. Lat. T. 64, Boethius 2.

Privilegium totum aureum iam diu concessum ... civitati Bononiae per Theodosium secundum ... noviter commentatum ... per Ludovicum Johannis de Bologninis de Bononia. 1491. (Hain 3438. Bibl. Univ. Hal.)

Brando Brandi, Vita e dottrine di Raniero da Forli. Tor. 1885.

De modo studendi et vita doctorum tractatus editus per doctissimum virum dominum Joannem Baptistam de sancto Severino (Caccialupum) iuris utriusque doctorem. (Repetitiones, disputationes nec non tractatus diversorum doctorum prius enarratorum summa cum diligentia per doctores famosissimos emendati. Impressae tuere opera et impendio Joannis de Colonia atque Vindelini de Spira, Venet. 1472. Bibl. Univ. Gotting.)

Bartholomaei Caepolae in auth. sed novo iure C. de servis fugitivis in Repetit. seu Commentar. iur. civ., vol. 8, Lugd. 1553. (Bibl. Univ. Kiliens.)

Pauli Castrensis In primam Codicis partem. Lugd. 1550. In secundam Codicis partem, Lugd. 1550.

Pauli Castrensis, In primam Infortiati partem. Lugd. 1548. In secundam Infortiato partem. Lugd. 1548.

Chiappelli, Nuove ricerche su Cino da Pistoia 1 (1911).

M. Tullii Ciceronis Opera vol. 2 (orationes) impr. Alex. Minutianus Mediol. 1498. Hain 5056.

M. Tullii Ciceronis Pro Archia poeta oratio, rec. Clark, Bibl. Oxon.

M. Tullii Ciceronis Oratio pro A. Caecina, rec. Clark, Bibl. Oxon.

M. Tullii Ciceronis Pro L. Flacco oratio, rec. Clark, Bibl. Oxon.

M. Tullii Ciceronis Oratio pro L. Murena, rec. Clark, Bibl. Oxon.

M. Tullii Ciceronis Opera Rhetorica, rec. G. Friedrich, vol. 2. (De oratore, Brutus, De optimo genere oratorum, Partitiones oratoriae, Topica.) Lips. 1893.

M. Tullii Ciceronis De oratore cum commento Omniboni Leoniceni. De perfecto oratore. Topica. Partitiones. De claris oratoribus etc. Venet. 1485. Hain 5107. (Bibl. Univ. Gotting.)

M. Tullii Ciceronis Cato maior de senectute liber, rec. C. Simbeck, Lips. 1912.

M. Tullii Ciceronis De finibus, rec. Th. Schiche, Lips. 1915.

M. Tullii Ciceronis De legibus libri, rec. J. Vahlen, Berol. 1871.

M. Tullii Ciceronis De officiis, rec. Orelli-Baiter-Halm, Cic. Opera 4, Tur. 1861.

M. Tullii Ciceronis De oratore, rec. Orelli-Baiter, Cic. Opera 1, Tur. 1845.

M. Tullii Ciceronis Paradoxa Stoicorum Academicorum. Reliquiae cum Lucullo. Timaeus. De natura deorum. De divinatione. De fato. rec. O. Plasberg, Fasc. 2, Lips. 1911.

M. Tullii Ciceronis Opera Fasc. 44: Tusculanae Disputationes, rec. Pohlenz, Lips. 1918.

M. Tullii Ciceronis Epistularum libri sexdecim, ed. L. Mendelssohn, Lips. 1893.

Hoc in volumine continentur M. Tullii Ciceronis Epistularum familiarium libri sexdecim etc. Venet. 1502. (Bibl. Univ. Gotting.)

Codex Justinianus, rec. P. Krüger, Berol. 1915.

Codex Theodosianus, ed. Mommsen-Meyer 1905.

Tractatus insignis et elegans Colutii Pieri Salutati De nobilitate legum et medicinae ... Venet. 1542. (Bibl. Reg. Monac.)

Aurea et perutilia commentaria ... Petri Philippi Cornei Perusini in sextum librum Codicis Lugd. 1519. (Bibl. Reg. Berol.)

Corpus Inscriptionum Latinarum, vol. 6, 5; 11, 1; 11, 2, 1.

Corpus iuris canonici ed. Friedberg, Lips. 1879—1881.

Corpus iuris civilis ed. Mommsen, Krüger, Schoell, Kroll, vide Institutiones, Digesta, Codex, Novellae.

Corpus iuris civilis ed. Gebauer-Spangenberg, Gottingae 1776.

Corpus iuris civilis glossatum Venet. apud Juntas 1592.

E. Costa, Papiniano 1 (1894).

Petri Criniti viri docti De honesta disciplina lib. XXV. De poetis latinis lib. V ... Paris 1513. (Bibl. Univ. Kiliens.)

Cyni Pistoriensis iurisconsulti praestantissimi in Codicem et aliquot titulos primi Pandectarum tomi id est Digesti Veteris commentaria ... Francof. ad Moen. 1578.

Dante Alighieri, La Divina Comedia ed. Passerini, Firenze 1897 seq.

Philippi Decii Mediolanens.... Commentaria in Digesti Veteris et Codicis aliquot titulos, Lugd. 1567. (Bibl. Univ. Kiliens.)

Decretales Gregorii papae IX ... una cum glossis ... Romae 1584.

Decretum Gratiani ... una cum glossis ... Romae 1584.

Dessau, Inscriptiones Latinae selectae 2, 2 (1906).

Digesta Justiniani Augusti, rec. Th. Mommsen, Berol. 1870.

Digesta ed. minor, rec. Mommsen-Krüger, Berol. 1911.

Digestum Vetus, ed. Venet. per Baptistam de Tortis 1494. (Bibl. Univ. Gotting.)

Digestum Novum ed. Venet. per Baptistam de Tortis 1507. (Bibl. Univ. Gotting.)

Diogenes Laertius, De vitis dogmatis et apophtegmatis clarorum philosophorum libri decem, rec. Huebner, Lips. 1829—1831.

Cassii Dionis Cocceiani Historiarum Romanarum quae supersunt, ed. Boissevain, Berol. 1895 seq.

Dionysii Halicarnasensis Antiquitatum Romanarum quae supersunt, rec. C. Jacoby, vol. 2, Lips. 1888.

Dionysius Periegetes Graece et Latine cum vetustis comm. et interpr., rec. G. Bernhardy, Lips. 1828. (Geograph. Graeci Min.)

Donatus, Vergilii vita (Jac. Brummer, Vitae Vergilianae, Lips. 1912.)

Donatus, Vergilii Vita ed. 1486, vide Vergilii Opera ed. Venet. 1486.

Durantis Rationale divinorum officiorum Nuremb. 1480. (Bibl. Univ. Kiliens., Hain 6484.)

D. G. Durandi episc. Mimatensis Speculum iuris cum Joan. Andreae Baldi reliquorumque ... visionibus ... Francofurt 1612.

Joh. Baptistae Egnatii Racemationes in varios auctores (Gruter, Lampas sive Fax artium liberalium, T. 1, 1602).

Eusebii Chronicorum libri duo, rec. Schoene, vol. 2, Berol. 1866.

Die Chronik des Hieronymus herausg. von R. Helm, 1. Teil Text, Leipzig 1913. (Die Griech. Christl. Schriftsteller der ersten drei Jahrh. Eusebius' Werke, Band 7.)

Liber Cronicarum Eusebii Hieronymi cum superadditis divi Hieronymi et Prosperi, s. l. et a. (ed. Mediol. saec. XV, Hain 6716, Bibl. Univ. Gotting).

Eusebii Pamphili Evangelicae praeparationis libri XV, rec. Gifford, Oxon. 1903.

Eusebii Pamphili de evangelica praeparatione opus a doctissimo utriusque linguae interprete Georgio Trapezuntio e graeca in latinum versum ... Venet. 1497, Bernard. de Benaliis impr. (Bibl. Univ. Gotting. Hain 6706.)

Eusebii Pamphili Evangelicae praeparationes libri XV, ed. Migne Patrolog. Ser. Graeca 21, 3.

Eusebius' Werke zweiter Band: Die Kirchengeschichte, herausg. von Ed. Schwarz, die lateinische Übersetzung des Rufinus von Th. Mommsen. (Die Griech. Christl. Schriftsteller der ersten drei Jahrh. Eusebius III, 1—3, Leipzig 1903—1909.)

Commentaria in Aristotelem Graeca, ed. consilio et auctoritate Academ. Lit. Reg. Boruss. vol. 20, Eustratius.

Eutropii Breviarium cum versionibus Graecis et Pauli Landulfique addit., rec. H. Droysen. (Mon. Germ. Hist. Auct. antiquiss. T. 2, Berol. 1879.)

Eutropii Breviarium ab urbe condita, rec. Ruehl, Lips. 1910.
Eutropii Breviarium ed. 1490, vide Scriptores Historiae Augustae.

Joannis Fabri In Institutiones Justinianas commentarii. Lugd. 1565. (Bibl. Univ. Kiliens.)
Fasciculus temporum omnes antiquorum Chronicas complectens auctore Wernero Rolewinck. (Pistorius-Struvius, Germanicorum scriptorum etc., vol. 2. Ratisb. 1726).
Commentaria Felini Sandei ... in V lib. decretalium, Basil. 1567.
L. Fenestellae De magistratibus sacerdotiisque Romanorum libellus ... Pomponii Laeti itidem De magistratibus et sacerdotibus et praeterea de diversis legibus Romanorum. Paris. ex off. Simonis Colinaei 1542. (Bibl. Univ. Gotting.)
Ps. Fenestella = Andrea Fiocco (Voigt, Wiederbelebung des klass. Altertums 2, 38); vide 'Fenestella'.
Rufi Festi Breviarium Rerum Gestarum Populi Romani, rec. W. Förster, Vindob. 1874.
Festi Breviarium rerum gestarum populi Romani ed. C. Wagner 1880.
Ruffi Sexti viri consularis Rerum Gestarum P. R. V. Augusto Liber. s. l. et a. (saec. XV. Bibl. Univ. Gotting.)
Marsilius Ficinus, In librum Mercurii Trismegisti ad Cosmum Medicem patriae patrem, Opera vol. 2 (Paris 1641).
H. Fitting, Zeitschrift der Savigny-Stiftung (Rom. Abt.), Bd. 26.
L. Annaei Flori Epitomae libri VI., ed. Rossbach, Lips. 1898.
Julii Frontini Strategematon libri quattuor, rec. Gundermann, Lips. 1888.
Raphaelis Fulgosii ... In primam Pandectarum partem commentariorum, Tom. 1 et 2. Lugd. 1544. (Bibl. Univ. Gotting.)
Raphaelis Fulgosii In D. Justiniani Codicem commentaria, Tom. 2. Lugd. 1547.

A. Gelli Noctium Atticarum libri XX, rec. Hosius, Lips. 1903.
Accipite Studiosi Omnes Auli Gellii noctes ... Venet. per Jo. de Tridino alias Tacuinum 1509.
Archidiaconus (Guido de Baysio) Super Decreto, Lugd. 1558. (Bibl. Univ. Kiliens.)

Herodoti Historiae ed C. Hude, Bibl. Oxon.
Hieronymi De viris illustribus liber, accedit Genadii catalogus virorum illustrium, rec. G. Herding, Lips 1879.
Q. Horatii Flacci Carmina, rec. F. Vollmer, ed. maior, Lips. 1907.
Huguccionis Summa super Decretum, Cod. Ms. Bibl. Univ. Lips. no. 985. Cod. Ms. Bibl. Bamberg. Can. 41 P. II, 28.

Jacobi de Arena Super iure civili ... commentaria in universum ius civile ... Lugd. 1541. (Bibl. Univ. Hal.)
Jacobi de Belvisio ... Aurea lectura ... summam authenticorum consuetudinesque et usus feudorum elucidans, Lugd. 1511. (Bibl. Reg. Berol.)
Jacobi de Belvisio ... Apparatus in usus et consuetudines feudorum. Coloniae 1563. (Bibl. Univ. Gotting.)
Excellentissimi iuris utriusque doctoris domini Jasonis de Mayno Mediolanensis Lectura in primam partem Digesti Veteris. Lugd. 1508. (Bibl. Univ. Gotting.)

Excellentissimi iuris utriusque doctoris domini Jasonis de Magno Lectura insignis super prima et secunda parte Codicis. Lugd. 1508.

Infortiatum. Venet. per Baptistam de Tortis 1506. (Bibl. Univ. Gotting.)

Institutiones Justiniani, rec. P. Krüger, Berol. 1911.

Johannis Andreae Mercuriales Quaestiones super regulis iuris s. l. et a. (Bibl. Univ. Gotting.)

Commentaria super decreto Cardinalis Alexandrini alias Praepositi sancti Ambrosii nuncupati (Johannis Antonii de sancto Georgio). Papiae 1497. (Hain 7584. Bibl. Reg. Monac.)

Aurea et singularis lectura ... Praepositi Mediolanensis (Johannis Antonii de Sancto Georgio) super quarto decretalium ... Lugd. 1520. Gilbertus de Villiers imprimebat. (Bibl. Univ. Gotting.)

Johannes Baptista Pius, Annotationes linguae latinae graecaeque. (Gruter, Lampas sive Fax artium liberalium, T. 1. 1602.)

Johannes Bassianus, Summa authenticorum vide 'Azonis Summa'.

Flavii Josephi Opera, rec. Niese, Berol. 1887 seq.

Flavii Josephi ... Opera quaedam Ruffino presbytero interprete ... Basil. 1524. (Bibl. Univ. Gotting.)

Isidori Hispalensis Etymologiarum sive Originum libri XX, rec. Lindsay. Bibl. Oxon.

Isidori De viris illustribus liber, ed. Migne. Patrol. Ser. Lat. 83 (1850).

M. Juniani Justini Epitome Historiarum Philippicarum Pompei Trogi, rec. F. Ruehl, Lips. 1886.

Justini historici clarissimi in Trogi Pompeii Historias Mediol. 1476. Hain 9650. (Bibl. Univ. Gotting.)

Juvenalis: vide 'Persius'.

P. Krüger, Geschichte der Quellen und Literatur des Römischen Rechts. 2. Aufl. 1912.

Lactantii Opera omnia, rec. Brandt et Laubmann, Pars 1.: Divinae institutiones et epitome divin. instit., rec. Brandt. (Corp. Script. Eccles. Lat. vol 19.) Vindobon. 1890.

L. Coelii Lactantii Firmiani Opera quae equidem extant omnia. Accesserunt Xysti Betuleii Augustani ... commentaria. Basil. 1563. (Bibl. Univ. Kiliens.)

Laurentii Vallae Opera Basil. 1543 (Bibl. Univ. Gotting.)

O. Lenel, Palingenesia iuris civilis, Lips. 1889.

Zosimi ... Historiae novae libri VI. Quibus additae sunt historiae Procopii Caesariensis ... Adiecimus et Leonardi Aretini Rerum Gothicarum commentarios. Basil. ex off. Petri Pernae s. a. (Bibl. Univ. Kiliens.)

Liber pontificalis ... par l'Abbé L. Duchesne, Paris 1886—1892 (Bibliothèque des écoles françaises d'Athènes et de Rome 2. Série).

Liber pontificalis pars prior ed. Th. Mommsen (Monum. Germ. Hist. Gest. Pontif. Roman. vol. 1, Berol. 1898.)

Liber de viris illustribus urbis Romae, rec. F. Pichlmayr, Lips. 1911.

Sexti Aurelii Victoris qui vulgo habetur Virorum illustrium liber, rec. F. Schroeter, Lips. 1831.

Gai Plinii Secundi Oratoris Novocomensis Liber illustrium virorum, Venet. 1477. Hain 2136. (Bibl. Univ. Gotting.)

Titi Livi Ab urbe condita libri ed. Weissenborn-Müller, Lips. 1910.
T. Livi Periochae omnium librorum fragmenta Oxyrhynchi reperta, Julii Obsequentis prodigiorum liber, ed. O. Rossbach, Lips. 1910.
Ludovici Pontani vulgo Romani In primam atque secundam Digesti novi partem commentaria. Venet. 1580. (Bibl. Univ. Gotting.)

Macrobius, rec. F. Eyssenhardt, Lips. 1868.
Macrobii Ambrosii Theodosii commentarii, rec. L. Jan, Quedlinburg et Lips. 1848—1852.
Volusii Maeciani Assis distributio etc. (Seckel-Kübler, Jurispr. Anteiust. reliquiae 1, Lips. 1908.)
Manitius, Geschichte der Lateinischen Literatur des Mittelalters 1. München 1911. (Iwan v. Müllers Handb. 9, 2, 1.)
Hoc in libro sunt Marini Becichemii Scodrensis oratoris clarissimi et publici gymnasii Brixiani moderatoris Luculentissima oratio, qua Brixiano senatui gratias agit. Aurea praelectio in C. Plinium Secundum ... Pulcherrima Observationum Collectanea in primum naturalis historiae librum ... Variarum Observationum libri tres utilissimi s. l. et. a. (Bibl. Reg. Berol.)
M. Valerii Martialis Epigrammata, rec. Lindsay. Bibl. Oxon.
M. Valerii Martialis Epigrammata ad Codices Mss. optimasque editiones rec.... Aug. Taur. 1833.
Martianus Capella, rec. F. Eyssenhardt, Lips. 1866.
Martini Oppaviensis Chronicon pontificum et imperatorum. rec. Weiland. (Monum. Germ. Script. 22, 377.)
Ps. Modesti Liber de re militari et magistratibus urbis = Pomponii Laeti De Romanis magistratibus sacerdotiis iurisperitis et legibus (Savigny 6, 448). In editionibus saec. XV. libri Modesti de re militari rel. (de quo vide Dalmasso, Reale Ist. Lombardo di scienze e lettere Rendic. Ser. II, vol. 40, Mil. 1907, p. 812, Teuffel § 56, 3, Schanz 4, 197) saepe sequitur opus Pomponii Laeti, omisso nomine Pomponii (vide e. g. ed. Venet. 1474, Bibl. Reg. Berol. Inc. 3714, Dalmasso, p. 809), ita ut Dipl. opus Pomponii quasi partem operis Modesti legere posset.
Nicolaus Muffels Beschreibung der Stadt Rom, herausg. von Wilhelm Voigt (Bibliothek des Literar. Vereins in Stuttgart, vol. 128 (1876).

Nouvelle Revue Historique, vol. 30 (1906).
Iustiniani Novellae, rec. Schoell-Kroll, Berol. 1904.

Julius Obsequens vide 'T. Livi Periochae rel.'
Domini Odofredi ... interpretatio in undecim primos pandectarum libros ... Lugd. 1550. (Bibl. Univ. Gotting.)
Odofredi ... in secundam Digesti Veteris partem praelectiones, Lugd. 1552. (Bibl. Univ. Gotting.)
Odofredi ... In primam Codicis partem complectentem I, II, III, IV & V lib. praelectiones ... Lugd. 1552.
Odofredi ... In secundam Codicis partem praelectiones ... Lugd. 1552.
Pauli Orosii Historiarum adversus paganos libri VII, rec. Zangemeister (Corp. Script. Eccles. Lat. vol. 5), Vindobon. 1882.
P. Ovidii Nasonis Fastorum libri sex, ed. R. Merkel, Berol. 1841.

P. Ovidii Nasonis Metamorphoseon libri XV, rec. H. Magnus, Berol. 1914.
P. Ovidii Nasonis Tristia Epistulae ex Ponto etc., rec. Owen. Bibl. Oxon.

Papias (Vocabularium), Venet. 1491. Hain 12379. (Bibl. Univ. Gotting.)
Pausaniae Graeciae Descriptio, rec. F. Spiro, Lips. 1903.
A. Persii Flacci et D. Junii Juvenalis Saturae, rec. Owen. Bibl. Oxon.
Auli Flacci Persii ... Satyrae cum quinque commentariis ... (in quibus et comment. Johannis Baptistae Plautii), Paris 1523. (Bibl. Reg.. Berol.)
Francisci Petrarchae Opera Basil. 1581.
Die Triumphe Francesco Petrarcas in krit. Texte herausgegeben von Carl Appel. (1901).
Petrus Comestor, Historia scholastica, ed. Migne, Patrol Ser. Lat. 198.
Catalogus sanctorum et gestorum eorum ex diversis voluminibus collectus editus a reverendissimo in Christo patre domino Petro de Natalibus ... Lugd. 1519. (Bibl. Univ. Gotting.)
Platonis Opera, rec. Joannes Burnet. Bibl. Oxon.
Platonis Opera omnia ... Marsilio Ficino interprete. Lugd. 1590.
C. Plinii Secundi Naturalis Historia, rec. D. Detlefsen, Berol. 1866 seq.
C. Plinii Secundi Naturae historiarum libri XXXVII. Venet. 1499. (Bibl. Univ. Gotting.)
C. Plinii Caecilii Secundi Epistularum libri novem, Epistularum ad Traianum liber, Panegyricus, rec. Kukula ed. alt., Lips. 1912.
In hoc volumine continentur C. Plinii Caecilii Secundi epistolarum libri novem. Eiusdem Plinii libellus exemplar ad Traianum cum rescriptis eiusdem principis. Eiusdem Panegyricus Caesari dictus. Cum enarrationibus Joannis Mariae Catanei. Venet. 1510. (Bibl. Univ. Gotting.)
Ps. Plinius, De viris illustribus vide 'Liber de viris illustribus'.
Plutarchi Vitae parallelae, rec. C. Sintenis, Lips. 1839 seq.
Plutarchi Vitae parallelae, rec. Lindskog-Ziegler, Lips. 1914 seq.
Virorum illustrium vitae ex Plutarcho Graeco in latinum versae ... Venet. impr. per Bartol. de Zanis de Portesio 1496. Hain 13130. (Bibl. Univ. Gotting.)
Ps. Plutarchus: vide 'Plutarchi Vitae ed. 1496. et G. Friedländer, Über die lateinischen Übersetzungen der Plutarch-Biographien im 15. Jahrhundert. Neue Jahrb. für Philologie und Pädagogik, herausg. von Seebode, Jahn und Klotz, 4. Supplementband, Leipzig 1836.
Poetae lyrici Graeci, ed. Th. Bergk, 4. ed., vol. 2 (1915).
Poggii Florentini ... Opera. Basil. apud Henricum Petrum 1538. (Bibl. Univ. Gotting.)
Angeli Politiani Opera, Basil. 1553.
Porphyrio: Scholia Horatiana Acronis et Porphyrionis, ed. F. Hauthal, Berol. 1864.
Potthast, Bibliotheca Historica Medii Aevi, 2. Aufl. 1896.
Prisciani ... De figuris nummorum liber, rec. H. Keil, Lips. 1860. (Keil, Grammatici Lat., vol. 3.)
Prisciani Institutionum grammaticarum libri XVIII, rec. M. Hertz, vol. 1, Lips. 1855. (Keil, Grammatici Lat., vol. 2.)
Procopii Caesariensis Opera omnia, rec. J. Haury, vol. 1 et 2, Lips. 1905.
Procopii Caesariensis historiae (Vers. Lat.), vide 'Leonardus Aretinus'.

M. Fabii Quintiliani Institutionis oratoriae libri duodecim, rec. C. Halm, Lips. 1868—1869.

M. Fabii Quintiliani Oratoriarum institutionum. Una cum annotationibus Raphaelis ... Venet. ope et impensa Georgii Rusconibus 1512. (Bibl. Univ. Gotting.)

Commentariorum Urbanorum Raphaelis Volaterrani octo et triginta libri Paris. in offic. Ascensiane 1511.

Roberi de Licio Quadragesimale 1475, Hain 4432. (Bibl. Univ. Gotting.)

Aurea Methodus Practicarum Observationum sive Tractatus Judiciarii Ordinis ... authore D. Roffredo Beneventano ... Coloniae Agripp. 1659. (Bibl. Univ. Gotting.)

Ruffi Sexti viri consularis Rerum gestarum P. R. V. Augusto Liber s. l. et a. (Bibl. Univ. Gotting.)

Monumenta clarorum doctrina praecipue toto orbe terrarum virorum collecta passim et maximo impendio cura et industria in aes incisa sumptu et studio nobilis viri D. Sigefridi Rybisch ... editio tertia Francofurt. ad Moenum 1589. (Bibl. Univ. Kiliens.)

Salutati vide Colutius.

F. C. v. Savigny, Geschichte des Römischen Rechts im Mittelalter, 2. Ausg., 1834—1850.

Jo. Fr. v. Schulte, Geschichte der Quellen und Literatur des canonischen Rechts von Gratian bis auf die Gegenwart, Bd. 1 (1875), 2 (1877).

Scriptores Historiae Augustae, iterum rec. H. Peter, vol. prius, Lips. 1884.

In hoc codice continentur vitae imperatorum Romanorum a divo Julio Caesare usque ad Numerianum a diversis autoribus elegantissime compositae. Gai Suetonii Tranquilli de vita XII Caesarum libri XII. Hadriani vita per Helium Spartianum etc. (Scriptores historiae Augustae). Eutropii ac Pauli Diaconi de gestis Romanorum historia ab urbe condita etc. Venet. per Jo. Rubeum de Vercellis 1490. Hain 14563. (Bibl. Univ. Gotting.)

Arnaldo Segarizzi, La Catania, le orazioni e le epistole di Sicco Polenton (Biblioteca storica della letteratura italiana diretta da Francesco Novati, vol. 5, 1899).

L. Annaei Senecae Dialogorum libros XII ed. E. Hermes, Lips. 1905.

L. Annaei Senecae Ad Lucilium epistularum moralium quae supersunt, iterum ed. O. Hense, Lips. 1914.

L. Annaei Senecae Naturalium quaestionum libros VIII ed., A. Gerke, Lips. 1907.

L. Annaei Senecae Oratorum et rhetorum sententiae divisiones colores, rec. A. Kiessling, Lips. 1872.

L. Annaei Senecae Tragoediae, rec. F. Leo, vol. 2, Berol. 1879.

L. Annaei Senecae Tragoediae, rec. R. Peiper et G. Richter, Lips. 1892.

Servii Grammatici qui feruntur in Vergilii carmina commentarii, rec. Thilo-Hagen, Lips. 1881 seq.

Sicci Polentoni De illustribus scriptoribus latinae linguae Cod. Vat. 3541. Vide etiam 'A. Segarizzi'.

Bartholomaeus Socinus I. U. Censurae celeberrimus super corpore iuris civilis etc., Tridin. 1519. (Bibl. Univ. Gotting.)

C. Julii Solini Collectanea rerum memorabilium, iterum rec. Th. Mommsen, Berol. 1895.

Sozomeni Pistoriensis Historiae (Bibl. Reg. Monac. Cod. Lat. 19 chart.).

De Ram, Recherches sur la Chronique universelle de Sozomenus de Pistoie. Bulletins de l'Academie royale (de Bruxelles) Tome 18, 1 (1851), 18, 2 (1851).

Strabonis Geographica, rec. A. Meineke, Lips. 1877.

Strabonis De situ orbis libri XXII graece et latine ... olim quidem, ut putatur, a Guarino Veronensi et Gregorio Trifernate in latinum conversi ... Basil. 1549. (Bibl. Univ. Gotting.)

C. Suetonii Tranquilli quae supersunt omnia, ed Roth, Lips. 1858.

C. Suetonii Tranquilli Opera vol. 1. De vita Caesarum libri VIII, rec. M. Ihm ed. maior, Lips. 1907, ed. minor, Lips. 1908.

Suetonius Tranquillus cum Philippi Beroaldi ... commentariis, Venet. per Io. Rubeum Vercellens. 1506. (Bibl. Univ. Gotting.)

Commentationes conditae a Philippo Beroaldo ... in Suetonium Tranquillum ... Paris 1512. (Bibl. Univ. Gotting. Hac editione semper usi sumus, nisi specialiter ed. Venet. 1506 laudatur.)

C. Suetonii Tranquilli Praeter Caesarum libros reliquiae, ed. Reifferscheid, Lips. 1860.

Suidae Lexicon, rec. Immanuel Bekker, Berol. 1854.

Fratris Jacobi Philippi Bergomensis ... In omnimoda historia novissime congesta Supplementum Cronicarum appellata. Venet. per Bernard. de Benaliis Bergom. 1486. Hain 2807. (Bibl. Univ. Gotting.)

Opus praeclarum Supplementum Chronicarum vulgo appellatum in omnimoda historia novissime congesta fratris Jacobi Philippi Bergomensis. Impress. Venet. per magistrum Bernard. Ricium de Novaria 1492. Hain 2809. (Bibl. Univ. Gotting.)

P. Cornelii Taciti Libri qui supersunt, rec. C. Halm et G. Andresen, Lips. 1913 et 1911.

P. Cornelii Taciti Dialogus de oratoribus, ed. Alfred Gudemann 2. ed. 1914.

Cornelii Taciti historici gravissimi disertissimique fragmenta accurate recognita etc., Venet. per Jo. Rubeum Vercellensem 1512. (Bibl. Univ. Gotting.)

Thomae Aquinatis Opera omnia T. 2: Summa theologica, Parmae 1853.

Valerii Maximi Factorum et Dictorum Memorabilium libri novem, iterum rec. C. Kempf, Lips. 1888.

Opus Valerii Maximi cum nova ac praeclara Oliverii Arzignanens. ... examinata interpretatione. Venet. 1487. (Bibl. Univ. Gotting.)

P. Vergilii Maronis Opera, rec. O. Ribbeck, Lips. 1894—1895.

P. Vergilii Maronis Opera, rec. F. A. Hirtzel, Bibl. Oxon.

Publii Virgilii Maronis ... Volumina haec una cum Servii ... commentariis ac eiusdem poeta vita. Venet. Impr. sunt per Anton. Bartolamei impressorum discipulum 1486. Copinger 6064 (Bibl. Univ. Gotting.)

Publii Virgilii Maronis Opera cum quinque vulg. commentariis (inter quos et commentarius Christophori Landini). s. l. et a. (Bibl. Univ. Kiliens.)

Bibliotheca mundi seu Speculi maioris Vincentii Burgundi praesulis Bellovacensis ... Tom. 4. qui Speculum Historiale inscribitur ... Duaci 1624. (Bibl. Univ. Gotting.)

Xenophontis Scripta minora Fasc. posterior. Opuscula Politica Equestria Venatica continens, ed. F. Ruehl, Lips. 1912.

Xiccus Polentonus vide 'Siccus Polentonus'.

Francisci Zabarellae In Clementinarum volumen Commentaria, Venet. apud Juntas 1602. (Bibl. Univ. Gotting.)

Explicatio Signorum.

Bonif. = Decretales Bonifacii VIII. (Liber Sextus); vide Praef. p. 141.
Brev. = Breviarium Alaricianum.
C. vel. C. Just. = Codex Iustinianus; vide Praef. p. 141.
C. Th. = Codex Theodosianus.
Clem. = Decretales Clementis V. (Clementinae).
Cod. = Cod. Oliverianus 203; vide Praef. p. 135.
corr. = corruptum.
C. I. L. = Corpus Inscriptionum Latinarum.
D. vel Dig. = Digesta Iustiniani; vide Praef. p. 141.
del. = delendum.
f. = folio.
Gl. = Glossa Ordinaria; vide Praef. p. 141.
Grat. = Decretum Gratiani; vide Praef. p. 141.
Greg. = Decretales Gregorii IX. (Liber Extra); vide Praef. p. 141.
Hal. = Corpus iuris civilis ed. Greg. Haloander.
I. vel. Inst. = Institutiones Iustiniani.
ins. = 'inseruit' vel 'inserendum'.
Nov. = Novellae Iustiniani.
om. = omisit.
quid. codd. = 'Quidam Codices': hos codices invenies in apparatu critico auctorum editionum, quas in indice librorum (p. XIII seq.) retulimus.
scr. = scribendum.
sec. = secundum.
signum intercal. = signum intercalationis (∠); vide Praef. p. 118.
Vers. Lat. = Versio Latina.
Vulg. = Editiones vulgatae.

Berichtigungen und Zusätze zur Einleitung.

Seite	2	Zeile	18 v. o. statt: seltsamen lies: albanischen.
„	2	„	10 v. u. statt: Historia lies: Historiae.
„	13	„	1 v. o. statt: ihm lies: ihn.
„	46	„	4 v. o. statt: einem lies: eines.
„	46	„	3 v. u. statt: den lies: die.
„	51	„	21 v. o. statt: schlendern lies: schleudern.
„	52	„	1 v. u. statt: 1918 lies: 119 (1919) 473—77.
„	53	„	9 v. o. statt: den lies: die.
„	101	„	1 v. u. statt: 110 2. 3 lies: $110^{2.3}$.
„	116	„	14 v. u. statt: dritite lies: dritte.
„	120	„	15/16, 26 v. o., Z. 6, 10 v. u., Seite 121 Z. 4 v. o. statt: Cavalucci lies: Cavallucci.
„	125	„	20 v. o.: Aus einer Sammlung ungedruckter Briefe Savignys an Hugo, deren Veröffentlichung Herr F. Schulz vorbereitet: 31. Dez. 1807. 'Hufeland hat mir geschrieben, die Abschrift des Diplovataccius sey fertig, und ich dürfe sie nächstens erwarten.' 30. Jan. 1808. 'Diplovataccius ist endlich angekommen, ein starker Foliant voll der süßesten literarischen Früchte.' Ferner heißt es in einem ungedruckten Briefe Savignys an H. Chr. Schwarz vom 22. Jan. 1807: 'Durch diese Abschrift wird es mir möglich, auch ohne die Reise nach Italien . . . an die Ausführung meines nächsten literarischen Planes zu gehen.'
„	137	„	2 v. u. statt: Kapitalzahlen lies: Kapitelzahlen.

Addenda. Corrigenda.

p. XVIII post 'Fasciculus temporum . . . 1726' ins.: 'Fasciculus temporum ed. Ven. 1484.' (Hain 6934. Bibl. Univ. Gotting.)
p. 153, 21 licet: scribe: 'licet.
p. 158, 2 Polibcte: scribe: Polibete.
p. 162, 20 tres: scribe: tribus.
p. 168, 21 Salamis: scribe: Salamis[5].
p. 176, 15 liectica: scribe: lectica.
p. 176, 16 fier: scribe: fieri.
p. 185, 8 referrebatur: scribe: referebatur.
p. 202, 25 Voleteranus: scribe: Voleterranus.
p. 329. in apparatu crit. nota c et d adde post 'Fasc. Temp': 'ed. 1484.'

EINLEITUNG

DAS LEBEN DES THOMAS DIPLOVATATIUS

Erster Abschnitt.

Vorfahren und Jugend.

Konstantinopel war gefallen. Unter den Griechen, die, neben ihrem letzten Kaiser fechtend, für Europa starben, befand sich auch ein Diplovatatius: Konstantin, der achte dieses Namens. So berichtet uns — um 1527 — Thomas Diplovatatius durch den Mund seines Biographen und Freundes Egnatius. Und 1454 schreibt Filelfo aus Mailand, hier seien soeben drei edle Bürger Konstantinopels, Diplovatatius geheißen, von Rom her reisend, eingetroffen[1] — sicher auch sie fortgewirbelt mit dem Strom der Flüchtlinge, den die Stadt in ihrem Sturz wie einen Lebensquell über Italien hinsandte. Es gibt keinen Grund, an diesem Verstricktsein der Familie in den Untergang des Reiches zu zweifeln; an seinen älteren Geschicken hat sie aber keinen erwähnenswerten Anteil genommen. Zwar Thomas selbst behauptete, wie dies der gute Ton im Zeitalter der Wiedergeburt verlangte, von den alten Römern zu stammen.[2] Sei sein Geschlecht ja doch — hier muß der besonnene Quellenforscher beide Augen zugedrückt haben — schon in der Gestalt eines Begleiters Konstantins des Großen von Neapolis nach Byzantium verpflanzt worden. So läßt er wiederum Egnatius erzählen; andere sprechen es diesem nach.[3] Einem heutigen Leser wird es nicht sehr einleuchten, wenn als Beweis dafür ein Raphael Vatatius angeführt wird, der mehr als tausend Jahre später in Neapel lebte.[4] Auch daß Justinian die Familie mit dem „Prinzipat" über den Peloponnes belehnt habe, ist schon als rechtsgeschichtliche Unmöglichkeit zu verwerfen, obwohl sich Egnatius hierfür mit humanistischem Hochgefühl auf ein „noch erhaltenes griechisches Buch über Belisar" beruft.[5]

---

[1] Philelphus, Epistolae familiares XII, 2 (Ausg. Ven. 1502, Bl. 83).

[2] Im Widmungsbrief vor seiner Ausgabe des Dinus, de regulis iuris, Ven. 1518, Bl. 2.

[3] Pigna, Bl. 75ff.; danach der ungenannte Verfasser der „Dichiarazione" zum „Albero dell' Imperiale Famiglia Diplovatazia", Pesaro Cod. Oliv. 376, Bd. X, Bl. 97—9, um 1685; danach Garuffi 412.

[4] So die genannte Dichiarazione, die sich auf Baldus, Consilia, Bd. 2, Nr. 147 beruft; vgl. daselbst eine Urkunde von 1392 (Bl. 34 der Ausg. Frankf. 1589).

[5] Bei Prokop, der gemeint sein muß, war nichts zu finden.

Wohl aber muß die Familie später in Morea begütert gewesen sein, da ein Schreiben des türkischen Eroberers sie unter den dortigen Archontenfamilien aufführt.[1] Wahrscheinlich lagen die Besitzungen im Gebiet des Stammes der Melingi, eines griechisch-slavischen Mischvolkes im Taygetos[2]; denn hieraus erklärt sich am ungezwungensten, daß sich Thomas zweimal den Beinamen „Melinghus" zulegt.[3] Nach einem griechisch-slavischen Gemisch sieht ja auch der Familienname aus. Im übrigen gedenken die byzantinischen Quellen so gut wie niemals der Familie.[4] Höchstens, daß um die Mitte des 13. Jahrhunderts eine „Diplobatatzina" als Geliebte des Kaisers Michael des Palaiologen erscheint[5], und ein Jahrhundert darauf ein „Protovestiarius Diplobatatzes" als Archont von Beroe in Mazedonien.[6] Ganz anderer Ansicht war Thomas selber; er meinte, daß die Diplovatazier von dem großen Geschlecht der Vatatzes, das dem Reiche im 13. Jahrhundert drei Kaiser gegeben hatte, „nicht verschieden" seien. So sagt Freund Egnatius in seiner bekannten Kaisergeschichte von 1516 unter Berufung auf den „großen Rechtsgelehrten dieser Zeit"[7]; auf die gleiche, nicht unbefangene Quelle geht es zurück, wenn 1553 ein Herzog und Graf des seltsamen Namens Drivasten in seine mit zarter Rücksichtnahme auf die eigenen Ahnen aufgestellten Stammbäume der römischen und byzantinischen Kaiser auch einen „Plobatazio" des 13. Jahrh. einreiht.[8] Auch ein Familienstammbaum des 17. Jahrhunderts, der neunzehn Glieder hinauf-

---

[1] Urk. Mohameds II. vom 26. Dezember 1454, gedruckt bei Miklosich und Müller, Acta et Diplomata Graeca medii aevi 3 (Wien 1865), 290; zum Zusammenhange: Fallmerayer, Geschichte der Halbinsel Morea während des Mittelalters 2 (1836), 366.

[2] Vgl. über sie Fallmerayer a. a. O. 1 (1830), 411ff.; 2, 43ff., 355, 420ff,; Buchon, Nouvelles Recherches historiques sur la principauté française de Morée 1, 1 (Par. 1845), 514; J. H. Krause bei Ersch und Gruber 83 (1866), 322.

[3] In der (echten) Überschrift seiner Schrift de Venetae urbis libertate, vgl. Valentinelli, Bibl. manuscr. ad S. Marci Venet., Codd. Mss. Lat. 3 (Ven. 1870), 50; und in seinem Testament, Auszug im Arch. Notarile zu Pesaro, Notar Bern. Fattori, 1536—39, Bl. 206, hier in der Form „Melinochi", wohl verderbt aus „Melingchi".

[4] Ich stütze mich auf die Verzeichnisse des großen Corpus Scriptorum Historia Byzantinae (Bonner Ausgabe).

[5] Bei Pachymeris, De Michaele Paleologo l. 3, c. 3 (Bonner Ausgabe Bd. 1).

[6] In der Chronik des Joh. Cantacuzenus l. 4, c. 19 (Bonner Ausgabe Bd. 4).

[7] In einer der seinem Werk De Caesaribus libri III vorausgesandten Berichtigungen (zu Bl. 37 daselbst), angeführt nach der Ausgabe Flor. 1519, unter Besserung des letzten, hier sinnlosen Satzes.

[8] Genealogia d' Imperatori Romani et Constantinopolitani, Rom 1563, S. 15 (in Florenz, Bibl. Naz. 19, 3, 4, 15, von Herrn Rosenstock mitgeteilt). Thomas wird S. 46 unter den Gewährsmännern genannt.

geht und mit einer Persönlichkeit des 11. Jahrhunderts schließt, weist in den ältesten Gliedern, soweit sich die Namen bestimmen ließen, die echten Vatazier und demgemäß vielfach Verschwägerungen mit Familien wie den Angeli, Laskaris und Palaiologen auf.[1] Hiernach stammt der Vater des Thomas, Georg, im fünften Gliede von einem gleichnamigen Sohne des Kaisers Johannes Vatatzes aus dessen Ehe mit seiner zweiten Gemahlin Anna, der natürlichen Tochter Kaiser Friedrichs II. von Hohenstaufen.[2]

Aber keine der Quellen für die Geschichte des gewaltigen Byzantiners (1222—54) weiß von einem solchen Sohne Georg; scheint doch Johannes die noch kindliche Anna nicht einmal berührt und zugunsten einer schönen Begleiterin ganz vernachlässigt zu haben.[3] Auch läßt sich der Name Diplovatatius aus dem Namen Vatatzes nicht ableiten[4]. Zwar der große Ducange dachte an eine Heirat zwischen zwei Trägern des gleichen Namens Vatatzes[5]; aber dafür gibt es in der byzantinischen Familiengeschichte keinerlei Gegenstück trotz der zahlreichen Heiraten dieser Art. Lucas Holste, der gelehrte Buchwart der Vaticana[6], den die Familie im 17. Jahrhundert um Beweise anging für das, was ihren ganzen Stolz ausmachte, wollte die Vorsilbe „Diplo“ aus der Abstammung von einer Seitenlinie der Vatatzes erklären und führte das Beispiel der „Diplopaleologen“ an[7]; aber dieser Name müßte erst einmal nachgewiesen werden! Erst recht war es kühn, wenn Thomas bei Geburt des Stammhalters schrieb, er habe ihn „Giovanni“ genannt zur Erinnerung an den „Herrn Johannes *Diplo*vatacci, Kaiser von Konstantinopel, von dem wir abstammen“.[8] Nur den Glauben an eine solche Abstammung, nicht diese

[1] Von Olivieri (nach einem Vermerk in Busta Oliv. 458) im Hause der Erben gesehen; danach die S. 1[3] genannte Abschrift und Garuffi 412.

[2] Vgl. zu dieser Ehe Jean B. Papadopoulos, Theodore II Laskaris (Par. 1908), 44—53.

[3] Vgl. Ducange, Historia Byzantina (Par. 1680), 223; Finlay, History of the Byzantine and Greek empires 3 (Edinb. 1854), 371—98, und die dort Genannten; ferner Jean B. Papadopoulos a. a. O. 48.

[4] Ich darf mich hier auf eine mündliche Äußerung von Herrn Charles Diehl in Paris berufen.

[5] A. a. O. 224; danach die S. 1[3] genannte Dichiarazione und danach Garuffi 411.

[6] Vgl. über ihn Bursian, Allg. Deutsche Biographie 12 (1884), 776f.

[7] Abschrift seines Briefes vom 2. Januar 1657 an Valerio II Diplovatazio in der Oliveriana Cod. 937, Spogli Almerici, Squarcio B. P., Bl. 42—44; nicht gedruckt in Holstenii Epistolae, herausg. von Boissonade (Par. 1817).

[8] Eigenhändige Eintragung im Familienstammbuch, Cod. Oliv. 58, Bl. 102.

selbst, beweist es ferner, wenn das Wappen der Familie, wie es noch heute im Hause des Thomas zu Pesaro zu sehen ist[1], den gekrönten Doppeladler aufweist[2]; und wiederum höchstens diesen Glauben, wenn ein griechischer Brief, der 1581 von Stambul nach Tübingen reiste, unter den Überbleibseln vornehmer Familien, die sich damals noch in der Heimat aufhielten, einige der „Vatazier, die auch Diplovatazier heißen", aufführt.[3]

Nach alledem werden wir die allgemeine Annahme, daß Thomas väterlicherseits aus kaiserlichem oder dem kaiserlichen verwandten Geschlechte stamme[4], in das Reich der Familienfabeln verweisen müssen; wir dürfen ihn nur als Mitglied einer allerdings vornehmen byzantinischen Adelsfamilie bezeichnen. Aber keiner seiner Zeitgenossen hat im Geringsten an seinem erlauchten Geblüte gezweifelt: schon seinem Vater wird in einem Paß von 1457 die „kaiserliche Abstammung" bescheinigt[5] und seitdem ertönt das ehrerbietige Beiwort aus ungezählten Urkunden, Briefen und Äußerungen der Freunde, Gönner und sogar der Mißgünstigen.[6] Vor allem lebte Thomas selbst in diesen Vorstellungen und Erinnerungen: sein ganzes Schicksal, seine Haltung, seine Werke sind zum wesentlichen Teile hierdurch bestimmt worden. Die Illusion hat auch an Thomas Diplovatatius ihren lebensteigernden Zauber bewährt.

Erst sein Vater Georg führt uns auf den festen Boden geschichtlicher Tatsachen. Glücklicher als jener auf den Mauern Konstantinopels gefallene Vetter, verstand er es, zunächst in ein Kloster zu flüchten; dann erkaufte er von dem Sieger Schonung seines Lebens und den Weiterbesitz seines Lehens auf Lemnos. Egnatius, dem wir auch diese Nachrichten verdanken, nennt ihn „Fürsten" der Insel[7] — sicher wieder als Mundstück des Thomas, der sich auch von einem anderen Freunde als Fürstensohn anreden läßt.[8] Etwas zweideutig bezeichnet hingegen der oben erwähnte Paß von 1457 Georg als „Herrn des Castrum genannten Orts auf der

---

[1] Vgl. unten S. 32; auch auf der marmornen Grabplatte der Familie in S. Agostino; beides Stücke des 16. Jahrhunderts.

[2] Eine Abbildung des Wappens aus dem 17. Jahrhundert (Cod. Oliv. 437, Nr. 2) zeigt einen auf rotem Grunde schwebenden goldenen Adler mit rotem Brustschild, darin vier gitterförmig gekreuzte weiße Stäbe.

[3] Theodosii Zygomalae, De Constantinopoleos obsidionibus ... ad Martinum Crusium epistula, abgedruckt in des Crusius Turcograeciae libri octo (Bas. 1584), 91: *„βατάζιδων, καὶ ἔτι διπλωβατάζιδων λεγομένων"*.

[4] So u. a. Olivieri V; Savigny 3, 40; Besta 7.

[5] Unten S. 5[1].

[6] Bembo, unten S. 79[1].

[7] Danach Pigna, der aber das Kaufgeschäft verschweigt.

[8] Besta 27[3], nach der dort S. 6[4] gen. Hs. in Venedig.

Insel Lemnos und der ganzen Insel selbst".[1] Aber Herren der Insel waren damals die Gattilusi, und so wird Georg wohl nur im Lehnsdienst dieses genuesischen Geschlechts gestanden haben, wie nachweislich auch das Geschlecht seiner späteren Gattin, der Laskaris.[2] Vermutlich umfaßte sein Lehen Castro, das zwar nicht wie heute der Hauptort der Insel war, aber durch seine feste Lage ihren Schlüssel darstellte.[3] Zu Treue gegenüber dem Feinde seines Glaubens und Stammes fühlte sich Georg natürlich nicht verpflichtet; als zu Anfang des Jahres 1457 die venezianisch-päpstliche Flotte gegen das seit drei Jahren von den Türken besetzte Lemnos heransegelte, übergab er dem päpstlichen Legaten dieses Kreuzzuges, wie dieser in dem Passe sagt, nicht nur Castrum, sondern auch die ganze Insel.[4] Der Legat, Kardinalpresbyter Ludwig Scarampo, Patriarch von Aquileja, bescheinigte in der vom 5. August d. J. aus Rhodos datierten Urkunde noch, daß Georg das heilige Unternehmen auch sonst tatkräftig unterstützt, freilich dafür auch verschiedentlichen und großen Schaden von den Türken erfahren habe. In der Tat hatten diese wenige Tage vorher die Insel wieder erobert und verwüstet, die Einwohner nach Konstantinopel verschleppt[5]. So hatte Georg sich zwar nochmals zu retten vermocht, aber diesmal endgültig Heimat und Vaterland verloren. Als Zuflucht winkte auch ihm Italien: er taucht zunächst in Neapel wieder auf. Hier heiratete er eine Emigrantin aus angeblich kaiserlichem Geschlecht, Maria Laskaris[6], aus der berühmten Gelehrtenfamilie dieses Namens. Das weitere Leben des Paares verläuft im Dunkel; wir hören aber von Olivieri, der nach drei Jahrhunderten noch das Familienarchiv benutzen konnte, daß den Heimatlosen sieben Kinder beiderlei Geschlechts geboren wurden,

[1] Abschrift Cod. Oliv. 376, Bd. X, Bl. 24, danach gedruckt von Olivieri (S. VI), der aber auch die Urschrift kannte, damals in Familienbesitz zu Pesaro, vgl. S. IV. Auch Garuffi muß die Abschrift gekannt haben, vgl. S. 415. Auf Olivieris Mitteilung fußt der Druck bei Sarti-Fattorini II, 1f.

[2] Vgl. über beide Geschlechter Hopf bei Ersch und Gruber 86 (1868), 152.

[3] Vgl. Conze, Reise auf den Inseln des thrazischen Meeres (1860), 104; Krause am S. 2[2] genannten Ort S. 366.

[4] Die Quellen über den Kreuzzug, die im übrigen Georg nicht erwähnen, sind dunkel: Dukas c. 45, Chalcocondylas l. 9 und 10, benutzt im Corp. Scr. Hist. Byz. 1843—44. Daher viele Widersprüche in der Literatur: Hammer, Histoire de l'empire ottoman (verbess. franz. Ausg.) 3 (Par. 1836), 37, Hopf a. a. O. 153, Zinkeisen, Geschichte des osmanischen Reiches 2 (1854), 235—237 (dem wir folgen), Guglielmotti, Storia della marina pontificia 2 (Rom 1886), 259.

[5] Vgl. die Bulle vom 6. November 1477, erhalten und gedruckt wie die oben genannten Urkunden; Villemain, Lascaris ou les Grecs du quinzième siècle (Par. 1825) 169.

[6] So Egnatius und Pigna (auf oder bei Bl. 83), der den Vornamen bringt.

die ersten an unbekanntem Orte, die letzten auf Korfu.[1] Die Wahl des neuen Wohnsitzes lag nahe, da die Insel schon lange im Besitz der Venezianer war, die Georg in guter Erinnerung haben mußten, und den Zufluchtsort vieler Griechen bildete[2]; unter ihnen soll sich ehedem auch Konstantin Laskaris befunden haben, der berühmte Humanist, angeblich ein Neffe der Maria.[3] Über die Zeit der Übersiedlung besitzen wir nur die Angaben Olivieris, und hier wird dieser Forscher unsicher und widerspruchsvoll. Gewiß ist nur eins: ein Kind — angeblich das siebente und letzte — wurde in Korfu 1468 geboren. Es war unser Thomas.

Er selbst nennt sich einmal, in einem Widmungsbrief an den Dogen von Venedig, „in Korfu geboren“;[4] aus dem berechneten Zusatz: „welche Stadt Euch gehört“, darf man schließen, daß er in der gleichnamigen Hauptstadt der Insel zur Welt gekommen ist. Auch über das Jahr der Geburt besitzen wir zwei gut zusammenstimmende Angaben des Thomas selber. Am 13. August 1490, so sagt er in der Vita seines Lehrers Johannes Maria Riminaldo, habe er im Alter von 22 Jahren von ihm den Doktorhut empfangen. Hiernach wäre er zwischen dem 14. August 1467 und dem 13. August 1468 geboren. Und in der Vita des Antonius de Zochis de Monte San Savini läßt er diesen im neunten Jahre des eigenen Lebens Doktor, im sechsundzwanzigsten Richter der Rota in Rom werden. Das erste Ereignis läßt sich nicht bestimmen, das zweite aber fällt auf den 27. März 1493[5]; hiernach wäre Thomas zwischen dem 27. März 1467 und dem 26. März 1468 geboren. Wenn wir nun auch eine Genauigkeit bis zum i-Punkt hier weder zu erstreben brauchen noch, da beide Angaben nur in Abschrift vorliegen, erreichen können, so dürfen wir doch zunächst soviel schließen, daß Thomas in der zweiten Hälfte des Jahres 1467 oder der ersten des folgenden Jahres geboren wurde. Nun sagt Pigna, der einzige, der uns Tag und Monat überliefert — freilich auch nur nach einer der uns vorliegenden Abschriften seiner Arbeit — daß Thomas am 25. Mai 1472 geboren sei.[6] Das Jahr kann nicht stimmen, und paßt auch nicht zu der eigenen Angabe des Pigna, daß Thomas im Alter von 79 Jahren 1541 gestorben sei[7], also 1462 geboren wäre. Aber die Tagesangabe könnte

---

[1] Oliveri VII.

[2] Vgl. Buchon am S. 2[2] genannten Ort S. 422.

[3] *Μουστοξίδες, Ἑλληνομνήμων* Bd. 1 (Athen 1843), 100 (namenloser Zeitschriftenaufsatz über Diplovatatius, vorhanden in Berlin).

[4] Nach der Urschrift in Venedig gedruckt bei Besta 85.

[5] Göller, Zur Geschichte der Rota Romana, Archiv f. kath. Kirchenrecht 91 (1911), 42.

[6] Bl. 83. [7] Bl. 110.

richtig sein, da Pigna nur 27 Jahre nach dem Tode des Thomas schrieb und Schwiegervater des Enkels war, also aus mündlicher Überlieferung oder Familienpapieren schöpfen konnte. Der Monatsname endlich spricht jedenfalls für die erste Jahreshälfte, also für 1468. Er würde mit der ersten Angabe des Thomas zusammengehen; mit der zweiten dann, wenn wir entweder die Vermutung wagen, daß Pignas Urschrift nicht „maggio", sondern „marzo" hatte, oder annehmen, daß Thomas sich in Bezug auf den Zeitpunkt der Ernennung des Antonius um einige Wochen geirrt hat — dies aber ist weniger glaubhaft, da Thomas gerade in den Jahren, in welche die Vita des Antonius fällt, diesem eng verbunden war.[1] Nach alledem werden wir sagen dürfen, daß Diplovatatius im Jahre 1468, wahrscheinlich am 25. März dieses Jahres, geboren wurde.

Nicht lange sollte sich der Knabe Thomas des korfiotischen Himmels erfreuen dürfen. Rastlos, ein echter Emigrant, brach der Vater bald wieder seine Zelte ab und setzte mit seiner Familie — wenn wir auch darin den Angaben Olivieris trauen dürfen — 1475 nach Brindisi über. Zwei Söhne, wohl die ältesten, ließ er zurück; als zwei Jahre darauf die Jünglinge zu ihm stoßen wollten, traf sie und in ihnen den schwergeprüften Vater ein neues Leid durch den alten Feind: auf der Überfahrt von Korfu nach einem apulischen Hafen wurden sie von den Türken gefangen genommen und nach Konstantinopel verschleppt. Dort erreichten christliche Kaufleute, vielleicht jene zurückgebliebenen Verwandten[2], wenigstens soviel, daß die Unglücklichen nicht sofort getötet oder zur Annahme des Islams gezwungen wurden, sondern daß der Feind, unter Androhung solchen Geschicks, ein Lösegeld von 500 venezianischen Dukaten forderte.[3] Wie sollte der Heimatlose die ungeheure Summe beschaffen? Vergeblich wandte er sich mit seiner Familie zunächst nach Messina. So berichtet uns ein aus Familienpapieren schöpfender Schriftsteller des 17. Jahrhunderts[4]; seine Nachricht erscheint um so glaubhafter, als damals dort in angesehenster Stellung jener Konstantin Laskaris lebte[5], und dieser sehr bald darauf an Thomas lebhaften Anteil nahm. Glaubhaft erscheint auch die Angabe der gleichen Quelle, daß damals die Kinderschar auf drei zusammengeschmolzen war. Denn von den sieben werden nicht alle die früheste Kindheit überstanden haben; zwei Brüder waren

---

[1] Vgl. unten S. 35.

[2] Vgl. S. 4 bei Anm. 3.

[3] Dies nach der S. 5[6] genannten Bulle.

[4] Garuffi 415.

[5] Vgl. Legrand, Bibliographie hellénique 1 (Par. 1885), LXXXI—LXXXVII; Σάθας, Νεοελληνικὴ φιλολογία (Athen 1868), 48—51 (vorhanden in Leipzig).

gefangen; und in dem weiteren Leben des Thomas erscheinen nur die Spuren von zwei Geschwistern: die Tochter eines Bruders Demetrius[1] und der Mann einer für uns namenlosen Schwester.[2]

Von Messina ging Georg zunächst mit den Seinen nach Neapel, dem einstigen Zufluchtsorte, zurück, um von dem aragonesischen Könige Ferdinand I. Hilfe zu erflehen[3]; von hier, die Familie zurücklassend, an die Kurie, zu Sixtus IV. Geld gab ihm freilich auch der große Türkenfeind nicht, wohl aber, aus dem unerschöpflichen Gnadenquell der Kirche spendend, eine vom 6. November 1477 datierte Bulle, welche die Leidensgeschichte des Vaters und seiner Söhne erzählte und jedem Gläubigen, der ihnen beispringen würde, zwei Jahr und zweimal vierzig Tage Ablaß zusicherte.[4] Wir wissen nicht, welchen Erfolg diese Aufforderung gehabt hat, und welches das Schicksal der Söhne gewesen ist. Der Vater jedenfalls trat in spanische Dienste — sei es, daß er wirklich, wie Egnatius berichtet, dorthin von Ferdinand II. von Aragonien berufen wurde, der 1479 den Thron bestieg, sei es, daß sich das gequälte Herz im Kampfe gegen den Erbfeind Luft machen mußte. Vor dem letzten, seit 1482 umlagerten und zehn Jahre später gebrochenen Bollwerk des Islams im Westen Europas, vor Granada, soll er den Soldatentod gestorben sein.[5] Sein ergreifendes Geschick verkörpert gleichsam das wechselvolle Ringen der großen Mächte des politischen und religiösen Lebens einer Welt, die allen Grund hatte, diesem Ringen mit Bestürzung und in Ungewißheit über den endlichen Ausgang zuzuschauen.

Schwere Schicksale also waren es, die das Jugendleben unseres Thomas beherrschten, wohl geeignet, ein ernstes Gemüt zu festigen und zur Strenge zu erziehen. Der häufige und umwälzende Wechsel der Heimat mag nicht wenig dazu beigetragen haben, den Geist des Knaben zu entwickeln. Seine ungewöhnlich frühe Reife bezeugen die ältesten Biographen[6]; daß sie nicht übertreiben, Thomas vielmehr ein Wunderkind gewesen ist, scheint aus mancher Betätigung seines Geistes in Art und Unart hervorzugehen. Nach dem Fortgang des Vaters wollte kein geringerer als Konstantin Laskaris seine Erziehung leiten; der große Gräzist war mit diesem Anerbieten von Messina nach Neapel gereist.[7] Aber die Mutter wußte dem Knaben, von dem

---

[1] Vgl. unten S. 31.
[2] Vgl. unten S. 87.
[3] Olivieri VII.
[4] Gedruckt am S. 5[1] genannten Ort.
[5] Garuffi 415; Olivieri VII.
[6] Egnatius; Pigna Bl. 83.
[7] Pigna, der dies freilich in die Zeit nach dem Tode des Vaters setzt.

sie sich nicht trennen mochte, auch in Neapel eine glänzende Schulung zu verschaffen — wenn er auch freilich auf diese Weise den Zusammenhang mit dem Griechentum und seiner Sprache leider verloren zu haben scheint, und durchaus Italiener wurde. Den Unterricht in der Grammatik erteilte, so heißt es, einmal der wenig bekannte Carlo von Sorrent[1], von dem ein Gedicht gegen die Türken und ein Lehrbuch der Redekunst für Knaben erhalten sind[2]; ferner Johannes Pontanus.[3] Wir würden nicht glauben, daß der berühmte Staatsmann, Dichter und Gelehrte, mit dessen Namen sich noch heute die Akademie in Neapel schmückt, unter der Last all seiner Hof- und Staatsämter die Zeit hierzu gefunden hätte, wäre uns nicht durch den Mund seines Mitbürgers Facius (der dies allerdings schon 1456 geschrieben hatte) bekannt, daß er es nicht verschmähte, auserlesenen Jünglingen den ersten Anstieg zu höherer Bildung selbst zu bahnen.[4]

Nachdem Thomas hier das Trivium beendet hatte, ging er „um Logik zu studieren"[5], also wohl, um das Quadrivium zu durchmessen (das manchmal die „Dialektik" umfaßte) nach dem nicht allzu entfernten Salerno. Hier hielt er in dem ziemlich frühen Alter von zwölf Jahren in dem altehrwürdigen, noch jetzt wohlerhaltenen Münster die feierliche Prüfungsrede. Schon diese eine Tatsache würde beweisen, was sein ganzes Leben bestätigt, daß der junge Grieche im römisch-katholischen Glauben aufgewachsen ist.

Mit diesem Schritt trat Thomas Diplovatatius zum ersten Male vor die Öffentlichkeit. Es muß im Jahre 1480 gewesen sein.

---

[1] Pigna; über Egnatius s. unten Anm. 3.

[2] Carolus Surrhentinus, Cohortatio ad Italos contra Turcos (o. J. u. O., Neapel um 1480), s. Reichling, Appendices 1 (1905), Nr. 753; Adolescentulo de modo augendi orationem, Hain 15188.

[3] Pigna; der Auszug des Egnatius scheint hier entstellt, da er statt „Sorrentino" liest „Smentino" und diesen wie Pontanus als Juristen in Salerno anzusehen scheint. S. über Pontanus die Biographien von Colangelo (Neapel 1824) und Tallarizo (Neapel 1874).

[4] Bart. Facius, De viris illustribus (Ausg. Flor. 1745), 6.

[5] Dies und das Folgende nach Pigna a. a. O.

Zweiter Abschnitt.

Lehr- und Wanderjahre.

(1480—1490.)

Um diese Zeit und in Salerno geschah es, daß das Leben unseres Helden die entscheidende Wendung nahm. Antonello da San Severino, Fürst von Salerno, der mächtigste Lehnsmann des Königreichs, berühmt durch seine Führerschaft in der „Verschwörung der Barone"[1], nahm Anteil an dem durch „kaiserliche" Abstammung und ein sehr unkaiserliches Geschick, durch fremde Herkunft und vielversprechende Begabung ausgezeichneten Knaben. Er bestimmte ihn, dessen sorgfältige Erziehung ohnedies den künftigen Gelehrten vorgebildet hatte, zum Juristen. Gleichsam als Patengeschenk übergab er ihm eine Handschrift der Institutionen[2] — den Grundstein legend zu einer der kostbarsten juristischen Büchersammlungen aller Zeiten. So durfte Thomas, wie sein Vorgänger im Literaturgeschichtlichen, Johannes Andreae, von sich sagen, daß er schon als „Knabe" Jus getrieben habe.[3] Die „Elemente" Justinians zusammenzusetzen, konnte ihn freilich in Salerno selbst kaum jemand richtig lehren — die Rechtsschule schlug sich nur eben durch, weil zum Nutzen der Hauptstadt jeder andere als der altberühmte medizinische Unterricht in Salerno mehrfach verboten worden war.[4] Dennoch begann Thomas hier das Studium des weltlichen Rechtes. Aber es sind nahezu Unbekannte, die als seine Lehrer aufgeführt werden: Antonio da Croce für die Institutionen; Nicola Capograsso aus Salerno für die ordentliche Vorlesung am Vormittag, d. h. das Digestum Vetus; und für die Nachmittagsvorlesung, wohl den Codex, Carlo de Ruggine.[5] Nur Capograsso hat sich in der Literaturgeschichte ein ganz bescheidenes Plätzchen erobert, er ist für 1465—66 in Neapel als Lehrer bezeugt[6], und für 1478 in Salerno; auch jene Vorlesung hat sich eine Zeitlang handschriftlich erhalten.[7] Thomas selbst, der dankbarste aller Schüler,

---

[1] Vgl. Porzio, La congiura dei baroni, herausg. von d' Aloe (Neapel 1859).

[2] Egnatius; Pigna Bl. 85.

[3] Am S. 1[2] genannten Ort; über Johannes vgl. Schulte 2, 142[11].

[4] Origlia, Istoria dello studio di Napoli (Neapel 1753), 177.

[5] Dies nach Pigna a. a. O., der auch die Nachmittagsvorlesung „ordentlich" nennt.

[6] E. Cannavale, Lo studio di Napoli nel rinascimento (2500 documenti inediti) (Neapel 1895), 44.

[7] Toppi, Biblioteca Napoletana (Neap. 1678), 221; über ihn auch Origlia 260, 284; genannt wird noch Tafuri, Scrittori di Napoli 2, 2 (Neap. 1749), 344.

muß diese seine ersten Rechtslehrer als sehr schwach in der Erinnerung behalten haben, denn in seinem Buch „von den berühmten Rechtsgelehrten", durch das er auch sehr bescheidenen Verdiensten Unsterblichkeit verlieh, hat er keinem eine Vita gegönnt; die Vorlesung über das Digestum Vetus hielt er für ratsam, in Padua erneut zu hören.

So kann es kein Schaden für ihn gewesen sein, daß er — wohl nach beendetem dritten Schuljahr — zum ersten Male wie später noch so oft die Universität vertauschte. Am 15. Oktober 1483 war wiederum aller Rechtsunterricht im Königreich außer dem in Neapel verboten worden[1] und damit ein äußerer Grund gegeben, zu Mutter und Geschwistern zurückzukehren. In Neapel hörte Thomas zwei Männer, die Pigna uns als Antonio de Bathimo und Francesco de Balvino vorstellt.[2] Von Antonio de Bathimo wissen wir nur, daß er Neapolitaner war und Vorlesungen über beide Rechte gehalten hat, die sich abschriftlich erhalten zu haben scheinen[3]. Sicher ist er jener Antonius de „Barchino", von dem das (unechte) Verzeichnis zum Hauptwerk des Thomas spricht[4]; die Vita, die ihm dieser gewidmet hat, ist mit dem letzten Blatt der einzigen Handschrift verloren gegangen. In Neapolitanischen Urkunden heißt er „Baptimus", „Bartimus" oder „de Battinios" und erscheint er 1478—80; danach las er mit hoher Besoldung die ordentliche Vormittagsvorlesung über Römisches Recht.[5] Francesco wird jener Franciscus de Bultino sein, dem die letzte der uns erhaltenen Viten gewidmet ist;[6] in dem Bruchstück, nach dem die Handschrift abbricht, heißt es, er sei Bürger von Neapel gewesen, wo er unter den Gelehrten jener Zeit in Ansehen gestanden und gelesen und geschrieben habe. „Jene Zeit" muß das in der vorangehenden Vita genannte Jahr 1483 umfaßt haben — damit dürfte das Studium in Neapel nach Jahr und Lehrer bestimmt sein. Auch diese Rechtsschule war nur mäßig, war nichts im Vergleich zu dem, was Friedrich II. einst gewaltsam zu machen unternommen hatte. Ihr künstlich unterhaltenes Flämmchen, das gerade jetzt heller flackerte als sonst[7], wurde dennoch mächtig überstrahlt von dem Glanz der beiden damals vornehmsten Hochschulen Italiens, von Padua und — in etwas geringerem Grade — von Perugia.

---

[1] Origlia 268 (Urkunde).

[2] Pigna a. a. O.

[3] Vgl. Toppi zu diesem Namen.

[4] Vgl. Anhang II § 6.

[5] Vgl. Cannavale 50f., CIV.

[6] Hingegen findet sich die von Besta 10[8] angeblich aus dem Werk geschöpfte Stelle über Franciscus nicht.

[7] Cannavale 13.

Eben Padua ist es, wo wir Thomas nunmehr als Scholaren antreffen. Das am 2. Oktober 1485 „an jedermann" ergangene Verbot[1], bei Strafe der Einziehung aller Güter und ewiger Verbannung außerhalb des Königreichs weder zu studieren noch zu promovieren, scheint den Besitz- und Heimatlosen nicht geschreckt zu haben.

Übrigens ergab sich die Wahl von Padua von selbst dadurch, daß Maria Laskaris um diese Zeit — 1484 oder 85 — mit ihren Kindern nach Venedig übersiedelte, zu dessen Terra ferma damals Padua als einzige Universitätsstadt gehörte. Sie folgte der Einladung eines in Venedig wohnhaften Griechen, des Demetrius Spandolini.[2] Er muß ein Verwandter gewesen sein, da Thomas bei Gelegenheit der Erwähnung der Basiliken — der frühesten Erwähnung des Rechtsbuchs im Abendland[3] — als Besitzer einer Handschrift den „hochgeborenen Ritter, Herrn Mattheus Spandolini, Patrizier von Konstantinopel" anführt und diesen seinen Verwandten nennt.[4] Auch ein Sebastianus Spandolini ist bald darauf in Venedig nachweisbar[5] — wie überhaupt die Lagunenstadt als Vorkämpferin gegen die Türkenheit und ihrer eigenen unangreifbaren Lage wegen auf die griechischen Flüchtlinge eine starke Anziehungskraft ausüben mußte. Thomas selbst scheint unmittelbar nach Padua gegangen zu sein, ohne in Venedig abzusteigen; denn in dem erwähnten Widmungsbrief an den Dogen zählt er unter seinen persönlichen Beziehungen zu der Stadt einen Jugendaufenthalt in ihr nicht auf.

In Padua erwarteten ihn berühmte Lehrer, die der Ruf des Ortes und der klingende Lohn ihrer Tätigkeit im Dienste der reichen Republik herbeigelockt hatten.[6]

Zunächst scheint Thomas nicht an die besten geraten zu sein. Sein frühester Lehrer war hier wohl Johannes Campeggius aus Mailand († 1511), denn dieser hat schon 1486 Padua mit Bologna vertauscht, um erst drei Jahre darauf zurückzukehren.[7] Thomas schweigt in der ihm gewidmeten Vita über sein Schülerverhältnis, nennt ihn aber in einem seiner Zusätze zu Tartagnus seinen „Dominus".[8] Das hat ihn in seiner

---

1 Cannavale CVI.

2 Egnatius.

3 Der Zweifel Stintzings, Geschichte der deutschen Rechtswissenschaft 1 (1880), 225[1], ist grundlos.

4 Vgl. unten in der Vita Justinians.

5 Olivieri IX.

6 Vgl. Brugi, La scuola padovana di diritto romano nel sec. XVI. (Pad. 1888).

7 Mazzetti, Repertorio di tutti i professori . . . di Bologna (Bol. 1848), Nr. 710 (hier selbständig); Gabotto (unten S. 14[3]) 96.

8 Ad D. 42, 1, 20 v. marito.

strengen Gerechtigkeitsliebe nicht gehindert, ihm anderen Orts als Ausschreiber des Tartagnus, des Lehrers des Campeggius, nachzuweisen — es tat ihm weh, von einem „solchen Mann" das sagen zu müssen.[1] Beidemale nennt er von ihm eine Abhandlung über die Mitgift — sonst ist nicht viel über diesen Romanisten zu sagen, der seinerzeit einen heute schwer begreiflichen Ruhm genoß, vielleicht als Lehrer hervorragte.

Auch ein anderer Lehrer in dieser Zeit, Johannes Baptista de San Blasio aus Padua († 1492), war kein großer Geist. Aber er hatte literaturgeschichtliche Neigungen, und so könnte er bei Thomas, der ihn mehrmals seinen Dominus nennt[2], die gleiche erweckende Rolle gespielt haben, wie Philipp Friedrich Weiß bei Savigny. Auf nähere Beziehungen deutet der Umstand, daß er der ersten Vorlesung des Thomas beigewohnt hat, wie dieser selbst erzählt zu haben scheint.[3] Erheblich kann sein (verschollenes) Verzeichnis der mittelalterlichen Juristen nicht gewesen sein[4], da es von seinem Schüler, dem gerade diese Schrift nicht leicht entgehen konnte, nirgends benutzt scheint, jedenfalls nie erwähnt wird. Er hat über beide Rechte geschrieben.[5]

Reiner Kanonist war der dritte Lehrer des Thomas in Padua, der Sizilianer Antonius Corsetus († 1503). Thomas nennt ihn in der ihm gewidmeten Vita seinen Lehrer im kanonischen Recht; die venezianische Regierung habe ihn 1486 nach Padua berufen, wo er öffentlich und mit vergrößertem Gehalt die Vormittagsvorlesung im kanonischen Recht — jedenfalls das Dekret — gelesen habe; bei ihm habe auch er gehört. Auch diesmal handelte es sich um einen wenig bedeutenden Mann[6]; aber Thomas muß wiederum gute Beziehungen zu ihm unterhalten haben, auch über die Scholarenzeit hinaus: an der gleichen Stelle erzählt er, daß ihn Antonius später einmal auf der Durchreise nach Rom zu Alexander VI. in Pesaro besucht und ihm dabei seine kürzlich gedruckte Abhandlung „de prestantia regum" geschenkt habe. Die gleiche Schrift, die übrigens 1490 erschienen und richtig „de potestate et excellentia regia" betitelt war[7], nennt er noch öfter mit großer Achtung.[8] Diese und andere

---

[1] Vgl. die Stelle unten S. 62.
[2] Z. B. in der Vita und zu Tartagnus ad D. 29, 2, 20, 5.
[3] Vgl. unten S. 16[1].
[4] Vgl. Savigny 3, 79.
[5] Vgl. Schulte 2, 379f.
[6] Vgl. Schulte 2, 348f. Weitere Literatur bei Chevalier 1, Sp. 1052.
[7] Copinger-Hain 2, 1812.
[8] Zu Tartagnus ad D. 2, 8, 16; 2, 14, 1; 24, 3, Rub.; zu Bartolus cons. II, 28; ad reprimendum v. ne ex eorum; richtig angeführt zu Bartolus cons. I, 196.

Schriften, so das große Sachenverzeichnis zu den Werken des Landsmannes Nicolaus Panormitanus und die Abhandlung über die Geltung der Glosse weisen auf eine seinem Schüler ähnliche Geistesrichtung. — Hingegen gehört ein anderer Kanonist, obwohl Thomas ihn mit Worten anredet, die nur dem Lehrer gebühren, nicht hierher. In dem ersten Zusatz zu dem zweiten Bande der von ihm vierzig Jahre später herausgegebenen Gutachten des Bartolus sagt er, er habe dem Herrn Petrus Paulus Parisius, seinem Vater und Dominus, dem Cosentiner[1], öffentlichem ordentlichem Professor des Kirchenrechts in Padua, seine Unterlagen gezeigt. Aber der Ausdruck „dominus" kann nur auf eine besondere Ehrerbietung zurückgehen, die er dem Manne (späterem Bischof und Kardinal) entgegen brachte; denn dieser war mehrere Jahre jünger als er selber, erst 1499 Doctor, erst 1521 Professor geworden.[2]

Alle diese Männer und überhaupt die Juristen Italiens überstrahlte weit der Mailänder Jason de Mayno — unstreitig der einflußreichste Rechtsgelehrte seiner Tage, eben damals zu kurzer Lehrtätigkeit für Padua gewonnen. Der Lehrer Alciats ist der einzige unter den Lehrern des Thomas, der schon auf das neue humanistische Zeitalter vorbereitet — durch den reineren, d. h. die Alten nachahmenden Stil, durch häufige Lesefrüchte aus klassischen Dichtern, Geschichtsschreibern und Philosophen und durch die gefällige Kunst des Vortrags, aber auch durch die Schattenseiten seines habgierigen, streitsüchtigen, unzuverlässigen und eitlen Wesens.[3] In der Verfahrensart jedoch ist er noch ganz der Mann der alten Schule, deren Höhepunkt er in mancher Hinsicht bildet; noch heute sind seine umfangreichen Werke dem Geschichtsschreiber der Dogmen unentbehrlich, der hier sorgfältiger als irgendwo sonst die Literatur seit der Glosse verwertet und geordnet dargestellt findet. So war der künftige Literaturhistoriker der Rechtswissenschaft bei ihm vor die rechte Schmiede geraten und wird von hier einen Teil der eigenen unermeßlichen Bücherkenntnis mitgenommen haben. Er berichtet in der dem Meister gewidmeten Vita, daß er in Padua bei ihm im Jahre 1486 zu hören „angefangen" habe, als dieser über den ersten Teil des Codex sehr nützlich gelesen habe; die Vorrede und eine an die

---

[1] Der Druck (Lyon 1550) liest „Bon[oniensi]", was Druckfehler für „Con[sentino]" sein muß.

[2] S. über ihn die bei Schulte 3, 444 Genannten und Ciaconius, Vitae ... cardinalium 3 (1677), Sp. 667.

[3] Vgl. Savigny 6, 408; Gabotto, Giason del Maino e gli scandali universitari nel quattrocento (Tor. 1888), sehr umfangreiche und im Kulturgeschichtlichen wertvolle Arbeit, durch die Savigny mehrfach berichtigt wird, im einzelnen freilich sehr ungenau. Vgl. ferner v. Moeller, Alciat (1907), 18—20.

Scholaren von Padua gerichtete Eingangsrede — vom 19. Oktober — haben sich erhalten.[1] Hier feierte er die Rechtswissenschaft als die am meisten bildende und im Leben nützlichste der Freien Künste. Auch im weiteren Verlauf erhob sich die Vorlesung manchmal zu fast humaristischem Schwunge; so erinnerte sich Thomas noch viel später einmal einer begeisterten Lobrede daraus, die freilich noch dem Bartolus galt.[2] Der Unterricht plätscherte in der behaglichen Breite jener Zeit dahin und war z. B. am 27. Mai 1487 trotz mancher Auslassung erst bei der 7. Lex des 19. Titels des 1. Buches angelangt; dieses Kolleg besuchte der höchste Beamte der Stadt, wofür Jason, durch solche Ehre tief beglückt, mit einer Ansprache aus dem Stegreif dankte.[3] Im folgenden Schuljahr, so berichtet Thomas in der gleichen Vita, habe Jason den ersten Teil des Vetus wundervoll erläutert. Auch diese — wiederum sehr unvollständige — Vorlesung wird Thomas (vergleichend zurückdenkend an das Gegenstück auf der Winkelfakultät Salerno) besucht haben; der Ausdruck „angefangen" deutet auf ein längeres Schülerverhältnis, das denn auch Egnatius als ein zweijähriges bezeichnet. Diese Vorlesung hat sich ebenfalls erhalten; die Eingangsrede ist Sallust entnommen und handelt sehr gebildet und erbaulich über Leib und Seele, wobei sie sich an den unsterblichen Teil in den Studierenden wandte.[4] Thomas nennt Jason, in dem wir seinen wichtigsten Lehrer erblicken dürfen, in der Vita „ganz Italiens vornehmsten Doktor, der freiesten Geistes die Knoten der Gesetze aufgelöst und dessen Trompetenklang vom Erdkreis vernommen wurde".

Die Beschäftigung mit dem Meister hat ihn ins praktische Leben hinausbegleitet, in seinen Zusätzen zu Tartagnus und Bartolus führt er sehr oft die eigenen an, die er zu Jason hinzugefügt habe; den erläuterten Stellen nach zu urteilen, handelt es sich nur um Eintragungen in die beiden Kollegliefte.[5] Hingegen scheint er eine — leider verlorene — selbständige Vita des Jason zur Veröffentlichung bestimmt zu haben.[6] Wie stolz wird er gewesen sein, als sein Lehrer den nun schon lange Jahre der Rechte Beflissenen bei Auslegung einer Digestenstelle zu Rate zog und seine Ansicht billigte[7].

---

[1] Savigny 6, 414; Gabotto 108; hier benutzt in der Ausgabe Med. 1517.

[2] Vgl. seine größere Vita des Bartolus, Bd. 2 im Anhang.

[3] Gabotto S. 105f.

[4] Savigny 6, 410; Gabotto 114; vgl. Sallust Bellum Iugurtinum c. 1. Benutzt wurde die Ausgabe Lugd. 1531.

[5] Codexstellen werden u. a. angeführt zu Tartagnus ad D. 35, 2, 1, 19; Vetusstellen ebenda ad D. 1, 21, 1; 2, 11, 8; zu Bartolus Tr. copule.

[6] Vgl. unten S. 67.

[7] 2, 1 Rub.; erwähnt zu Tartagnus ad h. l. (falsch also Besta S. 11[6]).

So war er in jeder Weise vorbereitet, als er nunmehr selbst die Lehrkanzel bestieg und in Padua über die Institutionen las. Dies berichtet Egnatius in dem aus seiner Biographie des Thomas erhaltenen Auszug; Pigna, der aus der vollständigen Schrift schöpft, kann noch das Jahr hinzufügen, nämlich 1489, und die Einzelheit, daß mehrere Paduaner Doktoren, darunter seine Lehrer, namentlich Johann Baptista, der ersten Stunde beigewohnt haben.[1] Auffällig ist hieran nichts; es ist bekannt, daß die Scholaren gegen Ende ihrer Lehrzeit „außerordentliche" Vorlesungen halten durften, wozu sie natürlich gern die Institutionen wählten; durch eine solche Vorlesung erwarben sie den Grad eines Bachalaureus.[2] In Padua war sogar die Abhaltung von Vorlesungen, Repetitionen oder Disputationen Voraussetzung der Doktorprüfung[3] — wir werden nicht fehlgehen, wenn wir annehmen, daß Thomas nach nunmehr achtjährigem, fleißigem Studium Examensgedanken hatte. Möglich wäre es auch, daß er eine der Nebenprofessuren bekleidete, die in Padua damals älteren Scholaren offenstanden.[4] Wenn Egnatius weiter berichtet, daß er „noch bartlos" war und hierdurch das Staunen der Zuhörer erregte, so erscheint auch diese Einzelheit nicht unglaubwürdig; Egnatius mag damit haben andeuten wollen, daß dem Einundzwanzigjährigen ein reifes, männliches Auftreten nicht eben eigen war, und das werden wir bei diesem Musterstudenten und Bücherwurm — einstigem Wunderkinde — gerne glauben. Für die Zwecke jener Vorlesung wird ein Institutionenkommentar gedient haben, den Thomas später einmal so anführt[5]: „Vergleiche, was ich zu der Institutionenrubrik de exceptionibus gesagt habe; dort habe ich es vollständig dargelegt."

Aus diesem akademischen Treiben riß ihn ein Ruf heraus, der ihn dauernd in eine ganz andere Welt führen sollte — nach Pesaro, an den Hof der Sforza.[6]

---

[1] Pigna, Bl. 86; mehrfach ungenauer Abdruck bei Besta 11

[2] Savigny 3, 238ff.

[3] A. a. O. 287.

[4] A. a. O. 295.

[5] Zu Tartagnus ad D. 2, 2, 3 v. a principe.

[6] Eine wissenschaftliche Geschichte der Stadt fehlt. Die durch häufige Archivbrände zusammengeschmolzenen Bestände benutzt das vielbändige Werk von T. Betti (Boezio), Delle cose Pesaresi, Cod. Oliv. 994, Ende des 18. Jahrhunderts. Geschichtliche Bemerkungen im Guida di Pesaro (P. 1864 und 1883), ohne Verfassername, von Vanzolini. Zeitangaben sorgfältig zusammengetragen bei L. Bertuccioli, Mutamenti governativi nella città di P. (P. 1853). Für die Ortskunde brauchbar: Vaccai, Pesaro (P. 1909). Kunstgeschichtliches und Abbildungen bei demselben, Pesaro, in der Bergamasker Sammlung „Italia artistica" (1909). Literaturgeschicht-

Pesaro, das alte Pisaurum, hatte seit dem Untergange des Westreichs die wechselvollen Schicksale geteilt, die der Pentapolis beschieden waren — jener Perlenschnur von Küstenstädten, die sich von Ancona im Süden über Sinigallia, Fano, Pesaro bis nach Rimini hinaufzieht. Es hatte nacheinander Odoaker, Theodorich, Belisar und Alboin die Tore öffnen müssen, hatte dann einen Zankapfel gebildet zwischen dem byzantinischen Statthalter in Ravenna und den langobardischen Königen, um endlich durch Pippins Schenkung an den Bischof von Rom zu fallen. Es ist bekannt, daß die Zugehörigkeit einer Stadt zum Patrimonium Petri die Entfaltung selbständigen Gemeindelebens nicht zu hindern vermochte; ebensowenig wie dies Pesaros spätere Zugehörigkeit zum heiligen römischen Reiche tat. Wir erfahren von einer Unabhängigkeitserklärung der Stadt zu Anfang des 11. Jahrhunderts; von einem Vertrag mit Innozenz III., der es bei einer jährlichen Zinszahlung als Zeichen der Anerkennung der päpstlichen Lehnsherrlichkeit bewenden ließ und seinerseits den Markgrafen von Ancona belehnte. Die Stadtverfassung geht weiter ihren vorgezeichneten Weg; es treten im 13. Jahrhundert die Konsuln, bald auch die Podestaten auf; dazwischen scheint auch eine unmittelbare Herrschaft der Kirche auf kurze Zeit Platz gegriffen zu haben. Zu einer vollen Ausbildung der Volksherrschaft, gleich der in so vielen Städten des mittleren Italiens, kam es hier dann aber nicht; der letzte Podestà, Giovanni Malatesta von Rimini, genannt der Lahme — unsterblich als Francescas Gatte und Mörder — machte sich 1290 zum Signoren von Pesaro. Der Rest von Selbstverwaltung, welcher der Stadt geblieben war, wurde von einem adligen engeren Rate, dem Consilium Credentie, wahrgenommen; der große Rat, das Consilium Generale, trat nur bei besonderen Gelegenheiten — um Ja zu sagen — zusammen. Ein rechtes Treueverhältnis dem Fürsten gegenüber konnte bei der Doppelheit der Untertänigkeit nicht aufkommen, zumal der heilige Stuhl durch seine geistlichen wie weltlichen Machtmittel das moralische Übergewicht besaß. Nach außen hin bewirkten die unklaren staatsrechtlichen Verhältnisse, daß je nach der allgemeinen staatlichen Lage und der Persönlichkeit der Beteiligten das päpstliche Lehnsband bald ein Zwirnsfaden in der Hand des Signore wurde, bald ein Strick in der Hand des heiligen Vaters, mit dem er die Freiheit seines Lehnsmannes und die seiner Hintersassen erdrosselte.

---

lich: Bonamini, Uomini illustri di P., Cod. Oliv. 158, um 1800. Inschriften bei Cinelli, Iscrizioni dell' infima età esistenti in P. e nei dintorni, Hs. von 1899, im Leihbesitz der Oliveriana. Am wertvollsten sind die verschiedenen Einzelschriften Olivieris. — Unzugänglich blieb mir Cinelli, Pandulfo Collenuccio e Pesaro ai suoi tempi (P. bei Federici 1880), angeblich schlecht.

Die Malatesta regierten als „Vikare der Kirche“ bis 1445. In diesem Jahre verkaufte der letzte des pisaurischen Zweiges, Galeazzo, Pesaro an den großen Condottiere Francesco Sforza, den späteren Herzog von Mailand, um die Stadt vor den Nachstellungen der mächtigen Vettern in Rimini zu sichern. Francesco übereignete sie vertragsgemäß an seinen tapferen, gerechten und gelehrten Bruder Alessandro, den Mann einer Nichte Galeazzos.[1] Diese Veräußerung eines Lehns zog als Felonie zwar sowohl Galeazzo als Alessandro den Bannfluch zu; aber dessen ungeachtet bestieg dieser den Thron, wurde von dem nächsten Papste nach Zurücknahme des Bannes belehnt und vererbte die Herrschaft 1473 auf seinen Sohn Costanzo. Zwei Jahre darauf vermählte sich dieser unter Entfaltung unerhörten Prunkes, der aus zahlreichen Berichten der Zeitgenossen wiederscheint[2], mit Camilla d'Aragon. Camilla — der Beiname stammt von ihrer Mutter, die eine uneheliche Tochter des Königs beider Sizilien Ferdinand war — scheint eine mit allen Gaben der Schönheit, des Verstandes und des Willens gleich begnadete Frau gewesen zu sein.[3] Es war kein Schaden für das Ländchen, daß sie schon 1483, als Witwe Costanzos und Regentin für seinen einzigen, unehelichen Sohn Giovanni, die Zügel der Regierung ergriff — in welcher Gesinnung, beweist ein Brief, in dem sie sich weigert, die von der Pest heimgesuchte Residenz zu verlassen, „weil ihr dieser Staat teurer sei als das Leben“.[4]

Diese Frau war es, die 1489 Maria Laskaris und ihre Kinder an den Hof rief[5], wobei sie Thomas das Amt eines Richters („Vikars“) in Berufungs- und Steuersachen antrug.[6] Es ist begreiflich genug, daß die Familie, die Vater und Vaterland verloren hatte, dem ehrenvollen Rufe Folge leistete — sollte sich hier doch nach dem langen Wanderleben endlich eine neue Heimat auftun. Nur Vermutungen sind hingegen über die Beweggründe der Fürstin möglich. Der Name Laskaris hatte am Hofe der Aragonesen einen guten Klang, seit Hyppolita Sforza 1465 ihren vergötterten Lehrer Konstantin von Mailand nach Neapel mitgeführt hatte,

---

[1] Kennzeichnung Alessandros nach Burckhardt, Cultur der Renaissance[2] (1869), 22.

[2] Literatur bei Chevalier 2, 4229; ferner bei Leandro Alberti, Descrittione di tutta l'Italia (Ven. 1551), Bl. 239.

[3] Saviotti, Pandulfo Collenuccio, umanista Pesarese del sec. XV. (Pisa 1888), 21ff., 29, 33; Schaumünze mit Bildnis soll bei Olivieri, La Zecca di P. (Bologna 1773), abgebildet sein.

[4] Abgedruckt bei Saviotti 33 (von 1482).

[5] Die Tatsache nach Egnatius und Pigna Bl. 86; das Jahr ergibt sich aus dem Zusammenhang.

[6] Pigna a. a. O.

wo sie des Königs Schwiegertochter wurde.[1] Und auch zu Pesaro wird Maria Beziehungen unterhalten haben: denn hier hatte sich eine kleine griechische Kolonie der allervornehmsten Familien, die ja durchweg mit den Laskaris verschwägert waren, angesiedelt. Ein Palaiologe hatte schon 1421 eine Malatesta von Pesaro geheiratet[2], andere dieses Hauses, sowie Comnenen und Angeli, hatten sich nach dem Untergange des Reiches dorthin geflüchtet.[3] Sie mögen dazu beigetragen haben, aus der kleinen, herrlich gelegenen Stadt in den Marken einen jener Brennpunkte der Renaissance zu machen, den die meisten der ruhmbegierigen Fürstengeschlechter Italiens an ihrem Hofe zu schaffen unternahmen — so auch die Sforza beider Linien. Endlich wissen wir noch, daß Sebastianus Spandolini, sicher ein Angehöriger jenes Demetrius, der die verwandte Familie nach Venedig gezogen hatte, dort nicht lange darauf (mindestens seit 1500) als Bevollmächtigter des Herzogs Giovanni in dessen Heiratsgeschäften tätig war.[4] Er mag es — nach einer Vermutung Olivieris — gewesen sein, der seinen Vetter und Schützling Thomas Diplovatatius der Fürstin als den geeigneten Mann für ihr Gericht empfohlen hatte.

Vielleicht, daß er mit südlicher Übertreibung dem Lauf der Dinge vorausgeeilt war? Camilla war jedenfalls nicht wenig erstaunt, als ihr in dem zum Richter zweiter Instanz Erkorenen ein noch ganz junger Mann entgegentrat; wenn sein Biograph auch bei dieser Gelegenheit seine Unbärtigkeit hervorhebt, so möchten wir dies in Anbetracht der damals allgemeinen Sitte der vornehmen Welt Italiens, bartlos zu gehen (während die Griechen allerdings einen Vollbart trugen), wieder im Sinne eines ungewöhnlich unmännlichen Auftretens deuten dürfen. So hielt es die menschenkundige Frau für geraten, ihn vorläufig statt auf den Richterstuhl noch einmal auf die Hörbank zu setzen, und sandte ihn zu diesem Zwecke über den Appenin, nach dem nahegelegenen Perugia.[5] Noch im gleichen Jahre 1489 begann Thomas dort das Studium.

Die Universität von Perugia war noch immer eine der angesehensten; der Glanz, den das Doppelgestirn Bartolus von Sassoferrato und der einheimische Baldus de Ubaldis über sie ergossen hatte, flimmerte fort. Noch jetzt, drei Menschenalter nach dem Tode des Baldus, hielten seine Nachkommen einen guten Teil der Lehrstühle in Ehren besetzt.[6]

---

[1] Legrand am S. 7[5] genannten Ort.
[2] Hopf, Chroniques Grèco-Romanes (Berl. 1873), 536, Nr. 2, V.
[3] Olivieri X.
[4] Ebenda IX.
[5] Egnatius: „vedendolo senza barba, lo mando a Perugia"; Pigna Bl. 86.
[6] Stammbaum bei Mazzuchelli, Gli scrittori d' Italia 2, 1 (1758), 104.

Bei einem dieser Nepoten, dem wenig bedeutenden Petrus de Ubaldis d. J.[1] — einem Enkel des gleichnamigen Bruders des großen Baldus — hörte Thomas, wie er in der Vita sagt, den „tractatus de extraordinariis iudiciis"; es muß sich um den Dekretalentitel dieses Namens gehandelt haben, da Thomas den Petrus an anderen Stellen seinen Lehrer im kanonischen Recht nennt.[2]

Auch Baldus, mit dem Beinamen Novellus, der aber nicht der Familie der Ubaldi, sondern der der Bartolini angehörte, führt Thomas in der Vita dieses Romanisten als Lehrer an: er habe bei ihm den zweiten Teil des Infortiatum gehört.[3] Er muß bei dem als Lehrer und Schriftsteller gefeierten „zweiten Baldus" in Gunst gestanden haben, da dieser ihn und einen portugiesischen Herrn, der später über Seerecht gearbeitet hat, erkor, seinem Sohne Marianus bei der Doktorprüfung das Ehrengeleit über die Piazza zu geben. Wenn Thomas, der dies an dem erwähnten Ort mit sichtlichem Stolz berichtet, hinzufügt, es sei so Sitte in Perugia, daß zwei vorgeschrittene Studenten den Prüfling geleiten — so sollte damit der Gegensatz zu jenen Universitäten ausgedrückt werden, an denen die Gesamtheit der Scholaren an der Feierlichkeit des „Conventus" teilnahm.[4]

Endlich nennt Thomas als seinen Lehrer in Perugia, wobei er wie in den beiden anderen Fällen die Jahrzahl 1489 anführt, noch den Petrus Philippus Corneus.[5] Ein von den Juristen der damaligen Zeit viel genannter Mann, scheint er nicht ganz unbedeutend gewesen zu sein; die Reinheit seiner Sitten war sprichwörtlich. Auch ihm wird Thomas näher getreten sein, da er in der Vita angibt, er habe häufig öffentlich mit ihm über den Sinn gewisser Stellen beratschlagt, als er bei ihm das sechste Buch des Codex hörte; bei Erwähnung einer Stelle aus dieser Vorlesung nennt er ihn „Lehrer und Vater"[6]; die Vorlesung hat sich gedruckt erhalten.[7]

---

[1] S. über diesen Mazzuchelli a. a. O. 112.

[2] Zusatz zu Bartolus Tr. de duobus fratribus am Schluß und zur Questio II, sowie zu Consil. I, 156; auch zu Tartagnus ad D. 24, 3, 15 nennt er ihn „dominus".

[3] Auch zu Tartagnus ad D. 24, 3, l. 1 u. 45, und ad C. 6, 23, 29 erwähnt er das Schülerverhältnis. Über Baldus s. Savigny 6, 481 und die dort Genannten, bes. Mazzuchelli a. a. O. 452f.; über dessen Sohn denselben 455.

[4] Vgl. (unter leichter Berichtigung der sinnlosen Interpunktion) das bolognesische Statut bei Savigny 3, 660, Z. 10—15 v. u.; über die peruginische Sitte unterrichtet vielleicht das von Vermiglioli in seiner Bibliografia Storico-Perugina (Per. 1823) 59 erwähnte (ob schon bearbeitete?) Universitätsstatut von 1457.

[5] Vgl. über ihn die bei Savigny 6, 485 Genannten.

[6] Zu Tartagnus ad D. 2, 13, 9 betr. C. 6, 24. Anderes der Art ad D. 36, 1, 11; ad c. 2, 1, 1; zu Bartolus cons. I, 23.

[7] Lugd. 1519, von Fitting, Z. d. Sav. Stift., Rom. Abt. 26 (1905), 65 in Basel, Universitätsbibliothek, aufgefunden.

Später hat sich der gerade als Rechtsberater gesuchte Lehrer einmal einem Gutachten des Schülers angeschlossen.[1]

Wie in Padua, hat Thomas auch in Perugia nicht nur gehört, sondern auch andere hören lassen — hat nach älterer Scholaren Brauch Disputationen abgehalten.[2] Von diesen hat sich eine dadurch erhalten, daß er sie — anscheinend wörtlich — in seinen Zusatz zu der Erläuterung der Lex 1. de Verborum Obligationibus durch Tartagnus eingeflochten hat, mit dem ausdrücklichen Bemerken, daß er sie in Perugia abgehalten habe.[3] Die „Questio“, die den Gegenstand der „Disputatio“ bildete, war die in der Accursischen Glosse „aliquid“ zu der genannten Lex erörterte Frage, ob jenes Wörtchen sich auf die „substantia rei“ oder auf das „accidens“ bezöge, d.h. hier, ob es einen Teil oder eine Eigenschaft bezeichne. Thomas entscheidet sich für die erstere Meinung, da man anderenfalls „aliquale“ gesagt hätte. Hierfür beruft er sich mit der Gleichgültigkeit des Scholastikers gegen die Besonderheit einer jeden Sprache auf das 3. Buch der Metaphysik des Aristoteles; angeführt werden auch das 5. Buch der Metaphysik des heiligen Thomas und eine nicht näher bezeichnete Stelle in der Metaphysik des sehr unheiligen Avicenna.[4] Die Arbeit erweist den jungen Bacchalaureus als Meister und Sklaven mittelalterlicher Gelehrsamkeit; noch hat ihn kein Hauch der humanistischen Windsbraut berührt, die in Italien bereits hier und da in den Schulstaub der scholastischen Juristerei zu blasen begonnen hatte.

In diese Peruginer Studienzeit — vielleicht aber noch in die Paduanische — müssen auch die von Thomas verfaßten Repetitionen fallen. Denn er ist später an eine Universität nicht zurückgekehrt, diese Literaturgattung gedieh aber, wie die eben genannte, nur auf akademischem Boden. Sie diente bekanntlich dazu, schwierige Stellen beider Rechte, die in der Vorlesung über das Buch, dem sie angehörten, zu kurz gekommen waren, zum Nutzen der Hörer noch einmal ausführlich zu erörtern. Auch ältere Scholaren, selbst solche, die keine Vorlesungen hielten, durften sie abhalten.[5] In dieser Lage mag Thomas schon in Padua gewesen sein, wenn auch seine Institutionenvorlesung zu Repetitionen keinen Anlaß bot; erst recht

---

[1] Diplovatatius zu Tartagnus ad D. 12, 1, 1; über den Ruhm als Gutachter s. die Vita.

[2] Pigna f. 87.

[3] D. 45, 1, 1, 3, v. Hugolinus et glosa.

[4] Gemeint scheint Buch 3, Kap. 10, angeführt nach der Ausgabe Ven. 1495; vgl. Horten, Die Metaphysik Avicennas (1907), 228.

[5] Savigny 3, 239; 246.

in Perugia. Einer Repetitio gedenkt er in seinen Zusätzen zu Tartagnus[1]; sie betrifft den Kanon „Redintegranda", den dritten der ersten Quaestio zur dritten Causa in Gratians Dekret Teil II — ist also eine kanonistische Arbeit.[2] Es wird nicht die einzige Repetitio gewesen sein, doch hat sich nichts aus diesem Kreis erhalten.

Das Studium in Perugia muß sich dem mittelalterlichen Schuljahr gemäß bis in den Sommer 1490 erstreckt haben. Nunmehr kehrte Thomas nach Pesaro zurück — ohne den Doktorhut aufgesetzt zu haben. Ob es dem Prinzen im Exil an den erforderlichen, sehr erheblichen Geldmitteln gefehlt hatte? In Pesaro fand er seine hohe Gönnerin nicht mehr vor. Camilla hatte schon im November 1489 die Zügel der Regierung in die Hände des jungen Giovanni gelegt und sich im Mai des folgenden Jahres auf ihre Besitzungen im Gebiet von Parma zurückgezogen.[3] Ihrem Wohlwollen für die Familie Diplovatatius machte die Entfernung kein Ende[4], und mindestens Thomas selber fand in dem neuen Herrn einen neuen Beschützer, der sein Leben mächtig beeinflussen sollte.

Giovanni Sforza von Pesaro war ein echter Fürst der Renaissance. Den Staat hielt er in leidlicher Ordnung; Künste und Wissenschaften erfreuten sich seiner verständnisvollen Pflege; seine Bücherei war mit Recht berühmt.[5] Um sich versammelte er einen Kreis von Gelehrten, in den nun auch Thomas eintrat. Den Mittelpunkt dieser Gesellschaft freilich, Pandolfo Collenuccio, den Humanisten, Dichter und Juristen, hatte er zwei Jahre zuvor, anscheinend aus politischen Gründen, in die Verbannung geschickt; später lockte er ihn zurück und ließ ihn umbringen.[6] Tücke, Rachsucht, wenn sich sein Ehrgeiz gekränkt sah, und Undankbarkeit scheinen wesentliche Züge in Giovannis Charakter gebildet zu haben. Seine Regierung begann er damit, daß er seine edle Stiefmutter durch unwürdige Behandlung zum Rücktritt zwang[7]; später nennt Alexander Borgia (wohl mit Recht) den zeitweiligen Mann seiner Lucrezia, der zu-

---

[1] Ad D. 41, 2, 12, 1.

[2] Dies dürfte der von Besta 43 angeführte „Traktat" mit dem merkwürdigen Titel: „Della reintegrazione nella tertia" (!) sein, den Besta aus Pigna kennen will — weder Olivieri noch ich selber haben bei Pigna derartiges bemerkt.

[3] Urkunden bei Saviotti am S. 18[3] genannten Ort, 33ff.; vgl. auch Olivieri XI.

[4] Vgl. unten S. 31.

[5] Verzeichnis bei Vernarecci, La libreria di G. S., Archivio storico per le Marche 3 (1886), 503f. (von Juristischem nur das Üblichste).

[6] Saviotti 46f., 118. Von „grundloser Verhaftung" spricht Thomas zu Bartolus cons. I, 228.

[7] Saviotti 34; Olivieri am S. 18[3] genannten Ort, S. LVI.

gleich sein Feldherr war, kriegsunlustig, bequem und habgierig[1], und überall erweist er sich als Mann großer Worte und kleiner Taten. Aber so oft er sich auch unter dem Antrieb eines schwachen und launischen Gemüts verfehlte, so war er doch auch freundlichen — vielleicht nicht weniger aus der Laune geborenen — Regungen nicht unzugänglich. Unserem Diplovatatius jedenfalls hat er bis zum Tode unveränderliches Wohlwollen bewahrt — auch nachdem dieser durch unbeugsame Verteidigung Collenuccios die Geduld des Signore auf die härteste Probe gestellt hatte.

Er zog zunächst den Jüngling, wie es seine „kaiserliche" Abstammung verlangte, an seinen Hof, indem er ihn zu seinem „Gentiluomo" ernannte[2]; dann hieß er oder ließ er ihn nach Ferrara ziehn, um sich dort zu den Vorrechten der Geburt auch die durch den Doktorgrad begründeten zu verdienen. Die Universität kann Thomas hier nicht noch einmal bezogen haben, denn schon am 13. August des Jahres 1490 erfolgte die Prüfung; er muß Ferrara allein ihretwegen gewählt haben. Was seine Wahl bestimmt hat, wissen wir nicht. Jedenfalls war die Universität im Aufschwung begriffen, da sie 1450 erst neun, 1474 dreiundzwanzig juristische Lehrkräfte zählte — halb so viel wie Bologna.[3] Es bildete ja für die eben so zielbewußte wie gewaltsame Kulturpolitik der Este das Ziel des Ehrgeizes, in ihrem Musterstaate Italiens größtes Warenlager in Kunst und Wissenschaft anzulegen.[4] Den Geist vermochte freilich der herkulische Tritt des Fürsten nicht aus dem Boden zu stampfen: unter den Lehrern waren die meisten ganz unbedeutend; bekannt war immerhin Joh. Maria Riminaldus, der von 1434—97 lebte und in Ferrara mindestens seit 1465 lehrte.[5] Ihn erkor Thomas, wie er in der Vita dieses seines letzten Dominus erzählt, zum Promotor. Der Bericht, den der Schüler bei dieser Gelegenheit über den Hergang der Prüfung erstattet, stimmt durchaus überein mit den Vorschriften, die ein uns erhaltenes Statut von 1467 aufstellt[6]; wir dürfen es daher auch in den übrigen Punkten als befolgt betrachten. Vertrauen wir uns also der doppelten Führung durch diese gefährliche Zeitspanne an.

---

[1] Feliciangeli, Il matrimonio di Lucrezia Borgia con Giovanni Sforza (Tor. 1901) 28ff.

[2] Olivieri XI.

[3] Borsetti, Historia almi Ferrariae Gymnasii 1 (1735), 56, 93f. Über Bologna s. Dallari, I Rotuli 1 (Bol. 1888), 138ff.

[4] Vgl. im allgemeinen Burckhardt am S. 18[1] genannten Ort, S. 37ff.

[5] Über ihn Diplovatatius in der Vita (Bd. 2); ungenau sind Pancirolus II, c. 120, Borsetti 2 (1735), 55f., Tiraboschi Bd. 6, Buch 2, Kap. 4, § 32 (Ausg. Mail. 1824, S. 828).

[6] Abgedruckt bei Borsetti 70ff.

Thomas wählte sich nach Gutdünken den einen Promotor aus der Zahl der lesenden Doktoren; der neben Riminaldus tätige zweite, dessen Name unbekannt ist, wurde durch das Los bestimmt. Beide prüften zunächst, ob er würdig war, zur Prüfung zugelassen zu werden, und nahmen ihm einen Eid ab, der sich u. a. auf die Zahl der Studienjahre bezogen haben wird. Hierauf erlegte er die Gebühr, die in Ferrara (was vielleicht auch ein Stück Estensischer Staatswirtschaft bedeutete und anziehend gewirkt haben mag) nach den Vermögensverhältnissen abgestuft war, auch ganz erlassen werden konnte. Dann berichtete Riminaldus, indem er die Würdigkeit des Prüflings beschwor, an das Doktorkollegium, dem Thomas damit „vorgestellt" war. Der Dekan („Prior") eröffnete ihm Tag und Stunde, an denen ihm die beiden „Puncta" benannt werden würden; der Notar der Fakultät nahm über diese vorbereitende Verhandlung ein Protokoll auf. Die Bezeichnung der Punkte erfolgte an einem späteren Tage im Palaste des Bischofs; es war aus den Digesten die Lex „cum quid", si certum petatur (12, 1, 3), aus dem Codex die Lex „filie", de collationibus (6, 20, 4 oder 12). Hierbei wurde die Praesentatio wiederholt; auch dem Kanzler der Universität gegenüber erfolgte sie bei diesem Anlaß. Thomas erklärte schriftlich die beiden Stellen, die ihm wenig Kopfzerbrechen gemacht haben können. Dann begab sich ein Pedell zu allen Mitgliedern der Fakultät, um ihnen einen Schein mit der Angabe der Punkte und der Einladung zur mündlichen Prüfung zu übergeben. So war der 13. August herangekommen. Auf einem Ehrensitze in der Mitte nahm Thomas Platz, zu beiden Seiten saßen der Kanzler (oder sein Vertreter) und der Dekan, denen die beiden Promotoren sich anschlossen; es folgten, streng dem Range nach, die übrigen Professoren. Auch der Rektor der Universitas juristischer Scholaren konnte anwesend sein. Nun las Thomas die beiden Arbeiten vor; zwei oder drei Doktoren — nicht mehr — brachten Einwendungen und Fragen vor, auf die Thomas hoffentlich Antwort fand. Auch der Rektor durfte sich beteiligen und wurde dann in die obige Höchstzahl mitgerechnet — der Prüfling sollte nicht überanstrengt werden. Endlich zog das Kollegium sich zurück; die Promotoren, der Rektor und natürlich Thomas selber blieben draußen. Die Abstimmung erfolgte schriftlich durch Zettel, die ein „approbo" oder „reprobo" enthalten durften. Der Notar überreichte sie und sammelte sie wieder ein, der Kanzler oder sein Vertreter prüfte sie; schließlich wurde das Ergebnis verkündet, das einfache Mehrheit voraussetzte. Aber diesmal wurde kein „reprobo" abgegeben; denn, als Thomas viele Jahre später das Geheimbuch der Fakultät nachschlug, um, wie es seine Art war, aus den Urkunden für die Vita des Riminaldus zu schöpfen, und nun mit begreiflicher Neugier den

Bericht über die Sitzung aufblätterte, erfuhr er, daß er von allen Doktoren des Kollegiums einmütig und einträchtig, ohne daß einer widersprochen hätte, mit großem Lobe und zu seiner höchsten Ehre im Römischen Rechte zugelassen und für genügend erachtet worden war. Hieran muß sich der öffentliche Teil der Prüfung, der Conventus, geschlossen haben, der mit seinen vielen überall üblichen, wenn auch überall verschieden gestalteten Gebräuchen den künftigen Dogmatiker der „prestantia doctorum“ in die „Gewere“ des neuen Berufes einwies.

Als „doctor legum“, d. h. als befugter Lehrer des römischen Rechts, schloß Diplovatatius so sein langes Studium ab. Der Titel „doctor iuris utriusque“ gebührt ihm nicht, wie schon die Wahl der Punkte und das obige Zeugnis beweist. Wenn der voller tönende Titel dennoch in vielen Urkunden — bis zu der seines Grabsteines — begegnet, wenn er sogar ihm selbst gelegentlich in die Unterschrift geflossen ist[1], so beweist dies nur, daß man der Unterscheidung noch weniger Bedeutung beimaß, als ihr immerhin zu dieser Zeit noch zukam. Die Genauigkeit in Titeln und Namen ist ja eine ganz moderne Errungenschaft; wie sich denn in der gleichen eigenhändigen Unterschrift die Verstümmelung „Plouatatius“ findet, die auf der volkstümlichen Verwechselung der ersten Silbe des fremdklingenden Namens mit dem italienischen Adelsprädikate „de’“ zu beruhen scheint und allgemein im Schwange war.

So hatte Thomas in zehnjährigem Studium — zwei Jahre über das übliche Maß arbeitend — das Ziel erstiegen. Fünf Universitäten und dreizehn Lehrer — darunter zwei oder drei Kanonisten — bezeichneten die Stufen: drei Lehrer in Salerno, zwei in Neapel, vier in Padua, drei in Perugia, einer — wenn wir den Promotor rechnen dürfen — in Ferrara. Sowohl die Zahl der Universitäten als die der Lehrer ist größer als die, die wir bei irgendeinem anderen Juristen nachweisen können, wenn auch die Zeiten längst vorüber waren, da der Scholar einem „Dominus“ allein als dessen „Socius“ dauernd anhing.

Ja, beide Zahlen würden sich noch erhöhen, wenn Pigna, dessen Angaben sich gerade hinsichtlich der Lehrer fast durchweg bewährt haben, auch darin recht hätte, daß Thomas noch den Bartholomaeus Socinus gehört habe. Aber an den Stellen, die Pigna, nicht ganz deutlich, anführt, ist nichts zu finden; an anderen Stellen scheint Thomas zwar von Bartholomaeus als seinem Lehrer zu reden, aber Vergleichung mehrerer

[1] Brief von 1513, Cod. Oliv. 458, gedruckt (mit vielen Fehlern und falschem Aktenzeichen) bei Besta 84f.; ebenso in dem unten S. 83 erwähnten Brief vom 11. Mai 1522.

Ausgaben ergiebt, daß entweder die Benennung des Thomas oder die des Bartholomaeus auf Druckfehler beruht.[1] Die Untersuchung wäre ohne Umständlichkeit nicht wiederzugeben. Aber es bedarf dessen wohl nicht, denn der Schein läßt sich an Tatsachen ziemlich gewiß als trügerisch erweisen. Wir kennen das wilde Leben des Bartholomaeus aus Urkunden genau genug, um bestimmt sagen zu können, daß er während der ganzen Studienzeit des Thomas nirgend anderswo als in Pisa gelehrt hat[2]; nun sagt aber Thomas so wenig wie einer seiner Biographen mit einer Silbe, daß er auch in der Arnostadt studiert habe (obwohl sich ja ein Studienjahr in Pisa — Semester gab es nicht — in die Zeit zwischen dem Studium in Neapel und dem in Padua, etwa 1484, vielleicht noch einzwängen ließe). Es steht freilich fest, daß Bartholomaeus 1489 nach Padua berufen wurde, also in einem der Jahre, in denen Thomas dort studierte; aber ebenso gewiß ist, daß er dem Ruf nicht Folge leisten konnte, weil ihn die Florentiner auf der Reise gefangen nahmen, in der Absicht, ihn als Majestätsverbrecher hinzurichten.[3] Endlich fällt noch ins Gewicht, daß Thomas, seiner sonstigen Gepflogenheit zuwider, in der Vita, die er dem berühmten Mann gewidmet hat, des angeblichen Schülerverhältnisses mit keinem Wort erwähnt.

So darf es also bei den oben angeführten Zahlen verbleiben. Es kennzeichnet den Tiefstand der italienischen Rechtswissenschaft gegen Ausgang des Mittelalters, daß unter den dreizehn Lehrern des Thomas sich nur ganz wenige beträchtliche Männer befanden und nur ein Stern erster Größe, Jason. Aber wie wohltätig muß trotzdem sein bewegtes akademisches Leben, das freilich wohl mehr die Umstände als der eigene Wille gelenkt hatten, gerade auf den Geist des künftigen Literaturhistorikers der Jurisprudenz eingewirkt haben: zu ihm taugte und taugt nur, wer mit befreitem Blick, wie ihn allein der zur Vergleichung reizende Wechsel schenkt, „vieler Menschen Städte gesehn und Gesinnung erkannt hat". Dies konnte Thomas mit vollem Rechte als ein Ergebnis seiner Lehr- und Wanderjahre buchen.

---

[1] Es handelt sich um folgende Stellen: zu Tartagnus ad D. 2, 4, 5 (Pigna Bl. 86); D. 39, 2, 15 (? Pigna); D. 45, 1, 113; zu Bartolus Tr. repressaliarum v. ad tertium.

[2] Vgl. Savigny 6, 346ff. und die dort Genannten.

[3] Facciolati, Fasti Gymnasii Patavini (Pat. 1757) 57; Fabroni, Laurentii Medicis Magnifici Vita (Pis. 1784) 1, 52; 2, 81 (Urk.).

Dritter Abschnitt.

Pesaro. Im Dienste der Sforza und Borgia.

(1490—1513.)

Den zweiundzwanzigjährigen legum doctor rief sein Fürst alsbald in die kleine Residenz zurück.[1] Ob ihm inzwischen der von Camilla vermißte Bart gewachsen war, oder ob Giovanni Sforza auf diese Manneszier weniger Gewicht gelegt hat — genug, er konnte nunmehr das ihm übertragene bedeutende Richteramt in Berufungs- und Steuersachen antreten. In dieses Amt müssen einige praktische Fälle gehören, von denen er mehrfach mit der Wendung „pronuntiavi" oder „iudicavi" spricht; wenn er an anderen Stellen sagt, er habe in Pesaro einen Fall „de facto" gehabt, so kann er hiermit auch die neben dem Richteramt damals üblicherweise einhergehende Tätigkeit als Anwalt oder Gutachter gemeint haben.[2] Von einem Gutachten hören wir in der Tat schon aus dem Sommer 1491[3]; der Ruf seiner ungewöhnlichen Gelehrsamkeit muß sich rasch verbreitet haben. Ehe- und Erbschaftssachen scheinen ihn von Anfang besonders beschäftigt zu haben, gewiß kein schlechtes Zeichen für das Vertrauen, das er einflößte.

Schon kurze Zeit darauf — 1492 — wurde ihm ein noch weit wichtigeres Amt übertragen: das Amt des Fiskals der fürstlichen Kammer.[4] Dem Verwaltungsrecht der Zeit entsprechend, war er in einer solchen Stellung (wie er später einmal sagte) „auditor ed aduocato de la camera fiscal"[5], also Richter und Vertreter des Fiskus in einer Person. Akten haben sich nicht erhalten; doch können wir daraus, daß er das heikle und volle Zuverlässigkeit fordernde Amt bis 1507 beibehielt, gewißlich schließen, daß er die Zufriedenheit Giovannis und seines Nachfolgers erwarb und bewahrte; die strenge Rechtlichkeit seines Wesens, die uns noch oft erfreuen wird, muß ihn nicht weniger den Untertanen empfohlen haben. Auch seine Gutachtertätigkeit setzte er fort; mit Behagen zitiert er diese

---

[1] Egnatius.

[2] Z. B. zu Bartolus Tr. de alimentis am Ende; zu Tartagnus ad C. 2, 1, 8: 6, 23, 29.

[3] Vermerk im Cod. Oliv. 458 (zum 5. Juli).

[4] Egnatius; das Jahr nach Olivieri XI.

[5] Venetianer Bittschrift von 1522, gedruckt bei Besta 87.

nie gedruckten Sachen in den Anmerkungen zu den Schriften größerer Juristen — daß er in den erzählten Fällen immer von seinem Sieg berichten kann, erklärt sich wohl daraus, daß er die ungünstig verlaufenen Fälle nicht erzählte.[1]

So besaß Thomas Diplovatatius schon in sehr jungen Jahren unter den Bewohnern Pesaros Amt und Rang, wohl auch eine gewisse Wohlhabenheit, und jedes Ansehen, das Geburt und Verdienst gewähren können. Jedoch — was konnte dieses Zaunkönigtum ihm sein im Vergleich zu dem byzantinischen Kaiserthron, der, wie er selbst und jeder um ihn aus voller Überzeugung annahm, ihm — oder doch seiner Familie — wenn auch vielleicht nicht in erster Reihe — von Rechtswegen gebührte? So wollte er wenigstens mit Eifer über die Ehren und Vorrechte wachen, die an dem kleinen Hof erreichbar waren, an den ihn das Geschick verschlagen hatte — noch ein Menschenalter später spottet ein Nebenbuhler darüber, daß der „Grieche" vor Schmerz geplatzt sei, als er neben der Tafel des Herzogs von Urbino habe stehen müssen, während jener an ihr sitzen durfte.[2] Er stürzte sich in jenen Dunst von Eifersüchteleien und Rangstreitigkeiten, der damals und noch lange danach, jenseits wie diesseits der Alpen, an Höfen und Reichstagen, Kirchenversammlungen und Universitäten die Luft durchsetzte, in ein Dickicht von Fragen, die leidenschaftlich und nicht selten tätlich umfochten wurden. Hierüber unterrichtet eine Rangordnung, die Giovanni Sforza seinen Höflingen 1493 am Weihnachtstage bescherte, und die unverkennbar eine sinnige Gabe für unseren hochgeborenen Doktor und Fiskal enthielt.[3]

Die merkwürdige Urkunde besingt zunächst den hohen Beruf des Fürsten, für der Untertanen Heil und Ruhe zu sorgen, beklagt, daß unter den Doktoren und Rittern der Stadt, die den einfachen Bürgern ein Beispiel der Zucht geben sollten, neulich Streitigkeiten über den Vortritt ausgebrochen seien, und regelt diesen nun — in etwas verzwickter Ausdrucksweise — folgendermaßen. Zunächst kommen die Ritter, anscheinend weil ihr Stand nicht mehr von jeder Steuer befreit, sondern umgekehrt in die höchste Steuerklasse verweist; dann die Doktoren. Diese sollen ihrerseits ohne Unterschied der Fakultät einfach nach dem Alter der Doktor-

[1] Sicher fällt in diese Zeit das zu Tartagnus ad D. 45, 1, 34 erwähnte Gutachten (vom 19. April 1506), wahrscheinlich ist dies für die ad D. 3, 1, 13; 28, 2, 28, 3 und 39, 2, 15 aufgeführten Stücke.

[2] Brief des Aurelio Superchi von Pesaro vom 2. Oktober 1523, gedruckt bei Cigogna, Delle Inscrizioni Veneziane 3 (Ven. 1830), 459[1].

[3] Pesaro Arch. Municipale lib. I. Decretorum 1482—1560 Bl. 54f., verglichen mit dem (ungenauen) Abdruck bei Olivieri XII/XIV.

würde einhertreten, ohne Rücksicht darauf, daß sich einer auf den Besitz der Rittervorrechte berufen würde („equestris dignitatis titulus"), oder darauf, daß er zum Hofstaat gehöre, oder darauf, *daß er der Fiskal sei*, oder endlich darauf, daß er einheimisch wäre; diejenigen Doktoren aber, die auf der Steuerstufe der Ritter stünden, sollten allen anderen Doktoren vorangehen. Und damit der Anordnung die Ausführung folge, ist hier gleich die Rangliste der fünfzehn mit Bürgerrecht ausgestatteten Doktoren — denn nur auf die Bürger bezieht sich die Verordnung — unter Angabe der Rangnummern eingeschoben. Nur einer von ihnen, ein Arzt, ist nicht von Adel. Ritter befinden sich unter ihnen natürlich nicht; bei dem an zweiter Stelle Stehenden aber besagt ein nachträglicher Zusatz, er sei später vom Papste „zum Ritter gemacht worden" und habe deshalb den Vortritt erhalten. Bei dem ersten fehlt die Angabe, daß er Doktor sei, wohl deshalb, weil er diese erste Stelle seiner Steuerstufe verdankte. Unter den übrigen befinden sich ein „iuris utriusque doctor", fünf „artium et medicine doctores", welche zum Unterschied von den „Herren" Juristen „Meister" genannt werden — unter ihnen auch des Thomas späterer Schwiegervater Magister Augustinus de Angelis, damals in Venedig, der vorläufig ohne Rangnummer am Schlusse nachhinken muß, weil sich sein Rangalter nicht feststellen ließ; endlich acht „legum doctores", unter ihnen: „Herr Thomas der Konstantinopolitaner, des römischen Rechtes Doktor, Bewohner Pesaros und Anwalt der Kammer, sei in der Reihe der zwölfte." — Harte Geldstrafen sind dem Zuwiderhandelnden angedroht, der Angeber erhält ein Drittel der Strafsumme, wenn er durch Eid und einen Zeugen Beweis erbringen kann.

Diese Bestimmungen waren es, die den genannten Doktoren im Gartenzimmer des Palastes vom Stadtschreiber eröffnet wurden; als Zeugen erscheinen — außer einem Bürger — der Podestà, ferner der Nachfolger des Thomas im Steuergericht und der Haushofmeister. Olivieri hat vermutet, daß diese Rangordnung Thomas bestimmt habe, sein großes Werk „de prestantia doctorum" zu verfassen. Diese Vermutung erscheint aus zeitlichen Gründen, die der zweite Teil dieser Arbeit entwickeln wird, sehr glaublich. Aber auch aus sachlichen: Thomas, welcher Doktor, aber nicht Ritter war, mußte sich durch eine Rangordnung benachteiligt fühlen, die seinen Stand in die zweite Stelle verwies. Auch als Jurist fühlte er sich getroffen — denn die herrschende Rechtslehre, von welcher abzuweichen er gewiß in diesem Punkte am allerwenigsten geneigt gewesen sein wird, stattete bekanntlich die mittelalterlichen Juristen als „Ritter der Gesetze" mit den großen Rechtsvorteilen der römischen „milites" aus, die man ihrerseits mit den „Rittern" der Gegenwart identifizierte, und hob die legum doctores als „adlig“ noch über die gewöhnlichen Ritter hinaus. Auch hierauf wird zurückzukommen sein. Aber selbst, wenn jene Verordnung nicht der kleine Anlaß des großen Werkes gewesen sein sollte — sicher sind beide aus der gleichen Welt hervorgewachsen, dem Hof von Pesaro, in dem man um die „Prestantia“ der Doktoren und Ritter gesellschaftliche und gesetzgeberische Kämpfe aufführte. Den Streit vor den Richterstuhl der Wissenschaft zu ziehen, war aber Diplovatatius vorbehalten, der, wie wir finden werden, sich immer von neuem gedrungen fühlte, jede Welt, in die er eintrat, zum Gegenstand einer umfassenden und tief eindringenden Untersuchung zu erheben. Er scheint sofort in diesen Tagen das Werk begonnen zu haben, das ihn fast zwanzig Jahre beschäftigte, ohne zum Abschluß zu gelangen.

In der gleichen Zeit war es, daß Thomas sein Heim gründete. Oder vielmehr, sein Fürst nahm ihm die Qual der Wahl ab, und suchte ihm selber eine Frau aus, die das besaß, was ihm zu Name und Stellung fehlte: den Reichtum.[1] Am Hofe lebte ein adliger Florentiner, Francesco Becci (in Urkunden Betius genannt), der in seiner Vaterstadt — wohl als Kaufmann — ein großes Vermögen erworben hatte, das er nun in Pesaro verwaltete; hier war er des Fürsten Freund und Haushofmeister geworden. Selber kinderlos, hatte er eine Waise aus dem Adel der Stadt, Caterina della Corte, an Kindes Statt angenommen; ihr Vater, Terenzio di Bartolomeo, war Gewürzhändler gewesen[2] und hatte in diesem einträglichsten Handelszweige jener Zeit Reichtümer erworben, die nach dem Tode der Söhne an Caterina gefallen waren. Diese Erbin und Erbanwärterin führte Giovanni 1494 seinem Schützling zu. Die Mitgift, sagt Olivieri, betrug 4000 Dukaten, und somit erheblich mehr, als damals in den ersten Familien des Landes üblich war[3] — als Maßstab mag dienen, daß der Fürst, der ein Jahr zuvor Lucrezia Borgia heimführte, eine Mitgift von 31000 Dukaten erhalten hatte.[4] Wir wissen über Caterina nichts Näheres, auch nicht, ob diese erste Ehe des Thomas glücklich gewesen ist. Daß Thomas als Ehemann so untadlig gewesen, wie in jedem anderen Verhältnis, ist anzunehmen; sein Biograph berichtet, daß er außer der eignen keine Frau berührt habe, „wie er zu sagen pflegte“.[5] Die Ehe blieb kinderlos und

[1] Die Heiratsgeschichte nach Egnatius; Pigna Bl. 88; Olivieri XIV.

[2] Urk. v. 11. Sept. 1508, im Auszug erhalten Cod. Oliv. 458.

[3] Olivieri XIV; vgl. auch Geiger zu Burckhardt, Kultur der Renaissance[10] (1908), Exkurs C.

[4] Urk. Staatsarchiv Florenz, Pergamene, Provenienz Urbino, 9. Dez. 1499.

[5] Pigna B. 115.

wurde gelöst durch den Tod der Frau, vermutlich 1510[1]; sie setzte Thomas zum alleinigen Erben ein.[2]

Mit dem Schwiegervater stand Thomas auf dem besten Fuße. Gemeinsam mit ihm stattete er 1504 Leonore, die Tochter seines Bruders Demetrius, aus, woran sich auch, wie es scheint als Darlehensgeberin, Camilla d' Aragon von ihrem Witwensitze aus beteiligte.[3] Auch als Rechtsbeirat des Francesco bewährte er sich; mehrfache Anführungen eines Gutachtens scheinen alle auf denselben Fall zu gehen, und der war freilich wichtig genug: der mißtrauische Giovanni ließ den Haushofmeister eines Tages — wie Thomas sagt, grundlos (wohl unter dem Verdacht der Unterschlagung) — einkerkern und seine Geschäftsbücher durch zwei Männer untersuchen, die ihn ohne förmlichen Prozeß zur Herausgabe von 4500 Gulden verurteilten. Unter der kurzen Zwischenherrschaft Cesare Borgias wurde er jedoch von dem Statthalter wieder durch Urteil in seine Güter eingewiesen, hauptsächlich deshalb, weil das frühere Urteil nicht von den Rechnern der Gemeinde, überhaupt nicht von Beamten gefällt worden war. Thomas hatte zu seinen Gunsten ein Gutachten erstattet, aus dem er einmal die 36. Spalte anführt, woran man dessen Gründlichkeit ermessen kann; er berief sich mit Erfolg — wie freilich auch das erste Urteil — auf Bartolus, „dessen Geltung in der Praxis die oberste ist". Es handelte sich dabei um die wichtige Frage, ob der Verhaftete einen Rechtsanspruch auf Ladung und Vertretung in der Verhandlung hatte. Die Rückkehr Giovannis machte jedoch die Einweisung wieder zunichte; später, wohl nach dem Tode des Fürsten, also nach dem Juli 1510, muß sie neu erfolgt sein, denn Thomas kann den Bericht über den Fall mit den befriedigten Worten schließen: „und jetzt besitze ich als Erbe des vorbesagten Francesco dessen Vermögen".[4] In der Tat hatte ihn dieser, als er wenige Tage nach der Tochter starb, ebenfalls zum Alleinerben eingesetzt[5]; die Erbschaft soll 8000 Dukaten betragen haben.[6]

---

[1] Sie wird in der S. 30[3] genannten Urkunde als lebend, in einer Urkunde vom 4. Febr. 1511 (erhalten ebenda) als verstorben angeführt; bald darauf heiratete Thomas von neuem. Vgl. ferner den Schluß dieser Seite.

[2] Olivieri XVII; Pigna zieht Bl. 89 aus der verschollenen Vita des Tartagnus die Bemerkung, das Testament sei erwähnt in dem Gutachten des Bartholomaeus Socinus „visto instrumento transactionis" (?).

[3] Urk. bei Almerici, Squ. F, Bl. 19, Olivieri X.

[4] Zu Bartolus cons. I, 161; ferner I, 228; weitere Erwähnungen wohl desselben Gutachtens zu Tartagnus ad D. 28, 2, 28, 3, und 39, 2, 15, 2.

[5] Pigna Bl. 89, danach wohl Olivieri XVII.

[6] So Besta 17 ohne Quellenangabe.

Der Patritius Constantinopolitanus konnte jetzt in der neuen Heimat an der Adria festwurzeln. Er kaufte ein Haus in der besten und teuersten Lage der Stadt, am Markte, da, wo sich die beiden Hauptadern kreuzten[1], gerade gegenüber dem Palaste des Herrn — Lauranas berühmtem Bauwerk. Ein in das Mittelfeld des Chorgestühls von S. Agostino eingelegtes Holzgemälde zeigt, daß es im Erdgeschoß (sicher gut vermietete) Läden besaß[2]; doch dies entsprach damals noch der Sitte auch vornehmer und reicher Bauherren.[3] Es war zweigeschossig und nicht so hoch wie die Häusergruppe, die sich heute an dieser Stelle erhebt[4] (und dem Fortschritt der Kultur gemäß Bar und Kino beherbergt). Doch muß man den alten Bau verwendet haben, denn es steckt noch heut in einer der Wände das steinerne Wappenschild des Thomas mit dem kaiserlichen Doppelaar[5] — ein würdiges Werk aus dem goldenen Zeitalter des italienischen Kunstgewerbes; eine neue Inschrift — von 1883 — erinnert an den „großen Rechtsgelehrten und Historiker", meldet aber auch den Italienern von heute den Namen dessen, der das Wappen unter der Tünche auffand, und auch den Namen dessen, der diese Inschrift verfaßt hat. Daneben besaß Diplovatatius natürlich noch eine „Villa", unweit der Stadt in dem reizenden Candellara gelegen.[6] Auch gegen Rimini hin, in Castell di Mezzo, besaß er Ländereien.[7] Italien birgt keinen schöneren Himmelsstrich als diese Landschaft, die sich von wundersam-launisch geformten Bergen herab in einem Stufenfall lieblicher Hügel durch die fruchtbar blühende Ebene hin zum Meere senkt.

Hier wird er die heißen Monate verbracht haben, die, wie ein Reiseführer dieser Tage schaudernd behauptet, in der Stadt die Kinder scharenweise sterben und nur wenige Bürger das fünfzigste Jahr erreichen ließen; schon Catull hatte Pesaro ja als die „todbringende Stätte" besungen, und so mußte es wahr sein.[8] Hier wird er auch die köstlichen Früchte, zumal die Feigen, gezogen haben, die in Italien schon damals wie noch heute dem Namen der Stadt einen freundlichen Beigeschmack gaben; und wenn

---

[1] Vgl. Pergamene Oliveriane Nr. 1117 vom 16. Okt. 1523; ferner Almerici in Cod. Oliv. 937, Squ. E, Bl. 5; Vanzolini am S. 16[6] genannten Ort, S. 111.

[2] Abbildung bei Vaccai am S. 16[6] genannten Ort, S. 75; die Urkunde von 1523 bezeugt ebenfalls die „apotheca".

[3] Vgl. Burckhardt, Geschichte der Renaissance in Italien, 3. Aufl. (1891), § 95.

[4] Via Rossini 2—6, früher Ecke Via del Corso und Via del Duomo.

[5] Im Hof des Hauses Via Rossini 6; soll ins Museum kommen.

[6] Die „Villa Scandellarie" erwähnt das Testament bei Olivieri XX.

[7] Vermerk über eine Urkunde von 1497 im Cod. Oliv. 458.

[8] Alberti am S. 18[3] genannten Ort, Bl. 239; Catull 81, 3.

sich seine Mitbürger, wie der gleiche Cicerone berichtet, an diesen oft zu Tode aßen, so entging Thomas diesem Verhängnis leicht: denn Pigna sagt, daß er unter so vielen anderen Tugenden auch die der Mäßigkeit pflegte, um den Kopf für das Forschen frei zu erhalten.[1]

In dieses Stilleben dröhnte plötzlich der Ruf: Cesare Borgia hinein. Giovanni Sforzas Ehe mit Lucrezia Borgia war bekanntlich keineswegs vom Glück begünstigt.[2] Aus Gründen der Staatsklugheit hatte der Papst ihre Verlobung mit einem spanischen Edelmann gelöst, um die Vierzehnjährige dem Tyrannen von Pesaro zur zweiten Gemahlin zu geben; aus gleichen Gründen wollte er vier Jahre darauf — 1497 — die Ehe wieder trennen, um Lucrezia eine Weile die noch vorteilhaftere Verbindung mit Alfonso Bisceglia, dem Neffen des Königs beider Sizilien, schließen zu lassen. Cesare war gerne bereit, eine schnelle Trennung durch den Tod des Schwagers herbeizuführen; aber der Anschlag mißlang.[3] Nun mußten die langsam aber sicher mahlenden Mühlen des kanonischen Eherechts in Betrieb gesetzt werden.[4] Giovanni, der bald die Aussichtslosigkeit des Widerstandes einsah, schlug vor, es möchte jene einstige, in der Tat nie rechtsgültig aufgelöste Verlobung als weiterbestehend vorgeschützt werden; aber hierauf konnte sich der Papst schon aus Rechtsgründen nicht einlassen, da ihm mit einem nur aufschiebenden Ehehindernis ja nicht gedient war. Er verlangte vielmehr vom Schwiegersohn, er solle entweder erklären, daß er die Ehe nicht „vollzogen“ habe, womit ein unter gewissen Umständen wirksamer Trennungsgrund gegeben war, oder daß — in seiner Person — das regelmäßige Ehehindernis des Unvermögens vorläge; im ersten Falle wäre nur eine päpstliche Erlaubnis, im zweiten ein gerichtliches Urteil erforderlich gewesen. Begreiflicherweise sträubte sich Giovanni — Lucrezia wurde nicht erst gefragt — gegen beide Erklärungen, gab aber schließlich auf Drohungen der mächtigen Mailänder Vettern und gegen das Versprechen des Papstes, daß er die Mitgift behalten dürfe, die weniger peinliche erste Erklärung ab. Dieser Erklärung zuwider ließ Alexander nunmehr — am 20. Dezember 1497 — die Ehe durch Nichtigkeits-

---

[1] Pigna f. 115.

[2] Gregorovius, Lucrezia Borgia 1 (1874), 80, 97, 101f.; Feliciangeli, Il matrimonio di L. B. con G. S. (Tor. 1901); Woodward, Cesare Borgia (Lond. 1913), 102—104.

[3] Feliciangeli 13.

[4] Die hergehörigen Rechtsgrundsätze bei Freisen, Geschichte des kanon. Eherechts (1888), 212ff.; derselbe im Archiv f. kath. Kirchenrecht 54 (1885), 316ff.; Scherer, Kirchenrecht 2 (1891), 90ff., 278ff., 549ff. Die Borgiaforschung hat die juristischen Kunstmittel dieser Unternehmung nicht durchschaut.

urteil trennen, warf damit in einer für jeden Kundigen erkenntlichen Weise den Makel der Lächerlichkeit auf Giovanni und rollte zugleich ein Hindernis auf künftige Ehepfade des unbequemen „Vikars der Kirche". Immerhin hielt er darin sein Wort, daß er die Mitgift nicht zurückforderte, und stellte eine die Rückgabe vorspiegelnde Quittung aus. Es war Thomas, der als Prokurator des Fürsten — vielleicht in seiner amtlichen Eigenschaft als Fiskal — eine Abschrift dieser Urkunde von dem bischöflichen Gericht in Pesaro beglaubigen ließ.[1] Er benutzte also geschickt eine bei Schulderlaß hergebrachte Urkundenform, um zu verschleiern, daß sich der Fürst sein unmännliches Verhalten hatte bar bezahlen lassen. Er hat wohl auch in den vorangegangenen heiklen Geschäften als Rechtsbeistand seines Herrn gewirkt.

Die Tragikomödie dieser Ehetrennung war nur ein Vorspiel dessen, was seitens der Borgia drohte. Cesare baute damals mit durchgreifender Entschlossenheit und glücklichstem Erfolge aus den Trümmern der von ihm zerschlagenen Signorien sein großes mittelitalienisches Reich auf; in diesem durfte Pesaro nicht fehlen. Den Weg dorthin hatte ihm der dreifach gekrönte Vater dadurch geebnet, daß er Giovanni Sforza, kaum daß er nicht mehr sein Schwiegersohn war, unter dem Vorwand, er habe den Lehnszins nicht gezahlt, gebannt und abgesetzt hatte.[2] Dies geschah im August 1498. Das Volk hielt freilich zunächst Treue und beschwor sie noch ein Jahr darauf; aber schon am 11. Oktober 1500 verjagte es den Gebannten. Der Sohn des Papstes, des Oberherrn, stand — durchaus nicht nur mit seinen fragwürdigen Rechtstiteln bewaffnet — vor den Toren der Stadt und zog wenige Tage darauf ein. Die förmliche Belehnung Cesares mit dem heimgefallenen Lehen erfolgte am 8. Juli 1501.[3]

Was wurde aus Diplovatatius? Man hätte erwarten können, daß der Tyrann den Günstling des geflüchteten, aber noch nicht unschädlichen Feindes verjagen, wenn nicht gar vernichten würde. Das Gegenteil geschah. Der Fiskal von Pesaro stieg auf zum Fiskal der gesamten Staaten des „Herzogs der Romagna".[4] Es ist nicht unrichtig, aber schief, dies als eine Huldigung vor dem Verdienste aufzufassen[5], oder als Sieg byzantinischer

---

[1] Staatsarchiv Florenz, Pergamene, Provenienz Urbino, 9. Dez. 1499; schon benutzt (und mißverstanden) von Feliciangeli 71[a].

[2] Olivieri XV.

[3] Die Zahlen nach Bertuccioli S. 23f. und Woodward 193; genannt wird noch Feliciangeli, Sull' acquisto di Pesaro fatto da C. B. (Camerino 1900).

[4] Egnatius, Pigna, und danach Olivieri XV.

[5] Olivieri XV.

Gewandtheit[1]: der Valentino war nicht der Mann, um sich imponieren oder gar betölpeln zu lassen. Vielmehr wird sich seinem von keinem Vorurteil und keinem Wahn umschleierten, die Seelen der Menschen blitzgeschwind durchbohrenden Blick das wahre Bild auch dieses Mannes enthüllt haben. Thomas hat sich nicht nur aus dieser, sondern auch aus jeder anderen noch so schiefen und gefährlichen Lage des öffentlichen und privaten Lebens nicht nur ohne Schaden, sondern oft noch mit Nutzen und mit immer erweitertem Freundeskreise herauszufinden gewußt, und ist gestorben, ohne sich jemanden zum Feind gemacht zu haben: dies beweist, daß er außer der Güte des Herzens, die uns noch mehrfach begegnen wird, auch vollendeten echten Takt besessen haben muß. So kann man bei ihm gewiß nicht von Weltfremdheit sprechen, die sich bei einem Mann von so gelehrtem Wissen und so — schlechtem Stil erwarten liesse. Wohl aber war er weltabgewandt in dem Sinne, daß er gänzlich unpolitisch war, d. h. nicht nach der Macht im Staate strebte, sondern nach den idealen Gütern der Ehre, des Rechtes und der Wahrheit. Wenn wir ihn trotzdem meistens — aber keineswegs immer — auf der Seite der Großen finden, so liegt dies eben daran, daß er durchaus Aristokrat war und zugleich durchaus positiver Jurist: denn die oberste Macht im Staat ist ja das positive Recht selber. So konnte er für Cesare also vielleicht durch Empfindlichkeit, Rechtlichkeit und schwerfällige Gründlichkeit lästig, aber nie gefährlich werden; den neuen Untertanen gegenüber mußte er als Vertrauensmann höchst nützlich sein.[2] Wie alle großen Machtpolitiker verstand es der Borgia, seine Leute an die Stelle zu setzen, an der sie seinen Zwecken in ihrer Art am besten dienten. Auch in anderen Fällen hat Cesare aus den alten Verwaltungen ohne rückblickende Empfindlichkeit übernommen, was „erfahren und redlich" war.[3] Diesen Erwartungen hat Thomas, wie sein Schicksal zeigt, völlig entsprochen. Noch zwanzig Jahre später rühmt er sich ganz unbefangen der wichtigen Dienste, die er dem Berüchtigten als dessen „Auditor und Kammeradvokat" geleistet habe, „wie allen bekannt ist".[4] Auch bei Cesares oberstem Richter und Verwaltungsbeamten, dem damaligen Richter an der römischen Rota, späteren Kardinal Antonius Maria de Zochis de Monte San Savini, stand er in Gunst. Er bereiste mit diesem durch Begabung und Gesinnung gleich ausgezeichneten Mann den neuen

[1] Besta 15.

[2] Eine ähnliche Gestalt aus der Rheinbundszeit zeichnet **Zschokke** in seiner hübschen Erzählung: „Es ist sehr möglich".

[3] Woodward 197.

[4] Venetianer Bittschrift von 1523, gedruckt bei Besta 87.

Staat.[1] Die städtische Verwaltung bediente sich ebenfalls seines Rates: er wird gelegentlich, im August 1501, vom engeren Rate gehört[2], dessen Mitglied er erst viel später wurde. Seine Gutachtertätigkeit nahm ihren Fortgang: er erwähnt einmal, daß er in dieser Zeit einen Dieb noch auf dem Weg zum Galgen (womit hier wohl eine aussichtslos scheinende Berufung gemeint ist) durch den Hinweis darauf gerettet habe, daß es sich ja nur um drei „kleine“ Diebstähle gehandelt habe.[3] Als Verteidiger bewährte er sich für seinen Freund Camillo Sampierolo, Doktor beider Rechte, vor Cesares Statthalter und Richter Guglielmo Lambertello aus Forli.[4] Wir dürfen auch Prozesse, die er in Perugia und Senigallia verhandelt hat[5], in diese Jahre setzen, da diese Städte ja alle damals der gleichen Gewalt gehorchten, und so verbreitete sich sein Name über die Marken. In dieselbe Zeit muß auch seine Freundschaft mit Pandolfo Collenuccio fallen. Dieser war als Gesandter Ferraras gleichzeitig mit Cesare in Pesaro eingetroffen und hatte von dem neuen Herrn die von Giovanni mit Beschlag belegten Güter wiedererlangt.[6] Thomas selber war es, der als Gutachter den Prozeß gegen die neuen Eigentümer gewinnen half.[7] Natürlich näherten die beiden gelehrten Männer sich auch wissenschaftlich, und wie alle erreichbaren Bücherkenntnisse, so beutete Diplovatatius auch die des Collenuccio aus — er nennt ihn als einen, der Justinians Novellen in griechischer Handschrift gesehen und gelesen habe, in seinem Buch von den berühmten Rechtsgelehrten.[8] An die Schwelle dieses neunten Buches des Werkes von der Rechtsstellung der Doktoren war er im Jahre 1500 gelangt. Die ganze Größe und Schwierigkeit des Arbeiten aller Art und Reisen erfordernden Unternehmens soll uns noch später beschäftigen — man staunt, daß seine so umfangreiche und vielseitige juristische Tätigkeit für diese geschichtlichen Forschungen Raum ließ. Die Vorrede hatte er noch an Giovanni Sforza, den „hochherzigen Fürsten“, richten können; unter Cesare Borgia arbeitete er unverdrossen weiter; als er ein Jahrzehnt darauf das

---

[1] Egnatius, Pigna, und danach Olivieri XV. S. über ihn oben S. 6, und unten die Vita im 2. Bande; ferner Eubel 3 S. 12 und Woodward 255f.

[2] Mehr ist aus dem Vermerk in Busta Oliv. 458 nicht zu entnehmen, irrig also Olivieri XIV.

[3] Zu Bartolus „ad reprimendum“ v. „rebellis“. Vgl. über den Rechtssatz Kohler, Studien aus dem Strafrecht 4 (1896), 424.

[4] Zu Tartagnus ad D. 12, 1, 26.

[5] Ebenda ad C. 2, 4, 18 und D. 24, 3, 40.

[6] Saviotti am S. 18[3] genannten Ort, S. 111—114.

[7] Zu Tartagnus ad D. 41, 2, 40, 3; zu Bartolus Consil. I, 228.

[8] S. unten die Vita Justinians.

Werk unvollendet abbrach, war Giovanni längst wieder an Cesares Stelle getreten, und so brauchte Thomas die Vorrede nicht zu ändern.

Der Tod Alexanders VI. machte auch den Taten und Entwürfen seines Sohnes ein jähes Ende. Über Nacht kehrten die geflüchteten Kleinfürsten in ihre Staaten und Städte zurück. Auch der Sforza erschien 14 Tage nach dem Tod des Papstes, am 3. Sept. 1503, wieder in Pesaro. Die Kasse hatte er vorsorglich gefüllt mit dem Gelde der Ginevra Tiepolo, die er als seine dritte Gemahlin heimzuführen gedachte; tausend Dukaten — einen Teil der Mitgift — hatte schon längst sein Bevollmächtigter Demetrius Spandolini empfangen; eben dieser Vetter des Diplovatatius war es, welcher sehr bald darauf in Vertretung des abwesenden Fürsten den Ehevertrag mit der reichen Venetianerin abschloß.[1] Die zu Cesare gehalten hatten, waren nach dem Sturz des Gewaltigen zum Teil aus der Stadt geflüchtet, darunter Collenuccio.[2] Den Verbliebenen richtete Giovanni ein Blutbad an. Collenuccio, den er aufs tiefste haßte, wurde unter Vorspiegelung der Verzeihung zurückgelockt und dann — am 11. Juli 1504 — ohne weitere Förmlichkeit auf geheimnisvolle Weise umgebracht. Anderen wurde Prozeß wegen Hochverrats gemacht; dem Bluturteil, das am 30. Juli 1505 gefällt wurde, wohnten als Beurkundungszeugen bei: der Polizeioffizier des Podestà, der Burgwart und sein Sohn, sowie — Cesare Borgias Günstling, der Freund und Anwalt Collenuccios: unser Thomas.[3] Leicht könnte man hierin das Äußerste an feiger Meinungslosigkeit erblicken. Aber eines beweist, daß auch bei diesem Regierungswechsel eine andere Erklärung nötig wird. Die Söhne des unglücklichen Freundes unterstützte derselbe Thomas alsbald darauf bei ihrem (natürlich fruchtlosen) Bemühen, ihr Erbe ausgefolgt zu erhalten, so eifrig und hingebend, daß sie ihm als dem „wahren Freund" nicht genug zu danken wissen.[4] Er erfüllte damit nicht nur einen Wunsch, den ihm gelegentlich einer Gesandtschaft nach Mantua der Markgraf und dessen Bruder, der Kardinal, zur Übermittlung an den Fürsten ausgesprochen hatten[5], sondern gewiß auch das Gebot seines eigensten Pflichtgefühls. Dieses hieß ihn das geltende Recht heilig achten und selbst unter Einsetzung des Lebens beschirmen; durch welche

---

[1] Olivieri IX.

[2] Saviotti 115.

[3] Urk. Staatsarchiv Florenz, Provenienz Urbino, Klasse 3, Divisione nulla, Filza V, Bl. 264 (von Herrn Rosenstock für mich eingesehen).

[4] Brief Annibale Collenuccios, Vikars von S. Romano in Ferrara, an Thomas, vom 6. Juni 1506, bei Almerici, Squ. E. Bl. 30.

[5] Brief des Kardinals vom 20. Jan. 1506, bei Saviotti 251; Vermerk über die Gesandtschaft bei Almerici, Squ. J. Bl. 24.

Mittel des Guten oder des Bösen dies Recht seine Geltung erlangt hatte, danach fragte er als echter Jurist keinen Augenblick. Er dachte hierin wohl nicht anders, als jene ausgezeichneten hannöverschen Juristen, die nach den Ereignissen von 1866 ohne legitimistische Bedenken bereit waren, für den König von Preußen — nunmehr von Rechts wegen ihren König — zu arbeiten. Diese gänzlich unpolitische und damals so seltene Rechtlichkeit muß es gewesen sein, die Giovanni wie seinerzeit Cesare bestimmte, die Dienste des Mannes weiter in Anspruch zu nehmen. Sofort bewährte er sich hierin in einer für ihn wieder sehr kennzeichnenden Weise. Er riet, wie er einmal später bei nochmaliger Wiederkehr einer solchen Lage berichtet, Giovanni, sofort den gegen ihn von Alexander VI. geschleuderten Bannfluch und die Absetzung aufheben zu lassen[1]. Wer mag sich noch damals um eine solche Handlung des Borgia gekümmert haben, des selber mit allen Flüchen der Verachtung in die Grube Gefahrenen? Für Thomas blieb er eben doch der heilige Vater, für ihn war der Gedanke unerträglich, daß das Recht nicht in Einklang stehen sollte mit der tatsächlichen Macht — die Staatsgeschäfte mußten ihm die Form Rechtens haben, auch wenn das Recht nur Form war. Wirklich wurde Giovanni am 24. April 1504, nachdem das Urteil aufgehoben war, durch ein Breve Julius II. von neuem als Vikar der Kirche mit Pesaro belehnt.[2] Man möchte annehmen, daß es die tätige Beschäftigung mit diesen unklaren staats- und kirchenrechtlichen Verhältnissen gewesen ist, die Thomas veranlaßt hat, eine Abhandlung über das Verweseramt in Reich und Kirche zu schreiben. Erhalten hat sich nur (in italienischer Übersetzung) der Titel, der hiernach „De vicariis in temporalibus, id est Sacrosancte Romane Ecclesie et Sancti Imperii" gelautet haben muß[3]; der Verlust der Schrift ist zu bedauern, da sie die älteste Behandlung des öffentlichrechtlichen Themas darstellt.

Wie der Herr, konnte auch der Diener sein Amt ruhig weiterführen. Wohl in der Eigenschaft als Fiskal wurde Thomas 1505 vom Fürsten beauftragt, mit anderen Schiedsrichtern den Streit zu schlichten, der zwischen Pesaro und der Landgemeinde Gradara über die Abgaben entbrannt war.[4] Aber im Sommer 1507 legte er das so lange erfolgreich bekleidete Amt durch eine Erklärung vor dem Statthalter mit der gnädigen Erlaubnis des Fürsten

---

[1] Brief vom 11. Mai 1522 an Francesco Maria von Urbino, Cod. Oliv. 425, bei Olivieri XVf.; vollständiger aber weniger genau bei Antaldi.

[2] Bertuccioli S. 26.

[3] Pigna Bl. 96; der Auszug des Egnatius spricht von einem „libro de' vicarij de' principi".

[4] Olivieri XVI; die von Besta S. 16[1] mit falschem Aktenzeichen aufgeführte Ernennungsurkunde vom 12. Okt. war nicht zu finden.

nieder „gemäß den neuerdings von unserem Erlauchtesten Herrn erlassenen Verfügungen und Verordnungen“.[1] Worin diese bestanden haben, wissen wir nicht; die um eben diese Zeit ergangene Prozeßordnung, an die man allenfalls denken könnte, enthält nichts zur Sache[2]; somit bleibt der Grund des Rücktritts dunkel. War das Amt mit einem anderen verschmolzen worden? War jene Erklärung nur eine schonende Verhüllung der Tatsache, daß Thomas persönlich in Ungnade gefallen war? Olivieri vermutet, daß sein Eintreten für die Kinder Collenuccios ihm alsbald das Herz des Fürsten entfremdet habe. Aber die Stimmungen des Tyrannen pflegten sich denn doch schlagender zu äußern; auch steht es fest, daß Thomas, der kurz vor jener mutigen Tat — Anfang 1506 — als Gesandter des Fürsten in Mantua auftrat[3], ebenso kurz nachher — im Winter 1506 auf 1507 — in Bologna den „Redner“ bei Julius II. darstellen durfte.[4] Jedenfalls schied er nun aus der regelmäßigen staatlichen Tätigkeit aus; auch gerichtliche Beschäftigung ist für diese Zeit nicht nachzuweisen.

Die so gewonnene Muße wurde zu einem gewissen Teil durch städtische Tätigkeit ausgefüllt. Die Selbstverwaltung hatte alle politische Bedeutung eingebüßt, seitdem Giovanni in einem berüchtigt gebliebenen Vertrage vom 15. Dezember 1503 sich die Einkünfte der Stadt gegen die Verpflichtung, ihre Ausgaben zu decken, überweisen hatte lassen; Thomas hatte schon dem vorbereitenden Ausschuß von vier Mann angehört, ebenso dem größeren, der mit dem Fürsten verhandelte; doch trat er nirgends hervor.[5] Ebensowenig hatte es viel zu bedeuten, daß er am 11. November 1503 als Vertreter seines Stadtviertels — San Niccolò — zum Mitglied des allgemeinen Rats ernannt wurde.[6] Dagegen erscheint er mehrfach tätig als Rechtsbeirat — nicht Mitglied — des eigentlichen Verwaltungskörpers, des Consilium Credentie. So wurde er am 16. März 1508 in einen Ausschuß gewählt, der mit Fürst und Bischof über das alte, leidige

---

[1] Archivio Notarile, Rog. Giov. Germani Bl. 115 vom 17. Juli 1507, gedruckt schon bei Olivieri XVI.

[2] Wie Olivieri annahm. Sie steht Arch. Municipale Lib. I Decretorum Bl. 77. Unergiebig blieb auch der Band Decreta 1464—1630, Arch. Metaurense, Credenza 245, Nr. 8501.

[3] S. oben S. 37, Anm. 5.

[4] Julius weilte in Bologna (nach Eubel 3 S. 9[7]) vom 11. Nov. 1506 bis 22. Febr. 1507. Die Gesandtschaft bezeugt Diplovatatius in der Vita des Tartagnus bei Pigna Bl. 100.

[5] Vorverhandlungen Cod. Oliv. 1177, Consigli 1503—13, Bl. 13; der Vertrag bei Almerici, Squ. E. Bl. 34 und BF. Bl. 27 ff.; auch gedruckt Pisauri apud J. P. de Gattis 1631, vorhanden in Florenz B. N.

[6] In den eben genannten Consigli Bl. 3; Almerici, Squ. D. Bl. 7.

Thema der Steuerpflicht der Geistlichkeit verhandeln soll.[1] Am 23. Februar 1510 wurde er geholt, um über eine Frage der Hofsitte mitzuberaten — dem Fürsten war ein Thronfolger geboren worden: fragt sich, wie da der Glückwunsch abzustatten sei? Thomas war auch diesmal der Ansicht des Vorredners, nämlich, daß eine Abordnung entsandt werden solle.[2]

Der Thronfolger sollte sich gar bald in den Herrscher verwandeln. Giovanni starb am 27. Juli des Jahres[3]; für das Knäblein, Costanzo II. genannt, übernahm der übelbeleumdete Oheim Galeazzo die Regentschaft. Thomas konnte nun — wir wissen nicht, in welcher Stellung — beobachten, wie das Amt des Vikars eines Vikars im Riesenschatten Julius II. gedeihen würde. Zunächst freilich hatte der Papst näherliegende Sorgen, und Thomas fand sich selber eines Tages diesen gegenübergestellt.

Bei seinen titanischen Anstrengungen, den Kirchenstaat wieder aufzurichten, war Julius II. in den schärfsten Gegensatz zu Frankreichs italienischer Politik geraten; eine von diesem angezettelte, schismatische Kirchenversammlung in Pisa hatte dorthin den Papst auf den 11. September 1511 zu seiner persönlichen Verantwortung geladen. Die ärgerliche Nachricht ereilte ihn auf dem Rückzuge von Bologna in Rimini am 28. Mai des Jahres.[4] Auf der Weiterreise nach Rom, die ihn wenige Tage darauf über Pesaro und Ancona führte, muß es gewesen sein, daß er Thomas, den er ja von früher her kannte, um seine juristische Meinung darüber fragte, ob er der Ladung Folge leisten müßte[5]: so berichtet uns Thomas selber, ohne seine Antwort mitzuteilen[6]; übrigens fragte auch die Gegenseite mehrere Juristen um ihren Rat, darunter Decius und Jason.[7] Es braucht nicht gesagt zu werden, was Julius getan und gelassen haben würde, wenn die Antwort bejahend ausgefallen wäre!

Eine für Thomas viel wichtigere Frage hatte er soeben entschieden bejahend gelöst. Er war seit einem Jahre Witwer, ohne Kinder und Erben um sich zu sehen. Jetzt wählte er zur zweiten Frau Apollonia

---

[1] Consigli Bl. 51.

[2] Consigli Bl. 78.

[3] Bertuccioli 203.

[4] Grimaldi, Un episodio del pontificato di Giulio II., Arch. d. R. Soc. Romana di Stor. Patr. 23 (1900), 564; Pastor, Geschichte der Päpste 3, 3/4. Aufl. (1899), 667, 675; Eubel 3 S. 9, Anm. 7 a. E.

[5] Über die Rechtsfrage: Hefele-Hergenröther, Konziliengeschichte 8 (1887), 438f.

[6] In der Vita des Tartagnus nach Pigna 90; doch steht die Stelle nicht in der italienischen Übersetzung des verschollenen Stückes, daselbst Bl. 100—103.

[7] Gabotto am S. 14[3] genannten Ort, 247.

degli Angeli. Es war die Tochter jenes in der Rangordnung von 1493 erwähnten Arztes Agostino, der, obwohl Bürger von Pesaro, dauernd in Venedig lebte, wo er das höchste Ansehen genoß.[1] Getraut wurde das Paar am 17. Juli 1511. Vermutlich gehörte Apollonia jenen griechischen Angeli an, die nach dem Fall der Hauptstadt nach Pesaro geflüchtet waren[2] und vielleicht mit dem Kaisergeschlecht dieses Namens zusammenhingen. So schloß denn Thomas auch diesmal gewiß eine für standesgemäß geltende Verbindung. Und da sich damals mehr als je das „Reichtümer gibt Galen“ bewährte, so wird er wiederum keine arme Frau gewählt haben. Auch mit dieser Familie hat Thomas in bestem Einvernehmen gelebt; zwei Schwägern, Professoren der Rechte in Padua, hat er später eine Arbeit gewidmet.[3]

Ein Jahr darauf trugen sich wieder einmal große Veränderungen in Pesaro zu. Der Knabe Costanzo war schon am 5. August 1512 gestorben[4]; sein Oheim Galeazzo, der bisherige Regent und letzte, aber illegitime Sproß dieser Linie der Sforza, versuchte sofort von Julius II. die Belehnung mit Pesaro zu erlangen. Dies brachte seinen Abgesandten nichts weiter ein als eine spottende Antwort und die Drohung, den Bastard durch die Waffen des Herzogs von Urbino zu vertreiben.[5] So wünschte er wenigstens für die Übergabe der Stadt möglichst günstige persönliche Bedingungen herauszuschlagen; er schickte Thomas als Unterhändler zu dem Kardinal Gonzaga und seinem Bruder, dem Markgrafen von Mantua[6], bei denen jener ja seit 1506 beglaubigt war; die beiden sollten dann auf den Papst einwirken. Was erreicht wurde, ist nicht bekannt; jedenfalls wurde die Stadt im Oktober des Jahres übergeben.[7] So trat Pesaro nach langer Zeit erneut unter die unmittelbare Herrschaft des heiligen Stuhles. Als päpstlicher Statthalter erschien der Doktor beider Rechte Michele Claudio, Bischof von Monopoli.[8] In seine Hand leisteten in feierlicher Handlung, die sich nach einem Hochamt im Dom vollzog, zwei Vertreter des vereinigten engeren und allgemeinen Rates den Treueid für die Bürgerschaft. Es waren Camillo Sampierolo und sein Freund Thomas Diplovatatius[9],

---

[1] Egnatius; bei Pigna Bl. 93 und Olivieri XVII auch das folgende Datum.
[2] Vgl. oben S. 19[3].
[3] Vgl. unten S. 59.
[4] Bertuccioli zu diesem Jahre.
[5] Almerici, Squ. C. Bl. 6.
[6] Olivieri XVII (ohne Quelle).
[7] Bertuccioli zu diesem *M*onat.
[8] Vgl. über ihn Eubel 3, 265.
[9] Almerici a. a. O.; Olivieri XVII.

der überhaupt jetzt mehr und mehr zur feierlichen Vertretung der Stadt vorgeschickt wird.

Am 25. August war er in den geschäftsführenden Engeren Rat gewählt worden, um den schon längere Zeit erledigten Sitz seines ersten Schwiegervaters Francesco Becci einzunehmen.[1] In den Anwesenheitslisten erscheint nunmehr stets an zweiter Stelle „D. Thomas de Plouatatiis". Wie sich bei seiner Gewissenhaftigkeit von selbst versteht, beteiligte er sich mit größtem Eifer an den nicht immer unterhaltsamen Arbeiten dieser Körperschaft. Die Sitzungsberichte haben sich erhalten[2]; wir ersehen daraus, daß es sich hauptsächlich darum handelte, den Säckel der Bürger gegen die Ansprüche des geistlichen, später wieder weltlichen Herrn zu verteidigen, und dennoch diesen irgendwie zu befriedigen. Die Sitzungen waren sehr zahlreich; haben wir uns nicht verzählt, so fanden z. B. vom 25. August bis zum 28. Februar des folgenden Jahres vierundzwanzig Sitzungen statt. Der Besuch war bei Strafe von zwei Soldi geboten[3]; die Ladung erfolgte öffentlich durch Glockengeläut und den Ausruf der Stadtdiener. Die meisten besuchten trotzdem die Sitzungen, die in der Kanzlei des Rathauses stattfanden, nur sehr unregelmäßig; der Mustermensch Thomas fehlte in der angegebenen Zeit — außer in zwei Fällen[4] — nie. Gewiß wieder nur aus Pflichtgefühl, denn er hielt sich fast immer zurück. Wenn er das Wort ergreift, heißt es etwa: „Herr Thomas lobte den besagten Antrag, den der besagte Herr Tydeus gemacht hatte, und billigte ihn voll und ganz."[5] Jedenfalls geht nie von ihm der Antrieb aus. Ein einziger Vorfall verdient vielleicht Erwähnung.[6] Am 25. September war er mit einem anderen Ratsherrn in eine Kommission gewählt worden, „die mit dem ehrwürdigen Herrn Statthalter über die Einkünfte der Gemeinde verhandeln solle"; dieser ließ ihn drei Tage darauf, wie Thomas am folgenden Tag berichtet, zu sich bescheiden, und verlangte, die Stadt solle 50 Dukaten für das Holz zahlen, das Claudio für den Hafenbau hatte kommen lassen. Nach langer Erörterung, in der die Holzbeschaffung als verfehlt erklärt wurde, ging nicht der rücksichtslose Antrag durch, dem Statthalter zu erklären: die Stadt ginge die Geschichte nichts an, er möge das Holz verkaufen und den Gläubiger aus dem Erlös befriedigen, sondern ein beschwichtigender Antrag des Thomas: die Stadt möge bezahlen,

---

[1] Almerici a. a. O. D. Bl. 6.
[2] Cod. Oliv. 1177. Vgl. den Archivbericht, Anhang II § 9.
[3] Statuta civitatis Pisauri, Pes. 1531 (meist ältere Bestandteile) Rubr. 47.
[4] Am 2. Oktober und 23. November.
[5] So Bl. 129, 131, 132.
[6] Bl. 136.

sich aber „ihre Rechte vorbehalten". Ob Julius II. sich um diese Rechte viel gekümmert haben mag?

Die ernstere Arbeit dieser Zeit setzte Diplovatatius an die Fortführung des Buches „De claris iurisconsultis". Eine Unzahl von Büchern, meist Handschriften, muß er damals aus seinem großen Vermögen gekauft haben.[1] Andere sowie Urkunden studierte er in heimischen und fremden Bücher- und Urkundensammlungen[2]; selbst jene Gesandtschaftsreise nach Bologna benutzte er, um das Geheimbuch der Fakultät nach geschichtlichen Einzelheiten durchzusuchen.[3] Der Ruf der Arbeit mußte sich, obwohl sie nie veröffentlicht werden sollte, doch allmählich verbreiten: der damals in Pesaro lebende Humanist Alessandro Gaboardo aus Parma erwartet von ihr schon in einer Schrift von 1508 Entscheidung einer gelehrten Streitfrage.[4]

Auch hiermit war seine Arbeitskraft nicht erschöpft. In eben diesen Jahren begann er ein Werk, das die erschütternden geschichtlichen Umwälzungen einer Forschernatur wie der seinen geradezu aufdrängen mußten. Dieses sein zweites Hauptwerk bildet eine Chronik von Pesaro, namenlos und unvollendet in der Urschrift erhalten, die sich durch zahlreiche Randnoten und Wiederholungen als erste Niederschrift ausweist.[5] Sie beginnt mit der sagenhaften Gründung der Stadt und sollte fortgeführt werden bis auf die Gegenwart, denn der eingeschobene Bischofsliste führt bis zu dem „gegenwärtigen Bischof" hinunter, nämlich dem von 1504—8 regierenden Francesco Riccardi. Damit ist auch die Zeit der Abfassung — mindestens des Beginnes der Abfassung — umgrenzt. Mit Ehrlichkeit, Fleiß und Gelehrsamkeit sind hier, unter Angabe der Fundstellen, nicht nur die literarischen Quellen des Altertums und des Mittelalters ausgebeutet, darunter auch manche heut verschüttete, sondern auch die Urkunden der Pesaraner Archive, zumal des bischöflichen. Wären die Fortschritte der geschichtlichen Quellenforschung so wohl erhellt, wie es die Entwicklung der Geschichtsschreibung ist, so wären rühmende Worte über diese Arbeit vermutlich überflüssig. Hingegen fehlt — für unsern in das Zeitalter des

---

[1] S. im 6. Kapitel.

[2] S. Einleitung zum 2. Bande.

[3] Dies sagt er selbst an der oben S. 39[4] genannten Stelle.

[4] Arrianus, De rebus gestis Alexandri regis, quem latinitate donavit Bartholomeus Facius, ed. Gabuardus, Pisauri 1508, letztes Blatt (vorh. in der Oliveriana). Sehr fehlerhafter Druck des Blattes bei Besta 82/4, gute Auszüge bei Olivieri XXIIf. Vgl. Anhang II, § 4.

[5] Vgl. Anhang II, Nr. 23. Literatur: Egnatius („Istoria di Pesaro"), Pigna Bl. 96 („Historie della città di P. et delli Signori Malatesta"), Olivieri XXVIf., Vanzolini im Archivio storico Marchigiano 1, 1 (1879), 79 ff.; Besta 43—46. Vgl. auch die Tafel und ihre Entzifferung am Schluß dieses Bandes.

Humanismus hineinragenden Scholastiker ist das bezeichnend — eine Verwertung der Inschriften. Sehr auffällig für den kundigen Leser ist es, am Rand der ersten Seiten eine doppelte Zählung angemerkt zu sehen: die hergebrachte nach einer der fabelnden Weltären und eine andere, welche die heutige Zeitkunde als „ungeheuren Fortschritt" preist und für eine Erfindung — englischer Gelehrter des 18. Jahrhunderts hält.[1] Es handelt sich um die Anwendung der Dionysischen Zeitrechnung, d. h. der Zählung von Christi Geburt ab, auf die Jahre *vor* Christus. Eine Erfindung des Diplovatatius ist sie zwar nicht; sie findet sich bereits in dem von ihm oft als Quelle benutzten „Supplementum Chronicarum" des etwas älteren Jacobus Philippus Foresti von Bergamo, und vielleicht schon früher. Aber sein überall nach untadliger Genauigkeit und handlicher Gleichförmigkeit suchender Juristengeist muß sie als rettenden Gedanken erkannt haben; auch in seinem rechtsgeschichtlichen Hauptwerk ist die doppelte Zählung angewandt.[2]

Mit dem Jahre 1357 bricht die Chronik unvermittelt ab. Thomas gab die Arbeit auf — vermutlich, weil er die Stadt und damit den Nährboden seines Werkes 1513 vorübergehend und bald darauf dauernd verließ. Die Geschichte selber hatte ein neues Blatt der Chronik aufgeschlagen und diesmal wurde ihr Verfasser von den Ereignissen aus der Heimat entführt.

Viertes Kapitel.

Gubbio und Pesaro. Im Dienste der Rovere und Medici.

(1513—1517.)

Julius II. hatte Pesaro nicht dauernd dem Kirchenstaate zugedacht, sondern dem Nepoten in Urbino — wohl um diesem den Zutritt zum Meere zu verschaffen. Unmittelbar vor seinem Tode, der ihn am 20. Februar 1513 hinraffte, belehnte er Francesco Maria mit dem Ländchen. Der Rovere, seit 1508 Herzog von Urbino, lebt in der Geschichte fort als großer Feldherr, als Staatsmann und Förderer aller Künste. Neben ihm waltete würdig Madonna Eleonora Gonzaga. Hof und Regierung wurden nach Pesaro verlegt, das zur Hauptstadt des Herzogtums aufstieg.

---

[1] So Rühl, Chronologie (1897), 204; ähnlich Lerch, Einleitung in die Chron. 1[2] (1899), 234.

[2] Vgl. die ersten Viten.

Hierhin zog sich nun auch, dabei wohl ein wenig von der einstigen Höhe erlesensten Geschmackes herabsinkend, jenes Leben der urbinatischen Hofgesellschaft, das Graf Baldassare Castiglione in seinem unsterblichen „Cortigiano", dem schönsten literarischen Denkmal der Renaissance, so anmutig, geistvoll und edelsinnig geschildert hatte. Auch Thomas hat diesen außerordentlichen Mann hochgeschätzt, und gerne wollen wir glauben, daß der „Kaiserspröß" mindestens durch würdevollen Ernst und feine Liebenswürdigkeit des äußeren Gehabens den hohen Ansprüchen Baldassares an den vollendeten „Hofmann" genügte.[1] In einem diese Beziehung bezeugenden, bemerkenswerten Briefe an den neu ernannten Statthalter von Pesaro bittet Thomas zunächst darum, dem Herrn Herzog, der erlauchtesten Madonna und dem Herrn Baldassare empfohlen zu werden; sodann, zur Sache kommend, den Herrn Herzog daran zu erinnern, daß er die Belehnung mit Pesaro nicht „per gratia", sondern „per via di iustitia" bewirken lassen möge[2] (offenbar sollte sie nicht als Begnadung mit einem neuen Recht erscheinen, sondern als Endurteil eines staatsrechtlichen Prozesses). Sodann möchten auch die Angelegenheiten der Madonna Camilla geregelt werden — man sieht, daß Thomas die alte Wohltäterin in ihrer Einsamkeit nicht vergessen hat — solange die Heiligkeit unseres Herrn am Leben sei, desgleichen die anderen, Pesaro betreffenden Angelegenheiten. Er empfiehlt ihm weiter die Stadt mit allen Bürgern und Landbewohnern, von denen er einige mit Namen aufführt, darunter seinen Freund Sampierolo, sowie seinen Verwalter und seinen Notar, dem gegenüber man aber auf der Hut sein möge. Der Empfänger selber möge sich bemühen, gesund zu bleiben, sich nicht zu ärgern und ihm manchmal nach Gubbio schreiben. Der Brief ist eigenhändig geschrieben und — ohne Zeit- und Ortsvermerk — folgendermaßen unterzeichnet: „Vti f[rate]r Thomas Plouatatius i.[uris] v.[triusque]d.[octor] de Constantinopoli Eug.[ubi][1] ducalis Lo[cumtenen][s]."

Wir begegnen also, zu unserer eigenen Überraschung, unserem Freunde Thomas als herzoglichem **Statthalter** in **Gubbio**. Der Brief ist leicht zu bestimmen. Am 18. Januar 1513 war Thomas zum letzten Male in der Sitzung des Engeren Rates erschienen und blieb ihm das ganze weitere Jahr hindurch fern[3]; der Herzog wurde mit Pesaro kurz vor dem 20. Februar belehnt, an welchem Tage der Papst, womit der Brief schon rechnet, starb:

---

[1] Das Folgende nach dem ersten oben S. 25[1] erwähnten Brief.

[2] Vgl. über diese Unterscheidung **Bresslau**, Handbuch der Urkundenlehre 1[2] (1912), 82.

[3] Cod. Oliv. 1177 zu diesem Tage; der Band geht bis zum April 1513; Fortsetzung s. unten S. 48[3].

in die Zwischenzeit muß der Brief also fallen. Die Ernennung zum Statthalter von Gubbio wird zum Jahresanfang erfolgt sein; es liegt somit (worauf man ja immer gefaßt sein muß) kein Druckfehler vor, wenn es in den Ausgaben einem seiner Zusätze zu Bartolus heißt, er sei 1513 Statthalter in Gubbio gewesen.[1] Im Widerspruch hierzu sagt Pigna, daß Thomas das Amt 1510 angetreten habe[2], und Olivieri fügt hinzu: noch bei Lebzeiten Giovannis.[3] Aber Pigna gibt keine Quelle an und Olivieri fußt anscheinend nur auf ihm. Beide sagen nichts von einer zweimaligen Statthalterschaft, und auch Thomas unterscheidet an den mehreren Stellen, da er dieses Amtes gedenkt, nie ein erstes und zweites Mal. Somit muß es bei unserer Zeitbestimmung bleiben. Auch dies ist beweislos von Olivieri behauptet worden, daß es Julius II. gewesen sei, der Thomas seinem Nepoten empfohlen habe.[4] Wir wissen aber aus Egnatius, daß Thomas schon bei Francescos Oheim, Adoptivvater und Vorgänger, dem edlen Guidobaldo, in Gunst gestanden hat, und hierauf deutet auch die Tatsache, daß Thomas, dem jedes Werk aus persönlichen Beziehungen hervorwuchs, über Guidobaldos Stammsitz Montefeltro geschichtliche Untersuchungen angestellt hat[5]; auch hat er die berühmte Bücherei des Montefeltro in Urbino benutzt.[6] Und für diese Beziehungen mag er den Grund in der Borgiazeit gelegt haben, in der ja Urbino im Amtsbereich von Cesares trefflichem Fiskal gelegen war. Auch Francesco Maria hat gar nicht umhin können, von dem weißen Raben in der Nachbarstadt zu hören, dem seltsamen Manne, der so vornehm war und doch so ohne Gier nach Macht, so reich und doch so gelehrt, so ganz Jurist und doch so — rechtschaffen.

Die Einzelheiten der Amtsführung ließen sich bisher nicht ermitteln.[7] Wohl aber können wir daraus, daß ihm der Herzog dauernd gewogen blieb, schließen, daß er sich auch diesmal bewährt hat. Die Statthalterschaft in dem verträumten umbrischen Töpferstädtchen erforderte kaum viel staatsmännische Begabung; wir wissen auch nicht bestimmt, welche Geschäfte sie umfaßte. Jedenfalls war, wie üblich, irgendwelche Richter-

---

[1] Erste Note zu Consilia Bd. 2.

[2] Pigna Bl. 93.

[3] Olivieri XVII.

[4] So Olivieri ebenda; seine Behauptung ist schon deshalb verdächtig, weil er die erste Begegnung mit Julius II. von 1506/7 mit der zweiten von 1511 verwechselt.

[5] Besta 46 auf Grund eines mit falschem Aktenzeichen angeführten Vermerks Olivieris, die auf keine Weise aufzufinden war.

[6] Vgl. die größere Vita des Bartolus, Bd. 2 im Anhang.

[7] Vgl. den Archivbericht, Anhang I § 11.

tätigkeit mit ihr verbunden, denn Thomas erzählt aus dieser Zeit einmal, er habe einem Juden den Eid in der Form der Selbstverfluchung auferlegt, worauf dieser es vorzog, ein Geständnis abzulegen.[1] Ein andermal erwähnt er eine „schwierige“ Entscheidung eines Erbschaftsprozesses zwischen zwei Brüdern aus dem Juni 1513[2], ein andermal einen Strafprozeß.[3] Übrigens lockten ihn auch hier nicht nur die frischen Akten. Die Oliverianische Bücherei in Pesaro bewahrt eine aus seinem Besitz stammende kostbare Sammelhandschrift auf, die er selber hochgeschätzt zu haben scheint, da er die leeren Seiten am Schluß als Familienstammbuch benutzte.[4] Sie enthält die Gutachten zahlreicher berühmter Perusischer Juristen des 14. Jahrhunderts, besonders des Baldus. Alle weisen die Siegel und eigenhändigen Unterschriften der Gutachter auf; die meisten haben auf Gubbio Bezug.[5] Man sollte meinen, daß Thomas sich diese Urkunden — aus jener bei Bücherfreunden nicht seltenen Neigung, die Grenzen des Eigentums zu verwischen — aus abgelegten Gerichtsakten angeeignet haben müsse. Aber nein: nicht einmal dieser leichte Schatten steht seinem Biographen zur Verfügung, um das Bild dieser Mensch gewordenen Rechtschaffenheit abzurunden. Thomas berichtet ausführlich und ohne äußeren Anlaß, wie er als Statthalter in Gubbio 1513 die Winkel der Häuser nach alten Handschriften, zumal denen des Bartolus, abgesucht habe, und wie er dann die einzelnen Bände erworben habe, teils durch Schenkung, teils durch Kauf entweder aus dem Besitz Eugubischer Bürger, oder dem von Professoren der benachbarten Universität Perugia.[6] Diese Sammlung ist später die Grundlage geworden für seine große Bartolusausgabe; jener Band bildet nur einen Teil davon. Man glaubt ihm gern, daß er den Doktor beider Rechte und gekrönten Dichter Giampietro Ferretti aus Ravenna sehr geliebt haben muß, wenn er es über sich gewann, diesem ein auf Gubbio bezügliches eigenhändiges Gutachten des Bartolus zur Erinnerung an den Besuch zu schenken, den ihm dieser hochgebildete, später Bischof gewordene Mann am 12. September 1513 abstattete.[7]

Auch selber ist er in Gubbio als Gutachter tätig geworden, einmal auf Ersuchen des Podestà des urbinatischen Städtchens Fossombrone;

---

[1] Zu Tartagnus ad D. 12, 3, 3.

[2] Zu Bartolus Consilia I, 14.

[3] Ebenda I, 188.

[4] Cod. Oliv. 58, Bl. 100—104.

[5] Vgl. Bl. 14, 19, 73, 78, 97.

[6] Vgl. unten S. 69.

[7] Zu Bartolus Consilia II, 4, wo er Ferretti „damals Generalvikar in Ravenna“, nennt. S. über ihn Tiraboschi 7, 3 (Ausg. Roma 1785, S. 236).

hier hat er sich erkühnt, gegen Baldus zu entscheiden, aber dennoch den Sieg davongetragen.[1]

Ein rundes Jahr scheint Thomas den alten malerischen Herzogspalast bewohnt zu haben, den Laurana kurz vorher im Stile der Renaissance hergerichtet hatte. Die junge Gattin scheint ihn begleitet zu haben; jedenfalls schenkt sie am 1. Mai 1514 dem 46jährigen sein erstes Kind, dessen Namen, Francesca, der Vater eigenhändig hinter die verstaubten Gutachten des großen Baldus eintrug.[2] Die Geburt erfolgte in Pesaro; dorthin werden die Eltern zu Anfang des Jahres zurückgekehrt sein. Am 23. Januar erscheint Thomas wieder in Pesaro in einer Sitzung des Engeren Rates.[3]

Er vertritt hier (unter jetzt 41 Mann) wieder sein Stadtviertel San Nicolò, desgleichen im Großen Rate; im ersten mit 17, im letzteren mit 35 anderen Ratsherren. Aber selbst im Engeren Rat wird die Zahl der Anwesenden immer kleiner, und meist enthalten die Protokolle statt der Anwesenheitsliste nur den verschämten Vermerk, die Ratsherren seien „in genügender Zahl" anwesend gewesen (also wohl in sehr ungenügender). Die Selbstverwaltung der zum Fürstensitze aufgestiegenen Gemeinde schrumpft eben immer mehr ein; die geringere Bedeutung der Ratsverhandlungen vermindert die Anteilnahme der Bürgerschaft, und diese rückwirkend jene. Unverändert bleibt jedoch der Eifer unseres Helden. In 26 Anwesenheitslisten des Jahres 1514 findet sich sein Name, der jetzt immer an erster Stelle erscheint, 18mal; ähnlich ist es in den beiden folgenden Jahren. Abwesend ist er fast nur in den — spärlichen — Sitzungen während der heißen Monate, die er auf der Villa zugebracht haben muß. Noch viel regelmäßiger als er ist aber hier eine ganz neue Persönlichkeit anwesend: der herzogliche Statthalter oder sein Vertreter; zufolge seiner „Erlaubnis und Beauftragung" werden jetzt die Sitzungen anberaumt. Die unbeschränkte Monarchie ist da.

Thomas tritt jetzt in den Erörterungen mehr hervor. Oft wird er in einen Ausschuß gewählt, über dessen Tätigkeit er später der Versammlung Bericht erstattet. Dann heißt es etwa in einem — noch lateinischen — Sitzungsberichte, wie in dem vom 7. März 1514[4]: „Herr Thomas, einer der beiden Gesandten, die der Rat erwählt hatte, um zu unserem erlauchtesten Herrn

[1] Zu Tartagnus ad D. 29, 2, 6; vielleicht dieselbe wie die zu Bartolus Tractatus „de duobus fratribus" erwähnte „große Sache".

[2] Cod. Oliv. 58 Bl. 102; Pigna Bl. 109.

[3] Archivio Comunale Bd. 59, Consigli et altri instrumenti dell' anno 1512 (lies: 1513)—1541; doch fehlen die Berichte für Herbst 1516 und die Zeit seit Februar 1518; es folgen Urkunden von 1533 an.

[4] Consigli Bl. 37.

Herzog zu gehen, berichtete darauf den genannten Herren Räten, er habe sich gemeinsam mit Herrn Bernardo de' Monaldi zur Stadt Urbino begeben und dem vorbenannten erlauchtesten Herrn alles, wie es ihnen von seiten dieses Rates aufgetragen worden sei, im einzelnen dargelegt; seine Exzellenz habe sie gerne gesehen und gnädig angehört und, (sagte er), der vorbenannte erlauchteste Herr habe ihnen, als sie die ihnen anvertraute Botschaft der Reihe nach darlegten, so geantwortet, nämlich erstens:

Über die Ausbesserung des Hafens ...

Über das Pfandhaus ..

Über die Dirnen ...

Über die Vorsteher des Krankenhauses ...

Über den von Francesco de' Leonardi gestellten Antrag ...

Über die Angelegenheit der Groschen ...

Und von allem Vorbesagten, wie es Herr Thomas berichtet hatte, bestätigte Herr Gerardo (sic) de' Monaldi, der Mitgesandte, daß es so gewesen sei, indem er mit Worten, die in bezug auf das Gesagte, nicht das Geschehene, verschieden waren, dasselbe wiederholte." Auch später wird Thomas einmal erwählt, zum Herzog zu gehen, diesmal wegen der Verbesserung der Steuern, und stattet darüber in gleicher Weise Bericht ab.[1]

Bunt, wie diese Liste, ist überhaupt die Tätigkeit, die unserem gelehrten Ratsherrn im Rahmen der städtischen Verwaltung zugemutet wird. Der alles zur Einheit fügende und genossenschaftliche Geist der mittelalterlichen Gemeinde bemächtigt sich der Persönlichkeit mit Haut und Haar und spannt jeden vor jede Aufgabe. Da sehen wir Thomas die Preise festsetzen, das eine Mal für Fleisch und Fisch[2], das andere Mal für die Pferde[3]; hier wird er wohl das meiste den Amtsgenossen überlassen haben. Auch den Fragen der Getreideausfuhr wird er, wenn wir ihn recht beurteilen, nur zögernd nähergetreten sein.[4] In den Ausschüssen für das Bauwesen, denen er angehörte — für Hafen- und Pfandhaus-[5], Dom-[6] und Festungsbau[7] — hatte er hoffentlich nicht für die künstlerische Seite zu sorgen, die, nach Gestalt und Gehalt seiner Schriften zu urteilen, nicht eben seine Stärke bildete. Weit mehr war er in seinem Fahrwasser — auch nach Ansicht seiner Mitbürger, die ganz wider die Regel

---

[1] Consigli zum 29. Jan. und 9. Febr. 1515, Bl. 65.
[2] Ebenda zum 8. Jan. 1514, Bl. 32; Almerici Squ. BM. Bl. 22.
[3] Am 31. Dez. 1515, Almerici Squ. BP. Bl. 43.
[4] Consigli zum 1. März 1516, Bl. 102.
[5] Ebenda zum 6. und 23. Febr. und zum 7. März 1514.
[6] Ebenda zum 23. Febr. 1514 und zum 29. Jan. 1515.
[7] Ebenda zum 22. Jan. 1516, Almerici Squ. BM. Bl. 44.

hier einen allein handeln ließen —, als er am 11. März 1514 beauftragt wurde, Alessandro Gaboardo schriftlich das städtische Lehramt für Grammatik anzubieten.[1] Dieser Humanist war damals nicht mehr in Pesaro, wo er, wie so viele seines Zeichens, sich sein Brot als Korrektor verdient hatte, und zwar im Dienste der bekannten jüdischen Druckerfamilie der Soncino; seiner Dankbarkeit und Bewunderung für Thomas hatte er nicht nur in jener Schrift von 1508, einer Ausgabe des Arrian, sondern auch in Ausgaben des Probus Grammaticus 1511 und 1512 Ausdruck gegeben[2] und wiederholte dies 1517, diesmal in Versen[3], wodurch seine Schriften zu Quellen für die Überlieferungsgeschichte des Hauptwerks des Thomas geworden sind.[4] Er gehörte, zumal nach Annahme des Rufes, zum Freundeskreis des Gelehrten.

Erheblicher waren die Aufträge, die ihm der Herzog gab — die Ohnmacht der Stadtverwaltung ließ gleichzeitige Tätigkeit für den Herrn und die Beherrschten nicht mehr als unvereinbar erscheinen. Thomas selber berichtet einmal, er habe (wie dem Valentino, so auch) dem Francesco Maria als „auditor ed aduocato de la camera fiscal" gedient[5]; da er dies Landesamt nicht in der Provinzstadt Gubbio ausgeübt haben kann, so muß dies in Pesaro, und also in dieser Zeit — 1514 bis 16 — geschehen sein. Nach Olivieri hat Thomas hingegen in dieser Zeit ein weit wichtigeres Amt bekleidet: er soll seit dem 8. August 1515 eine seit Anfang des Monats freigewordene Stelle in des Fürsten aus drei Männern bestehendem Staatsrate bekleidet haben, von dem der ganze Staat geleitet wurde.[6] Aber eine solche Stelle wäre denn doch mit einer Tätigkeit im Gemeinderat nicht verträglich gewesen, und die Nachricht hat Olivieri gewiß nur aus einem Merkblatt gezogen, auf das er einen Urkundenauszug seines Vorgängers Almerici abgeschrieben hatte[7]; dieses aber besagt nur, daß Thomas, und zwar am 1. August 1515, zum „consigliere dell' udienza ducale" ernannt worden sei. Hierin werden wir unschwer das bescheidenere Fiskalamt wiedererkennen, das jetzt, da es für den ganzen urbinatischen Staat zuständig ist, ein mehrköpfiges geworden ist. Auch Egnatius sagt, daß Thomas

[1] Almerici Squ. BM. Bl. 26.

[2] Instituta artium, Pes. 12. Febr. 1511, angeführt nach Manzoni, Annali tipografici dei Soncino 3 (Bol. 1883) 273; Ausg. vom 27. Febr. 1512, vorh. in Paris B. N.

[3] Carmen zu Grapaldus, De partibus aedium, 1517 Ven. bei Bindoni; angeführt nach Olivieri XXIV.

[4] Vgl. Anhang II § 4 und die Einleitung in Bd. 2.

[5] Am S. 27[8] genannten Ort.

[6] Olivieri XVII („supremo suo Consiglio").

[7] Beides Busta Oliv. 458.

„auditore“ und „consigliere“ des Herzogs gewesen sei. Eine Bestätigung unserer Vermutung liegt darin, daß auch die in Olivieris Biographie vorangehende Nachricht im Zeitansatz irrig ist und sich mit dem gleichen irrigen Zeitansatz auf dem gleichen Merkblatt findet. Thomas wurde nämlich am 29. Januar — nicht am 8. März — 1514 nebst vier anderen Bürgern vom Herzog mit der Umarbeitung des Stadtrechts beauftragt.[1] Er sah sich damit vor eine Aufgabe gestellt, die ihm völlig gemäß war und sicher schon lange am Herzen gelegen hatte, die er denn auch sofort in Angriff nahm und — wie alle seine größeren Unternehmungen — nach jahrzehntelanger Arbeit unvollendet hinterließ.[2] Es handelte sich um eine Sache von wirklicher Bedeutung, da das ganz veraltete Stadtrecht noch aus der Malatestazeit stammte. Inzwischen hatte Pesaro mehrfach die größten Umwälzungen erlebt; und eine neue Umwälzung war im Anzug.

Alexander Borgia hatte Giovanni Sforza aus der Stadt vertrieben, um sie seinem Sohne zu geben; Julius II. hatte Galeazzo nicht im Besitz bestätigt, weil er Pesaro seinem Nepoten Francesco Maria delle Rovere zugedacht hatte; nun wollte der neue Papst Leo X. seinen Nepoten, Lorenzo de' Medici, das Haupt und die Hoffnung des Hauses, in Pesaro herrschen sehen. Auch diesmal half dem weltlichen Magen der geistliche Arm: der Medicäer nutzte Francescos wenig lehnstreue Politik rücksichtslos aus, um gegen den Rovere Bannfluch und Absetzung zu schlendern; am 31. Mai 1516 mußte der große Condottiere vor dem mit überlegener Macht heranziehenden jungen Prinzen aus Pesaro fliehen.[3]

Hier herrschte die größte Bestürzung. Francesco Maria hatte sich die Liebe der Untertanen erworben; andererseits war Lorenzo durchaus nicht die in sich versunkene Natur, die ihm der Meister der Medicäergräber beilegte, als es ihn drängte, einen „Penseroso“ zu bilden. Der Jüngling, für den Macchiavelli den „Principe“ geschrieben hatte, war ehrgeizig und rücksichtslos, launisch und ränkevoll, nicht ohne sportlichen Mut, aber ein kümmerlicher Feldherr; war nicht sehr freigebig und schon deshalb im Volke unbeliebt.[4] Es scheint denn auch, daß zunächst allenthalben Vorbereitungen zum Widerstande getroffen wurden; der Rat konnte nicht einmal seinen gewohnten Sitzungsraum benutzen, da, wie es in den Protokollen dieser Tage heißt, die Kanzlei der Gemeinde „in kriegerischen

---

[1] Consigli f. 65.

[2] Vgl. im 6. Kapitel.

[3] Pastor, Gesch. d. Päpste 4, 1 (1906) 101—3; Bertuccioli zu diesem Tage.

[4] Vgl. W. Roscoe, The Life and Pontificate of Leo the tenth, 2. Aufl. 2 (Heidelb. 1828) 165, 269ff., 287f., den Aufsatz von Schnaase, abgedruckt bei H. Grimm, Künstler und Kunstwerke 1 (1865) 178—180, Pastor 62.

Angelegenheiten besetzt" war. Aber es wiederholte sich für die Gemeinde genau die Lage von 1500: der alte Herr war gebannt, Anhänglichkeit an ihn eine Sünde; auf der anderen Seite stand der vom geistlichen und weltlichen Oberhaupte zum neuen Vikar ausersehene Neffe des Papstes, und mit diesem Recht zugleich die Macht. Als drei Tage nach der Flucht des Herzogs der Engere Rat „in genügender Anzahl" in der Sakristei des Dominikanerklosters zusammentritt, ist von Widerstand nicht mehr die Rede, und es herrscht nur die Sorge, wie man sich in die neuen Verhältnisse schicken solle.[1]

Zum ersten Male führt Thomas das große Wort. Sein Vorschlag geht dahin — neue Statuten zu machen; offenbar sollten diese die Rolle von Unterwerfungsbedingungen spielen. Es ist ungemein bezeichnend für seine formal-juristische Art, daß er zwei „Serien" (manus) von Statuten wünscht: eine für den Fall, daß Pesaro unmittelbar zum Kirchenstaat geschlagen werden sollte — woran der Papst selber nicht dachte! — und eine für den allein praktischen Fall, daß „wir einen Fürsten als ewigen Vikar für die heilige römische Kirche" erhalten sollten. Einige aus dem Rat sollten gewählt werden, um so schnell wie möglich die Statuten zu entwerfen. Nach langer Erörterung wird in diesem Sinne beschlossen; die Statuten sollen einer vereinigten Versammlung der beiden Ratskörper vorgelegt werden. Gewählt werden natürlich Thomas selber und ein anderer Jurist, Tydeus de' Magistri, der, den Sitzungsberichten nach zu urteilen, seit Jahren die Seele aller Verhandlungen gewesen war, ferner zwei Notare — sämtlich einstimmig. Sechs Tage darauf wird Thomas mit drei anderen bestimmt, in Lorenzos Lager zu gehen und ihn wegen der außerordentlichen Armut und der Wohnungsnot in der Stadt — in welche sich die Landbevölkerung geflüchtet haben wird — zu bitten, sich mit dem Einzug eines kleinen Teiles des Heeres zu begnügen.[2] Doch hat sich Thomas bei diesem Gange vertreten lassen, wie wir aus dem Bericht entnehmen können, den die Gesandten am 11. Juni erstatten; nun ist es wieder Thomas, der beantragt, es möchten jetzt Gesandte an den Papst geschickt werden. Vier werden erwählt, dann durch andere ersetzt, und diese berichten am 24. Juni, der Papst habe ihnen versichert, daß Lorenzo der Stadt nichts als Gutes zuzufügen im Sinne habe. Unter diesen Umständen hält man es für angemessen, gute Miene zum bösen Spiel zu machen und selber den Papst um Einsetzung Lorenzos als Herrn zu bitten.[3] Hierüber gibt es nur

[1] Consigli zum 3. Juni 1516, f. 107.
[2] Consigli zum 9. Juni.
[3] Das Folgende nach Consigli f. 110—113, her. von mir Hist. Zeitschr. 1918.

eine Stimme, als die Mitglieder des Engeren und Allgemeinen Rates, wie seinerzeit beschlossen, sich zu gemeinsamer Sitzung vereinigten; sie fand am 3. Juli in San Domenico statt, und zwar, da die Sakristei für die Menge der Erschienenen zu klein war, in der Kirche. Der Statthalter des alten Herzogs selber stellt, die Beratung eröffnend, den Antrag, den Papst durch Abgesandte, die mit Statuten und Anweisungen zu versehen seien, „einfach" um einen Herrn als Vikar zu bitten, wie der erlauchteste Herr Lorenzo einer wäre. Als erster aus der Bürgerschaft spricht Thomas; er kommt auf seinen Gedanken zurück, daß man den Gesandten doch auch für den Fall, daß der Papst die Einverleibung des Ländchens wünsche, mit „kirchlichen Statuten" versehen müsse — gewiß war ihm die Aussicht peinlich, daß seine an diese gesetzte Arbeit überflüssig gewesen sein sollte. Aber unter den vielen Rednern in dieser geschichtlichen Sitzung (deren Verhandlungsbericht mit ungewöhnlicher Lebendigkeit den Vorgang festhält und weit darüber hinaus in Schein und Wesen des Volksstaates hineinblicken läßt) sind nur drei dem unpraktischen Vorschlag geneigt, darunter sofort der Freund Sampierolo; und auch dieser würde bei weitem Lorenzo als Herrn vorziehen, denn die kirchliche Verfassung sei zwar gut, aber die Menschen in ihr seien schlecht und die Sitten würden unter diesem Zustand schlechter, wovon die Nachbarn — ein Hieb auf Fano — ein Beispiel gäben. Der nächste Redner, der Schwager des Thomas, Monaldi, ruft Aristoteles als Zeugen für den Segen der Einherrschaft an, und daß es ja auch im Himmel nur einen Herrscher gäbe. Die anderen strengen den Geist weniger an, begnügen sich, Lorenzos Lob zu singen, der, wie das Gerücht gehe, freigebig und großherzig, gerecht und milde sei, oder berufen sich auf ihre Untertanenpflicht — dem heiligen Vater gegenüber, versteht sich; kein Wort wird laut zugunsten des alten edlen Herrn! Endlich findet einer das Stichwort des Tages: „Er wolle in Frieden und Ruhe leben!" — und dieses Wort ringt sich nun in immer erneuten Abwandlungen, auch der, daß es sich überhaupt nur unter einem Fürsten ruhig leben lasse, aus den gequälten Herzen der Bürger — geduckten Nachfahren der rauflustigen Freiheitskämpfer des mittelalterlichen Gemeindestaats. So fällt denn auch der überraschende Wunsch eines Redners, die ganze Bürgerschaft unmittelbar über die Verfassungsänderung abstimmen zu lassen, unbeachtet zu Boden, und nur die Dorfschulzen kommen als Vertreter ihrer Gemeinden zum Schlusse noch ans Wort, begnügen sich aber mit der Ansicht der Vorredner. Damit ist die lange Rednerliste erschöpft. Der Stadtschreiber Bernardin fleht, am Hauptaltar kniend, den Segen der Jungfrau herab und las dann die für den Fall einer Herrschaft Lorenzos von Thomas und seinen Genossen verfaßten Statuten vor. Sie werden mit einigen Verbesserungen und Streichungen und in der Hoffnung angenommen, daß die Gesandten den Papst zu ihrer Unterzeichnung würden bestimmen können. Bernardin will nun noch, jedenfalls auf Wunsch des Thomas, auch die „kirchlichen" Statuten zur Abstimmung bringen; indessen alle Räte vom Engeren und Weiteren Rate riefen, es sei nicht nötig, sie seien sicher gut und nützlich, aber man wolle nichts mehr hören — was man, nachdem mehr als dreißig Redner gesprochen hatten, begreiflich finden wird. Alles trennte sich nun, Gott dem Herrn dankend für den ehrenvollen und anständigen Verlauf der Verhandlung, nicht ohne noch schnell einen Beschluß zu fassen, den man fast vergessen hätte: daß keiner der abzusendenden Gesandten mit dem heiligen Vater unter irgendwelchem Vorwande etwas zu eigenem Vorteil abmachen dürfe — bei einer Strafe, die die Gemeinde nach Gutdünken verhängen würde. Bernardin bleibt allein in der weiten, leeren Mönchskirche zurück und vertraute dem Schriftstück an, daß auch er, der immer unter einem Fürsten gelebt habe, sich einen Fürsten wünsche und zu Gott flehe, daß der vorbesagte erlauchteste Herr Lorenzo den Staat in Gerechtigkeit, Friede und Eintracht regieren möge — in sęcula sęculorum, Amen.

Nach dieser denkwürdigen Sitzung verschwindet der Name des Thomas aus den Akten des Jahres. Aber diesmal zog er sich nicht in die Kühle des Sommerhauses zurück, sondern tauchte — für kurze Zeit — in Venedig auf. Hier erschien im gleichen Juli 1516 die Kaisergeschichte des Egnatius, welche die römischen, deutschen und byzantinischen Herrscher umfaßte; ganz kurz wird unter diesen auch Johannes der Vatazier erwähnt.[1] Bei der Korrektur hat Egnatius nun dem Buch sechs Berichtigungen und Ergänzungen vorangestellt, von denen ihm einige, schriftlich, Alciat mitgeteilt hat, die letzte, eigentlich ganz überflüssige, offenbar mündlich, „ein großer Rechtsgelehrter dieser Zeit": Diplovatatius. Es ist die bereits bekannte Behauptung, daß die Diplovatatier mit jenem byzantinischen Kaisergeschlecht eins seien. So hatte Thomas Venedig kaum betreten, als er auch schon mit der dortigen gelehrten Welt Fühlung genommen und zugleich für seine „Precedentia" gesorgt hatte.

Wie lange dieser Aufenthalt in Venedig gedauert hat, wissen wir nicht genau anzugeben, da die Pesaraner Sitzungsberichte vom September 1516 ab eine Lücke aufweisen. Es scheint aber, daß er eben um diese Zeit zurückgekehrt ist. Denn Egnatius sagt in seiner späteren Biographie des Thomas,

---

[1] Am S. 2[7] genannten Ort, S. 37; Ort, Jahr und Monat der ersten Ausgabe nach Agostinis Schriftenverzeichnis zu Egnatius in: Opuscoli Calogerà 33 (Ven. 1745) 127.

die sich bisher in allen Punkten bestätigt hat, daß er auch bei Lorenzo in Gunst gestanden habe. Da dieser erst im Sommer 1516 von Pesaro Besitz ergriff, wir Thomas aber vom Februar 1517 ab aus Pesaro verschwinden sehen werden und Lorenzo schon 1519 starb, muß die Beziehung der beiden in den Herbst 1516 und den Winter darauf fallen. Eine staatliche Stellung scheint er damals nicht bekleidet zu haben. Einmal erwähnt er ein Gutachten, das er ,,zur Zeit des Herrn Lorenzo" erteilt habe.[1] Auch seine Mitbürger bekundeten ihm weiter ihr volles Vertrauen. Schwere Zeiten waren für diese alsbald gekommen: Francesco Maria, der gefürchtete Feldherr, war aus Mantua, der Heimat seiner Gemahlin und seinem ersten Zufluchtsort, wieder aufgebrochen und kämpfte, unbekümmert um den Bannfluch, vor den Toren der ungetreuen Hauptstadt um seine verlorene Herrschaft. In einer Sitzung vom 28. Januar 1517 klagte der Engere Rat ,,über den Einsturz und die Verwüstung des Hafens und der Häuser der Stadt". Aus solcher Not erklärt es sich, daß sechs Männer gewählt wurden, mit ,,Vollmacht und Fähigkeit gleich dem Rate selber, alles und jedes zu tun, was nützlich und notwendig wäre für die Bedürfnisse des Krieges, so oft, was Gott verhüten möge, dergleichen vorfiele, und mit der Fähigkeit, im Namen der Gemeinde von jeglicher Person was immer nötig sei zu nehmen". Auch Thomas befand sich unter diesen sechs Gewalthabern.

In dieser Sitzung — vom 23. Januar 1517 — wird sein Name auf lange Zeit zum letztenmal erwähnt. Allerdings sind die Akten der folgenden Zeit nur ganz lückenhaft erhalten.[2] Aber dennoch dürfen wir annehmen, daß Thomas bald darauf Pesaro verließ, um sich in Venedig dauernd niederzulassen. Denn hier erscheint schon am 15. April 1518 das erste Buch, das er herausgab[3], und hier weist er 1522 dem Rat der Zehn ein großes Werk vor, das ganz aus venetianischen Quellen geschöpft ist und so ausgedehnte Forschungen voraussetzt, daß wir den Beginn seiner Arbeit und also auch seines Aufenthaltes in Venedig möglichst früh ansetzen müssen. Die Reise von 1516 hat offenbar schon der Vorbereitung der Übersiedlung gedient.

Im Jahre 1517 also, so werden wir schließen dürfen, verließ Thomas Diplovatatius wieder die Stadt, die ihn mehr als ein Vierteljahrhundert hindurch mit Stolz zu den Ihren gezählt, und der er durch allen Wandel der Geschicke hindurch unwandelbare Treue bezeigt hatte.

---

[1] Zu Tartagnus, Dig. Vet.; Vermerk verloren.

[2] Zum 28. Jan., 27. Mai und 2. Aug. 1517, sowie zum 5. und 8. Jan. 1518.

[3] Das oben S. 1[2] erwähnte.

Fünfter Abschnitt.

Venedig.

(1517 – 1530.)

Ernste Gründe müssen es gewesen sein, die den nahezu Fünfzigjährigen bewogen haben, noch einmal in der Fremde das Glück zu suchen. Thomas selber führt mehrfach die Unruhen in Italien, die er wie eine Pest verabscheue, besonders die Kriege in den Marken, hierfür an[1]; ebenso äußert sich Egnatius. In der Tat mußte er mit Sorge den jüngsten Kämpfen um Pesaro zusehen. Gewiß, er hatte außerordentliches und nicht unverdientes Glück gehabt. Er hatte in weniger als einem Menschenalter sieben Herren kommen und gehen sehen, hatte erlebt, wie Camilla von Giovanni Sforza, dieser von Cesare Borgia, dieser wieder von Giovanni verdrängt wurde; hatte weiter gesehen, wie Julius II. die Herrschaft Giovannis Bruder nicht gönnte, sondern sie seinem Nepoten gab, der seinerseits vor des neuen Papstes Nepoten hatte flüchten müssen. Nur seine Stellung hatte alle diese Umwälzungen nicht nur überdauert, sondern war sogar in ihnen und durch sie gewachsen. Aber war es so sicher, daß Francesco Maria, falls er einmal siegreich zurückkehren sollte, auch seine letzte und diesmal bedeutsame Mitwirkung an der Neuregelung der Dinge verzeihen würde? Mußte nicht überhaupt der stete Wechsel einer ernsten und beharrlichen Natur wie der seinen allgemach zum Greuel werden, das Schaukelspiel der Haupt- und Staatsaktionen seinem Juristengemüt Schwindel erregen?

Und diesem Bilde gegenüber erhob sich wie ein Bollwerk des Rechtes und der Macht die uralte Republik des heiligen Markus, die nie noch einen Feind auf ihren Kanälen gesehen und jede innere Erschütterung seit langer Zeit durch eine Verfassung abgewehrt hatte, die, starr und prächtig wie die Mosaik über dem Grabe des Schutzheiligen, so recht nach dem Herzen des Aristokraten Diplovatatius sein mußte. Zum ersten Male fühlen wir ihn warm werden, wenn er von Venedig spricht. „Höchste Freiheit — in Venedig zu leben“[2], so lautet der Leitgedanke aller Lobpreisungen in seiner großen Staatsschrift, und hier erhebt sich sein sonst so lederner Stil zu einer gewissen Höhe der Beredsamkeit, die freilich nur in dem Kunstmittel einer endlosen Häufung von Vorzügen besteht: er nennt

[1] In der Vita des Tartagnus, angeführt nach Pigna Bl. 98; Widmung und Bittschrift des venezianischen Werks, bei Besta 85, 87.

[2] Stellen bei Besta 50[1], 51.

die Republik „des Meeres Herrin, des Erdkreises Ratsversammlung, der Könige, Fürsten und aller Völker Zuflucht, der Freiheit Schutzherrin, der Gerechtigkeit Erzeugerin, Mutter der Religion, Gipfel des Glaubens, Italiens Leuchte, die durch Gerechtigkeit regiert, durch Gesetze gebunden, Rechtschaffenheit und Weisheit gelenkt wird, wo der Tüchtigkeit, Zucht, des Ernstes, der Gerechtigkeit und Treue Stätte ist" — so fährt er noch lange fort, und immer sind es die gleichen Gestirne, zu denen er ehrfürchtig aufschaut: Staat und Recht, Kirche und Religion, Sittlichkeit und gesellschaftliche Ordnung, und dann immer wieder Staat und Recht —, daß auch der Himmel der Kunst sich über der neuen Heimat und ihren in Glanz und Schönheit schwelgenden Bewohnern wölbte, scheint ihm nicht einmal zu Bewußtsein gekommen zu sein. Aber die persönlichen Beziehungen, die ihn über diese allgemeineren hinaus an Venedig knüpften, wirkten um so stärker: die Republik, die er „Hafen und Zuflucht der Betrübten" nennt, „gemeinsames Vaterland aller Völker"[1], war ja der mächtige Feind des Vernichters seines Kaiserreiches; sie hatte einst den Vater in ihren Dienst, die Mutter in ihren Schutz genommen, hier strömten noch jetzt die Griechen zusammen, die daher mit Recht „Venedig venerieren", wie er mit dem einzigen Scherze sagt, den man ihm nachweisen kann.[2] Hierhin hatten sich schon andere Pesaraner, wohl aus gleichen Gründen, geflüchtet[3], so der Großvater seines späteren Biographen Pigna, mit dem er sich nach Aussage des Enkels befreundete[4]; hier lebten die verwandten Spandolini und der Vater seiner Gattin, Agostino degli Angeli, in angesehenen Verhältnissen. Hier fand sein Bücherhunger den Sitz des Buchhandels, hier, wie wir schon sahen, seine Gelehrsamkeit verständnisvolle Würdigung.

Trotzdem werden wir Egnatius glauben dürfen, daß Thomas anfangs in Venedig nur die Beruhigung der Verhältnisse in Pesaro abzuwarten gesonnen war. Wirklich sehen wir ihn dort, kaum daß Francesco Maria seine Herrschaft wieder, diesmal dauernd, aufgerichtet hatte, für einige Tage erscheinen; am 9. August 1522 wurde im Engeren Rate mitgeteilt, er habe geschworen, spätestens vom nächsten März ab sich wieder dort niederzulassen.[5] Aber schon in einer Venezianer Bittschrift an den Rat der Zehn, die in den Anfang des September 1522 fällt, drückte er den Wunsch

---

[1] Bittschrift und Widmung, Besta 87, 86.

[2] Widmung S. 86.

[3] Olivieri XVIII, Cicogna am S. 28[2] genannten Ort, 3 (1830) 456.

[4] Pigna f. 110.

[5] Pesaro, Arch. Munic. Bd. 58, Consigli 1519—1536, f. 74; es heißt hier nicht, wie Olivieri XVIII las, „qui in presentiarum abest", sondern „adest", und so auch nachher „qui adhuc presens est".

aus, in der Lagunenstadt festen Wohnsitz zu nehmen und für seine Person und die seiner Nachkommen dauernd in den Dienst der glorreichen Republik zu treten.[1] In die Zwischenzeit muß also die Umstimmung fallen, von der ebenfalls Egnatius berichtet; er läßt Thomas darin dem Rate seines Schwiegervaters und vieler anderer Edelleute folgen, sowie der eigenen Erkenntnis, daß er nur in Venedig seine Gaben betätigen und in Frieden leben könne.

Hierbei blieb es. Sein Heim lag 1519 im Kirchspiel von S. Maria Nuova[2], einer Kirche, die auf der Giudecca stand[3], also in einer entlegenen Gegend, dort, wo sich heute Palladios Erlöserkirche erhebt; im Jahre darauf am anderen Ende der Stadt, an der Piazza di S. Giovanni e Paolo, also angesichts des Colleoni. Hier wurde ihm, wie er ins Stammbuch eintrug, am 4. März 1520 der erste Sohn geboren, den er Giovanni Alessandro hieß — Giovanni genannt nach dem vermeintlichen Stammherrn Kaiser Johannes Vatatzes[4], aber Alessandro gerufen. Am 18. Januar 1524 folgte ein zweiter Sohn, wieder Giovanni, nach dem Großvater außerdem Agostino genannt, der nie mehr erwähnt wird und also wohl jung gestorben ist. Dann wechselte er nochmals die Wohnung und zog, nicht weit davon, in die Nähe von San Canciano, wo ihm, dem Siebenundfünfzigjährigen, am 24. November 1525 das vierte Kind, Marina, geboren wurde. Die beiden letzten Wohnungen waren Mietswohnungen, und also gewiß auch die erste.

In der Tat muß die wirtschaftliche Grundlage seiner Existenz sich stark geschmälert haben, denn sein Vermögen lag ja großenteils unbeweglich in Pesaro; die Läden der Stadtwohnung hatte er immerhin wieder vermieten können.[5] Mindestens nach außen hin muß er aber auch in Venedig eine vornehme Lebensführung aufrecht erhalten haben; denn sein viertes und letztes Kind hob der Patriarch von Venedig, dieser Inbegriff aller Würde, damals Gerolamo Querino, aus der Taufe.[6] Pate stand der Vikar am bischöflichen Gericht, Cesare Bachono[7]; die Tätigkeit an diesem Gericht wird es gewesen sein, die ihn und die allmählich anwachsende Familie ernährte. Den Zutritt zu diesem Arbeitsfeld scheint er, einer Äußerung warmen Dankes nach zu schließen, die er schon 1518 tat, dem Vertrauen zu ver-

---

[1] Bei Besta 87.
[2] Almerici Squ. AQ. Bl. 51.
[3] Vgl. F. Sansovino, Venetia (Ven. 1581) Bl. 90.
[4] Cod. Oliv. 58 Bl. 102, daselbst auch die anderen Eintragungen.
[5] Pesaro, Pergamene Olivariane 1117 und 1118 vom 16. Okt. 1523.
[6] Pigna Bl. 94.
[7] Zu Bartolus Tractatus „de alimentis“ am Schluß.

danken, das der päpstliche Legat Altobello de' Averoldi, Bischof von Pola, in seine „Tüchtigkeit und Gelehrsamkeit" setzte.[1] Natürlich war Thomas, als Laie, hier nicht Richter, sondern nur Anwalt und Gutachter. So kamen ihm jetzt seine Kenntnisse im kanonischen Rechte zugute. Er erwähnt einmal einen Eheprozeß, in dem er das Recht des Ehemannes, die Frau zu züchtigen, bejahte[2]; ein andermal legte er, vor dem Bischof von Cremona als päpstlichem Legaten[3], „große Ehre" ein durch gelehrte Erörterung der Frage, ob die Nacht noch zum vorherigen Tage zu rechnen sei, wobei er als Anwalt eines anderen Bischofs auftrat[4]; auch mit dem Testament des 1520 verstorbenen, berühmten Kardinals Bibbiena hatte er sich zu befassen.[5] So besaß er also eine vornehme Kundschaft und kann nicht gedarbt haben, wie er denn bereits 1519 in Venedig als Bürge angenommen wird.[6] Er muß daher in jener Bittschrift von 1522, der Gelegenheit gemäß, etwas übertrieben haben, wenn er klagt, daß er, dessen Vorfahren einst den Kaiserthron besessen hätten, nun seine „Kinder und seine arme Familie ohne eine gewisse Unterstützung nicht unterhalten könne". Auch hätte er anderenfalls kaum einen Ruf der venetianischen Regierung, „unter guten Bedingungen" als Professor der Rechte nach der Landesuniversität Padua zu gehen, abgelehnt.[7] Pigna, der dies berichtet, fügt hinzu, daß er dies auf den Rat des Schwiegervaters und des Egnatius getan habe; ob der kluge Arzt voraussah, daß Thomas in seiner steifen Würde überhaupt kein Lehrer und gewiß keiner für das zuchtlose Studentenvolk dieser Tage war? An der Tatsache selbst ist wohl nicht zu zweifeln; die beiden Schwäger, Paolo und Lodovico degli Angeli, die damals der Paduaner Fakultät angehörten, mögen nicht ganz unschuldig an dem Ruf gewesen sein. Vielleicht zum Dank dafür widmete er ihnen um 1523 die Vita des Angelo Aretino de' Gambiglioni.[8] Doch muß er einem der prunkend „Akademie" genannten wissenschaftlichen Kränzchen Venedigs angehört haben; dort ließ er seine Handschriftenschätze bewundern.[9]

Statt zur Universität tritt Thomas in engste Beziehungen zu der Welt

---

[1] In der S. 1[2] genannten Widmung.

[2] Zu Tartagnus ad D. 41, 2, 61.

[3] Thomas nennt ihn „Foscareno"; liegt kein Druckfehler vor, müßte Hieronymus Trevisanus, O. Cist., gemeint sein, der von 1507—23 Bischof war; Eubel 3, 197.

[4] Ebenda ad D. 2, 12, 8; 28, 2, 25.

[5] Ebenda ad D. 30, 1, 8, 1.

[6] Vgl. unten S. 65[4].

[7] Pigna Bl. 95.

[8] Vgl. unten S. 106[4].

[9] Vgl. unten S. 70.

des **Buchhandels** und wird zum Herausgeber. Die bedeutenden Drucker und Verleger in Venedig und Mailand, Basel und Lyon beschäftigten damals in hellen Scharen als Herausgeber ihrer Erzeugnisse die sog. „Korrektoren“, Philologen und Theologen, Mediziner und Juristen, denen sie das tägliche Brot und eine bescheidene Unsterblichkeit gewährten; unter den Philologen befanden sich hervorragende Gelehrte, die Juristen waren fast alle minderwertig. Große Geldleute, bedeuteten die Verleger damals für diese nicht an Universitäten, Gerichten oder Kanzleien tätigen Doctores iuris im Wirtschaftlichen und Gesellschaftlichen ungefähr das, was heute die Verleger von Zeitungen und Zeitschriften geworden sind, wobei die Zeitschriften in den zahlreichen Sammlungen von Abhandlungen ein gewisses Gegenstück finden. Im Dienste solcher Unternehmungen waren diese Geschäftsgelehrten tätig in der Anregung von Erst- und Nachdrucken, Herbeischaffung und Vergleichung von Handschriften, Anfertigung von Einleitungen, Viten, Einteilungen, Inhaltsübersichten und Verzeichnissen, in der Auffrischung älterer Ausgaben durch Beigabe neuer eigener oder fremder Anmerkungen, in der Zusammenstellung von Sammelwerken und in der Korrektur der Druckbogen.[1] Der scharfe Wettbewerb in dem überfüllten Gewerbe und der hohe Preis des einzelnen Werkes führten zu einer Ausstattung der Ausgaben mit allem, was zur Bequemlichkeit des Lesers dient, in einem Maße, das heute noch nicht wieder erreicht worden ist. Der gleiche Grund wird eine starke Verkleinerung der Auflagen bewirkt haben; so wenigstens möchte man sich erklären, daß mindestens die juristischen Bücher des ersten Viertels des 16. Jahrhunderts so sehr viel seltener sind als die letzten Wiegendrucke.

Die Tätigkeit des Thomas läßt sich in der ganzen Venetianer Zeit nach fast all den genannten Richtungen nachweisen. Und alles, was er überhaupt der Presse übergeben hat, fällt in diese Jahre. Aber man empfängt nicht den Eindruck, daß er um des Erwerbes willen gearbeitet hat, wenigstens nicht in erster Linie. Er steht nicht, wie die anderen, zu einem bestimmten Verleger in festem Vertragsverhältnis, sondern arbeitet für verschiedene gleichzeitig, wenn er auch den Philippus Pincius bevorzugt hat. Und mit den meisten seiner Arbeiten war bei der damaligen Lesewelt kein Geschäft zu machen, also auch nicht bei den Verlegern. Es handelt sich dabei hauptsächlich um die „Additiones“, d. h. Zusätze zu den Schriften älterer Juristen. Die üblichen Zusätze bestehen darin, daß die Ansicht des Meisters (oder eines früheren Bearbeiters) erklärt, beurteilt

[1] Die Korrektoren lohnten sehr eine Sonderarbeit. Die Aufsätze von C. Arlia im Bibliofilo 6 (1885) 98—99, 7 (1886) 81—83, 110—111 enthalten nur Namenlisten; die Schriften zur Geschichte des Buchgewerbes nur Einzelheiten.

und durch Anführung der Literatur sowie manchmal der eigenen Ansicht gestützt, widerlegt oder ergänzt wird; sie bilden also eine dogmatische und bibliographische Erläuterung. Solcher Art sind auch die älteren Additionen zu Bartolus und zu Tartagnus, zu denen nun Diplovatatius die eigenen hinzuarbeitet. Diese eigenen Zusätze sind hingegen überwiegend literaturgeschichtlicher Art, verraten weniger den Juristen als einen kritisch geschulten Herausgeber. Sie stehen in ihrer Zeit einzig da, indem sie die feinste philologische Arbeitsweise des Humanisten von den Denkmälern des Altertums auf die von jenem tief verachteten Erzeugnisse der scholastischen Richtung übertragen, und zwar nicht nur gelegentlich, wie das auch bei andern Juristen vorkam, sondern grundsätzlich. Die Anmerkungen bieten das, was wir heute, nachdem wir gelernt haben, Ausgabe und Erläuterung zu unterscheiden, in einem kritischen Apparat bringen würden, und damit verbunden auch das, was wir allenfalls noch als Inhalt des sachlichen Apparats betrachten — nur selten mehr. Kritischer Art sind besonders die Anmerkungen zu den Werken des Bartolus. Thomas gibt dort die Fundstellen der fraglichen Stücke in Handschriften und Drucken an[1], oft mit der Blattzahl[2], wobei er gern das Alter der Handschrift betont[3], gelegentlich auch den Drucker und das Druckjahr anführt[4], in anderen Fällen wieder hervorhebt, daß das Stück keiner gedruckten Sammlung angehört.[5] Er benennt abweichende Anfänge[6] (während er im übrigen Lesarten nicht bringt, wohl weil er seinen Text als unzweifelhaft berichtigt betrachtete), er bestimmt die Literaturgattung, der das Stück angehört[7], er verzeichnet die in seiner Ausgabe durch neue Stücke gestörte ältere Anordnung nach Reihenfolge und Beständen[8]. Er erörtert gegebenenfalls die Zuschreibung des Stückes an andere Verfasser, wobei er Zeugnisse für die verschiedenen Meinungen beibringt[9], eine Abänderung

[1] Z. B. zu Consilia Bd. II Nr. 12, 17, 78, 87, 92, 97, 104; durchweg zu den Quaestiones; ferner zum Tractatus „de Falcone".

[2] So in den Quästionen.

[3] Z. B. zum Tractatus „de presumptionibus" und „de consiliis habendis"; sehr oft zu den Gutachten.

[4] So zum Tractatus „excussionum pignorum", auch zu Tartagnus ad D. 21, 1, 1; zu Bartolus Consil. I, 119.

[5] Z. B. zu Bartolus Consil. I, 150.

[6] Z. B. Consil. I, 1, 2, 7 usw., II, 52.

[7] So zum „Tractatus" de Falcone.

[8] Z. B. zu Consil. I, 2, 7 usw., II, 12.

[9] Z. B. zum Tractatus „de alimentis", „de differentiis inter ius canonicum et civile", „de ordine iudiciorum", Consil. I, 153, 158; II, 18, 43, 87, 97, 104; zu den Vorlesungen vgl. Savigny 6, 163—171; zu Tartagnus z. B. ad D. 29, 2, 6, 7.

des Verfassernamens in einer Handschrift beachtet[1], und häufig die Frage durch Sonderung verschiedener Verfasser entscheidet[2]; in solchen Untersuchungen pflegt er „sermo et stilus", Ausdrucksweise und Stil, zu beachten[3], worin ihm freilich Tartagnus und sein Lehrer Jason vorangegangen waren.[4] Die sächliche Bearbeitung, wie sie in den Zusätzen zu Tartagnus vorherrscht, bezieht sich vor allem auf die Feststellung von Wiederholungen und Widersprüchen[5], seltener auf deren Auflösung[6]; auf die Anführung von Schwesterstellen in anderen Büchern[7], wobei er mit Vorliebe eigene Schriften anführt (seine Zusätze zu der obersten Fachgröße des Bartolus gaben ja ständige Gelegenheit dazu)[8]; ferner auf den (auch für die Echtheitsfrage so wichtigen) Nachweis der Anführung der erläuterten Stelle durch andere Schriftsteller[9]; und darauf, daß ihre Benutzung nicht immer eingestanden war. Hierbei kann er sein Erstaunen nicht bemeistern, daß andere nicht ebenso gewissenhaft sind wie er selber; als er seinen Lehrer Campegius dabei ertappt, ruft er in einem Zusatz zu Alexander Tartagnus, von hochachtungsvollem Schmerz erfüllt, aus: „Füge auch hinzu, daß diese Ansicht des Alexander sich wiedergegeben und befolgt findet bei Joh. Campegius in seiner Abhandlung über die Mitgiften, Frage XV, Teil 1; aber er führt den Herrn Alexander nicht an, und ich kann nicht umhin, mich zu wundern, daß ein solcher Mann anderer Leute Arbeiten verschweigt, und zumal die des Herrn Alexanders, seines Lehrers!"[10] Als echter Bücherfreund fügt er bei Anführungen gern hinzu „meine Sammlung"[11], oder gar (auch um die Echtheit zu erhärten) „Urschrift in meiner Sammlung".[12] Schließlich enthalten die Zusätze noch gelegentlich eine Zeitbestimmung des Stückes[13], geschichtliche Bemerkungen[14] und, sehr oft, Anführungen aus der eigenen Berufstätigkeit.[15]

---

[1] In der größeren Vita des Angelus Aretinus zum Schluß.

[2] Zum Tractatus „de alimentis", „testimoniorum", „de reprobatione testium", „de consiliis habendis".

[3] Z. B. zu Bartolus Consil. II, 13, 18; zum Tractatus „de questionibus".

[4] Vgl. Savigny, a. a. O. und Diplovatatius zu Tartagnus ad D. 29, 2, 6, 7.

[5] [7] [8] [9] Durchweg in den Zusätzen zu Tartagnus und Bartolus.

[6] Z. B. zu Bartolus Cons. I, 20.

[10] Ad D. 24, 3, 1.

[11] Z. B. ebenda ad D. 2, 14, 17, 2 („quas habeo"); ferner in der gedruckten Vita des Angelus Aretinus und sehr oft zu den Gutachten des Bartolus Bd. 2.

[12] Ebenda 45, 1, 126; größere Vita des Bartolus; zu Bartolus Cons. I, 2; II, 1: „originale huius consilii manu propria Bartoli cum sigillo et subscriptione est penes me", und ähnlich oft.

[13] Zu Bartolus Quaestio 5, 18.

[14] Z. B. ebenda 45, 1, 34 ein Fall von Zwangstaufe eines Judenkindes 1506; zu Bartolus Cons. II, 18 ein Personennachweis.

[15] S. oben S. 28[1], S. 31[4] usw.

Für die meisten damaligen Leser hatten derartige Anmerkungen keinen praktischen, also überhaupt keinen Wert; nur die Echtheitsbestreitungen waren allenfalls zu gebrauchen, um, wie schon Jason geraten hatte[1], dem Gegner im Rechtsstreit die Berufung auf Bartolus zu entwinden. Manche Bemerkungen scheinen aber überhaupt nicht für Leser bestimmt zu sein: es sind eher Selbstgespräche, gleich Randvermerken in eigenen Handschriften. So verweist er in jenen gedruckten Anmerkungen besonders zu Tartagnus auf mehrere ungedruckte, zweifellos nur in seiner Urschrift oder allenfalls einer Abschrift eines Beteiligten existierende und also dem Leser unzugängliche Schriften: so überall auf seine Gutachten[2], ferner auf jene Institutionenerläuterung aus der Studentenzeit[3], auf seine Zusätze zu den beiden Vorlesungen des Jason[4], und auf einige Arbeiten aus unbestimmbarer Zeit — Anmerkungen zu den Dekretalenwerken des „Abbas", d. h. des „Abbas Siculus" oder „Panormitanus" genannten Nicolaus de Tudeschis[5], und des Fellinus Sandeus[6], die wie Jason ungewöhnliche Literaturkenntnis besaßen[7] und ihm deshalb vertraut waren und zusagten; endlich auch auf Anmerkungen zu der Disputation eines ihm wohl unbekannten Verfassers mit dem Anfange „debitor in die".[8] Fast alle diese verschollenen Arbeiten haben gewiß nur aus Vermerken zum Selbstgebrauch bestanden, wie sie in so vielen Rechtshandschriften zu finden sind; allerdings kann Thomas von einem Teil dieser Arbeiten gehofft haben, daß er sie doch noch einmal dem Drucke übergeben würde, wie er ja auch in Zusätzen zu Tartagnus und Bartolus sehr oft sein um 1511 unvollendet abgebrochenes Werk „De prestantia doctorum" anzieht, das er zweifellos ursprünglich und angeblich noch damals zu veröffentlichen hoffte.[9] Aber aus anderen Stellen geht klar hervor, daß er letzten Endes nur für sich selber arbeitete, so wenn er mehrmals druckt: „Dies alles merke zum Stadtrecht von Pesaro an"[10], ein andermal: „Setze hierher, was ich für den ehrwürdigen Herrn Julius Michaelis" — offenbar einen Auftraggeber — „vermerkt habe"[11],

[1] Vgl. Savigny 6, 161 Anm. c.
[2] Zu Bartolus Consil. II, 64 sogar mit dem Zusatz „ubi videas"!
[3] Vgl. oben S. 16[5].
[4] Vgl. oben S. 15[5].
[5] Zu Tartagnus ad D. 45, 1, 1, 1.
[6] Ebenda ad D. 12, 1, 1; 45, 1, 122, 5.
[7] Vgl. Schulte 2, 312, 351.
[8] Zu Tartagnus ad C. 6, 15, 4.
[9] Vgl. Einleitung zum 2. Bande.
[10] Zu Tartagnus ad D. 45, 1, 64; zu Bartolus Consil. I, 140.
[11] Zu Bartolus Cons. I, 67.

oder nach Beantwortung einer zweifelhaften Echtheitsfrage hinzufügt: „Immerhin — denke darüber nach".[1]

Man wird begreifen, daß in den meisten Nachdrucken diese Anmerkungen wieder weggelassen wurden. Ähnlich ging es den Viten, die er fremden und einem Teil seiner eigenen Ausgaben verdienstvoll voraussandte. Allerdings entsprachen solche Beigaben nur einer schon eingebürgerten Sitte; sie findet sich z. B. schon 1501 in der Perusiner Ausgabe der Gutachten des Philippus Corneus. Aber während die älteren Stücke (oft Leichenreden) nur Lobgehudel darstellen, sind es hier zum ersten Male wissenschaftliche Arbeiten — wissenschaftlich nicht nur in der Gesinnung, sondern auch im Verfahren, indem Satz für Satz aus zuverlässigen Quellen geschöpft ist, die aufs Genauste angegeben sind: Anführungen von Schriftstellern, zumal Selbstanführungen, Universitätsakten und Grabinschriften. Behandelt werden in diesen Viten: Abstammung, Studium (mit Angabe der Lehrer und Universitäten), Lebenslauf (mit allen erreichbaren Jahreszahlen), Ortsangaben und Geschichtchen, Schriften (unter Angabe, wann und wo sie entstanden sind und wer sie benutzt hat), Urteile, auch ungünstige, anderer Juristen, ferner Freunde, Feinde und Schüler, gelegentlich Familienverhältnisse, und der Tod. Selbständige Würdigung der wissenschaftlichen Persönlichkeit und ihrer geschichtlichen Stellung fehlt, auch tritt das eigene Urteil allzuoft hinter einem Wust von fremden Meinungen zurück, die es, wenn nicht ersticken, so doch verbergen. Von psychologischer Kennzeichnung findet sich etwa so viel, wie in den Lebensbeschreibungen unserer Konversationslexika; schriftstellerischen Ehrgeiz entwickelt Thomas auch hier nicht; und so haben seine Viten, im Gegensatz zu den Arbeiten der Alten oder der neueren Florentiner, nichts vom Kunstwerk an sich, sind also im höheren Sinne überhaupt keine Biographien, für welche ausdrucksvolle Individualität wesentlich ist. Mit ihren gelehrten Einzelheiten, mit ihrem trockenen Wust von Quellenstellen vermochten die Leser nicht viel anzufangen; die alten, schwungvollen Lobgesänge gefielen ihnen zweifellos besser: ein Verleger, der sich auf sein Geschäft verstand, mußte entweder das Beruflich-Nützliche oder das Angenehm-Unterhaltsame bieten.

Kurzum, wir werden in dieser ganzen entsagungsvollen Tätigkeit nicht so sehr ein Geschäft sehen, so sehr sie äußerlich dem Treiben der berufsmäßigen Korrektoren ähnlich sah, sondern in doppeltem Sinne eine Liebhaberei. Einerseits war es eine Beschäftigung in der Art, wie sie heute reichen Bibliophilen zusagt, die sich zu selbständigem Schaffen (an das sie einen hohen Maßstab anlegen würden) außerstande fühlen und deshalb auf die

---

[1] Zu Bartolus Tractatus „de alimentis", ähnlich zu Consil. I, 144; II, 37.

Herausgabe fremder Schriften beschränken, aber wenigstens ihren Lieblingen ein nach allen Regeln der Kunst geordnetes Gewand anziehen, ehe sie auf den Markt gesandt werden. Andererseits war diese Tätigkeit eine Gelegenheit für Thomas, seine gelehrten philologisch-geschichtlichen Neigungen an einem neuen Gegenstand auszuleben. Dies schließt nicht aus, daß er sich solchen, die wirklich ein Geschäft hieraus machten, gefällig erwies. So bedankt sich der ebenfalls für Pincius arbeitende Bernardinus Taleo in der Vorrede zu seiner im Sommer 1518 zu Venedig erschienenen Ausgabe des Tractatus de maleficiis von Angelus Aretinus de Gambilionibus bei Thomas, der bei der Ausgabe Rat erteilt hatte[1]; durch die Tat beteiligte er sich an einem anderen Unternehmen des Pincius, der 1519 veranstalteten Ausgabe der Titelkommentare des Bartholomaeus Socinus, indem er, vermutlich aus seiner eigenen Sammlung, dessen Repetitio über die Lex 1 C. 7, 45 beisteuerte.[2] Seine Teilnahme ging aber über das Gebiet des Juristischen hinaus: der bekannte Predigermönch Alberto Castellano sagt in seinem 1520 bei L. A. de Giunta erschienenen Pontificale Romanum, daß Thomas diese verbesserte Ausgabe angeregt habe.[3] Auch die erwähnte Bürgschaft von 1519 hängt mit diesen freundlichen buchhändlerischen Beziehungen zusammen: er sagt hier für die Rückgabe mehrerer theologischer Schriften gut, die dem verstorbenen Giangiacomo degli Angeli (wohl einem Verwandten seiner Frau) zur Drucklegung übergeben worden waren.[4] So ist es begreiflich, daß ihm aus diesem Kreise heraus in dieser Zeit eine ganze Reihe von Ausgaben gewidmet werden: 1517 von dem alten Freunde Gaboardo die Ausgabe von Grapaldus „de partibus aedium“[5]; 1520 von einem Manne, der anscheinend Testa hieß, eine Ausgabe des Titus Livius[6]; 1525 von Giacomo Torelli aus Fano eine Ausgabe des Terenz.[7] Die Widmungen begleitet die hergebrachte Lobeserhebung in Vers und Prosa; ein persönlich kennzeich-

---

[1] Abdrucke der Ausgabe in Innsbruck UB., Zürich Kantonalbibliothek.

[2] Mir nur bekannt aus dem Brief Fantuzzis an Olivieri vom 30. April 1771 (Cod. Oliv. 359, Bl. 150), wonach ein Abdruck in der Bibliothek des Collegio di Spagna in Bologna liegt. Titel hiernach: „Bartolomei Socini in omnes fere juris civilis partes cum repetitione Legis primae C. de sententiis, in lucem edita a Thoma Diplovataccio de Venetiis“.

[3] In der Vorrede an Leo X., Bl. 1, vorhanden in Freiburg i. B. Über Castellano s. Hurter, Nomenclator literarius 2[3] (1906) Sp. 1285f.

[4] Almerici Squ. AQ. f. 48—51 (Abschrift einer Abschrift), zum 28. April.

[5] Nach Olivieri XXIV; vgl. oben S. 50[3].

[6] Nach einem Vermerk in Busta Olivieri 458.

[7] Nach Besta 27, der aus einer daselbst S. 6 genannten handschriftlichen Biographie des Thomas von Morelli, Cod. Marcianus Reservatus n. 85—87, schöpft.

nender Nebenton klingt aber durch, wenn Torelli rühmt, daß Thomas, dem die Türken die väterliche Herrschaft entrissen hätten, dennoch Herrscher sei „in den Prozessen, in der treuen Aufzeichnung der Geschichte, und durch die Großheit der Seele"; ähnlich äußert sich um die gleiche Zeit Egnatius: „Hier — in Venedig — wohnt er noch heute, hochberühmt durch Güte und Gelehrsamkeit", und wieder ähnlich ein Gutachten venezianischer Juristen von 1523, das ihn „eine Person von Geist und Herz und tiefgründiger Gelehrsamkeit" nennt.[1] Sein Charakterbild konnte der Parteien Gunst und Haß nicht ins Schwanken bringen, weil seine, den wissenschaftlichen ebenso wie den privaten Menschen beherrschende, uneigennützige Sachlichkeit jenseits aller Parteiungen stand. Am wenigsten wird es der Rechtsgelehrte von heute ihm verübeln, daß er seine Zeit auf jene „unnütze" Weise verwendete. Denn eben hierdurch konnte er unseren geänderten Bedürfnissen vorauseilen und jene unscheinbaren Anbauten an Werke anderer zu Marksteinen in der Entwicklung der gelehrten Arbeitsweise, Schatzhäusern der Literaturgeschichte und Zugangspforten zu den uns wichtigsten Quellen der Dogmengeschichte ausgestalten. Deshalb läßt sich, trotz der Trockenheit des für den trocknen Mann so bezeichnenden Gegenstandes, nach diesen allgemeinen Bemerkungen auch die Darstellung des Einzelnen nicht vermeiden.

Die älteste unter den Kleinarbeiten seiner Venezianer Editorentätigkeit ist eine am 15. April 1518 bei Pincius veröffentlichte Ausgabe des berühmten Kommentars des Dinus de Mugello zum Dekretalentitel de regulis iuris.[2] Er lieferte eine neue Feststellung des Textes, ein Verzeichnis und einen Widmungsbrief an seinen schon erwähnten Gönner, den Bischof Altobello, worin er eine Lobpreisung des Dinus mit einer des Gönners und auch der eigenen Person verband. Er sagt hierin, daß diese Schrift sein Erstling sei, natürlich unter den gedruckten Werken; vielleicht erklären sich hieraus gewisse Unbeholfenheiten der Ausstattung, die wohl verschuldet haben, daß diese Ausgabe trotz der Reinheit des Textes in der Schar der übrigen, wie es scheint, keine Nachfolge gefunden hat. Dagegen steuerte er für die 1522 bei Gregorius de Gregoriis erschienene Ausgabe des Dekretalenkommentars von Innocenz IV. nur die Vita des großen Kanonisten bei.[3] Er widmete sie dem Nachkommen eines Bruders, dem Nicola Fiesco, Grafen von Lavania, Kardinalbischof von Sabina[4]; der Nachweis

---

[1] Bei Besta 96.

[2] Vorhanden in Florenz, Sammlung Landau, und Berlin KB.

[3] Ich benutzte die Ausgabe Lugd. 1525, in Paris BN.; vgl. unten S. 106 Nr. 2.

[4] Vgl. über ihn Eubel 3, S. 9.

dieser Abstammung bildet passenderweise den Schluß der Arbeit. Herausgenommen hat er sie aus dem entsprechenden Abschnitt seines Buches von den berühmten Rechtsgelehrten, wobei er der Halbgestalt durch Umordnung und Streichungen die anständige literarische Form gab. Auf genau die gleiche Weise entstand die seinen Schwägern Angeli — wegen der Ähnlichkeit des Namens? — gewidmete Vita des Angelus Aretinus de Gambilionibus vor der Ausgabe des Tractatus de maleficiis, die Pincius etwa 1523 veranstaltete und welche ein verbesserter Nachdruck seiner von Diplovatatius beratenen Ausgabe von 1518 war.[1] Auch zwei weitere Viten, die seines Lehrers Jason und die des etwas älteren Paulus de Castro, werden in dieselbe Zeit fallen, gleichen Ursprung und gleiche Bestimmung gehabt haben: fremden Ausgaben ihrer Werke das Geleit zu geben. Es scheint nicht, daß sie mit einer dieser zahlreichen Ausgaben gedruckt worden sind. Auch handschriftlich hat sich nichts erhalten. Doch sind sie ziemlich sicher bezeugt durch die Aussage eines wenig jüngeren, ausgezeichneten Bibliographen, des Venezianer Juristen Joh. Bapt. Zilettus, der für die beiden verschollenen Viten Glauben verdient, weil er die vier vorhandenen richtig aufzählt.[2]

Thomas hat nämlich noch zwei Viten verfaßt und je einer eigenen Ausgabe zugeteilt, den weitaus wichtigsten Arbeiten dieser Gruppe. Es handelt sich um die Ausgaben des Alexander Tartagnus de Imola und des Bartolus, der beiden meistbenutzten Juristen dieser Zeit. Von Tartagnus gab er die Vorlesungen zu den drei Digesten und zum Codex in vier Folianten heraus; seine Arbeit bestand darin, daß er zu den schon vorhandenen Zusätzen des Bernardinus de Landriano, Franciscus Curtius (oder de Curte) und Antonius Franciscus de Doctoribus seine eigenen fügte; nach Pigna hat er auch das Sachenverzeichnis verfaßt, worauf jedoch nichts hinweist.[3] An Textgestalt und Textbestand scheint er nichts geändert zu haben, obwohl er ungedruckte Stücke gekannt hat.[4] Auch von den Gutachten, auf denen der Ruhm des Tartagnus ruht, führt er ein ungedrucktes an und sagt, es werde mit vielen anderen den neuerdings erschienenen sieben Bänden demnächst hinzugefügt werden[5]; doch scheint dies nicht geschehen zu

---

[1] Vgl. Anhang II § 1 Nr. 3.

[2] Sein Index librorum omnium iuris, zuerst 1559 erschienen, sagt in der zweiten Ausgabe (Ven. 1563, meine Sammlung) Bl. 52: Vitae Innocentii iiij., Bartoli a Saxoferrato, Pauli Castrensis, Angeli de Gambillonibus (!) Aretini, Alexandri de Tartagnis Imolensis, et Jasonis Mayni, per Thomam Diplouatatium. Vgl. unten S. 108 Nr. 9 u. 10.

[3] Pigna Bl. 98.

[4] Z. B. eine Erläuterung zu D. 29, 2, 88, angeführt zu C. 6, 15, 19.

[5] Zu Tartagnus ad D. 30, 1, 39, 7.

sein.[1] Die Vita, die jedenfalls das Digestum Vetus einleitete, ist ungewöhnlich lang und geht schließlich in eine abgeschmackte Aufzählung von Männern des Namens Alexander über; doch ist nicht sicher, ob dieser Teil von Thomas herrührt, da die Vita bisher nur in Pignas handschriftlicher italienischer Übersetzung zugänglich war.[2] Gewidmet ist sie dem Patriarchen von Venedig Antonio Contarini, der am 7. Oktober 1524 starb[3]; vorher muß also der erste Band der — bisher unauffindbaren — ersten Ausgabe fallen; in den späteren Auflagen ist die Vita weggeblieben.[4] Als frühester Zeitpunkt ergiebt sich das Jahr 1521; denn in diesem Jahre begannen die Vorlesungen des Bartolus in der Ausgabe des Diplovatatius zu erscheinen, und von ihnen sagt er in einer Anmerkung zum ersten Bande des Tartagnus, daß sie „neuerdings" gedruckt wären.[5]

Die Arbeit an Bartolus, den auch er als der Juristen Obersten verehrte[6], hat ihn viele Jahre hindurch beschäftigt. Er muß seine Zusätze sehr hoch eingeschätzt haben; in der Ausgabe des Tartagnus weist er fortwährend auf sie hin, besonders auf die „demnächst erscheinenden" zu den Gutachten und Abhandlungen[7], deren Druck also dem der Vorlesungen nachgefolgt sein muß. Auch hier ist die erste Auflage bisher unauffindbar geblieben. Aber Anführungen und Urkunden gestatten, die Zeitumstände zu bestimmen, und die späteren Auflagen haben die Arbeit des Thomas im Wesentlichen erhalten. Den ersten Band, die Vorlesung über das Digestum Vetus, leiteten zwei Stücke ein. Erstens eine Vita des Bartolus, wie andere aus einer Umarbeitung des entsprechenden Abschnitts des Hauptwerkes entstanden, sicher die gediegenste und für die Heutigen lesbarste unter diesen Arbeiten, auch die umfangreichste unter ihnen.[8] Zweitens ein Widmungsbrief an den aus Pesaro stammenden Bischof von Paphos auf Zypern, Giacomo Pesaro (1495—1541). Aus einem späteren Sonderdruck ersehen wir, daß die erste Ausgabe des Briefes und also des ersten Bandes 1521 durch den berühmten Venezianer Verleger Baptista de Tortis erfolgte.[9] Er handelt „von Pesaros Ursprung und Adel", und war offenbar aus den

[1] Über die Drucke der Gutachten unterrichtet Fantuzzi 8, 93f., Schulte 2, 329[10].

[2] Vgl. unten S. 107 Nr. 4.

[3] Eubel 3, 350.

[4] Ich benutzte für Digestum Vetus, Infortiatum und Codex die Ausgabe Lugd. 1551—52; für das Digestum Novum die Ausgabe Lugd. 1567.

[5] Ad D. 1, 22, 4; ähnlich ad C. 6, 16, 2.

[6] Vgl. S. 31, 69.

[7] Z. B. ad D. 2, 14, 17, 2; 12, 4, 9; 29, 2, 6, 7; 42, 1, 63.

[8] Vgl. unten S. 106 Nr. 1.

[9] Vgl. unten S. 108 Nr. 8 und Vermiglioli, Biografia degli scrittori Perugini (Per. 1828) 33, angeführt nach Savigny 6, 160 Anm. a.

für die Chronik der Stadt gesammelten Unterlagen abgefallen; eigens erörtert finden sich die Beziehungen des Bischofs und seines Geschlechts zu den einheimischen Familien. Auch worin die Arbeit an Bartolus bestand, ist hier zutreffend angegeben[1], ebenso in der Vita. Sie bezog sich auf das gesamte Werk des schon dem Umfang der Arbeit nach gewaltigen Juristen einschließlich mehrerer ihm fälschlich zugeteilter Schriften, also auf vier Bände mit Vorlesungen sowie auf einen fünften Band Gutachten, Rechtsfälle und Abhandlungen.[2] Fast durchweg hat er sowohl eigene Zusätze verfaßt als ungedruckte Stücke des Bartolus herangeschafft. Fundstelle für diese Stücke war seine große handschriftliche Sammlung von Kleinschriften. In einer Anmerkung erzählt Thomas ausführlich, wie er zu seinem (uns schon bekannten) Schatz gekommen ist.[3] Als er im Jahre 1513 für Francesco Maria Statthalter in Gubbio gewesen sei, habe er nach allem Unbekannten und besonders nach alten Handschriften, die in verschiedenen Winkeln versteckt lagen, geforscht, zumal nach Bartolus, dessen Vorbild, wie niemand bezweifele, von den Legisten angebetet werden müsse. Endlich habe er in der Stadt mehrere alte Stücke des Bartolus gefunden, besonders im Hause des Herrn Fridericus Johannis de Zanchis (an anderen Stellen „Zachis" genannt), welcher ihm mehrere Bände Gutachten geschenkt habe, darunter zahlreiche des Bartolus, von denen acht Originale waren. Im Hause des Herrn Julianus de Monte Granello fand und erwarb er von diesem und seinem Sohne einen Band Gutachten des Bartolus, nach der „perusinischen Ordnung" in drei Teile geteilt. Auch aus dem Besitz des Herrn Johannes Baptista Bentivoglio von Gubbio und dem der hochberühmten Professoren in Perugia Honofrius de Bartolinis[4] und Johannes de Monte Sperello[5] habe er einige Bände mit alten Schriften erhalten (die beiden letzten waren freilich schon tot, und so wird es sich um ihren Nachlaß gehandelt haben). Dies alles habe er durchgesehen, mit der mehrfach gedruckten Gutachtensammlung verglichen, und dabei mehrere ungedruckte Gutachten, Rechtsfälle, Abhandlungen und Reden des Bartolus entdeckt; aus einer kürzeren ähnlichen Bemerkung zu Rechtsfall 1 des

---

[1] Diese Stelle ist gedruckt bei Olivieri XXVI.

[2] Ich benutzte für die Vorlesungen die (unvollständige) Ausgabe Basel 1588 (vorh. in Berlin), für den Rest die Ausgaben Lyon 1550 (Freiburg) und Ven. 1575 (Paris BN.), die in der Zählung nicht ganz übereinstimmen. Vgl. unten S. 108 Nr. 6.

[3] Zum 1. Gutachten des 2. Teiles des 5. Bandes.

[4] Diesen wenig bekannten Juristen kenne ich nur aus Gutachten in den Hss. Florenz Marucelliana 393 Stück 51, und Perugia Bibl. Univ. 301 Stück 6, beide 15. Jahrh. Vgl. über ihn Mazzuchelli, Scriptores Italiae 2, 1 (1758) 456f.

[5] Lebte nach Savigny 6, 490 von 1390—1464, vgl. auch die Vita des Diplovatatius.

2. Teiles geht hervor, daß die Sammlung auch Repetitionen enthielt, die er allerdings nicht ungedruckt nennt. Das Ganze habe er dem Herrn Petrus Paulus Parisius, dem uns schon bekannten Kirchenrechtler zu Padua, in Venedig in ihrer „Akademie" gezeigt, und dieser habe inständigst um Drucklegung gebeten[1], was hiermit geschehe.

Bei der Ausgabe der Vorlesungen verfuhr er so, daß er die unter dem Namen des Bartolus umlaufenden Vorlesungen über Institutionen und Autentikum als unecht ausschied[2], während er die in den drei Digesten und den ganzen Codex eingedrungenen Stücke fremder Verfasser sowie die Repetitionen des Bartolus selber beibehielt.[3] Offenbar wollte er dem fast kanonisch gewordenen Hauptbuch der spätmittelalterlichen Romanistik nichts nehmen; und daß er in der Lage gewesen wäre, neue Stücke hinzuzufügen, ist nicht ersichtlich. Wohl aber merkte er in den Zusätzen, wie er in der Vita versprochen hatte, Zweifel an der Echtheit an. Im übrigen enthalten diese, soweit die wenigen uns zugänglich gewordenen Stücke schließen lassen[4], nur Literaturhinweise und scheinen wenig erheblich gewesen zu sein. Zum Digestum Novum wollte er auch, aus eigenem Besitz, die Zusätze des Baldus (übrigens eine sonst nirgend bezeugte Arbeit) alsbald beisteuern — so verspricht er an anderem Orte[5]; doch ist dies unterblieben. Viel wichtiger war seine Tätigkeit bei der Herausgabe des letzten, die kleinen Schriften umfassenden Bandes. Und hier war besonders einschneidend und verdienstvoll seine Arbeit an den zwei Teilen Gutachten. Von diesen gab es erstens die alte, längst gedruckte Sammlung in einem Bande von 244 Nummern, darunter auch einige Anschlußgutachten fremder Juristen.[6] Zweitens die wohl nur handschriftlich umlaufende, in drei Teile — Prozeß-, Schuld- und Erbrecht — geschieden, sog. perusinische Sammlung. Die eigene Sammlung des Thomas umfaßte endlich, wie er in der größeren Vita sagt, mehr als 150 Stücke, darunter mehrere durch das Siegel beglaubigte eigenhändige. Natürlich stimmten alle Sammlungen in den meisten Stücken überein, doch hatte jede eigene Bestandteile. Er ging nun so vor, daß er aus der alten Sammlung einen ersten Halbband bildete, wobei er einige Noten und wohl auch den Text aus einer Ausgabe des schon erwähnten Geschäftsjuristen Bernardinus de Lan-

---

[1] S. über ihn oben S. 14. Er hat selbst eine Ausgabe der Vorlesungen des Bartolus veranstaltet; ich kenne die Nachdrucke Lugd. 1547 und 1550.

[2] Vgl. die größere Vita und Savigny 6, 169f.

[3] Vgl. besonders im 27. Buch der Digesten.

[4] Vgl. unten S. 107 Nr. 6.

[5] Zu Tartagnus ad D. 2, 14, 17, 2.

[6] Z. B. Cons. 157.

driano übernahm[1]; dazu fügte er zahlreiche eigene Bemerkungen[2], in denen er zwar nicht anmerkte, ob das Gutachten in seiner Sammlung sei, wohl aber, welche Stelle ihm in der „perusinischen Ordnung“ zukam.[3] Gelegentlich ergänzte er den Text der alten Sammlung durch den der perusinischen.[4] Die im ersten Halbbande noch nicht enthaltenen fügte er zu einem zweiten zusammen, der, wiederum unter Einbeziehung einiger Anschlußgutachten[5], 117 Stück enthielt. Die Anmerkungen verweisen sowohl auf die perusinische[6] als — da es sich ja um Ungedrucktes handelt — die eigene Sammlung[7]; die nur der eigenen Sammlung angehörigen Stücke stehen zuerst. Manchmal wiederholt er auch ein schon im ersten Halbbande gedrucktes Stück wegen des Zusammenhangs mit einem anderen im zweiten.[8] Ähnlich verfuhr er bei den Rechtsfällen. Die bisherige gedruckte Sammlung umfaßte 18 „Questiones“, von der er, den Zusätzen nach zu urteilen, nur wenige in der eigenen Sammlung vorfand; andererseits wies diese aber vier ungedruckte Stücke auf, die er nun als Nr. 1—4 des zweiten Teiles anhing[9], während sie manche späteren Ausgaben als 19—22 zählen. Zu den Abhandlungen endlich hat er ebenfalls nicht nur sehr wertvolle literaturgeschichtliche Zusätze geliefert, in denen er mehrere Stücke als unecht erwies[10], sondern auch, wiederum im zweiten Teile des Bandes, aus seiner Sammlung neun weitere Nummern zu den etwa 30 bisherigen Stücken beigesteuert: den „tractatus exbannitorum“, „excussionum pignorum“, von dem er aber sagt, daß er schon in einem Sammelband des Heinrich von Köln gedruckt sei, und dessen Echtheit ihm fraglich scheint, „de questionibus“, dessen Echtheit er zu Unrecht verteidigt, weil er sich durch moderne Einschiebsel irreführen läßt, „de cicatricibus“, „de peremptione instantie“, „de iudice suspecto“ und die Zusätze des Bartolus zu dem ebenfalls abgedruckten Traktat des Albertus de Ramponibus „de consiliis habendis“, den er im 20. Bande seiner Sammlung Bl. 179 gefunden habe, während er im 1. Bande Bl. 166 und in zwei uralten Handschriften dem Jacobus de Arena zugeschrieben werde. Den Schluß bilden zwei akademische Reden des Bartolus; die erste, in einer alten

---

[1] Vgl. über ihn Argelati, Bibl. Script. Mediol. (1745) 770. Seine Zusätze finden sich u. a. in der Ausgabe Ven. 1497, und dann sehr oft.

[2] In der Ausgabe Ven. 1575 ist vielfach die Sigle weggefallen.

[3] Z. B. zu Nr. 1, 2, 3, 7 usw.

[4] Zu Cons. I, 64.

[5] Z. B. 33, 34.

[6] Z. B. 11, 12, 13 usw.

[7] Z. B. 1, 2, 3, 4 (verschenkt, s. S. 47), 6, 7, 8, 9, 10, 12 usw.

[8] Vgl. II, 84, und I, 128.

[9] Vgl. die Zusätze zu Qu. 5, 18, 19.

[10] Vgl. oben S. 61 f.

Handschrift im Hause jenes Zanchi oder Zachi zu Gubbio gefunden, stammte von der Prüfung des Bruders des Bartolus, Bonaccursius, die zweite von der des Verwandten Johannes de Bentivolis, aus einer in Gubbio angesiedelten Familie von Sassoferrato[1] und war vermutlich in deren Haus erhalten geblieben.

So war Thomas nach seiner Art allzu bescheiden, wenn er in der einleitenden Vita sagt, daß moderne Nachlässigkeit die Arbeitsfrüchte der Alten unter den Kanonisten dem Johanes Andreae, unter den Legisten dem Bartolus zuteile und „wir Blinden" dem gemeinen Irrtum Folge leisten. Er hatte gesehen und sehen gelehrt. Man begreift, daß sich das Unternehmen durch viele Jahre hinzog. Erst am 24. September 1529 erteilten ihm die Vorsteher des Rats der Zehn, nach Einholung des Gutachtens zweier Venezianer Juristen, die Druckerlaubnis für den letzten Band[2]; es geht hieraus zugleich hervor, daß er seine „uralten Codices" nicht etwa den Setzern ausgeliefert hatte, sondern diese nach von ihm angefertigten Abschriften arbeiteten. Am 15. Dezember des Jahres konnte Thomas um das Druckervorrecht für die üblichen zehn Jahre nachsuchen.[3] Damit war das große Unternehmen abgeschlossen. In jenem Arbeitsbericht sagt Thomas, er habe es auf Bitten mehrerer Verleger, sowie von Rechtsgelehrten und Professoren in Venedig und Padua zum gemeinsamen Nutzen unternommen, und das wird keine Redensart sein. Eine andere Frage ist, ob die allzu gelehrte Ausgabe den Bedürfnissen der von Bartolus beherrschten Praxis entsprach. Der buchhändlerische Erfolg war sehr bescheiden.[4]

Es war ein ganz anderes Werk, dem Thomas sein Ansehen in Venedig verdanken sollte. Seiner Gesinnung entsprach es, seine Umwelt wissenschaftlich zu begreifen und dadurch im Geiste — politischen Ehrgeiz hatte er ja nicht — zu beherrschen. So machte er denn aus jeder neuen Lebensphase: ein Buch. Mit dem Verlassen Pesaros waren die Quellen, aus denen er die Chronik der Stadt geschöpft hatte, zum größten Teil unerreichbar geworden — um so mehr vertiefte er sich, und mit der alten Gründlichkeit, in die Geschichte der neuen Heimat. Die Absicht war aber diesmal keine rein geschichtliche, sondern eine juristische. Mit warmer Dankbarkeit genoß er den Schutz, den die unantastbare Macht der Inselrepublik ihm gewährte, eine Macht, die keinen irdischen Herrn über sich anerkannte. Aber ihm, diesem Urjuristen, genügte die nackte Tatsache nicht: er wollte auch wissen und lehren, ob er und seine jetzigen Mitbürger

[1] Vgl. die Zusätze zu diesen Reden.
[2] Gedruckt bei Besta S. 99 mit der unrichtigen Überschrift: „Privilegio di stampa".
[3] Das Gesuch ist gedruckt bei Sanuto, J Diarii 52 (Ven. 1898) Sp. 358.
[4] Vgl. unten S. 107 Nr. 6.

auf diese Macht und den Genuß der Macht ein Recht hätten. In der Widmung an den Dogen Andrea Gritti und den Rat der Zehn, die er dem neuen Buch voranschickte, und ganz ähnlich in einer Bittschrift an diese Behörde[1], begründet er sein Werk aus seinen persönlichen Beziehungen zu Venedig, mit dem er sich in Liebe und Dankbarkeit verbunden fühle; wie die griechischen Kaiser die Stadt durch zahlreiche Privilegien gefördert hätten, so wolle er, selber ein Grieche, im kleinen ein Gleiches tun und ihr die Möglichkeit geben, den Gegnern zu beweisen, daß sie ihre Privilegien von Rechts wegen besäße. Dies habe er teils durch mehr als 200 Urkunden dargetan, die er bei den verschiedensten Schriftstellern angezogen gefunden habe, teils durch juristische Ausführungen auf Grund beider Rechte und Anführung aller Rechtsquellen, teils endlich durch eigene Sammlung und Einfügung von 110 päpstlichen, kaiserlichen und königlichen Urkunden. Nun waren diese Anrechte Venedigs gerade damals heftig bestritten[2]; und wenn es auch Sammlungen von Staatsurkunden für den amtlichen Gebrauch von alters her gab[3], auch die Juristen der Landesuniversität an staatsrechtlichen Gutachten lieferten, was man verlangte, so fehlte es doch ganz an einer zusammenhängenden literarischen Arbeit, einer „Deduktion", wie man später sagte. Dazu waren natürlich eingehende geschichtliche Studien erforderlich. So entstand das große Werk, dessen ersten Teil Thomas selbst mehrfach als „Tractatus de Venete urbis libertate et eiusdem imperii dignitate et privilegiis" anführt.[4]

Dem Titel entspricht genau der Inhalt dieses Teiles. Er zerfällt in gezählte Abschnitte, welche „Privilegia" genannt werden. Die Anordnung ist systematisch-juristisch.[5] Bewiesen wird zunächst die Unabhängigkeit der

---

[1] Beide gedruckt bei Besta 85—88. Die Widmung ohne Zeitbestimmung und Quellenangabe, wohl nach der Reinschrift des Werkes gedruckt, s. unten S. 110 Nr. 24; als Zeit gibt der bei Besta S. 100 gedruckte Brief 1524 an. Die Bittschrift setzt Besta irrig auf den 17. Sept. 1522; vgl. dazu unten S. 75 Z. 4.

[2] Wenn wir Besta 22 trauen dürfen.

[3] W. Lenel, Die Entstehung der Vorherrschaft Venedigs an der Adria (1897) 9[1].

[4] So zu Bartolus, Abhandlung „de insula" und „de regimine civitatis; so auch in der Überschrift der Reinschrift nach Valentinelli am S. 2[3] genannten Ort, S. 50 (wo der Zusatz „et an de iure dominium Venetorum habeat superiorem in temporalibus" sich nur auf die ersten zwei Abschnitte beziehen kann). Bei Tartagnus ad D. 29, 2, 8; 42, 1, 45; 45, 1, 122 spricht Thomas vom „Tractatu meo de libertate et privilegiis Venetorum".

[5] Das Folgende nach den eiligen Angaben bei Pigna Bl. 105—107, Antaldi 22—27 und der ausführlichen, aber mit allem Vorbehalt aufzunehmenden Aufzählung bei Besta 49—58.

Republik vom Reiche (Priv. 1—6). Hieraus ergeben sich zahlreiche, alle Anderen ausschließenden Rechte am (Adriatischen) Meer und am Meeresufer (7—22), die durch viele, hier großenteils in den Text wörtlich eingerückte Urkunden italischer, deutscher und griechischer Herrscher erwiesen werden (23—45). „A maiori" folgt daraus die Unstatthaftigkeit einer Abhängigkeit vom Papste oder einem Signore (46—48), umgekehrt werden der Republik alle großen und kleinen, öffentlichen und privaten Rechte im einzelnen zugeteilt, die einem Souverän, zumal dem Kaiser selber, zustehen (49—145). Hieran schließt sich eine Erörterung der Rechtsstellung des Staatsoberhauptes, des Dogen, wieder unter Aufzählung der einzelnen Rechte (146—181). Es folgen die Rechte auf Abgaben verschiedener Städte (182—192), eine Darstellung des Gesetzgebungsrechts der Republik (193—202) und des Verhältnisses von Staat und Kirche (194—206), endlich eine Aufzählung der Rechte des Patriarchen (207—214).

Hier angelangt, setzte Diplovatatius der ausgiebigen Arbeit einen sachlich wohl begründeten Schlußpunkt, obwohl sein Plan, wie sich zeigen wird, weiter ging. Ihr Anfang kann natürlich erst in die Zeit nach der Übersiedelung gesetzt werden, also nach 1517, und fällt nachweislich noch in die Herrschaft des Leonardo Loredan[1], der von 1501 bis zum 22. Juni 1521 Doge war.[2] Die unter Darlegung des Inhalts des bisher betrachteten Bruchstücks an den Rat der Zehn gerichtete Bittschrift fällt schon in die Tage kurz vor oder nach dem 1. September 1522.[3] Ein großes und nützliches Werk war in überraschend kurzer Zeit gelungen.

So war Thomas gewiß berechtigt zu der Erwartung, die Signorie werde sich erkenntlich zeigen. Er schloß deshalb die Bittschrift mit dem Gesuche, seinem Sohne auf Lebenszeit ein standesgemäßes Amt in Venedig zu übertragen, wie die Republik dies in ähnlichen Fällen immer getan habe; für sich erbat er, damit er seine Familie erhalten könne, bis eine solche Pfründe frei würde, ein Vikariat oder eine Richterstelle in einer der Städte der Terra ferma, nach seiner Wahl. Die Verhandlungen über diesen Antrag zogen sich fast zwei Jahre hin und gewähren einen Einblick nicht nur in die überaus vornehme und uneigennützige Geschäftsbehandlung durch Thomas, sondern auch in die kluge, großzügige und doch vorsichtige, jeden Vorteil wahrnehmende Art der venezianischen Verwaltung.[4] Sie beweisen zugleich, wie sehr der Wert des Werkes sofort

[1] Nach einer bei Besta S. 47[6] angezogenen Stelle.

[2] Sansovino am S. 58[3] genannten Ort, Bl. 253.

[3] Vgl. unten S. 75 Z. 4 und S. 57[5].

[4] Urkunde III—XVI bei Besta 89—99; doch gehört Urkunde III von 1524 vor oder nach Urkunde XVI (vgl. oben S. 73[1]) und Urkunde XIII zwischen Nr. V

eingeleuchtet haben muß: gerade weil wir hier vor den zielbewußtesten Machtpolitikern der Welt stehen, stehen wir vor Männern, welche wissen, daß eine der stärksten Mächte das Recht und der Glaube an das Recht ist.

Der Rat der Zehn beschloß zunächst, am 17. September 1522, durch einen zu ernennenden Ausschuß von Doktoren und anderen Herren prüfen zu lassen, ob das Werk, in dessen Besitz Thomas geblieben sein muß, wirklich enthalte, was er angegeben habe: in diesem Falle solle der Sohn das erste in Venedig freiwerdende Amt im Werte von etwa 150 Dukaten jährlich erhalten, und bis dahin für Thomas in angemessener Weise gesorgt werden. Jedoch erst am 21. Februar des nächsten Jahres erfolgte die Ernennung der (adligen) Doktoren. Diese — Marin Zorzi und Antonio Justignan — prüften zunächst nur obenhin und erstatteten am 26. März einen sehr günstigen Bericht; sie hätten zwar die angeführten Gesetze und Schriftsteller aus Mangel an Zeit nicht nachprüfen können, aber die — sogar der Signorie bisher unbekannten — Urkunden seien mit großem Fleiße zusammengesucht, würden in vielen Fällen dem Staate Nutzen bringen können, und es sei daher gerechtfertigt, daß man diesem ausgezeichneten Gelehrten und Menschen eine Gnade erweise, durch die man ihn auch für viele andere Fälle verpflichten würde. Auf Grund dieses Gutachtens wurde am 15. April die künftige Verleihung des Amtes noch einmal zugesichert, doch unter Vorbehalt nochmaliger Prüfung, zu der ein dritter Edelmann bestimmt werden sollte; endgültig wird zugleich beschlossen, daß Thomas bis dahin aus den Einkünften dreier Amtsstuben der Provinz je $1^1/_2$ Dukaten monatlich (also 54 Dukaten jährlich) erhalten solle, sobald die Ämter verfügbar sein würden; ein gleichzeitig gestellter Antrag des Ratsherrn Francesco Pesaro, vermutlich eines persönlichen Gönners des Thomas, ihm sofort in zwei Raten je 25 Dukaten auszuzahlen, wurde zwar zunächst — wie es scheint, aus Gründen der Form — abgelehnt, aber zwei Tage darauf wiederholt und angenommen. So war Thomas schnell genug nahe an sein eigenes Ziel gelangt; die weiteren Schritte galten wohl weniger der Prüfung des Antrags, als dem Zweck, die Signorie zu unterrichten, was sich für sie sofort aus dem Werke herausholen ließe. Zunächst scheinen die Gutachter, als deren dritter am 5. Juni der Doktor und Ritter Zorzi Pisani genannt wird, noch einmal berichtet zu haben, daß das Werk ein eingehendes Studium verdiene, das auch Thomas selbst mit Eifer verlange; so wurden denn noch zwei Juristen dem Ausschuß beigegeben.

---

und VI; die von Besta S. 22 erwähnte Urkunde vom 21. Febr. 1523 fehlt ganz. Die Urkunden sind teilweise auch gedruckt bei Valentinelli 51[2] und Antaldi 27ff. Die Darstellung bei Pigna Bl. 105—107 und Olivieri XXVII ist z. T. irrig.

Alsbald erstatteten diese, Bartholomio da Fin und Pietro de Assonicha, ihre Berichte[1], zwei würdige Zeugnisse staatsmännischer und juristischer Überlegung. Übereinstimmend wird die große Gelehrsamkeit und die „schier unerträgliche Geduld" des Verfassers gerühmt, die hohe politische Nützlichkeit der von ihm geordneten und zugänglich gemachten oder gar erst entdeckten Urkunden betont, aber auch bemängelt, daß die juristischen Ableitungen nicht immer stichhaltig seien — die scholastischen Beweisgründe werden diese Realpolitiker allerdings kalt gelassen haben. Nach alledem wird er der Belohnung wert erachtet, aber, „da Privilegien in mancher Hinsicht nützen und in mancher Hinsicht schaden", gefordert, daß das Werk unter Verschluß gehalten werde und niemand eine Abschrift besitzen dürfe — ein Vorschlag, dessen Beachtung der Republik viel Geld erspart hätte! Dem schloß sich ein weiterer Bericht des Gesandten an der Kurie, Marco Foscari, an. Für ihn hatte der Rat der Zehn schon in seinem Beschluß vom 15. April gewisse Auszüge über die Rechte am Busen von Ravenna und Cervia bestellt, die ihm „sehr angenehm" gewesen sind[2]; nunmehr schilderte er seinen Besuch bei Thomas, der das Werk gezeigt, erklärt, und — ein Beweis, wie fern ihm prahlende Mache lag — selbst darauf aufmerksam gemacht hatte, daß er seine Urkunden bereits in „gewissen alten Büchern" zusammengestellt gefunden habe; er — Foscari — habe zwar in vier Stunden nicht alles verstehen können, aber doch den Eindruck empfangen, daß es sich um sehr schöne und hochwichtige Sachen handle und nichts unerörtert geblieben sei; vier oder fünf Gegenstände, die vielleicht für seine Gesandtschaft bedeutsam werden könnten, habe er ausgesucht — er bitte um eine Abschrift dieser Teile.

All diese Berichte wurden in der Sitzung vom 11. Dezember vorgelesen; unter ihrem Eindruck wurde nunmehr — mit 20 gegen 6 Stimmen — die künftige Verleihung des Amtes endgültig beschlossen und am 29. Dezember hinzugefügt, daß Thomas selber bis zum Eintritt der Verleihung, aber nicht mehr als vier Jahre hindurch, aus den Einkünften des Rüstungsamtes 60 Dukaten erhalten solle. Im Juli 1524 wurde endlich durch Tod des Inhabers eine geeignete Pfründe, die des Notars der „Supraconsules" frei; Thomas bezeichnete am 21. des Monats seinen vierjährigen Sohn Alessandro als neuen Inhaber[3] und noch am selben Tag machte der Rat der Zehn den Supraconsules hiervon Mitteilung. Zugleich wurde Thomas auf-

---

[1] Bestas Verlegung der Berichte auf Dezember ist wohl nur errechnet und zwar irrig (vgl. den nächsten Absatz).

[2] In diesen Zusammenhang sind die Stellen bei Besta S. 90, Z. 11—14 und S. 23, Nr. 1 zu rücken.

[3] So Thomas auch selber zu Bartolus, Tractatus „de insula", Rubrik.

gefordert, einen Stellvertreter vorzuschlagen und ferner, „wie er sich selber freiwillig erboten habe", die anderen einschlägigen Urkunden dem Werke hinzuzufügen.

In der Tat hatte der rastlose Arbeiter sein Werk durchaus nicht als abgeschlossen erachtet. Bisher hatte er, wenn wir heutige Einteilungen hineintragen dürfen, Venedigs Forderungsrechte und seine Ausschließungsrechte mit Ausnahme der Sachenrechte behandelt. Nunmehr war er an den politisch und geschichtlich besonders bedeutsamen sachenrechtlichen Teil gegangen: die Darstellung der Gebietshoheitsrechte der Republik an all den zahlreichen, von ihr unterworfenen oder ihr einst unterworfen gewesenen Landstrichen und Inseln Italiens, des Balkans und der Levante. Damit hatte sich zugleich ein Wechsel der Anordnung ergeben: an Stelle der systematisch-juristischen tritt nunmehr eine geschichtlich-geographische. Er hatte zunächst einen Blick auf die Verfassungsgeschichte der „Terra ferma" geworfen; dann hatte er die „Rechte", auf denen hier die wichtigsten Erwerbungen — Vicenza, Padua, Verona — beruhten, aufgeführt. Bei dieser Arbeit hatte ihn Foscari, wie er in seinem Bericht vom Jahre 1523 sagt, eben angetroffen. Als Thomas aber beim 229. „privilegium" angelangt war, brach er die Arbeit ab. Vermutlich mußte jetzt die Handschrift abgeliefert werden, damit von ihm die (ebenfalls erhaltene) kostbare Abschrift genommen werden konnte, die übrigens Thomas selber verglich und ergänzte — denn die Urschrift konnte als erste Fassung und infolge der fürchterlichen Schrift des Thomas für Staatszwecke nicht verwendet werden. Doch fertigte er noch vorher die mehrfach erwähnte Widmung an den Dogen Andreas Gritti an, der am 20. März 1523 gewählt worden war.[1] Die Übergabe erfolgte 1524.[2] Die Herstellung der Abschrift zog sich hin: 1525 erfolgte die Bezahlung für das Pergament, 1527 für den Buchschmuck und 1528 für den Einband.[3] Inzwischen aber hatte Thomas bereits die Fortsetzung des Werkes unter einem neuen Titel begonnen: „De urbe Venetiarum et de civitatibus, insulis et locis illustrissimo dominio aliquandiu subiectis".[4] An diesem Teile arbeitete er, wie sich aus mehreren Stellen ergibt, schon 1524[5]; und noch 1527.[6]

---

[1] Sanuto 34 (1892), Sp. 184.

[2] Brief Valerios von 1581, bei Besta S. 100.

[3] Urkunden bei Besta 47[7]; das Datum MDXVII ist Druckfehler für MDXXVII.

[4] So der Titel der Urschrift nach Valentinellis Katalog S. 53, während der von Besta 57 gegebene vielmehr den Anfang darstellt.

[5] Vgl. Hortis S. 42 und 39.

[6] Besta 57.

Er beginnt mit dem Rialto und erzählt seine Geschichte seit Karl dem Großen, geht dann zu den umliegenden Inseln über, von da über Dalmatien und Istrien auf den Balkan, um in der Levante zu enden; bei den einzelnen Orten wird die Geschichte kurz dargestellt, allgemeinere verfassungsgeschichtliche Untersuchungen sind eingeflochten.[1] Den Schluß bildet — offenbar, weil inzwischen die Urschrift des ersten Teiles zurückgeliefert worden war — eine dem dort schon enthaltenen Bruchstück entsprechende Untersuchung über die Rechte an der Terra ferma. Dieser Kreislauf zeigt einerseits, daß beide Teile, obwohl ein gemeinsamer Titel fehlt, als Teile eines Ganzen gedacht waren, andererseits, daß dies Ganze so wenig vollendet worden ist, wie die anderen beiden Hauptwerke. Thomas selbst sagt einmal — 1518 —, es begegne, wie zu lesen stehe, ausgezeichneten Geistern oft, daß sie ihr Werk nicht vollenden könnten.[2] Gewiß hat er an sich selbst gedacht, so seltsam es scheint, wenn gerade er hierbei an den Darsteller antiker Schönheit — Apelles und sein Bild der Aphrodite — erinnert. Hieraus erklärt sich der Zustand der Urschrift[3] des zweiten Teils: er enthält Randnoten, die weitere Untersuchungen anzeigen und weiße Stellen, die künftiger Ausfüllung vergebens harren sollten.

Beide Teile weisen in der Hauptsache, trotz der Verschiedenheit der Anordnungsart, die gleiche Geistesrichtung, die aller seiner Schriften, auf. In beiden erscheint zumal seine Literaturkenntnis in glänzendem Lichte. Thomas hatte eine Unzahl von juristischen Schriftstellern des 13. bis 15. Jahrhunderts aufgetrieben, die irgendwie auf Venedig Bezug genommen hatten, oder deren Aufstellungen und Beweisgründe sich für seine Zwecke verwenden ließen. Wer die überwiegend abstrakten und privatrechtlichen Neigungen der juristischen Literatur jener Zeit kennt, wird staunen, wenn er etwa 40 solcher Schriftsteller genannt findet.[4] Freilich sind, der herrschenden Richtung gemäß, die Beweisgründe wesentlich privatrechtlich. So wird grundlegend die Unabhängigkeit Venedigs vom Reiche darauf gestützt, daß es nicht etwa auf einer Insel, sondern auf dem Meeresboden, also in „terra nullius“, erbaut sei[5], und jene Verdrehung des Begriffs des „miles“[6] erscheint um eine weitere Windung bereichert,

---

[1] Eine (zutreffende?) Aufzählung der etwa 60 Orte bei Besta 57f., die am Schluß durch Valentinelli 54 ergänzt wird.

[2] Am S. 1[2] genannten Ort.

[3] Vgl. Besta 58.

[4] Aufgezählt bei Besta 58[1].

[5] Privilegium 3, auch zu Bartolus Tractatus „de insula“, Rubrik („non habet spheram terre“).

[6] Vgl. oben S. 29f.

wenn die Venezianer, als Beschützer der Adria, zu „milites maris" erhoben werden, woraus sich dann die Vorrechte des römischen Soldaten, wie Testierfreiheit und castrense peculium, ergeben sollen (Priv. 18—22). Man sieht, das Verfahren der Begriffsbildung ist die scholastische, die Begriffsjurisprudenz, also die Anwendung der vorhandenen Begriffe auf neue, ihnen nicht gemäße Rechtsverhältnisse. Es versteht sich, daß demgegenüber ein Humanist wie Bembo spotten konnte, „der Doktor beider Rechte aus Kaiserstamm . . . verzehrt jetzt Jahrgelder der Venezianer, weil er einige venezianische Geschichten aus Bartolus und anderen dergleichen Windbeuteln ausgeschrieben hat".[1] Scholastisch ist auch die Beweisführung: es ist die Für-und-Wider-Weise des Quästionenstils, der ja die ganze ältere Jurisprudenz beherrschte. So beginnt er gleich damit, daß er für die Abhängigkeit Venedigs vom Reiche fünfzehn Gründe anführt, um sie dann mit noch weit mehr Gründen zu widerlegen[2], und ebenso werden die anderen Rechtsfragen und die Tragweite der Urkunden durchgehechelt; allerdings gilt dies weit mehr von dem ersten als dem zweiten Teil. Zeigt sich Thomas hierin ganz als Jurist der alten Schule, deren erste Gegner seit kurzem auftraten, so ist die gründliche Ausbeutung der Geschichtsschreiber Venedigs und besonders der Urkunden ein Zeichen des neuen, geschichtlich gerichteten humanistischen Geistes; dem entspricht es auch, wenn gelegentlich ein Gedicht, eine Inschrift, eine Münze, ein Gemälde als Quellen ausgebeutet werden.[3] Auch mündliche Mitteilungen benutzte er[4]; hierbei nennt er im Gegensatz zu der unbefangenen Art der alten Chronisten die Gewährsmänner, vornehme Bürger der Stadt, mit Namen; ebenso benennt er die von ihm besuchten staatlichen und häuslichen Bücher- und Urkundensammlungen.[5] Unter den geschichtlichen Quellen befinden sich all die üblichen allgemeinen Darstellungen und Chroniken, sodann die besonderen venezianischen Arbeiten, vor allen natürlich Dandolo, aber auch zahlreiche „Codices antiquissimi" ihm unbekannter Autoren, die er, statt mit der allgemeinen Sitte namenlose Quellen als Freigut zu betrachten, getreulich anführt.[6] Auch Theologen und Sterndeuter fehlen nicht;[7] eine ausführliche horoskopische Deutung der Stadtgründung zu Anfang des

[1] Zitiert von Besta 24, ohne nähere Quellenangabe, angeblich in einem Brief von 1536 (lies 1526?); ich fand in der Briefsammlung nichts.

[2] Dies nach Besta 51, vgl. auch oben S. 76 und unten S. 81.

[3] Nachweis bei Besta 59.

[4] Nachweis bei Besta 28.

[5] Vgl. Besta 29f., 76[6—8].

[6] Nachweis bei Besta 61—63.

[7] Besta 58[1].

Werkes kann uns nicht überraschen. Bewunderungswürdig wie die in so kurzer Zeit erworbene Literaturkenntnis ist auch der Reichtum an Urkunden, die Thomas über die ganze Zeit vom 6. bis zum 14. Jahrhundert ausbreitet, und denen er noch einige Gutachten des 15. Jahrhunderts anreiht.[1] Manche dieser Urkunden wurden ihm, dem Fremden, aber nicht unmittelbar, sondern nur durch Mitteilungen von Eingeweihten zugänglich[2]; zu gewissen Gruppen scheint er überhaupt keinen Zutritt gehabt zu haben.[3] Das meiste bot ihm ein ,,sehr alter Codex, auf Pergament geschrieben, in dem viele Privilegien von Kaisern und Päpsten geschrieben waren", der wahrscheinlich Eigentum des Freundes Egnatius gewesen ist.[4] Es werden nämlich dieselben Urkunden, die Diplovatatius auf Blatt 205 und 207 seines ,,Codex antiquissimus" gefunden zu haben angibt, in einer anderen Sammlung dieser Zeit, dem sog. Codex Trevisianeus, aus einer ,,Egn." genannten Quelle mit den gleichen Blattzahlen angeführt.[4] Da der hieraus zu erschließende ,,Codex Egnatianus" verschollen ist, hat das Werk des Thomas teilweise auch den Wert einer einzigen Überlieferung wichtiger Urkunden.[5]

Das Ganze zeigt keineswegs die schriftstellerische und gedankenreiche Kunst des Geschichtsschreibers, wie sie sich eben damals in Italien zu so stolzer Blüte erneut entfaltete; daher hat es mehrfach eine harte Beurteilung erfahren.[6] Aber es war ja ein juristisches Werk und arbeitete geschichtlich nur, soweit das für seinen juristischen Zweck notwendig war. Daß es diesen Zweck voll erfüllte, dafür können wir uns auf die gewiß sachverständigsten Zeugen, die Staatsmänner und Juristen der Republik selber, berufen. Wir deuteten schon den Gebrauch an, der 1523 von ihm gemacht wurde[7]; noch 1596 wurde es aus seinem strengen Verschluß hervorgeholt und dem Sekretär des Senates zur Verwertung übergeben.[8] Wahrscheinlich würde Erforschung der venezianischen Geschichte in dieser Richtung ergeben, daß Thomas, ganz wie er es sich gedacht hatte, seinen Beschützern ein wahrhaft königliches Geschenk gemacht hatte, das die fragwürdigen

---

[1] Die Aufzählung unter 116 Nummern bei Besta 63—76 umfaßt die von Thomas vollständig oder fast vollständig wiedergegebenen Stücke.

[2] Besta 76.

[3] Besta 80.

[4] So Besta 77, 79 ohne Angaben der Stellen des Cod. Dipl. und des Cod. Trev.

[5] Vgl. dazu unten S. 110[5].

[6] Valentinelli (oben S. 2[3]) S. 51; Morellis Hs. (oben S. 65[7]), angeführt nach Besta 80; Hortis 18.

[7] Vgl. (in dieser Reihenfolge) die Urkunden bei Besta S. 90 Z. 12—14, S. 23 N. 1 und S. 95 Z. 20—23.

[8] Urkunde bei Besta 61[1].

Gerechtsame seiner angeblichen kaiserlichen Vorfahren wohl aufwog. Jedenfalls hat der entartete Erbe der venezianischen Staatskunst, der Irredentismus der Gegenwart, den Wert dieser Gabe erkannt.[1] Aber auch die Geschichtsforscher seiner Zeit hätten dem Werk ein gutes Zeugnis ausstellen müssen: sie würden — und dies gilt selbst für die Gelehrten der späteren Zeit bis an die Schwelle des vorigen Jahrhunderts — außerordentlich viel Neues aus ihm haben lernen können: so urteilt ein nicht unkundiger heutiger Benutzer seines Werkes.[2] Und wenn er andererseits gegen die Zuverlässigkeit der Arbeit Bedenken erhebt, so scheinen diese, wenn seine eigenen Beispiele nicht trügen — mit dem Maß der Zeit gemessen — leicht zu wiegen: daß Thomas einmal das Geschichtchen vom Raub der Venezianer Bräute durch die Triestiner erzählt, ohne zugleich die Zweifel mitzuteilen, die seine eigene Quelle nicht unterdrückt, bedeutet einen Vorwurf, den ähnlich mancher moderne Forscher sich gefallen lassen müßte. Schwerer wiegt der Tadel, daß Thomas parteiisch zugunsten der venezianischen Ansprüche verfahren sei. Mit der Tatsache an sich dürfte es — was hier nicht geprüft werden soll — seine Richtigkeit haben. Aber wir werden uns hüten müssen, an dem guten Glauben des Thomas zu zweifeln, um so mehr, als er vieles ahnungslos aus seiner Hauptquelle, Dandolo, übernommen haben wird.[3] Erst recht nicht dürfen wir meinen, er habe das ganze Werk nur geschrieben, um sich und seinem Sohne das klingende Wohlwollen der Signorie zu erkaufen. Daß er die Gelegenheit benutzte, um die Zukunft seines Sohnes sicherzustellen, in einer Zeit, in der auch der Reichste und Beste durch Krieg, Staatsumwälzung, Willkürjustiz über Nacht zum Bettler werden konnte, wird man ihm um so weniger verdenken, als er ja dadurch, daß er das Werk der Signorie auslieferte, auf den Lohn des schriftstellerischen Ruhmes verzichtete. Jede niedere Absicht lag ihm fern; das beweist nicht nur sein ganzes Wesen, sondern auch der Umstand, daß er gar keine Anstalten machte, in gleicher Weise auch den zweiten Teil zu verwerten, zu dessen Lieferung er sich vornehm selbst erbot. Dasselbe beweist schließlich das in dem Buch befolgte Quästionenverfahren, das in spielerischem Wortgefecht die Gründe gegen den eigenen Standpunkt mit gleicher Findigkeit und Spitzfindigkeit entwickelte, wie die Gründe dafür. Nur ein so unpolitischer Mensch konnte überhaupt auf den Gedanken kommen, dies Verfahren bei einem politischen Gegenstand anzuwenden. Eine freilich unvorhersehbare Wirkung ergab sich, als mehr als ein halbes Jahrhundert

---

[1] Vgl. unten S. 110.

[2] Hortis 18f.

[3] Vgl. W. Lenel 93, 102 am S. 73[3] genannten Ort über Dandolos „durch und durch parteiisch gefärbte Darstellung“.

später Valerio Diplovatazio, der Enkel des Thomas, dem Rat der Zehn die Urschriften der beiden Teile, die er sein weitaus köstlichstes Erbe nennt, zur Prüfung übergab und als „Geschenk" anbot. In einem Mahnbrief nämlich fügte er mit nicht mißzuverstehender Wendung hinzu, er wolle der auch von ihm geliebten Republik durch Drucklegung des Werkes keine Ungelegenheiten machen: sein Großvater „habe notwendigerweise das Für und Wider durchsprechen müssen, und wenn diese Erörterungen und Bücher gesehen würden, und gar in die Hände Übelwollender kämen, so könnten sie einmal Eurer Serenität in mancher Hinsicht nicht von Vorteil sein". Es war das eine niedliche Erpressung, auf welche die Republik schleunigst durch Zusicherung einer Pfründe im Werte von 50 Dukaten jährlich für Valerios oder eines Sohnes Lebzeiten einging[1]; vorsichtshalber mußte Valerio eine Bürgschaft seines Schwiegervaters Pigna beibringen, daß keine Abschrift vorhanden sei[2] — man war durch Schaden klug geworden. Eine solche geschäftliche Gesinnung hatte Valerio von seinem Ahnen nicht erben können, der hatte auch diesmal der Sache wegen gearbeitet. Das Werk war geboren aus dem Bedürfnis, sich in jeder neuen Lage wissenschaftlich, das hieß für ihn gemäß Gesetz und Geschichte, zurechtzufinden, und wurde geschrieben in der ehrlichen Begeisterung für das Recht und die Macht der glorreichen Beschützer. Es kann sehr wohl sein, daß der Wunsch, sein schwankes Lebensschifflein in der Dankbarkeit der Machthaber zu verankern, bei der Wahl des Gegenstandes mitgewirkt hatte. Aber daß er diesem Wunsch Zugeständnisse auf Kosten seiner Überzeugung gemacht hat, ist nicht erwiesen und nicht wahrscheinlich. Wenn er unbewußt das Ziel wissenschaftlicher Unparteilichkeit verfehlt haben sollte, so wäre seiner Arbeit das Schicksal jedes Unternehmens zuteil geworden, das politische Fragen durch Rechtsbegriffe zu lösen sucht.

Wir wissen nicht, wann Thomas die Arbeit endgültig aufgegeben hat. Jedenfalls wird er sie nach seiner Heimkehr nach Pesaro nicht mehr fortgesetzt haben — und diese erfolgte um 1530.

---

[1] Der Brief Valerios und die Beratung vom 2. Aug. 1581 sind gedruckt bei Besta 101—103.

[2] Olivieri XXVII, Besta 60[1].

Sechster Abschnitt.

Lebensabend in Pesaro. Nachkommen und Erben.

(1531—1541—1918.)

Thomas hatte die Beziehungen zu Fürst und Bürgerschaft von Pesaro niemals aufgegeben. Als Fürsten konnte er nunmehr wieder dem alten Herren Francesco Maria huldigen. Lorenzo de' Medici, der ihn 1516 vertrieben hatte, war schon nach dreijähriger Herrschaft gestorben, und auch die unmittelbare päpstliche Regierung, die Leo X. nunmehr einrichtete, endete mit dem Tode des Papstes am 1. Dezember 1521. Noch im gleichen Monat war der Rovere, von den Untertanen wieder einmal jubelnd begrüßt, aber nicht, ohne einen neuen Übergabevertrag schließen zu müssen, in Pesaro eingezogen, wo er bis zum 20. Oktober 1538 regierte.[1] Thomas wußte sich dauernd in seiner Gunst zu erhalten, und scheint nicht den geringsten Nachteil davon verspürt zu haben, daß er seinerzeit so eifrig für Lorenzo eingetreten war. Es sind uns vier Briefe erhalten, die Thomas aus Venedig an den Herzog nach Pesaro schrieb.[2] Aus dem ersten vom 11. Mai 1522 ersehen wir, daß er auch bei diesem Thronwechsel als juristischer Ratgeber gewirkt hat[3]; den Dankbrief des Herzogs erwidert er mit der bescheidenen Wendung, daß er nur seine Pflicht als treuer Untertan getan habe, wenn er des Herren Rechte verteidigte. Zugleich rät er ihm unter Berufung auf seine Tätigkeit in dem gleichgelagerten Fall der Rückkehr Giovanni Sforzas, das gegen ihn ausgesprochene Absetzungsurteil vom neuen Papste aufheben zu lassen, damit nicht dieser oder ein anderer von dem Urteil einmal Gebrauch machen könnte — man sieht, Thomas bleibt sich auch hier getreu. Den Rest des Briefes bilden kurze Mitteilungen über die auswärtige Lage. Derartige diplomatische und militärische — übrigens unbedeutende — Nachrichten bilden auch den Inhalt der drei anderen Briefe vom 18. Mai und 7. Juni 1522 und vom 9. Januar 1523. Unterredungen mit dem Herzog, der als Feldherr der Republik mehrfach in Venedig geweilt haben muß[4], scheinen ein Übriges getan zu haben. Wenn wir dem etwas hämischen Briefe eines Nebenbuhlers, des damals ebenfalls in Venedig wohnhaften Pesaraner Juristen Aurelio Superchi

[1] Zeitangaben nach Bertuccioli.

[2] Gedruckt von Antaldi, Urkunde I—IV; der erste im Auszug und besser auch von Olivieri XVf.

[3] Wohl durch das von Thomas zu Bartolus „ad reprimendum" v. „rebellis" und v. „rebellando" angeführte Gutachten.

[4] Vgl. Guicciardini, Istoria d'Italia XV, 1.

glauben dürfen, hätte Thomas sich 1523 beim Herzog um das Amt eines Richters oder gar Statthalters in Pesaro beworben.[1]

Auch seine Mitbürger hatten ihn nicht vergessen. Am 26. November 1521 wurde er vom Engeren Rat brieflich aufgefordert, er möge das durchgesehene Stadtrecht schicken[2] — woraus wir ersehen, daß der Pflichteifrige die geliebten Verordnungen (gleichsam seine Hausgötter) auch in die neue Heimat mitgenommen hatte; und am 9. August 1522 erscheint er selbst in der Versammlung, in der gerade beraten wird, ob für die ausgewanderten Ratsherren neue gewählt werden sollen; es wird mitgeteilt, daß er „geschworen habe, zurückzukehren und spätestens vom nächsten März ab mit seiner Familie hier zu wohnen".[3] Infolgedessen wird sein Platz nicht besetzt. Dieser Besuch kann nur kurz gewesen sein, da der eben erwähnte Brief vom 7. Juni 1522 und die Bittschrift an den Rat der Zehn vom Herbst des Jahres in Venedig geschrieben sind.[4] Hier aber hat man ihn, wie wir schon sahen, umzustimmen gewußt. Daher mußte er in der Pesaraner Sitzung vom 9. Januar 1527 mit anderen Ausgebürgerten in Venedig, darunter auch jenem Aurelio Superchi, aus der Zahl der für die städtischen Ämter in Betracht Kommenden gestrichen werden.[5] Das hatte, so erklärte rückblickend in der Sitzung vom 8. Dezember 1532 der Statthalter, das Stadtrecht so verlangt. Nun aber sei Thomas für die Dauer zurückgekehrt und es erscheine nur anständig, ihn wieder in seine Ratsstelle einzusetzen, um so mehr, als er ein wohlverdienter Bürger sei. Einstimmig wurde der Antrag angenommen; Thomas ward hereingeführt und von allen „mit Wohlwollen aufgenommen".[6]

So war Thomas — ein Vierundsechzigjähriger — wieder in die Heimat seiner Mannesjahre zurückgekehrt. Daß er Venedig verlassen mochte, nachdem sich die Verhältnisse in Pesaro anscheinend dauernd beruhigt hatten, ist begreiflich, denn seine Besitzungen verlangten sicherlich nach dem Herrn. Wann er übergesiedelt ist, wissen wir nicht ganz genau. Am 31. Dezember 1529 erscheint er jedenfalls noch in Venedig als säumiger Schuldner einer übrigens geringen Summe, die irgendwie mit dem Amt Alessandros zusammenhing[7]; auch 1530 scheint er noch dort zu weilen und

---

[1] Vgl. oben S. 28[2].
[2] Pesaro, Archivio Municipale, Bd. 58, Consigli dell' anno 1519—1536, Bl. 65.
[3] Vgl. oben S. 57[5].
[4] Vgl. oben S. 75.
[5] Consigli a. a. O. Bl. 135; gedruckt bei Cigogna (oben S. 28[2]) 448.
[6] Consigli Bl. 209.
[7] Sanuto (oben S. 72[3]) 409—10.

in einen Prozeß mit dem Schreiber an diesem Amt verwickelt[1] —, woraus man zugleich ersieht, daß die Sinekure des Sohnes nicht ohne Sorgen für den Vater war. Aber für die Monate September bis Dezember des Jahres 1531 gehörte er bereits in Pesaro dem „Domini Octo“ genannten fürstlichen oder städtischen Ausschuß an[2]; in die Zwischenzeit also muß die Übersiedlung gefallen sein.[3]

Den Lebensabend füllte keineswegs ein würdevoller Müßiggang. Zwar das Gerichtsgebäude betrat er wohl nur noch dann, wenn er Verwandten Hilfe leisten wollte; so wenn er 1534 als Anwalt der Schwägerin Adriana degli Angeli erscheint[4] oder 1537 als Bevollmächtigter für einen Arzt Matteo Francesco degli Angeli.[5] Aber in dem gleichen Jahre tritt er auch in den Großen Rat ein[6], und in den Monaten Januar und Februar 1538 erscheint er unter den vier „Konsuln“ und zwar als deren Oberster, welcher den Titel „Gonfaloniere“ führte. Ihr alle zwei Monate wechselndes Amt, das sich seit 1519 zu finden scheint[7], muß eine Art von Stadtrat dargestellt haben; aus einer Anweisung über 40 Lire, die am letzten Februartag 1538 der Stadtschreiber an den Stadtkämmerer ergehen läßt, sehen wir, daß die vier Konsuln nicht nur von der Stadt diese Summe erhielten, sondern auch von der herzoglichen Kammer besoldet wurden[8], also wohl vom Herzog völlig abhängig waren. Daraus, daß hier von ihrer „residentia“ die Rede ist, wird man vielleicht schließen dürfen, daß Thomas und seine Amtsbrüder dem von demokratischem Mißtrauen eingegebenen (alten und nun veralteten) Brauche gemäß, während der Amtszeit im Stadthaus wohnen mußten. Ob in der Wahl zum Konsul eine besondere Auszeichnung gelegen hat, wissen wir nicht; der Gonfaloniere selbst wurde wohl schon damals und jedenfalls später durchs Los bestimmt — so 1552 Thomas' Sohn Alessandro[9]. In vier Sitzungen des Größeren Rats, die allemal vom herzoglichen Statthalter einberufen wurden, ergreift der Gonfaloniere das

[1] Urkunde (ohne Monatsdatum) bei Besta 24[3].

[2] Consigli a. a. O. Bl. 254; gegenteilige Angaben Bestas 25[4] beruhen auf Verwechslung, vgl. Bl. 241.

[3] Aus der von Besta 25[3] angeführten Urkunde vom 5. Juni 1531 ist wohl näheres nicht zu schließen; vgl. Besta 100 Z. 2 v. u.

[4] Vermerk in Busta Oliv. 458.

[5] Vermerk bei Almerici Squ. BS. Bl. 40 zum 4. März.

[6] Pesaro, Archivio Municipale, Bd. 57, Consigli 1531—1551, zum 13. Dezember.

[7] Mit diesem Jahre beginnen die Listen Olivieris im Cod. Oliv. 389 (Memorie di Pesaro, Bd. XII) f. 296ff.

[8] Pesaro, Archivio Municipale, Bd. 32, Libro delle Bolette, zu diesem Tage.

[9] Garuffi 416.

Wort[1]; einmal um über die lässige Einziehung der städtischen Forderungen zu klagen; ein andermal — wie könnte es auch anders sein? — um Durchsicht verschiedener Verordnungen zu verlangen; natürlich machte die Versammlung dem verehrten siebzigjährigen Bürgermeister das Vergnügen, diesen Antrag einstimmig anzunehmen und ihm nebst zwei anderen, unter Erteilung des Rechtes der Zuwahl, die Arbeit zu übertragen. Zum letzten Male erscheint Thomas in den städtischen Geschäften, als er am 30. Oktober des Jahres dem neuen Herzog Guidobaldo II., dem Sohne Francesco Marias, mit dem ganzen Großen Rat, als dessen erstes Mitglied er aufgeführt wird, den Treueid leistete — es war der achte und letzte Herr von Pesaro, dem er dienen sollte.[2]

Inzwischen war es Zeit geworden, das Haus zu bestellen. Ein Mann von Grundsätzen, als der er sich allzeit bewährt hatte, verheiratete er seine drei überlebenden Kinder mit Mitgliedern der gleichen Pesaraner Adelsfamilie.[3] Im Jahre 1535 gab er seinem 15jährigen Sohne Alessandro die Girolama, und seiner 10jährigen zweiten Tochter Marina den Ondedei zum Ehegatten — beides Kinder des Francesco degli Ondedei. Die Mitgift betrug in beiden Fällen 1600 Florenen; da alle vier Kinder minderjährig waren, erwarb (dem römischen Rechte gemäß) Alessandro Girolamas Mitgift für Vater Thomas, und Ondedei Marinas Mitgift für Vater Francesco — so daß, wenn der kecke Ausdruck gestattet ist, beiderseits alles beim Alten blieb (womit der juristische Hintergrund nicht nur dieser Doppelheirat aufgeklärt sein dürfte). Auch die älteste Tochter, die 1514 geborene Francesca, heiratete, wir wissen nicht wann, einen Ondedei: Bernardino.

Eine Tochter wurde dem 17jährigen Alessandro schon 1537 geboren und nach der Großmutter Apollonia genannt.[4] Der glückliche Großvater gedachte ihrer im Testament, das er am Ostersamstag, den 20. April 1538, in der Stadtkanzlei vor acht Zeugen errichtete. Ihr setzte er die Summe von 1600 Florenen aus, die er einst als Gewalthaber des Vaters empfangen hatte; ebensoviel hinterließ er jeder der beiden Töchter. Im übrigen bestimmte er seinen Sohn Alessandro zum Alleinerben seiner beweglichen und unbeweglichen Habe in Stadt und Bezirk von Pesaro, in Candellara, wo die Villa lag, und auf der Bank in Venedig. Seinen Leib sollte der Sohn zu Pesaro in S. Agostino neben dem Altar der Kapelle des S. Nic-

---

[1] Consigli Bd. 57 zum 10. und 17. Jan. und 1. und 24. Febr. 1538.

[2] Consigli zum Tage.

[3] Das Folgende nach dem Testament (oben S. 2[3]); ergänzt durch Olivieri XIX.

[4] Eintragung Alessandros in das Stammbuch (unten S. 88f.).

colo di Tolentino beisetzen und für das Grabmal, das auch das marmorne Bildnis des Erblassers enthalten sollte, 50 Scudi und mehr ausgeben; 3 Florenen jährlich vermachte er der genannten Kapelle, auf daß die Brüder an ihrem Altar alljährlich eine Seelenmesse feierten. Zu Testamentsvollstreckern ernannte er den Schwiegervater zweier Kinder, Francesco Ondedei, den Schwiegersohn Bernardino Ondedei und den Schwestermann Bernardino de' Monaldi — ein Beweis, daß er auch mit den Familien seiner Kinder und Geschwister so vertraut gestanden hat, wie mit denen seiner beiden Frauen. Am denkwürdigsten ist für uns die Anordnung, daß „Alexander, sein Sohn und Erbe, und dessen Kinder und Erben bei Strafe der Unwürdigkeit, die Bücher des Erblassers weder zerstreuen, noch verkaufen, noch verleihen dürften, weil vermittelst besagter Bücher und durch die Liebe Gottes und die Gnade desselben der Erblasser seine Fähigkeiten erworben habe".[1]

Damit hatte er in rührender Bescheidenheit, die in die trockene, sonst ganz formelhafte Urkunde einen persönlichen Ton bringt, richtig die Art seines Geistes gekennzeichnet. Zugleich hatte er seinem Erben damit eine harte Beschränkung auferlegt, denn seine Bücherei muß einen außerordentlichen Wert gehabt haben. Seit der Fürst von Salerno dem Knaben die Handschrift der Institutionen geschenkt hatte, hatte sich die Sammlung stetig vermehrt; ein guter Teil der Mitgift der beiden Frauen muß der kostspieligen Liebhaberei zum Opfer gefallen sein. Es ist auffällig, daß er nie ein gedrucktes Buch als sein Besitztum erwähnt, außer in einem Falle, in dem die Person des Schenkers den Wert der Gabe ausmachte.[2] Wir möchten darin den vornehmen Bücherfreund erkennen, zugleich den auf das Alter der Quelle erpichten Forscher. Um so häufiger spricht er von seinen Handschriften. Unter ihnen nahm den ersten Platz ein die oft erwähnte Sammlung kleiner Schriften verschiedener Juristen, die Abhandlungen, Rechtsfälle, Repetitionen und besonders Gutachten enthielt, großenteils in seiner Eugubischen Zeit erworben. Sie hat mindestens 22 Bände umfaßt — diese Zahl nennt er einmal bei dem Tractatus „testimoniorum" des Bartolus. Daß es sich nicht um einen Druckfehler handelt, ergibt sich daraus, daß er bei anderen Abhandlungen, sowie den Gutachten und Rechtsfällen des Juristenfürsten den 1., 2., 3., 5., 6., 8., 10., 13., 14., 18., 19. und 20. Band anführt. An fast allen diesen Stellen gibt er an, Schriften

---

[1] „acquisivit facultates suas" — die Übersetzung durch „Vermögen" verbietet sich hier aus den uns bekannten tatsächlichen Gründen. Das von Olivieri XX nach „suas" gesetzte, vielversprechende „etc." erwies sich leider als unbegründet.

[2] Vgl. oben S. 13.

des Bartolus „gefunden“ zu haben, der also besonders reich vertreten war, wie in so vielen der Sammelbände des 14. und 15. Jahrhunderts, die unsere Büchereien aufbewahren. Jener von Zachi geschenkte Band, der Reden und Gutachten des Bartolus enthielt, darunter acht eigenhändige, stand noch außerhalb der Sammlung. Auch von anderen Juristen besaß Thomas vereinzelte Gutachten — diese wertvollsten Bestandteile der nachaccursischen Literatur —, so ein urschriftliches des Paulus de Castro.[1] Wie reich der Inhalt der eigentlichen Sammlung war, kann man aus dem einzigen erhaltenen Bande ersehen, dem jetzigen Codex 58 der Oliverianischen Sammlung. Er enthält auf 98 Blatt 38 Gutachten perusischer Juristen des 15. Jahrhunderts, fast alle mit den Siegeln und von der eigenen Hand der Verfasser. Vertreten sind besonders Baldus, seine Brüder und Nachkommen; auch solche des Bonaccursius, des Bruders des Bartolus, sind darunter. Wahrscheinlich meinte Thomas diesen (der Nummer nach nicht zu bestimmenden) Band, wenn er in der größeren Vita des Bartolus sagt, er habe mehrere Gutachten des Bruders urschriftlich bei sich. Davon, daß er eine sonst unbekannte Arbeit des Baldus besaß, war schon oben die Rede.[2] In der größeren Vita des Angelus de Aretio sagt er, daß er dessen Abhandlung „de testamentis“ besitze. Dazu kommen die zahlreichen Handschriften, in die er selbst Zusätze eingetragen hat, also die Vorlesungen des Bartolus, Tartagnus, Jason, Panormitanus, Fellinus.[3] Eine ganze Schar von eigenen Büchern erwähnt er in seinem Buch von den berühmten Rechtsgelehrten in den Viten der Verfasser, darunter auch mehrere verschollene Schriften[4]; noch größer muß, in Anbetracht des Zustandes der Büchereien seiner Zeit, die Zahl derer gewesen sein, die er besessen hat, ohne dies hervorzuheben. Auch ein Rechtsbuch in griechischer Sprache, das ihm ein zyprischer Gesandter geschenkt habe, erwähnt er: eine Dekretalensammlung, von einem gewissen Mattheus im Zeitalter Justinians zusammengestellt, darinnen die Schenkung Konstantins an Sylvester.[5] Da die Schenkungsurkunde bekanntlich nicht vor dem 8. Jahrhundert erfunden und erst gegen Ende des 13. Jahrhunderts im Orient bekannt wurde[6], kann das

---

[1] Erwähnt zu Bartolus Questio I, 2.

[2] S. 70[5].

[3] Vgl. unten S. 107f. Nr. 5—6, 11—13.

[4] Verzeichnis kann erst im nächsten Band gegeben werden.

[5] Besta 31: „Liber decretorum literis grecis, compositus per quendam Matteum, tempore Giustiniani (?) compilatus, in quo erat inserta donatio Constantini facta beato Sylvestro“; die Fundstelle, jedenfalls das venezianische Werk, sollte in Anm. a (lies: 1) folgen, fehlt jedoch.

[6] H. Böhmer in der Realenzyklopädie für prot. Theologie 11 (1902) 6, 4.

Buch oder mindestens die Handschrift nicht dem Justinianischen Zeitalter angehören; es wird sich um weiter gar nichts handeln als um die allverbreitete „alphabetische Sammlung", die Mattheus Blastanes 1335 aus den Quellen des kirchlichen und weltlichen Rechts zusammenstellte.[1] Der falsche Zeitansatz ist ein weiterer Verdachtsgrund dafür, daß Thomas seine Muttersprache vergessen hatte. Andere Bücher als juristische anzuführen, hatte er natürlich seltener Anlaß; doch erfahren wir z. B., daß er die venezianische Chronik des Johannes Diaconus besaß.[2]

Von allen diesen Büchern ist bisher, soweit erkennbar, nichts zum Vorschein gekommen, als jener eine Band der großen Sammlung von Kleinschriften. Er verdankt dies Geschick gewiß dem Umstande, daß er der Familie (bis 1547) als Stammbuch diente. Die übrigen Bücher werden unbenutzt in einer Truhe gelegen haben und im ganzen untergegangen — oder erhalten geblieben sein. Denn von den Erben hatte keiner Anlaß, einen Blick hineinzuwerfen: Thomas war, wie der erste Gelehrte seines Namens, so auch der letzte.

Das Zeitliche hatte er geordnet; er mochte nun an das Ewige denken. Aus den Lobpreisungen Pignas, die allzu eingehend sind, als daß sie erfunden sein könnten, wissen wir, daß er tief religiös gewesen ist[3]; im Zeitalter der Wiedergeburt war eine Rechtlichkeit und Gewissenhaftigkeit wie die seine wohl auch nicht auf anderer Grundlage denkbar. Bei ihm mußte auch dies zu wissenschaftlicher Beschäftigung führen: er führt z. B. nicht selten Theologen an, besonders den großen Namensheiligen[4], aber auch andere, so Beda.[5] Daher braucht nicht bezweifelt zu werden, daß er die religiösen Schriften, die ihm Pigna zuschreibt, verfaßt hat: Psalmen sowie Litaneien über die Empfängnis Mariä[6]; sie mögen in seine letzten Jahre fallen. So konnte ihn der Grabstein mit Recht „theologus" nennen.

Er starb am 29. Mai 1541 um die siebente Stunde[7], nachdem er eben das 73. Lebensjahr vollendet hatte. Seiner Anordnung gemäß wurde er in der Nikolauskapelle in S. Agostino vor dem Altar beigesetzt. Die Grab-

---

[1] „σύνταγμα κατὰ στοιχεῖον", vgl. Friedberg, ebenda 3 (1897) 254.

[2] Besta 30; die Fundstelle sollte in Anm. 5 angegeben werden, die aber fehlt. Gemeint ist jedenfalls die Chronik des Joh. Urseolus (um 1012); Literatur bei Chevalier I, Sp. 2505.

[3] Bl. 114f.

[4] Z. B. zu Tartagnus ad C. 6, 25, 8 und zu Bartolus „de regimine civitatis"; nach Besta 58[1] auch im Venezianischen Werk.

[5] Zu Tartagnus ad D. 2, 12, 8.

[6] Bl. 98: „Compose... li salmi et lett^{ni} della concett^{ne} della gloriosa vergine".

[7] Consigli Bd. 59 Bl. 13.

platte aus schwarzem Marmor verzeichnete in schlichten und im wesentlichen wahren Worten sein Leben. Das Grabmal haben, so sagt sie, im Zeichen Gottes dem Thomas Diplovatatius, dem Philosophen, Theologen und beider Rechte Doktor, durch Ämter und Gesandtschaften berühmt, der Republik Venedig und den Herren von Pesaro aus dem Hause der Sforza und der Rovere lieb, die Verwandten gesetzt.[1] So sah die Inschrift noch 1770 Olivieri; ein Menschenalter darauf war sie verschwunden[2]; hebt man die hölzernen Altarstufen hoch, so erkennt man, daß der Fußboden vor Jahr und Tag erneuert worden ist. Auch das Bildnis ist daher verloren, und somit die einzige Möglichkeit, uns die leiblichen Züge des Mannes zu vergegenwärtigen. Die Gebeine waren schon lange vorher, ums Jahr 1600, in der Seitenwand der gleichen Kapelle geborgen worden, als Lucia Pigna den Gatten Valerio beisetzte und laut der wohlerhaltenen Inschrift[3] seinen Gebeinen die des Vaters Alessandro und des Großvaters Thomas, „des hochberühmten Rechtsgelehrten", hinzufügte. Dort ruht was von ihnen blieb noch heute.

In den Herzen seiner Mitbürger lebte Thomas noch eine Weile fort. Am 19. Juni des Todesjahres schlug in Vertretung des Gonfaloniere einer der Konsuln dem Großen Rate vor, daß sein „ehelicher und natürlicher" Sohn Alessandro in Anbetracht der Eigenschaften von Vater und Sohn die erledigte Ratsstelle einnehmen solle; und, heißt es im Protokoll, mit vielen Worten und von vielen anderen Rednern wurde dies gutgeheißen und im Hinblick auf besagte Eigenschaften einstimmig die Wahl vollzogen.[4] Später wurde Alessandro auch wie sein Vater Gonfaloniere der Bürgerschaft und diente zugleich dem Herzog als Geheimkämmerer.[5] Die Schwester Francesca verdient eine Stelle hier, weil Olivieri im

---

[1] Wortlaut nach Olivieri XXI:

D. O. M.
THOMÆ DIPLOVATATIO
PHILOSOPH. THEOLOG. I. V.
DOCTORI MAGISTRATIB. LEGATIONIB.
CLARO
REIP. VENETÆ. PISAVREN. DNIS
SFORTIIS AC RVVEREIS
DILECTO
PP. PP.

[2] Dom. Bonamini in seinen um 1800 entstandenen Uomini illustri di Pesaro (Cod. Oliv. 158, alphabetisch, ohne Blattzahlen) kennt die Inschrift nur aus Erinnerung.

[3] Gedruckt bei Olivieri XXI.

[4] Consigli Bd. 57 Bl. 71.

[5] Garuffi 416f., dem auch ein Teil der folgenden Nachrichten entstammt.

sechsten Gliede von ihr abstammte.[1] In die Fußtapfen des Ahnen trat auch Alessandros Sohn Valerio I., der als Gesandter bei Heinrich IV. von Frankreich erwähnt wird, während der zweite Sohn Muzio der Republik Venedig als Obrist in Kandia diente.[2] Bei der Geschäftstüchtigkeit, die wir Valerio beim Verkauf der Urschriften des Venezianer Werkes entfalten sahen, werden wir uns nicht wundern, daß er in der Lage war, seiner Gattin eine Perlenkette für 1000 Dukaten zu kaufen.[3] Von einer Tochter Alessandros stammte im vierten Glied Almerici, der um das Andenken des Thomas so verdiente Urkundensammler.[4] Von Valerios Söhnen war Giovanni Offizier in venezianischen, spanischen und modenesischen Diensten, Alessandro II. Gesandter des Herzogs in Venedig.[5] Die letzten Nachkommen scheinen nur noch Kavaliere gewesen zu sein, eher bedacht, den Glanz des Hauses zu erweisen als zu mehren; Alessandros II. Sohn Valerio II., derselbe, der mit Lucas Holste über die Abstammung von den Byzantiner Kaisern Briefe wechselte[6], wird als Poet und Ehrenhöfling Ludwigs XIV. genannt. Von seinem Sohn Alessandro III. weiß sogar der „Historiograph der Concordi von Ravenna" und Bibliothekar von Rimini, Gius. Malatesta Garuffi, den jener zum Geschichtsschreiber der Familie bestellte, nichts Bestimmtes anzugeben, obwohl er den Pesaro betreffenden Abschnitt seines Werks über „Das akademische Italien" eben diesem Alessandro gewidmet hat. Mit ihm starb der Mannesstamm der Familie, um 1700 etwa, aus; seine Schwester Alda Maria heiratete in erster Ehe Annibale degli Abati Olivieri, einen Großonkel des gleichnamigen Biographen des Thomas, in zweiter Ehe den Francesco de Leonardi, Grafen von Montelabate[7]; dieser wurde dadurch der Erbe der Diplovatacci und Besitzer ihrer Häuser.[8]

In dem Stammhause der Leonardi zu Pesaro[9] befanden sich noch 1748 Handschriften des Thomas, vielleicht seine ganze Bücherei;

---

[1] Olivieri XIX.

[2] Briefe der Brüder und des Vaters im Bd. III der Oliverianischen Sammlung „Illustri Pesaresi".

[3] Brief Valerios vom 11. Sept. 1598 in Florenz, Staatsarchiv, Prov. Urbino, Cl. I, Div. G. Filza CCXXIX Bl. 208; dort auch andere Briefe der Brüder.

[4] So dieser selbst an der bei Besta 25[6] mit falschem Aktenzeichen angeführten und unauffindbaren Stelle. Vgl. über ihn unten S. 104.

[5] Diplomatische Berichte von 1620—28 in Florenz a. a. O.

[6] Oben S. 3[7].

[7] Olivieri V; Bonamini, Alberi genealogici delle Famiglie Pesaresi di Consiglio (1800), Cod. Oliv. 1430.

[8] Vanzolini am S. 16[6] genannten Ort, 1. Aufl. S. 111.

[9] Heute Via Mazzolari 13.

denn auf einem Merkblatt, das Olivieri am Tage der Wiederauffindung des Buchs „De claris iurisconsultis" mit Nachrichten über das Leben und die Schriften des Diplovatatius anfüllte, heißt es u. a.: „Handschriften bei den Grafen von Montelabate".[1] Ebenda, bei Francesco Maria di Montelabate, sah Olivieri 1770 die Familienpapiere der Diplovatacci.[2] Aus Olivieris Arbeit ersahen die Erben, falls sie es vergessen haben sollten, daß die Sammlung erhalten werden sollte. Aber um die Jahrhundertwende war in Pesaro über das Schicksal der Bücherei nichts mehr zu ermitteln[3] — sie wird untergegangen oder aus der Stadt entfernt worden sein. Es müssen die Montelabate nämlich eben um diese Zeit Pesaro verlassen haben; der letzte des Hauses, Francesco Antonio, soll nach einer italienischen Quelle 1804 in Mähren gestorben sein.[4] Wirklich ist dieser damals als Herr auf Bystřitz am Hostein nachweisbar; Erbe wurde sein Neffe Johann Nepomuk Wengersky, der 1827 Bystřitz auf das noch blühende Geschlecht der Laudon vererbte.[5] Der jetzige Schloßherr ist Ernst Olivier Freiherr von Laudon, Herr auf Haderndorf und Bystřitz.

Es wäre seltsam, wenn in entlegenem mährischen Land eine Spur zurückführen sollte zu den verschollenen Bücherschätzen des Mannes von Pesaro — aber nicht seltsamer, als die Schicksale ihres Sammlers, die wir erzählt haben.

---

[1] „Mss. presso i Co.[nti] di Montelabate", vgl. unten S. 114.

[2] Olivieri IV.

[3] Bonamini am S. 91[7] genannten Ort.

[4] Crollalanza, Dizionario storico blasonico 2 (Pisa 1888) 18.

[5] Die Nachrichten dieses Satzes verdanke ich der freundlichen Nachforschung des Herrn Prof. Dr. Bretholz, Direktor des Mährischen Landesarchivs in Brünn.

Erster Anhang.

Die Quellen der Lebensgeschichte.

Die Quellen der Lebensgeschichte des Thomas Diplovatatius fließen reichlich und sind sehr mannigfach. Zu ihnen werden wir im folgenden nicht nur die Urkunden rechnen, sondern auch die Schriftsteller. soweit sie Quellen benutzen konnten, die uns unzugänglich geworden sind.

A. Literarische Quellen.

1. Die literarischen Quellen beginnen mit Diplovatatius selber. Als echtem Literaturhistoriker ist ihm die eigene Person frühzeitig geschichtlich erschienen; und so hat er in mehrere Schriften, zumal in seine Zusätze (Additiones) zu den Kommentarien des Alexander Tartagnus und zu den kleineren Werken des Bartolus, zahlreiche Bemerkungen über das eigene Leben eingeflochten, die eigentlich nur ihm selber von Wert sein konnten oder seinen etwaigen Biographen. In der Tat haben von den vier Schriftstellern, die vor uns sein Leben aus den Quellen heraus darzustellen unternahmen, die drei späteren auch diesen Stoff ausgebeutet, indem Pigna die Bemerkungen in den Zusätzen zu Tartagnus verwertete, worauf Olivieri fußt, während Besta auch einige Zusätze zu Bartolus anzog. So blieb dem jüngsten und vermutlich letzten Biographen hier nur Raum für vielfache Nachlese und häufige Berichtigung. Die Zusätze zu den Vorlesungen des Bartolus blieben aber auch ihm größtenteils unzugänglich.[1] Sie enthalten wohl nur Bemerkungen ohne höheren biographischen Wert; die bekannten Zusätze bringen jedenfalls nur Angaben über Rechtsfälle und über Persönlichkeiten, mit denen ein wechselreiches Leben Thomas zusammengeführt hat. Wesentliches war hier nicht zu holen.

Um so erfreulicher war es, daß sich die bisher verschollene älteste Biographie wenigstens in einem Auszuge auffinden ließ.

2. Wir meinen ein mit Schriftzügen des 16. Jahrhunderts doppelseitig beschriebenes Blatt Papier, das Olivieri als Bl. 95 dem 5. Band seiner Sammlung „Memorie di Pesaro" einverleibt hat (Cod. Oliv. 382). Es enthält eine kurze Vita des Thomas bis in seine Venezianer Tage und Aufzählung seiner Schriften; voran geht eine Darstellung der kaiserlichen Abstammung des Hauses. Die Überschrift lautet: „Casa de' Plovatatij: Transunto della vita del Sr. Tomaso Diplovatatio da un libro di Bartolo e tradotto di latino in volgare italiano." Hiernach hätten wir einen italienischen Auszug aus einer lateinischen, anscheinend namenlos überlieferten Vita des Thomas vor

[1] Vgl. unten S. 107 Nr. 6.

uns, die auch von der Geschichte des Hauses handelte, und von der der Verfertiger des Auszugs eine Abschrift in einem Bartolusbande gefunden hatte, vielleicht auf den Vorsatzblättern der von Thomas besorgten und mit einer Vita des Bartolus versehenen Ausgabe Venedig 1521. Unterschrift fehlt; doch bezeichnet Olivieri, dem vermutlich die Hand oder die Herkunft des Stückes bekannt war, als Verfasser des Auszugs Girolamo Ardizio, einen Pesaraner Edelmann noch aus der Zeit des Thomas.[1] Wer war der Verfasser der ausgezogenen Arbeit selber? Zunächst muß es natürlich ebenfalls ein Zeitgenosse des Thomas gewesen sein, und so heißt es denn in der Vita auch über Thomas, daß er „noch heute" in Venedig lebe und „letztlich" ein sehr schönes Werk über die Freiheiten Venedigs unter Verwertung von mehr als hundert Privilegien vollendet habe — ein Werk, das ihn, wie wir sahen[2], bis 1524 beschäftigt hat. Und höchstwahrscheinlich war der Verfasser ein Venezianer; denn während der Auszug des Ardizio von Pesaro kein Wort zum Lobe seiner Heimatstadt bringt und also wohl auch nicht vorgefunden hatte, wird hier mit besonderer Liebe und Ausführlichkeit begründet, warum Thomas beschlossen habe, sich nach seinem Abschied von Pesaro in Venedig, als der einzig möglichen Lebensstätte, niederzulassen. Nun wissen wir aus der etwas jüngeren Biographie des Venezianers Pigna, daß ein dahingehender Rat — nämlich den Ruf nach Padua abzulehnen — dem Thomas von seinem Freunde Giovanni Cipelli aus Venedig erteilt wurde; dies ist der unter seinem „akademischen" Namen Egnatius bekannte hervorragende Humanist (1478—1553).[3] Wir wissen ferner, falls wir Untersuchungen Bestas trauen dürfen, daß Thomas jene venezianischen Privilegien großenteils aus einer Handschrift gezogen hat, die eben Egnatius aus seiner reichen Bücherei zur Verfügung stellte.[4] Weiter sahen wir, daß Egnatius sich für die Abstammung des Thomas erwärmte und eine Mitteilung hierüber in seine „Romanorum principum vitae" von 1516 aufnahm.[5] Und endlich bezeugt den regen biographischen Sinn auch dieses Humanisten eine ganze Reihe von Werken[6], besonders — außer dem eben genannten — seine Schrift „De exemplis illustrium virorum Venete civitatis atque aliarum gentium"[7]; dazu kommen mehrere Leichenreden.

Schon hiernach erscheint die Vermutung nicht allzu gewagt, daß Verfasser der Lebensbeschreibung kein anderer als Egnatius gewesen ist.

Nun wird in der Tat um die Mitte des 16. Jahrhunderts eine „Vita Thomae Diplouatatii per Io. Ba. Egnatium Venetum" aufgeführt, und zwar von dem Venezianer Juristen Joh. Bapt. Zilettus, der übrigens selber „Vitae iurisconsultorum recentiorum" verfaßt zu haben angibt. Die Stelle findet sich vielleicht schon in der unbefugten ersten Ausgabe seines vortrefflichen,

---

[1] Im Verzeichnis zum 5. Bd. der „Memorie" und S. IV der Lebensbeschreibung.

[2] Oben S. 77.

[3] Vgl. oben S. 59.

[4] Vgl. oben S. 80.

[5] Oben S. 2[7], 54.

[6] S. das S. 54[1] gen. Schriftenverzeichnis S. 116—190.

[7] Angeführt nach der Ausgabe Paris 1554.

1559 zu Venedig erschienenen „Index librorum omnium iuris", dann sicher in der verbesserten zweiten Ausgabe von 1563, am Schluß einer sorgfältigen Aufzählung der von Thomas gesondert bearbeiteten Juristenleben.[1] Es soll jedoch vorsichtshalber hierauf kein Gewicht gelegt werden, da Zilettus möglicherweise seine Angabe nur darauf gegründet hat, daß Fichard, dessen Werk er auf der gleichen Seite erwähnt, eine Mitteilung des Egnatius über Diplovatatius beibringt, und Zilettus nun vielleicht annahm, daß diese Mitteilung aus einer Vita stammen müsse; und nachweislich nur aus Zilettus rühren die sonstigen Erwähnungen der Vita des Egnatius bei Bibliographen minderen Ranges wie Freymon und Fontana.[2] Um so bedeutender ist für uns die Äußerung des Johannes Fichard selber, die dieser in Italien und zumal in Venedig wohlbewanderte deutsche Jurist seinen noch bei Lebzeiten des Thomas erschienenen „Iurisconsultorum vitae" vorangesetzt hat. „Thomae Diplovatatii patritii Constantinopolitani", so sagt er in seiner vom 1. Juli 1539 datierten Vorrede, „libri XII de Prestantia Doctorum et clarissimis Iureconsultis similiter supprimuntur, in quibus diligentissimus ille vir (teste Baptista Aegnatio) et iuris civilis dignitatem explicavit, et autores (so!) eius interpretesque omnes a Phoroneo ducta serie, ad nostra usque tempora deduxit."[3] Aus Fichard — und nur aus ihm — ist die Mitteilung des Egnatius in viele Schriften übergegangen.[4] Vergeblich haben die neueren, wie Savigny[5], die Stelle des Egnatius gesucht. Freilich hat Stintzing bemerkt, daß Fichard ja gar nicht von einer „Stelle" spreche, sodaß also auch eine mündliche Äußerung des von Fichard ohne Zweifel aufgesuchten Humanisten in Frage käme.[6] Aber wenn wir auch diesen Einfall nicht gelten lassen können, so müssen wir doch zugeben, daß jene Stelle nicht gerade in einer Vita des Thomas gestanden zu haben braucht. Ja, Olivieri hat sogar die Möglichkeit einer solchen Vita bestritten[7], weil ein sorgfältiges Verzeichnis der gedruckten und ungedruckten Schriften des Egnatius ein solches Werk nicht aufzähle[8]; er neigt dazu, das Ganze für eine Aufbauschung jener beiläufigen Erwähnung der kaiserlichen Abstammung des Thomas in der Kaisergeschichte des Egnatius zu halten. Aber alle Einwände müssen schwinden, wenn wir die viel umstrittenen Worte nun doch als Stelle einer Thomas-Vita wiederfinden, und zwar in eben jenem Blatte des Ardizio, in dem wir schon oben aus anderen Gründen einen Auszug aus einer Schrift des Egnatius vermuten durften. Hier heißt es nämlich — „tradotto di latino in volgare italiano" — aber sonst buchstäblich übereinstimmend (wir drucken die

---

[1] Vgl. oben S. 67[2]. Ich benutzte das seltene Werk in der 2. Ausgabe Venedig 1563, Bl. 52 (meine Sammlung).

[2] Freymon, Elenchus omnium auctorum, zuerst 1574, Ausg. Frf. 1579 Bl. 50; Fontana, Amphitheatrum legale I (Parma 1688) 291.

[3] Angeführt nach der seltenen Urausgabe, Basel o. J. (vorh. in Paris B. N.). Die späteren Ausgaben enthalten die Vorrede nicht, s. Savigny 3, 49.

[4] Vgl. unten, S. 112.

[5] 3, 42 Anm.. h.

[6] Geschichte der deutschen Rechtswissenschaft 1 (1880) 593 Anm. 2.

[7] S. IV.

[8] Gemeint ist die oben S. 54[1] gen. Arbeit.

entsprechenden Wörter schräg): „ha scritto ... *dodici libri della prestantia de' dottori, nelli quale non solo s' esplica l' autorità della ragion civile ma ancora tutti* (hier folgt getilgt: *i dottori*) *gli autori di quella,* incominciando *da Foroneo seguendo* finalmente *sino alli nostri tempi.*"

Wir dürfen es nun als bewiesen betrachten, daß die bisher achtlos beiseite gelassenen Zeilen im Auszug die gesuchte Schrift des Egnatius enthalten, daher sie für die Biographie des Thomas die größte Bedeutung besitzen. Denn bei dem regen Verkehr zwischen beiden Männern wird anzunehmen sein, daß die Worte des Egnatius auf persönliche Mitteilungen des Freundes Thomas zurückgehen. Hierauf lassen ohnedies gewisse vertrauliche Äußerungen schließen, so die zweimalige Erwähnung seiner einstigen Bartlosigkeit und der erheblichen Folgen, die dieser Mangel hatte, sowie die Angabe seines Salernitaner Lehrers in der Grammatik, den doch in Venedig schwerlich jemand kennen konnte, als Thomas selber. Dann werden wir aber die Richtigkeit der mitgeteilten lebensgeschichtlichen Tatsachen vermuten dürfen, wie sie sich denn auch, abgesehen von den Stammbaumfabeleien, in keinem Fall als falsch erweisen ließen, dagegen in zahlreichen Fällen von den Urkunden bestätigt wurden. Als Entstehungszeit werden wir die spätere Venezianer Zeit des Thomas annehmen dürfen, also die Zeit zwischen 1524, dem oben genannten Jahre des Abbruchs des Privilegienwerkes, und seiner Rückkehr nach Pesaro 1530 — sagen wir kurz: die Zeit um 1527.

3. Es ist wohl möglich, daß die Schrift des Egnatius noch einmal ans Licht tritt. Wir würden dann, dem Auszuge nach zu urteilen, eine ungewöhnlich individuell kennzeichnende Arbeit vor uns haben. Bis dahin werden wir uns mit dem Auszug des Ardizio behelfen dürfen, sowie mit der Verwertung, die die Arbeit bei dem nächsten Biographen, bei Pigna, gefunden hat. Denn die Abhängigkeit auch des Pigna von Egnatius und zugleich die Treue sowohl des Pigna als des Ardizio bei der Wiedergabe der gemeinsamen Quelle beweist der Umstand, daß sie weithin wortwörtlich übereinstimmen, ohne doch von einander abzuhängen: denn jeder enthält dem anderen fremde lebensgeschichtliche Einzelheiten.

Auch Pignas Rang als Quelle steigt damit erheblich. Wir haben uns deshalb hauptsächlich auf Ardizio und Pigna gestützt, soweit die Urkunden versagten, und zum Beweis der Zuverlässigkeit des einen gegebenenfalls auf die Schwesterstelle bei dem anderen verwiesen.

So hat das unscheinbare Blatt die ganze Forschung über das Leben des Thomas, auch da, wo nur die bisherigen Ergebnisse bestätigt werden, erst auf eine sichere Grundlage gestellt. Die beiden anderen Biographen, Olivieri und Besta, haben freilich den Auszug schon gekannt. Aber Olivieri hat das Verhältnis zu Pigna, geschweige denn das zu Egnatius, nicht erkannt, und deshalb nirgends einen erkennbaren Gebrauch von Ardizio gemacht, obwohl er ihn benutzt zu haben angibt.[1] Besta gar schiebt diese Quelle beiseite mit der erstaunlichen Begründung, sie sei „im Grunde nichts als einfache Übersetzung der Nachrichten, die Diplovatatius über sich selbst in den Brief an den Bischof von Paphus eingefügt hatte, der seiner Bartolusausgabe von 1531 (lies: 1521) vorangeht".[2] In Wahrheit enthalten die beiden

[1] S. IV. [2] S. 5f.

Stücke auch nicht eine übereinstimmende Stelle, und können dies auch gar nicht, da jener Widmungsbrief gar nichts über das Leben des **Verfassers** enthält. Die einzige Beziehung des Auszuges zu Bartolus liegt darin, daß in der Überschrift, wie wir sahen, eine Ausgabe des Bartolus als Fundort der Vita angegeben war. Besta hat offenbar nichts als die Überschrift gelesen, sich das Wort „Bartolo" niedergeschrieben, und alles andere zu Hause hinzugefabelt. Dagegen folgt er ebenso wie Olivieri ausgiebig Pigna.

4. Die für ihre Zeit vortreffliche Arbeit Giovanni Matteo **Pignas** ist uns mehrfach handschriftlich erhalten; die Urschrift scheint verschollen; die echte Überschrift ist nicht bekannt.[1] Der Abstammung nach ein vornehmer Pesarese, aber wohnhaft in Venedig, Enkel eines Freundes des Thomas (Bl. 110), durch seine Gattin verschwägert mit der zweiten Frau des Thomas, außerdem (seit 1581) Schwiegervater des Enkels des Thomas, Valerio, an den er die Vita richtet, von Beruf Jurist — so war er in jedem Sinne vorbereitet, das Leben des Thomas zu erforschen und zu würdigen. Wie weit sein eigenes Verdienst reicht, ließe sich freilich nur entscheiden, wenn uns der ungekürzte Egnatius vorläge; für die Jugendgeschichte und die Aufzählung eines Teiles der Werke ist die Übereinstimmung schon mit dem Auszuge eine so große, daß wir diese Bestandteile als wörtlich aus Egnatius geschöpft ansehen müssen und demgemäß, auch soweit Ardizio versagt, unbedenklich verwerten dürfen. Wo er von Ardizio abweicht, ist freilich eine schmeichelnde Parteilichkeit unverkennbar, die seine Glaubwürdigkeit herabsetzt. Im Gegensatz zu der großen Sorgfalt, mit der er aus den gedruckten Zusätzen des Thomas zu Tartagnus — den einzigen, die ihm zugänglich waren — unter genauester Anführung schöpft, nennt er Egnatius nie als Quelle, obwohl er ihn unter den Freunden des Thomas aufzählt (Bl. 109f.); dies mag seinen Grund in schlechtem Gewissen oder darin haben, daß ihm die Schrift, wie wohl auch dem Ardizio, namenlos vorlag. Selbständig ist er dagegen für die spätere Zeit des Thomas und seiner Familie. Hier hat er ganz in der Art seines Helden nicht nur jene gedruckten Äußerungen und die mündliche Überlieferung, sondern auch Urkunden verwertet, die er zu Nutzen des vermutlich ungelehrten Adressaten in italienischer Übersetzung beibringt, wie er auch die Gesetzestellen mit italienischen Anfangsworten anführt. Wohl auf Benutzung der Familienbücherei beruhen manche Mitteilungen über sonst nicht erwähnte Schriften des Thomas; eine Arbeit, die Vita des Alexander Tartagnus, ist uns sogar nur in der italienischen Übersetzung bekannt, die Pigna seiner Arbeit einverleibt hat (Bl. 100—103).[2] Die eigenen Nachrichten, die er bringt, sind großenteils durch die Urkunden bestätigt worden; kleine Fehler mögen auf Kosten des Abschreibers kommen. Mängel bedeuten die nur mit Allgemeinbegriffen arbeitende Psychologie und die Abschweifungen ins Allgemein-Geschichtliche und Geographische, so wenn er bei Schilderung des Aufenthalts in Pesaro die Merkwürdigkeiten der

---

[1] Ich benutzte die Abschrift des Cod. Oliv. 380, 18. Jahrhundert, Bl. 75—117, dazu Verzeichnis bis Bl. 131 (!), mit Randvermerken Olivieris. Eine andere Abschrift verzeichnet Mazzatinti, Invent. delle Bibl. d'Italia 1 (1891) 130 unter Gubbio XVIII B. 18. Über Pigna s. Olivieri S. IV.

[2] Vgl. unten S. 107 Nr. 4.

Stadt, besonders ihre Reliquien, aufzählt. Da die Schicksale der Familie bis zum Jahre 1586 verfolgt sind (Bl. 110), wird die Arbeit in diesem Jahre oder bald darauf entstanden sein.

5. Auf Pigna fußt in allem Biographischen der etwa ein Jahrhundert jüngere Bibliothekar von Rimini, Giuseppe Malatesta Garuffi, in seinem Werk „L' Italia academica" —, allerdings ohne Pigna zu nennen.[1] Er ist der einzige, der — jedoch nur im Rahmen der Familiengeschichte — im 17. Jahrhundert über das Leben des Thomas etwas geschrieben hat. Kurz vorher — 1680 — hatte der gelehrte Du Cange über die byzantinische Vorgeschichte der Familie aus den Chronisten einiges beibringen können.[2]

6. Ein halbes Jahrhundert später öffnet sich plötzlich eine neue, überreich strömende Quelle. Aber sie ist trüb und vergiftet. Nicolaus Comnenus Papadopoli hat in seiner sehr bekannten Geschichte der Hochschule Padua von 1726 auch das Leben und die Schriften des Thomas ausführlich behandelt.[3] Längst ist er als Erzaufschneider und Fälscher bekannt[4]; hier, wo es den Nachruhm eines Griechen galt, zog der Kreter alle Stimmen seiner Lügenorgel. Von den wunderbaren Lebensumständen, die er zu berichten weiß und die er aus einem — gar nicht vorhandenen — autobiographischen Stücke unseres Werkes gezogen haben will, dürfen wir schweigen: sie sind sämtlich erdichtet, soweit sie nicht in den gedruckten Werken des Thomas offenkundig dalagen. Zufällig richtig erraten ist auch die einzige wahre Tatsache, die er beibringt, nicht etwa, wie Besta (S. 11f.) annehmen möchte, aus dem Universitätsarchiv zu Padua geschöpft: daß Thomas dort bis 1489 studiert hat, hat Papadopoli nur daraus „erschlossen", daß er in diesem Jahre den Ernährer des Thomas, Johann Laskaris, sterben läßt; nun hat aber Thomas mit diesem Philologen nie etwas zu tun gehabt, und außerdem starb dieser 46 Jahre später! Noch weit fabelhafter ist fast alles, was Papadopoli hier von den Schriften berichtet: nicht weniger als sieben hat er frei erfunden; sechs weitere von ganz der gleichen Sorte hatte er schon 1697, immer mit genauen Überschriften und Abschnittszahlen, in seinen „Umherführenden Vorbemerkungen aus dem Kirchenrechte" beigebracht[5] — ein Werk, das mit seinen vielen Hunderten von frei erfundenen Quellenstellen gewiß zu den seltsamsten Büchern der Weltliteratur gehört, und leider nicht zu den einflußlosen. Er denkt sich eben, oder will anderen einreden, daß der Grieche über alte und neue Griechen geschrieben haben muß, und so läßt er ihn, der wahrscheinlich nicht einmal ihre Sprache zu lesen verstand, Philosophen, Geschichtschreiber und Rechtsquellen in zahlreichen ungedruckten Schriften erläutern, Plato und Aristoteles, Polybius und Plutarch, die Canones apostolorum und den Tipucitus

---

[1] Rimini 1688, S. 415—416.

[2] Historia Byzantina 223.

[3] Historia Gymnasii Patavini 2, 43.

[4] Belege bei Colle, Studio di Padova (1824) 11; Savigny 3, 275; Mortreuil, Histoire du droit Byzantin 1 (1843) S. L., 3 (1846) 468, 482, 495. Kantorowicz, Gandinus 1 (1907) 10.

[5] Praenotiones mystagogicae ex iure canonico (Pat. 1697), vorhanden in Berlin K. B., S. 20, 35, 45, 55, 59, 139, 156, 242, 252, 325, 332.

bearbeiten. Alle diese Schriften will er selbst gesehen haben, und tatsächlich zieht er sie immer wieder an, um die unglaublichsten Angaben über andere Persönlichkeiten oder Belege seiner Ansichten aus diesen geheimnisvollen Quellen zu schöpfen. Er hat den beabsichtigten Eindruck nicht verfehlt: obwohl ihn manche Zeitgenossen schon durchschauten, blickt doch ein Mann von der Gelehrsamkeit unseres Joh. Alb. Fabricius mit Ehrfurcht zu dem Kenner so vieler unbekannter Werke der neugriechischen Literatur auf; die Vita, die er 1713 seiner großen Bibliotheca Graeca einverleibte[1], übernimmt arglos die Angaben jener „Vorbemerkungen". Aus Fabricius sind diese Märchen getreulich in die erste deutsche Biographie, die Thomas geworden ist, übernommen worden: in das dritte, übrigens aus lauter Quellen zweiter Hand zusammengeflossene „Programm", das der Professor der Rechte in Rinteln Paul Philipp Wolffhardt seinen sonst wertvollen bibliographischen Umrissen einer juristischen Literaturgeschichte 1746 beilegte.[2] Auch in noch heute viel gebrauchten Nachschlagewerken findet sich dieser Unrat abgelagert.[3]

7. Das dauerte noch Jahrzehnte hindurch fort, nachdem die Arbeit von Annibale degli Abati Olivieri erschienen war, dessen Forschung sich gerade die Entlarvung der Lügen des Papadopoli zur ersten Aufgabe setzte.

Olivieri wird uns noch in der Geschichte der Überlieferung des Hauptwerks bedeutsam begegnen. Als Besitzer der einzigen Handschrift und durch seine unvergleichliche Kenntnis der Ortsgeschichte war er wie wenige berufen, das Leben des Verfassers zu schildern. Schon 1757 hatte er Maurus Sarti, dessen berühmte Geschichte der Universität Bologna er durch Leihe der Handschrift wirksam gefördert hatte, das Versprechen gegeben, die Biographie des Thomas für das Werk beizusteuern.[4] Aber Sarti starb über der Arbeit dahin; und so mußte sich im Frühjahr 1770 sein Nachfolger Maurus Fattorini an Olivieri mit der Bitte um Erfüllung des Versprechens wenden. Nach einer Mahnung im Sommer des Jahres entsprach Olivieri der Bitte durch ein aus seinem Landsitze Novilara bei Pesaro am 14. September 1770 gefertigtes ausführliches Schreiben an Fattorini.[5] Im folgenden Jahre hat er es, veranlaßt durch einen Brief seines Bologneser Gesinnungsgenossen, des Marchese Fantuzzi[6], mit kleinen Zusätzen dem Drucke übergeben unter dem Titel: „Memorie di Tommaso Diplovatazio Patrizio Costantinopolitano,

---

[1] Hamburg, Bd. 10 (1713) S. 502, vgl. S. 419. Daraus die Vita in seiner Bibliotheca Latina, Hamburg 1734, angeführt nach der Ausg. von Mansi, 5 (Flor. 1858)544.

[2] Schediasmata de modis acquirendi notitiam Ictorum, Rintelii 1746, Programma III, „De Th. Diplovatatio Icto", S. 217—24 (vorhanden in Kiel).

[3] So bei Maxim. Schoell, Histoire de la literature grecque, 2. Aufl. 7 (Par. 1825) 331—32, auch deutsch 1828—31; bei W[eis]s, Biogr. Univ. 11 (1855) 100—1; Nouv. Biogr. Génér. 14 (1868) 315.

[4] Brief Sartis im Cod. Oliv. 339 Bl. 141f.

[5] Die Briefe Fattorinis befinden sich Cod. Oliv. 359 Bl. 254—59, der Entwurf der Biographie Busta 458.

[6] Brief Fantuzzis vom 5. 12. 1770, Cod. Oliv. 359 Bl. 144; dort Bl. 150 auch das von Olivieri XXV erwähnte Schreiben Fantuzzis (vom 30. 4. 1771).

e Pesarese, raccolte da A. d. A. O. e dirette al Reverendissimo P. Abate Don Mauro Fattorini Camaldolese."[1]

Die Arbeit stellt eine ausgezeichnete Leistung dar. Ohne Voreingenommenheit für seinen Helden (mit dem er durch Abstammung und Verschwägerung verwandt war[2]), verwertete er mit gutem Urteil, oft unter genauer Anführung, fast alle noch heute zugänglichen Quellen (mit der großen Ausnahme der venezianischen), besonders Pigna und die Ratsakten, auch mehrere seitdem verschollene Stücke, und ließ sich, wie die Nachprüfung ergab, bei Entzifferung und Wiedergabe der zahlreichen Urkunden und Auszüge kaum je einen Lesefehler, eine Ungenauigkeit, ein Mißverständnis zuschulden kommen. Doch finden sich einige Flüchtigkeiten, die sich daraus erklären, daß er, in Novilara von den Quellen abgeschnitten, nach Aufzeichnungen gearbeitet hat.[3] Auch fehlt es an psychologischer oder kulturgeschichtlicher Vertiefung, wie freilich fast allen Juristenbiographien auch der neuesten Zeit; daß er das Verhältnis des Pigna zu der namenlosen Quelle des Ardizio nicht erkannte, mag durch die geringe quellenkritische Schulung seiner Zeit entschuldigt sein. Auf seiner Arbeit oder dem Auszug, den Fattorini aus der Handschrift des Briefes in den zweiten Band von Sartis Geschichte eingerückt hat[4], beruht alles, was über das Leben des Diplovatatius im 18. und 19. Jahrhundert in gedruckten und ungedruckten Schriften an Zutreffendem gesagt worden ist. Zu dieser Literatur haben zahlreiche italienische, deutsche und griechische Gelehrte, darunter Männer wie Tiraboschi, Savigny, Sathas, beigetragen.[5] Nur die noch zu erwähnende Arbeit Antaldis brachte einige unbedeutende Ergänzungen.[6] In der Tat hätte man sich zur Not für alle Zukunft bei Olivieris Arbeit beruhigen können, wenn nicht vor wenigen Jahren eine neue Untersuchung das bisher Gewonnene in Frage zu stellen gedroht hätte.

8. Hatten Olivieris Forschungen, geleitet von ortsgeschichtlicher Anteilnahme, den ganzen Nachdruck auf die pesaranische Tätigkeit unseres Mannes gelegt, so rückte eine 1903 im „Nuovo Archivio Veneto" erschienene Arbeit Enrico Bestas über „Tomaso Diplovataccio e l'opera sua" die venezianische

---

[1] Pesaro, 1771 in Casa Gavelli, XXVII SS. 4°. Die letzten Abdrucke der Schrift wurden, noch roh, bei einem Trödler in Pesaro gefunden und teils an Freunde der Sache, teils an deutsche Bibliotheken (Freiburg, Göttingen) geschenkt.

[2] Oben S. 90f.

[3] Vgl. z. B. S. 50[7], und Olivieri selber S. IV.

[4] Sarti Bd. 2 (1772, in diesem Teile gedruckt schon 1770) 46—54, vgl. S. 252; 2. Aufl. S. 1—9.

[5] Tiraboschi, Storia d. letter. ital. (seit 1772) Bd. 7 T. 2 Kap. 4 Nr. 35 (Ausg. Mil. 1824 S. 1151—55); Vecchietti, Bibl. Picena 4 (1795) 10—13; Betti, Delle cose Pesaresi, Cod. Oliv. 994 Bd. 4 Bl. 220—28 (Ende des 18. Jahrh. ?), geht auch auf Pigna zurück; Bonamini, Uomini illustri di Pesaro, Cod. Oliv. 158, ohne Zählung, um 1800 (?); Savigny 3[1] (1815), 3[2] (1834) 40—48; Dieck, in Ersch und Gruber 25 (1834) 463—65; Moustoxides und Sathas, s. oben S. 6[3], 7[5]; Vanzolini vor der S. 110[1] gen. Ausgabe (1879) 79—89. Noch andere Literatur, die es nur zum Teil gibt, bei Besta S. 6. Zdekauer, Un erudito corfioto del cinquecento, Cultura N. Ser. 1 (1891) 325—29, ist nur Besprechung der Pescatoreschen Ausgabe.

[6] Vgl. unten S. 104[2].

Seite in den Vordergrund.[1] Die Arbeiten dieses auch in Deutschland geschätzten Gelehrten pflegen gehaltvoll und gedankenreich zu sein. Auch diese Schrift bietet nicht nur die bisher ausführlichste Schilderung des äußeren Lebens, sondern enthält auch gewisse Ansätze einer Kennzeichnung des Menschen und Schriftstellers Diplovatatius. Aber die Hast von Bestas kaum noch übersehbarem Schaffen rechtfertigt bei vielen Arbeiten, allen Einzelheiten und dadurch oft genug auch den größeren Zusammenhängen gegenüber, äußerstes Mißtrauen[2]; es erscheint auch diesmal nur allzu begründet. Zwar den Teil der Arbeit, der ihr Hauptverdienst ausmacht, hier aber weniger in Betracht kommt, habe ich, durch den Krieg verhindert, nicht an den Quellen nachgeprüft: die Darstellung der Tätigkeit an dem Werk über Venedig. Mit dem von Antaldi aufgefundenen und bezeichneten, aber nur kurz dargestellten, reichen Urkundenmaterial belegt, erscheint sie nun erst in ihren Einzelheiten lebendig und zugleich auch in ihrer quelleneröffnenden Wichtigkeit für die Geschichte Venedigs und seiner Beziehungen erhellt, während wir bis dahin über sie nur schwer zugängliche oder vereinzelte Kunde besaßen.[3] Nach dieser Richtung hin ist Bestas Arbeit auch von der italienischen und deutschen Forschung — Hortis, W. Lenel und Breßlau — verwertet worden[4]; Hortis hat außerdem zum erstenmal die ältere Familiengeschichte verdienstlich dargestellt und die gesamte Literatur für das Leben des Thomas verwertet, hier ohne über Besta hinauszukommen. Auch wir haben Bestas Arbeit für den venezianischen Abschnitt zum Führer nehmen müssen und dürfen, soweit sie urkundlich gesichert war. Den eigenen Darstellungen war auch hier nicht zu trauen — es genüge die Erwähnung, daß Besta von all den vier Handschriften, die diesen Gegenstand seiner Arbeit enthalten, die veralteten Standnummern angibt und diese sämtlich falsch.[5] Das von Besta aufgestellte Quellenverzeichnis hat Breßlau nachgeprüft und „durch zahlreiche Versehen und Fehler entstellt“ gefunden. Vollends bedeutet Bestas Darstellung der Pesaraner Zeit in allem und jedem einen gewaltigen Rückschritt

---

[1] Nuova Serie Anno III Tomo VI Parte II S. 261—361; angeführt nach dem Abzug S. 3—103.

[2] Vgl. Kantorowicz, Über die Entstehung der Digestenvulgata (1910) § 19 Nr. 7 (Z. d. Sav.-Stift. Rom. Abt. Bd. 31 S. 102—5), aber auch Anm. 27d daselbst; und schon Pescatore, Gött. gel. Anz. 1899, S. 355.

[3] Vgl. die von Besta 47 erwähnten italienischen Autoren, besonders Antaldi, ferner, und vor allem, Pignas hschr. Biographie Bl. 105—9 und darauf fußend Olivieri XXVII; erste deutsche Erwähnung schon bei Heller im Neuen Archiv 2 (1877) 370.

[4] Attilio Hortis, Di Tomaso Diplovatazio e delle sue notizie sull' Istria in: Archeografo Triestino ser. III vol. 1 (1905), 46 SS. Sonderabdruck; W. Lenel, Venetianisch-Istrische Studien (1911) 28^3, 46^1; Breßlau, Neues Archiv 38 (1913), vgl. besonders S. 529.

[5] V statt XIV (so S. 28^2, 28^3, 30^2, vgl. S. 48); LXXVI statt LXXVII (bei S. 48^1, vgl. S. 57^1); LXXV statt LXXVI (so S. 48^1 am Ende, vgl. Antaldi 26); LXXVI statt LXXV (so S. 57^1, vgl. S. 62^5). Die neuen Standnummern s. unten S. 110 2. 3.

hinter den trefflichen Olivieri, den Besta, wohl weil er den Familiennamen „degli Abati“ trug, ständig einen „Abate“ nennt.[1] Die Quellen, auf denen dieser fußt, hat er zwar an Ort und Stelle benutzt, aber meine Nachprüfung ergab, wie wir schon bei Erörterung des Auszugs des Ardizio sahen, daß er meist nur einen flüchtigen Blick hineingeworfen, sich eine kurze Aufzeichnung gemacht und diese dann bei der Ausarbeitung erfinderisch ergänzt hat. Zwar drang meine Nachprüfung trotz Unterstützung durch die Bibliotheksbeamten nicht überall bis zum Ziel, da Besta und mit ihm im Bunde der Druckfehlerteufel auch hier durch falsche Aktenzeichen und Blattzahlen einen Riegel vorgeschoben hatte. So nennt er, um ganz weniges herauszugreifen, S. 16¹ zum Jahre 1205 (lies: 1505) Albericci (lies: Almerici) tqu. (lies: squ.) I. c. 15 t.; aber zu finden war die Urkunde nicht, und ich vermute, daß einfach Olivieri S. 15 (eigentlich XVI) gemeint ist. Gänzlich unauffindbar erwiesen sich auch die S. 46 zitierten Spogli Oliveriani vol. 1 squ. A und damit die einzige Kunde über ein sonst nirgends erwähntes Werk des Thomas. In manchen Fällen waren diese Hindernisse zu überwinden; die S. 21¹ erwähnte Urkunde fand sich zwar nicht in A P, aber in A Q, die S. 21² erwähnte zwar nicht in Olivieris gedrucktem „opus“, aber in einer schriftlichen Sammlung von Aufzeichnungen, Busta 458, und ebenda, nicht im Cod. 425, der von ihm S. 84f. abgedruckte Brief. Wenn sich aber der Prüfende durch diesen Berg von Hindernissen durchgekämpft hat (wer je, in seiner Zeit beschränkt, Archive durchforscht hat, wird die begleitenden Gefühle nacherleben können), so erwartet ihn die peinlichste Entdeckung. Es ergab sich, daß Besta kaum eine einzige der von ihm gebrachten, meist schon von Olivieri richtig wiedergegebenen Tatsachen und Anführungen unentstellt gelassen hatte. Der unbefangene Leser konnte auf ein solches Ergebnis um so weniger gefaßt sein, als überall der Schein peinlichster Genauigkeit erweckt wird. So werden ihm — eigentlich überflüssigerweise — S. 19¹ die nackten Monatstage der Sitzungen des städtischen Rates mitgeteilt, denen Thomas von 1514—16 beigewohnt haben soll; schade, daß sich von diesen 26 Tagen 7 als falsch erweisen, während mindestens 20 fehlen[2]. Auch sonst wimmelt es von falschen, z. T. die Lebensschicksale des Thomas völlig verwirrenden Zeitangaben[3] und von falschen Personennamen[4]. Auf gleicher Höhe steht der

---

[1] S. 5¹, 6, 7¹.

[2] Falsch in 1514: 2. 1., 14. 2, 16. 3., 23. 8., fehlend: 23. 2., 7. 3., 8. 3., 18. 3., 24. 4., 11. 7., 14. 11., 8. 12.; falsch in 1515: 16. 5., 25. 9., 9. 10., fehlend: 29. 1., 9. 2., 10. 2., 17. 5., 15. 10., 9. 11.; falsch in 1516: nichts, fehlend: 1. 3., 28. 3., 14. 5., 3. 6., 9. 6., 3. 7.

[3] Einige Beispiele: S. 7²: 1317 statt 1517 (richtig: 1516); S. 9¹: 1477 statt 1457; S. 12: 1490 statt 1489; S. 17: 1515 statt 1510; S. 18 Z. 5: 11 statt 17; S. 18 Z. 7: 1512 statt 1514 (vgl. oben S. 48²;) S. 19³: 14 statt XXIII; S. 19 bei Anm. 6 (die noch dazu mit Anm. 5 vertauscht werden muß): 16. Febr. und 17. Dez. statt 1. März; S. 25: 1530 statt 1532; S. 35³: 1311 statt 1511; S. 39¹: 1892 statt 1894.

[4] Z. B. S. 9: Circe statt Croce, S. 19: Meldi statt Monaldis, S. 23: Sorica statt Sonica, Marino Foscari statt Marco F., S. 44: Riccardo Franceschi statt Francesco Riccardi.

von ihm aus den Quellen beigebrachte Text. Wir werden leider noch auf die Art zurückkommen müssen, in der er das angeblich von ihm einer vollständigen und sorgfältigen Vergleichung unterworfene Werk „De claris iurisconsultis“ benutzt[1], hier haben wir darauf hinzuweisen, daß er Urkunden nicht ohne Anfängerschnitzer liest. Mit ihnen begleitet er unsern Helden bis zu seinem Grabe, auf dessen Inschrift er, um von anderem zu schweigen, „DNIS“ in „ducibus“ auflöst, und das altvertraute PP. PP. (was bekanntlich „parentes posuerunt” bedeutet) in ein komisches P. P. P. P. verwandelt (S. 26). Andere Male löst er, ohne sich durch den entstehenden Unsinn beschwert zu fühlen, ꝑp^{m} = „perpetuum“ in „papae“, und ꝑpetuam in „prope tuam“ auf.[2] An der ersten Stelle, die einer glatt lesbaren Urkunde von 1516 entstammt, begeht er außerdem in einer einzigen Zeile (von 7 Wörtern) 4 weitere Versehen[3], und deren 5 weitere an der zweiten Stelle, dem Abdruck von zwei kurzen Sätzen eines Druckes von 1508.[4] So geht es durch die ganze Arbeit fort. Manche Irrtümer sind als Druckfehler begreiflich, wenn auch nicht entschuldigt. Andere, ganz aus der Luft gegriffene Behauptungen kommen allein auf Bestas Haupt und sind nur durch die Hast der Arbeit erklärlich; so läßt er S. 31 die herrliche Bücherei des Thomas, der wir noch 1748 bei den Erben begegnet sind, schon von den Enkeln böswillig zerstreut werden. Besonders zeigt sich seine Übereilung in der Flut von Verwechslungen aller Art, die er über die Schrift ausgegossen hat. Da verwechselt er z. B. S. 9 die Schädigungen, die des Thomas Vater von den Türken erfahren hat, mit solchen, die er selbst ihnen zugefügt haben soll, S. 15³ den Geldgeber mit dem Bürgen[5] und S. 21¹ den Bürgen mit dem Anwalt[6], S. 15¹ die venezianische Pfarrei des Thomas mit seiner pesaranischen (vgl. S. 21³), S. 40 Olivieri mit Palmieri[7], S. 42 Angelus Perusinus mit Angelus Aretinus usf.

Es mag sein, daß der Leser dieser Auseinandersetzung mit stiller Heiterkeit gefolgt ist. Mir war die mühselige Arbeit, die ich hier aufwenden mußte — das möge man nachfühlen —, die denkbar peinlichste und unbehaglichste. Wenn ich sie dennoch unternahm, so hatte dies zwei Gründe: es sollte die Darstellung selber von stetem Widerspruch gegen Besta entlastet, und hier dem Leser gezeigt werden, daß diese Darstellung, obwohl sie in der Hauptsache aus den schon von Besta benutzten Quellen schöpft, dennoch leider geschrieben werden mußte, wenn anders nicht der Vater so vieler guter

---

[1] Vgl. unten § 16.

[2] S. 20 Z. 7/8; S. 84 Z. 17, richtig Olivieri XXIII Z. 3.

[3] Statt des unsinnigen Satzes: „per duae (!) manus capitulorum, unm (!) ecclesiasticorum . . . quando“ ist zu lesen: „sc. duas manus capitulorum, unam eccl., alteram quando“ usw., vgl. dazu oben S. 52 Z. 13.

[4] „Operi“ statt „operis“, „pontificis“ statt „pontificii“, „ob tuam“ statt „ob tuas“, „cid. iund.“ statt „eid. Iun.“; in allem richtig Olivieri XXIII.

[5] Richtig Olivieri X.

[6] Die Urkunde, die auch im übrigen völlig mißverstanden ist, findet sich bei Almerici squ. A Q (nicht A P) Bl. 48—51.

[7] Vgl. Olivieri XXIII Z. 10 v. u.

Viten selber mit einer völlig verfehlten Biographie belastet in der von ihm begründeten Wissenschaft fortleben sollte.

B. Die urkundlichen Quellen.

Wenden wir uns lieber dem redlichen Antlitz der urkundlichen Quellen zu.

9. Die meisten beherbergt die Biblioteca Oliveriana in Pesaro.[1] In dieser Bibliothek, welche eine nach ihrem Begründer Olivieri genannte Stiftung bildet und die ihre Bestände nicht versendet, fand ich bei dem Unterbibliothekar, Herrn Salvatore Renzini, freundwillige Unterstützung für meine Nachforschungen, die vom 3. bis zum 10. August und vom 1. bis zum 4. Oktober 1913 währten. Am wichtigsten sind die Stücke, die uns die Beziehungen des Thomas zu den städtischen Behörden und den Herren, denen er diente, fast Jahr für Jahr verfolgen lassen. Von diesen Aktenstücken sind nur ganz wenige, und auch diese nur auszugsweise, gedruckt worden; dagegen sind sie schon großenteils von Olivieri für seine Biographie verwertet worden. Natürlich wurden alle seine Hinweise nachgeprüft. Die größte Ausbeute gewährte ein in die Bibliothek versprengter Band Sitzungsberichte von 1503—13 (Cod. Oliv. 1177). Das Familienarchiv des Diplovatatius, das Olivieri noch benutzen konnte, hat leider das Schicksal der Bücherei geteilt; wohl aber ließen sich die von Olivieri gemachten Abschriften in der Oliverana teils in Busta 458, teils im 10. Bande seiner „Spogli d' Archivi" (Cod. 376) Bl. 1—99 wiederfinden. Diese benutzte ich ausnahmsweise nicht in der Handschrift, sondern in einem mir von Herrn Renzini angefertigten Auszug. Zahlreiche andere Urkunden hatte schon Olivieri nur noch in den Auszügen benutzen können, die sein älterer Geistesverwandter, der Pesaraner Edelmann Almerici (gest. 1674) angelegt hatte, derselbe, in dessen Palaste heute die Oliverianischen Sammlungen untergebracht sind, darunter auch jene Auszüge. Leider fast zerstört durch die giftige Tinte, deren sich sein Zeitalter so oft bediente, füllen seine riesigen Sammlungen die zwanzig Bände (squarci) des „Cod." Oliv. 937; ein von ihm selber angelegtes Verzeichnis ermöglichte mir die Ausnutzung. An Briefen kamen mehrere eigenhändige des Thomas selber in Betracht; einige hat der verdienstvolle ehemalige Leiter der Bibliothek, der Marchese Ciro Antaldi, in einer Hochzeitsschrift 1881 ziemlich sorgfältig herausgegeben[2]; von einem anderen hat Besta im Anhang seiner Biographie eine Ausgabe im Stile seiner ganzen Arbeit veranstaltet.[3] Auch beutete ich den bisher für diesen Zweck nicht benutzten Briefwechsel Olivieris (Codd. 331, 339, 359) für die Überlieferungsgeschichte unseres Werkes aus. Leider fehlt es ganz an Familien- und Freundesbriefen des Thomas und damit dem Pinsel des Biographen an dem wirkungsvollsten Farbenton.

---

[1] Vgl. Neigebauer, im Neuen Anzeiger f. Bibliographie 1862, S. 187—9; Mazzatinti 2 (1899) 309—19.

[2] Quattro lettere inedite del giureconsulto Tom. Diplovatazio, Nozze Andreani-Piergiovanni, Pesaro, Stab. Nobili.

[3] Nr. 11, mit dem falschen Aktenzeichen 425 statt 458.

10. Die übrigen Pesaraner Urkunden fanden sich in verschiedenen Archiven der Stadt, die ich in den Bibliotheksferien besuchte (zweite Septemberhälfte 1913).

Am ergiebigsten erwies sich das im Palazzo Comunale befindliche, wenig geordnete Archivio Municipale, das kaum je benutzt worden ist, obwohl es die in vieler Hinsicht bedeutenden Ratsakten enthält.[1] Einiges ergab das provinziale Archivio Notarile, das die üblichen Imbreviaturen umfaßt[2], und im hinteren Flügel des Herzogspalastes untergebracht ist. Dagegen bot das den mächtigen Prunksaal des Palastes verunzierende Provinzialarchiv, das der Verwaltung der — Provinzialirrenanstalt unterstellte Archivio Metaurense, nichts für mich; der Saal, in dem Thomas so oft um seine „precedentia" gebangt hat, beherbergt zwar in unförmigen und schwer zu benutzenden Bänden Staatsschreiben und Verordnungen der urbinatischen Herzöge[3], aber darunter, wenn ich recht gesehen habe, gerade nicht die Thomas betreffenden Stücke; man könnte sie im Vatikanischen Archiv suchen, und wenn man sehr viel Zeit dafür aufwenden will, vielleicht auch finden. Die Archive des Bischofs und des Domkapitels sind durch Feuer fast aller älteren Bestände beraubt worden. Inschriften gab es in Kirchen und Bürgerhäusern Pesaros abzuschreiben.

11. Im Archivio di Stato zu Florenz durchsuchte ich, was aus Urbino stammte — nicht ganz ohne Ergebnis.[4] Hingegen wurde ich durch den Krieg verhindert, die wahrscheinlich in Gubbio und sicher in Venedig vorhandenen Stücke zu untersuchen, die glücklicherweise in keinem Zusammenhang mit dem Hauptwerke stehen dürften. Auf Eugubischen Stoff mußte ich ganz verzichten, da die Literatur (Lucarelli u. a. m.) gar nichts ergab und die Aktenverzeichnisse nichts als einen vielsprechenden Titel.[5] Für Venedig mußte ich recht und schlecht mit den Mitteilungen und Abdrücken vorlieb nehmen, die Bestas Biographie enthält. Sollte sich eine Gelegenheit bieten, diese Lücken bis zum Erscheinen des zweiten Bandes auszufüllen, so wird ein Nachtrag von den Ergebnissen Rechenschaft ablegen.

---

[1] Mazzatinti a. a. O. S. 296—301.

[2] Mazzatinti S. 308—9.

[3] Mazzatinti S. 301—8.

[4] Vgl. oben S. 91[3. 5].

[5] Arduini im Arch. Stor. per le Marche et l' Umbria 4 (1888) 402—66, vgl. Nr. 351: 76 Bände städtischer Verhandlungen 1337—1664; Mazzatinti 1 (1899) 31 ff.

Zweiter Anhang.

Überlieferungsgeschichte und Ausgabegrundsätze.

A. Die Schriften mit Ausnahme des Hauptwerkes.

Wir haben bei der Schilderung des Lebens unseres Thomas seine Schriften in der Reihenfolge kennen gelernt, in der sie sich aus diesem Leben ergeben haben. Sie sind zahlreich, mannigfach und bedeutsam genug. Wenn trotzdem sein Name Jahrhunderte hindurch verschollen bleiben konnte, so werden wir den Grund dafür erkennen, sobald wir seine Schriften auf ihre Überlieferung hin anordnen. Wir lassen die Arbeiten beiseite, an denen er lediglich als Ratgeber oder Herausgeber beteiligt war, ohne Eigenes beizufügen.

1. Gedruckt erhalten haben sich die wenigsten, darunter keines der großen Werke, und auch diese kleineren Arbeiten nur als unselbständige Teile anderer Bücher; dann allerdings meist mehrfach. Sie verdanken ihr bevorzugtes Geschick nur den größeren Geistern, denen sie dienten.

Gedruckt sind von den gesondert herausgegebenen Viten die folgenden[1]:

1. Die Vita des Bartolus, gedruckt zuerst 1521 vor dem 1. Bande der von Thomas besorgten Ausgabe der Werke, Venedig bei Baptista de Tortis, und dann mehrfach mit anderen Ausgaben der Werke, so Basel 1588, Basel 1589 und Venedig 1596; zuletzt, für sich allein, als Beispiel „griechischer" Gelehrsamkeit, 1724 zu Hamburg im 12. Bande der Bibliotheca Graeca des Fabricius, S. 555—63.[2]

2. Die Vita Innozenz des Vierten, gedruckt zuerst vor der Ausgabe des Dekretalenkommentars Venedig 1522 bei Gregorius de Gregoriis und dann Venedig-Lyon 1525, Lyon 1543, Venedig 1570 und Lyon 1578.[3]

3. Die Vita des Angelus Aretinus de Gambilionibus, gedruckt zuerst vor einer (gänzlich unauffindbaren) Ausgabe des Tractatus de maleficiis, die um 1523 in Venedig bei Philippus Pincius erschienen sein muß[4], dann, abgesehen von einer Ausgabe ohne Ort 1530, noch siebenmal in Lyon (1526, 1532, 1535, 1542 [8°], 1542 [2°], 1551, 1555), sechsmal in Venedig (1555, 1560, 1573, 1578, 1584, 1598) und zuletzt in Köln 1599.

---

[1] Vgl. zu Nr. 1—4 oben S. 66ff.

[2] Nicht mehr in der nur bis zum 11. Bande reichenden 2. Auflage des Werkes. Ich nenne die erste Ausgabe nach Olivieri XXV, die 2., 3. und 5. aus eigener Kenntnis, die 4. nach Sarti-Fattorini 2, 8. Die Angabe einer Ausgabe Ven. 1531 bei Savigny 3, 41, vgl. auch 6, 160 Anm. a., beruht auf Druckfehler Fattorinis. Besta 41 will eine Ausgabe Lyon 1531 gesehen haben.

[3] Die erste Ausgabe nach einem Briefe Fantuzzis an Olivieri, Cod. Oliv. 359 Bl. 150, danach Bologna Coll. di Spagna, die 2. und 5. aus eigener Kenntnis, die 3. nach Savigny 3, 46 Anm. d., die 4. nach Schulte 2, 91.

[4] Über diese Ausgabe, die zugleich den Gandinus in eigenartiger Textgestalt enthält, vgl. die Einleitung zu meinem später erscheinenden Gandinuswerk Bd. 2.

4. Wahrscheinlich die Vita des Alexander Tartagnus. Denn Pigna hat eine italienische Übersetzung angefertigt und seiner Biographie des Thomas mit der Begründung eingefügt, „per esser cosa sua et per non esser stato più ristampata"; vollständig scheint die Übersetzung aber nicht zu sein.[1] Vermutlich steht sie in der (in Deutschland unauffindbaren) Ausgabe der Vorlesungen des Tartagnus, die Thomas zwischen 1521 und 1524 in Venedig veranstaltet haben muß; die späteren Ausgaben enthalten die Vita jedenfalls nicht. Möglich ist aber auch, daß Pigna nur sagen wollte, daß die Vita „nicht mehr", d. h. nicht bei Lebzeiten des Thomas, abgedruckt wurde — und dann würde sie zu den verschollenen handschriftlichen Viten zu stellen sein, die uns noch begegnen werden. — Im Anhang zum 2. Bande dieses Werkes wird, wenn möglich, eine kritische Ausgabe dieser vier Viten Platz finden.

Gedruckt sind ferner Zusätze, „Additiones", zu einem Teil dieser Juristen, nämlich

5. zu Tartagnus, und

6. zu Bartolus.[2] Die ersten Ausgaben sind die obengenannten der Werke; von späteren werden verschiedene in der Literatur genannt, was wenig beweist. Ich beschränke mich auf die Nennung von Ausgaben, die ich selbst gesehen habe: es sind das von Tartagnus Lyon 1553 und 1567; von den Lekturen des Bartolus habe ich trotz jeder erdenklichen Bemühung in Deutschland keine vollständige Ausgabe auftreiben können. Dagegen sagt Savigny (6, 160; 172), er habe die Ausgabe Basel (ex officina episcopiana) 1588 bei Erörterung der Vorlesungen über die drei Digesten und den Codex zu Grunde gelegt und bringt denn auch, ohne nähere Quellenbezeichnung, aus „Diplovataccius" fünf Stellen (163 Anm. a, 165 Anm. b, 167, 168 Z. 3, 168 Z. 11). Indessen sind die drei letzten Stellen der Vita des Hauptwerkes entnommen, die beiden ersteren finden sich zwar in den Zusätzen zu den angegebenen Stellen, sind aber unterzeichnet P. PAV. P.[3] Savigny hat also, wohl auf Grund flüchtiger Aufzeichnungen, Thomas mit seinem oben (S. 70) erwähnten Freunde Petrus Paulus Parisius verwechselt, der freilich sehr wohl Thomas ausgeschrieben haben könnte. Immerhin enthält das 27. Buch, besonders im 1., aber auch im 3., 4., 5., 6., 9. und 10. Titel, einige (etwa 18) Zusätze, die durch die Unterschrift „Thom." und aus Gründen der Form als Arbeit des Thomas kenntlich sind. Diese sind nur aus Versehen stehen geblieben, denn der Drucker zählt in der Vorrede verschiedene Bearbeiter auf, die er aus „der" Turiner und „der" Venetianer Ausgabe übernommen habe, hierunter aber nicht Diplovatatius; natürlich kann er recht gut diese Zusätze des Thomas schon aus einer Zwischenausgabe übernommen haben. Hingegen enthält der letzte, die kleinen Arbeiten umfassende Band der Basler Ausgabe, von 1589, allerdings die gesuchten Zusätze; das gleiche gilt von den Ausgaben Lyon 1550 und Venedig 1575. In einigen Ausgaben der kleinen

---

[1] Bl. 98, die Vita Bl. 100—103, dahinter bis Bl. 105 ein (echter?) Anhang über den Namen Alexander; („Simler" bei Savigny 3, 47 Anm. g ist Druckfehler für Pigna, den Savigny aus Olivieri XVI kennt). Vgl. oben S. 68, 40[6].

[2] Vgl. zu Nr. 5—6 oben S. 67 ff.

[3] Ich benutzte Savignys eigenes Exemplar, K. B. Berlin, Bibl. Sav. 5—8.

Arbeiten sind die von Diplovatatius hinzugefügten Gutachten, Rechtsfälle und Abhandlungen mit den alten zu einem Bande vereinigt, so in der Ausgabe Venedig 1575. Doch enthalten nicht alle Ausgaben bei sämtlichen Stücken die Zusätze des Thomas; auch sind die zugehörigen Vorlesungen, wie in der Ausgabe Basel 1589, von anderen Juristen bearbeitet. Mit der Ausgabe einzelner Abhandlungen des Bartolus sind dann auch die entsprechenden Zusätze sehr oft gedruckt worden, besonders mit dem durch vereinfachende Bildchen der Anschwemmung u. dgl. dem Zeitgeschmack zusagenden Tractatus „de insula", z. B. Bologna 1576. Ebenso ging es dem Tractatus „de testibus" mit den dazugehörigen Abhandlungen des Jac. Egidius und Angelus de Ubaldis, der z. B. Venedig 1569 von Joh. Bap. Zilettus in einem Sammelwerk von Schriften über das Recht des Zeugnisses und bei Gymnicus in Köln 1556 und 1596 gedruckt wurde; nur hierauf beruht es, daß mehrfach Thomas selbst als Verfasser einer Schrift hierüber auftritt, so 1688 im Amphitheatrum legale des Fontana (1, 291).

Gedruckt sind endlich noch von ihm zwei Widmungsbriefe[1], nämlich

7. 1518 von Pincius zu Venedig der Brief vor seiner Ausgabe des Dinus „de Regulis Iuris" und

8. 1521 der zu der erwähnten Ausgabe des Bartolus gehörige; vielleicht mit einigen späteren Ausgaben mitgedruckt. Da er „de Pisauri origine ac nobilitate" handelte, ist er auch in die Schrift des Nicolaus Crassus, „Pisaura Gens", Venedig 1652, aufgenommen worden[2]; dem gleichen Grunde verdanken wohl auch mehrfache Handschriften dieses Stückes ihr Dasein, vermutlich Abschriften eines der Drucke.[3]

2. Ungedruckt verschollen sind fast alle übrigen Schriften.

Hierher gehören zunächst von unselbständigen Schriften zwei Viten, nämlich

9. die Vita des Paulus de Castro, und

10. die Vita des Jason de Mayno, deren einstiges Dasein durch Zilettus genügend bezeugt ist[4], während die Angabe des Fontana, daß sie Köln 1596 gedruckt seien, mit der oben aufgeklärten Verwechslung zusammenhängt.[5]

Sodann die meisten Zusatzwerke, die vermutlich auch gar nicht zum Druck bestimmt waren. Es handelt sich um Zusätze

11. zu den Codex- und Digestenvorlesungen des Jason, und zu den Dekretalenerläuterungswerken

12. des Panormitanus und

13. des Fellinus Sandeus; endlich

---

[1] Vgl. zu Nr. 7—8 oben S. 66, 68.

[2] Bl. 17—22, vorh. in der Oliveriana.

[3] Besta 46 nennt einen Cod. Vat. 813 Bl. 505ff. und einen Cod. Oliv. 386; danach obiger Titel.

[4] Vgl. zu Nr. 9—10 oben S. 67.

[5] Fontana Sp. 206, 650. Gabotto am S. 14[3] gen. Orte S. 1[2] behauptet grundlos, daß die Vita des Jason nur der entsprechende Abschnitt des Hauptwerkes sei; und ebenso grundlos hier und S. 20[3], daß die Vita eines Ungenannten vor den Ausgaben der Werke Tur. 1592 und Ven. 1598 auf dem Abschnitt fuße.

14. zu der Disputation eines Ungenannten.[1]

Pigna führt (Bl. 96) noch an, daß Thomas die Digestenvorlesung des Baldus bearbeitet habe, gibt aber, seiner Gewohnheit zuwider, für diese auch sonst unerweisliche Behauptung keinen Beleg an.

Ungedruckt und verschollen sind weiter zahlreiche selbständige Arbeiten. Unter diesen sind z. T. durch Selbstanführung bruchstückweise erhalten:

15. der Institutionenkommentar,

16. die Disputationen,

17. die Repetitionen und

18. die Gutachten. Sie waren wohl sämtlich nicht zur Veröffentlichung bestimmt.[2] Das Gegenteil ist wohl anzunehmen von einer juristischen Abhandlung, dem

19. Tractatus „de vicariis in temporalibus"; von einer geschichtlichen Arbeit, nämlich:

20. den Beiträgen zur Geschichte von Montefeltro; und von den beiden theologischen Schriften, nämlich:

21. den Psalmen und

22. den Litaneien zu Ehren der Jungfrau. Diese vier kennen wir nur dem Titel nach und aus fremder Bezeugung.[3]

3. Ungedruckt erhalten haben sich nur vier Schriften, aber gerade die großen Werke, drei sogar in der Urhandschrift. Doch ist keines vollendet worden. Von diesen blieb bloßer Entwurf

23. das Chronicon Pisauri, wie das titellos überlieferte Werk nach Olivieris Vorschlag heißen mag.[4] Olivieri entdeckte es in der Urhandschrift auf der Bücherei des Marchese Baldassini in Pesaro und fertigte daraus umfassende Auszüge[5], nach denen er Bruchstücke in zwei Abhandlungen veröffentlichte.[6] Später gelangte die Handschrift in den Besitz des Pesaraner Stadtforschers Vanzolini und aus seinem neuerdings in den der Oliveriana.[7] Lichtdruck und Entzifferung einer Seite folgen am Schluß dieses Bandes.[8] Man sieht hieraus, daß die Handschrift überaus schwer zu lesen ist; kein Wunder daher, daß Olivieri des öfteren gestrauchelt ist und erst recht Vanzolini, als er sich an das schwierige Unternehmen eines gekürzten Abdrucks wagte, wobei er sich der Einfachheit halber nicht selten vertrauensvoll an Olivieris Abschriften hielt. Von der abgebildeten Seite hat er nur die lesbarsten Teile abgedruckt, nämlich die mittlere Spalte Z. 15—35

---

[1] Vgl. zu Nr. 11—14 oben S. 63.

[2] Vgl. zu Nr. 15—18 oben S. 16; 21; 22; 27, 31, 48[1], 59, 83[3].

[3] Vgl. zu Nr. 19—22 oben S. 38; 46; 89.

[4] Vgl. zu Nr. 23 oben S. 43f. und Olivieri XXVI.

[5] Cod. Oliv. 389.

[6] Della patria della b. Michelina e del b. Cecco, Pes. 1772, S. XXI, LXIV, LXXVII, angeführt nach Besta 45[5]; Memorie per la Storia della chiesa Pesarese nel sec. XIII, Pes. 1779, Append. S. 121—23.

[7] Cod. Oliv. 1422, 102 Bl., mehrere leer.

[8] Vgl. unten §§ 17, 20.

und den linken Rand Z. 34—37. Die Arbeit begann 1879 im Archivio Storico Marchigiano zu erscheinen, wurde aber schon nach wenigen Seiten im vierten und letzten Hefte des Archivs abgebrochen.[1]

Selber dem Druck entzogen hat Diplovatatius sodann sein großes Werk über die Rechte Venedigs. Von seinen beiden Teilen sind uns die von dem Enkel Valerio 1581 der Signorie verkauften Urhandschriften erhalten geblieben.[2] Von der Signorie sorgfältig geheim gehalten, konnten sie natürlich zum Nachruhm des Verfassers nichts beitragen. Außer den Urschriften ist uns erhalten von

24. dem ersten Teil, „De Venete urbis libertate", die Staatsabschrift und eine Inhaltsübersicht.[3] Erst neuerdings sind einige kleine Stücke des Werkes gedruckt worden; von Besta der Widmungsbrief und eine Probestelle[4], von Breßlau eine für die deutsche Reichsgeschichte wichtige Urkunde.[5] Von

25. dem zweiten Teil, „De urbe Venetiarum", hat der einstige Vertreter Triests im Reichsrat, Attilio Hortis, 1905 diejenigen Stücke abgedruckt, die Venedigs Besitzrechte auf Istrien betreffen.[6] Er bediente sich hierbei einer Abschrift dieser Stücke, die ein gewisser Buttazoni hergestellt und der Venezianer Bibliothekar Segarizzi durchgesehen hatte. Obwohl er weiß, daß seinen Gewährsmännern die Urhandschrift des von ihm sehr hochgestellten Diplovatatius vorlag, behauptet er doch, der Text sei „corrottissimo" (S. 11); auf den wirklich naheliegenden Gedanken, daß es auf Kosten seiner Mittelsmänner kommt, wenn der Wortlaut allerdings fast Satz für Satz sprachlichen oder sachlichen Unsinn enthält, ist der bekannte Irredentist nicht verfallen. „Den höchst verderbten Text bessern, hieße ihn neu machen" — und so hat Hortis, vor jeder noch so kindlichen Schwierigkeit die Waffen streckend, einen bloßen Abklatsch der Abschrift geliefert. Z. B. druckt er seelenruhig auf S. 32: „ducis Rainerio Zeno", und ebenda: „suis terminis non contenti *non* invadunt", und wiederum ebenda: „conversa faci*t* (statt „facie") ad posteriora animalis". Zwei Seiten darauf bringt er folgenden Satz: „considerante*s* *que* quod recuperatio civitatis in celeritate pendeba*t* Antequam Patriarcha vel alii se movebant ... petunt auxilium ... constituuntque capitaneos Pangragium Justiniano procuratorem S. Marci per terras, et per mar*e*. *M*arianu*s* Faledro, qui ... terra marique civitatem aggrediuntur" — vollendeter Unsinn, statt dessen Thomas zweifellos geschrieben hat: „considerantesque ... pendebat, antequam ... mare Marianum ...". Wer nach dieser Ausgabe urteilen würde, müßte einen sonderbaren Eindruck nicht nur von der Lateinkenntnis, sondern sogar von der Geistesgesundheit des

---

[1] Chronica di Pesaro, attribuita a Tommaso Diplovatazio, Bd. 1 H. 1 (1879) 90—99, H. 4 (1881) 721—43.

[2] Venedig Marciana Cl. IX (früher Cl. XIV) Cod. 69 (früher LXXVII) und Cod. 71 (früher LXXV). Diese und die folgenden Standnummern nach Valentinelli am S. 2[3] gen. Ort S. 50—53. Vgl. zu Nr. 24—25 oben S. 72ff., 77f.

[3] Ebenda Cod. 68 (früher LXXIV), vgl. S. 77, und Cod. 70 (früher LXXVI).

[4] S. 85—87, S. 51.

[5] Am S. 101[4] gen. Ort.

[6] Am S. 101[4] gen. Ort S. 23—46.

Diplovatatius erhalten. Hortis hat sich übrigens vor Kriegsausbruch nach Italien zurückgezogen, wo der istrische Wetterlé auf einem ihm von der „Società Filologica“ in Rom gegebenen Festmahl als „genialer Schriftsteller“ und als Leuchte der italienischen Sprach- und Geschichtsforschung gefeiert worden ist.[1]

B. Die Überlieferung des Hauptwerks.

4. Das merkwürdigste und wechselvollste Schicksal unter allen Schriften aber hatte das Werk „de prestantia doctorum“ und sein uns hier besonders beschäftigendes neuntes Buch „de claris iurisconsultis“. Wir müssen den Leser hier zu einer langen und nicht durchweg erfreulichen Wanderung einladen; das Urteil, das wir den früheren Herausgebern leider zuteil werden lassen müssen, verlangt ausgiebige Begründung, die zugleich die Notwendigkeit der neuen Ausgabe erweisen soll. Es ist in Anbetracht der Zeitverhältnisse vielleicht nicht überflüssig, vorbeugend darauf hinzuweisen, daß unser Urteil nicht nur die jenseits der Alpen entstandenen Ausgaben trifft.

Den Zeitgenossen konnte das Werk und besonders die Bedeutung des einzigartigen neunten Buches natürlich nicht ganz verborgen bleiben, wenn es auch unvollendet blieb und wohl nur in einer einzigen Handschrift ruhte. Schon während es im Entstehen war, 1508, ruft der damals in Pesaro tätige Humanist und Korrektor Alessandro Gaboardo gelegentlich seiner Ausgabe der Alexandergeschichte des Arrian im Widmungsbrief Thomas als Schiedsrichter über die Frage an, ob jener Arrian dieselbe Person wie der Pandektenjurist dieses Namens sei[2], und fordert zu rascher Beendigung und Veröffentlichung auf. Gaboardo kannte die Vorrede des neunten Buches (die vielleicht, wofür es Beispiele gibt, gesondert umlief), denn in genauester Übereinstimmung mit ihr erwähnt er hier, daß das Buch die Rechtsgelehrten von Phoroneus, dem Sohn des Inachus, des Königs der Argiver, bis auf diese unsere Zeitläufte umfasse, und dem Fürsten gewidmet sei. Eine ebenso verborgene und noch kürzere Anspielung auf das Werk enthielt 1511 und 12 des gleichen Freundes Vita der antiken Sprachgelehrten Fronto und Phocas, die er zwei Ausgaben des Probus Grammaticus beilegte.[3] Hingegen gab er Genaueres in einem Huldigungsgedicht an Thomas, das er der Ausgabe eines bauwissenschaftlichen Werkes 1517 voraussandte — geschwollene Verse[4], denen man durch eine Wiedergabe in deutscher Prosa kein Unrecht tut: „Dich auch, welchen mit uns Beredsamkeit, Aufrichtigkeit und brennende Liebe verbunden hat, werden die beschriebenen Bände der Gesetze unsterblich machen, und Deinen Namen werden sie über den Äther erheben, als einen mächtigen durch Rat und Tat und die Erforschung der Dinge. Indem Du in homerischer Sprache schreibst, weisest Du den beider Rechte Gelehrten Vaterland, Namen, Leben nach, zählst die Arten der Gesetze auf unter Be-

---

[1] Giornale d'Italia vom 18. Juni 1915.

[2] Vgl. oben S. 43[4].

[3] Am S. 50[2] gen. Ort.

[4] Am S. 50[3] gen. Ort.

achtung ihrer Geltung[1], die Gutachten der Alten besingend, (und) die frommen Satzungen der Könige." Indessen, gerade der Umstand, daß hier die quellengeschichtliche Absicht so hervortritt, während sie in dem Buche selbst, wie der erste Blick ergibt, ganz hinter der lebensgeschichtlichen zurücktritt, läßt vermuten, daß Gaboardo hier nicht aus Anschauung, sondern nur auf Grund der Erinnerung an einstige Gespräche berichtet. Auch die nächste Erwähnung, die in der etwa ein Jahrzehnt jüngeren Vita des Egnatius, verrät in dem uns überlieferten Auszuge des Ardizio eine weitere Kenntnis als die der Vorrede nicht, die ihm jedenfalls in der Urschrift des Freundes bekannt war (vgl. oben S. 96). Trotzdem muß mehr in der Vita gestanden haben. Denn der nächste Biograph, Pigna (1586), kann das Werk nicht gekannt haben, da er es dann gründlich verwertet hätte; besonders hätte er aus dem 9. Buch die Angaben über die Lehrer des Thomas geschöpft, statt sie mit so vieler Mühe aus den zerstreuten Noten zu Tartagnus zusammenzusuchen, die er nach dieser Richtung fast völlig ausgebeutet hat. Da er aber über den Inhalt der acht ersten Bücher des Werks kurze Angaben macht, so muß er diese aus Egnatius entnommen haben, wie so viele andere.[2] Auf Pigna wiederum beruht die Erwähnung des Werks bei dem Geschichtsschreiber der Familie, Garuffi (1688).[3] Dagegen schöpfte der deutsche Nachfolger des Diplovatatius, Johannes Fichard (1539), unmittelbar aus Egnatius seine Kenntnis des Buches[4]; er verbindet hiermit schon — also bei Lebzeiten des Verfassers — die Klage, es werde „unterdrückt". Er vermittelte seine Kenntnis und seine Klage dem gelehrten Michael Neander, der die Stelle des Fichard 1565 in der literaturgeschichtlichen Einleitung zu seinen „Problemen der griechischen Sprache" abdruckte.[5] Aus diesem vielgelesenen Buche und gelegentlich aus Gaboardo schöpfte für ihre zahlreichen Sammelwerke die antiquarische Gelehrsamkeit des 17. und 18. Jahrhunderts, so Labbaeus (1651)[6] und Fabricius (1713, 1724 und 1734).[7] Dieser zitiert freilich auch schon Papadopoli (1697 und 1726), der von dem Werke gewiß nur aus Neander wußte, aber trotzdem behauptete, es gelesen zu haben; er führt sogar Stellen aus dem angeblich die berühmten Theologen behandelnden Teile an![8] Aber alles dies und die geschöpften Nachrichten selber sind natürlich reine Erfindung.[9] Hingegen schließt der Letzte dieser Reihe, der Professor der Rechte in Rinteln P. P. Wolffhardt, seine eigene juristische Literaturgeschichte (1746) mit dem Ausdruck des Schmerzes darüber, daß das Werk seines Vorgängers verloren sei; aus der gedruckten Bio-

[1] Zu dem Verse „legum servato pondere ritus" vgl. Erörterungen wie die in den Viten Justinians (Mitte) und des Obertus de Orto (Ende).

[2] Vgl. oben S. 96f.

[3] Vgl. oben S. 98.

[4] Vgl. oben S. 95.

[5] Erotemata graecae linguae, Basel, Praef. S. 154. Die älteren Ausgaben enthalten die Vorrede nicht.

[6] Bibliotheca Bibliothecarum, angeführt nach der Ausg. Par. 1664, S. 160.

[7] An den oben S. 99[1] und 106[2] gen. Orten.

[8] Hist. Gymn. Patav. 2 (1726) 20.

[9] Vgl. oben S. 98f.

graphie des Bartolus, so schließt er mit Fabricius, könne man den Wert des verlorenen Werkes ahnen.[1]

5. In der Tat war wenig Hoffnung vorhanden — das zeigte uns dieser Teil der Nachgeschichte des Werkes —, daß es noch einmal in Urschrift oder Abschrift ans Tageslicht treten könnte. Die Urschrift, die Pesaro nach dem Tode des Thomas nicht mehr verlassen haben wird, war wohl längst dort irgendwie untergegangen. Jedenfalls betrachtete sie um die Mitte des 18. Jahrhunderts ein Mann als verschollen, der alle Winkel seiner Heimatstadt und auch, wie wir sahen, die noch bestehende Familienbücherei des Thomas kannte. Aber dennoch förderte dieser Mann, der Marchese Annibale degli Abati Olivieri-Giordani (1708—89), gemeinsam mit einem Altertumsforscher und Richter am geistlichen Gericht, Monsignor Giambattista Passeri (1694—1780), einige Monate nach jener Klage des deutschen Gelehrten, wenigstens eine Abschrift des neunten Buches zutage.[2]

Beide gehören zu jenen erfreulichen Gestalten aus der gelehrten Welt Italiens im achtzehnten Jahrhundert, denen alle geschichtlichen Wissenschaften unsterbliche Leistungen verdanken. Teils Mitglieder einer vielfach sehr begüterten Adelsschicht, teils Welt- und Ordensgeistliche, haben diese Männer die große Überlieferung des italienischen Geistes über ihre an äußerem Glanze so arme Zeit hinübergerettet. Kaum eine Stadt, kaum ein Städtchen des mittleren und nördlichen Italiens hatte in jenen arkadischen Tagen nicht eine Schar dieser Männer aufzuweisen; meist waren sie in „Akademien" und „Instituten" vereinigt.[3] Dort wurden nicht nur die Geister der Dichtung und der Geselligkeit zu Gast geladen, sondern auch alle Wissenschaften durch Aussprache und Briefwechsel, Schriften und Forschungsversuch gepflegt. Besonders aber wurden in heimatstolzer Begeisterung die am Orte erhaltenen Denkmäler des Altertums und seiner Wiedergeburt vorgezeigt, gesammelt und in zahllosen „Dissertationen" beschrieben[4] — gelegentlich auch erfunden und gefälscht. Garuffi hat uns 1688 in seiner „Italia accademica" ein ganz ins Einzelne ausgemaltes, freilich schönfärbendes Bild dieses anmutigen Treibens hinterlassen, in dem auch Pesaro nicht zu kurz kommt. Auch diese Stadt war sich der Pflichten bewußt geblieben, die ihr als einem der Sitze der Renaissance und des Humanismus die Vergangenheit auferlegte, und besaß in Olivieri und Passeri, Genossen der „arkadischen" Akademie daselbst, zwei der bedeutenderen Vertreter dieser heute spurlos verschwundenen Welt. Zumal Olivieri hatte fast sämtliche Urkunden und Quellenschriften zur Geschichte seiner Vaterstadt in seinem prächtigen Palaste vereinigt (der

---

[1] Am S. 99 gen. Ort.

[2] Vgl. über Olivieri Marignonis „Elogio", Pes. 1789 (schlecht); Neigebauer am S. 104[1] gen. Ort nennt noch eine Vita von Tripalda in den „Illustri Italiani". Über Passeris Leben Olivieri in „Memorie dell' uditore G. P." (Pes. 1780), über seine Schriften Vermiglioli, Bibl. storica Perugina (Per. 1823) 117—18.

[3] Aufzählung der italienischen Akademien u. a. in Struvius, Introductio in notitiam rei literariae c. X § Vff., benutzt in der 5. Aufl. (1729) 854ff.

[4] Vgl. u. a. (mit Vorsicht, weil ohne Belege) C. Justi, Winckelmann in Italien. Mit Skizzen zur Kunst- und Gelehrtengeschichte des 18. Jahrh. I, 1 S. 88ff. (Römische Gelehrtenrepublik), 268f. (Akademie von Cortona); angeführt nach der 1. Aufl. (1872).

jetzt das nach dem Schwan von Pesaro genannte „Liceo Rossini" beherbergt); zusammen mit Kunst- und Altertümersammlung bildet seine Bücherei, ein wahrhaft fürstliches Vermächtnis, heute die große Olivierianische Stiftung.

Es war der 1. Oktober 1748[1] (schwerlich der Tag vorher[2]), als ihm „Feralbo", wie Passeri mit seinem „akademischen" Namen hieß, einen neuen Fund anbrachte. Er war über den Marktplatz gegangen und hatte gesehen, wie wieder einmal alte Bücher als Einwickelpapier für die Fischhändler verkauft wurden. Natürlich trat er hinzu und fand da unter anderen Schriften „die ein besseres Schicksal nicht verdienten" (so Olivieri, dem wir diesen Bericht verdanken[3]), eine alte, schlecht geschriebene Handschrift in Folio. Erkennen, daß es sich um Juristenviten handelte, den Folianten kaufen und ihn zu dem in Pesaro für alles Handschriftliche Maßgeblichen tragen, war für Passeri eins. Olivieri, der alle Tatsachen und Schriftsteller der Ortsgeschichte im Kopfe hatte, und also auch mindestens aus Gaboardo wissen mußte, wer ein mit „Phoroneus, Sohn des Königs der Argiver Inachus" anhebendes Werk verfaßt hatte, erkannte in dem Buche sofort das Werk des Diplovatatius. Freilich bemerkte er auch zugleich — vielleicht, weil ihm die Hand des Thomas aus dessen in seiner Sammlung vertretenen Briefen vertraut war —, daß es sich nur um eine Abschrift handelte. Beide Männer beglückwünschten sich zu dem unerwarteten Funde. Passeri drang hochherzig dem Freunde, als dem, der das Werk bestimmt hatte, die Handschrift zum Geschenk auf, und Olivieri verleibte sie seiner Bücherei ein, die, „so es Gott gefällt, einst eine öffentliche sein wird". Wir besitzen noch das Merkblatt, auf dem Olivieri, wohl gleich, nachdem ihn Passeri mit dem Schatz allein gelassen hatte, seine ersten Ergebnisse und Erinnerungen niederschrieb — abgerissene italienische Sätze, in denen noch die Freude des Entdeckens zittert[4]: „Tomaso Diplouatazio. Hat Bartolo erläutert. Viele Werke. Handschriften bei den Grafen von Montelabate. Gelehrter Mann." Dann folgen die uns bekannten Erwähnungen des Mannes bei Castellano und in der Kaisergeschichte des Egnatius und heißt es weiter: „Das Buch ‚de Prestantia doctorum virorum' oder auch ‚die Leben der alten und neueren Rechtsgelehrten' ist heute am 1. Oktober 1748 von dem unermüdlichen und überaus glückbegünstigten Mons. Vikar Passeri wiedergefunden und mir geschenkt worden. Die Hs. in Großfolio ist nicht eigenhändig, sondern eine Abschrift, gemacht, glaube ich, nach dem Tode des de' Plouatari.[5] Es fehlt etwas am Ende. Aber freuen wir uns nur, daß eine Sache gefunden und gesichert wurde, die man verloren glaubte."

So war an der Schwelle desselben Hauses, in dem das Werk entstanden war[6], die einzige Handschrift nach einem Vierteljahrtausend aufgetaucht, schwer gefährdet und im letzten Augenblick errettet worden. Seitdem ist

---

[1] So Olivieri an der unten Z. 33 folgenden Stelle.

[2] So Olivieri an der S. 115 Z. 15 folgenden Stelle.

[3] S. XXIII.

[4] Busta 458 Bl. 10.

[5] Italianismus.

[6] Vgl. oben S. 32.

sie, bis auf den heutigen Tag wohlbehütet, im Eigentum von Olivieris Bücherei verblieben. Benutzt wurde sie sehr selten, beschrieben niemals.

6. Das Gewand der Handschrift hat sich geändert. Ein — trotz des ledernen Rückens schäbig wirkender — Pappdeckel umschließt seit etwa hundert Jahren den kostbaren Inhalt. Zwei Rückenschilder enthalten Aufschrift und Standortnummer: THOMAE DIPLOVATACII OPUS DE PRAES. DOCTO. und: 203. Auch auf der Innenseite des Einbandes steht: 203. Das vordere Schutzblatt ist gleichfalls neu, trägt aber, als aufgeklebten Ausschnitt aus dem Vorgänger, vorn einen lateinischen Vermerk von Olivieris Hand. Er besagt, daß der höchst eifrige und vom Glück begünstigte Herr Passeri, der an Gelehrsamkeit und Geist dem Thomas selber beinahe vorzuziehen sei, das sehr ansehnliche, zu Anfang des 16. oder gegen Ende des 15. Jahrhunderts geschriebene, dem Giovanni Sforza, Herrn von Pesaro, gewidmete Werk von den Vorrechten der Gelehrten des Thomas Diplovatatius, der sein aus Griechenland geflohenes Geschlecht in Pesaro angesiedelt habe, am 30. September im Jahre des Herrn 1748 unverhofft gefunden und, herb gegen das (ihm) Teuerste[1], ihm zum Geschenk hingegeben habe. Darunter befindet sich, auf die gleiche Weise dahingelangt, ein zweiter lateinischer Vermerk: „Der höchst gelehrte und zugleich höchst liebenswürdige Herr Annibale Olivieri, Patrizier von Pesaro, hat mir dies Buch, als eines, das mir von großem Nutzen sein würde, geliehen, als ich mich auf Befehl und im Auftrag Papst Benedikt XIV. über ‚die berühmten Lehrer der Bologneser Scholaren' zu schreiben anschickte. Im Jahre des Herrn 1757. Mauro Sarti, Camaldulenserabt." Die Rückseite des Schutzblattes ist leer, wie auch das ganze hintere, ebenfalls neue Schutzblatt und die hintere Innenseite des Einbandes. Die Handschrift selbst beginnt mit einem nicht gezählten Blatt, das von der Hand des Schreibers auf vier Spalten ein alphabetisches Verzeichnis der enthaltenen Viten aufweist. Der untere Rand ist jetzt zerstört, sein Wortbestand kann aber aus dem Abdruck des Verzeichnisses bei Sarti-Fattorini ergänzt werden.[2] Das Verzeichnis rührt nicht von Thomas her; dafür sprechen außer anderen Gründen, daß es überaus unvollständig und ferner nach einem Gesichtspunkt angelegt ist, der wohl der des Schreibers, nicht aber der des Verfassers sein konnte: es bringt unter jedem Anfangsbuchstaben erst die Namen, die in dem Werk je einen eigenen Absatz einnehmen, dann die Namen, die in den oft ganz willkürlich zusammengefaßten (sofort zu erwähnenden) Sammelartikeln enthalten sind.

Das eigentliche Werk befindet sich auf den folgenden 88, vom Schreiber mit arabischen Ziffern gezählten Blättern, die 29 cm breit und 44 cm hoch sind. Sie sind sämtlich einspaltig beschrieben, waren aber viermal gefaltet, derart, daß der Schriftspiegel nur die beiden mittleren Viertel einnimmt; seine Breite beträgt demgemäß 14—15 cm, während die Höhe zwischen 35 und 36 cm schwankt. Von dem 25. Blatt ist das untere Drittel der Vorderseite und die ganze Rückseite leer, da hier — vor Justinian — ein neuer Hauptabschnitt beginnt. Die Handschrift beginnt ohne Titel, hat aber als

[1] „acer contra carissimum"; das erste Wort ist nicht ganz sicher lesbar.
[2] 2, S. 269/71.

Überschrift die Anrufung „Adsit XPS“, worauf sofort mit den Worten: „Laudemus uiros gloriosos“ die Vorrede beginnt, während das Werk selbst mit „Aphroneus“ anhebt. Auch der zweite Hauptteil beginnt, auf Bl. 26, mit einer Anrufung. Die Handschrift bricht in der Vita des Franciscus de Blutino bei den Worten „legendo et scribendo“ ab. Daß sie ursprünglich mehr enthielt, läßt sich zwar nicht aus den Blattlagen schließen, da diese verschieden stark sind, geht aber daraus hervor, daß das Verzeichnis noch die Namen dreier ganz später, übrigens sehr unbedeutender Juristen verzeichnet, die in dem Werke fehlen: Antonius de Barchino, Franciscus Brunus und Georgius Natta. Außerdem muß das verlorene letzte Blatt — mehr als eines kann nach dem Gesagten nicht fehlen und auch dieses kann nur zum kleinen Teil beschrieben gewesen sein — noch eine nachträgliche Bemerkung über Petrus de Vineis enthalten haben, da es in dessen Vita heißt: „Siehe auf dem letzten Blatte.“

Im ersten wie im zweiten Hauptteile befinden sich zahlreiche — etwa 450 — Absätze, die offenbar nach der Absicht des Verfassers je eine Vita enthalten sollen; in vielen Fällen aber behandelt ein Absatz eine Reihe von Juristen. Diese Gliederung dürfte also erst vom Schreiber herrühren. Die Absätze des zweiten Teiles sind von einer Hand des 18. Jahrhunderts arabisch gezählt, wobei aber Irrtümer, wie doppelte Zählungen und Sprünge, untergelaufen sind. Diese Ziffern, welche von 1—300 gehen, nehmen Rücksicht auf die Anmerkungen, welche vielfach die Ränder bedecken, und sind also nachher hinzugefügt, wohl gelegentlich der Herstellung der Fantuzzischen Abschrift, d. h. 1770.

Die Schrift des Codex ist von seinen wenigen Benutzern durchweg und oft in geradezu ergreifenden Tönen als fast unleserlich gescholten worden. So 1770 von dem unfähigen Fattorini (2, 252), der damit wohl die Schlechtigkeit seiner Probedrucke entschuldigen wollte, aber auch von dem trefflichen Fantuzzi[1], und sogar von Olivieri (XXIII, XXV), desgleichen von „Foerster in Breslau“, der hierüber an Savigny berichtete[2], weiter von ihrem neuesten Benutzer, Besta (S. 40), und schließlich auch von einem eigenen Gewährsmann, den wir, bedenklich geworden, voraussandten, ehe wir selbst an die Arbeit gingen. Und in der Tat will die Handschrift anfangs, wofür die dritite Tafel ein Beispiel gibt, Buchstabe für Buchstabe entziffert werden; nach einiger Übung aber las sie sich fast durchweg so glatt wie heutige Druckschrift und konnte bis auf den letzten Strich enträtselt werden. Die Schrift ist zwar klein, häßlich und ausdruckslos, aber gleichmäßig und deshalb nicht unleserlich. Die Abkürzungen, über deren Übermaß und Launenhaftigkeit Besta grundlos klagt, bieten nichts Besonderes, außer der seltsamen, wenn auch nicht unerklärlichen Abkürzung für „cetera“, die aussieht wie ein ú mit schrägem Strich darüber. Auch die Rechtschreibung enthält nichts Ungewöhnliches, es sei denn die durchgängige Schreibung „cathreda“. Dagegen leidet die Lesbarkeit des Inhaltes sehr unter

---

[1] Brief im Cod. Oliv. 359 Bl. 142, 143.

[2] Savigny 3, 43 Anm. i. Gemeint ist wohl der Professor der Rechte A. W. Förster, s. Landsberg 2 (1910) Notenband S. 388; Hugo, Geschichte des Römischen Rechts seit Justinian, 3. Aufl. (1830) 606.

der vollkommen unsinnigen Zeichensetzung, die beweist, daß der Schreiber seine Vorlage oft genug nicht verstanden hat. Wo er sie nicht einmal lesen konnte, hat er sinnlose Wortbilder hingemalt. So entstanden die Tausende von Fehlern, die unser kritischer Apparat enthüllt und beseitigt. Schon hieraus geht hervor, daß es sich nicht um die Urschrift des Verfassers handelt. Auch liegt nicht etwa — um auch dieses auszuschließen — ein von Thomas selbst diktiertes, also in diesem Sinne ursprüngliches Erzeugnis vor; denn gänzlich mangeln Fehler, die als Hörfehler gedeutet werden müßten. Dagegen fehlt es nicht an unzweideutigen Abschreibefehlern. So hat der Schreiber den Titel eines von Thomas häufig benutzten Werkes nicht lesen können, und schreibt deshalb dem Raphael Volaterranus wiederholt ein Buch „de prediis urbanis" statt „commentaria urbana" zu. Ein andermal (in der Vita Placentins) schreibt er statt „de actionibus personalibus" „de actione pro socio", hat also die Abkürzung „de act. ꝑso." falsch aufgelöst. An derselben Stelle schreibt er statt „iniuria illata": „invecta et illata". Auch an Auslassungen infolge von Abirrung fehlt es nicht.[1]

Daß eine unmittelbare Abschrift vorliegt, können wir nicht beweisen, wohl aber deshalb vermuten, weil wir von keiner anderen Abschrift eine Spur besitzen, weil die Abschrift eines unvollendeten, so umfangreichen, und so wenig Lesern nützlichen Werkes an sich befremdlich ist, und weil in eine mittelbare Abschrift die noch zu erwähnenden Einschaltzeichen schwerlich übergegangen wären. Hat aber der Schreiber die Urschrift des Thomas vor sich gehabt, so lag ihm ein Werk in wirklich fast unleserlicher Handschrift vor, das noch dazu mit Nachträgen und Verbesserungen über und über bedeckt war. Dann aber hat der Schreiber im ganzen nicht schlecht gearbeitet, und jedenfalls sehr viel besser, als die heutigen Gelehrten, die sich bisher an die Wiedergabe einer Diplovatazischen Urschrift gewagt haben.[2] Der Schreiber muß ein Jurist gewesen sein, denn bei Unkenntnis der Corpora Iuris hätte er ganz unmöglich die massenhaften, stets stark abgekürzten Anführungen ohne fortgesetzte Lesefehler abschreiben können; das gleiche beweisen grade die vier oben mitgeteilten Abschreibefehler. Ein gelehrter Jurist war er freilich nicht, da er bekannte Siglen älterer Juristen so oft falsch auflöst. Merkwürdig ist die eigensinnige Beharrlichkeit, mit der der Schreiber einen einmal gemachten Lesefehler festhält. So schreibt er ständig „subscriptio" statt „suprascriptio", indem er die offenbar abgekürzte Schreibung „suꝑscriptio" falsch verstand. Der ständig festgehaltene Name Aphoroneus statt Phoroneus erklärt sich daraus, daß die erste Stelle, die den Namen enthält, lautet: „... viros qui *a Phoronei* Inachi Argivorum regis filii tempore ...".

Daß der Schreiber in Pesaro geschrieben hat, wo die Vorlage entstanden ist und die Abschrift aufgetaucht ist, wird angenommen werden dürfen. Die Zeit der Abschrift bestimmt sich durch die der Urschrift, die nicht vor 1511 vorlag[3], und durch die Buchstabenform, die in die erste Hälfte des 16. Jahrhunderts weist; eine nähere Zeitbestimmung erscheint gewagt. Daraus, daß einmal eine Jahreszahl aus dem Leben des Alexander von Imola mit 1544

[1] S. die Vita des Lycurgus in der Mitte bei den Worten: „Quarta lege".

[2] Vgl. oben S. 104[3], 109, 110.

[3] Vgl. die Einleitung zu Bd. 2.

angegeben ist, statt mit 1444[1], läßt sich nur schließen, daß die Handschrift dem 16. Jahrhundert angehört, was ohnedies sicher ist; nicht aber, daß sie nach jenem Jahr entstanden ist.[2] Über den Anlaß der Abschrift könnten wir nur billige Vermutungen äußern, die besser unterbleiben.

Nicht der ganze Bestand der Handschrift ist das Werk des Schreibers. Wir besprachen bereits die Vermerke Olivieris und Sartis, sowie die Absatzziffern, und erwähnten auch schon die Anmerkungen. Diese rühren von mindestens drei Händen her. Die weitaus zahlreichsten stammen, wie auch unsere Tafeln erkennen lassen, vom Schreiber. Sie sind aus sprachlichen und zumal aus sachlichen Gründen sofort als Bestandteile des Werkes erkennbar, da sie meist die Bestätigung einer Nachricht aus einer weiteren Quelle nachtragen; teilweise sind sie durch Einschaltzeichen in den Text eingefügt. Sie sind vermutlich vom Abschreiber einfach aus der Urschrift, die, wie die anderen Werke des Thomas, derartige Nachträge massenweise enthalten haben muß, übernommen worden, wie und wo sie standen; manchmal freilich hat er sie auch an der falschen Stelle in den Text eingeflochten, oder an einer unpassenden Stelle des Randes untergebracht — was bei dem wüsten Zustand Diplovatazischer Urschriften auch schwer zu vermeiden war. Andere Anmerkungen rühren von Benutzern her. Die M. S. oder M. Sartius gezeichneten stammen von dem berühmten Camaldulenser Mauro Sarti, dem Geschichtsschreiber der Universität Bologna; doch fehlen die Siglen oft. Auch Sartis Nachfolger Fattorini scheint, der Handschrift nach zu urteilen, durch einzelne Anmerkungen vertreten. Die letzte Gruppe von Noten bilden die V. C. gezeichneten: sie stammen von dem Peruginer Gelehrten Vincenzo Cavallucci.[3]

7. Auf der Benutzung durch Sarti beruht zum großen Teile die neuere Nachgeschichte des Werkes. Wir können diese aus einer umfangreichen Sammlung an Olivieri gerichteter Briefe genau verfolgen.[4]

Savigny hat (3, 69) gesagt, daß erst durch Sarti eine Geschichte der Glossatoren, also auch sein eigenes Werk, möglich geworden ist. Aber Sarti selber hat nur die Lebensumstände der Glossatoren aufgehellt; was er über ihre Schriften, besonders die der Romanisten des 13. Jahrhunderts, beibringt, hat er, wie ebenfalls Savigny schon hervorhob, überwiegend aus Diplovatatius entnommen. Hierauf gründet sich also mittelbar oder unmittelbar ein sehr großer Teil dessen, was über die Schriften der Glossatoren der Wissenschaft geläufig ist, und niemand von denen, die unseren Schriftsteller seitdem benutzten oder noch benutzen werden, wird so viel aus ihm schöpfen können, als der, der zuerst auf diesen Fund die Hand legen durfte. Sarti hatte von dem gelehrten Papste Benedikt XIV. aus dem bolognesischen Hause der Lambertini zu Anfang des Jahres 1757 den Auftrag bekommen, eine Geschichte der heimatlichen Universität zu schreiben, weil, wie der Papst offen schrieb, in Bologna selber niemand für eine solche

---

[1] Unten Bd. 2 in der Vita.

[2] Wie Besta 40[2] will.

[3] Vgl. Tafel III.

[4] Es handelt sich um die Codd. Oliv. 331, 351, 359. Das sorgfältige Verzeichnis macht Anführung der Blattzahlen überflüssig.

Arbeit fähig sei.[1] Auf seiner Reise von Rom, wo er Abt des Klosters vom heiligen Gregor war, nach Bologna besuchte Sarti seinen Freund Olivieri in Pesaro. Wie groß muß seine Freude gewesen sein, als ihm dieser das vor kurzem ans Licht getretene Werk vorzeigte. Kaum in Bologna angelangt, benachrichtigte er den Papst von der wesentlichen Unterstützung, die hierdurch das diesem so sehr am Herzen liegende Unternehmen erfahren habe, und der Papst setzte seinerseits den Erzbischof von Bologna in Kenntnis. In einem Briefe vom 30. April des Jahres 1757 frug Sarti, indem er klugerweise von diesen Vorgängen berichtete, Olivieri an, wie er es wohl anstellen solle, um den Schatz zu genießen, und rückt nach manchem Hin und Her mit der Bitte heraus, das Buch nach Bologna geliehen zu erhalten. Olivieri scheint ohne weiteres einverstanden gewesen zu sein; am 7. Juni des gleichen Jahres konnte Sarti schon den Empfang bestätigen. Zunächst hat er die Handschrift für die ihn beschäftigende Zeit, das Alter der Glossatoren, genau durchgearbeitet, wovon die zahlreichen Randbemerkungen Zeugnis ablegen. Diese sind teils Merkworte, die einzelne Textesworte durch Wiederholung am Rande gewissermaßen unterstreichen, teils gelehrten Widerspruch anmeldende Ausstellungen, teils sachliche Zusätze.[2] Die letzten zwei Klassen von Anmerkungen finden sich zumeist in Sartis Werke wieder. Hier ist Diplovatatius, den Sarti immer von neuem mit Bewunderung für seine Gelehrsamkeit und Verläßlichkeit anführt, in weitem Umfange ausgebeutet, jedoch mit Unterschied: in dem biographischen Teil der Viten sind seine Mitteilungen teils aufgenommen, teils kritisch zurückgewiesen, während der den Viten meist nur angehängte, sehr stiefmütterlich behandelte literaturgeschichtliche Teil großenteils bloßer Abdruck der entsprechenden Stellen des Thomas ist. Insofern kann man sagen, daß Sarti einen winzigen Teil des Werkes herausgegeben hat, z. B. das, was Diplovatatius von den Schriften des Azo, Odofredus und Dinus sagt. Daher darf die erste Ausgabe des ersten Bandes von „De claris Archigymnasii Bononiensis professoribus", im Druck seit 1763 oder 1764, erschienen Bologna 1769, als die erste Teilausgabe angesprochen werden. Ihr genauer Umfang läßt sich nicht bestimmen, da Sarti, auch da, wo er wörtlich wiederzugeben scheint, nebeneinander und ohne dies kenntlich zu machen, Abdruck und Bearbeitung, Auszug und Bericht verwendet. Aus dem gleichen Grunde läßt sich über die Genauigkeit der Wiedergabe kein festes Urteil geben, vielmehr nur das sagen, daß sie weniger durch Lesefehler beeinträchtigt ist als durch die genannte Arbeitsweise, die freilich die der Zeit war. Prüfen wir z. B. den Abdruck aus der Vita des Dinus (S. 239 der ersten Ausgabe), so ergibt sich u. a.:

Z. 5: laudat . . . fugit] ist Zusatz Sartis.

Z. 12: quam inseruit Cinus suis commentariis in C. de success.] Die Handschrift liest: „quod i. C. in auth. itaque C. coram de successione". Sarti

---

[1] Eine ausführliche, auf Akten fußende Darstellung der Geschichte des Werks, durch die Savignys Darstellung überholt wird, gibt Malagola in der 2. Aufl. von Sarti-Fattorini, 1 (1896), 13—27. Die Handschrift des Diplovatatius wird jedoch nicht erwähnt!

[2] Beispiele für alles dies bei Pescatore, Beilage I.

scheint die durch den (häufigen) Abschreibefehler „coram" für „communia" entstellte Anführung (C. 6, 59, 11) nicht verstanden zu haben.

Z. 14: sequ. Hunc tractatum ... Gazalupus] ist nur Bericht.

Z. 24: collegit] Die Handschrift liest „recollegit".

Z. 25: „qui solvit"] Die Handschrift gibt die Anfangsworte ausführlicher.

Z. 26: disputationes et quaestiones] „et. qu." ist überflüssiger Zusatz Sartis: beides bedeutet ja das gleiche.

Z. 34: legem certum ff.] ist Lese- oder Druckfehler für „l. centum Capue" (D. 13, 4, 8).

Von irgendwelcher Zuverlässigkeit der Sartischen Teilausgabe kann also keine Rede sein. In Albicinis Neuausgabe des Werkes 1888 sind die Stellen aus Diplovatatius trotzdem ohne Nachvergleichung wieder abgedruckt.

8. Sarti hätte das wertvolle Hilfsmittel gern bis zum Abschluß des Werkes in Ruhe behalten; aber schon ehe ihn 1766 der Tod aus der Arbeit riß, hatte sich ein weiterer Liebhaber der Handschrift in Vincenzo Cavalucci gemeldet. Der Peruginer Abt und Professor erfuhr von dem Vorhandensein der Handschrift 1759 durch Sarti selber, der ihm bei einer Durchreise durch Perugia von ihr berichtete; im Jahre darauf wandte er sich an Olivieri mit der Bitte, ihm das Buch, das Sarti nun wohl lange genug besessen habe, zu leihen, damit er es für sein geplantes Werk über die Geschichte der Universität Perugia ausnutzen könne. Olivieri wandte sich sofort an Sarti, der entgegenkommend erwiderte, der Peruginer Professor werde auch für seine Zwecke einen Schatz in der Handschrift finden. Bald darauf — Mitte August 1761 — sandte er sie, nachdem er sie also vier Jahre benutzt hatte, an den damals in Ravenna weilenden Eigentümer zurück; am 3. Oktober konnte Cavalucci seinerseits den Empfang bestätigen. Er hatte fünfviertel Jahre Muße, das Werk zu durchforschen. Am 11. Januar 1763 entschuldigt er sich auf einen Mahnbrief Olivieris mit Krankheit und anderweitiger Beschäftigung und bittet um eine weitere Woche Frist zur Eintragung von Randbemerkungen, während er zehn Tage darauf meldet, daß er das Buch abgesandt habe; er beklagt, daß infolge Mangels an Zeit die Bemerkungen, die ihm Olivieri aufgetragen habe, nicht so reichlich ausgefallen seien, als er gewünscht hatte, und verspricht, auf Wunsch weitere zu liefern. Diese Bemerkungen, die, wie die Sartis, auch in die Abschriften der Handschrift übergegangen sind, sind Lesefrüchte aus teilweise entlegener orts- oder kirchengeschichtlicher Literatur und deshalb nicht ganz ohne Wert.[1] Sie verraten jedoch allzu großen Mangel an Urteil, als daß wir darüber zu klagen brauchten, daß Cavalucci seinen Plan nicht zustande gebracht hat. In dem Briefwechsel mit Olivieri ist noch gelegentlich davon die Rede; als sieben Jahre später der gelehrte Marchese Fantuzzi in ähnlicher Angelegenheit an seinen Standesgenossen Olivieri schrieb, erkundigt er sich mißtrauisch, wer jener Cavalucci, der sich schriftlich an ihn gewandt habe, eigentlich sei, und welche Anrede dieser Person zukomme. Was aus dem Unternehmen geworden ist, vermögen wir nicht zu sagen[2]; der Öffentlichkeit hat es jedenfalls keine Frucht gebracht.

---

[1] Beispiele bei Pescatore, Beilage II Nr. 36; vgl. aber unten S. 128³.

[2] Vermiglioli in der S. 20⁴ gen. Schrift nennt von ihm eine Handschrift der

Nur insofern hatte die Benutzung durch den Peruginer eine freilich sehr unerwartete Wirkung, als in der folgenden Abschrift, der Fantuzzis, die Randbemerkungen des Schreibers, also echte Textbestandteile, mit denen Cavaluccis zusammengeworfen wurden; deshalb wurden jene von den späteren Benutzern und wie wir sehen werden auch von den späteren Herausgebern als bedeutungslos beiseite gelassen![1]

Um so wichtiger war die weitere Benutzung durch die Bolognesen.

9. Am 21. April 1770, fast vier Jahre nach Sartis Tode, wandte sich sein Nachfolger, der Camaldulenserabt Maurus Fattorini, aus seinem damaligen Wohnsitz Bagnicavallo bei Bologna an Olivieri mit der Bitte, ihm die Abschrift einiger Viten zu verschaffen. Aber Olivieri mußte ihm antworten, daß die Handschrift sich gar nicht weit von Fattorinis Wohnort befand, nämlich in Bologna.

Dorthin hatte Olivieri, auf eine Bitte Passeris, wenige Tage vorher den Schatz gesandt, damit ihn ihr gemeinsamer Freund Giovanni Fantuzzi benutzen könnte. Dieser Forscher arbeitete damals an der Vorbereitung seines großen Lexikons der Bolognesischen Schriftsteller, das ein Jahrzehnt darauf zu erscheinen begann und dessen neun Bände für die neuere Zeit den gleichen Fortschritt der Kenntnis brachten, wie Sartis Werk für das von ihm behandelte Zeitalter.[2] Aber der gründliche (wenn auch gedankenarme) Gelehrte mochte sich nicht mit einer flüchtigen Leihgabe begnügen; er beschloß vielmehr, die Handschrift abschreiben zu lassen — wie es scheint, im Auftrage des Instituts von Bologna, d. h. der dortigen Akademie.[3] Schon am 2. Mai des Jahres teilt er Olivieri mit, daß er das Buch einem Abschreiber gegeben habe, der die schwierige Arbeit bis Ende August zu leisten versprach. Aber dieser blieb schon in den ersten Anfängen stecken, so daß ihm Fantuzzi den Auftrag entziehen mußte und einem anderen Schreiber übertrug, der nach einem Eintrag auf dem Titelblatt der Abschrift ein Doktor beider Rechte namens Carlo Fabri war. Er sollte von vorne beginnen und wollte Ende Oktober fertig sein. So berichtete Fantuzzi auf einen Mahnbrief Olivieris, den dieser zum Besten Fattorinis geschrieben zu haben scheint; zugleich teilte er mit, daß er mit diesem die Verabredung getroffen habe, ihm die einzelnen Teile der Abschrift, sobald sie fertig würden, zur Benutzung zu übergeben. Bald aber stellte sich die Notwendigkeit heraus, das Buch seiner schlechten Schrift und der zahlreichen verderbten Stellen wegen durch eine „erfahrene Person" mit der Abschrift vergleichen zu lassen; erst am 3. Dezember des Jahres konnte Fantuzzi mitteilen, daß er an diesem Tage die Handschrift habe zurücksenden können. Seinen wärmsten Dank fügt er hinzu: kein besseres, kein gelehrteres Hilfsmittel für seine Arbeit hätte er finden können: welche Schatzkammer an Nachrichten, welche Gelehrsamkeit in Rechtswissenschaft und Geschichte! Aber zugleich, wie unangenehm, daß die Urschrift verloren sei! Gewiß wäre ein Druck — um den Olivieri in immer

---

Kapitularbibliothek von S. Lorenzo in Perugia: „Vite di alcuni illustri letterati Perugini."

[1] S. unten S. 128[3], 130.

[2] Notizie degli scrittori bolognesi, Bologna 1781—1794.

[3] So Savigny 3, 43; unsere Briefsammlung enthält hierüber nichts.

wiederholtem Anlauf gebeten habe[1] — ein großes Geschenk für die Leserwelt, auch sei die neue Abschrift sehr gut gelungen und verglichen, aber die Mühe würde zu groß sein, denn der unwissende erste Abschreiber habe die Urschrift so schlecht wie nur möglich behandelt, auch müßte der Herausgeber schon ein Jurist sein, und zwar einer von den gelehrten Juristen, wo aber gäbe es die? Ihre Gelehrsamkeit bestehe ja nur darin, Geld zu machen, und alles andere erachteten sie für unnütz . . .

10. Fattorini jedenfalls war weder Jurist noch gelehrt; nur der Einfluß seines Ordens hatte ihm den ehrenvollen und einträglichen Auftrag verschafft, während Sarti selbst und die gelehrte Welt von Bologna den trefflichen Monti vorgeschlagen hatten. Trotzdem wagte sich der ebenso unbegabte wie arbeitsscheue Mann an die Aufgabe, den zweiten Band des Sartischen Werkes mit einer — angeblich schon von Sarti geplanten — Teilausgabe des Diplovatatius auszustatten: diese sollte alle im ersten Bande behandelten Juristen umfassen. Daß die ihm von Fantuzzi freundlichst geliehene Abschrift viel zu wünschen übrig ließ, erkannte er bald, und gab sich der Hoffnung hin, in Olivieris Handschrift einen glatten Wortlaut zu finden. Wirklich ließ sich Olivieri herbei, die Handschrift, kaum daß er sie von Fantuzzi zurückerhalten hatte, noch einmal — 1771 oder in der ersten Hälfte des folgenden Jahres — nach Bologna zu senden. Aber Fattorini war damit nicht geholfen. In der Vorbemerkung zu der Ausgabe von 46 Viten — ziemlich genau einem Zehntel des Ganzen —, die er seinem September 1772 endlich erschienenen zweiten Bande einverleibt hatte, stöhnte er, nachdem er Olivieri für die Leihe des Buches gedankt, während er die Benutzung der Fantuzzischen Abschrift verschweigt: „O daß doch die Handschrift nicht so überreich an Fehlern wäre, und aus so winzigen, gedrängten und verschlungenen Buchstaben bestände, daß sie das Auge kaum entziffern kann!“[2] Man kann sich vorstellen, wie unter diesen Umständen die Ausgabe ausgefallen ist. Die Liederlichkeit der Arbeit enthüllt sich auf den ersten Blick: die Anordnung sollte dem ABC folgen, und doch steht z. B. zwischen BAgarottus und BAzianus: Odofredus — wohl um des Beinamens BEneventanus, den aber schon Sarti als verkehrt nachgewiesen hatte! Auch sind keineswegs alle plangemäß hineingehörigen Viten abgedruckt; es fehlen nicht nur „mehrere“, wie schon Savigny getadelt hatte[3], sondern — mindestens 30. So die Viten des Martinus, Rogerius, Hugolinus, Jacobus Balduinus, Roffredus, Guido de Suzaria, Huguccio, Johannes Hispanus, Gandulphus, Innocentius IV., Hostiensis, Johannes de Deo. Manche Lücken „erklären“ sich daraus, daß bei Thomas andere Namen erscheinen als bei Sarti, wie z. B. Huguccio dort Hugo heißt, oder Carolus de Tocco Carolus Beneventanus genannt wird; andere daraus, daß die fehlenden Stücke anderen Viten angehängt sind, so die des Albertus Odofredi, die hinter Martinus Sylimani folgt; meistens liegt einfach äußerste Unaufmerksamkeit vor. Wie groß diese war, geht daraus hervor, daß Fattorini andererseits wieder vier Viten brachte, die in gar keinem Zusammenhang mit Sartis Gegenstande standen: die von Honorius III., Odo Seno-

[1] Vgl. diesen S. XXV.
[2] Sarti-Fattorini 2, 252.
[3] 3, 48.

nensis, Albericus de Rosate und Bulgarinus de Bulgarinus (einem Sieneser Juristen des 15. Jahrhunderts); hier liegen, wenn ich recht vermute, plumpe Verwechslungen vor: mit Honorius II., Oddo Mantuanus, Albericus de Porta Ravennate und Bulgarinus, dem Sohn des alten Bulgarus. Man sieht: Fattorini hat einfach das Verzeichnis der Handschrift durchblättert, und wo ihm ein Name aufstieß, den er, wie er sich erinnerte oder zu erinnern glaubte, im ersten Bande Sartis gelesen hatte, da druckte er die Vita ab; wenn die beiden Viten zueinander paßten wie die Faust aufs Auge, störte ihn das nicht. Es hieße dem Machwerk zuviel Ehre antun, wenn wir nun zeigen wollten, wie aus den vereinigten Lesefehlern des Schreibers von Pesaro, des von Bologna und Fattorinis selber ein gräßliches Wahngebilde dadurch entstand, daß Fattorini sich im trügerischen Schein der Fantuzzischen Abschrift durch den Urwald des Oliverianus hindurchzutasten suchte.[1] Savigny hat einen weiteren Mangel der Ausgabe schon aufgedeckt: daß Fattorini willkürlich Stellen fortlassen wollte, von denen dann aber wieder — da eben dieser Herausgeber durchaus nicht verstand, was er herausgab — einzelne Wörter stehen geblieben sind, so daß das Ganze „völlig sinnlos" wurde[2]. Es handelt sich besonders um Fälle, in denen Fattorini Quellenstellen weglassen wollte, deren Schluß die Anfangsworte irgend einer Lex bildeten, und die Fattorini nun für Bestandteile des Textes hielt; Savigny hat hierfür in den drei Viten, die er **1823** als „Probestellen aus Diplovataccius" abdruckte (Irnerius, Henricus de Baila, Guilelmus Panzonus), mehrere Beispiele gegeben.[3] Freilich ist er selber recht harmlos verfahren, wenn er nun dem Text des Fattorini den der eigenen Handschrift — einer Abschrift der Fantuzzischen — als „richtigen Text" gegenüberstellen zu dürfen glaubte. Auch erlaubte er sich, die eingeflochtenen Quellenstellen in Anmerkungen unterzubringen, so daß der Unterschied beider Texte noch größer erscheint als er ist. Das Ärgerlichste aber ist, daß Savigny auch seine eigene Handschrift nicht richtig wiedergab, und gelegentlich (schrecklich zu sagen) noch Schlechteres leistete als Fattorini! So druckt Fattorini in der Vita des Henricus de Baila ganz richtig „secundum Roffredum Beneventanum in suis libellis lib. xviii in tit. de Senat. Consult. Vellejan." Dem stellt Savigny als „richtigen Text" gegenüber die Worte: „secundum Roffredum" und verweist in einer Anmerkung ergänzend auf die vorangehende Anmerkung c). Hier aber lautet Savignys Text, mehrfach abweichend, „Offredus Beneventanus in suis libellis lib. 8. in titulo de senatuscons. Vellejano, verb. et hanc sententiam". Und das ist wiederum falsch, nicht nur im Verhältnis zur Stammhandschrift, wo richtig von „Roffredus" die Rede ist, sondern auch im Verhältnis zu Savignys Handschrift, die zutreffend vor „verb." die Worte „in 2ª. Col. in" aufweist.

11. Fantuzzi mochte nicht wenig erstaunt sein, als er den Fattorinischen Druck mit seiner gewiß teuer erkauften Abschrift verglich. Er beschloß, der Sache auf den Grund zu gehen, und wandte sich deshalb in einem Brief vom 30. September 1772 an Olivieri mit der Bitte, ihm das Buch noch

---

[1] Unrichtig nehmen Palmieri am unten S. 129 gen. Ort und Besta 38 an, daß die bolognesische Abschrift allein benutzt wurde.

[2] Savigny, a. a. O.

[3] S. 640 Z. 8 v. u., S. 641 Z. 13 v. u. (der 2. Aufl. von 1834).

einmal zu leihen; es habe sich leider herausgestellt, daß ihn Abschreiber und Nachprüfer gemeinsam betrogen hätten, und so sei eine neue Vergleichung durch eine „erfahrene und gebildete Person" erforderlich. Auch diesmal versagte sich Olivieris hochherzige Güte nicht; Fantuzzi ließ das Buch noch einmal vergleichen und sandte es am 19. April des folgenden Jahres mit dem Bemerken zurück, die sorgfältige Prüfung habe ergeben, daß die Abschrift nicht so schlecht gewesen sei, als Fattorini behauptet habe; die Fehler gehörten schon der Pesaraner Handschrift an. — Seitdem ist das Buch in Pesaro verblieben, um erst nach 130 Jahren aus seiner Grabesruhe aufgestört zu werden.

Wer in dem hier ausgebeuteten Briefwechsel gesehen hat, wieviele Verfrachter und Fuhrknechte, Senatoren und Äbte in diesen Jahren für seine Beförderung von Ort zu Ort in Anspruch genommen wurden, wird dem Geschicke danken, das den Schatz bis heute unversehrt erhalten hat. Die weitere Nachgeschichte hängt allein an der Abschrift Fantuzzis. Die Handschrift, die anfangs in der Bücherei des „Instituts" von Bologna aufbewahrt wurde[1], gehört heute der Universitätsbibliothek der Stadt.[2] Sie trägt die Standnummer 614; die ältere Bezeichnung war „Aula III—B—4". Eine Beschreibung läßt sich nicht vermeiden. Es ist ein schön geschriebener Papierband größter Gestalt, von 264 gezählten Blättern; auf zwei ungezählten Blättern am Schluß steht das in der Pesaraner Handschrift am Anfang befindliche Verzeichnis. Hier gehen drei ungezählte Blätter voraus, von denen das erste als Schutzblatt dient. Das zweite ist Titelblatt, enthält bunte Randleisten, ein Zierbild mit Waffenstücken und dem Entstehungsjahre 1770, sowie einen aus Olivieris Erwerbungsvermerk geschnitzten Titel, in dem sich der Schreiber Fabri benennt; auf der Rückseite steht der Benutzungsvermerk Sartis abgeschrieben. Ein drittes Blatt enthält die Versicherung des Dr. Fabri, daß er die alte Vorlage genau abgeschrieben habe, und dieser also die Irrtümer und Mängel des Wortlauts zuzuschreiben seien. Weiter wird mitgeteilt, daß die von Sarti herrührenden Randvermerke durch eine weisende Hand gekennzeichnet wurden, während die durch V. C. oder C. signierten von Cavallucci herrührten. Hierzu ist freilich von anderer Hand, wohl der Fantuzzis, bemerkt worden, daß der Schreiber auch manche nicht von Sarti herrührende Anmerkung als dessen Eigentum betrachtet hat; soweit dies sicher der Fall wäre, sei das Zeichen getilgt worden. In der Tat hat der Schreiber in den Anmerkungen verschiedene, in der Vorlage durch die Schrift deutlich unterschiedene Gruppen zusammengeworfen, darunter auch Textbestandteile. Auch im übrigen ist die Abschrift alles andere als sorgfältig, wie man dies ja auch bei einem Lohnschreiber und bei einer so schwierigen Aufgabe nicht anders erwarten kann; die Handschrift wimmelt buchstäblich von Lesefehlern und anderen Abweichungen. So liest sie in einem winzigen Stück des Bl. 13, in der Vita des Appius Claudius Caecus: 1. statt „aevum": „civi"; 2. statt „filios, quinque filias": „filios"; 3. statt „rem": „esse"; 4. statt „lecticam": „lectica"; 5. statt „jussit":

---

[1] Fantuzzi, Scrittori Bolognesi 1 (1781) 34[4].

[2] Ich habe die Handschrift 1905 in Bologna und 1913 in Neapel benützen dürfen. Kurze Beschreibung bei Moustoxides am S. 6[3] gen. Ort, S. 112, auf Grund brieflicher Auskunft.

„jaxit"; 6. statt „Appius est": „A. et"; 7. statt „qui": „quod"; 8. statt „sic anno ante": „sic ante"; 9. statt „fuit, id est": „fuit et"; 10. statt „non quod": „tum quod"; 11. statt „sed quod": „sed quia"; 12. statt „pro potentia": „prepotentia"; 13. statt „reum": „rerum". Die Prüfer, deren zwei Hände sich deutlich abheben, haben sehr zahlreiche Verbesserungen vorgenommen und dadurch einige der ärgsten Versehen beseitigt; wie leichtfertig sie aber doch zu Werke gegangen, erhellt schon aus den obigen 13 Beispielen. Dies mag dazu beigetragen haben, daß Fantuzzi für sein großes Werk aus Diplovatatius nicht den vollen Nutzen zog: Anführungen sind verhältnismäßig spärlich. Hauptsächlich erklärt sich dies aber dadurch, daß er für die von Sarti behandelten älteren Juristen einfach diesen abschrieb, „weil niemand, wer es auch sei, seinen fleißigen und gelehrten Forschungen etwas hinzufügen kann"[1], während in der späteren Zeit Bologna in der Geschichte der Rechtswissenschaft und also auch bei Diplovatatius nicht mehr die erste Rolle spielte.

12. Auch Friedrich Carl v. Savigny stand, als er an die Vorbereitung seiner „Geschichte des römischen Rechts im Mittelalter" ging, für Diplovatatius kein anderes Hilfsmittel als Fantuzzis Abschrift zur Verfügung. Er konnte gewiß gar nicht daran denken, in dem entlegenen und eingeschlafenen Pesaro einen Abschreiber zu gewinnen; er war glücklich, am 29. Januar 1808 aus Frankfurt an G. A. Heise schreiben zu können, daß er seit 8 Tagen das „höchst wichtige Werk" in Gestalt einer „Abschrift aus Bologna" besitze; der „beiderseitige Freund" Hufeland habe sie ihm besorgt.[2]

Die Handschrift, die auf Grund eines Vermächtnisses von 1852 nach dem Tode Savignys — 1861 — mit vielen anderen gedruckten und ungedruckten Büchern an die Kgl. Bibliothek in Berlin gekommen ist, trägt dortselbst die Standnummer Cod. Sav. 23.[3] Sie besteht aus 299 beschriebenen Blättern aus Papier, von denen Bl. 1—293 das Werk enthalten, nebst allen Anmerkungen; die großen Anmerkungen sind aber hier statt an den Rand unter den Text gesetzt worden und durch die ganze Handschrift durchgezählt, so daß die Ergänzungen des Diplovatatius und die Anmerkungen des Cavalucci als eine Gruppe erscheinen. Bl. 294—97 enthalten das alte Verzeichnis, mit zahlreichen Verbesserungen der Namen, die letzten zwei Blatt ein weiteres Verzeichnis, das Ergänzungen bringt. Die zwei unbeschriebenen Blatt zu Anfang enthalten die uns bekannten Vermerke; hinzugekommen ist ein weiterer des Abschreibers, in dem dieser in geziertem Latein u. a. bekundet, daß die Abschrift 1807 entstanden ist und daß die „unzähligen" Fehler der Vorlage buchstäblich übernommen wurden. In der Tat ist die Abschrift eine ziemlich sorgfältige, wenigstens was den Hauptteil der Handschrift anlangt; es ist nämlich auf Bl. 100—256 eine zweite, schon durch ihre sehr flüchtige

[1] Bd. 8 (1790) 56.

[2] Veröffentlicht von O. Lenel, Z. d. Sav. Stift. Rom. Abt. 36 (1914) 114. Gottlieb Hufeland (1760—1817) hatte 1800 in Jena die Briefschreiber zusammengeführt; s. Landsberg 2, Textband S. 88, 188.

[3] Kurze Beschreibung in „Verzeichnis der von . . . Carl Friedrich (!) von Savigny . . . vermachten Werke" (1865) 91, ausführliche bei Pescatore S. 6—7. Ich benutzte die Handschrift früher mehrfach in Berlin und ausgiebig 1913 in Freiburg.

Schrift unvorteilhaft auffallende Hand tätig gewesen, die den Wortlaut noch einmal entscheidend verschlechtert hat.

Es besteht kein Zweifel, daß Savigny die erheblichen Kosten der Abschrift selbst aufgewardt hat, um ein Buch seiner eigenen Benutzung und damit der deutschen Wissenschaft zuzuführen, dessen Bedeutung ihm aus Sartis Werk völlig ersichtlich geworden war. Einen wie umfassenden Gebrauch er von ihm gemacht hat, lehrt jeder Blick in Bd. 4—6; überall wird Diplovatatius herangezogen, werden auch verkehrte Ansichten achtungsvoll erörtert. Unter den „Schriftstellern über unsere Literaturgeschichte" weist ihm Savigny einen Ehrenplatz zu; er rühmt den großen Fleiß, mit dem er Bücher gesammelt habe, die Genauigkeit seiner Beschreibungen, die Vollständigkeit der Literaturbenutzung, die von unermeßlicher Belesenheit in den Juristenschriften zeuge, und den kritischen Eifer bei Beurteilung der Echtheit der Schriften. Seine Ausstellungen betreffen das Zurücktreten des Lebensgeschichtlichen, die Irrtümer in den Zeitangaben und die abschreckende Darstellungsweise. Hier freilich übersah Savigny, daß es sich ja um eine Stoffsammlung handelt, und noch seltsamer ist, wenn er schließlich von einer Ausgabe abrät, „da sich gewiß nur wenige finden werden, die sich durch das Buch durcharbeiten möchten" — er vergaß, daß es auch Nachschlagewerke gibt, wie z. B. eben das unsterbliche Werk, das jenes verfehlte Urteil enthält.

13. Savignys Handschrift ist seither das alleinige Mittel gewesen, durch welches die deutsche Wissenschaft sich des Buches bediente; außer mehrfachen Einzelbenutzungen ist die durchgängige Verwertung hervorzuheben, die Laspeyres 1830 für die Lehnrechtler, Schulte 1875—77 für die Kirchenrechtler durchgeführt haben.[1] Damit war der Hauptteil der von Thomas angehäuften Nachrichten für die Wissenschaft gerettet worden. Weniger bedeutsam war der Ertrag in Italien, wo außer vielen einzelnen Ergebnissen der Versuch Bestas hervorzuheben ist, aus der Benutzung bei Diplovatatius die verlorene Schrift des Baldus „De commemoratione doctorum" wiedererstehen zu lassen.[2] Durchweg bediente man sich der Bologneser Abschrift; nur ganz selten wurde, durch schriftliche Anfrage, die nun unverleihbare Pesaraner Handschrift benutzt.[3] Aber auch die Bologneser und die Berliner Abschrift konnten, so lange der Leihverkehr nicht in rechtem Gang war, ihre kümmerliche Hilfe nur wenigen leisten.

So mußte der Wunsch, das einzigartige Werk vollständig gedruckt zu sehen, sich immer von neuem regen. Wir konnten diesem Wunsch im 16. Jahrhundert bei Gaboardo, Fichard, Neander begegnen[4], was nicht viel besagen will, da sie ja das Werk nur vom Hörensagen kannten; wichtiger ist, daß Sarti, wenn wir Fattorini trauen dürfen, einen Teildruck geplant hatte, während Olivieri und Fantuzzi einen vollständigen Druck gewünscht zu haben scheinen.[5]

---

[1] Über die Entstehung und älteste Benutzung der Libri Feudorum; Geschichte der Quellen und Literatur des kanonischen Rechts Bd. 1 u. 2.

[2] In dem Sammelwerk L'opera di Baldo (Perugia 1901) 81ff.

[3] So von Gandini, Alberto da Gandino (Modena 1885) 26ff.

[4] Vgl. oben S. 111f.

[5] Vgl. oben S. 121f.

Wohl nur auf Olivieris gewichtiges Urteil hin hat der treffliche Tiraboschi das gleiche Verlangen gestellt[1]; Heimatstolz gab den gleichen Gedanken den Neugriechen Moustoxides[2] und Sathas[3] ein. Am schwersten fällt für uns ins Gewicht, daß Brinz in der glänzenden literaturgeschichtlichen Einleitung, die er, auch hierin den Blick des Meisters bewährend, seinen Pandekten vorausgesandt hat, mit einem deutlichen Unterton des Bedauerns sagt, daß Diplovatatius „noch immer ungedruckt“ sei.[4] In der Tat war es nur in einer — trotz alles gelehrten Getriebes der „geschichtlichen Schule“ — so wenig geschichtlich gerichteten Wissenschaft wie der juristischen möglich, daß das Hauptwerk ihrer eigenen Geschichte im Staub einer weitentlegenen Bücherei vernachlässigt dalag. Die Medizin z. B., um von anderen Fächern zu schweigen, hätte ein entsprechendes Werk wohl längst ans Tageslicht gefördert.

14. Im Jahre 1889 wandte sich Vittorio Scialoja, der auch um unsere Kenntnis der Glossatorenwissenschaft verdiente Romanist in Rom, an seinen Freund Gustav Pescatore, den Greifswalder Romanisten, mit der Bitte, sich des Diplovatatius anzunehmen.[5] Scialoja hätte einen geeigneteren Herausgeber als diesen durch Urteilskraft, Gelehrsamkeit und Sorgfalt gleich hervorragenden Gelehrten damals weder in Italien noch in Deutschland finden können; aber was Pescatore schon im nächsten Jahre bot, war keine Ausgabe im heutigen Wortsinn, sondern eine bloße Vervielfältigung eines Teils der Berliner Abschrift.[6]

Ein Herausgeber wie Pescatore wußte natürlich genau was er tat, und gab sich Rechenschaft von allen Bedenken. Von einer kritischen Ausgabe sah er von vornherein ab, weil die Quellen teils verloren, teils ungedruckt, teils schlecht herausgegeben, teils voll abweichender Texte wären. Daher „würde die aufgewendete Mühe zu dem gewonnenen Resultate in keinem Verhältnisse stehen“. Es sei zweckmäßiger, jeweilig selbständig vorzugehen, und dabei „das Werk des Diplovataccius in seiner jetzigen mangelhaften Gestalt als Hilfsmittel zu benutzen“. Aber auch auf einen bloßen Abdruck der Pesaraner Stammhandschrift glaubte er verzichten zu sollen, weil ein schon früher — 1886 — gemachter Versuch, sie nach Greifswald geliehen zu erhalten, erfolglos geblieben war, und eine — noch dazu möglicherweise unergiebig gebliebene — Vergleichung der Handschrift einen mehrmonatigen Aufenthalt in Pesaro erfordert haben würde.

So entschloß er sich denn, „jegliche Änderung des überlieferten Textes zu

---

[1] Storia della Letteratura Italiana, 1771 ff., Bd. VII T. 2 Kap. 4 Nr. 34; angeführt nach der Ausgabe Mil. 1824 S. 1154.

[2] Am oben S. 6[3] gen. Ort, S. 113.

[3] Am oben S. 7[5] gen. Ort, S. 134.

[4] Pandekten 1^2 (1873) 82.

[5] Für diese und die anderen Einzelheiten der Arbeit Pescatores darf ich mich auf sein Schreiben an mich vom 17. Sept. 1912 beziehen.

[6] Thomae Diplovatatii opus de praestantia doctorum. Erste Abteilung: Prooemium ... Iustinianus ... Isidorus Hispalensis — Accursius. Herausgegeben von Dr. G. P. Berlin, Verlag von R. L. Prager 1890. (Beiträge zur mittelalterlichen Rechtsgeschichte, H. 3.) 48 u. CLXXXIV SS. Vgl. zum folgenden dort S. 13—18.

vermeiden", und „die Savignysche Abschrift mit allen ihren Fehlern wiederzugeben"; selbst Rechtschreibung, Abkürzungen und Zeichensetzung wurden beibehalten. Als Druckhandschrift diente ihm eine von ihm selbst in seinem Hause zu Greifswald schon 1886 wohl nur zum eigenen Gebrauch angefertigte Abschrift in zwei Bänden, welche die Berliner Vorlage von 1807 nicht nur wort-, sondern auch zeilengetreu, bis in die kleinste Einzelheit genau abmalte — eine in fast dreimonatiger Mühewaltung hergestellte, schier unbegreiflich entsagungsvolle Mönchsarbeit. Diese Abschrift, also eine Handschrift vierter Ordnung, hat Pescatore nun wiederum unbedingt getreu dem Druck überliefert, wobei er sich zunächst auf 44 Viten, also etwa ein Zehntel beschränkte: er brachte lediglich den Abschnitt Isidorus bis Accursius, d. h. hauptsächlich die Glossatoren; als Zugabe druckte er die Vorrede und den Artikel Justinian ab. Dabei bediente er sich einer von ihm selbst für eine andere Ausgabe geschnittenen und gegossenen gothischen Schrift. So stellt die Ausgabe eine wahre Augenweide dar — ihr wissenschaftlicher Wert aber ist überaus klein. „Solange man einen Lichtdrucker nicht für den besten Herausgeber erklären kann," sagte Seckel in einer Besprechung, die in fast allen Punkten Zustimmung verdient, „solange muß man von einer guten Ausgabe etwas Überschießendes verlangen."[1] Und ein italienischer Beurteiler meinte, er scheine es darauf angelegt zu haben, die abschreckende Wirkung des Werkes zu steigern, die schon Savigny befürchtet habe.[2] Natürlich muß man Herausgeber und Ausgabe trennen, und darf aus der Mangelhaftigkeit des Werkes diesmal nicht auf die Untüchtigkeit des Mannes schließen: Pescatore, der oft genug gezeigt hatte, daß er jedem kritischen Anspruch Genüge zu tun imstande war, hat erreicht, was er beabsichtigt hat, und hatte ganz allein zu entscheiden, wie hoch er den Wert seiner Zeit und seiner Arbeitskraft im Verhältnis zu dem Nutzen des Unternehmens einschätzen wollte. Die Beschränkung, die er sich selber auferlegt hatte, verhinderte ihn aber weiter leider zu würdigen, daß der von ihm herausgegebene Teil ganz in das Gebiet des zweiten, also des schlechten der beiden Schreiber der Berliner Abschrift fällt, so daß die Ausgabe von sinnlosen Sätzen förmlich starrt und für den Unkundigen überhaupt nicht, für den Kundigen nur teilweise benutzbar bleibt. Gerade der gedruckte Teil ist aber der von den früheren Benutzern am meisten ausgebeutete, so daß ein neuer Herausgeber nur durch Verbesserung des Textes etwas Nützliches zu bieten hoffen konnte. Und selbst diesen kleinen Teil hat Pescatore nicht vollständig geliefert: infolge der in der Berliner Handschrift vollständig gewordenen Verwirrung der Anmerkungen hat er die hier unter den Strich geratenen Zusätze des Diplovatatius für Anmerkungen der Benutzer gehalten und daher fortgelassen; einen einzigen hat er abgedruckt, aber — in einer Beilage — als Beispiel für „Vincentii Cavallucci Notae"![3] Die anderen Beilagen enthalten Beispiele für die Anmerkungen Sartis, die Vita Papinians und Viten mehrerer Zeitgenossen Justinians als Beispiele für die Behandlung der antiken Juristen, und ein Verzeichnis der neueren Juristen nach Accursius, deren Viten Pescatore der Fortsetzung

---

[1] Kritische Vierteljahrsschrift 36 (1904) 377.

[2] Besta 39. Ähnlich Zdekauer am S. 100[5] gen. Ort, S. 326f.

[3] S. 22 Nr. 38.

seines nur als „Erste Abteilung" bezeichneten Werkes vorbehalten hatte. Diese Fortsetzung ist aber nie erschienen, und man wird dies nicht einmal zu bedauern haben.

15. Mit weit größeren Ansprüchen und Versprechungen trat gleich darauf Giovanni Battista Palmieri auf den Plan. Ein Schüler des bekannten Bologneser Rechtshistorikers Gaudenzi, an dessen „Bibliotheca iuridica medii aevi" er den erheblichsten Anteil genommen hatte, ahmte er den Meister auch darin nach, daß er 1894 ein ganz ähnliches Unternehmen ins Werk zu setzen begann, die „Biblioteca dei Glossatori, raccolta delle opere giuridiche dei secoli XII, XIII e XIV. Edizione critica". Gewissermaßen als Eingang zu dem großen Unternehmen, das die Werke der Glossatoren und nicht nur diese in einer „möglichst vollständigen (!) Sammlung" enthalten sollte, war zunächst — im ersten Bande — die Ausgabe des Diplovatatius geplant. Wirklich erschienen auch 1894 die beiden ersten Hefte von je vier Bogen, welche zusammen etwa den sechsten Teil des Werkes umfaßten und außer der Vorrede die mythischen Juristen und von den Römern die älteren bis zum jüngeren Celsus enthielten.[1] Diese Stücke waren, wie wir gesehen, noch ganz ungedruckt, und so sagt die vom 1. Dezember 1893 stammende, auf dem Umschlag befindliche Ankündigung, „daß das Werk zum ersten Male in seiner Ganzheit ans Licht tritt; denn wenn auch Sarti und Pescatore Bruchstücke der Arbeit veröffentlicht haben, so hat doch bisher niemand eine Ausgabe des vollständigen Werkes gemacht. Auch haben sowohl Sarti als Pescatore ihre Ausgaben nach recht schlecht gemachten Abschriften veranstaltet, ohne sie mit dem in der Oliveriana zu Pesaro aufbewahrten Original zu vergleichen, so daß unsere Ausgabe auch nach der Seite der Textkritik bedeutend besser sein wird."

Die Ankündigung ist von dem Verleger Virano unterzeichnet. Aber natürlich gehen ihre Angaben auf Palmieri zurück, der auch schon deshalb die volle Verantwortung trägt, weil er niemals Anlaß genommen hat, jene Angaben zu widerrufen. Und doch hatte er allen Anlaß dazu: denn sie beruhen auf — Irrtum. Die Ausgabe ist selbst in dem Bruchstück, als das sie stecken geblieben, durchaus nicht vollständig, sie ist noch weitaus schlechter als alle vorangegangenen, und sie beruht, im Gegensatze zu der Teilausgabe Sarti-Fattorinis, in keinem noch so kleinen Stücke auf der Stammhandschrift von Pesaro, sondern auf der Abschrift der Abschrift der Abschrift! Das alles wird den Leser nicht wenig erstaunen, zumal wenn ihm die wissenschaftliche Persönlichkeit Palmieris unbekannt sein sollte.[2] Ich muß daher den Sachverhalt eingehend darstellen.

---

[1] Biblioteca dei Glossatori di Giovanni Battista Palmieri. Thomae Diplovatatii de praestantia doctorum opus. Bologna Stabilimento Tipografico Zamorani e Albertazzi, Piazza Cavour, 4 — Palazzo Silvani. Die jetzt im Handel befindlichen Stücke tragen den übergeklebten Vermerk: Bologna 1894 Libreria Treves di Pietro Virano.

[2] Vgl. über diese und seine Leistungen: Pescatore, Die Distinktionensammlungen des Ms. Bon. Coll. Hisp. Nr. 73 (1913) S. X Anm. 13; Seckel, Krit. Vierteljahrschr. 35 (1893) 16; ders., Z. d. Sav. Stift. Rom. Abt. 21 (1900) 282; Tamassia, Arch. Giur. N. Ser. 7 (1901) 561.

Palmieri wandte sich anfangs der neunziger Jahre des vorigen Jahrhunderts an Pescatore mit der Bitte, ihm seine Abschrift, zunächst den ersten, die Juristen bis auf Justinian umfassenden Teil, nach Bologna (Palmieris Wohnort) zu leihen. Freundlich entsprach Pescatore der Bitte — um von der Handschrift, der Frucht so großer Mühe, nie wieder etwas zu sehen oder zu hören. Von ihrem Eigentümer zur Rede gestellt, gab Palmieri an, das anvertraute Gut durch die Post zurückgesandt zu haben; diese also trage am Verlust die Schuld. Nun wissen wir zwar nicht, in welcher Absicht Palmieri die Handschrift entliehen hatte; was wir aber auf Grund einer Vergleichung seiner Ausgabe mit der Handschrift Savignys, mit der ja Pescatores genau übereinstimmte, behaupten können, ist, daß an den verglichenen Stellen Palmieris Ausgabe allein auf Pescatores Abschrift fußt! Jetzt erst erklären sich drei Gruppen von Tatsachen. Erstens hat Palmieris „vollständige" Ausgabe alle die Textbestandteile stillschweigend fortgelassen, die in der Stammhandschrift am Rande, in seiner Vorlage irreführenderweise unter dem Strich stehen; daher man, wenn man seine Ausgabe mit der unsrigen vergleicht, zwei verschiedene Werke vor sich zu haben glaubt. Zweitens hat er an einer Stelle, die offenbar nur aus Nachlässigkeit stehen geblieben ist, selbst verraten, daß er Abschriften benutzte. Während er nämlich sonst im Apparat ausschließlich und ohne Erklärung einen „Cod." anführt, heißt es (in der Vita des Appius Claudius Caecus) als zweite Anm. zu S. 30 zum Textwort „tibicinibus": „*Cod. Pes.* Tribunis; *Cod. Bol.* Tribunibus". Nun muß „*Cod. Bol.*" „*Codice Bolognese*" bedeuten (von dem die, so der Fall näher angeht als einen deutschen Gelehrten, untersuchen mögen, ob und in welchem Maße er verglichen wurde). „*Cod. Pes.*" kann aber nicht auf „*Codice Pesarese*" gehen, denn der liest ebenfalls „tribunibus"; es muß also „*Codice Pescatoriano*" bedeuten, und der muß in der Tat „Tribunis" gelesen haben, denn so liest (auf Bl. 16) die Hs. Savignys. Drittens und vor allem bringt Palmieri nirgends die der Stammhandschrift, durchweg die den Abschriften eigentümlichen Lesarten. So läßt er auf S. 31 von den oben S. 124f. wiedergegebenen dreizehn Lesefehlern der Handschrift von Bologna einen (Nr. 11) im Text (Z. 25) und fünf (Nr. 1, 2, 3, 6, 9) im Apparat (Anm. 1, 2, 3, 5, 12) als Lesarten des „*Cod.*" auftauchen, während er Nr. 8 unrichtig (in „anno ante" statt „sic anno ante") verbessert. An der gleichen kleinen Stelle bringt er, und zwar im Text, nicht weniger als vier Stellen, die nur Fehler der Savigny-Pescatoreschen Abschrift darstellen, nicht der Bolognesischen, geschweige denn der Pesaranischen Handschrift angehören: Z. 16 „Magni" statt „Magni Imperatoris", Z. 17 „dicit" statt „c. ult. dicit", Z. 21 „quo" statt „isto", Z. 22 „et" statt „aut"; das gleiche gilt von Anm. 12, wo Palmieri als Lesart des „*Cod.*" „Appio Claudio" statt „Appii Claudii" bringt. Freilich stimmt sein Abdruck auch mit Savignys Handschrift nicht genau überein, aber dies liegt natürlich nur daran, daß er auch Pescatores Handschrift unsorgfältig abgedruckt hat: so erklärt sich, daß er in Anm. 6 sagt „*Cod. om.* qui", während es heißen müßte „*Cod.* [*Pesc.*] quod", und in Anm. 15 „*Cod.* veram", während sämtliche Handschriften richtig „rerum" haben. Die allerhäufigsten Abweichungen aber ergeben sich daraus, daß Palmieri überall, wo Diplovatatius einen antiken Schriftsteller anführt, die Stelle, falls er sie überhaupt nachschlägt, so, wie er sie in irgendeiner heutigen Ausgabe findet (er spricht dann von einer „Ed. di Lipsia“ od. dgl.), als Text einsetzt, ohne auch nur mit einer Silbe der Abweichung zu gedenken.[1] Allein in der kleinen angeführten Stelle S. 31 seiner „edizione critica“ finden sich nicht weniger als acht willkürliche Änderungen dieser Art (z. B. Z. 25 „status tranquillitatis“ statt „t. st.“, Z. 26 „maxima agitatione“ statt „a.“, Z. 27 „quiete nimia“ statt „n. q.“). Auf gleicher Stufe wie der Text steht der Apparat. Z. B. konnte oder wollte Palmieri oft selbst die einfachsten Quellenstellen nicht nachweisen; so S. 4 „Philosophus 4. Ethycorum“, S. 9 den „fasciculus temporum“, S. 11 „Joseph (!) in libro antiquitatum Judaicarum“, ebenso massenhaft Stellen aus Herodot, Ovid, Seneca usw. Man sieht aus diesen Stichproben, daß eine Durchprüfung der schmalen zwei Hefte ein ganzes Buch füllen würde, und daß wir nicht zu viel sagen, wenn wir Palmieris Ausgabe für völlig wertlos und für das traurigste unter den Machwerken erklären, die seinen Namen tragen.

Glücklicherweise hat Palmieri aus unbekannten Gründen die Arbeit aufgegeben, nachdem er sein Bruchstück — gerade das für uns unergiebigste — veröffentlicht hatte. Die Fachgenossen haben seine Angaben über die Grundlage der Ausgabe geglaubt[2], und wie hätte man auch ohne weiteres an dem Worte eines Gelehrten zweifeln sollen, der schon damals (und übrigens bis in die letzte Zeit hinein) mit den wichtigsten Aufgaben betraut wurde? Es versteht sich von selbst, daß die Palmierische Ausgabe für die Wissenschaft keinerlei Nutzen gebracht hat. Wohl aber hat sie einen tatsächlichen Schaden gestiftet: mit Rücksicht auf Palmieris — wie auch auf Pescatores — Ausgabe hat Malagola 1896 in seiner Neuausgabe von Fattorinis Werk (die auch in anderen Hinsichten einen argen Rückschritt darstellt) den Wiederabdruck der 46 Viten als „überflüssig“ unterlassen.[3]

So standen die Aussichten auf eine Vollendung des oft in Angriff genommenen Werkes schlechter als je. Und noch ein weiterer Versuch sollte scheitern.

16. Enrico Besta, dessen 1903 erschienenes Werk über das Leben und die Schriften des Diplovatatius wir zur Genüge kennen gelernt haben, kündigte darin (S. 39—41) eine eigene, vollständige, auf der Stammhandschrift ruhende und kritische Ausgabe an, die wegen der Unvollständigkeit und Mangelhaftigkeit sowohl der Pescatorischen als der immerhin besser angelegten Palmierischen angebracht sei. Sie sollte „binnen kurzem“ in Gaudenzis Bibliothek erscheinen. In der Tat spricht Besta von seiner Ausgabe ständig wie von einer abgeschlossenen Arbeit. „Jenes sorgfältige Zurückgehen auf die von Diplovatatius ausgenutzten Quellen, das Pescatore allzu mühselig und dem Nutzen zu wenig angemessen schien, war dauernd die Grundlage meiner Arbeit, in der eine Reihe von Anmerkungen die Lesarten im Vergleich zu der Handschrift angibt, während eine andere Reihe die verschiedenen Verweise auf die von Diplovatatius angeführten Werke enthält — möglichst gemäß den von ihm benutzten Ausgaben und Handschriften. Zeit und

[1] Dies hat schon Besta 39 mild gerügt.

[2] Seckel am S. 128[1] gen. Ort S. 375; Besta 39.

[3] Bd. 2 S. 332.

Arbeit wurden bei dieser peinlich genauen Vergleichung nicht gespart, werden aber hoffentlich durch ihre Nützlichkeit aufgewogen. Sehr wenige Werke konnten in der Tat nicht verglichen werden, sei es wegen ihrer Verschollenheit oder wegen der Seltenheit der Handschriften und Ausgaben: und glücklicherweise handelt es sich um Stellen, in denen der Wortlaut weniger verderbt oder leichter zu bessern war; der echte Wortlaut kann daher im allgemeinen als sicher hergestellt gelten.“ (S. 41.)

Es ist hiernach überaus auffällig, daß in den 15 Jahren, die seitdem verflossen sind, von der Ausgabe kein Stück zur Welt gekommen ist, obwohl Gaudenzis Bibliothek weiter erschienen ist, und daß Besta in den unzähligen Schriften, die er seitdem veröffentlicht hat, soviel ich sehe, auf die Sache nie mehr zurückgekommen ist. Sollte er die Arbeit aufgegeben oder etwa gar nicht angefangen haben, und also, in vorauseilendem Geistesflug, Absicht und Vollendung, Taten und Worte verwechselt haben? Das möchte ich in der Tat annehmen. Zunächst kann er unmöglich den von ihm ausdrücklich einbegriffenen antiken Teil bearbeitet oder auch nur abgeschrieben haben, denn dann hätte er Palmieris Unwahrhaftigkeit auf den ersten Blick bemerkt und diesem nicht bescheinigt, daß er „mit besserem Plane“ als Pescatore die Oliverianische Handschrift zugrunde zu legen versprochen habe. Aber auch mit dem anderen, dem mittelalterlichen Teile kann er sich nicht näher eingelassen haben; sonst hätte er sofort seinen angeblich durchgeführten Grundsatz, „möglichst“ auf die vom Verfasser benutzten Ausgaben und gar die Handschriften zurückzugehen, als unausführbar erkennen müssen: ist es doch meinen Mitarbeitern und mir in keinem Falle sicher gelungen, diesen natürlich auch von uns geträumten Traum zu verwirklichen! Dann begreift sich auch, daß Besta in seiner Schrift über Diplovatatius aus dem Buch „de claris iurisconsultis“ so wenige Stellen anführt, und diese — falsch. So S. 32 Z. 1 v. u.: „gradus“ statt „g. precedentie“; S. 36[1]: „invenit scriptum in quodam suo tractatu“ statt „inveni etiam scriptum in quodam tractatu suo“, und ebenda: „uno libro“ statt „u. alio l. antiquo“; S. 12 bei Anm. 2 sind die Vorlesungen aller drei Lehrer in Perugia falsch angegeben.[1] Andererseits begreift sich so die Anführung von Stellen, welche das Buch durchaus nicht enthält[2], und daß er das so sorgfältig herausgegebene Werk nie unter dem richtigen Titel, sondern zweimal, mit kennzeichnender Übertreibung, als „de clarissimis iurisconsultis“ anführt[3], ein drittes Mal als „de claris iurisperitis“.[4] Wir schließen aus alledem, daß Bestas Ausgabe so wenig, wie sie erschienen ist, jemals erscheinen wird; wäre sie aber erschienen, oder sollte sie noch erscheinen, so würde sie, wenn wir nach seinen sonstigen Leistungen als Herausgeber auf diesem Gebiete urteilen dürfen[5], das traurige Kapitel der Diplovatatiusausgaben um eine weitere traurige Seite bereichern.

---

[1] Richtige Angaben oben S. 20.

[2] Vgl. z. B. Besta S. 10[3] und 11[2] mit unseren Feststellungen oben S. 11[6] und 12 Z. 3/2 v. u.

[3] S. 10, 34.

[4] S. 41.

[5] Vgl. oben S. 102f.

C. Grundsätze unserer Ausgabe.

17. So kann denn Rücksichtnahme auf einen Fachgenossen gegen die Veranstaltung einer neuen Ausgabe des Werkes nicht ins Feld geführt werden. Eine kritische Ausgabe des Grundbuchs der juristischen Literaturgeschichte ist mir seit langen Jahren als Ehrenpflicht erschienen. Aber an die Ausführung konnte ich erst gehen, als mancherlei günstige Umstände sich zusammenführen ließen: die Gewinnung von Herrn Eugen Rosenstock für die Vergleichung der Handschrift in Pesaro; die hochherzige Schenkung des zweiten Bandes seiner Abschrift durch Pescatore, wodurch die Zeit der Vergleichung ganz wesentlich abgekürzt, ja die Vergleichung überhaupt erst eigentlich möglich wurde; und die dankenswerte Gewährung von Reiseunterstützung an Herrn Rosenstock und mich durch die im Vorwort erwähnten Körperschaften. Nachdem sich im Laufe der Jahre 1912 und 1913 diese Vorbedingungen eingestellt hatten, ersetzte ich zuerst den ersten Band der Pescatorischen Abschrift (Palmierischen Angedenkens), indem ich aus den Teildrucken und einer ergänzenden Abschrift der mir nach Freiburg geliehenen Savignyschen Handschrift eine neue Vergleichungsgrundlage herstellte.[1] In diese beiden Bände wurden nun von Herrn Rosenstock und mir in Pesaro vom 11. August bis zum 10. September 1913 in täglicher fünf- bis sechsstündiger Arbeit die mehreren tausend Abweichungen der Stammhandschrift eingetragen. Die Vergleichung war selbstverständlich eine wortgetreue; sie war während des Lesens sogar eine buchstabengetreue. Hingegen wurden die nur die Rechtschreibung betreffenden Abweichungen der Handschrift nur insoweit eingetragen, als dies unser Endzweck erforderte. Dieser war nicht, einen Abklatsch der Stammhandschrift zu geben, sondern ein nach den Regeln der kritischen Kunst behandeltes Abbild der verlorenen Urschrift.

Hierzu mußten wir zunächst diese Urgestalt kennen lernen und dafür standen uns zweierlei Hilfsmittel zur Verfügung: das Zeugnis des zwar entarteten aber doch unmittelbaren Oliverianischen Sprößlings und die Familienähnlichkeit, die zwischen der Urschrift unseres Werkes und erhaltenen Urschriften anderer Werke zweifellos bestanden haben muß. Besonders wertvoll war uns in diesem Sinne die — unten durch eine Nachbildung vertretene — Urschrift des fast gleichaltrigen Chronicon Pisauri (Cod. Oliv. 1422); denn auch dieses war erste Niederschrift einer Stoffsammlung. Es zeigt daher — wie auch die Urschriften anderer Arbeiten des Thomas[2] — ein häßliches und ungeordnetes Gebilde, von zahlreichen Durchstreichungen und anderen Verbesserungen durchsetzt, und mit Randbemerkungen übersät, die meistens Nachträge zum Text darstellen, die das gleiche aus neuer Quelle wiederholen. Wohin diese Zusätze gehören, ist oft gar nicht ersichtlich, sie finden sich gelegentlich sogar auf nicht zugehörigen Blättern, wo gerade Platz war, eingeklemmt. Manche Zusätze müssen sogar auf losen Zetteln

---

[1] Durch diese Abschrift hat sich Frau Thea K. den Dank der Herausgeber erworben.

[2] Vgl. über eine der venezianischen Handschriften Besta 58.

gestanden haben; denn sonst ließe sich nicht erklären, wie das Schlußwort zu de claris iurisconsultis vom Abschreiber schon hinter der Vita des Furius Marcianus, d. h. da eingereiht werden konnte, wo Thomas den antiken Rechtsgelehrten die spätantiken Gesetzgeber folgen läßt, also einen Unterabschnitt macht. Schreibfehler stehen dicht gesät: mindestens fünf auf der abgebildeten Seite.[1] Hingegen mangeln eigentliche Sprachfehler — nicht im Sinne des Humanismus, aber dem des Mittelalters. Der Sprachgebrauch des Verfassers soll nicht eingehend untersucht werden; es genügt, hier einige Wörter zu erwähnen, die in einem literaturgeschichtlichen Werke häufig sein müssen. Z. B. beherrscht, auch wenn es vom Gegenstand gebraucht wird, „super" den vierten Fall; „paragraphus" gilt als männlichen Geschlechts; zwischen „verbo" und „versiculo" wird nicht unterschieden; die einzelnen Viten werden mit dem abgekürzten Wort „cap." angeführt, wobei nicht zu entscheiden ist, ob dies „caput" oder „capitulum" heißen soll. Italianismen mangeln natürlich nicht, ja es wird sogar gelegentlich der italienische Artikel gesetzt, z. B. „de legatis il primo". Die Rechtschreibung des Thomas war, wie seine ganze Geistesbildung, ein Gemisch mittelalterlicher und humanistischer Art, dorthin wies ihn die Gewohnheit, hierhin zog ihn der Zeitgeist. Sie war somit die Willkür selbst: regellos wechseln große und kleine Anfangsbuchstaben, einfache und doppelte Mitlauter, „c" und „ch", „c" und „ct", „f" und „ph", „i" und „y", „in-" und „im-", „q" und „qu", „t" und „th". Nur eine Regel wird standhaft durchgeführt: es gibt, nach spätmittelalterlicher Art, keine Umlaute, so daß also für „poenae" „pene" steht. Ferner scheint er, wie üblich, durchgängig „vendicatio" geschrieben zu haben. Unter den Eigennamen scheint allein die Schreibung „Adrianus", „Voleterranus", „Jovanes" stehend; im übrigen herrscht auch hier und gerade hier vollkommene Willkür. Die Schrift ist eine sehr eigengeartete, kennzeichnende Gelehrtenhand; die i-Punkte stehen ziemlich sorgfältig über dem zugehörigen Striche; dürfen wir angeblich gesicherte Ergebnisse der Schriftdeutung auf diese Zeit anwenden, so erkennen wir in der geschlängelten Zeilenführung den Diplomaten, in der häufigen Vereinzelung der Buchstaben den induktiv veranlagten Forscher. In Buchstabenform und Abkürzungsweise ist die Schrift ganz die übliche einer etwas älteren Zeit, und könnte daher als spätgotische Kursive bezeichnet werden. Sie ist sehr nachlässig und daher sehr schwer leserlich: die Entzifferung einer Seite beansprucht viele Stunden. i-Punkte fehlen teilweise, daher „e", „i" und „t" meist schwer zu unterscheiden sind, ebenso wie „a", „n" und „u", „U" und „b"; „situ" ist wie „sua" geschrieben, „sequens" kann auch „sequtus", „sint" auch „stan-" bedeuten. Zeichensetzung fehlt fast ganz, „-que" wird oft vom Wort getrennt, umgekehrt werden verschiedene Wörter verbunden geschrieben. Im Anlaut stehen das runde und spitze v nach Belieben; im Inlaut überwiegt durchaus das runde. Arabische Ziffern wechseln regellos mit lateinischen (in gothischer Buchstabenform) und mit den Zahlwörtern, wobei die Fallendung nach Belieben gesetzt oder fortgelassen wird: „tertius", „3us", „iij^{s}", „iij"; doch überwiegen arabische Ziffern stark.

---

[1] Vgl. Z. 19, 20, 32, 39, 41.

18.[1] So also muß das Werk ausgesehen haben, dessen Wortlaut wir nunmehr, nach den Grundsätzen der heutigen Wissenschaft von unwesentlichen Zufälligkeiten gereinigt, auf der Grundlage der einzigen erhaltenen Abschrift, des Codex Oliverianus 203, festzustellen hatten. An dieser Grundlage hatten wir Veränderungen vorzunehmen, die wir — nicht ganz zutreffend, aber zweckmäßig — in Streichungen, Verbesserungen und Zusätze einteilen können. Wir erwähnen hier nur das, was dem Leser entgehen oder der Begründung bedürftig erscheinen könnte.

Gestrichen wurde alles — aber auch nur dies — was nicht vom Verfasser herrührte. Also das Verzeichnis, an dessen Stelle ein von uns herrührendes, vollständigeres trat; die Zählung der Viten, die aber im Inhaltsverzeichnis erhalten blieb, um ältere Anführungen des Werks nutzbar zu erhalten; und alle Randbemerkungen früherer Benutzer der Abschrift. Vom Abschreiber versehentlich hinzugefügte Wörter wurden in den Apparat verwiesen, soweit sie nicht, wie manchmal gleichgültige Doppelschreibungen, stillschweigend unterdrückt wurden.

Gebessert wurden alle erkennbaren Verderbnisse der Handschrift unter Einsetzung des mutmaßlichen Wortlauts der Urschrift. Bei der uns aus dem Obigen bekannten übergroßen Gewissenhaftigkeit des Diplovatatius einerseits, seiner überaus flüchtigen Handschrift andererseits, durften wir unbedenklich sprachlichen oder sachlichen Irrtum dann auf Kosten der Abschrift setzen und demgemäß verbessern, wenn er für die Sprach- und Geschichtskenntnisse der Zeit oder des Verfassers als barer Unsinn sicher erkennbar gewesen wäre. Erst recht war das nur sachlich oder sprachlich Falsche nicht ohne weiteres zu verwerfen, sondern ebenfalls mit Rücksicht auf Geschichts- und Sprachkenntnisse des Thomas auf seine Echtheit zu beurteilen. So war ihm z. B. offenbar das seltenere Wort „cento“ = Flickwerk unbekannt, er verstand daher den folgenden Satz Polizians nicht:

> Septem omnino et triginta fuere conditores iuris, quorum de verbis digestorum leges velut centones quidam consuuntur[2];

hierauf beruhen dann sinnlose Sätze wie:

> Domitius Ulpianus unus ex septem et triginta conditoribus iuris velut centonibus fuit.

Die Überlieferung „cennonibus“ (oder ähnlich) statt „centonibus“ war auf Rechnung des Abschreibers zu setzen, im übrigen aber an den Sätzen trotz ihrer Sinnlosigkeit nichts zu bessern. Die größte Hilfe bei der Besserung des Wortlauts gewährte natürlich der Rückgang auf die Quellen, eine Arbeit, die bei einer bloßen Sammlung von Auszügen, als welche sich das Werk des Thomas ja darstellt, ebenso aufschlußreich als mühselig war.

Bei dieser Arbeit sind die drei folgenden Grundsätze festgehalten worden: 1. Der Wortlaut der Quelle durfte nicht ohne weiteres an die Stelle des über-

---

[1] Dieser und der folgende Abschnitt enthält eingehende Ergänzungen aus der Feder von F. Schulz, die erst auf Grund seiner Erfahrungen bei der Ausgabe beigesteuert werden konnten.

[2] Epistolarum liber 5, letzter Brief, S. 70 der Ausgabe der Werke Bas. 1553.

lieferten Wortlautes gesetzt werden, da Thomas so wenig wie irgendein älterer Schriftsteller immer oder auch nur regelmäßig seine Quellen wörtlich anführt. Er umschreibt, indem er ungewöhnliche Worte durch gebräuchlichere ersetzt, indem er die in seiner Quelle vorgefundenen Anführungen berichtigt oder ergänzt; Ausführungen der Quelle, die ihm zu lang erscheinen, zieht er zusammen, bisweilen unter Zerrüttung des grammatischen Zusammenhangs. Selbst Inschriften scheint er nicht vollkommen genau wiedergegeben zu haben, er löste z. B. ihm verständliche Kürzungen auf, während er die ihm unverständlichen stehen ließ. Dies mußte bei der Ausgabe unangetastet bleiben. Hingegen wurden die durch Wortumstellung zerrütteten Verse in Versform gebracht, obwohl möglicherweise schon Thomas die ungewöhnliche dichterische Wortstellung durch die prosaische ersetzt haben kann. 2. Stimmte der überlieferte Text mit dem der Quelle überein, so war an der Überlieferung nicht zu rütteln, selbst wenn sie offenbar sprachlichen oder sachlichen Unsinn enthielt. 3. Das vollkommene Verfahren wäre natürlich gewesen, die von Diplovatatius nachweislich selbst benutzten Handschriften und Drucke zu ermitteln. Für den ersten Band gelang dies jedenfalls nicht und wird auch voraussichtlich für den zweiten nicht gelingen. Wo, wie bei zahlreichen antiken Schriftstellern, kritische Ausgaben vorlagen, deren Apparat namentlich auch über die schlechteren Lesarten Aufschluß gab, war es jedoch regelmäßig möglich, den Text zu ermitteln, der Diplovatatius vorlag; zur Ergänzung wurden Drucke seiner Zeit herangezogen. Fehlte eine ausreichende kritische Ausgabe, wie bei den meisten mittelalterlichen Schriftstellern, so konnte es unmöglich unsere Aufgabe sein, jedesmal erst den vermutlich von Thomas benutzten Text herzustellen: diese Arbeit hätte ins Uferlose geführt. Wir mußten uns damit begnügen, irgendeine leicht erreichbare Handschrift, irgendeinen erreichbaren Druck oder eine kleine Anzahl Drucke heranzuziehen. Hier standen wir vor einer Schranke, die den Ausgaben mittelalterlicher Werke vermutlich dauernd gezogen sein wird. Wo das Corpus iuris civilis die Quelle war, mußte natürlich nach Möglichkeit der Vulgattext zugrunde gelegt werden; leider unterrichten uns aber unsere Ausgaben über diesen Text, wie bekannt, vielfach nur sehr unzureichend.[1] — Eine besondere Erörterung bedarf noch die Berichtigung von in den Anführungen enthaltenen Überschriften der angeführten Kapitel und Titel, von Anfangsworten der angeführten Fragmente der Rechtsbücher, von Bücher-, Kapitel- und Fragmentzahlen. Irrtümer in diesen Angaben, die Diplovatatius aus seiner Quelle übernommen hat, durften natürlich im Text nicht berichtigt werden, im (sachlichen) Apparat wurde aber die in Wahrheit gemeinte Stelle angegeben. Ebensowenig durfte der Wortlaut verbessert werden, wenn die angeführte Titel- oder Kapitelüberschrift zwar nicht die des richtigen Titels oder Kapitels ist, wohl aber die des unmittelbar vorhergehenden oder folgenden: auch hier handelt es sich eben um Fehler, die bereits bei Diplovatatius standen. War statt mit Worten mit Zahlen zitiert und wich die überlieferte Zahl von der richtigen nur um 1 ab (z. B. cap. 42 statt 43, lex 2 statt 3), so ist es ja freilich möglich, daß der Schreiber den Fehler ver-

---

[1] Vgl. Kantorowicz am S. 101[2] gen. Ort, Anhang (Bd. 31 S. 78ff.).

schuldet hat, ebenso möglich ist es aber, daß schon Diplovatatius das Versehen begangen hat; auch hier blieb daher der Text ungeändert. Waren die Zahlenunterschiede stärker, so ist grundsätzlich schon im Text berichtigt worden, da ja erfahrungsgemäß Zahlen besonders leicht verschrieben werden; natürlich war stets auf die Zählungen alter Ausgaben Rücksicht zu nehmen, auch zu bedenken, daß das „c." unserer Handschrift mitunter nicht in „caput" oder „capitulum", sondern in „carta" aufzulösen ist.[1] Werden die Anfangsworte angeführt, wie regelmäßig bei Stellen aus den Rechtsbüchern, und weichen diese Worte von dem richtigen Text der angeführten Stelle (beim Corpus iuris natürlich vom Vulgattext!) ab, so durfte nicht ohne weiteres berichtigt werden. Diplovatatius führte nämlich, wie auch andere Juristen der Zeit, anscheinend selbst diese Anfänge trotz ihrer praktischen Wichtigkeit nicht immer ganz an, ließ insbesondere kleine Überleitungswörtchen der Corpus-iuris-Anfänge, wie „sed", „et", „sed et" weg, ja vereinfachte den Wortlaut wohl auch noch mehr. Derartige Abweichungen der Anfangsworte von der Quelle — die aber, so klein sie waren, begreiflicherweise oft das Auffinden der Stellen äußerst erschwerten, in Ausnahmefällen sogar unausführbar machten — wurden, weil beabsichtigt, nicht angetastet. — Besserungen des Wortlautes ohne Anhalt in den Quellen sind nur mit großer Zurückhaltung und fast durchweg nur im kritischen Apparat vorgeschlagen.

Die vorgefundene Anordnung der Viten wurde, obwohl manchmal verdächtig, nicht geändert. Auch die Doppelstücke — wohl zweimalige Entwürfe des Verfassers — wurden an beiden Stellen wiedergegeben, ebenso das erwähnte Schlußwort, das aber an der ersten Stelle durch kleineren Druck als Einschiebsel gekennzeichnet wurde. Auch die schon vom Abschreiber eingereihten Randbemerkungen wurden an ihrer Stelle belassen, weil der ungeordnete Zustand Diplovatazischer Handschriften feste Anhaltspunkte für die echte Ordnung ausschloß. Nur an verschwindend wenigen Stellen, wo der Schreiber offensichtlich geirrt hat, wurden kleine Textstücke umgestellt, natürlich stets unter entsprechendem Hinweis im Apparat. Die vom Schreiber noch nicht eingereihten Randbemerkungen wurden im Texte da untergebracht, wo sie nach der räumlichen Stellung oder dem Zusammenhang am ehesten hingehören konnten. Hingegen wurden die vorgefundenen Absätze frei umgestaltet: jede selbständige Vita erhielt einen Absatz und grundsätzlich nur einen; nur in den sehr umfänglichen Viten der Urheber der Rechtsbücher, in diesem Bande z. B. in der Vita Justinians, mußten der Übersichtlichkeit

---

[1] Das ergibt die folgende Zahlentafel über die Anführungen aus Ciceros Brutus:

Angeführt in der Handschrift als:	c. 5	c. 4	c. 7	fol. 7	c. 7	c. 8	c. 8	c. 8	c. 9
Kapitelzahl:	28	30	39	40	42	45	47	48	55

Angeführt in der Handschrift als:	fol. 10	c. 10	c. 12	c. 12	fol. pen.
Kapitelzahl:	58	63	76	78	89

Überall ist hier c. in „carta" aufzulösen; c. 4 ist in c. 5 zu verbessern. Dasselbe Verhältnis der Blatt- und Kapitalzahlen findet sich in dem Druck Ven. 1485. Palmieri hat überall die Blatt- in die Kapitelzahlen „verbessert."

wegen weitere Absätze gemacht werden. Ganz frei wurde natürlich auch die sinnlose Zeichensetzung der Handschrift behandelt, und hierbei, da auch Thomas selber keine Grundsätze hatte, nach dem heutigen Gebrauch verfahren, wie überhaupt, soweit nur möglich, die Lesbarkeit des Werkes erleichtert wurde.

Ähnlich wurde die Rechtschreibung behandelt, eine Frage, die ja niemals eine andere Lösung als die der Verständigung zuläßt. Einfache Anwendung einer vorhandenen Rechtschreibung war ausgeschlossen, weil die Urschrift verschollen ist und die Stammhandschrift als Abschrift nicht maßgeblich sein konnte. Die Schreibung mußte also festgesetzt werden, und dann natürlich einerseits regelmäßig, andererseits für Zeit und Verfasser kennzeichnend sein. Beide Forderungen widersprachen sich aber: denn eben die Regellosigkeit ist kennzeichnend für beide. Als ruhende Pole verblieben nur auf der einen Seite das vergebliche Streben der beiden nach einer Bereinigung der Rechtschreibung im Sinne des Humanismus, auf der anderen Seite die diesem Streben zum Trotz bei Thomas festgewurzelten mittelalterlichen Eigentümlichkeiten, die wir oben aufführten, besonders das Fehlen der Umlaute. Somit ergab sich die für das Werk einer Übergangszeit gewiß angemessene mittlere Lösung, daß wir die heute übliche, aus eben jenem Streben des Humanismus endgültig erwachsene neulateinische Rechtschreibung zur Grundlage nahmen, aber ihr durch Einfügung jener Eigentümlichkeiten besonderes Gepräge verliehen. Da wir nicht wissen können, wie Thomas geschrieben hat, wollen wir wenigstens im Äußerlichen der Rechtschreibung sein Werk so herausgeben, wie er es gerne geschrieben hätte. Doch wurde die Schreibung von u statt v im Inlaut nicht berücksichtigt, da dies eine Sache nicht der Rechtschreibung, sondern der Buchstabenform ist und anderenfalls die Lesbarkeit schwer beeinträchtigt worden wäre. Ähnlich sind auch die Eigennamen, namentlich die Juristennamen behandelt. Angewendet wurde die Schreibung, die durch die Aufnahme bei Savigny und Schulte üblich geworden ist. Wir schreiben also stets Dinus, Cinus, nicht Dynus, Cynus, stets Irnerius statt Yrnerius oder Hyrnerius. Handelte es sich freilich nicht lediglich um Abweichungen von der üblichen Schreibung, sondern um andere Namensformen, so ist an der überlieferten Schreibung nichts geändert worden, sofern nicht offenbar ein Abschreiberversehen vorlag; wir schreiben daher Triphonius statt Tryphoninus, ja selbst Jabolenus statt Javolenus.

Keine der genannten Besserungen wurde im Texte durch Wort oder Zeichen unmittelbar kenntlich gemacht, um die Lesbarkeit nicht zu beeinträchtigen; dagegen wurden sie, soweit erforderlich, im Apparat verzeichnet.

Die Zusätze betreffen teils den Text, teils den Apparat. Im Text wurden hinzugefügt die Auflösungen fast aller Abkürzungen, auch die der antiken Vornamen; beibehalten oder durchgeführt wurden nur die bei Anführung von Rechtsquellen und Büchern allgemein üblichen. Doch wurde der Zeitfarbe wegen bei Anführung von Gratian Teil II die Kürzung „q." statt „qu." verwandt. Das in unserer Handschrift bei Anführung von Schriftstellern verwendete „c." ist entweder in „carta" oder in „cap." (= caput oder capitulum) aufgelöst worden; bei Anführung aus den Kirchenrechtsquellen wurde „c." stehen gelassen. Ferner steht „v." bei Thomas und ebenso bei uns unterschiedslos für „verbo" und „versiculo". Von selbst versteht sich, daß Abkürzungen von Titeln des Corpus iuris civilis der Vulgatlesart gemäß aufgelöst wurden. Ausgefallene Wörter wurden im Text ohne die Einschiebung andeutende Zeichen eingefügt, aber natürlich im kritischen Apparat als eingefügt nachgewiesen.

19. Der kritische Apparat wurde an Lesartbuchstaben aufgereiht, die sich nur auf das Wort beziehen, hinter dem sie stehen, oder die Wörtergruppe, die sie, indem der gleiche Buchstabe zweimal gesetzt wurde, einschließen. Die Anmerkungen enthalten die verworfenen Lesarten der durch dahintergesetztes „Cod." gekennzeichneten Handschrift; vorangeht — in Abkürzungen, deren Schlüssel die entsprechende Stelle des sachlichen Apparats nebst der Signorum explicatio bietet — die Angabe der Quelle, aus der die Lesart des Textes entstammt; fehlt die Angabe, so liegt Vermutung vor. Zweifelhafte Vermutungen wurden freilich nicht in den Text, sondern — mit dahintergesetztem „scr.?" — in den Apparat gesetzt. Text und Apparat zusammen enthalten den gesamten vom Schreiber herrührenden Inhalt der Stammhandschrift. Unterdrückt wurden lediglich solche Irrtümer, welche unzweifelhaft bloße ungewollte Schreibfehler waren und deren Verbesserung sich ebenso unzweifelhaft ergab, namentlich die zahlreichen durch Anklang entstandenen falschen Beugungen, sowie alle auf die Rechtschreibung beschränkten Abweichungen von unserem Texte. In beiden Fällen wurden aber auch solche Lesarten im Apparat vermerkt, wenn ein sachlicher oder schriftgeschichtlicher Gesichtspunkt dafür sprach. Die Anmerkungen enthalten ferner die üblichen kritischen Bemerkungen, so gegebenenfalls stets den Hinweis darauf, daß die fragliche Stelle in der Handschrift am Rand steht, und — gelegentlich — einen Hinweis auf die vom Schreiber selber vorgenommenen Verbesserungen, indem „C^1" und „C^2" unterschieden wurden. Die Lesarten der Abschriften der Stammhandschrift wurden selbstverständlich beiseite gelassen, begreiflicherweise auch die Vermutungen Palmieris.

Der an arabischen Ziffern aufgereihte sachliche Apparat soll keineswegs eine Erläuterung sein: schon eine Berichtigung der falschen Angaben des Textes zu bieten hätte nicht viel weniger bedeutet, als eine Geschichte der Rechtswissenschaft in Anmerkungen zu einer Ausgabe schreiben. Auch der verlockenden Aufgabe, wenigstens die neuere Literatur zu den einzelnen Viten anzumerken, widerstanden wir, um nicht weitschweifig zu werden und weil ein solches Unternehmen das so notwendige Schriftenverzeichnis zur Geschichte der Rechtswissenschaft doch nicht hätte ersetzen können. Wir beschränkten die Erläuterung auf Erklärung von Ortsnamen und die Bestimmung wenig bekannter Personen durch Angabe von Stand, Heimat und Zeitalter, — beides, soweit einem gebildeten Leser damit gedient sein konnte. Das Hauptgewicht des sachlichen Apparats liegt in der Nachweisung der Quellen des Werkes. Zunächst mußten natürlich die Anführungen des Thomas sämtlich nachgeschlagen und im Apparat nach der heutigen Weise, bei alten Drucken mit Angabe des Blattes einer genau verzeichneten Ausgabe, angemerkt werden. Dieser Grundsatz wurde auch festgehalten, wenn eine Anführung in einer anderen steckte, d. h. von Thomas nachweislich aus einer Zwischenquelle übernommen war, obwohl hier streng genommen die Angabe der Zwischenquelle genügt hätte. Aber einmal stellte es sich nicht selten erst nachträglich heraus, daß die Anführung einer Zwischenquelle entnommen war, nachdem bereits die Grundquelle aufgeschlagen und vermerkt war, daher es pedantisch gewesen wäre, diese Angaben, die dem Benutzer des Werkes ja nur erwünscht sein können, hinterher wieder zu tilgen. Und vor allem ließ sich wiederholt nachweisen, daß Thomas in seiner bekannten Gewissenhaftigkeit die Anführungen seiner Quelle selbst wieder nachgeschlagen hat. Man lese z. B. die folgende Stelle aus dem Schluß der Vita Justinians:

> Qui (scil. Justinianus) inter sanctos connumeratus fuit, ut dicit Bartolus in rubrica C. in 2. columna se audivisse Justinianum fuisse positum in catalogo sanctorum; et insignis doctor Jovanes Faber super rubricam Inst. in v. in nomine Domini in fine dicit vidisse nomen Justinianum scriptum in catalogo sanctorum Kalendis Augusti.

Nun finden wir in dem von Thomas vielbenutzten Werk des Caccialupus de modo studendi (im Anhang) folgende Ausführung:

> Fuit iste Justinianus positus in catalogo sanctorum, ut refert Bartolus in prima rubrica C. et in proemio ff. veteris super rubricam. Ceterum insignis doctor dominus Johannes Fabri super rubricam proemii Inst. dicit se vidisse nomen Justiniani scriptum in catalogo sanctorum Kalendis Augusti.[1]

Es liegt auf der Hand, daß Thomas diese Stelle des Caccialupus vor sich gehabt hat; er hat aber alsbald die Bartolusstelle nachgeschlagen, denn die Worte „se audivisse" konnte er aus Caccialupus nicht entnehmen, während Bartolus allerdings schreibt: et audivi quod dominus Justinianus fuit positus in catalogo sanctorum; aber auch die Faberstelle hat er nachgeprüft und genauer gestaltet. Daher haben auch wir die übernommenen Anführungen nachgeprüft, unter allen Umständen, wenn Rechtsbücher, aber auch wenn Schriftsteller angeführt waren, außer in wenigen Fällen, wo dies namentlich wegen der Seltenheit des angeführten Werkes gar zu mühselig und zeitraubend erschien. Im Übrigen unterblieb die Nachprüfung zunächst ausnahmsweise dann, wenn die angeführte Schrift schwer erreichbar und mit Sicherheit vorauszusehen war, daß die Vergleichung zur Besserung unseres Textes nichts beitragen würde; auch wenn Diplovatatius eine Schrift mit den Anfangsworten anführt, und diese Worte sich gleichlautend in der neueren Literatur, namentlich bei Savigny und Schulte, aus der Schrift selbst wiedergegeben fanden, ist die Nachprüfung des Anfangs unterblieben, wenn die Schrift nicht gerade bei der Hand war. Unfreiwillig unterlassen wurde die Prüfung in folgenden Fällen: einmal selbstverständlich dann, wenn die Schrift verloren war, oder jedenfalls von uns nicht aufgefunden werden konnte; sodann, wenn die Schrift zwar vorhanden, die Stelle darin aber, mindestens in der von Diplovatatius angeführten Form, nicht gefunden werden konnte. Im Apparat wurde dann auf diese Lücke hingewiesen; ein Blick in die Ausgabe lehrt, daß diese Fälle verschwindend selten sind.

Außer den namentlich angeführten Quellen waren aber auch die von Thomas (mindestens in der vorliegenden Abschrift!) stillschweigend benutzten

[1] Sp. 24 der Ausgabe Repetitiones ... diversorum doctorum. Ven. 1472.

Quellen zu erforschen und zu vermerken. Das Wesentliche dürfte gefunden sein, restlos freilich konnte auch diese Aufgabe von uns nicht gelöst werden: bei einer, freilich nur kleinen, Reihe von Stellen haben wir den bestimmten Eindruck, daß sie von Thomas aus Zwischenquellen übernommen worden sind, ohne daß es doch gelang, diese zu ermitteln.

Über die Zitierform unseres sachlichen Apparats genügt das Folgende:

Das Corpus iuris civilis wurde nicht nach dem früheren sog. juristischen Verfahren, sondern in der in der heutigen Wissenschaft vom römischen Recht üblichen Art angeführt. Buch- und Titelzahl wurde, um die Lesbarkeit zu erhöhen, in Klammern eingeschlossen. Es bedeutet also D. (7, 1) 68, 2: Digesten, Buch 7, Titel 1, Fragment 68, § 2. Für das Corpus iuris canonici wurde entsprechend die Art, wie es Juristen und Theologen noch anführen, aufgegeben und nach der philologischen Art verfahren. Bei den Dekretalen wurde Buch- und Titelzahl in Klammern geschlossen. Im Dekret wurden die Teile durch römische Ziffern bezeichnet. Es bedeutet also:

Grat. I 25, 4: Decretum Gratiani Teil 1, Distinctio 25, Kapitel 4.

Grat. II 33, 3, 1, 13: Decretum Gratiani Teil 2, Causa 33, Quaestio 3, Distinctio 1, Kapitel 3.

Greg. (2, 13) 14: Dekretalen Gregors IX. (= Liber extra) Buch 2, Titel 13, Kapitel 14.

Bonif. (2, 13) 2: Dekretalen Bonifaz VIII. (= Liber Sextus) Buch 2, Titel 13, Kapitel 2.

Die Glossa ordinaria zum Corpus iuris civilis und canonici wurde z. B. angeführt: Gl. . . . ad D. (. . .) . . .; das zwischen „Gl." und „ad" gesetzte Wort ist das Stichwort des Gesetzestextes, nicht das Anfangswort der Glosse.

Stimmt die Zitierform des Thomas mit der heutigen vollständig überein (z. B. Augustinus, de civitate Dei lib. 3 cap. 14), so begnügen wir uns damit, im Apparat „l. c." zu setzen, um anzugeben, daß wir die Stelle nachgeschlagen und gefunden haben. Stimmt die im Text genannte Zahl mit der Zählweise der Zeit des Thomas, nicht aber mit der heutigen überein, so ist der Text unverändert gelassen und im Apparat die richtige Angabe durch ein in Klammern dahinter gesetztes Ausrufungszeichen gegen Anzweifelung sichergestellt.

Wie bereits bemerkt, gibt Thomas seine Quellen vielfach nicht wörtlich wieder; im Apparat ist aber nicht angemerkt worden, ob und wieweit eine Abweichung des Textes von der Quelle besteht: unser Apparat wäre anderenfalls übermäßig angeschwollen. Nur wo die Quellenstelle, besonders eine handschriftliche, erheblich zur Verdeutlichung oder Berichtigung des Textes beitrug, ist sie auszugsweise oder vollständig im Apparat wiedergegeben,

20. Der Anhang der Ausgabe soll im zweiten Bande eine kritische Ausgabe der von Diplovatatius selbst gedruckten drei oder vier Viten enthalten; da die Urhandschriften begreiflicherweise nicht auffindbar waren, sollen, wenn irgend möglich, die unter seiner Aufsicht gedruckten Erstausgaben herangezogen werden.

Wir haben endlich schon diesem Bande zwei Lichtdrucke der Stammhandschrift beigegeben, die eine Beurteilung des Maßes der Abweichung unserer Ausgabe von der Handschrift gestatten, und außerdem als Probe eine Seite aus einer Urschrift des Diplovatatius abgebildet, um die Grundsätze unserer Ausgabe auch diesem Prüfstein auszusetzen. —

Die bisherigen Versuche, das Hauptwerk des Diplovatatius herauszugeben, sind, wie wir sahen, gänzlich gescheitert.[1] Die jüngste Ausgabe, welche wir hiermit vorlegen, beansprucht die erste vollständige und die erste wissenschaftliche zu sein. Möge das Urteil über sie anders lauten, als das, welches hier über die Arbeit unserer Vorgänger gefällt werden mußte. Mit diesem Wunsche geben wir nunmehr dem Verfasser selbst das Wort.

---

[1] Ein Stammbaum mag das oben erwiesene, höchst einfache Verhältnis unserer Ausgabe zu den bisherigen Versuchen veranschaulichen:

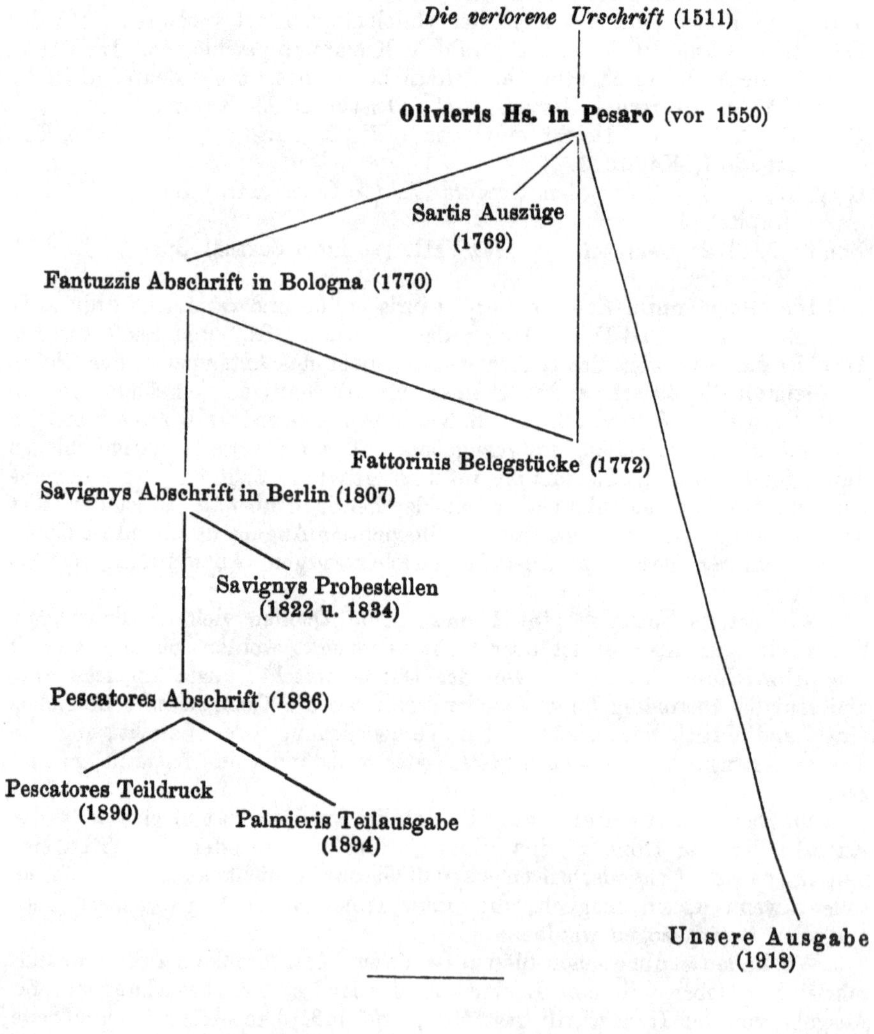

THOME DIPLOVATATII
LIBER
DE CLARIS IURIS CONSULTIS

PARS PRIOR

ADSIT CHRISTUS! f. 1

Laudemus viros gloriosos et parentes nostros in generatione sua. Multam gloriam fecit Dominus magnificentia sua a seculo. Dominantes in potestatibus suis, homines magni virtute et prudentia sua, divites in virtute pulchritudinis studium habentes: Ecclesiasticus 44. cap.[1] Propterea, cum hanc ipsam tante auctoritatis sententiam imitatus, Princeps magnanime[2], doctoratus dignitatem insignem, amplissima doctorum privilegia eorumque gradus precedentie non aspernandos proximis huius operis nostri[a] voluminibus enarraverim, visum est quoque florentissimos quosque viros, qui [b]a Phoronei[b] Inachi Argivorum regis filii[c] tempore ad hoc usque etatis nostre curriculum 1500. non nihil memorie dignum prodiderunt, per annos ter mille trecentos tamquam gemme electissime diversa in orbe gymnasia et proprias civitates illustrando, quam diligentissime potero breviter exponere. [d]Eusebius libro 11. de preparatione evangelica cap. 2.[3]: 'Sapientissimus ille Moyses, qui primus omnium hominum vetustissimorum vitam[e] Hebreorum conscripsit.'[d] [f]Et Apollodorus Atheniensis scripsit plures libros[g] de legis latoribus; idem scripsit Theodorus, initium sumens a Terpandro[h], prout ipsos allegat Diogenes Laertius in suis libris de vitis philosophorum et precipue in vita Solonis et Theodori philosophi[4][f]. Idem hoc ipsum aggressus est Pomponius ff. de origine iuris l. 2.[5], ab anno 17. Tarquinii Superbi, Romanorum regis, per annos sescentos quinquaginta quattuor usque ad tempora Adriani imperatoris. Id etiam in primis antiquitus est observatum, ut iuris peritorum nomina quam diligentissime describerentur: 7. dist. c. fuerunt[i][6] et Ecclesiasticus 45. cap. per totum.[7] Tanta autem antiquitati habita est reverentia, ut nomina prudentum taciturnitati tradere nullo modo patiamur, sed unusquisque eorum, qui auctor

---

[1] l. c. 44, 1—6. — [2] scil. Johannes Sfortia Pisauri dux, de quo vide praef. p. 22 sq., 36. — [3] 11, 4, 512. Vers. Lat. 11, 2. — [4] Diog. Laert. Solon 9, 58; Aristipp. 8, 19. — [5] D. (1, 2) 2. — [6] Grat. I 7, 2. — [7] l. c.

---

[a] 'nostris' Cod. — [b–b] 'Aphoronei' Cod. — [c] vide p. 146, 12, om. Cod. — [d–d] in margine. — [e] 'vitas' sec. Eus. scr.? — [f–f] in margine. — [g] Diog., 'leges' Cod. — [h] Diog., 'Terpaudio' Cod. — [i] 'querunt' Cod. —

legis fuit, nostris digestis inscriptus est, ut C. de veteri iure enucleando l. tanta § tanta.[1] Doctorum etiam nomina sunt scienda et subtiliter discernenda: de officio delegati c. super questionum.[2] Per hoc enim debito fit satis, quoniam premium virtutis est honor, ut Philosophus 4. ethicorum[3]; invidie etiam evitatur[a] infamia, que in celandis aliorum meritis subiri consuevit. Si qui autem, ut opinamur, insurgunt[4], aut si qui sunt antiquitatis ratione pretermissi, et illis ipsis et antiquitati potius quam mihi imputari decebit, quoniam eos, quorum nomina aut[b] scriptorum monumenta in lucem hactenus minime sunt edita, enumerare et temerarium et impossibile fore duximus.

PHORONEUS[c], Inachi Argivorum regis filius et Niobe, primus Grecis leges iudiciaque constituit secundum Isidorum 5.[d] etymologiarum[5] et 7.[e] dist. c. 1.[6], et de verborum significatione c. forus[7], et Augustinum 18. libro de civitate Dei cap. 3.[8] Hic enim homo insignis et sapientia industriaque conspicuus primus fuit, qui leges hominibus dedit. Nam per tempora grossia et rudia, in quibus nimis humanum genus defecit a perspicuitate naturalis luminis, necesse fuit instituere leges positivas, ut earum adminiculo homo rediret ad pristinam et naturalem intellegentiam; de quo per sanctum Thomam plene in [f]prima secunde 4°.[f][9] [g]Scribit Cicero libro de officiis[10]: 'Certum est fuisse aliquod tempus, quo sine legibus vivebatur, et postquam iure gentium possessiones ceperunt dividi, non alia de causa reges sunt instituti ni iustitie faciende. Nam cum initio[h] premeretur[i] multitudo ab his, qui maiores opes habebant, ad unum aliquem virum confugiebant virtute prestantem, qui prohiberet iniuriari tenuiores, [k]qui talem constituendo[k] summos cum infimis pari iure percingeret. Cumque adhuc regnantibus regibus debiliores nonnumquam opprimerentur, leges constituere placuit, que ad iudicandum non odio aut gratia ducerentur, sed tales inopi quales potenti prestarent aures.' Quo fit, ut leges non solum populum, sed regem quoque obligent; at si regem leges contemnere, rapere

[1] C. (1, 17) 2, 10, vide Dur. Spec. 1, 3. — [2] Greg. (1, 29) 27, sed videtur Dipl. laudare voluisse (1, 29) 14, cfr. Gl. 'substitutum' ad h. l. Fortasse pro 'super questionum' scr. 'si questionem' (initium summarii c. 15!) — [3] Arist. Eth. Nic. p. 1123b, 35. Vers. Lat. f. 189. — [4] scil. 'his temporibus'. — [5] 5, 1, 1. — [6] Grat. I 7, 1. — [7] Greg. (5, 40) 10. — [8] l. c. — [9] Summa II, 1 quaest. 95 art. 1 vel quaest. 72 art. 1. — [10] fere ut Off. 2, 12, 41, 42.

[a] 'evictatior' Cod. — [b] 'aût' Cod. — [c] 'Aphroneus' Cod. semper; de erroris fonte vide supra p. 117 et 145 v. 11 — [d] '8' Cod. — [e] '17' Cod. — [f–f] 'p[a]. 2.[5] 4°.' Cod. corr. — [g–g] in margine. — [h] Cic., 'in uitio' Cod. — [i] Cic., 'premeremur' Cod. — [k–k] 'equitate constituenda' sec. Cic. scr.?

bona subditorum, violare virgines, stuprare matronas et cetera illicita facere videamus, numquid illo submisso alius sublimabitur, qui et bene gubernare et legibus novit obtemperare?[g] — Habuitque fratrem Phegeum, virum doctissimum, qui tempora per menses et annos et numeros observare docuit et ad deos colendos sacella et aras primus instituit atque invenit et post obitum eius tamquam deus veneratus fuit.[1] Habuit etiam sororem Isim, cui divini honores instituti fuerunt, de qua multa scripsit Augustinus libro 18. de civitate Dei cap. 3.[2] et Varro et Magister historiarum[3], ut capitali crimine reus fieret, si quis eam fuisse hominem diceret; de qua etiam veteres poete multa finxerunt. Habuit etiam Egialeum[a] atque Niobem et Spartum filios, a quo Sparta civitas condita est anno mundi 3478.[4] Iste Phoroneus patre defuncto Argivis regnare cepit et regnavit annos sexaginta.[5] [b]Plinius libro 7. naturalis historie cap. 56.[6] appellat Phoroneum antiquissimum Grecie regem. Et ab isto 'forum' denominatur, qui est locus conventus et in exercendis litibus electus, ubi plures conveniunt et in quo iura redduntur: dicto c. forus[7] et plene per Isidorum libro 18. etymologiarum cap. 15.[8][b] [c]Dicit etiam Magister in historiis[9], quod Phoroneus, filius Inachi et Niobes, primus Grecie leges dedit et [d]sub iudice[d] causas agi constituit locumque iudici [e]designatum a suo nomine[e] 'forum' appellavit.[c] [f]Phoroneus secundum Pausaniam[10] primus Inachi fluvii filius dispersos populos in urbem coegit appellavitque Phoronicum.[f] Floruit anno mundi 3399. et anno ante Christi adventum 1800.[h], ut Eusebius[11] scribit, anno etatis regni Argivorum[i] 50. et anno repromissionis 140. et tempore Thessali Greci filii, qui regnavit in Thessalia. De cuius tempore valde antiquo Plato in Timeo[k] scribit ita dicens: 'Et aliquando volens eos provocare in sermones de temporibus[l] antiquis, [m]que cuique[m] civitati apud veteres accidissent[n], de Phoroneo, qui primus[o] appellatus est, et Niobe et his,[p] qui post diluvium fuere': secundum Isidorum[q]

---

[1] Suppl. Chron. ad a. 3394. Augustinus, De civ. 18, 3. — [2] l. c. — [3] Petrus Comestor, historia scholastica lib. Genesis c. 70. p. 1112; qui laudat Varronem. — [4] Euseb. Chron. 2, 18i, Suppl. l. c. — [5] Euseb. Chron. 2, 16, Suppl. Chron. l. c. — [6] l. c. § 193. — [7] Greg. (5, 40) 10. — [8] l. c. — [9] Petrus Comestor l. c. — [10] Graec. Descr. 2, 15, 5. — [11] Chron. 2, 16g.

---

[a] Suppl. 'Gialaeum' Cod. — [b–b] in margine. — [c–c] in margine. — [d–d] Petrus, 'sua iudicio' Cod. — [e–e] 'destinatum a nomine suo' Petrus, 'a suo nomine designatum' Cod. — [f–f] in margine. — [g] vide p. 146 n. g—g. — [h] '1810' Cod. — [i] 'zumb' ins. Cod. — [k] Euseb., 'Thimotheo' Cod. — [l] Euseb., 'sermonibus' Cod. — [m–m] Euseb., 'quicumque' Cod. — [n] Euseb., 'accidisset' Cod. — [o] 'hoc nomine' sec. Euseb. ins.? — [p] 'hi' Cod. — [q] 'Eusebium' scr.?

de temporibus.[1] [a]Plato in Timeo[b][2] de antiquissimis Athenarum historiis et antiquitatibus verba faciens, introducit Phoroneum primum et Niobem, post inundationem mundi de Pyrrha et Deucalione eorumque posteritate.[a] [c]Xenophon in libello de equivocis[d][3] sic scribit: 'Phoronei plures, sed in pretio habiti duo; antiquissimus claruit 1.[e] anno Nini in parte Hellenica, que postea Grecia dicebatur; secundus iunior Argivorum rex filius Inachi, inter quem et priscum decem fuere etates et amplius.' Et Herodotus libro 1. historiarum in princ.[4] dicit, quod Argos tempestate Inachi Argivorum regis omnibus civitatibus regionis, que nunc Grecia nominatur, antecellebat.[c] [f]Augustinus libro 18. de civitate Dei cap. 3.[5] scribit, quod tempore Jacob et [g]iam Belocho[g] rege nono apud Assyrios et Leucippo apud Sicynios regnante et permanente Grecia sub Phoroneo Argolico rege, Inachi filio, legum et iudiciorum quibusdam clarior facta est institutis.[f] [h]Adde, quod anno [i]35. Phoronei et anno 31. Leucippi regis Sicyniorum et anno 3.[i] Belochi[k] regis facta fuit promissio Dei ad Jacob in via versus Mesopotamiam, cum esset annorum unius et septuaginta.[6][h] — Adverte tamen, quod ante Phoroneum per annos nonaginta fuit primus Juppiter, Etheris filius, cui proprium nomen Lysannia, qui secundum historias[7] apud Arcadiam magno in pretio habitus fuit, cuius ob virtutes id preclarissimum nomen adeptus fuit. Et eum[l] ex Heber filiis, videlicet Ijerari[m], originem duxisse. Ibidem[8] cum esset ingenii maximi vir videretque Atticos[n] rudes bestialique ritu fere viventes, illis leges primus composuit et eos publico[o] instituto vivere docuit. Cumque eos ad humanos mores redegisset, monuit eos deos colere et aras et templa sacerdotesque instituit. Et qui feminas ante communes[p] habebant, eos primus matrimonia celebrare docuit et multa alia eis ostendit utilia. Quem cum Attici[q] silvestres mirarentur atque commendarent, eum existimantes deum, Jovem vocaverunt regemque suum confessi fuerunt. Floruit anno mundi 3190.[r] et ante Christi adventum 2009.[s]

---

[1] Euseb. l. c. — [2] § 22a, vide Vers. Ficin. f. 524. — [3] Ps. Xen. apud Annium Viterbiensem, Commentaria super Xenophontem de Aequivocis fol. 35. — [4] 1, 1. — [5] l. c. — [6] Euseb. Chron. 2, 16 a. Abr. 231 et 17c. — [7] Suppl. Chron. ad a. 2009. — [8] vide Suppl. Chron. l. c.: . . . 'videlicet Ierari originem duxit. Qui cum esset nobilis genere ex Archadia Athenas fuisse (ivisse scr.) dicitur ibidemque cum esset ingenii' et rel. Parum diligenter Dipl. descripsit Suppl.

[a–a] in margine. — [b] 'Thimoteo' Cod. — [c–c] in margine. — [d] Ann. Vit., 'oequecis' Cod. — [e] Annius, om. Cod. — [f–f] in margine. — [g–g] Aug., 'lambeleco' Cod. — [h–h] in margine. — [i–i] numeri annorum corr., vide Euseb. Chron. 2, 16. — [k] 'Belonis, Cod. — [l] 'cum' Cod. — [m] 'Ierari' Suppl. Chron. — [n] Suppl. Chron., 'Archivos' Cod. — [o] Suppl. Chron., 'primo' Cod. — [p] Suppl. Chron., om. Cod. — [q] 'Arhici' Cod. — [r] Suppl., '3193' Cod. — [s] Suppl., '2000' Cod.

MERCURIUS, natione Egyptius, Termegistus, primus leges Egyptiis tradidit secundum Isidorum 5. etymologiarum[1] et 7. dist. c. 1.[2] [3]Scripsit autem hic vir insignis libros ad divinarum rerum cognitionem pertinentes quam plurimos, et e multis duo sunt divini: unus de voluntate divina, qui 'Asculabius' inscribitur, quem Apuleius Platonicus latinum fecit; alter de potestate et sapientia Dei, qui 'Pimander' inscribitur[3], quem e greca lingua Marsilius Ficinus Florentinus ad Cosmum Medicem in linguam latinam convertit, incipit: 'Cum [a]de rerum[a] natura' et cetera. [4]In quibus libris nedum ut philosophus tantum, sed sepenumero ut propheta loquitur canitque futura. Hic ruinam previdit prisce religionis, hic ortum nove fidei, hic adventum Christi, hic futurum iudicium et resurrectionem seculi, beatorum gloriam, supplicia peccatorum. Quo factum est, ut Aurelius Augustinus dubitaverit, an per vim siderum an revelatione demonum multa protulerit. Lactantius autem illum inter prophetas et sibyllas connumerare non dubitat.[4] [5]Hic etiam primus stellarum apud Egyptios inventor, qui ob eam rem apud eosdem in introitu signorum solis aliquam fieri solemnitatem mandavit.[5] [6]Et multarum artium peritus claruit, quas hominibus tradens deus credebatur.[6] [5]Et ex Egypto digressus doctrine gratia universam peregrinatus est terram et centum civitates condidit ibique deum verum colere homines docuit. Hic etiam maior et antiquior Mercurius appellatus est et etiam Termegistus, id est ter magnus[5], propter tres potentias, id est eloquentiam scientiam et virtutem secundum glossam in c. 1. 7. dist.[7]; de quibus 37. dist. c. relatum[8] et 15. q. 1. c. sic vive[9] et l. magistros C. de professoribus et medicis libro 10.[10] [11]Vel dicitur Termegistus id est ter maximus, quoniam philosophus maximus et sacerdos maximus et rex maximus extitit. Mos enim erat Egyptiis, ut Plato scribit, ex philosophorum numero sacerdotes et ex sacerdotum coetu[b] regem eligere. Ille igitur, quemadmodum animo[c] atque doctrina philosophis omnibus antecesserat, sic sacerdos inde constitutus sanctimonia vite divinorumque cultu universis sacerdotibus prestitit. Ac demum regiam adeptus potestatem administratione legum rebusque gestis superiorum regum gloriam superavit, ut merito rex maximus fuerit nuncupatus. Hic inter philosophos primus a physicis et mathematicis ad divinorum contemplationem se contulit; primus de maiestate Dei, demonum ordine animarumque

[1] 5, 1, 2. — [2] Grat. I 7, 1. — [3–3] Ficin. Praef. ad Pimand. p. 789. — [4–4] Ficin. Praef. l. c. — [5–5] Suppl. Chron. ad a. 3590. — [6–6] Aug. De civ. 18, 8. — [7] Gl. 'Trimegistus' ad Grat. I 7, 1. — [8] Grat. I 37, 14. — [9] re vera Grat. II 16, 1, 26. — [10] C. (10, 53) 7. — [11–11] Ficin. Praef. l. c.

[a–a] Ficin., 'deorum' Cod. — [b] Ficin., 'eum' Cod. — [c] 'acumine' sec. Ficin. scr. ?

mutationibus sapientissime disputavit et primus theologie appellatus est auctor.[11] Floruit autem Mercurius anno mundi 3590. et ante Christi adventum 1609.[a] De quo etiam refert Marsilius Ficinus ad librum Mercurii in proemio[1], quod eo tempore, quo Moyses natus est, floruit Atlas astrologus Promethei physici frater ac maternus avus maioris Mercurii, cuius nepos fuit hic Mercurius Termegistus. Hoc autem de illo scribit Augustinus,[2] quamquam Cicero[2] atque Lactantius[2] Mercurios quinque fuisse tradant quintumque fuisse, qui ab Egyptiis Theut[b], a Grecis autem Termegistus appellatus est. Hunc asserunt occidisse Argum, Egyptiis prefuisse eisque leges ac litteras tradidisse, litterarum vero caracteres in animalium arborumque figuris instituisse. Hic secundum ipsum in tanta hominum veneratione fuit, ut in deorum numero relatus sit; templa illius numinis constructa quam plurima, nomen eius proprium ob reverentiam quamdam pronuntiare vulgo ac temere non licebat, et primus anni mensis apud Egyptios nomine eius cognominatur. Oppidum ab eo conditur, quod etiam nunc grece cognominatur Hermopolis, hoc est Mercurii civitas. Hec Marsilius ubi supra. Hermes autem Trimegistus philosophus Egyptius post Moysem fuit. Cuius tempore in Egypto philosophie studia clarere ceperunt, cum antea tantum circa astronomiam et huius generis disciplinas doctrina[c] versaretur, que ad exercendum ingenium magis quam ad illustrandum animum valent. Scripsit lingua patria dialogum in latinum sermonem postea conversum, ubi Esculapius introducitur. Deum omnino unum opinatur[d] omnium conditorem erroremque fatetur parentum suorum, qui superstitiones idolorum invenerint, easque[e] quandoque perituras[f] vaticinatur ac pariter dolet. In hanc sententiam Augustinus libro 8. de civitate Dei,[3] ubi etiam Hermetem reprehendit, quasi pugnantia sit locutus, qui[g] cum paternam superstitionem deriserit, eam tamen perituram[h] doluerit. Suidas vero dicit[i] eum vocari Tremegistum, quod consentanea veritati[k] senserit de Deo morientemque hec fuisse precatum: 'O celum, magni Dei sapiens opus, teque o vox patris, quam ille emisit primam quando universum constituit mundum, adiuro per unigenitum eius verbum[l] et spiritum cuncta comprehendentem, miserere mei.' Fuit et alter Hermes, philosophus Egyptius, auditor Syriani[m] sophiste, discipulus Procli[n], sub

[1] l. c. — [2] vide p. 151 seq. — [3] 8, 24. — [11] vide p. 149 n. 11—11.

[a] vide Suppl. Chron. ad a. 3590; '1605' Cod. — [b] Ficin., om. Cod., ubi est lacuna sex fere litterarum. — [c] Raph. Volat., om. Cod. — [d] Raph., 'optimum' Cod. — [e] Raph., 'eas' Cod. — [f] Raph., 'proximas' Cod. — [g] 'quod' sec. Raph. scr.? — [h] Raph., 'proimiam' Cod. — [i] Raph., om. Cod. — [k] 'Trinitati' sec. Raph. scr.? — [l] Raph., 'unum' Cod. — [m] Raph., 'Sciciani' Cod. — [n] Raph., 'Proculi' Cod.

Adriano principe, vir non minori iustitia quam doctrina preditus. Hec Suidas et Voleterranus libro 15. suorum commentariorum urbanorum.[1] Hermes autem Tremegistus secundum aliquos fuit tempore Platonis, de quo meminit Vincentius historialis in historia Alexandri magni[2] et etiam chronica mundi, que dicitur fasciculus temporum.[3] Fuit anno mundi 4859.[a] alter a Mercurio Tremegisto supra dicto. In eo autem, quod supra diximus, quod Mercurius fuit primus, qui leges Egyptiis tradidit, obstat unum, quod legitur in historiis[4]: 'Nam Isis, cui antea Io nomen fuit et Phoronei regis soror, de qua diximus supra[5], ob patris metum impulsa, ex quo a Iove secundo virgo compressa fuit, ex Grecia in Egyptum se transtulit. Ubi cum comperisset rudes et ineptos populos, humanarum rerum omnino ignaros ac bestiarum ritu viventes, regnorum cupidine agitata non absque magno labore et industria illos primum terras colere docuit cultasque[b] semina committere et tandem fruges collectas in panem conficere. Insuper vagos[c] homines et silvestres in unum reduxit, quibus leges dedit et civili more vivere docuit, et quod longe[d] prestantius fuit, litteras idiomati[e] convenientes caracteribus adinvenit et eas eosdem docuit. Quam propter mirabilia, que fecit, non e Grecia venisse dixerunt Egyptii, sed e celo delapsam crediderunt et illi sacra singulis annis instituerunt. Et non solum apud Egyptios, sed apud Romanos et alios multos templa pregrandia construxerunt[f]. Que Isis, et que Egyptiis leges dedit, floruit per plures annos secundum historias ante predictum Mercurium; quare cogita. — [g]Augustinus de civitate Dei libro 18. cap. 8.[6] scribit[h], quod eo tempore, quo Deus per Moysem eduxit populum Hebreum de Egypto, Mercurius fuisse perhibetur, nepos Atlantis ex[i] Maia filia, quod vulgatiores etiam[k] littere personant. Multarum autem artium peritus claruit, quas hominibus tradidit, quo merito eum post mortem deum esse voluerunt sive etiam crediderunt. Qui Atlans fuit magnus astrologus et frater Promethei, quem ferunt de luto formasse homines et qui fuit optimus sapientie doctor; et ita Augustinus ubi supra. Et idem libro 18. cap. 40.[7] dicit, quod eo tempore, quo Moyses natus est, fuisse reperitur Atlans ille magnus astrologus, Promethei frater, maternus avus Mercurii maioris,

---

[1] f. 159^{b}, Suid. Lex. v. Herm. Trism. — [2] Vincentius, Spec. hist. lib. 4. c. 10. — [3] Fasc. temp. p. 446, Suppl. Chron. ad a. 4881. — [4] Suppl. Chron. ad a. 3394. — [5] supra p. 147, 7. — [6] l. c. — [7] re vera 18, 39.

---

[a] 'fuit' ins. Cod. — [b] Suppl. Chron., (pro 'cultis') 'cultaque' Cod. — [c] Suppl. Chron., 'varios' Cod. — [d] Suppl. Chron., 'longius' Cod. — [e] Suppl. Chron., 'idomas' Cod. — [f] 'construerunt' Cod. — [g–g] in margine. — [h] om. Cod. — [i] August., 'rex (?) ex' Cod. — [k] August., 'esse' Cod.

cuius nepos fuit Tremegistus iste Mercurius. Et sic Mercurius floruit prius Moysem. Et idem libro 8. cap. 26.[1] dicit, quod Hermes asserit Mercurium avum suum in Hermopoli hoc est sui nominis civitate; ubi multa de Mercurio.[g] — [a]Mercurios quinque fuisse disputatur apud Ciceronem in libro de natura deorum contra stoicos de religionibus. Idem affirmat Lactantius libro 1. divinarum institutionum[2], allegans Ciceronem. Et enumeratis per ordinem quattuor quintum illum fuisse dicit, a quo fuerit occisus oculatus Argus. Ob quod eum fugisse in Egyptum dicit atque Egyptiis leges et litteras tradidisse, a quo primus sui anni mensis, id est september[b], nomen accepit. Idem oppidum condidit, quod nunc grece Mercurii civitas dicitur. Fuitque adeo omni genere doctrine plenus, quod ei multarum rerum et artium scientia Tremegisto cognomen imponeretur scripsitque libros multos pertinentes ad cognitionem divinarum rerum, in quibus maiestatem Dei veri peritissime demonstravit.[a] [c][3]Et[d] Cotta pontifex apud Ciceronem de natura deorum ostendit quinque fuisse Mercurios, quorum quattuor per ordinem enumerat; quintum eum fuisse dicit, a quo sit Argus occisus ob eamque causam in Egyptum profugisse tradidit. A quo apud eos primus anni mensis, hoc est september, nomen accepit. Idem oppidum condidit, quod etiam nunc grece Hermopolis, hoc est civitas Mercurii, nuncupatur.[3][c] [e]Marcus Tullius Cicero libro 3. de natura deorum[4]: 'Mercurius unus Celo patre Dia matre natus, cuius obscenius excitata natura traditur, quod aspectu Proserpine commotus sit. Alter Valentis et Phoronidis filius, qui sub terris habetur idem Triphonius.[f] Tertius Iove tertio natus[h] ex Maia, ex quo et Penelopa Pana[i] natum ferunt. Quartus Nilo patre, quem Egyptii nefas habent nominare. Quintus, quem colunt Pheneate[k], qui Argum dicitur interemisse ob eamque causam Egypto prefuisse[l] atque Egyptiis leges et litteras tradidisse. Hunc Egyptii Theutatem appellant; eodem nomine anni primus mensis apud eos vocatur, ut late Xystus in commentario Lactantii libro 1. folio 19.[5][e] [m]Eusebius post multos philosophos antiquos in libro 1. cap. 6. et 7. de preparatione evangelica[6] dicit, quod Taautus[n] litteras ordinavit et res memorabiles ausus est eternitati commendare; quem Egyptii Thoth, Greci Mercurium appellaverunt.[m] [o]Vide que de Saturno scribit Eusebius de preparatione evangelica. cap. 7.[7][o]

[1] l. c. — [2] 1, 6, 2. — [3–3] Lact. l. c. — [4] 3, 22, 56. — [5] Lactant. Op. access. Xysti commentaria fol. 19. — [6] 1, 9, 31; 1, 10, 36. Vers. Lat. 1, 6 et 7. — [7] Vers. Lat. 1, 7.

[a–a] in margine. — [b] Lact., 'Septembris' Cod. — [c–c] in margine. — [d] 'ut' Cod. — [e–e] in margine. — [f] sic et quid. cod. Cic. — [g] vide p.151 n. g—g. — [h] Cic., om. Cod. — [i] Cic., 'Pona' Cod. — [k] Cic., 'Phenate' Cod. — [l] sic et quid. cod. Cic. — [m–m] in margine — [n] Euseb., 'Tuasus' Cod. — [o–o] in margine.

[a]Hermes qui Mercurius dicitur, quia mercibus preesse asseritur, sed proprie interpres traditur.[1] Virgilius libro 4. eneidos[2]: Mercurius interpres divum[b] Iove missus.[a] [c][3]Mercurius fuit Iovis filius ex Maia Atlantis filia, quam Iuno pre omnibus pellicibus adamavit ita, ut illum mox natum, teste Martiano Capella, suis uberibus allactaret[d]; sicque divino lacte perfusus licet de mortali femina natus immortalis tamen effectus est dictusque deus facundie, mercatorum, palestre nunciusque et interpres deorum. Ipse idem Argum interemit, Prometheum in Caucasu religavit et mille alia, que de illo poete confingunt. Ipse lyram septicordem[e] comperit, illi data virga caducea[3], et talaria alata sibi nectit et reliqua. De quo etiam Horatius in 1. libro hymnarum[4] scripsit:

'Mercurii, facunde nepos Atlantis'

et Virgilius in 4. eneidos[5]:

'primum pedibus talaria nectit.[c]'

[f]De Mercurio vide plene Christophorum Landinum in 4. eneidos[g] carta 190.[6][f] [h]De Mercurio vide Macrobium libro 1. cap. de Mercurio,[7] ubi multa de deo et stella.[h] [i]De Mercurio vide Archiepiscopum Florentinum in 1. libro historiarum tit. 4. cap. 3.[8][i] [k]De primo Mercurio vide Iovanem Boccatium libro [l]2. cap. 7.[l] sue genealogie.[9] [10]Mercurius Tremegistus in libro, quem de idolo[m] ad Asclepium scripsit, testatur fuisse nepotem primi Hermetis, et scripsit: licet sit mortuus ille divinus Hermes.'[10][11][k] [n]Dicitur in chronica, que dicitur fasciculus temporum[12], quod Mercurius multarum artium peritus claruit anno mundi 3544. et ante Christi adventum 1655. Eusebius autem de temporibus[13] scribit Hyar[o] filium Trimegisti floruisse anno mundi 3714. et is ante mortem Moysis.[n]

MOYSES, Amram[p] ex Iocabeth filius, primus omnium Hebreis divinas leges sacris litteris explicavit secundum Isidorum 5. etymologiarum[14] et

---

[1] Isid. Etym. 8, 11, 46. — [2] vide v. 222 seq. — [3–3] Suppl. Chron. ad a. 3590., Boccaccio, Geneal. Deor. lib. 4 c. 35, Mart. Cap. 1, 34. — [4] Carm. 1, 10. — [5] v. 239. — [6] ad v. 222 seq. 239. — [7] Sat. 1, 19, 7. — [8] Antoninus, Summa hist. l. c. § 2 p. 46. — [9] l. c. — [10–10] Bocc. lib. 3. c. 20. — [11] vide Bocc. l. c.: 'De hoc praeterea Hermes Trimegistus, qui se fatetur eius fuisse nepotem, mentionem facit eo in libro quem de idolo scribit ad Asclepium dicens, quod esto mortuus venientes ad eius sepulcrum adiuvet et conservet.' — [12] p. 413. — [13] Chron. ed. Mediol. ad a. 3714, deest in ed. Schoen. — [14] § 1.

[a–a] in margine. — [b] 'divorum' vel 'divo' scr.? — [c–c] in margine. — [d] 'allactavit' Cod. — [e] Suppl., 'sephiada' Cod. — [f–f] in margine. — [g] 'eneidum' Cod. — [h–h] in margine. — [i–i] in margine. — [k–k] in margine. — [l] 'libro 7.' Cod. — [m] Bocc., 'julo' Cod. — [n–n] in margine. — [o] 'Cat' sec. Euseb. scr.? — [p] 'Amiram' Cod.

7. dist. c. 1.[1] et habetur Exodi cap. 20.[2] [3]Hic enim ille verus Dei servus et omnium prophetarum summus theologorumque ac historiographorum princeps dilectus Deo et hominibus fuit, cuius memoria semper in benedictione extitit. Cui non fecit similem Deus in gloria sanctorum, sed magnificavit[a] in timorem inimicorum. Ac in omnibus verbis suis apud Hebreos monstra placavit.[b] Et glorificavit eum in conspectu regum et unxit[c] illum coram populo suo. Illi quoque in monte Sinai gloriam suam ostendere voluit ac propter fidem et lenitatem eius sanctum fecit illum. Elegit enim eum ex[d] omni[e] carne et propterea in omnibus petitionibus audivit vocem ipsius et induxit eum in nubem. Et dedit illi [f]cor ad[f] precepta sua, et legem vite ac discipline, docere omnes testimonia sua[3]: Ecclesiasticus 45. cap. Hic Moyses fuit omni[g] scientia Egyptiorum et Caldeorum eruditus secundum Rabanum in c. legimus 37. dist.,[4] [5]et fuit auctor librorum veteris testamenti et divine historie cosmographiam in quinque voluminibus edidit, que Pentateuchus appellatur, eo quia quinque librorum volumina continebat, quorum primus [h]Genesis, secundus Exodus, tertius Leviticus, quartus Numerorum, quintus Deuteronomium vocatus est.[h] [5] Vita ipsius et magnificentia atque suprema eius gesta a Domino sibi concessa habentur Exodi 2., 3., 4. cap. per totum[6] et Ecclesiastici cap. 45.[7] et per Iosephum in libris [i]antiquitatum Iudaicarum[i] et maxime libro 3.[8], ubi ait, quod [9]erat Moyses ad loquendum et ad docendum valde gravissimus et ad singula gerenda nimis idoneus. Fuit enim dux et propheta excellens, nec unquam ullus fuit illi similis, cui Deus de facie ad faciem loqueretur; nam quecumque[k] loqui cogitabat, Deus putabatur audiri.[9] Floruit autem Moyses anno ante Christi adventum 1505.[l] et anno mundi 3690., quo tempore [10]octoginta annos agens dux itineris ex Egypto Hebreorum efficitur, legem in heremo tradens per annos quadraginta.[10] [11]Obiit autem in monte Apari anno etatis sue 120. Luxit autem eum universus populus Hebreus ingenti luctu triginta diebus, ut habetur libro Deuteronomii cap. ultimo.[12] Eius autem festivitas celebratur secundo nonas sep-

---

[1] Grat. I 7, 1. — [2] l. c. — [3—3] Suppl. Chron. ad a. 3683, Fasc. Temp. p. 415. — [4] Grat. I 37, 7; Dipl. scribere debuit 'Gratianum' pro 'Rabanum'. — [5—5] Suppl. Chron. l. c. — [6] l. c. — [7] l. c. — [8] re vera 4, 49; Vers. Ruf. 4, 6 i. f. f. 42[b]; sed in Suppl. Chron. l. c. paulo ante 3. liber Iosephi laudatur! — [9—9] Suppl. Chron. l. c. — [10—10] Euseb. Chron. 2, 29. — [11—11] Suppl. Chron. l. c. — [12] 34, 8.

---

[a] 'eum' om. et Suppl. — [b] Suppl., 'placuit' Cod. — [c] sic et Suppl. — [d] Suppl. om. Cod. — [e] Suppl., 'omnium' Cod. — [f—f] sic et Suppl. — [g] Grat., 'omnium' Cod. — [h—h] 'Genesis vocavit . . . Deuteronomium est' Cod. — [i—i] 'capt. Iudai' Cod.; vide p. 283 n. i—i. — [k] Suppl., 'quemcumque' Cod. — [l] '1509' scr. ?

tembris.[11] [a]Eusebius de preparatione evangelica libro 7. cap. 2.[1]: 'Multis ante Moysem seculis Hebrei absque lege aliqua scripta pie sancteque vivebant absque doctrina legum, oraculis veritatem divinis [b]et mentis[b] acumine magnitudineque animi consecuti. Primus vero apud eos eximius ille theologus Moyses scripta reliquit. Qui divinitus, antequam leges poneret, maiorum[c] vitas animis hominum impressit, ita bonorum premiis et impiorum suppliciis ad amplexandam virtutem et fugiendam impietatem exhortatus; leges tandem in medium proposuit'. Et in cap. 4.[2] dicit: 'Primus omnium ille theologus, qui divinas leges conscripsit', ubi plura inquit de suis laudibus. Et de ipso[d] multa scripsit Eupolemus[e][3], qui ait sapientissimum hominem fuisse Moysem et litteras Iudeis primum tradidisse. Artapanus[4] etiam multa scripsit de Moyse et inter alia Moysem fuisse longum, flavum, canum, prolixiore capillo ac barba et denique statura et facie dignitatis permagne et alia, ut per Eusebium libro 9. de preparatione evangelica cap. 4.[5][a]

[6]MINOS, Europe ac Iovis filius, primus Cretensibus leges dedit se- f. 2
cundum Aristotelem libro ethicorum[6], et secundum Eusebium de temporibus[7] anno mundi 3987. et sic anno ante Christi adventum 1212.[f] leges suas ac fora[g] constituit. [8]Qui post Iovem patrem sive Asterium[h] regem in Creta regnavit et Pasiphem Solis[i] filiam sumpsit uxorem, ex qua Androgeum, Ariadnam[k] et Phedram[l] filios suscepit et Glaucum[m] et Deucalionem post se etiam reliquit. Verum cum Androgeus eius filius athleta fortissimus cunctos superaret, ab Atheniensibus et vicinis Megarensibus apud Athenas convocatis occisus est. Ob cuius mortem Minos pater ira percitus e vestigio navibus nonnullis collectis Atheniensibus durum intulit bellum; quibus victis penam statuit, ut quotannis septem filios darent servituros aut in ultionem Androgei ultimum subirent periculum, prout placebat regie maiestati, dicente Virgilio in 6.[9]:

'tum pendere penas
Cecropide iussi (miserum!), septena quotannis
Corpora natorum. Stat ductis sortibus urna'.

[1] 7, 6, 304; 7, 7, 305, Vers. Lat. 7, 2. — [2] 7, 9, 313, Vers. Lat. 7, 4. — [3] Euseb. l. c. 9, 26, 431, Vers. Lat. 9, 4. — [4] Euseb. l. c. 9, 27, 436, Vers. Lat. l. c. — [5] 9, 27, 436, Vers. Lat. 9, 4. — [6—6] Suppl. Chron. ad a. 3790. — [7] Chron. 2, 51c. — [8—8] Suppl. Chron. l. c. — [9] Aen. 6, v. 20 seq. — [11] vide p. 154 n. 11—11.

[a—a] in margine. — [b—b] Euseb., 'meritus' Cod. — [c] Cod. ins. signum ⊂. — [d] 'ipsis' Cod. — [e] Euseb., 'empolenius' Cod. — [f] '1208' ('IIX' pro 'XII') Cod. — [g] sic et Euseb. ed. Mediol. — [h] Suppl., 'Astericum' Cod. — [i] Suppl., 'solim' Cod. — [k] Suppl., 'Adrianam' Cod. — [l] Suppl., 'Phedriam' Cod. — [m] Suppl., 'Blancum' Cod.

Inter quos Theseus sorte missus adiutorio Ariadne Minotaurum interemit, et ex ipso die Athenienses a tributo liberati sunt.[8] De quo Minotauro scribit Philochorus in 2. Atthidis libro, quod[a], ut refert Eusebius[1], ipsum magistratum[b] fuisse Minois Taurum inhumanum et crudelem. Et quia Minos super mortem Androgei agonem statuerat, premii nomine pueros Atticos largiens, et ille in agone fortissimus universos in contentione[c] superabat, tandem factum est, ut a Theseo in palestra vinceretur. Ob quod Athenienses pueri tributaria pena liberati sunt, sicut ipsos quoque Gnosius referre testatur. [2]Postremo hic Dedalum, eo quia leno fuisset[d] in adulterio Pasiphes, una cum Icaro eius filio labyrinto clausit. Ex quo cum evolasset, sumptis armis eos usque in Siciliam prosecutus, ubi, ut Aristoteli placet, apud Camerinum[e] oppidum a filiabus Cocali occisus est. Quem postea ob eius iustitiam apud inferos iudicem finxere poete.[2] [f]Aristoteles libro 2. politicorum[3]: 'Cretensibus leges primus constituit Minos. Videtur autem hec insula ad principatum Grecie iam nata ac preclare sita: cuncto namque imminet mari, cum fere Greci omnes circum mare sint positi; abest enim modicum a Peloponneso, illic vero ab Asia circa Peritriopium[g] et Rhodum. Quare imperium maris dicitur quod Minos habuit, ac insularum alias subiugit[h], alias vero dudum incultas habitare fecit. Tandem Siciliam aggressus circa Camerinam defunctus est.[f] [i]Eusebius[4]: 'Minos mare obtinuit et Cretensibus leges dedit anno mundi 3951., ut Paradius[k] memorat, quod Plato falsum esse convincit. [5]Anno tamen mundi 3795. Minos regnat in Creta'.[5i] [l]Plato divinus libro de legibus[6] inquit civitati magis opus esse iuris consultis optimis quam mercatoribus bonis aut medicis, ac tanto magis profuisse Grecis Minoem quam Galenum, quantum animus prestantior est quam corpus aut tempus et eterna vita quam temporalis.[l] [m]Cretensium rem publicam antiquissimam omnium Minos institutis legibus constituit, ut est auctor Athilianus de unna historia.[7m] [n]Iustinus historicus libro 20. in fine[9]: 'Pythagoras etiam profectus fuit ad cognoscendum Minois inclitas leges ea tempestate, in quibus fuit institutus.[o]'[n] [p]Paolus Orosius libro 6. historiarum[10] scribit: [q]'Anno ab urbe[q] condita 679. Metellus Cretam insulam per biennium evertit diuturno bello domitam in potestatem

[1] Chron. 2, 49g. — [2–2] Suppl. Chron. l. c. — [3] p. 1271 b, 31. Vers. Lat. f. 271. — [4] Chron. 2, 47k. — [5–5] Euseb. l. c. 2, 37g. — [6] haec quo ex fonte Dipl. hauserit, ignoro. — [7] Opus a Dipl. laudatum ignoro. — [8] vide p. 155 n. 8—8. — [9] Epit. 20, 4, 4. — [10] 6, 4, 2.

[a] del.? — [b] Euseb., 'magnum' Cod. — [c] Euseb.,' concione' Cod. — [d] 'et' ins. Cod. — [e] Suppl., 'Tamerinum' Cod. — [f–f] in margine. — [g] sic Vers. Lat. Arist., 'Periropium' Cod. — [h] 'subegit' sec. Vers. Lat. Arist. scr.? — [i–i] in margine. — [k] Euseb., 'Lactantius' Cod. — [l–l] in margine. — [m–m] in margine. — [n–n] in margine. — [o] 'Iustinus' Cod. — [p–p] in margine. — [q–q] 'ab anno' Cod.

redegit legesque Minois Romanis legibus permutavit'.[p] — [a]Vide Christophorum Landinum super 6. eneidos carta 241.[1][a]

LYCURGUS, Lacedemoniorum princeps, Lacedemoniis primus leges et iura ex Apollinis auctoritate confinxit secundum Isidorum libro 5. etymologiarum[2] et 7. dist. c. 1.[3] et Augustinum libro 2. de civitate Dei cap. 16.[4] et Iustinum libro 3. in princ.[5] et Aristotelem 2. politicorum[6], ubi dicit, quod quidam legis auctores fuerunt, qui res publicas construxerunt, veluti Lycurgus et Solon; hi [b]enim et leges et res publicas condidere, Lycurgus quidem Lacedemoniis, Solon autem Atheniensibus; et[c] Valerium Maximum libro 5. de ingratitudine cap. 3.[7], ubi etiam scribit: 'Neminem Lycurgo aut maiorem aut utiliorem virum Lacedemon genuit, cui Apollo Pythius oraculum petenti respondisse fertur nescire, utrum hominum numero an deorum numero aggregaret'. [d]Vide Valerium Maximum libro 5. de ingratitudine[8], 'ubi de ipso sic scribit: 'Neminem Lycurgo aut maiorem aut utiliorem' et reliqua; ponas hic.[d] Et Herodotus[9] scribit, cum primum Lycurgus Apollinis templum ingrederetur, hos versus Pythiam respondisse:

'Celicolis[10], qui nostra venis ad pinguia templa,
Ambigo, quem potius te divum[e] num[f] hominemve
Vaticiner; divum potius te spero Lycurge.'

[g]Plato libro 10. de re publica[11]: 'Lacedemonia quidem Lycurgum legum[h] optimum predicat conditorem.'[g] Hic vir clarissimus et inter philosophos admirandus [12]licet gentilis fuerit, tamen leges sanctissimas naturali iuri et divino consonas Lacedemoniis dedit[12], a quibus fundatum est nostrum ius civile Romanorum: l. 2. § exactis et § sequenti ff. de origine iuris[13] et § non ineleganter Inst. de iure naturali gentium et civili.[14] Quas leges ponit Augustinus libro 2. de civitate Dei[15] et Albericus de Rosato in suo dictionario in v. 'lex humana'.[16] Et ipse nec quicquam censuit, cuius ipse prius exemplum non daret.[17] [i]Iustinus historicus post Pompeium Trogum [k]circa finem,[18] ubi dicit, quod Lycurgus non inventione earum magis quam exemplo clarior fuit, si quidem [l]lege nulla[l] in alio sanxit, cuius non ipse prius documenta daret.[m][i] [n]Huius Lycurgi memorabile et egregium exemplum

[1] ad Aen. 6, 14 seq. (vide supra p. 155 v. 29). — [2] 5, 1, 2. — [3] Grat. I 7, 1. — [4] l. c. — [5] Epit. 3, 2, 4. — [6] p. 1273b, 33. Vers. Lat. f. 272. — [7] 5, 3, Ext. 2. — [8] l. c. — [9] 1, 65. — [10] 'grate' ex versu anteced. suppl. — [11] p. 599D. — [12–12] Fasc. Temp. p. 427. — [13] D. (1, 2) 2, 3 et 4. — [14] I. (1, 2) 10. — [15] 2, 16. — [16] l. c. — [17] Albericus l. c. — [18] Epit. 3, 2, 7.

[a–a] in margine, falso ad vitam Numae adnotata. — [b] 'non' ins. Cod. — [c] 'ut' Cod. — [d–d] in margine. — [e] Herod., om. Cod. — [f] Herod., 'nunc' Cod. — [g–g] in margine. — [h] 'ut' Cod. (pro 'll.'). — [i–i] in margine. — [k] 'libro 3. cap. 2.' ins. ? — [l–l] sic et ed. 1476. — [m] Iust., om. Cod. — [n–n] in margine. — [p] vide p. 156 n. p—p.

ponit Iustinus post Trogum Pompeium libro 3. historiarum[1]: 'Cum Lycurgus fratri suo Polibcte[a] Spartanorum regi successisset regnumque sibi vendicare potuisset, Charillao[b], filio eius, qui natus postumus fuerat, cum ad etatem adultam venisset, regnum summa fide restituit, ut intellegerent omnes, quanto plus apud bonos viros pietatis iura quam omnes opes valerent.[n] [2]Et prima lege statuit populum in obsequium principum et principes ad eorum iustitiam informavit. Secunda lege parsimoniam omnibus suasit, extimans laborem militie assidua frugalitatis consuetudine faciliorem fore. Tertia lege emi singula non pecunia sed mercium compensatione iussit. Quarta lege [c]auri et argenti usum velut omnium scelerum materiam sustulit. Quinta lege[c] administrationem rei publice per ordinem divisit; regibus potestatem bellorum, magistratibus iudicia et annuas sanctiones, senatui custodiam legum, populo eligendi et creandi quos vellet[d] magistratus permisit. Sexta lege omnes fundos inter omnes equaliter divisit, ut equa patrimonia neminem aliis potentiorem redderent. Septima lege omnes convivari publice iussit, [e]cuiuscumque delicie vel luxurie ne in occulto essent. Octava lege iuvenibus non amplius una veste toto anno uti permisit. Nona lege puberes pueros non in forum sed in agrum deduci iubet, ut primos annos non in luxu, sed in opere agerent. Decima lege statuit virgines nubere sine dote. Undecima lege iussit, ut uxores eligerentur non pecunia[f]. Duodecima lege maximum honorem non divitum vel potentum, sed pro gradu etatis senum esse voluit[2], de qua etiam lege vide Aulum Gellium in libro 2. noctium atticarum cap. 15.[3] Erat et alia lex Lycurgi, de qua Plutarchus[g] in vita eius et Cardinalis Alexandrinus in rubrica extra de sponsalibus in 4. columna[4]; qua cavebatur et inductum fuit, ut iuvenes Lacedemonii ad uxores suas non accederent ni nocte nec cum eis habitarent multum, sed paulisper commorati recedebant. Et hoc modo casta erant matrimonia et sobria inter eos; et hoc observabatur, quousque ex muliere filium suscepissent et ante secum per diem non vivebant. Et Xenophon in libello de re publica et de legibus Lacedemoniorum[5], traducto de greco in latinum per Franciscum Filelfum, tractat copiose de legibus Lycurgi. Quibus legibus nunquam mutatis Lacedemonii soli toto orbe terrarum per septingentos[h] annos vixerunt secundum

---

[1] Epit. 3, 2, 5. — [2–2] Albericus l. c., Iustin. Epit. 3, 2, 9. — [3] l. c. — [4] Io. Anton. de Sancto Georgio, Super quarto Decretal. f. 2b; ubi Plut. laudatur. — [5] Laced. Pol. 1, 2.

---

[a] 'Polibitae' ed. 1476. — [b] 'Carillao' ed. 1476. — [c–c] Alber., om. Cod. — [d] Alb., 'velit' Cod. — [e] 'et' ins. Cod. — [f] 'sed virtute et castitate' add. Alb. — [g] Io. Ant., 'Plautus' Cod. — [h] Cic., 'septicenum' Cod. — [n] vide p. 157 n. n—n.

Valerium Maximum in libro de institutis antiquis[1] et Ciceronem in oratione pro Lucio Flacco.[2] [a]Et Valerius Maximus libro 2. de institutis in cap. de civitate Spartana[1]: 'Civitas, que severissimis Lycurgi legibus obtemperans' cetera; et Cicero in oratione pro Lucio Flacco[2] inquit soli toto orbe terrarum septingentos[b] annos suis moribus nunquam mutatis legibus vixerunt.[a] Vitam Lycurgi et magnifica ipsius gesta scribunt Plutarchus in vita ipsius et Valerius in libro[c] de ingratitudine[2] et Iustinus libro 3. epitomarum[4] et Aristoteles in suis politicis[5] et Cicero in libro de claris oratoribus[6]; et tractat Trogus Pompeius libro 3.[7] statuisse mandata et leges. Quia dura Lacedemoniis videbantur, auctorem eorum Apollinem Delphicum finxit et simulatus proficisci ad oraculum Delphicum obligavit iuramento civitatem, ut nihil in legibus illis mutarent, anteaquam ipse reverteretur. Quo facto ivit ad Cretam ibique perpetuum elegit exilium, ut dicte leges observarentur. Moriens vero ossa sua in loculo plumbeo in mare abici iussit, ne, si reportarentur, cives solverent iuramentum existimantes se ab illo absolutos. Et nota, quod Delos erat insula, ubi erat templum Apollinis et locus divinationis, prout dicit Commentator ethicorum 1.[8], unde dicitur 'Apollo Delphicus'. [d]Cicero libro 1. de divinatione deorum[9]: 'Lycurgus quidem, qui Lacedemoniorum rem publicam temperavit, leges suas auctoritate Apollinis Delphici confirmavit, quas cum vellet Lysander commutare, eadem est prohibitus religionis auctoritate'.[d] [e]Iustinus libro 20.[f] in fine[10]: 'Pythagoras philosophus Lacedemona profectus ad cognoscendas inclitas Lycurgi leges ea tempestate; in quibus fuit institutus.'[e] [g]Aristoteles 2. politicorum[11] scribit: 'Et fertur Lacedemoniorum res publica imitata Cretensem, vetusta autem pleraque rudiora sunt novis. Ferunt enim Lycurgum post dimissam Charilli regis tutelam cum longo tempore peregrinaretur in Cretam plurimum fuisse diversatum propter cognationem; erant enim Lyctii Lacedemoniorum coloni; susceperant autem hi qui in eam coloniam venerant instituta legum tunc in antiquis habitatoribus obtinentia, quapropter et nunc[h] perieci eodem modo illis legibus utuntur, quo modo eas Minos constituit primus.'[g] [i]Aristoteles 4. politicorum[12]: 'Qui optime leges condiderunt, ex mediocribus civibus fuere; nam Solon huiusmodi fuit et Lycurgus, non enim erat rex.[i] Floruit Lycurgus ante Christi ad-

[1] Mem. 2, 6, 1. — [2] 26, 63. — [3] 5, 3, 2. — [4] Epit. 3, 2, 4 seq. — [5] p. 1271 b, 25. — [6] Brutus 10, 40. — [7] Iustin. Epit. 3, 3, 10. — [8] Eustrat. ad Arist. Eth. Nic. p. 1099 a, 25 (*Δηλιακὸν ἐπίγραμμα*). — [9] De div. 1, 43, 96. — [10] Epit. 20, 4, 4. — [11] p. 1271 b, 20. Vers. Lat. f. 271. — [12] p. 1296 a, 18. Vers. Lat. f. 285 b.

[a–a] in margine. — [b] 'septigentos' Cod. — [c] '5' ins. ? — [d–d] in margine. — [e–e] in margine. — [f] '20' Cod. — [g–g] in margine. — [h] Arist., 'tunc' Cod. — [i–i] in margine.

ventum 817., ut Eusebio de temporibus[1] placet, anno mundi 4382. et anno 34. Telecli[a] Lacedemoniorum regis, quo anno iura sua composuit. [b]Anno mundi 4407. secundum Eusebium[2] [c]Lycurgi leges in Lacedemonem iuxta sententiam Apollodori hac etate suscepte.[c b] [d] [3]Fuit alius Lycurgus Nemee regionis rex, qui Hysiphilem[e] Toantis regis filiam pro filio nutricem habuit. Alius fuit Thracum rex vel, ut alii voluerunt, Macedonum, qui Bacchum deum esse negabat; ob quod dum conaretur vites [f]incidere, crura sibi amputavit[f] [3], unde abstemium eum fuisse Servius attestatur.[4]

NUMA POMPILIUS, Pomponii filius, Curibus oppido Sabinorum accitus primus Romanis leges dedit secundum Isidorum etymologiarum libro 5.[5] et 7. dist. c. 1.[6] et Augustinum libro 2. de civitate Dei[7] et Plinium[8] et alios historiographos. Communiter posset hic questio quodammodo exoriri, argumento textus in dicto c. 1.; asserit[g] Numam Pompilium primum edidisse leges Romanis, tamen leges ad populum Romanum Romulus tulit[h] teste Pomponio in l. 2. in princ. ff. de origine iuris.[9] Hinc ius civile nostrum[i] ius Quiritium appellavit c. ius gentium[k] 1. dist.[10], § sed ius[l] quidem civile Inst. de iure naturali, gentium et civili[11]; et Romulus mortuus, ut Plinius[12] scribit, pro deo cultus Quirinus est appellatus. Respondit Iovanes, glossa in dicto c. 1. in v. primus[13], quod Romulus leges quasdam paucas ad populum tulit, et quia pauce erant, ideo dicitur, quod Numa Pompilius eas invenit. Et ita potest responderi de Mercurio et Solone. Et Iustinianus in § 1. in auth. ut preponatur nomen imperatoris collatione 5.[14] dicit: 'Romulus et Numa reges Romam constituerunt; ille quidem civitatem edificans[m], ille autem eam legibus ordinans et exornans.' De quo Numa vide etiam per Ovidium libro 3. de fastis[15] et Titum Livium de origine urbis libro 1., ubi sic de illo scribit: [16]'Numa Pompilius positis, [17]idem[n] dispositis[17], exteriorum rerum curis ne luxuriarent otio animi, quos metus hostium disciplinaque militaris prius continuerat, omnium primum

[1] Chron. 2, 75c. — [2] l. c. 77b. — [3–3] Raph. Vol. Comm. Urb. f. 173b. — [4] ad Aen. 3, 14. — [5] § 3. — [6] Grat. I 7, 1. — [7] 2, 16. — [8] Ps. Plin. de vir ill. 3, 1. — [9] D. (1, 2) 2, 2. — [10] Grat. I 1, 12. — [11] I. (1, 2) 2. — [12] Ps. Plin. de vir. ill. 2, 14. — [13] Gl. (Jo. Theutonici) 'primus' ad Grat. I 7, 1. — [14] Nov. 47 Praef. — [15] 3 v. 151 seq., 259 seq. — [16–16] Liv. 1, 19, 4. — [17–17] om. Liv.; Dipl. videtur adnotationibus quibusdam ad Livium usus esse.

[a] Euseb., 'Thesenei' Cod. — [b–b] in margine. — [c–c] Euseb., 'Lycurgus leges in Lacedemoniis . . . suscepit' Cod. — [d–d] in margine. — [e] sic et Raph. Vol. — [f–f] 'amputare, crura sibi incidit' sec. Raph. Vol. scr.? — [g] 'asserat' Cod. — [h] 'tulerit' Cod. — [i] 'nos' Cod. — [k] 'Quiritium' scribere debuit Dipl. — [l] Inst., om. Cod. — [m] Iust., 'edificatus' Cod. — [n] 'id est' scr.?

efficacissimum deorum metum iniciendum ratus est.[16] [1]Ipse etiam ea pietate omnium pectora imbuerat, ut fides ac iusiurandum proximo, id est precipuo et primo, legum ac penarum metu civitatem regerent.[1] [2]Omnium eius maximum operum fuit tutela[a] per omne regni tempus non minor pacis[b] quam regni[c].'[2] Et dicit divus Augustinus libro 2. de civitate Dei cap. 16.[3]: 'Numa Pompilius, qui Romulo successit in regno, quasdam leges, que quidem regende civitati nequaquam[d] sufficerent, condidisse fertur; qui eis etiam multa sacra constituit.' Et dictus Numa immediate successit Romulo, et sicut Romulus undique bella gessit assidue totus datus rebus bellicis et ideo paucissimas leges dedit, ita iste pace facta animum suum totaliter dedit in condendis legibus et sacris instituendis, ut patet per Titum Livium libro 1. de origine urbis.[4] De Numa vide divum Augustinum de civitate Dei libro 7. cap. 34. et sequenti.[5] Et creatus fuit rex secundum Eutropium[6] eo tempore, quo regnabat apud Iudeos Ezachias. Vide Plutarchum in vita Nume Pompilii in princ.[7] et Lucium Florum in epitoma gestorum Romanorum in 1. folio[8], ubi dicit, quod successit Romulo Numa Pompilius, quem Curibus[e] Sabinis agentem ultro[f] peroraverunt ob inclitam viri religionem. Ille sacra et ceremonias omnemque cultum deorum immortalium docuit; ille pontifices augures salios ceterosque per sacerdotia; annum quoque in duodecim menses fastos dies nefastosque discripsit; et alia sequuntur[g], ut videbis. [9]Hic vir Capitolium a fundamentis edificavit.[9] [10]Bellum nullum gessit, sed non minus civitati quam Romulus profuit. Nam et leges Romanis moresque constituit, qui consuetudine preliorum iam latrones[h] ac semibarbari videbantur.[10] Que omnes leges ipsius exoleverunt tribunina lege lata, ut scribit[i] Pomponius in l. 2. § exactis ff. de origine iuris.[11] Vitam ipsius ponit Plutarchus et alii historiographi in vita Nume Pompilii et precipue Plinius in libro de viris illustribus.[12] Floruit Numa, ut Eusebio placet de temporibus[13], anno mundi 4490. et anno ante Christi adventum 709.[k] Regnavit annos unum et quadraginta. Obiit autem Rome etatis sue anno 80. [l]Numa Pompilius, ut Eutropius de gestis Romanorum libro 1.[14] scribit, fuit creatus rex, cum apud Hebreos Ezachias[m] regnavit. Qui bellum

[1–1] Liv. 1, 21, 1. — [2–2] Liv. 1, 21, 5. — [3] l. c. — [4] 1, 19. — [5] l. c. — [6] Brev. 1, 3 cum Pauli Add. — [7] l. c. — [8] 1, 2. — [9–9] Euseb. Chron. 2, 83s. — [10–10] Eutrop. Brev. l. c. — [11] D. (1, 2) 2, 3. — [12] Ps. Plin. de vir. ill. 3. — [13] Euseb. Chron. 2, 83s. — [14] Brev. 1, 3. cum Pauli add. — [16] vide p. 161 n. 16–16.

[a] Liv., 'tutelam' Cod. — [b] Liv., 'pater' Cod. — [c] Liv., 'regis' Cod. — [d] August., 'nequiquam' Cod. — [e] Flor., 'civibus' Cod. — [f] Flor., 'ultimo' Cod. — [g] 'sequitur' Cod. — [h] Eutr., 'lenones' Cod. — [i] 'similiter' Cod. — [k] om. Cod., in quo est lacuna trium fere litterarum. — [l–l] in margine. — [m] 'Azachias' Cod.

nullum gessit, sed non minus civitati quam Romulus profuit, cum leges Romanis moresque constitueret, qui consuetudine preliorum iam latrones[a] ac semibarbari videbantur. Et annum in decem menses descripsit, qui prius sine aliqua supputatione confusus erat, et infinita Rome secreta[b] ac templa constituit; morbo decessit 41.[c] anno regni.[l] [d]De Numa Pompilio vide Livium 1. ab urbe condita[1] et Lucium Florum in 1. libro[2] et Eutropium libro 1.[3] et Plinium de viris illustribus[4] et Petrarcam de viris illustribus.[5] Floruit tempore Pythagore philosophi, prout fingit Ovidius 15. metamorphoseon[6] Numam predictum Pythagore fuisse discipulum, quamquam Livius ab urbe condita et locus et ratio contradicat: locus primo, quia Pythagoras, ut scribit Livius 1. ab urbe condita[7], non Rome nec apud Sabinos, sed in extremo Italie angulo circa Metapontum[e] Heracleam et Crotonam legitur floruisse temporibus [f]Servii Tullii[f], licet Solinus de mirabilibus mundi[8] affirmaret eum fuisse tempore, quo Brutus, qui reges expulit, consul erat. Sed sequendo Livium centum annos et amplius Pythagoras post tempus Nume fuit. Tandem tranquillitate naturali morbo senex obiit, postquam quadraginta tres annos regnarat secundum Florum[9], Livium[10] et Solinum de mirabilibus mundi in princ.[11] Et Augustinus de civitate Dei[12] dicit, quod aliqui scribunt eum tantum regnasse annis triginta tres.[g][d]

ZELEUCUS, Locrensium princeps, legum lator eminentissimus, Locrensibus primus leges tulit. De quo Valerius Maximus libro 6. de iustitia[h] cap. 5.[13] dicit, quod Zeleucus leges composuit, quibus Locrenses rem publicam amplam divinamque habuere; inter quas erat ius a se statutum, quod deprehensus crimine adulterii utroque oculo privaretur. At vero cum eius filius esset in tali crimine deprehensus, cum tota civitas in honorem patris necessitatem pene adolescentulo remitteret, aliquamdiu repugnavit; ad ultimum populi precibus victus suo prius deinde filii oculo eruto usum videndi utrique reliquit. Ita[i] debitum supplicii modum legi[k] reddidit, equitatis admirabili temperamento se inter misericordem patrem et iustum legis latorem partitus.' Floruit autem secundum Eusebium de temporibus[14] anno mundi 4539., quo tempore civitas Constantinopolitana, que antea

[1] 1, 18 seq. — [2] Epit. 1, 2. — [3] Brev. 1, 3. — [4] Ps. Plin. c. 3. — [5] Op. p. 495. — [6] v. 60 seq., 479 seq. — [7] 1, 18, 2. — [8] p. 76, 16. — [9] Epit. 1, 2. — [10] 1, 21, 6. — [11] p. 6, 12. — [12] 3, 9. — [13] Mem. 6, 5 Ext. 3. — [14] Chron. 2, 87 h et k.

[a] Eutr., 'lenones' Cod., vide supra p. 161 n. h. — [b] sic et ed. 1490. — [c] sic et quid. codd. Eutr. — [d–d] in margine. — [e] Liv., 'Metropontum' Cod. — [f–f] Liv., 'divi Iulii' Cod. — [g] 'novem' sec. August. scr. ? — [h] 'institutis antiquis' Cod. — [i] Val., om. Cod. — [k] Val., 'legum' Cod. — [l] vide p. 161 n. l–l.

Byzantium dicebatur, condita fuit ante Christi adventum anno 622.[a] [b] [1]Zeleucus legis lator Locrensis vinum egris prohibuit iniussu[c] medici, pena capitis indicta; auctor est Elianus.[1] [b] [d]Ponas hic verba Valerii Maximi in libro 6. cap. de iustitia et Zeleuco Locrensi[2]; vide in supplemento chronicarum [e]cap. 14.[e] [3] Adde quod Diogenes Laertius in vita Pythagore philosophi[f] [4] quod Pythagoras perfecit[g] Zeleucum et Charondam, quod tamen tempora non patiuntur, prout in Eusebio.[5] [h]Vide Aristotelem de Zeleuco 2. politicorum[6], ubi scribit: 'Fuerunt etiam legum positores Zeleucus apud Locros occidentales et Charondas Catinensis[i] civibus suis ceterisque civitatibus Chalcidicis[k], que sunt circa Italiam et Siciliam.' Frater Petrus Hispanus in commento[7] dicit, quod Zeleucus, qui imposuit leges occidentalibus[l]. et est quedam civitas Calabrie, que est ad occidentem [m]in regno Neapolim Grecie.[m] [h]

DRACO, legum lator peritissimus, natione Atheniensis, primus omnium Atheniensibus leges tulit secundum Aulum Gellium libro 11. noctium atticarum cap. 18.[8]; de quo sic scribit: 'Draco Atheniensis vir bonus multaque esse prudentia existimatus iurisque divini et humani peritus fuit. Is Draco leges, quibus Athenienses utuntur[n], primus omnium tulit. Furem in illis legibus cuiuscumque modi furti supplicio capitis puniendum esse et alia pleraque nimium severa censuit sanxitque. Cuiusque leges, quoniam videbantur impendio acerbiores, non decreto iussuque, sed tacito illitteratoque Atheniensium consensu oblitterate sunt. Postea legibus aliis mitioribus[o] a Solone compositis usi sunt. Is Solon ex septem inclitis sapientibus fuit. Is sua lege in fures non ut Draco mortis, sed dupli pena iudicandum existimavit.' De dictis legibus Draconis meminit Ulpianus in l. quod ait § 1. de adulteriis[9], Iustinianus in § sed ius quidem civile Inst. de iure naturali gentium et civili.[10] Quibus legibus Draconis antiquatis, [p]extra eas[p] que ad sanguinem pertinebant, Solon sua iura constituit, ut Eusebius de temporibus attestatur.[11] Quas leges Solonis et Draconis Iusti-

---

[1–1] Raph. Vol. f. 213b, Ael. Hist. Var. 2,37. — [2] Mem. 6, 5 Ext. 3. — [3] de Zaleuco in Suppl. Chron. nihil inveni. — [4] Pythagoras 15, 16. — [5] Chron. 2, 99n. — [6] p. 1274a, 22. Vers. Lat. f. 272b. — [7] in commentario mihi ignoto ad Arist. Polit., ut videtur. — [8] § 1 seq. — [9] D. (48, 5) 24 pr. — [10] I. (1, 2) 2. — [11] Chron. 2, 93g.

---

[a] '662' scr.? — [b–b] in margine. — [c] Raph. Vol., 'in usu' Cod. — [d–d] in margine. — [e–e] corr. — [f] 'dicit' vel 'scribit' ins. — [g] Diog., 'profecit' Cod. — [h–h] in margine. — [i] Arist., 'Carinensis' Cod. — [k] Arist., 'Caldicis' Cod. — [l] quaedam excidisse videntur. — [m–m] 'Grecie in regno Neapoli' scr.? — [n] vide p. 164, 16. — [o] Gell., 'minoribus' Cod. — [p–p] Euseb., 'ex eis' Cod.

nianus appellat ius Atheniensium in dicto § sed ius civile. [l]Postmodum Adrianus imperator ex Solonis et Draconis et reliquorum libris Atheniensibus iura constituit anno sui imperii 6. anno mundi 5324.[1] Floruit iste Draco legum lator, ut quibusdam videtur, secundum Eusebium de temporibus[2] anno mundi 4580. ante Christi adventum 561.[a] [h]Iosephus de antiquitatibus Iudaicis libro 1. contra Apionem grammaticum[3] ait: 'Publicarum[c] litterarum antiquissimas esse dicunt leges, que a Dracone eis [d]ex Phenicibus[d] sunt conscripte [e]ante modicum[e] tempus tyrannidis Pisistrati.[b] [fg]Siccus Polentonus[g] Patavinus libro 1. de illustribus viris scriptoribus latinis[4]: 'Atticis[h] postea leges Draco scripsit; multe hic erat prudentie vir rerumque humanarum et divinarum qua tum illius etatis homines uterentur scientia preditus.'[f] [i]Aristoteles 2. politicorum in fine[5]: 'Draconis quoque leges sunt, sed iam constituta re publica leges tulit; proprium autem Draconis esse nihil, quod sit memoria dignum nisi rigiditas[k] ob magnitudinem penarum.[i] [l]Dominicus de Aretio in libro 4. de claris viris[6]: 'Draco, vir Atheniensis divini iuris et humani peritus, leges, quibus Athenienses utuntur, primus omnium tulit.'[l]

CHARONDAS, patria Catinensis[m], suis civibus et vicinis leges dedit secundum Aristotelem libro 2. politicorum.[7] De quibus commemorat Marcus Tullius Cicero libro 3. de legibus[8]: 'Ut Charondas in suis facit legibus.' Hic inter alias leges legem tulit, ne quis armatus in contionem veniret; cumque postea ipse [n]e rure[n] veniens ex improviso, ut erat, gladio accinctus in contionem venisset, admonitus legis ab eo, qui proxime sedebat, eodem gladio incubuit: secundum Valerium Maximum libro 6. de [o]institutionibus antiquorum[o] in cap. de iustitia.[9] Istum etiam allegat Aristoteles in 1. politicorum in princ.[10] et alibi sepe. Iste Charondas floruit tempore Lycurgi, ut per Aristotelem libro 2. politicorum.[11] Et libro 4. politicorum[12] sic scribit: 'Qui optime leges condiderunt, ex mediocribus civibus fuere; nam Solon

---

[1–1] Euseb. l. c. 2, 167c. — [2] Euseb. l. c. 2, 91a. — [3] Contra Ap. 1, 21. — [4] Cod. Vat. 3541 f. 8b. — [5] p. 1274b, 15. Vers. Lat. f. 272b. — [6] Domin. Bandini, Fons mirabilium universi; opus mihi prae manibus non erat. — [7] p. 1274a, 22. Vers. Lat. f. 272b. — [8] 3, 2, 5. — [9] Mem. 6, 5, Ext. 4. — [10] p. 1252b, 14. — [11] p. 1274b, 29. Vers. Lat. f. 272b. — [12] p. 1296a, 18. Vers. Lat. f. 285b.

---

[a] '619' scr.? — [b–b] in margine. — [c] Ioseph., 'publicati' Cod. — [d–d] sic et versio lat. Ruff. p. 855. — [e–e] sic et Ioseph. Vers. Ruff. — [f–f] in margine. — [g–g] 'Ficus Polentanus' Cod. — [h] Sicc. Pol., 'Atticus' Cod. Sequitur in Cod. lacuna decem litterarum, sed in Cod. Vat. post 'Atticis' legitur 'postea' ut supra, nulla lacuna relicta. — [i–i] in margine. — [k] 'rigidus' Cod. — [l–l] in margine. — [m] Arist., 'Carinensis' Cod. — [n–n] Val., 'erate' Cod. — [o–o] 'iustitia' scr.? vide p. 162, 23; 163, 4.

huiusmodi fuit et Lycurgus, non enim erat rex; et Charondas et alii quam plurimi.' Et idem libro 10. de re publica[1]: 'Charondam quidem Italia et Sicilia legum optimum celebrant conditorem.' Et idem libro 2. politicorum[2] sic scribit: 'Fuerunt etiam legum positores Zeleucus apud Locros occidentales et Charondas Catinensis[a] civibus suis ceterisque civitatibus Chalcidicis[b], que sunt circa Italiam et Siciliam. Tentant vero quidam inducere, quasi[c] Onomacritus[d] fuerit primus legum ferendarum peritus.' Postea[3] subdit: 'Charonde autem nihil est proprium, ni iudicia falsorum testium; primus enim de his legem posuit [e]diligentia et claritate elegantior[e] quam hi, qui nunc sunt legis conditores.' Et Laertius in vita Pythagore philosophi[4] attestatur Charondam fuisse perfectum[f] in legibus a Pythagora, quod tamen non patiuntur tempora.

|| ZANEUSPES apud Arimaspos, XAMOLSIS[5] apud Scythas legum f. 3
latores precipui fuere. Quo autem tempore floruerint compertum non habeo. De istis late in quinterno[g] a carta 5.[6]

[7]SOLON, philosophus ex septem sapientibus Grecie, patria Atheniensis[7], tam preclaras quam utiles leges Atheniensibus primus dedit secundum Isidorum etymologiarum libro 5.[8] et 7. dist. c. 1.[9] et Valerium libro 5. de ingratitudine[10] et Aristotelem politicorum libro 2.[11], ubi inquit: 'Dedit Atheniensibus Solon leges summo cum temperamento.'. [h]Plato libro 10. de re publica[12]: 'Nos quidem Athenienses legum optimum predicamus Solonem conditorem.'[h] Et dicit Trogus Pompeius libro 2.[13], quod civitati Atheniensium tunc nulle leges erant, quia libido[i] regis pro legibus erat. Eligitur Solon, vir iustitia insignis, qui velut novam civitatem legibus conderet. Qui tanto temperamento inter plebem et senatum egit (cum scilicet, cum pro altero ordine tulisset displiciturum alteri videretur[k]), ut[l] ab utrisque[m] parem gratiam traheret. Et scribit Valerius dicto libro 5. de ingratitudine[14], quod si Athenienses perpetuo servare voluissent leges

---

[1] re vera Platon, De re publ. 10, 3, 599. E. — [2] p. 1274a, 22. Vers. Lat. f. 272b. — [3] p. 1274b, 5. Vers. Lat. l. c. — [4] Pythag. 15, 16. — [5] = Zamolxis. — [6] in collectione quadam manuscripta Diplovatatii, ut videtur. — [7–7] Suppl. Chron. ad a. 4486. — [8] 5, 1, 2. — [9] Grat. I 7, 1. — [10] Mem. 5, 3, Ext. 3. — [11] p. 1273b, 35? Vers. Lat. f. 272: 'optimeque rem publicam temperasse'. — [12] 10, 3. 599 E. — [13] Iustin. Epit. 2, 7, 3, vide p. 166, 16. — [14] Mem. 5, 3, Ext. 3.

---

[a] Arist., 'Cratinensis' Cod. — [b] Arist., 'Caldidis' Cod. — [c] Arist., om. Cod. — [d] Arist., 'Onomacrinus' Cod. — [e–e] Aristot., om. Cod. — [f] Diog., 'profectum' Cod. — [g] 'quiterno' Cod. — [h–h] in margine. — [i] Iust., 'libitus' Cod. — [k] Iust., 'videret' Cod. — [l] Iust., om. Cod. — [m] Iust., 'unusquisque' Cod.

ipsius, sempiternum habituri fuissent imperium. Hic vir prudentissimus, licet et ipse gentilis fuerit, tamen leges nonnullas sacratissimas atque optimas Atheniensibus dedit, de quibus per Augustinum libro 2. de civitate Dei[1] et plenius per Aulum Gellium libro 2.[a] noctium atticarum.[2] Et meminit Ulpianus[b] in l. quod ait § 1. de adulteriis[3] et Iustinianus in § sed ius quidem civile Inst. de iure naturali gentium et civili.[4] De quibus legibus fundatum est ius civile nostrum Romanorum: § sed non ineleganter Inst. de iure naturali[5] et in l. 2. § exactis et § sequenti[c] ff. de origine iuris.[6] Et scribit Plinius in libro de viris illustribus[7]: 'Et inter alias suas leges voluit et statuit, si quis parentes indigentes non alat, ingloriosus est. Filii eorum, qui pro re publica obiere, publice doceantur et nutriantur. Item statuit tutorem cum orphanorum matre non habitare, nec tutoris officium exercere in quem orphanorum defunctorum substantia perveniret. Nec sculptori annuli licere tenere signum[d] annuli venditi. Et si unum oculum habentem quis illo privaverit, vice versa ipse geminis careret. Et quod princeps, si ebriosus sit, damnetur nece.' Et de legibus Solonis vide etiam Iustinum libro 2. in 2. carta[8], ubi dicit, quod Athenis tempore Solonis nulle leges erant, quia libido regum pro legibus habebatur. Eligitur itaque Solon vir iustitia insignis, qui velut novam civitatem legibus conderet. Qui tanto temperamento inter plebem senatumque egit (cum si quid pro altero[e] ordine tulisset, alteri displiciturum videretur), ut[f] ab utrisque[g] [h]pacem et[h] gratiam traheret. Huius viri multa egregia et memorabilia scribit Iustinus in Trogi Pompeii historias.[9] Et quod dixi supra Solonem fuisse primum, qui Atheniensibus leges dedit, dicto c. 1. 7. dist.[10], obstat quod dixi supra in cap. de Dracone[11]; quare cogita. Vitam Solonis et plures ipsius sententias et leges scribit Plutarchus in vita Solonis[12] et Laertius in vita ipsius[13] et Iustinus libro 2. de bello externo[14] et Valerius Maximus libro 4. de animi moderatione cap. de septem sapientibus[15] et libro 5.[i] de ingratitudine, ubi videas cap. de Solone[16] et libro 8. de sapienter dictis aut factis cap. de Solone et sapientibus[17]; et Cicero libro de claris oratoribus[18] et Aristoteles 2. politicorum[19] et Plato in suo Timeo[k][20], ubi in princ. ait

[1] 2, 16. — [2] 2, 12. — [3] D. (48, 5) 24. — [4] I. (1, 2) 2. — [5] I. (1, 2) 10. — [6] D. (1, 2) 2, 3. — [7] quae sequuntur non ex libro de vir. ill. sumpta sunt, sed ex Diog. Laert. Solon 8, 55; 9, 56, 57. — [8] Epit. 2, 7, vide p. 165, 24. — [9] Iust. l. c. — [10] Grat. I 7, 1. — [11] supra p. 163. 15. — [12] l. c. — [13] l. c. — [14] Epit. l. c. — [15] 4, 1, Ext. 7. — [16] 5, 3, Ext. 3. — [17] re vera 7, 2, Ext. 2. — [18] Brutus 7, 27. — [19] p. 1266b, 17; 1273b, 34; 1274a, 11. — [20] 21 C.

[a] '21.' Cod. — [b] Dig., 'Iul.' Cod., sed vide supra p. 163, 26. — [c] 'semper' Cod. — [d] 'sigillum' cum Diog. scr.? — [e] Iust., 'alieno' Cod. — [f] Iust., om. Cod. — [g] Iust., 'unoquisque' Cod. — [h–h] 'parem' sec. Iust. scr.? — [i] 'X.' Cod. — [k] 'Thimoteo' Cod.

Solonem videri non solum prudentia laude dignum, sed etiam carminibus ceteris[a] prestitisse. Et Aulus Gellius libro 2. noctium atticarum cap. 12.[1], ubi sic inquit: 'In legibus Solonis illis antiquissimis, que Athenis axibus ligneis incise sunt, quasque[b] latas ab eo Athenienses ut sempiterne manerent penis et religionibus sanxerunt, legem[c] etiam[d] Aristoteles refert.' Et in libro 17. cap. ultimo[2] idem Aulus Gellius dicit: 'Solonem ergo accipimus, unum ex illo nobili numero sapientum, leges scripsisse Atheniensium Tarquinio Prisco Rome regnante anno regni eius 33. Servio autem Tullio regnante Pisistratus Athenis tyrannus fuit, Solone ante[e] in exilium voluntarium profecto, quoniam id ei predicenti non creditum est.' Et in princ. dicit[3]: 'Incipiamus a Solone claro, quoniam de Homero et Hesiodo inter fere omnes scriptores constitit etatem eos gessisse vel eisdem fere temporibus, vel Homerum aliquantulum antiquiorem, utrumque[f] ante Romam conditam vixisse Silviis Albe[g] regnantibus annis post bellum Troianum, ut Cassius in 1. annalium de Homero et Hesiodo scriptum reliquit, plus centum atque sexaginta annis ante Romam autem conditam, ut Cornelius Nepos in princ.[h] chronicarum de Homero dicit, annis centum et sexaginta.' Tamen secundum Eusebium de temporibus[4] floruit Solon anno 23. regni Tarquinii Prisci, anno mundi 4605. et ante Christi adventum 594.[i], quo anno, secundum ipsum, Solon predictis Draconis legibus antiquatis extra eas, que ad sanguinem pertinebant, iura sua constituit per annos quinque post Camerinam urbem conditam. Iste Solon fuit mirabiliter studiosus; de quo Valerius libro 8. cap. 7.[5] dicit, quod supremo die, scilicet ante mortem, assistentibus amicis et quadam de re sermonem conferentibus fatis iam pressum caput erexit interrogatusque, quapropter id fecisset, respondit: 'ut, cum id quicquid est quod disputatis percepero, moriar.' Vox profecto tanto philosopho dignissima. Et idem confirmat Tullius libro de senectute[6], ubi ait: 'Solonem vidimus gloriantem versibus, qui se cottidie denuo aliquid addiscentem dicit senem fieri.' Et in eodem libro[7] dicit de eius morte: 'Quod Pisistrato tyranno querenti, qua spe fretus sibi tam audacter obsisteret, respondit: 'Senectute'; quasi dicat, quod paratus erat mori.' Et ibidem[8]: 'Solonis sapientis elogium est, quod se negat velle mortem suam dolore et lamentis amicorum carere.' [9]Huic

---

[1] l. c. — [2] c. 21, 4. — [3] c. 21, 3. — [4] Chron. 2, 93g. — [5] 8, 7, Ext. 14. — [6] Cato maior 8, 26. — [7] 20, 72. — [8] 20, 73. — [9-9] Diog. Laert. Solon 16.

---

[a] Cod. ponit 'ceteris' post 'prudentia'. — [b] Gell., 'quisque' Cod. — [c] Gell., 'leges' Cod. — [d] 'esse' sec. Gell. scr.? — [e] Gell., 'utem' Cod. — [f] Gell., 'unumque' Cod. — [g] Gell., 'ante' Cod. — [h] '1.' cum Gell. scr.? — [i] om. Cod., lacuna trium fere litterarum relicta.

etiam Soloni mortuum filium lugenti non esse flendum ait quidam eo, quod flere nihil prodesset; cui Solon: eo magis ploro, quo damnum meum irreparabile videam.[9] [1]Et interrogatus, an vellet, quod sui de eius morte lugerent, ait: ad hoc multis conatibus laboravi, ut in morte mea dolore et lamentis non caream amicorum.[1] [2]Ait etiam neminem[a] dicere debere se ceteris quibuscumque intollerabiliores amaritudines sustinere.[2] [3]Interrogatus etiam a Creso rege Lydorum, quis ei felix esse videretur, ait: Tellus[b] Atheniensis et Cleobis, ignoti homines, quorum fama latet. Cresus autem rex, ornans se omnimode regisque fastu sedens in solio, interrogavit, num unquam vivos meliores viderit.[c] Cui respondit: gallos fasianos et pavones naturali eorum colore et flore decorati sunt et milesies meliores.[3] [d]Solonem Cresus expulit, quia blandiri nesciebat.[d] [4]Hic etiam dixit: Boni et virtuosi vere apud tyrannos equiparantur calculis rationum, quorum unusquisque plura quandoque pauciora signat, ac sic in conspectu tyranni quandoque magni dicuntur et clari quandoque honore carentes.[4] [5]Obiit autem in Cypro anno etatis sue 80. et moriens mandavit, ut Salaminam eius ossa transferrent atque in cinerem soluta per provinciam disseminarent. Sed eius iussis obtemperatum non fuit, quoniam ipsius sepulcro tale epigramma inscriptum sit:

Que dudum rapidas Medorum propulit[e] iras[f]
Legiferum Solonem pulchra tenet Salamis.

[g]Omnes septem sapientes dicti sunt Solones, unde Persius poeta in 3. satira[6]:

'Esse quod Arcesilas[h] erumnosique[i] Solones.'[g]

[k]Marcus Tullius Cicero libro 1. officiorum[7]: 'In primisque versutum et callidum factum Solonis, [l]quia ex[l] quo tutior vita eius esset et plus aliquando rei publice prodesset, furere simulavit.' Hoc idem affirmat Laertius in vita ipsius.[8][k] [m]Aristoteles 2. politicorum[10]: 'Fuerunt legum latores, qui etiam rem publicam constituerunt, veluti Lycurgus et Solon; hi enim leges et res publicas condidere, Lycurgus Lacedemoniis, Solon autem Atheniensibus. Existimabant quidam Solonem legum latorem fuisse preclarum; nam paucorum potentiam sustulisse, que nimis intemperans erat, et plebem a servitute liberum ac statum popularem in patria constituisse

[1–1] Poetae lyrici Graeci ed. Th. Bergk, 4. ed. vol. 2 (1915) Solon fr. 21. — [2–2] vide Val. Max. Mem. 7, 2, Ext. 2 i. f. — [3–3] Diog. Laert., Solon 4, 50 seq. — [4–4] Diog. Laert., Solon 10, 59. — [5–5] Suppl. Chron. ad a. 4486. — [6] 3, 79. — [7] 1, 30, 108. — [8] Solon 2, 46. — [9] vide p. 167 n. 9–9. — [10] p. 1273b, 30. Vers. Lat. f. 272.

[a] 'nemo' Cod. — [b] 'Trihalanus' Cod. — [c] Diog., om. Cod. — [d–d] in margine. — [e] Suppl. Chron., 'protulit' Cod. — [f] Suppl. Chron., 'ira' Cod. — [g–g] in margine. — [h] Pers., 'Archisylus' Cod. — [i] Pers., 'criminosique' Cod. — [k–k] in margine. — [l–l] 'qui et' sec. Cic. scr.? — [m–m] in margine.

optimeque rem publicam temperasse, cum videatur eam, que iusta necessaria fuit potestatem populo tradidisse, ut magistratus crearet et malefacta corrigeret: nisi enim populus hanc habeat potestatem, servus erit et inimicus. Et magistratus omnes constituit ex nobilibus' et cetera.[m] [a]Plutarchus in vita Platonis[1] attestatur Platonem ex materno genere a Solone ac eius fratre habuisse originem. Drepides[b] enim Solonis frater Ciciam[c] maiorem creat, ab quo Calisteus[d] ortus Criciam[e] minorem gignit; Cicie[f] filius Glauco, a quo Charmides, Platonis avunculus et Perictiona[g] mater editi.[a] [h]Voleterranus libro 10. commentariorum urbanorum[2]: 'Soloe in Cilicia et Pamphylia urbs est a Solone, qui leges dedit Atheniensibus, cum exularet a patria, dicta; hic colonos constituit; cum vero Atheniensium linguam barbari inquinassent, solecizare[i] dicti sunt exemplo eorum[k] qui corrupte loquerentur secundum Eustathium.[h] [l]Boccatius libro 14. sue genealogie[3]: 'Solon ex amplissimo legum latore in poesim senex voluntarius evolavit'; et Petrarca in 10. sua ecloga[n4] dicit[o]:

Vidi
[p]Unum voce parem[p] summis per litora[q] longe
Solum[r], qui populo leges et iura dedisset[s]
Iamque senex musis operam daret urbe relicta.'[l]

[t]De Solone vide Valerium Maximum libro 8. de industria[5] et Aristotelem 4. politicorum[6]: 'Qui optimas leges condiderunt' et cetera; et Diogenem Laertium in vita Solonis et in cap. precedenti[7], ubi omnino videas.[u t] [v]Et Aulum Gellium noctium[w] atticarum libro 17.[8] et Ciceronem libro 1. de officiis.[9] Et Augustinus libro 2. de civitate Dei[10]: 'Solon, inquit, adeo laudabiles Atheniensibus leges dedit, quod Romani pro summo beneficio eas ab Atheniensibus acceperunt.'

PUBLIUS PAPIRIUS leges sex Romanorum regum, videlicet Nume Pompilii, Tullii Hostilii, Anci Martii, Nume ex filia nepotis, Tarquinii Prisci

---

[1] Ps. Plut. Plato (ed. Ven. 1496) f. 134 b. — [2] f. 108. Eustath. ad Dion. Perieg. p. 272 (ed. Bernhardy). — [3] Gen. Deor. lib. 14. c. 4 i. f. — [4] Bucol., ecloga 10 v. 108 seq.; vide Benven. de Imola ad h. l. (ed. Avena p. 230): 'Unum': Solonem, qui fuit lator legum et iurisperitus. — [5] 8, 7, Ext. 14. — [6] p. 1296a, 18. Vers. Lat. f. 285b. — [7] Diog. Laert. Sol. et Thales i. f. — [8] 17, 21, 3. — [9] 1, 30, 108. — [10] 2, 16.

[a–a] in margine. — [b] Ps. Plut. 'Dicpandes' Cod. — [c] sic et Ps. Plut. ed. Ven. — [d] sic et Ps. Plut. — [e] 'Cryciam' Ps. Plut. ed. Ven. — [f] 'Crycie' Ps. Plut. — [g] Ps. Plut., 'Periconia' Cod. — [h–h] in margine. — [i] Raph. Vol., 'Salacihare' Cod. — [k] Raph. Vol., om. Cod. — [l–l] in margine. — [m] vide p. 168 n. m–m. — [n] 'epistola' Cod. — [o] 'dixi' Cod. — [p–p] Petrarca, 'Virum vatem' Cod. — [q] Petrarca, 'litera' Cod. — [r] Petrarca, 'solon' Cod. — [s] Petrarca, 'dedisse' Cod. — [t–t] in margine. — [u] 'vides' Cod. — [v–v] in margine. — [w] 'libro 7.' ins. Cod.

et Servii Tullii et Tarquinii Superbi, in unum volumen conscripsit; quod sex libros continebat, ex [a]eo quod[a] leges sex regum sine ordine latas in unum composuit: secundum Pomponium in l. 2. § 2. et in § iuris civilis ff. de origine iuris[1]. Et ibi dicitur, quod fuit primus peritus in iure civili, qui consultoribus solum vacare potius quam discere volentibus se prestabat. Et vide Paulum in l. Masurius ff. de verborum significatione[2], ubi dicit, quod in libro de iure Papiriano Gaius[b] Flaccus scripsit. Hic vir maxime in pretio Rome fuit; cuius liber, teste eodem Pomponio in l. 2. § 1. et in § postea cum Appius in fine[3], appellatum fuit ius civile Papirianum, non quia Papirius de suo quidquam ibi adiecerit, sed quod leges sine ordine latas in unum composuit. Qui liber in usu esse desiit lege a tribuno lata, exactis et expulsis regibus a civitate Romana, dicta l. 2. § 1. Floruit autem Papirius temporibus, quibus Superbus Demarati Corinthi filius Rome regnavit, anno ante Christi adventum 529. et anno mundi 4670.[c], anno 17. Tarquinii Superbi Romanorum regis et 18. ante expulsionem regum[4]. De rege Tarquinio vide in dicta l. 2. in princ. ff. de origine iuris et in c. proposito 32. q. 5.[5]

HERMODORUS, natione Grecus, patria Ephesius[d], auctor ferendarum legum a decemviris a grecis civitatibus fuit, teste Pomponio in l. 2. § [e]ne postea[e] diutius ff. de origine iuris[6]. Tunc vir exulans a patria in Italiam, cum Romani ceperunt exactis regibus incerto[f] iure magis et consuetudine aliqua uti quam per latam legem tribuninam idque per viginti annos passi fuerint, auctor fuit decemviros constitui, per quos peterentur leges a grecis civitatibus, ut civitas fundaretur legibus; quas in tabulis eburneis perscriptas[g] pro rostris proposuerunt, dicto § postea diutius. Fuit autem Hermodorus temporibus Artaxerxis[h] 7. Persarum et anno ante Christi adventum 460.[7] [i]Strabo libro 14. de situ orbis[8] sic de Hermodoro scribit, videlicet: 'Hermodorus, de quo Heraclitus inquit dignos esse Ephesios omnes strangulari, qui Hermodorum virum inter eos frugi eiecerunt, dicentes: nemo nostrum frugi esto alioquin cum aliis eiiciatur. Hic vir leges quasdam videtur[k] Romanis conscripsisse'. Hec Strabo ubi supra, et sic infert, quod Hermodorus dedit leges Romanis post exactos

[1] D. (1, 2) 2, 2 et 35. — [2] D. (50, 16) 144, quae lex in Vulg. incipit 'Masurius'. — [3] D. (1, 2) 2, 2 et 7. — [4] vide Euseb. Chron. 2, 99 et 101. — [5] Grat. II 32, 5, 4. — [6] D. (1, 2) 2, 4. — [7] vide Euseb. Chron. 2, 105 s. — [8] Geogr. p. 642. Vers. Lat. p. 611.

[a] 'eoque' Cod. — [b] sic et Vulg. — [c] '6670' Cod. — [d] 'Ephesus' Cod. — [e–e] 'postea ne' cum Dig. scr.? vide p. 171, 18. — [f] Dig., 'in incerto' Cod. — [g] Dig., 'proscriptas' Cod. — [h] 'Archaseris' Cod. — [i–i] in margine. — [k] Strabo, om. Cod.

reges, quod nota[i]. [a]Xiccus Polentonus Patavinus de illustribus viris scriptoribus latinis libro 1.[1]: [b]'Nam sunt[b], qui Hermodorum Ephesium quendam philosophum cum[c] sorte patria pulsum et in Italia exulantem huic collegio decemvirorum adhibitum ut adesset legibus scribendis putent. Sed apud Titum Livium, qui huius pater est historie, nusquam [d]Hermodorus istam[d] ad rem nominatus est.' Sed tu vide Pomponium ubi supra et Strabonem, qui est ultra Xiccum Polentonum.

APPIUS CLAUDIUS, Regillanus, decemvir, legem duodecim tabularum cum Tito Genucio[e], Publio Sestio, Lucio Veturio, Gaio Iulio, Aulo Manilio, Publio Sulpicio, Publio Curiatio, Tito Romilio, Spurio Postumio edidit, sicut refert Isidorus 5. etymologiarum[2], 7. dist. c. 1. et 2.[3] Populus enim Romanus, cum seditiosos magistratus ferre non posset, placuit publica auctoritate predictos decem constitui viros, per quos peterentur leges et mores a grecis civitatibus; qui eas ex libris Solonis translatas in duodecim tabulas exposuerunt, quas in tabulis eburneis perscriptas[f] pro rostris composuerunt, ut possent leges apertius percipi, ut scribit Plinius libro de viris illustribus[4], Pomponius in l. 2. § postea ne diutius ff. de origine iuris[5], Iustinianus in § non ineleganter Inst. de iure naturali[6] et Isidorus 5. etymologiarum et Gratianus 7. dist. c. 1. et 2. Floruit autem Appius Claudius anno ante Christi adventum 450.[g] et mundi 4747.[g] et olympiade 81.[7], quo anno lex duodecim tabularum a predictis Rome instituta est ut origo et fundamentum omnium nostrarum legum. Et ideo videtur fabulosum, quod dicit Accursius in dicta l. 2. § postea in v. 'decem constitui'[8], quia ante Christum et tempore, quo fuit lata predicta lex duodecim tabularum, Romani et Athenienses de Deo et divinitate nullam cognitionem habebant. Defunctus est autem Appius Claudius post annos sexaginta libertatis incepte Rome, teste Cicerone libro de finibus bonorum[9] et anno ante Christi adventum 450.[g], regni Artaxerxis Persarum regis anno 10.[h] regni[k]. [10]Nam cum a consulibus ad decemviros predictos translatum esset imperium[l], Appium Claudium plebeie virginis stuprande libido velut rabies quedam incessit. Hec Lucii cuiusdam Virginii filia et Licinio[m] tribunicio viro desponsata

---

[1] Cod. Vat. 3541 f. 9b. — [2] 5, 1, 4. — [3] Grat. I 7, 1 et 2. — [4] Ps. Plin. de vir. ill. 21. — [5] D. (1, 2) 2, 4. — [6] I. (1, 2) 10. — [7] vide Euseb. Chron. 2, 105 r. s. — [8] Gl. 'constitui' ad D. (1, 2) 2, 4. — [9] 2, 20, 66. — [10–10] Oliverius Arzignan. Comment. ad Val. Max. 6, 1, 2 f. 136.

[a–a] in margine. — [b–b] 'non desunt' sec. Sicc. Pol. scr' ? — [c] sic et Sicc. Pol. — [d–d] Sicc. Pol., 'Hermodorum istum' Cod. — [e] Grat., 'Gemirio' Cod. — [f] Dig., 'proscriptas' Cod. — [g] numeri ann. corr. ? vide p. 174, 18. — [h] '13'. scr. ? vide p. 174, 17. — [i] vide p. 170 n. i–i. — [k] del. ? — [l] 'imperium et' Cod. — [m] sic et Oliver. l. c.

erat. Quam Appius amore insaniens pretio ac prece speque pollicere[a] adortus, postquam omnia pudore spreta[b] invenit, ad crudelem superbiam vimque animam convertit. Marco Claudio clienti negotium dedit, ut virginem in servitutem assereret neque cederet secundum libertatem poscentibus vindicias. Hic ergo virgini in forum ad litterarium[c] ludum venienti manum iniicit, suam servam et e serva natam appellans. Concursu amicorum ad clamorem nutricis Quiritium fidem implorantis facto[d] liberatur; in ius tamen rapitur ad Appiique tribunal perducitur, qui ex composito puellam Marco[e] Claudio poscenti et servam asserenti suam adiudicavit. Interea Publius Numitorius, puelle avus, et sponsus Licinius interveniunt, puellam a vi magis quam a iudicio tuentur, iamque gravi seditione orta certamen instare videbatur. Tunc Appius libertatis vindicias iudiciumque puelle in sequentem diem datis sponsoribus pronuntiat. Interea pater e castris, audito filie periculo acceptoque commeatu, ad urbem properat. Filie ad tempus adest.[f] Nam cum Appius sequenti die tribunal ascendisset puelleque vindicias secundum servitutem decrevisset — tanta quidem vis amentie verius quam amoris eius mentem pervenerat[g] — tum Virginius in Appium manus intentans: 'Licinio', inquit, 'Appi, et non tibi filiam despondi, et ad nuptias et non ad explendam[h] tui corporis libidinem educavi. Placetne pecudum ferarumque ritu promiscue in concubinis[i] ruere? et non passuros hoc cives Romanos spero'. Cumque iam vi ageretur in puellam, iamque decemviri potentie resisti non posset, Virginius, ubi nihil usquam[k] vidit auxilii, penitentiam simulans: 'queso', inquit 'Appi, primum ignosce patrio dolori, si quid indecentius in te sum invectus; deinde sinas hic coram virgine nutricem percontari, quid hoc rei sit, ut, si falso dictus pater sum, equiori hinc animo discedam'. Data venia seducit filiam ac nutricem prope Clocinam[l] ad tabernas, quibus tunc 'novis' erat nomen atque ibi ab lanio cultro arrepto: 'hoc', inquit, 'uno quo possum filiam in libertatem vendico.' Pectus deinde puelle transfixit et respectans ad tribunal: 'te', inquit, 'Appi, tuumque hoc sanguine caput consecro.'[10] Deinde se ad commilitones confugit, qui universi de Algido monte, ubi tunc belli gerendi causa legiones erant, relictis ducibus protinus signa in Aventinum montem transtulerunt, omnisque plebs urbana mox eodem se contulit, populique consensu coacti sunt decemviri se abdicare magistratu creataque tribunea

---

[10] vide supra p. 171 n. 10–10.

---

[a] sic et Oliver. (pro 'pellicere'). — [b] 'septa' sec. Oliver. scr. ? — [c] sic et Oliver. — [d] Oliver., 'fato' Cod. — [e] Oliver., 'merito' Cod. — [f] Oliver., 'adi' Cod. — [g] sic (pro 'perverterat') et Oliver.! — [h] Oliver., 'expelendam' Cod. — [i] sic et Oliver. — [k] Oliver., 'usque' Cod. — [l] Oliver., 'clorinum' Cod.

potestas et reddita plebi, sumptum quoque est de[a] decemviris supplicium per tribunos plebis, eosque omnes aut morte aut exilio puniverunt; Appius Claudius in carcere necatus est: secundum Livium de condita urbe Roma libro 3.[1] et etiam Pomponium in l. 2. § et cum placuisset leges ff. de origine iuris[2] ac Plinium libro 2.[b] de viris illustribus[3] et Suetonium de duodecim Cesaribus in vita Tiberii Cesaris[4], ubi etiam de gente Claudiorum et de eorum gestis, et per Orosium libro 2.[5] De hac virgine a patre cesa vide Valerium libro 6. de pudicitia[6] et Franciscum Petrarcam in triumpho castitatis[7] et Senecam in tragedia, que dicitur Octavia[8], qui sic breviter tradit:

'ultique tuos
Sunt bene manes virgo dextra
Cesa parentis, ne servitium[c]
Paterere grave [d]et impia[d] ferret
Premia victrix dira libido.'

[e]Dicit Aulus Gellius libro 17.[f] noctium atticarum cap. ultimo[9] et libro 20.[g] cap. 1.[10], quod 300. anno post Romam conditam duodecim tabule composite scripteque sunt. Et vide Albericum de Rosato in suo dictionario in v. 'leges Atheniensium'[11], licet de predictis nullam faciat mentionem. Et vide etiam Orosium libro 2.[12], ubi dicit, quod proximus[h] erat annus 300. ab urbe condita, quando missi fuerunt legati Romanorum ad Athenienses propter leges Solonis deferendas, et in sequenti anno scilicet 301. claruerunt[i] decemviri, qui habuerunt auctoritatem ut infra[13]. Et Paolus Orosius in libro 2. historiarum sic ait: 'Anno, qui ab urbe condita proximus 300. fuit, dum legati ad Athenienses propter Solonis leges deferendas missi expectantur, arma Romana fames[k] pestilentiaque compescuit. Ipso anno 300., hoc est olimpiade 95., potestas consulum decemviris tradita constituendarum legum Atticarum gratia magnam rei publice perniciem invexit.' Eutropius historiographus de gestis Romanorum libro 1. cap. 18.[l] [14]: 'Anno 300. et altero ab urbe condita imperium consulare cessavit et pro duobus consulibus decemviri facti sunt, qui summam potestatem haberent ac decemviri nominati sunt. Sed cum anno primo bene egissent, secundo ex his Appius Claudius Virginii cuiusdam, qui honestis iam stipendiis

[1] 3, 44 seq. — [2] D. (1, 2) 2, 24. — [3] Ps. Plin. de vir. ill. 21. — [4] Tib. 2. — [5] Hist. 2, 13. — [6] Mem. 6, 1, 2. — [7] v. 132. — [8] v. 295. vide Oliver. l. c. — [9] 17, 21, 15. [10] 20, 1, 6. — [11] l. c. — [12] 2, 13. — [13] infra p. 174. — [14] Brev. l. c.

[a] om. Cod. — [b] 'suo' scr. ?, vide infra p. 175, 8. — [c] Sen., 'sevitium' Cod. — [d–d] 'aut improba' cum Sen. scr. ? — [e–e] in margine. — [f] '7.' Cod. — [g] '2.' Cod. — [h] Oros., 'primus' Cod. — [i] Oros., 'claruit' Cod. — [k] Oros., 'fama' Cod. — [l] '12.' Cod.

contra Latinos in monte Algido militabat, filiam virginem corrumpere voluit; quam pater occidit, ne stuprum a decemviris sustineret et egressus ad milites movit tumultum. Sublata est decemviris potestas' et cetera. Et Solinus de mirabilibus mundi cap. 1.[1]: 'Decemviri creati sunt anno ab urbe condita 302.'[e]

TITUS GENUCIUS[a], PUBLIUS SESTIUS, LUCIUS VETURIUS, GAIUS IULIUS, AULUS MANILIUS, PUBLIUS SULPICIUS, PUBLIUS CURIATIUS, TITUS ROMILIUS[b], SPURIUS POSTUMIUS decemviri cum Appio Claudio legem duodecim tabularum ediderunt. Qua lege lata disputationes inceperunt[c], que communi nomine ius civile appellantur. Deinde ex his legibus feras et crudeles actiones composuerunt, quibus inter se homines discreparent, quas actiones certas et sollemnes esse voluerunt, quas legis actiones id est legitimas actiones appellaverunt: sicut refert Pomponius in l. 2. § postea ne diutius et §§ sequentibus[2] et Isidorus 5. etymologiarum[3], 7. dist. c. 1. et 2.[4] et Titus Livius libro 3. de origine urbis[5] et Orosius libro 2[6].—13. Artaxerxis regni anno et anno ante Christi adventum 450.[d] Gaio Menenio et Publio Sestio[f] Capitolino consulibus Romanis placuit, quod consulare imperium cessaret et eo loco decemviri deligerentur, per quos sine provocatione omnis regeretur civitas.[7] Leta eius magistratus tempora[g], ut Livius[8] ait et Pomponius in l. 2. § postea ff. de origine iuris; nimium luxuriari incipiens, citius eius res lapsa est, quia post annum exacti sunt. Quippe cum primum creati fuissent, imposito fine tribunicie potestati et omni plebis presidio sublato, totius magistratus regimen penes Appium Claudium summum inter eos constitutum fuerat. Decreverunt enim inter se, ut unus tantum fasces deferret et hoc insigne regium in orbem [h]sua quisque vice[h] per omnes iret; sed subito consilio mutato cum duodenis omnes prodiere[i] fascibus: decem quippe regum species[k] erant. Qui quidem fastus magnam patrum[l] et plebis indignationem in se concitavit, unde et nimium luxuriantes nefandaque facinora in dies magis ac magis perpetrantes ab universo coetu tandem magistratu pulsi sunt. Initium secessionis fuisse dicitur Virginius quidam, qui cum animadvertisset

---

[1] p. 8, 16. — [2] D. (1, 2) 2, 4. — [3] 5, 1, 4. — [4] Grat. 1 7, 1 et 2. — [5] 3, 33, 3. — [6] 2, 13. — [7] vide Euseb. Chron. 2, 105 r. — [8] 3, 33, 2. Et quae sequuntur ex Livio sumpta sunt.

---

[a] 'Gemicius' Cod. — [b] 'Romolius' Cod. — [c] 'idpusuerunt' Cod. — [d] vide supra p. 171, 21. — [e] vide p. 173 n. e–e. — [f] Liv. ,'sestilio' Cod. — [g] 'principia' sec. Liv. scr.? — [h–h] 'suam cuiusque vicem' sec. Liv. 3, 36, 3 scr.? — [i] Liv. 3, 36, 3; 'perdiere' Cod. — [k] Liv., 'specicas' Cod. — [l] Liv., 'patris' Cod.

Appium Claudium contra ius quod ipse ex veteri || iure in duodecim tabulas f. 4
transtulerat, in personam filie sue, ut diximus supra in cap. precedenti[1], filiam interfecit, in hoc scilicet, ut morte virginis contumeliam stupri arceret. Cuius rei causa populus universus in furorem versus decemviros predictos ab officio deiecit eosque omnes aut in carcere necatos aut exilio punivit, et ita rursus res publica suum statum recepit, quem ante legem duodecim tabularum habebat, teste Pomponio in dicta l. 2. § et cum placuisset[2] et Plinio libro 2.[a] de viris illustribus.[3]

APPIUS CLAUDIUS, Romanus patricius, librum de actionibus scripsit, in quo actiones, que antea fere per centum et triginta annos confuse erant, ad formam redegit; quem librum subreptum Gelius[4] Gneus Flavius eius scriba populo tradidit. Item et librum de usurpationibus, teste Pomponio in l. 2. § postea et § post hunc[b] Appius Claudius ff. de origine iuris[5] et Modesto libro de re militari et magistratibus urbis.[6] [7]Hic vir maximus Romanorum maximam scientiam iuris civilis habuit et ideo Centimianus[c] appellatus fuit.[7] [8]Et cum ius civile per multa secula inter sacra cerimoniasque deorum immortalium abditum solisque pontificibus notum fuerit[8], quo tempore tria iura orta sunt: leges duodecim tabularum, disputationes prudentum, que communi nomine appellabantur ius civile, et actiones, que ex iisdem legibus composite fuerunt, — primus Appius Claudius predictus easdem actiones ad formam redegit, teste Pomponio in dicta l. 2. § deinde et § postea et § post hunc.[9] Appius Claudius hic in censura libertinos quoque in senatum legit. Epulandi decantandique ius tibicinibus[d] in publico ademit. Due familie ad Herculis sacra sunt destinate, Potitiorum[e] et Pinariorum. Potitios[f] Herculis sacerdotes pretio corrupit, ut sacra Herculanea servos publicos edocerent, unde cecatus[g] est. Gens vero Potitiorum funditus periit: teste Valerio libro 1. de neglecta religione[10] et Plinio de viris illustribus[11] et Ulpiano in l. 1. § sexum[h] ff. de postulando[12]. Cecilio ne consulatus cum plebeis communicaretur asperrime restitit. Ne Fabius solus ad bellum mitteretur, contradixit. Sabinos, Samnites, Etruscos bello domuit. Viam usque ad Brundusium lapidibus stravit, unde via Appia dicta est. Et Claudiam aquam Anienem in urbem induxit: teste Plinio

---

1 supra p. 171. — 2 D. (1, 2) 2, 24. — 3 Ps. Plin. de vir. ill. 21, 3. — 4 vide infra p. 177. — 5 D. (1, 2) 2, 7 et 36 (!). — 6 Ps. Modestus l. c. cap. de iurisperitis. — 7–7 Pomp. l. c. — 8–8 Val. Max. 2, 5, 2. — 9 D. (1, 2) 2, 6 et 7 et 36. — 10 1, 1, 17. — 11 Ps. Plin. de vir. ill. 34. — 12 D. (3, 1) 1, 5.

---

a 'suo' scr.? vide supra p. 173. 5. — b Dig., 'autem' Cod.; vide v. 23! — c Vide Vulg. — d Lib. de vir. ill., 'tribunibus' Cod. — e Lib. cit., 'Poriciorum' Cod. — f Lib. cit., 'Poriciores' Cod. — g Lib. cit., 'necatus' Cod. — h Dig., 'certum' Cod.

libro de viris illustribus et Pomponio in dicta l. 2. § post hunc.[a] [1]Appius censuram solus omnium quinquennio obtinuit.[1] [b]Vide Livium libro 9.[2], ubi scribit, quod cum Appius censuram per vim quinquennio tenuisset contra legem Emiliam, que ad menses decem et octo illam reduxerat, cum etiam eius collega Gaius Plautius se abdicasset, quapropter Publius Sempronius tribunus plebis apud eum in contione invectus: 'hec est', inquit, 'Quirites' et cetera.[b] Cum de pace Pyrrhi ageretur et gratia potentum per legatum Cineam pretio quereretur, senex et cecus lectica in senatum latus turpissimas condiciones magnifica oratione discussit, teste Plinio de viris illustribus[3] et Ulpiano in dicta l. 1. § sexum[c4] et Pomponio in dicta l. 2. § post hunc[d] Appius[5], et Cicerone in Catone[6] et libro de claris oratoribus[7], et Valerio libro 8. de senectute[8] ubi dicit: 'Appii vero evum clade metirer, quia infinitum numerum annorum luminibus orbatus exegit, nisi quattuor filios, quinque filias, plurimas clientelas, rem denique publicam hoc casu gravatus fortissime rexisset; quin etiam fessus iam vivendo liectica se in curiam deferri iussit, ut cum Pyrrho[e] deformem pacem fier prohiberet. De quo Ovidius 6. fastorum[9] dixit:

Appius est [f]cluitas pro[f] Pyrrho qui pace negata
Multum animo vidit, lumine cecus erat.

[10]Hunc cecum aliquis nominet, a quo patria quod honestum erat per se parum cernens coacta est pervidere?[10] [g]Floruit secundum Bedam libro de tempore[11] Rome, ubi fuit clarus habitus illo tempore, quo Ptolemeus Lagi filius primus Egyptiorum rex apud Egyptios imperabat.[g] Et teste Eutropio libro 2.[12] fuit anno ab urbe condita 461. et anno ante Christi adventum 311. Sed teste Eusebio[13] fuit anno mundi 4876. et sic anno ante Christi adventum 323., ultimo anno imperii Alexandri Magni imperatoris. Aulus Gellius libro 17. noctium atticarum cap. ultimo[14] dicit, quod anno post Romam conditam 490. consulibus Appio Claudio, cui cognomentum Caudex[h] fuit, id est Appii Claudii Ceci fratre; et facit mentionem[15] de Claudio Centone[i], filio Appii Claudii Ceci, qui fuit Rome consul anno ab urbe condita 510. De isto vide etiam Valerium Maximum libro 7. de sapienter dictis aut factis[16], ubi ait: 'Appium Claudium crebro solitum

---

[1–1] Ps. Plin. de vir. ill. l. c. — [2] 9, 33, 4. — [3] Ps. Plin. de vir. ill. l. c. — [4] D. (3, 1) 1, 5. — [5] D. (1, 2) 2, 36. — [6] 6, 16. — [7] Brutus 14, 55. — [8] 8, 13, 5. — [9] v. 203. — [10–10] Valer. Max. 8, 13, 5. — [11] p. 275. — [12] Brev. 2, 9. — [13] Chron. 2, 115 x. — [14] 17, 21, 40. — [15] l. c. § 42. — [16] 7, 2, 1.

---

[a] Dig., 'autem' Cod., vide supra p. 175, 14. — [b–b] in margine. — [c] Dig. 'sextum' Cod. — [d] Dig., 'autem' Cod. — [e] Val., 'de Pyrrho' Cod. — [f–f] corr., 'auctor' Ovid. — [g–g] in margine. — [h] Gell., 'Caudax' Cod. — [i] Gell., 'Certone' Cod.

dicere accepimus negotium populo Romano melius quam otium committi, non quod ignoraret, quam[a] iucundus[b] tranquillitatis status esset, sed quod animadverteret prepotentia[c] imperia agitatione rerum ad virtutem capessendam excitari, nimia quiete in desidiam resolvi. Et sane negotium nomine[d] horridum civitatis nostre mores in suo statu continuit, blande appellationis quies plurimis vitiis respersit.' Hic etiam, teste Pomponio in dicta l. 2. § post hunc[e] in fine ff. de origine iuris[1], litteram R. invenit, ut pro 'Valesiis' 'Valerii' essent et pro 'Fusiis' 'Furii'. — De stirpe istius Appii Claudii Ceci traxit genus Tiberius Cesar Romanorum, teste Suetonio de vitis imperatorum in vita ipsius Tiberii.[2] Appius habuit etiam fratrem Appium Claudium Audacem[f], teste Plinio de viris illustribus[3], qui consul ad Mamertinos liberandos missus est, quorum arcem Carthaginienses et Hiero rex Syracusanus obsidebant. Primo ad explorandum hostes fretum piscatoria nave traiecit et cum duce Carthaginiensium egit ut presidium arce deducerent. Rhegium regressus quinqueremem hostium copiis pedestribus cepit, eam[g] legionem in Siciliam traduxit. Carthaginienses expulit. Hieronem regem prelio apud Syracusas[h] accepit, qui eo prelio territus Romanorum amicitiam petiit eisdem postea fidelissimus fuit.' — [i]Huius fuere filii Tranquillo[k] Suetonio teste[4], Claudius Nero et Claudius Pulcher. Vide librum 9. Livii[5], et de Claudio Pulchro vide Strabonem libro 14. in fine de situ orbis.[6][i] [l]Adde quod iste appellabatur Lentulus Appius Cecus et fuit proavus Appii Pulchri Imperatoris, ad quem Marcus Tullius Cicero plures epistulas transmisit, ut in 3.[m] libro suarum epistularum[7] et in 3., epistula 11. in fine.[8][l] [n]De Appio Claudio Pulchro vide Valerium Maximum in 8. libro de iudiciis.[9] De filia Appii Claudii vide Ateium[o] de publicis iudiciis et Gellium libro 10. noctium atticarum 6. cap.[10][n]

GELIUS[11] GNEUS FLAVIUS, Annio patre libertino natus, scriba Appii Claudii Ceci, librum actionum ab Appio Claudio compositum et

---

[1] D. (1,2)2,35. — [2] Tib. 1 et 2. — [3] Ps. Plin. devir. ill. 37. — [4] Tib. 3, Raph. f. 150. — [5] 9, 29. — [6] Geograph. 14, 6, 6 p. 684. — [7] Ad fam. lib. 3. — [8] Ad fam. 3, 11, 5 i. f.: 'si iam es censor, ut spero, de proavo multum cogitato tuo.' — [9] 8, 1, 4. — [10] l. c.
[11] Erroris fons fortasse est Comment. Oliverii ad Val. Max. 2, 5, 2, f. 37 b: 'Hoc etiam Livius narrat ab urbe condita libro IX., dicens Gneus Flavius ius civile in penetralibus repositum vulgavit, fastos in albo posuit, ut, quando cum populo agi liceret, sciri posset. Gelius. Cn., inquit, Flavius . . .'; vide etiam supra p. 175, 12.

---

[a] Valer., 'quem' Cod. — [b] Valer., om. Cod. — [c] Valer., 'pro potentia' Cod. — [d] Valer., 'neminem' Cod. — [e] Dig., 'autem' Cod., vide supra p. 175, 14; 176, 1, 11. — [f] sic et Ps. Plin. ed. Venet. 1477. — [g] sic et Liber de vir. ill. ed. Ven. 1477. — [h] 'in deditionem' ins. cum libro de vir. ill.? — [i–i] in margine. — [k] 'et' ins. Cod. — [l–l] in margine. — [m] '2.' Cod. — [n–n] in margine. — [o] Gell. l. c., 'Atheneum' Cod.

ad formam redactum subripuit et populo tradidit et ab ipso ius civile Flavianum appellatum fuit, quamvis ipse de suo adiecit libro nihil, sicut scribit Pomponius in l. 2. § postea cum Appius ff. de origine iuris[1] et Valerius libro 2. de institutis.[2] Iuris civilis scientiam preter pontifices nullus habebat[3], ex quibus constituebatur, quis quoquo anno preesset privatis.[4] Et ita per centum annos, expulsis decemviris a magistratu, qui legem duodecim tabularum, disputationes prudentum, que ius civile communi nomine appellabantur, et legis actiones hoc est legitimas actiones condiderunt, populus Romanus hac consuetudine usus est[5], ut solis pontificibus predictis ius civile notum et inter sacra ceremoniasque deorum immortalium abditum esset.[6] Gneus ergo Flavius primus predictum ius civile vulgavit, et adeo fuit gratum id munus populo, ut tribunus plebis fieret et senator et edilis curulis, teste Pomponio in dicta l. 2. § exactis regibus et § deinde ex his legibus et § omnium et § postea ff. de origine iuris[7] et Livio ab urbe condita libro 9.[8] et Valerio libro 2. de institutis cap. de C.[a] Flavio vulgante ius civile dicente[9]: 'Ius civile per multa secula inter sacra ceremoniasque deorum immortalium abditum solisque pontificibus notum, Gneus Flavius libertino patre genitus et scriba, cum ingenti nobilitatis indignatione factus edilis curulis, vulgavit ac fastos pene toto foro exposuit. Qui cum ad visendum egrum collegam suum veniret, neque a nobilibus, quorum frequentia cubiculum erat completum, sedendi loco reciperetur[b], sellam curulem afferri iussit et in ea honoris pariter atque contemptus sui vindex consedit.' De isto Gneo Flavio vide Marcum Tullium in oratione pro Murena[10] et Plinium libro 33.[11], ubi scribit: 'Frequentior autem[c] usus annulorum non ante Gneum Flavium deprehenditur. Hic namque publicatis diebus fastis[d], quos populus a paucis principum cottidie petebat, tantam gratiam plebis adeptus est — alioquin libertino patre genitus et ipse Appii Ceci scriba, cuius hortatu exceperat eos dies consultando assidue sagaci ingenio promulgaveratque[e] — ut edilis curulis crearetur[f] cum Quinto Antio[g] Prenestino, qui paucis ante diebus[h] hostis fuerat, preteritis Gaio Petelio et Domitio, quorum patres consules fuerant. Additum Flavio, ut simul tribunus plebis esset, quo facto tanta senatus indignatione exarsit, ut annulos ab eo abiectos fuisse in antiquis reperitur

[1] D. (1, 2) 2, 7. — [2] 2, 5, 2. — [3] Oliver. ad Val. Max. l. c. — [4] D. (1, 2) 2, 6. — [5] D. (1, 2) 2, 6 i. f. — [6] Val. Max. l. c. — [7] D. (1, 2) 2, 3 et 6 et 7. — [8] 9, 46. — [9] 2, 5, 2. — [10] 11, 25. — [11] Hist. nat. 33, 6, 17., Oliver. l. c. f. 37 b.

[a] sic et Val. ed. Venet. 1487. — [b] Valer., 'reperiretur' Cod. — [c] Plin., 'cum' Cod. — [d] Plin., 'festis' Cod. — [e] Plin., 'promulgaverat atque' Cod. — [f] Plin., 'promulgaretur' Cod. — [g] Oliver., 'Amio' Cod., 'Anicio' Plin. — [h] sic et Oliver., 'annis' Plin.

annalibus.' Floruit Gneus Flavius anno ante Christi adventum 300. in civitate Romana, ac fuit primus inter doctores legum, qui sella curuli usus est, adeo[a] [1]ut in quamcumque partem civitatis Romane vehi et impelli posset: nam quia iurisdictionem habebat et civitas magna erat, ideo in multis locis iura dare cogebatur.[1] Ad similitudinem ipsius doctores utuntur cathedra. — [b]Et Aulus Gellius de noctibus atticis libro 6. cap. 9.[2][b] — [c]Ex libro 16. Raphaelis Voleterrani commentariorum urbanorum[3]: 'Gneus Flavius, cuius meminit Livius et Pomponius in l. 2. de origine iuris, Cicero quoque pro Murena: Inventus est scriba quidam, qui cornicum oculos confixerit et singulis diebus ediscendos fastos populo proposuerit ab ipsis iuris consultis et eorum scripta compilavit. Itaque irati illi, qui sunt veriti, ne dierum ratione promulgata et cognita sine sua lege et opera posset agi. Is libertino patre natus edilis curulis fuit per forensem factionem creatus, que cum comitia et campum turbaret et in his propter nimias vires damnaretur, Quinto Fabio censore in quattuor tribus redacta est eaque res Fabio Maximo nomen dedit: Livius libro 9.[c][d] [4]Ravenne quoque in templo dive Genetricis huiusmodi est inscriptio: Flavie Q. f. saluti[e] coniugi carissime L. Publicius Italicus dec. ornatus et sibi v. posuit. Hic[f] coll. fabr. M. R. HS. XXX. N. V. dedit, ex quorum redditu quotannis decurionibus coll. fabr. M. R. in ede[g] Nep., quam ipse extruxit, die Neptunaliorum presentibus spor. bini[h] dividerentur[i] et decurionibus [k]XXVIII sive centeni quinquageni quotannis darentur ut ex summa sic V arcam Publiciorum Flavie et Italici filiorum et arcam in qua posita est Flavia Salutaris uxor eius rosis exornent de[k] XXV sacrificentque ex[l] XXII et de reliquo ibi epulentur. Ob quam liberalitatem coll. fabr. M.[m] R. inter[n] benemeritos quotannis rosas Publiciis[o] supra se et Flavie salve uxori eius mittendas ex XXXV[p] sacrificiumque faciundum de XX LLS per magistros decrevit.' Hoc Raphael Voleterranus[d].

SIMPHONIUS[q], maxime scientie vir, patria Romanus, iuris scientia consultissimus, ingenio sapientissimus, apud Romanos maximo in pretio fuit. Quem populus Romanus 'σοφὸν' pro sofia appellavit, nec quisquam ante eum hoc nomine cognominatus est, ut scribit Pomponius in l. 2. § fuit

---

1–1 Oliver. l. c. f. 37b. — 2 7 (!), 9. — 3 f. 163b. — 4–4 Raph. Vol. l. c.; vide CIL. 11, 1 no. 126.

---

a 'ad' Cod. — b–b in margine. — c–c in margine. — d–d in margine. — e sic et Raph. — f Raph. Vol., 'tria' Cod. — g Raph. Vol., 'eodem' Cod. — h Raph., 'viri' Cod. — i Raph., 'divideatur' Cod. — k–k Raph., om. Cod. — l Raph., om. Cod. — m Raph., 'et' Cod. — n Raph., 'iure' Cod. — o Raph., 'publicas' Cod. — p Raph., 'XXV' Cod. — q 'Simphronius' Dig. ed. Venet. 1494 (pro 'Sempronio').

post eos ff. de origine iuris[1], et Modestus libro de re militari et magistratibus urbis.[2] Hic vir, teste eodem Pomponio in dicta l. 2. § iuris civilis scientiam circa finem[3], solum consultoribus vacare potius quam discere volentibus se prestabat, quasi in latenti ius civile retinere cogitabat. Floruit autem Rome anno ante Christi adventum 219. atque anno mundi 4980.

GAIUS PUBLIUS SCIPIO NASICA, [4]iunioris Africani patruelis[4] et Gnei Scipionis filius, homo magni ingenii et summe doctrine a populo Romano agnoscitur. Qui propter ingenium clarissimum a senatu 'optimus' appellatus est, cui etiam publice domus in sacra via data est, quo[a] facilius consuli posset, teste Pomponio in l. 2. § Gaius Scipio ff. de origine iuris[5] et Modesto libro 2. de re militari et magistratibus urbis.[6] Qui Gaius Scipio, teste eodem Pomponio in dicta l. 2. § iuris civilis scientiam circa finem[7], solum consultoribus vacare potius quam discere volentibus se prestabat et quasi in latenti ius civile retinere cogitabat. De quo dicit Plutarchus in vita Scipionis Africani in princ.[8] et Cicero de claris oratoribus.[9] Et Dion historiographus libro historiarum 40.[b][10] scribit, quod Quintus Scipio, collega in consulatu Pompei[c], qui cum filius Nasice foret, ex testamento in Metelli Pii genus adoptatus, eius etiam nomen gerebat. Et Plinius libro de viris illustribus[11]: 'Publius Scipio Nasica a senatu vir optimus iudicatus, Matrem deum hospitio recepit. Adversus auspicia cum consulem se a Graccho nominatum comperisset, magistratu se abdicavit. Censor statuas, quas sibi quisque in foro per ambitionem ponebat, sustulit. Consul Delminum[d] urbem Dalmorum[e] expugnavit. Imperatoris nomen a militibus et ab senatu triumphum recusavit oblatum. Eloquentia primus, iuris scientia consultissimus, ingenio sapientissimus.' Hic etiam templum edificavit Matri deorum et statuam in vestibulo templi posuit propter Claudiam virginem Vestalem, que falso suspecta incestu deum oravit, ut navis, que nullis viribus amoveri poterat, in qua Mater deorum Pessinunte accersita erat, ut[f], si pudicam sciret, sequeretur, et zona imposita navem movit et simulacrum Matris dee abduxit, teste Plinio de viris illustribus.[12] [13]Et

[1] D. (1, 2) 2, 37. — [2] Ps. Modestus, De Rom. magistrat. cap. de iurisperitis. — [3] D. (1, 2) 2, 35. — [4-4] Oliver. ad Val. 5, 3, 2e f. 118b. — [5] D. (1, 2) 2, 37. — [6] Ps. Modestus l. c. — [7] D. (1, 2) 2, 35. — [8] Ps. Plutarch l. c. (ed. Venet. 1496 f. 75). — [9] Brut. 20, 79. — [10] 40, 51. — [11] Ps. Plin. de vir. ill. 44. — [12] Ps. Plin. de vir. ill. 46. — [13-13] Oliver. Comment. ad Val. Max. 1, 8, 11f., 25.

[a] Dig., 'que' Cod. — [b] '60.' Cod. ('LX' pro 'XL'). — [c] 'fuit' ins.? — [d] Ps. Plin. ed. Venet. 1477, 'Dalminum' Cod. — [e] 'Dalmatorum' scrib.? — [f] Dipl. descripsit verba 'ut, si pudicam sciret . . .' ex libro de vir. ill., oblitus se iam ante 'ut' scripsisse.

vide de dicta Claudia Suetonium de duodecim Caesaribus in vita Tiberii Caesaris[1], et Livium decada secundi belli Punici[2], et Valerium Maximum libro 1. de miraculis[3] et libro 8. de iudiciis[4], et Ovidium libro 4. fastorum.[5] [13] Obiit autem Scipio Nasica Pergami, que civitas inter Etholie civitates Asie principatum obtinet[6]; nam teste Valerio libro 5. de ingratitudine[7]: 'Quis ignorat tantum laudis Scipionem Nasicam toga, quantum armis utrumque Africanum meruisse, qui pestifera Tiberii Gracchi manu fructibus[a] oppressam rem publicam strangulari passus non est? sed is quoque propter iniquissimam virtutum suarum apud cives estimationem sub titulo legationis[b] secessit et quod vite superfuit ibi sine ullo ingrate patrie desiderio peregit.' Floruit Gaius Publius Scipio anno ante Christi adventum 209. et anno mundi 4990. De isto Scipione Nasica vide sanctum Augustinum in libro 1. de civitate Dei cap. 30. et 31.[8], ubi ipsum pontificem maximum et virum optimum a senatu iudicatum appellat et ibi multa preclara de ipso scribit, et inter reliqua illa, que tractat Titus Livius de secundo bello Punico libro 9.[9] et ab urbis origine libro 47.[c] [10] et Orosius libro 3. et 4.[11] [12]Istum Scipionem vocat Titus Livius Cornelium Scipionem; et fuit tempore secundi belli Punici adolescens, nondum questorius, filius Gnei Scipionis, qui in Hispania interfectus fuit durante secundo bello Punico; qui Gneus fuit patruus Scipionis Africani prioris, qui devictis Africanis finem imposuit secundo bello Punico.[12] [14]Hic Scipio Nasica consuluit, ne Romani Carthaginem delerent propter virtutis curam perpetuam, quam[d] semper ex suspicione emule et hostilis civitatis Carthaginis impenderent[e], ne Romanus vigor semper bellis excitatus in segnitiem[f] securitate et otio pollueretur; de quo per Augustinum libro 2. de civitate Dei cap. 18.[15] Solinus de mirabilibus mundi cap. 5.[16]: 'Tractare de moribus superest, quorum excellentia maxime in duobus emicuit. Primus Cato princeps Portie gentis; secundus vir optimus Nasica Scipio iudicatus est non privato tantum testimonio, sed totius senatus sacramento: quippe quod inventus dignior non fuit cui precipue religionis crederetur mysterium, cum oraculum moneret accersi deum sacra Matris Pessinunte.' Plinius libro 7. naturalium historiarum cap. 34.[17]: 'Vir optimus semel a condito evo iudicatus est Scipio

---

[1] Tib. 2. — [2] 29, 14. — [3] Mem. 1, 8, 11. — [4] Mem. 8, 1, Ext. 4. — [5] v. 305 seq. — [6] Oliver. ad Val. Max. 5, 3, 2 e f. 119. — [7] Mem. 5, 3, 2 e. — [8] l. c. — [9] 29, 14. — [10] re vera Perioch. 48. — [11] re vera Oros. hist. 4, 21, 4; 5, 9, 1. — [12–12] Thom. Valois et Nic. Triveth, Comment. ad Aug. de civ. 1, 29. — [13] vide p. 180 n. 13–13. — [14] Comment. laud. ad Aug. 1, 30. — [15] l. c. — [16] Collect. p. 28. — [17] l. c.

---

[a] sic (pro 'faucibus') et Val. ed. Ven. 1487. — [b] 'Pergamum' sec. Val. ins.? — [c] '7' Cod. — [d] sic et Comm. laud. — [e] Comm. laud., 'impederent' Cod. — [f] sic et Comm. laud.

Nasica a iurato senatu, idem in toga candida bis repulsa notatus a populo; in summa ei in patria mori non licuit, non hercule magis quam extra vincula illi sapientissimo ab Apolline iudicato Socrati.' Vide Valerium Maximum de repulsis[1] et ponas hic. Et de Scipione vide Plinium libro 7. cap. ultimo in fine[2] et ponas hic.

QUINTUS MUCIUS, patria Romanus, iuris consultorum precipuus, Rome insignis celebratur, vir summe quidem prudentie singularisque studii atque admirandi eloquii, adeo, ut, cum missus ad Carthaginienses legatus, cum essent due tessere posite, una pacis, altera belli, arbitrio sibi dato, utram vellet referre Romam, utramque sustulit et ait Carthaginienses petere[a] debere, utram mallent[b] accipere, ut scribit Pomponius in l. 2. § deinde Quintus Mucius ff. de origine iuris[3] et Modestus libro de re militari et magistratibus urbis.[4] Qui etiam, teste eodem Pomponio in dicta l. 2. § iuris civilis circa finem[5], solum consultoribus vacare potius quam discere volentibus se prestabat et quasi in latenti ius civile retinere cogitabat. Floruit autem Rome ante Christi adventum 199., anno mundi 5000. Aulus Gellius libro 11 noctium atticarum cap. 27.[6] scribit, quod Quintus Fabius imperator Romanus dedit ad Carthaginienses epistulam, ubi scriptum fuit populum Romanum misisse ad eos hastam et caduceum, signa duo belli aut pacis, ex quibus utrum vellent, eligerent; quod eligissent, id unum missum existimarent. Carthaginienses responderunt neutrum sese eligere, sed posse quod attulissent utrum mallent relinquere, quod reliquissent, id sibi pro lecto futurum. Marcus Varro autem non hastam ipsam neque ipsum caduceum missum dicit, sed duas tesserulas, in quarum altera caduceum, altera simulacra hastae fuerant incisa.

TIBERIUS CORUNCANUS[c], legista acutissimus, Rome clarus fuit. Qui primus ibi publice scholas regendo ius civile docuit; nam ex omnibus, qui iuris scientiam nacti fuerint ante predictum Tiberium, publice professus nemo traditur, ceteri autem vel in latenti ius civile retinere cogitabant solumque consultoribus vacare potius quam discere volentibus se prestabant, ut scribit Pomponius in l. 2. § iuris scientiam ff. de origine iuris.[7] Hic vir, teste Marco Tullio de claris oratoribus[8], ex pontificum[d] com-

---

[1] Mem. 7, 5, 2. — [2] Nat. hist. 7, 60, 215. — [3] D. (1, 2) 2, 37. — [4] Ps. Modestus l. c. — [5] D. (1, 2) 2, 35. — [6] re vera 10, 27, 3. — [7] D. (1, 2) 2, 35. — [8] Brut. 14, 55.

---

[a] Dig., 'parere' Cod. — [b] Dig., 'nollet' Cod. — [c] sic et Dig. ed. Venet. 1494. — [d] Cic., 'portificio' Cod.

mentariis longe plurimum ingenio valuit; ut scribit idem Marcus Tullius in libro de oratore[1]: 'Pontifex maximus fuit, ut ad eum de omnibus divinis atque humanis rebus referretur; idemque in senatu et apud populum et in causa amicorum et domi et militie consilium suum fidemque prestabat.' Et, teste Pomponio in dicta l. 2. § post hos fuit ff. de origine iuris[2], eius pro re publica complura et memoranda facta fuerunt, et quamvis in legibus doctissimus et primus fuerit, tamen eius scriptum nullum exstat. Ipsi tamen debemus, quod ius civile, quod in latenti erat, publice discere volentibus ipse primus promulgavit. [3]Adde etiam quod libros Athenis disciplinarum liberalium publice ad legendum prebendos primus posuisse dicitur Pisistratus tyrannus. Deinde studiosius accuratiusque ipsi Athenienses auxerunt, sed omnem illam postea librorum copiam Xerxes Athenarum potitus urbe ipsa preter arcem incensa abstulit asportavitque in Persas. Hos postea libros universos multis[a] post tempestatibus Seleucus rex, qui Nicanor appellatus est, referendos Athenas curavit. Ingens postea numerus librorum in Egypto a Ptolemeis regibus vel conquisitus vel confectus est ad milia ferme septingenta; sed ea omnia bello priore Alexandrino, dum diripitur ea civitas, non sponte neque opera consulta, sed a militibus forte auxiliariis incensa sunt.[3] Floruit ante Christi adventum anno 189. et mundi 5010.[b] [c]Marcus Tullius libro 1. de natura divina[4] ponit Coruncanum pontificem et inter religiosos et sanctitate preditos.[c]

‖ SEXTUS CECILIUS, ex familia Eliorum, patricius Romanus, in- f. 5
signis et clarus Rome habitus. Qui, Pomponio in l. 2. § deinde Sextus ff. de origine iuris[5] testante, maximam scientiam in profitendo ius civile habuit et consul fuit; nihil autem quod scripserit memorie habemus. Hunc Iustinianus imperator in l. 1. post princ. C. de communi servo manumisso[6] post Ulpianum libro 6. fideicommissorum appellat iuris antiqui conditorem. De ipso etiam meminit Papinianus in l. Titio centum in princ. de [d]condicionibus et demonstrationibus;[d] [7] et Ulpianus in l. si uxor in princ. ff. de adulteriis[8], [e]in l. ita[f] Cecilius annotat et in l. prospexit[e] ff. qui et a quibus[9]; et Paulus in l. 2. ff. de donationibus inter virum et uxorem.[10] Fuit et alter Sextus Cecilius Africanus, de quo per Iulianum

---

[1] 3, 33, 134. — [2] D. (1, 2) 2, 38. — [3–3] Gell. Noct. Att. 7, 17. — [4] De nat. deor. 1, 41, 115. — [5] D. (1, 2) 2, 38. — [6] C. (7, 7) 1, 1 a. — [7] D. (35, 1) 71 pr. — [8] D. (48, 5) 14, 1. — [9] D. (40, 9) 12, 2 et 6. — [10] D. (24, 1) 2.

---

[a] Gell., 'mutuis' Cod. — [b] '110' Cod. — [c–c] in margine. — [d–d] 'conditione indebiti' Cod. — [e–e] 'in v. 'ita Cecilius annotat' l. prospexit' scr.? — Dig., 'idem' Cod.

in l. sive contra circa medium ff. de liberis agnoscendis[1]; et vide Ulpianum in l. qui [a]ff. de[a] penu legata[2], ubi allegat Sextum Cecilium. Et vide Aulum Gellium libro 20.[b] noctium atticarum cap. 1.[3] ubi dicit: 'Sextus Cecilius in disciplina iuris atque legibus noscendis interpretandisque scientia, usu auctoritateque illustris fuit.' Qui floruit tempore Favorini philosophi et ipsius Auli Gellii anno post[c] Christum 146. Dicit Aulus Gellius[4] Sextum Cecilium scripsisse de verborum significatione quae ad ius civile pertinerent. Adverte tamen, quia iste fuit Sextus Cecilius Gallus secundum Raphaelem Voleterranum in libro 14. commentariorum urbanorum.[5] Familiam autem Eliorum et gentem dicemus infra de Sexto Elio.[6] Hic fratres habuit Publium Atilium et Sextum Elium, de quibus infra dicemus.[7] Floruit autem Rome anno ante Christi adventum 175. et anno mundi 5024.

PUBLIUS ATILIUS, ex familia Eliorum, patricius Romanus et frater Sexti Cecilii, per hec tempora in pretio fuit. Qui, teste Pomponio in dicta l. 2. § deinde Sextus ff. de origine iuris[8] et Modesto de re militari et magistratibus urbis[9], maximam scientiam in profitendo ius civile habuit. Consul fuit et a populo Romano primus 'sapiens' appellatus est. Sed possit hic dubium quodammodo oriri, cum textus in l. 2. § fuit [d]post eos[d] ff. de origine iuris[10] asserat Simphonium pro[e] sophia sapientem appellatum, nec quemquam ante ipsum hoc nomine cognominatum esse. Exinde, quidquid dicat Accursius in dicta § fuit [f]post eos[f] in v. 'sophon'[g][11], [h]Simphonius fuit primus 'sapiens' a populo Romano cognominatus, nec ante ipsum alius fuit; sed Publius Atilius fuit etiam ipse appellatus primus 'sapiens' temporibus suis, sed ipse non fuit primus 'sapiens' cognominatus a populo, sed Simphonius. Hic vir in iure singularissimus nihil in scriptis reliquit. Floruit etiam ipse tempore Sexti Cecilii fratris sui anno ante Christi adventum 175. et anno mundi 5024.

SEXTUS ELIUS, ex familia Eliorum natus, patricius Romanus, in omni genere dicendi doctissimus, per hec tempora Rome quedam genera agendi et quasdam actiones composuit et librum populo dedit, qui appellatur 'ius Elianum', ut scribit Pomponius in l. 2. § augescente[i] civitate ff.

[1] D. (25, 3) 3, 4. — [2] D. (33, 9) 3, 9. — [3] l. c. pr. — [4] Noct. Att. 15, 5, 3. — [5] f. 148. — [6] infra v. 35 seq. — [7] infra v. 19 et 35. — [8] D. (1, 2) 2, 38. — [9] Ps. Modestus c. de iurisper. l. c. — [10] D. (1, 2) 2, 37. vide p. 179, 31. — [11] Gl. 'sophon' ad D. (1, 2) 2, 37.

[a—a] om. Cod. — [b] '2' Cod. — [c] 'ante' Cod. — [d—d] vide supra p. 180, 1. 'postea' Cod., 'post hos' Dig. — [e] om. Cod. — [f—f] 'postea' Cod. — [g] 'sophia' Cod. — [h] 'quod' ins. Cod. — [i] Dig., 'aquiescente' Cod.

de origine iuris[1], qui liber, teste eodem Pomponio in l. 2. § Sextum Elium[2] 'tripartita'[a] modo inscribitur. 'Tripartita' autem dicitur, quod lex[b] duodecim tabularum preposita iungitur interpretatio, deinde subtexitur legis actio[c]; qui liber veluti iuris cunabula continet. Composuit etiam et alios tres libros in iure civili, quos tamen quidam negant eiusdem esse. Hic vir, sicut testatur Marcus Tullius Cicero libro de oratore[3], non solum de iure civili, verum etiam de filia collocanda, de fundo emendo, de agro colendo, de omni denique studio aut officio referrebatur[d] respondebat; et in eodem libro scribit[4]: 'Sin quereretur, quisnam vere iuris consultus nominaretur, eum dicerem, qui legum consuetudinisque eius, qua privati in civitate uterentur, et ad respondendum et ad agendum peritus esset; ex eo genere Sextum Elium nominarem.' Et in libro de claris oratoribus[5] ait: 'Numero eodem fuit Sextus Elius, iuris quidem civilis omnium peritissimus et ad dicendum paratus.' De isto Sexto Elio meminit etiam Celsus in l. si venditor ff. de actionibus empti.[6] De preclara etiam Eliorum familia vide Valerium Maximum libro 4. de paupertate cap. de Elia familia et cap. sequenti[7] et libro 5. cap. de pietate in patriam[8], ubi ait: 'Elio praetori ius dicenti cum in capite picus consedisset haruspexque affirmasset conservato eo fore domus ipsius statum felicissimum, rei publice miserrimum, occiso contrarium utrumque cessurum, e vestigio picum morsu suo in conspectu senatus enecavit: decem et octo[e] militum, eximie fortitudinis viros, Cannensi prelio amisit; res publica procedente tempore ad summum imperii fastigium excessit.' De quo etiam per Frontinum libro 4. cap. 5.[9] Fuit et alter Elius de quo diximus supra de Cecilio[f].[10] Floruit autem Sextus Elius Rome tempore[g] poete Tarentini, qui Ennius, teste Eusebio[11], floruit anno ante Christi adventum 164. et mundi 5035. et 153. olympiade.

CATO, summi ingenii vir et iuris consultus eximius, per hec tempora videlicet Sexti Cecilii et fratrum floruisse constat, quos ad aliquid ipse sectatus est, ut scribit Pomponius in l. 2. § hos sectatus ff. de origine iuris[12] et Modestus de re militari et magistratibus urbis.[13] Hic aliquid in iure quod sciamus non reliquit. Hunc credimus fuisse illum Catonem philo-

[1] D. (1, 2) 2, 7. — [2] D. (1, 2) 2, 38. — [3] 3, 33, 133. — [4] 1, 48, 212. — [5] Brut. 20, 78. — [6] D. (19, 1) 38, 1. — [7] Mem. 4, 4, 8 et 9. — [8] Mem. 5, 6, 4. — [9] Strategem. 4, 5, 14. — [10] supra p. 183, 23. — [11] Chron. 2, 127 c. — [12] D. 1, 2, 2, 38. — [13] Ps. Modestus, De Rom. magistrat. c. de iurisper.

[a] Dig., 'tripartito' Cod. — [b] 'lege' sec. Dig. scr.? — [c] Dig., 'oratio' Cod. — [d] sic iam Dipl. scripsisse videtur, parum diligenter verba Ciceronis (. . . de omni denique aut officio aut negotio referretur) describens. — [e] sic et ed. Venet. 1487. — [f] 'Elio' Cod. — [g] 'Ennii' ins.?

sophum stoicum natione Egyptium et Panetii philosophi, [1]Scipionis consulis preceptoris[1], discipulum, qui multa scripta reliquit et floruit Rome anno ante Christi adventum 166.[a] et mundi 5033.[b] [2] [c]

MARCUS CATO, genere Tusculanus, Marci filius, summi ingenii iuris consultus et princeps Porcie familie, multos in iure civili scripsit libros, ut scribit Pomponius in l. 2. § hos sectatus[d] ff. de origine iuris[3], secutus scientiam Sexti Cecilii, Publii Atilii et Sexti Elii. [4]Hic quidem Cato, primus Romanorum philosophus, primo quidem questor deinde bis consul litterarumque tam grecarum quam latinarum doctissimus fuit. Qui suum Tusculi ignobilem ortum postea Rome nobilissimum reddidit, cuius certe ornamenta fuerunt litterarum latinarum monumenta ab eo edita, et maxime in iure civili, militaris disciplina adiutaque[e] senatus maiestas et propagata familia, ex qua quippe maximum decus Rome posterior Cato ortus est, qui sacratissimum illud Catonum nomen postea immortale fecit[4], quorum virtutes scribit Plutarchus in vita Catonis senioris et Catonis iunioris.[5] [6]Hic primus Cato, cum sero et pene senex latinas litteras didicisset, etiam litteras grecas edoceri appetivit, unde doctus factus historiam et rem militarem tractavit atque scripsit, et dum sibi [f]ex clementia[f] quamdam comparasset gloriam, id egit, ut iuris quoque civilis peritissimus haberetur[6], ut scribit Valerius libro 8. de studio et industria[7], [8] [g]et in senatu, namque et extra senatum contemporaneos omnes gravitatis et auctoritatis excellentia superavit.[g] Hic etiam Censorinus appellatus fuit, quod censure officium sibi specialiter fuerit commendatum.[8] Collucius in suo opere de nobilitate legum et medicine cap. 9. rubrica de inventoribus medicine et legum[9] sic scribit: 'Fuerunt etiam, ut ex illustrioribus aliquos illustrissimos referam, Catones, quorum nomine adhuc Catoniana regula legibus inserta est, quorumque nomen adeo clarum est, ut non solum urbem, sed totum orbem Italicum suis temporibus presertim[h], postea vero memoria fameque celebritate nobilitaverint. Nam ut cetera[i] sileam, tanta fuit primi Catonis, licet a Tusculis[k] Romam adscitus in

[1–1] Suppl. Chron. ad a. 5011. — [2] Suppl. Chron. ad a. 5033. — [3] D. (1, 2) 2, 38. — [4–4] Suppl. Chron. ad a. 5033. — [5] l. c. — [6–6] Suppl. Chron. l. c. — [7] Mem. 8, 7, 1. — [8–8] Suppl. Chron. l. c. — [9] Col. Salutatius l. c.

[a] Suppl. Chron., '163' Cod. — [b] Suppl. Chron., '503.' Cod. — [c] sequuntur in Cod. verba 'L. Marcus Cato . . . ante Christum 66', quae posui infra p. 189, 1. — [d] Dig., 'secutus' Cod. — [e] 'adiuta quoque' Suppl. Chron., 'adiunctaque' Cod. — [f–f] sic et Suppl. Chron., 'eloquentia' Val. Max. — [g–g] In Cod. haec post 'commendatum' inserta sunt. — [h] 'presentia' sec. Colluc. scr.? — [i] 'Uticensem' Colluc. — [k] Colluc., 'insulis' Cod.

civem esset, admiratio, quod novum civem populus Romanus consulem fecerit et, quod singularius fuit, censorem. Quem magistratum tanta gessit integritate, ut peculiariter Censorinus dici mereretur. Talique [a]pronepos eius Uticensis[a] reverentia cultuque fuit, ut ludis Floralibus, quibus vulgati corporis meretrices nude, more veterum, inspiciente populo saltare solebant, veritus sit Romanus populus solite lascivie ludum petere, quoniam forte tunc Cato venerat in theatrum. Unde Martialis in epigrammate[1] inquit:

'Nosses iocose [b]dulce cum sacrum[b] Flore
Festosque ludos[c] et licentiam vulgi,
Cur in theatrum, Cato severe, venisti?
An ideo tantum veneras ut exires?'

Legimus enim eum plaudente populo e theatro discessisse postquam ex Favonio amico et consessore[d] suo erubescentis populi verecundiam intellexit.' Hec etiam ponit Valerius Maximus de ludis Floralibus.[2] Albericus de Rosato in suo dictionario in v. 'Cato'[3] dicit: 'Cato, ne incideret in servitutem Cesaris, se morti tradidit'. Augustinus libro 1. de civitate Dei.[4] Et forte fuit ille Cato, de quo habetur ff. de verborum obligationibus[e] l. eadem § Cato[5], et qui introduxit regulam Catonianam. — De isto refert Plutarchus in vita Catonis[6] et Iason in l. 1. in 2. columna ff. si quis cautionibus[7], pro tribus rebus per omnem vitam penitentiam egisse: primum, si quod arcanum mulieri credidisset; secundo, si per aquam traiecisset, quo poterat per terram proficisci; tertio, si aliquis dies per incuriam sine studio transiisset. De isto Catone vide Plinium de viris illustribus[8] et Plutarchum in vita ipsius Catonis senioris et Valerium libro 6. de libertate[9] et libro 8. de industria[10], et Plinium libro 7. naturalis historie[11], et Marcum Tullium Ciceronem libro de oratore[12], ubi dicit: 'Quid enim Marco Catoni preter hanc politissimam doctrinam transmarinam atque adventiciam defuit? [f]Num, quia[f] ius civile dicebat[g], causas non dicebat? aut quia poterat dicere, iuris scientiam negligebat? [h]aut quia[h] utroque[i] in genere laboravit et prestitit? num propter hanc ex privatorum negotiis collectam gratiam tardior in re publica capessenda fuit? Nemo apud

[1] Ep. 1 praef. — [2] Mem. 2, 10, 8. — [3] l. c. — [4] 1, 30. — [5] D. (45, 1) 4, 1. — [6] Cato maior 9. — [7] ad D. (2, 11) 1, Super l. parte Dig. vet. f. 126. — [8] Ps. Plin. de vir. ill. 47. — [9] Mem. 6, 2, 5. — [10] Mem. 8, 7, 1. — [11] 7, 14; 27; 29, 113; 51. — [12] 3, 33, 135.

[a–a] haec verba in opere Coll. desunt. — [b–b] Mart., 'sacrum cum dulce' Cod. — [c] sic et Colluc. — [d] Colluc., 'censore' Cod. — [e] 'significatione' Cod. — [f–f] Cic., 'nunquid' Cod. — [g] sic et ed. Ven. 1485. — [h–h] sic et ed. Ven. 1485. — [i] Cic., quoque' Cod.

populum fortior, nemo melior senator, idem facile optimus imperator; denique nihil in hac civitate temporibus illis, sciri dicive[a] potuit, quod ille non tum investigaverit et sciverit, tum etiam conscripserit.' Et idem Marcus Tullius libro de claris oratoribus[1] scribit: 'Ego enim Catonem tuum ut civem, ut senatorem, ut imperatorem, ut virum denique quum[b] prudentia et diligentia tum omni virtute excellentem probo; orationes autem eius ut illis temporibus valde laudo, significant quandam ingenii formam.' Floruit autem Rome anno mundi 5033. et ante Christi adventum 166.[2] [c]Marcus Cato Censorinus, de quo Cicero 2. de oratore[3] meminit, volumina de iure civili scripsit, veluti interrogatus a privatis respondit expressis civium nominibus, quorum crimina[d] defendebat; sic etiam fecit Marcus Brutus pretorius, ut infra[4] dicam. Aulus Gellius libro 13. noctium atticarum cap. 18.[5] dicit: 'Complures Marci Catonis Censorini nepotes fuerunt, geniti non eodem patre; duos enim ille Marcus Cato, qui et orator et censor fuit, filios habuit et matribus diversos et etatibus longe dispares. Nam iam adolescente altero, matre eius amissa ipse quoque iam multum senex Solonis[e] clientuli sui filiam virginem duxit in matrimonium, ex qua natus est ei Marcus Cato Salonianus; hoc enim illi cognomentum fuit a Salonio patre matris datum. Ex maiore autem Catonis filio, qui pretor designatus patre[f] vivo mortuus est et egregios de iuris disciplina libros reliquit, nascitur Marcus Cato Marci filius, Marci nepos. Is satis vehemens orator fuit, multas orationes ad exemplum avi scriptas reliquit et consul cum Quinto Marcio Rege fuit, inque eo consulatu in Africam profectus in ea provincia mortem obiit. Hic enim filium maiorem[g] Catonem habuit, sed non eum, qui Utice periit, sed qui, cum edilis curulis et pretor fuisset, in Galliam Narbonensem profectus ibi vita functus est. Ex altero autem viro[h] Censorii filio, longe natu minore quem Salonianum esse appellatum dixi, duo nati sunt, Lucius Cato et Marcus Cato. Is Marcus Cato tribunus plebis fuit et preturam petens mortem obiit exque eo natus est Marcus Cato Pretorius, qui se bello civili Utice interemit, de cuius vita laudibusque cum[i] Marcus Tullius scriberet, pronepotem eum Catonis Censorii dixit fuisse.' Marcus Portius Cato composuit librum de originibus; incipit: „Greci tam impudenti[k] iactantia."[6]

---

[1] Brutus 85, 294. — [2] Suppl. Chron. ad a. 5033. — [3] 2, 33, 142. — [4] vide infra p. 191, 8. — [5] 13, 20, 6 (!). — [6] Ps. Cato apud Annium Viterbiensem, Commentaria super fragmenta Catonis fol. 57 b.

---

[a] sic et ed. Ven. 1485. — [b] Cic. ed. Ven. 1485, 'quam' Cod. — [c] 'L.' ins. Cod. fortasse signum intercal. (∠). — [d] Cic. et infra p. 191, 9, 'nomina' Cod. — [e] sic et quid. cod. Gell. — [f] Gell., om. Cod. — [g] sic et ed. Ven. 1509 (pro 'M.') — [h] sic et ed. Ven. 1509 (pro 'illo'). — [i] Gell., om. Cod. — [k] Ann. Vit., 'impudentia'. Cod.

[a]L.[b] Marcus Cato orator in civitate et Plautus poeta in scena floruerunt anno ab urbe condita 536. secundum Aulum Gellium libro 17. noctium atticarum cap. ultimo[1] et sic iste est vel alius: Cato enim Uticensis, pronepos dicti Catonis, floruit, ut Eusebio[2] placet, anno mundi 5133. et ante Christum 66.[a]

PUBLIUS MUCIUS SCEVOLA, patricius Romanus, pontifex maximus, ius civile fundavit et decem libellos in iure civili reliquit, et exstant volumina, ut scribit Pomponius in l. 2. § post hos fuerunt ff. de origine iuris.[3] Quem Celsus libro 8. digestorum et Ulpianus in l. quod si uno ff. de in diem addictione[4] et Modestinus in l. eos ff. de captivis[5] multum allegavit. Hic Publius, teste Pomponio in dicta l. 2. § post hos et sequentibus[6] et Marco Tullio Cicerone de claris oratoribus[7], fratrem habuit Lucium Crassum iuris consultum eximium et filios Quintum Mucium Scevolam, de quibus[8] suis in locis[9] dicemus, et summum illum oratorem Servium Galbam, cuius Gaio filio filiam collocaverat, qui etiam ipse domi ius civile cognoverat.[10] [c]Quem[11] Cato senior[c] sextum et octuagesimum annum agens[d] accusavit capitali crimine.[12] De quo idem Marcus Tullius Cicero libro de oratore[13]: [e]'Publius Rutilius[e] valde vituperabat[f] [g]Marcum[h] Catonem[g], qui in oratione contra [i]Servium Galbam[i] pueris et lacrimis usus est et huic humilitati dicebat vel exilium fuisse vel mortem anteponendam.' Iste Publius Mucius Rome floruit tempore supra dictorum Catonum anno ante Christi adventum[k] 166. et mundi 5033. De quo dicit Marcus Tullius libro de oratore[14]: 'Est enim sine dubio domus iuris consulti totius oraculum civitatis. Testis est huiusce Quinti Mucii ianua et vestibulum, quod in eius infirmissima valetudine affectaque iam etate maxima cottidie frequentia civium ac summorum

---

[1] 17, 21, 47. — [2] Chron. 2, 135 n. — [3] D. (1, 2) 2, 39. — [4] D. (18, 2) 13 pr. — [5] D. (49, 15) 4. — [6] D. (1, 2) 2, 39—43. — [7] Brut. 26, 98. — [8] scil. de fratre L. Crasso et de filio Q. Mucio Scaevola. — [9] infra p. 198 et 202. — [10] Dipl. videtur male Ciceronem intellexisse; vide Cic. l. c.: 'P. Crassum valde probatum oratorem isdem fere temporibus accepimus; qui et ingenio valuit et studio et habuit quasdam domesticas disciplinas. Nam et cum summo illo oratore, Ser. Galba, cuius Gaio filio filiam suam conlocaverat, adfinitate sese devinxerat et cum esset P. Muci filius fratremque haberet P. Scaevolam, domi ius civile cognoverat.' — [11] scil. Ser. Galbam. — [12] Cic. Brut. 20, 80. — [13] 1, 53, 227; 228. — [14] 1, 45, 200.

[a—a] in Cod. haec repperiuntur in fine vitae praeeuntis. — [b] aut 'Longe' sec. Gell. scr. aut pro signo intercal. habendum. (vide supra p. 188, 9.) — [c—c] Cic., 'Qui Catonem seniorem' Cod. — [d] Cic., 'agentem' Cod. — [e—e] Cic., 'post Rutilium' Cod. — [f] 'vituperat' Cod. — [g—g] 'Servium Galbam' sec. Cic. scr.? — [h] 'Mucium' Cod. — [i—i] 'M. Catonem' sec. Cic. scr.? — [k] om. Cod.

hominum splendore celebratur.' Et idem Marcus Tullius in eodem libro[1] ait: 'Sin quereretur[a], quisnam iuris consultus vere nominaretur, eum dicerem, qui legum consuetudinisque eius, qua privati in civitate uterentur, et ad respondendum et ad scribendum et ad cavendum peritus esset, ex quo genere Publium Mucium nominarem.' [b]De doctissimo pontifice Scevola vide sanctum Augustinum libro 4. de civitate Dei cap. 28[2], et Valerium Maximum libro 8. cap. 8.[3] et infra de Quinto Mucio Scevola.[4] Et considera, quod fuerunt plures Scevole: unus iste, item et Quintus Mucius Scevola et alius Quintus Mucius Scevola Volusii auditor.[c] Vide que scripta sunt supra de Sexto Elio[5] et pone hic.

MARCUS BRUTUS, pretorius, patricius Romanus, princeps familie Brutorum et vir consularis et iurista eximius, et ipse fundavit ius civile composuitque septem libros in iure civili et exstant volumina scripta, ut scribit Pomponius in l. 2 § post hos fuerunt ff. de origine iuris[6] et Modestus libro de re militari et magistratibus urbis.[7] De quo etiam refert Ulpianus post Labeonem in l. 1 § casum ff. de postulando[8] Publium Cecum Aspernati Nonii patrem cum vellet postulare, [d]aversa sella[d] a Bruto pretore destitutum habitum fuisse in derisum. Ipsum etiam allegat Celsus libro 8. digestorum et Ulpianus in l. quod si uno ff. de in diem addictione[9], et Paulus in l. possideri § 1. ff. de acquirenda possessione[10], et Modestinus in l. eos ff. de captivis et postliminio[11], et Ulpianus in l. si servus § si mulier ff. ad legem Aquiliam.[12] De isto dicit Marcus Tullius Cicero libro de claris oratoribus[13]: 'Marcus Brutus, in quo magnum fuit, Brute, decus[e] generi vestro, qui quum tanto nomine esset patremque optimum virum habuisset et iuris peritissimum, accusationem factitaverit, ut Athenis Lycurgus' et reliqua. Floruit autem Marcus Brutus tempore Quinti Mucii Scevole, ut percipitur ex notatis in dicta l. 2. § post hos[14] et in dicta l. eos ff. de captivis[15], ante Christi adventum 166. et anno mundi 5033. [f]Fuit et alter Marcus Brutus, gener Appii Pulchri imperatoris, de quo Marcus Tullius in 3. libro suarum epistularum epistula 4.[16] et in epistula 11.[17], ubi dicit quod excedebat iam

[1] De or. 1, 48, 212. — [2] 4, 27 (!). — [3] Mem. 8, 8, 2. — [4] vide infra p. 202. — [5] vide supra p. 185, 9 (et ibi Cic. de or. 1, 48, 212 laudatur). — [6] D. (1, 2) 2, 39. — [7] Ps. Modestus De Rom. magistrat. c. de iurisper. — [8] D. (3, 1) 1, 5. vide Gl. 'a Bruto' ad l. c. — [9] D. (18, 2) 13 pr. — [10] D. (41, 2) 3, 3 (!). — [11] D. (49, 15) 4. — [12] D. (9, 2) 27, 22. — [13] Brut. 34, 130. — [14] D. (1, 2) 2, 39. — [15] D. (49, 15) 4. — [16] Ad fam. 3, 4, 2. — [17] Ad fam. 3, 11, 3.

[a] Cic., 'quell' Cod. — [b] signum intercal. ins. Cod. — [c] om. Cod. — [d] Dig., 'adversa sillam' Cod. — [e] sic et quid. cod. Cic. — [f] signum intercal. ins. Cod.

pridem omnes iuvenes Romanos et quod erat amicissimus suus, erat enim iuvenis; et in epistula 7. libro 6.[1]: 'Caesar fecit Marcum Brutum prefectum et pretorem Gallie, licet fuisset Pompeianus.' Istum allegat Labeo Antistius in libro 2. de duodecim tabulis et Aulus Gellius libro 7. noctium atticarum cap. 15.[2] et libro 17. cap. 7.[3], ubi appellat Brutum virum apprime doctum. Illum etiam allegat Tullius libro 7. epistularum epistula 23. scripta ad Trebatium[4]; et libro 2. de oratore[5] meminit asseritque volumina ‖ de f. 6
iure civili scripsisse et non generatim posuisse, sed veluti interrogatus e privatis respondisse expressis civium nominibus, quorum crimina defendebat.

MARCUS[a] MANILIUS, Romanus, iuris consultorum eximius et vir singularis, et iam ipse fundavit ius civile et tria volumina in iure scripta reliquit, ut scribit Pomponius in l. 2. § post hos fuerunt ff. de origine iuris[6] et Modestus libro de re militari et magistratibus urbis.[7] Ipsum etiam allegat Paulus in l. possideri § 1. ff. de acquirenda possessione.[8] De isto Marco Manilio dicit Marcus Tullius de oratore[9]: 'Sin quereretur, quis iuris consultus vere nominaretur[b], eum dicerem[c], qui legum consuetudinisque eius, qua privati in civitate uterentur et ad respondendum et ad agendum et cavendum peritus esset; ex eo genere Sextum Elium, Marcum Manilium, Publium Mucium nominarem.' Et idem Marcus Cicero de claris oratoribus[10] dicit: 'Isdemque temporibus Lucius Furius Philus perbene[d] latine loqui putabatur litteratiusque quam[e] ceteri. Publius Scevola valde prudenter et acute, paulo etiam copiosius nec multo minus prudenter Marcus Manilius.' Floruit autem ipse Rome tempore Publii Mucii Scevole et Marci Bruti anno ante Christi adventum 166. et mundi 5033. Ipsum etiam Marcus Cicero vidit, de quo testatur libro de oratore[11], dicens: 'Marcum vero Manilium nos etiam vidimus transverso ambulantem foro; quod erat insigne, eum, qui id faceret, facere civibus omnibus consilii sui copiam; ad quos olim et ita ambulantes et in solio sedentes domi sic adibatur, ut non solum de iure civili ad eum, verum etiam de filia collocanda, de fundo emendo, de agro colendo et de omni denique officio quereretur et referretur.' [f]Istum etiam allegat Marcus Cicero libro 7. epistularum epistula 23.[12] De alio Marco Manilio vide Valerium Maximum in 5. libro de ingratitudine[13], et de Lucio Manilio pretore

[1] Ad fam. 6 (!), 6, 10. — [2] 6 (!), 15, 1. — [3] 17, 7, 3. — [4] Ad fam. 7, 22 (!). — [5] 2, 33, 142. — [6] D. (1, 2) 2, 39. — [7] Ps. Modestus, De Rom. magistrat. c. de iurisperit. — [8] D. (41, 2) 3, 3. — [9] 1, 48, 212. — [10] Brut. 28, 108. — [11] 3, 33, 133. — [12] re vera Ad fam. 7, 22. — [13] re vera tit. praeced. Mem. 5, 2 Ext. 4.

[a] sic et Cic. de or. 1, 48, 212 ed. 1485. — [b] Cic., 'nominarem' Cod. — [c] Cic., 'dicere' Cod. — [d] Cic., 'qui bene' Cod. — [e] Cic., om. Cod. — [f] signum intercal. ins. Cod.

vide Sextum Rufum in libello de historia Romana in cap. de Gaio Cesare.[1] Istum Manilium Aulus Gellius appellat virum apprime doctum libro 17. noctium atticarum cap. 7.[2] [3]Fuit et Titus Manilius[a] iuris pontificii iudex peritus; inter Macedonos[b] accusatores et filium constitutus [c]auditor cause[c] ita pronuntiavit: cum probatum sit Silanum filium meum pecuniam accepisse, ipsum re publica et prole mea indignum iudico protinusque a conspectu meo abire iubeo. Silanus itaque dolore animi percitus nocte proxima se suspendit neque pater exsequiis[d] interfuit, sed dum funus duceretur, consulere se volentibus vacuas aures [e]prebuit: Valerius de severitate.[f][4] [3]

[5]METRODORUS, rhetor grecus et legista, et ipse[g] tempestate ista apud Chalcedonem agnoscitur. Qui e philosophica disciplina in civilem mutatus, propter eius eloquentiam, quamquam pauper esset, clarum coniugium obtinuit et a Mithridate rege reddendo iuri prepositus est; sed post modum ad Tigranum missus, cum ab eo recessisset, invitus remissus est et iterum revertens sive regis opera sive alio[h] morbo decessit, sensitque philosophicam vitam imprudenter se deliquisse quasi neque honores neque opes cumulat: attamen saltem periculis molestiisque quam plurimis, ut experientia didicimus, caret; sepe enim eorum ignominiosus est finis.[5] Floruit anno ante Christi adventum 69. et anno mundi 5130. De quo etiam vide Cornelium Tacitum in dialogo 'an sui temporis oratores antiquioribus concedant' in 7. folio.[6] [7]Fuit et alter Metrodorus Atheniensis pictor idemque philosophus et in utraque scientia, teste Plinio libro 35.[8], magne auctoritatis.[7] Iste Metrodorus, de quo supra, fuit preceptor Lucii Crassi iuris consulti, quem audivit, cum esset questor in Africa, ut dicam infra in cap. de Lucio Crasso.[9] Strabo in libro 13. de situ orbis[10]: 'Lampsacus est civitas in litore maris ad Asiam exposito iuxta Parium' et alia: ibi de Metrodoro Epicureo videbis. De Metrodoro Ephesio[i] oratore vide Quintilianum libro 10. oratorie institutionis cap. de cogitatione[11]; et Eusebium, de preparatione evangelica libro 1. cap. 5.[12]: 'Metrodorus Chius sempiternum esse mundum dicebat'; et in libro 10. cap. 9. ecclesiasticarum

---

[1] Rufius Festus, Brev. 7, 5;'Manilius' pro 'Ancius' habet et ed. Festi s. l. et a. (saec. XV) Bibl. Gotting. Auct. Lat. V, 5714. — [2] 17, 7, 3. — [3–3] Raph. Volat. Comm. urb. f. 176. — [4] Mem. 5, 8, 3. — [5–5] Suppl. Chron. ad a. 5130. — [6] De or. 31. — [7–7] Suppl. Chron. ad a. 5072. — [8] Hist. nat. 35, 40, 135. — [9] vide infra p. 201, 6. — [10] Geogr. 13 p. 589, Vers. Lat. p. 563. — [11] 10, 6. — [12] 1, 8, 24, Vers. lat. l. c.

---

[a] 'Manlius' cum Raph. scr.? — [b] 'Macedonas' cum Raph. scr.? — [c–c] 'audita causa' sec. Raph. scr.? — [d] Raph., 'obsequiis' Cod. — [e] 'se' ins. Cod. — [f] Raph., 'senectute' Cod. — [g] Suppl. Chron., 'iste' Cod. — [h] sic et Suppl. Chron. — [i] sic et Quint. ed. Venet. 1512.

historiarum[1]: 'Metrodorus quidam philosophus in sciendorum locorum et orbis perscrutandi gratia ulteriorem dicitur Indiam[a] penetrasse.'

[2]TITUS PUBLIUS[2] RUTILIUS RUFUS, Panetii philosophi discipulus, iuris consultus doctissimus et stoice secte philosophus, per hec tempora scilicet Marci Catonis et Publii Mucii clarus fuit. Qui Rome consul et Asie proconsul fuit, ut scribit Pomponius in l. 2. § ab his profecti sunt ff. de origine iuris.[3] De isto dicit Marcus Tullius Cicero libro de claris oratoribus[4]: 'Iis adiuncti sunt Gaius Curio, Marcus Scaurus, Publius Rutilius, Gaius Gracchus. De Rutilio et Scauro breviter licet dicere, quorum neuter summi oratoris habuit[b] laudem et uterque in multis causis versatus est. In quibusdam laudandis viris, etiam si maximi ingenii non essent, probabilis tamen industria; quamquam iis quidem non omnino ingenium[c], sed oratorium ingenium defuit' et reliqua. Postea subdit [d]carta 4.[d] [5]: 'Rutilius autem in quodam severo genere dicendi versatus est. Sunt eius orationes ieiune, multa[e] preclara de iure, doctus vir et grecis litteris eruditus, Panetii auditor, prope profectus[f] in stoicis, quorum peracutum et artis plenum orationis genus scis tamen exile esse nec tamen populari assensioni accommodatum. Itaque illa, que propria est huius discipline, philosophorum de se ipsorum opinio, firma in hoc viro et stabilis inventa est.' Et idem Marcus Cicero de oratore[6] dicebat: 'Publius Rutilius Rufus, homo doctus et philosophie deditus' et cetera. Et Ulpianus in l. qui penum § idem ff. de penu legata[7] ipsum allegat. De isto etiam vide Valerium libro 2. de iure triumphandi[8], quod Publius Rutilius consul eo bello, quod in Sicilia cum fugitivis gessit, Quintum Fabium generum suum, quia negligentia Tauromenitanam[g] arcem amiserat, provincia iussit decedere.' Et idem Valerius libro 6. de sublimitate a statu humili[9]: 'Ac Publius Rutilius non[h] publicanum in Sicilia egit, sed opus publicanis dedit. Idem ultimam inopiam suam auctorato[i] sociis officio sustentavit. Ab hoc postmodum consule leges universi Siculi acceperunt' et reliqua. Floruit autem Rome tempore Quinti Mucii anno ante Christi adventum 156.[k] et anno mundi 5043. Obiit autem in Asia, ubi damnatus fuit; nam cum

---

[1] Vers. Ruf. p. 972. — [2–2] vide in ed. Val. Max. Venet. 1487 rubr. ad 6, 9, 8: 'De Tito Publio Rutilio'. — [3] D. (1, 2) 2, 40. — [4] Brut. 29, 110. — [5] Brut. 30, 113. — [6] 1, 53, 227. — [7] D. (33, 9) 3, 9. — [8] re vera tit. praeced. Mem. 2, 7, 3 (in edit. Valerii Venetiis 1487 in marg. sup. fol. 42^{b}. reperitur 'de iure triumphandi' pro 'de disciplina militari'!). — [9] Mem. 6, 9, 8.

---

[a] Euseb., 'Indicum' Cod. — [b] Cic., 'habuerunt' Cod. — [c] Cic., 'ingenii vim' Cod. — [d–d] 'c 4' ins. Cod. post 'quodam'. — [e] Cic., 'multum' Cod. — [f] 'perfectus' sec. Cic. scr.? sed vide infra p. 194, 23. — [g] Val., 'Tauronemicanam' Cod. — [h] Val., 'nam' Cod. — [i] Val., 'auro rato' Cod. — [k] '1156' Cod.

apud Valerium libro 2. de maiestate[1] et Marcum Tullium Ciceronem libro de oratore[2] huius viri mentio fit, quomodo damnatus fuerit. [3][a] Hic Publius Rutilius, summe innocentie vir[a], questor Caii[b] Mucii proconsulis Asiam ab iniuriis publicanorum liberavit; invidia equestris ordinis, qui tunc iudicia exercebat, repetundarum damnatus in exilium missus est. Cui Asiam petenti omnes provincie illius civitates legatos eius secessum opperientes obviam miserunt. Qui, quando postea ob Syllanam victoriam in patriam redire liceret, maluit in exilio esse quam quod aliquid contra leges se fecisse videretur.[3] Vide etiam de Publio Rutilio per Valerium libro 6. de graviter dictis aut factis[4], ubi videas in commento[5], quod dedit leges Siculis. Suetonius Tranquillus in libro de illustribus grammaticis in cap. de Aurelio Opilio[6]: 'Aurelius Opilius, Epicurei cuiusdam libertus, philosophiam primo, deinde rhetoricam, novissime grammaticam docuit; dimissa autem schola, Rutilium Rufum damnatum in Asiam secutus, ibidem Smyrne insimul[c] consenuit, composuitque varie eruditionis aliqua volumina' et reliqua. Rutilium allegat Ulpianus in l. si habitatio § 1. ff. de usu et habitatione[7], ubi dicit, quod Celsus approbat sententiam Rutilii. Quintilianus libro 11. institutionis oratorie de apte dicendo[8] ponit de Publio Rutilio, ubi videas. Iovanes Baptista Egnatius in suis racemationibus cap. 9.[9]: 'Publius Rutilius Rufus iunctim legendum in libro 1. de origine iuris. Is autem est ille Rutilius, qui in exilium publicanorum, quos in Asia pro consule offenderat, factione pulsus, cum redire posset, noluit, quo quidem iudicio res publica pene convulsa fuit. Panetii stoici auditor, in quibus multum profecit, quare non absolutus omnino orator habitus, quod illa disciplina a forensi choro[d] illa dictione abhorrere quodammodo[e] videatur, ut suis tantum parietibus inclusa in umbra degere contenta videri possit. Habuit is quidem vehemens ingenium et acre, ut, cum repulsam a Scauro in consulatu tulisset, designatum illum consulem ambitus reum egerit; sed postea absolutus Scaurus Rutilium in iudicium vocavit. Magnum de iure respondendi munus sustinuit, qua in parte multum laurum[f] quoque in dicendo habuisse existimatus est, cum alioqui ieiunus, et minus corporis minusque coloris haberet. Tante vero severitatis vir, ut a publicanis accersitus in iudicium luminaria tunc Romani fori, Crassum scilicet et Antonium,

---

[1] Mem. 2, 10, 5. — [2] 1, 53, 229. — [3-3] Oliver. Comment. ad Val. Max. 2, 10, 5 f. 53[r] et ad 6, 4, 4 f. 146[b]. — [4] Mem. 6, 4, 4. — [5] Oliver. ad 6, 4, 4 f. 146[b]. — [6] De Gramm. 6. — [7] D. (7, 8) 10, 3 (!). — [8] 11, 1. — [9] l. c. p. 329.

[a-a] Oliv., 'Hunc Publium Rutilium ... virum' Cod. — [b] sic et Oliver. — [c] 'simul' Suet., 'insimulque' Cod. — [d] 'tota' sec. Egnat. scr.? — [e] Egnatius, 'quemadmodum' Cod. — [f] 'lacertorum' sec. Egnat. scr.?

adhibere noluit, vix passus, ut Cotta sororis filius adolescens adhuc pro se diceret; diceret[a] et Mucius enucleate ille quidem et presse pro more, sed nequaquam ad causam. Dixit tamen vehementer et copiose ipse pro se extremus omnium. Unde Ovidii[1] illud:

'Nec[b] grave[c] magnanimi robur mirare Rutili';

quod scilicet ab exilio revocatus in patriam redire noluit; et epigrammatarius[d] poeta[2]:

'Fame [e]sue Rutilium[e] relinquas.'

De quo Asconius[3] et Valerius Maximus. Et Senece epistularum libro 3.[4] verba libet subnectere: 'Damnationem suam sic tulit Rutilius, tamquam illi molestum nihil aliud esset, quam quod male iudicaretur. Exilium Metellus fortiter tulit, Rutilius etiam libenter: alter ut rediret rei publice prestitit, alter reditum suum Sylle negavit.'

PAULUS VIRGINIUS, iuris[f] consultissimus, superiorum Publii Mucii, Bruti et Marci Manilii iuris consultorum auditor, tempestate supra dictorum, de quibus profectus fuit, floruit, ut attestatur Pomponius in l. 2. ff. de origine iuris § ab his profecti.[5] Qui cum bonarum artium studiis[g] ornatus esset ac sapientia rei publice gubernande plurimum insignitus haberetur, ius civile ornavit et explanavit. De scriptis tamen eius nulla habetur copia. Floruit etiam ipse tempore Publii Rutilii anno ante Christi adventum 156. et anno mundi 5043.

QUINTUS ELIUS TUBERO, clarissimus iuris consultus, Panse auditor sive Panetii et stoicus ac vir consularis, et ipse temporibus supra dictorum Publii Mucii, Marci Bruti et Marci Manilii clarus exstitit, a quibus profectus fuit, ut scribit Pomponius in l. 2. § ab his profecti ff. de origine iuris.[6] [7]Hic ille, qui prudentia et iuris civilis scientia[h] preditus ab Enniano[i] celebratur carmine:

'egregie cordatus homo, Catus Elius Sextus.'

Censuram cum Marco Cethego egit. In qua in spectaculis senatum segregavit a populo, cum promiscue prius spectarent, cuius rei gratia plebs maxime indignata: Livius[8] et Valerius[9] referunt. Item de eodem: Sextus Elius

---

[1] Ex Pont. 1, 3, 36. — [2] Mart. Ep. 5, 56 (vide ed. vulg.). — [3] Ps. Asc. in Div. p.122. — [4] 3, 24, 4. — [5] D. (1, 2) 2, 40. — [6] D. (1, 2) 2, 40. — [7-7] Raph. f. 128[b]. — [8] 34, 44. — [9] Mem. 2, 3, 3.

---

[a] sic et Egnatius. — [b] sic et Egnat. — [c] Egnat., om. Cod. — [d] Egnat., 'epigrammaticus' Cod. — [e-e] 'Rutilium sue' sec. Egnat. scr.? — [f] om. Cod. — [g] 'studiisque' Cod. — [h] Raph., om. Cod. — [i] Raph., 'Erivianco' Cod.

Tubero iuris consultus nobilis et pauper admodum filiam Pauli Emilii principis nostre civitatis duxit. Filium is habuit, de quo Cicero in oratore.[1] De Quinto Elio Tuberone rursus Cicero pro Murena[2] mentionem facit, ubi dicit, quod, cum esset pretor in funere Africani, populum Romanum ad epulum invitavit, pellibus hedinis et testis[a] Samiis mensis paratis, tamquam Diogenes Cynicus esset mortuus et non divini hominis Africani mors[b] honestaretur.[c] Ex quo populus indigne ferens eum pretura deiecit dictans Romanos publicam munificentiam diligere, privatam vero luxuriam odio prosequi. Huius etiam[d] nepos Quintus Elius Ligarium apud Cesarem accusavit, quod[e] legatus in Africa tempore belli civilis contra eum fuisset, quodque ipsum cum patre suo ea provincia, quam fuerint sorte[f] assecuti, prohibuisset; defenditur a Cicerone in luculenta oratione. Et de isto dicit Marcus Tullius Cicero libro de oratore[1,7], et libro de claris oratoribus[3]: 'Et cum stoicorum est facta mentio, Quintus Elius Tubero fuit illo tempore, Lucii Pauli nepos, nullo in oratorum numero, sed vita severus [g]et congruens[g] cum ea disciplina, quam colebat, paulo etiam durior; qui in triumviratu[h] iudicaverat contra Publii Africani avunculi sui testimonium vacationem augures, quo minus iudiciis operam darent, non habere; sed ut vita, ita oratione durus, incultus, horridus, itaque honoribus maiorum respondere non potuit. Fuit autem constans civis et fortis et in primis Graccho molestus, quod indicat Gracchi in eum oratio. Sunt etiam in Gracchum Tuberonis. Is fuit mediocris in dicendo, doctissimus in disputando.' Floruit etiam ipse anno ante Christi adventum 156. tempore supra dictorum Pauli Virginii et Publii Rutilii. Et in libro, qui inscriptus est 'de iure civili', idem quidem Marcus Tullius Cicero[4] dicit: 'Nec vero scientia iuris maioribus suis Quintus Elius Tubero defuit, doctrina etiam superfuit.' Super que verba Aulus Gellius libro 1. noctium atticarum[4]: 'Verbum 'superfuit' significare videtur 'supra fuit', et prestitit superavitque maiores suos doctrina sua superfluenti tamen et[i] nimis abundanti. Disciplinas enim Tubero stoicas et dialecticas percalluerat.' Et de preceptis Tuberonis super officio iudicis vide Aulum Gellium libro 14. noctium atticarum cap. 2.[5] Scripsit etiam plures libros ad Gaium Oppium: vide in libro 7. cap. 9.[6] De isto Quinto Elio Tuberone vide omnino Valerium Maximum in libro 7. in tit. de repulsis[8] et videas

---

[1] Brut. 31, 117. — [2] 36, 75. — [3] Brutus 31, 117. — [4] Gell. Noct. att. 1, 22, 7. — [5] 14, 2, 20. — [6] re vera Gell. Noct. att. 6, 9, 11. — [7] vide p. 195 n. 7–7. — [8] Mem. 7, 5, 1.

---

[a] Raph., 'vestis' Cod. — [b] Raph., om. Cod. — [c] Raph., 'honestatem' Cod. — [d] Raph., 'venit' Cod. — [e] Raph., 'qui' Cod. — [f] Raph., 'forte' Cod. — [g–g] Cic., om. Cod. — [h] sic (pro 'tribunatu') et ed. Ven. 1485. — [i] Gell., 'etiam' Cod.

Commentatorem[1] et ponas hic. [a]De Celio Cinna vide Valerium libro 9. de errore.[2][a] Dicit[3] Paulum Emilium duas habuisse filias, alteram Tuberoni Elio, alteram Catoni Porcii Catonis filio in matrimonium dedisse. Quintus Tubero, quem stoicum Pomponius appellat, non est is, a quo Ligarius reus actus, sed Lucii Pauli Macedonici ex filia nepos, vita severus et moribus et pro disciplina, quam coluit, stoica durior adeo, ut contra testimonium Publii Africani avunculi sui iudicavit[b]; constans sane civis et Gracche in primis infensus, quod Gracchi in illum, ut supra[4] diximus, oratio indicat[c]: secundum dictum Iovanem Baptistam Egnatium in dicto cap. 9.[5] [6]Elios cum diptengo et Elios[d] cum aspiratione scriptos[e] utroque[f] modo in marmoribus antiquis invenimus. Eliorum familia Rome pauperrima fuit adeo, ut septemdecim[g] filii uno tempore eandem domum habitaverunt[h]: unum tantum habentes agrum, verumtamen et locum spectandi in circo: Valerius.[7] Sextum Elium Catum, quum[i] legati Etolorum in consulatu prandentem in fictilibus vidissent, missa ab ipsis vasa argentea non recepisse[k] neque aliquid[l] habuisse[m] argenti usque ad supremum vite diem, quam duo pocula, que socer[n] eius Lucius Paulus ob virtutem devicto rege Perseo donasset: auctor est Plinius libro 34° cap. 11.[8]

SEXTUS POMPEIUS, Gnei Pompeii maioris clarissimus frater ac etiam patruus Gnei Pompei magni, vir domi[p] nobilis, sed virtutibus ac legum scientia nobilior, et ipse supra dictorum Publii Mucii, Marci Bruti ac Marci Manilii temporibus clarissimus iuris interpres habitus est, ut scribit Pomponius ‖ f. 7 in l. 2. § ab his profecti ff. de origine iuris.[9] De quibus etiam dicit Marcus Tullius Cicero libro de claris oratoribus[10]: 'Gneusque Pompeius, Sexti Pompei frater[q], aliquem[r] numerum obtinebat. Nam Sextus frater eius prestantissimum ingenium contulerat ad summam iuris civilis et ad perfectam geometrie et[s] rerum stoicarum scientiam' et reliqua. Floruit et

---

1 Oliver. ad Val. Max. 7, 5, 1 f. 174. — 2 Mem. 9, 9, 1. — 3 scil. Commentator: vide Oliver. ad Val. Max. 4, 4, 9 f. 97. — 4 supra p. 196, 20. — 5 Racemat. l. c. p. 330. — 6–6 Raph. Vol. f. 128b. — 7 Mem. 4, 4, 8. — 8 Hist. nat. 33 (!), 11, 142. — 9 D. (1, 2) 2, 40. — 10 Brut. 47, 175.

---

a–a haec verba, quae aperte ad vitam Tuberonis non pertinent, Dipl. in margine adnotasse videtur, fortasse ad vitam L. Celii Antipatris (vide infra p. 198); librarius falso ea hic inseruit. — b 'iudicaret' scr.? — c Egnat. 'indicet' Cod. — d Raph., 'Elius' Cod. — e Raph., 'scriptus' Cod. — f Raph., 'uno quoque' Cod. — g sic et Raph. Vol. — h 'habitaverint' scr.? — i Raph., 'quem' Cod. — k Raph., 'recepisset' Cod. — l 'aliud' sec. Raph. scr.? — m Raph., 'habuisset' Cod. — n Raph., 'foret' Cod. — o Raph., '24' Cod. — p 'domu' scr.? — q 'filius' scr.?, 'F.' Cic. — r Cic., 'ad quem' Cod. — s Cic., om. Cod.

ipse anno mundi 5043., tempore supra dictorum Quinti Tuberonis et Pauli Virginii et Publii Rutilii. [a]Cornelius Tacitus in suo dialogo 'an sui seculi oratores antiquioribus concedant et quare' [b]in penultimo folio[1] scribit Gneum[c] Pompeium et Marcum Crassum non viribus modo et armis, sed ingenio quoque et oratione valuisse.' [2]Et Cicero in oratore[3]: 'Gneus Pompeius orator patronus acer acerbusque in dicendo et lateribus pugnans'[2] et reliqua cetera.

LUCIUS CELIUS ANTIPATER, in iure civili clarissimus vir, cum supra dictis floruit. Qui historias conscripsit, sed plus eloquentie quam scientie — contrarium in Tribuniano, ut in l. 2. § que omnia C. de veteri iure enucleando[4] — iuris operam dedit, ut scribit Pomponius in l. 2. § et eodem tempore ff. de origine iuris.[5] De quo etiam dicit Marcus Cicero libro de claris oratoribus carta[d] 5.[6]: 'Lucius Celius Antipater scriptor, quemadmodum videtis, fuit ut temporibus illis luculentus, iuris valde peritus, multorum etiam, ut Lucii Crassi, magister' cetera; in carta[d] 8.[7]: 'Horum etati prope coniunctus Lucius Celius non tam vendibilis orator, quam ut nescires quid ei deesset. Nec enim erat indoctus nec tardus ad excogitandum nec Romanarum rerum immemor et verbis solutus satis. Sed in magnos oratores inciderat eius etas, multam tamen operam amicis et utilem prebuit, atque ita diu vixit, ut multarum etatum oratoribus implicaretur, multum etiam in causis versaretur.' Floruit et ipse tempore supra dictorum Gnei[e] Pompeii et Quinti Tuberonis et Pauli Virginii et Publii Rutilii anno ante Christi adventum 156. et anno mundi 5043. [f]Istum Marcus Cicero in plurimis locis citat et maxime in libro 1. de divinatione[8], et Romanorum historiarum temporibus illis luculentum et iuris valde peritum scribit idem Cicero in Bruto.[9]

LUCIUS CRASSUS, frater supra dicti Publii Mucii Scevole, iuris consultorum disertissimus, his temporibus cum supra dictis Publio Mucio Scevola eius fratre, Marco Bruto, Marco Manilio ob singularem in iure civili doctrinam Rome maximo in pretio habitus est, et quia doctus erat in libris Publii Mucii Scevole, Mucianus dictus est, ut scribit Pomponius in l. 2. § et eodem

---

[1] De or. 37. — [2-2] Raph. Vol. f. 191[b]., qui de Cn. Pomponio (!) agit. — [3] re vera Brut. 62, 221. — [4] C. (1, 17) 2, 9: '... Tribonianum qui similiter eloquentiae et legitimae scientiae artibus decoratus ...' — [5] D. (1, 2) 2, 40. — [6] Brut. 26, 102. — [7] Brut. 47, 174; re vera hic de L. Gellio agitur, 'Caelius' et ed. Venet. 1485. — [8] 1, 24, 48, 49, 55, 56; 1, 35, 78. — [9] 26, 102.

---

[a] signum intercalat. ins. Cod. — [b] 'et' ins. Cod. — [c] Tac., 'Q.' Cod. — [d] 'c.' Cod. — [e] 'Q.' Cod. — [f] signum intercalat. ins. Cod.

tempore ff. de origine iuris.[1] Hunc Cicero ait, secundum Pomponium in dicto § et eodem tempore, iuris consultorum disertissimum, et hoc dicit Marcus Cicero in libro de claris oratoribus carta[a] 7.[2]: 'Quum[b] uterque, scilicet Quintus Mucius Scevola et Lucius Crassus, ius civile ex contraria parte defenderet, ut eloquentium iuris peritissimus Crassus, iuris peritorum eloquentissimus Scevola putaretur' et reliqua. Postea subdit[3]: 'Noli, inquam, Brute, existimare his duobus quicquam fuisse in nostra civitate prestantius. Nam, ut paulo ante dixi, consultorum alterum disertissimum, disertorum[c] alterum consultissimum fuisse, sic in reliquis rebus ita dissimiles erant inter se, statuere ut tamen non possis, utrius te malles similiorem. Crassus erat elegantium parcissimus, Scevola parcorum elegantissimus; Crassus in summa comitate habebat etiam severitatis satis, Scevole multa in severitate non deerat tamen comitas.' De quo Lucio Crasso scripsit etiam Sempronius Asellio[4] quinque habuisse bonarum rerum maxima, quod scilicet esset ditissimus[d], quod iuris consultissimus, quod nobilissimus et quod eloquentissimus, quod pontifex maximus.' Floruit autem Lucius Crassus Rome anno ante Christi adventum 156.[e] et mortuus est adolescente Marco Tullio Cicerone. [5]Nam cum Crassus rem publicam seditione equestris ordinis perturbatam invenisset et Philippum consulem multa accepisset adversus senatum dixisse, postquam, vocato senatu a tribuno plebis Druso, ipse cum aliis frequentibus venerat in senatum, Drususque in[f] senatum rettulit de insectatione consulis, multa dicitur divinitus fecisse verba Crassus, cum Drusus conquereretur de invidia consulis, et senatus ipse quasi patronus[g]; tunc Crassus gravissime insectatus est consulem. Hac igitur animi acerbatione Crassus affectus, quando domum redisset, cepit febricitare[5] et die septimo lateris dolore consumptus est.[6] Cuius mortem deplorat Marcus Tullius libro de oratore[7], dicens: 'O fallacem hominum spem fragilemque fortunam et inanes nostras contentiones! que medio in spatio sepe franguntur et corruunt aut ante in ipso cursu obruuntur, quam portum conspicere potuerunt.[h] Nam quamdiu Crassi fuit ambitionis labore vita distracta, tamdiu privatis magis officiis et ingenii laude floruit, quam fructu[i] amplitudinis aut rei publice dignitate. Qui autem annus ei primus ab honorum perfunctione aditum omnium consensu ad summam auc-

[1] D. (1, 2) 2, 40. — [2] Brut. 39, 145. — [3] Brut. 40, 148. — [4] Gell. 1, 13, 10. — [5-5] Omnibonus Leonicenus ad Cic. de or. 3, 1. — [6] Cic. de or. 3, 2, 6. — [7] 3, 2, 7.

[a] 'c.' Cod. — [b] Cic., 'quoniam' Cod.: vide supra p. 197, 14. — [c] Cic., 'ff.' Cod.; librarius videtur legisse 'digestorum' pro 'disertorum'. — [d] Gell., 'doctissimus' Cod. — [e] vide p. 200, 4; '&' Cod., omisso anno. — [f] sic et Omnibon. — [g] sic et Omnibon. — [h] Cic., 'potuerint' Cod. — [i] Cic., 'fructuum' Cod.

toritatem dabat, is eius omnem spem atque omnia vite consilia morte pervertit. Fuit hoc[a] luctuosum suis, acerbum patrie, grave bonis omnibus, sed ii tamen rei publice casus secuti sunt, ut mihi non erepta Lucio Crasso a diis immortalibus vita, sed donata mors esse videatur' et reliqua. [b]Floruit Rome anno mundi 5043. et ante Christi adventum 156. tempore supra dictorum Lucii Crassi, Lucii Celii Antipatris, Sexti[c] Pompei, Quinti Tuberonis, Pauli Virginii et Publii Rutilii.[b] [d]Quintilianus libro 11.[1]: 'Lucius Crassus apud summos oratores hominesque eruditissimos'; et idem libro 10. institutionis oratorie cap. qui modus scribendi.[2] Et vide Valerium Maximum libro 8. de testimoniis[3] et libro 9. de luxuria[4]; [e]Cornelius Tacitus[e] in suo dialogo 'an sui seculi oratores antiquioribus et quare concedant' folio 5. in fine[5] dicit: 'Ceterum si omisso optimo illo et perfectissimo genere eloquentie eligenda sit forma dicendi, malim hercule Gaii Gracchi impetum[f] aut Lucii Crassi maturitatem.[g]' Plinius libro 17.[h] naturalis historie[6]: 'Lucius Crassus orator fuit in primis nominis Romani, domus ei magnifica. Censuram post consulatum cum Gneo Domitio Aenobarbo gessit anno condite urbis 662. Idem erat Crassus presens ingenio semper et faceto lepore sollers.' [7]Lucius Crassus, Publii Licinii Crassi pontificis maximi filius, orator Marci Antonii compar, de quo Cicero in oratore[8]: 'Erat in Crasso summa gravitas et cum gravitate iunctus facetiarum et urbanitatis oratorius et non servilis lepos, latine loquendi accurata et sine molestia diligens elegantia, in disserendo mira explanatio; eodem tempore ipse eloquentium iuris peritissimus et Scevola iuris peritorum eloquentissimus habebatur. Erat preterea, quod difficile[i] est, idem et perornatus et brevis. Accusavit Gaium Carbonem eloquentissimum hominem admodum adolescens, summa ingenii non laude tantum, sed admiratione, cum esset annos viginti unum[k] natus. Haec ex Cicerone interpellata.[l] Hic Crassus, ut Plinius[9] et Valerius[10] referunt, censuram cum Gneo[m] Domitio iurgiis plenam gessit. Cum enim ei Domitius obiceret, quod columnas Hymettias in porticu domus haberet: atqui[n], respondit Crassus, multo luxuriosius videri debet te tanti sex arbusculas domus tue facere, ut, quam[o] sexagies sestertio propterea[p] existimes, sine his tricies tantum-

[1]Inst. or. 11, 1, 4. — [2] 10, 3, 1. — [3] Mem. 8, 5, 3. — [4] Mem. 9, 1, 1. — [5] De or. 26. — [6] 17, 1, 2. — [7-7] Raph. Volat. f. 152. — [8] Brut. 38, 143; 43, 158. — [9] Hist. nat. 17, 1. — [10] Mem. 9, 1, 4,

[a] Cic., 'homo' Cod. — [b-b] fortasse haec librarius falso hic inseruit; vel 'Lucii Crassi' del.? — [c] 'Q.' Cod. — [d] signum intercalat. ins. Cod. — [e-e] 'Cornelium Tacitum' Cod. — [f] Tac., 'imperium' Cod. — [g] Tac., 'marusitatem' Cod. — [h] '7' Cod. — [i] Raph., 'facile' Cod. — [k] sic et Raph. — [l] Raph., 'interpellam' Cod. — [m] Raph., 'Q.' Cod. — [n] Raph., 'atque' Cod. — [o] Raph., 'quia' Cod. — [p] Raph., 'propria' Cod.

modo pendas. Idem Crassus, ut Macrobius[1] et Elianus[2] grecus auctor testantur, cum piscinis maxime delectaretur murenamque mortuam atratus plures dies tamquam filiam lugeret probroque daretur ab eodem Domitio collega, nimirum respondit Crassus: Fateor ita me pium esse, ut minima de causa plorem, at tu, qui tres extulisti[a] uxores, minime ploras. Audivit Crassus Metrodorum nactus academiam, cum in Asia esset questor. Interiit ex dolore laterum, cum in senatu multa contra Philippum consulem esset invectus negassetque illum sibi videri consulem fore, cum non esset senator, auctore Cicerone libro 3. de oratore.[3] Habuit Lucius Crassus fratrem Publium Crassum iuris peritissimum, qui in dominatione Lucii Cinne Marianarum partium, ne incideret in manus inimicorum se ipsum interemit. Qui habuit filium Marcum Crassum, Romanorum ditissimum, qui cum Pompeio et Cesare triumviratum inivit.[7] Et de murena ut supra vide Plinium libro 9. naturalis historie cap. 55.[4], qui scribit, quod apud Baiulos in parte Baiana piscinam habuit Hortensius orator, [b]in qua[b] murenam adeo dilexit, ut[c] exanimatam flesse credatur. Et sic Plinius voluit, quod Hortensius fecit[d], quod supra dictum est de Lucio Crasso. Vide Macrobium libro 3. saturnaliorum id est 'nonnullos ex piscibus traxisse cognomina'[5]: 'Fuit autem etate Lucii Crassi illius diserti, qui quam gravis et serius habitus fuerit etiam Cicero docet.' Que supra[6] dicta sunt et que quinque supra posita notanda habuerit, attestatur Petrus Crinitus de honesta disciplina libro 13. cap. 5[8], et Aulus Gellius in noctibus atticis.[9] Valerius Maximus in libro 3. de fiducia in cap. de Lucio Crasso[10], [e]quod ipse apud maiores eloquentia clarissimus fuit, ubi videas, et in libro 6. de libere dictis de Lucio Crasso[11] et ponas hic. Aulus Gellius libro 11. noctium atticarum cap. 2.[12] post Marcum Tullium: 'Crassus erat parcissimus elegantium, Scevola parcorum elegantissimus.' Quintilianus libro 11. oratorie institutionis[13]: 'Vel Crassus ille dives, qui cum Asie preesset, quinque greci sermonis differentias sic tenuit, ut qua quisque apud eum lingua postulasset, eadem sibi ius redditum[f] ferret.'

[g][h]ANTISTIUS[i] PATERCINA[h], iuris consultus Romanus et orator luculentissimus iisdem temporibus Rome clarus fuit. Qui inter cetera

---

[1] Sat. 3, 15, 4. — [2] De nat. an. 8, 4. — [3] 3, 1 seq. — [4] 9, 55, 172. — [5] 3, 15, 3. — [6] supra p. 199, 14. — [7] vide p. 200 n. 7–7. — [8] l. c. p. 50. — [9] 1, 13, 10. — [10] Mem. 3, 7, 6. — [11] Mem. 6, 2, 2. — [12] 11, 2, 4. — [13] 11, 2, 50.

---

[a] Raph., 'exaulisti' Cod. — [b–b] Plin., om. Cod. — [c] Plin., om. Cod. — [d] om. Cod. — [e] 'scribit' vel 'dicit' ins.? — [f] Quint., 'redditurum' Cod. — [g] hanc vitam librarius male hic inseruisse videtur; rectius post vitam Ofilii inter auditores Servii Sulpicii ponenda erat. — [h–h] sic et Dig. ed. Ven. 1494. — [i] 'Auristius' semper Cod.

decem et octo libros digestorum cum aliis auditoribus Servii Sulpicii composuit secundum Pomponium in l. 2. § ab hoc plurimi ff. de origine iuris.[1] Dicit Marcus Tullius Cicero de claris oratoribus carta[a] 10.[2]: 'Coniunctus igitur Sulpicii etati Publius Antistius fuit, rabula sane probabilis, qui multos cum tacuisset annos, neque contemni solum, sed irrideri etiam solitus esset, in tribunatu primum contra Gai Iulii illam consulatus petitionem extraordinariam veram causam agens est probatus; et eo magis, quod eandem causam, quum[b] ageret eius collega ille ipse Sulpicius, hic plura et acutiora dicebat. Itaque post tribunatum primo multe ad eum cause, deinde omnes maxime quecumque essent[c] deferebantur. Rem videbat acute, componebat diligenter, memoria valebat, verbis non ille quidem ornatis utebatur, sed tamen non abiectis.' Et sic pondera. Et Paulus Orosius libro 5. historiarum[3] post Sylle reditum in Italiam[3]: 'Damasippus pretor incentore Mario consule Quintum Scevolam, Gaium Carbonem et Lucium Domitium et Publium Antistium in curiam quasi ad consultandum vocatos crudelissime occidit; corpora interfectorum per carnifices unco tracta atque in Tiberim missa sunt.' Adverte, quod illi iuris consulti secuti sunt partes Marianas; secundo adverte, quod iste[d] Publius Antistius non est Antistius Patercina, cum primus fuerit tempore Scevole. Iovanes Baptista Egnatius in suis racemationibus cap. 9[4]: 'Ubi in l. 2. ff. de origine iuris 'Patercina' legitur, 'pater Cecina' legendum est. De quo Cicero in epistulis; et Seneca 3.[e] naturalium questionum[5]: 'Facundus hercule vir Cecina, si[f] habuisset aliquando in eloquentia nomen, nisi Ciceronis eum precessisset umbra.' Filii autem, ut arbitror, Plinius 10. meminit his verbis, cap. de hirundinibus[6]: 'Cecina Voleteranus equestris ordinis quadrigarum[g] dominus, comprehensas[h] in urbem secum auferens[i] victorie nuntias amicis mittebat, in eundem nidum[k] redeuntes illito[l] victorie colore.'[7] Et sic ex predictis patet[m], quod est pater Cecina et filius Cecina. Ulpianus libro 35. ad Sabinum in l. denique ff. de ritu nuptiarum[8] allegat et dicit: 'Cecina scribit.' Floruit tempore Gaii Alfeni, Auli Ofilii, anno mundi 5169.[n] et Christi 29.[n]

QUINTUS MUCIUS SCEVOLA, filius Publii Mucii Scevole, homo in iure civili doctissimus, eisdem temporibus cum supra dictis floruit. Hic ius

[1] D. (1, 2) 2, 44. — [2] Brut. 63, 226. — [3] 5, 20, 4. — [4] l. c. p. 330. — [5] 2, (!) 56, 1. — [6] 10, 24, 71. — [7] hucusque Egnat. — [8] D. (23, 2) 6.

[a] 'c'. Cod. — [b] Cic., 'quam' Cod., vide supra p. 199, 3. — [c] 'erant' sec. Cic. scr.? — [d] 'est' Cod. — [e] sic et Egnat. (re vera lib. 2!) — [f] sic et Egnat. — [g] Egnat., 'quadnarum' Cod. — [h] Egnat., 'compressus' Cod. — [i] Egnat., 'adferens' Cod. — [k] Egnat., om. Cod. — [l] Egnat., 'illico' Cod. — [m] 'pater' Cod. — [n] numeri annorum corr.? sed vide infra p. 217 seq.

civile primus constituit generatim in libros decem et octo redigendo, teste Pomponio libro singulari enchiridii transuntive[a] in l. 2. ff. de origine iuris[1] et Modesto libro de re militari et magistratibus urbis.[2] Et ipsius librum 2. iuris civilis allegat Ulpianus in l. qui penum in princ. ff. de penu legata[3] et in l. Quintus ff. de auro et argento legatis[4], et in l. aut[b] qui § hec verba ff. quod vi aut clam.[5] Ipsum etiam allegat Celsus in l. Quintus ff. mandati[6] et in l. cum bisextum ff. de verborum significatione[7], et Labeo in l. qui concubinam § fin. de legatis 3.[8], et Ulpianus in l. ceterum ff. de usu et habitatione[9], et Paulus in l. Mucius ff. pro socio[10], et Ulpianus in l. ligni in princ. de legatis 3.[11], et Iustinianus imperator in § de illa Inst. de societate.[12] Et ipsius est l. in rutis[c] ff. de verborum significatione.[13] De isto etiam vide Aulum Gellium libro 3. noctium atticarum cap. 2.[14] et libro 7. cap. 15.[15], ubi allegat librum ipsius 16. iuris civilis, et libro 4. cap. 1.,[16] ubi allegat Servium Sulpicium in reprehensis Scevole capitibus scripsisse. Et de isto dicit Laurentius Vallensis libro 6. elegantiarum lingue latine in proemio[17], quod Servius Sulpicius librum de [d]notis Scevole[d] conscripsit et non existimavit turpe sibi ad famam fore; et ibi appellat Scevolam in iure civili non solum antistitem atque omnium principem, sed etiam preceptorem dicti Servi Sulpicii. In libro 3. in proemio[18] dicit, quod Mucii Scevole nil exstat, sed alterius Mucii recentioris. [19]Iste Quintus Mucius habuit auditores complures, sed precipue auctoritatis Aquilium Gallum, Balbum Lucilium, Sextum Papirium, Gaium Iuventium et Servium Sulpicium[19], de quibus infra dicetur.[20] Iste, teste Pomponio in dicta l. 2. § post hos[21], fuit pontifex maximus. Et secundum Valerium Maximum libro 8. in rubrica 'que cuique magnifica contigerunt'[22] inquit[e]: 'At ne Quinti Scevole, quem Lucius Crassus in consulatu collegam habuit, gloria parum illustris, qui Asiam tam sancte et tam fortiter obtinuit, ut senatus deinceps in eam provinciam ituris magistratibus exemplum atque formam officii Scevolam decreto suo proponeret.' Aulus Gellius libro 1. noctium atticarum cap. 13.[23] scribit hec verba: 'Si exemplum Publii Crassi Muciani, clari et incliti viri apposuerimus, is in Sempronio || Asellione et plerisque aliis historiarum f. 8

[1] D. (1, 2) 2, 41. — [2] Ps. Modestus l. c. — [3] D. (33, 9) 3 pr. — [4] D. (34, 2) 10. — [5] D. (43, 24) 5, 8. — [6] D. (17, 1) 48. — [7] D. (50, 16) 98, 1. — [8] D. (32) 29, 1 (!). — [9] D. (7, 8) 4, 1. — [10] D. (17, 2) 30. — [11] D. (32) 55 pr. — [12] I. (3, 25) 2. — [13] D. (50, 16) 241. — [14] 3, 2, 12. — [15] 6 (!), 15, 2. — [16] 4, 1, 20. — [17] Opera p. 196. — [18] Opera p. 80. — [19–19] D. (1, 2) 2, 42. — [20] infra p. 205 seq. — [21] D. (1, 2) 2, 41. — [22] Mem. 8, 15, 6. — [23] § 9.

[a] 'transeuntive' scr. — [b] Dig., 'cum' Cod. — [c] Dig., om. Cod., ubi inveniuntur quattuor puncti. — [d–d] Laur. Vall., 'noscen. l' Cod. Fortasse Dipl. scripsit 'no. sceul.', quod librarius non intellexit. — [e] omittere debuit Dipl.

Romanarum scriptoribus traditur quinque habuisse rerum bonarum maxima et precipua: quod esset ditissimus, quod nobilissimus, quod eloquentissimus, quod iuris consultissimus, quod pontifex maximus. Is cum in consulatu obtineret Asiam provinciam et circumsedere et oppugnare Leucas oppidum pararet opusque esset firma ac procera[a] trabe, qui arietem faceret, quo muros eius oppidi quateret, scripsit ad magistratum' et reliqua. Dicit etiam Cicero libro de claris oratoribus folio 10[1]: 'Quintus Scevola augur, qui peritissimus iuris idemque percomis[b] habitus est. Iam duorum abavorum quam est illustre nomen, Publii Scipionis, qui bis consul fuit, qui est Corculus dictus, alterius omnium sapientissimi, Gaii Lelii. O generosam, inquit, stirpem et tamquam in unam arborem plura genera, sic in istam domum multorum insitam atque illuminatam sapientiam!' Et Marcus Tullius Cicero libro de claris oratoribus folio 7.[2] dicit Scevolam ornatum virum et consultorum disertissimum, disertorum consultissimum et parcorum elegantissimum fuisse et excellens ingenium habuisse. Iste Quintus Mucius Scevola, ut dixi[3], fuit filius supra dicti Publii Mucii, [c]habuit duos fratres, Lucium Crassum, de quo supra[4] diximus, et Publium Crassum valde probatum oratorem, teste Cicerone libro de claris oratoribus carta 5.[5], qui et ingenio valuit et studio et habuit etiam quasdam domesticas disciplinas: nam et cum summo illo oratore Servio Galba, cuius Gaio filio filiam suam collocaverat, affinitate sese devinxerat, et cum esset Publii Mucii filius fratremque haberet Publium Scevolam, domi ius civile cognoverat. In eo constat [d]industriam summam fuisse maximamque gratiam[d], quum[e] et consuleretur plurimum et diceret.' Fuit etiam gener, Marci filii[f] Gaii Lelii gener, et secundum Ciceronem dicto libro de claris oratoribus[6]: '[g]quem Gaius Fannius[g], quia cooptatus in augurum collegium non erat, non admodum diligebat, presertim cum ille Quintum Scevolam sibi minorem natu generum pretulisset, cui tamen Lelius se excusans non genero minori dixit[h] se illud, sed maiori filie detulisse.' Iste fuit auditor Publii Mucii Scevole et Marci Bruti et Marci Manilii, teste Pomponio in l. 2. § post hos ff. de origine iuris[7] et Aulo Gellio libro 17 noctium atticarum cap. 7.[8], ubi dicit, quod Quintus Scevola patrem suum et Brutum et Manilium, viros

[1] Brut. 58, 212. — [2] Brut. 40, 147. — [3] supra p. 202, 31. — [4] supra p. 198. — [5] Brut. 26, 98. — [6] Brut. 26, 101. — [7] D. (1, 2) 2, 41. — [8] § 3.

[a] Gell., 'proucta' Cod. — [b] Cic., procomis' Cod. — [c] 'qui' ins.? vide supra p. 189, 13; 198, 29. — [d–d] Cic., 'industria summa fuisse maximeque gratum' Cod. — [e] Cic., 'quando' Cod., vide supra p. 202, 8. — [f] vide Cic. 'Alter autem C. Fannius M. f. C. Laeli gener . . .' Dipl. putavit 'M. f.' ad C. Laelium pertinere. — [g–g] Cic., 'qui C. Fannium' Cod. — [h] Cic., 'dicens' Cod.

apprime doctos, quesisse ait dubitasseque. Floruit Rome anno mundi 5061. et anno ante Christum adventum 138. [a]Aulus Gellius libro 11. noctium atticarum cap. 2.[1] post Marcum Tullium: 'Crassus erat parcissimus elegantium, Scevola parcorum elegantissimus' et in libro 15 cap. 27.[2]: 'Lelius Felix scripsit librum ad Quintum Mucium.' Marcus Tullius Cicero de natura divina[3] ponit Scevolam pontificem maximum inter religiosos et sanctitate preditos; [4]et in oratore[5]: 'Quintus Mucius Scevola iuris consultorum eloquentissimus, sicuti eodem tempore Lucius Crassus eloquentium verbis iuris consultissimus habebatur. Fuit peracutus ad excogitandum, quid[b] in iure aut in equo verum aut esset aut non esset, et verbis item ad rem cum simili brevitate mirabiliter aptus.'[4] Raphael Voleterranus libro 17. commentariorum urbanorum[6] sic scribit: 'Quintus Mucius Scevola pontifex maximus, quem se Cicero in Lelio preceptorem post Scevolam[c] iuris consultum habuisse adolescens fatetur; hunc partes Syllanas secutum Marius iunior ad aram Veste confugientem interemi mandavit.' Cornelius Tacitus in dialogo 'an sui seculi oratores antiquioribus et quare concedant' folio 6.[7]: 'In Ciceronis libro, qui 'Brutus' inscribitur, refert se apud Quintum Mucium ius civile didicisse.' Quintilianus libro 12. oratorie institutionis[8] probat oratori necessariam iuris civilis scientiam esse, et infert: 'Et Scevole[d] Servioque[e] Sulpicio concessa est facundie[f] virtus.'

GAIUM AQUILIUM GALLUM, auditorem Quinti Mucii Scevole, hominem in iure civili doctissimum et precipue auctoritatis apud populum Romanum fuisse Pomponius in libro singulari enchiridii scribit in l. 2. § post hos ff. de origine iuris.[9] Istum Valerius Maximus libro 8. de privatis iudiciis[10] virum magne auctoritatis et scientia iuris civilis excellentem dicit, qui iudex adductus et adhibitis in consilium principibus civitatis prudentia et religione sua mulierem repulit; cetera. Composuit pulchra et necessaria scripta in iure nostro, que, secundum Pomponium in dicta l. 2. § omnes[11], tamen non fuerunt talia, ut ea omnes appetant: denique nec versantur omnino scripta eorum[g] inter manus hominum, sed Servius libros suos complevit, pro cuius scriptura ipsius Galli Aquilii quoque memoria habetur. De isto scribit Marcus Tullius in oratione pro Murena[12]: 'Commode accidit,

---

[1] § 4. — [2] § 1. — [3] De nat. deor. 1, 41, 115. — [4–4] Raph. f. 181. — [5] re vera Brut. 39. 145. — [6] f. 181 b, Cic., Lael. 1, 1. — [7] De or. 30. — [8] 12, 3, 9. — [9] D. (1, 2) 2, 42. — [10] Mem. 8, 2, 2. — [11] D. (1, 2) 2, 42. — [12] re vera pro Caec. 27, 77.

---

[a] signum intercal. ins. Cod. — [b] Raph., 'quod' Cod. — [c] Raph. Vol., om. Cod., ubi reperitur lacuna fere sex litterarum. — [d] Quint., 'hercule' Cod. — [e] Quint., 'Servio' Cod. — [f] Quint., 'fecunde' Cod. — [g] neglegenter Dipl. descripsit Dig.

quod non adest vir ornatissimus Gallus Aquilius, nam[a] ipso presente de virtute eius et prudentia timidius dicerem, quod etiam ipse pudore quodam afficeretur ex sua laude, et me similis ratio pudoris a presentis laude tardaret; cuius auctoritati dictum est ab illa causa concedi nimium non oportere[b]. Vereor, ne de tali viro plus dicam, quam vos aut sentiatis aut apud vos commemorari velitis. Quampropter hoc dicam, nunquam eius auctoritatem minime valere, cuius prudentiam populus Romanus in cavendo et non in decipiendo perspexit, qui iuris civilis rationem nunquam ab equitate seiunxit, qui tot annos ingenium, laborem, fidem suam populo Romano promptam expositamque prebuerit, qui ita iustus et bonus vir est, ut natura et non disciplina consultus esse videatur, ita peritus et prudens, ut ex iure civili non scientia solum quedam, verum etiam et bonitas nata videatur, cuius tantum est ingenium, ita prompta[c] fides, ut inde quidquid haurias, purum liquidumque haurire sentias.' Iste est, quem Marcus Tullius Cicero in officiis[1] dicit legem de dolo malo tulisse cuiusque ad legem Aquiliam exstat adhuc legum titulus. Iste allegatur per Scevolam in l. Gallus ff. de liberis et postumis[2]; et per Melam, ut refert Ulpianus, in l. fundi § si ruta[d] ff. de actionibus empti[3]; et per Ulpianum in l. sed si forte ff. si servitus vendicetur[4] et in l. si alius § est autem ff. quod vi aut clam[5], et per Labeonem in l. qui concubinam § 1 ff. de legatis 3.[6], et per Iulianum in l. frugem ff. de verborum significatione.[7] Ab isto Aquiliana stipulatio introducta est, ut dicit Iustinianus in § est autem Inst. quibus modis tollitur obligatio[8]. Istum Gaium Aquilium Servius iuris consultus multum nominat et ab ipso fuit instructus, et maxime auctoritatis apud populum fuisse dicit in dicta l. 2. § post hos[9] et § Servius autem ff. de origine iuris.[10] De isto dicit Marcus Tullius Cicero libro de claris oratoribus carta[e] 7.[11]: 'Quumque[f] discendi causa duobus peritissimis operam dedisset, Lucio Lucilio Balbo, Gaio Aquilio Gallo: Galli hominis acuti et exercitati promptam et paratam in agendo et respondendo celeritatem subtilitate diligentiaque superavit; Balbi docti et eruditi hominis in utraque re consideratam tarditatem vicit expediendis conficiendisque rebus. Sic et habet, quod uterque eorum habuit, et explevit quod utrique defuit.' Dicta l. 2. § Servius autem.[12] Floruit[g] Rome anno mundi 5100. et anno ante Christi adventum 99. Fuit

[1] 3, 14. — [2] D. (28, 2) 29. — [3] D. (19, 1) 17, 6. — [4] D. (8, 5) 6, 2 (!). — [5] D. (43, 24) 7, 4 (!). — [6] D. (32) 29, 1. — [7] D. (50, 16) 77; Vulg. attribuunt hoc fr. Iuliano. — [8] I. (3, 29) 2. — [9] D. (1, 2) 2, 41 et 42. — [10] D. (1, 2) 2, 43. — [11] Brut. 42, 154. — [12] D. 1, 2, 2, 43.

[a] Cic., 'non' Cod. — [b] Cic., 'queurer' Cod. — [c] sic et ed. Med. 1498 f. 94. — [d] Dig., 'nupta' Cod. — [e] 'c.' Cod. — [f] 'Qunque' ed. Venet. 1485, 'quicumque' Cod. — [g] om. Cod.

et alter Aquilius Regulus, qui floruit tempore Papiniani et habuit preceptorem Nicostratum, de quo in dicta[a] l. Aquilius ff. de donationibus.[1] Fuit et alter Cecilius Gallus, qui librum de verborum significatione, que ad ius civile pertinent, scripsit, de quo meminit Aulus Gellius libro 16. noctium atticarum[2], et idem eodem libro 15. cap. 28.[b] [3] dicit Marcum Tullium Ciceronem sex et viginti annos natum [c]primam causam iudicii publici egisse[c] pro Publio Quintio apud Aquilium Gallum iudicem. Angelus Politianus in suo libro epistularum libro 5. in epistula, quam direxit Iacobo Modesto[4]: 'Gallus Aquilius, qui orationem a Cicerone iudex audivit, quem familiarem suum idem in topicis appellat, composuit librum responsorum et huius tantum responsis irrigantur libri digestorum per Iustinianum.' Adde, quod Iustinianus in principio librorum digestorum, que sunt Florentie[5], asserit ex libris Galli Aquilii solummodo responsa ipsius inseruisse[d] in libros pandectarum. Angelus etiam Politianus in dicta epistula asserit, quod inter triginta et septem conditores iuris fuit iste Gallus Aquilius. Plinius libro 7. naturalis historie cap. 53.[6] scribit: 'Publius Quintus[e] Scapula, cum apud Aquilium Gallum cenaret, repentina morte mortuus fuit.' Fuit et Elius Gallus, de quo per Strabonem in libro 3.[f] de situ orbis.[7] Et Plinius[g] libro 17. naturalis historie[8]: 'Lucius Crassus orator fuit in primis nominis Romani, domus ei magnifica sed aliquanto prestantior in eodem Palatio Quinti Catuli, qui Cimbros fudit. Multum vero pulcherrima consensu omnium etate ea in colle Viminali Gaii Aquilii equitis Romani, clarioris etiam [h]tum quam[h] iuris civilis scientia.' Petrus Crinitus in libro 1. de poetis latinis[9]: 'Gneus Aquilius in scribendis comediis non ignobilis habitus est, ut attestatur Marcus Varro', et plura postea de Gallo Aquilio poeta scribit. [10]De Gaio Aquilio diximus alibi, qui iuris peritus fuit ac formulas de dolo malo protulit, in quibus de simulatione et dissimulatione ageretur.[10]

LUCILIUS BALBUS, iuris consultus eximius et auditor Quinti Muciii Scevole, eisdem temporibus floruit. Ab isto fuit institutus Servius Sulpicius et ipsum nominat. Composuit plures libros in iure civili et non tales exstant, ut omnes eos appetant, denique nec versantur omnino[i] libri ipsius

[1] D. (39, 5), 27. — [2] 16, 5, 3. — [3] § 3. — [4] Opera p. 70. — [5] Index Auct. Florent. XXX. — [6] 7, 53, 183. — [7] Geogr. 2 p. 118. — [8] 17, 1, 2. — [9] 1, 16 p. 102. — [10-10] Crinitus l. c.

[a] del.? — [b] '18.' Cod. — [c-c] vide Gell. § 2: neglegenter Dipl. descripsit Gellium; vide infra p. 212, 26. — [d] 'ius emisisse' Cod. — [e] 'Q.' Cod., 'Quintius' sec. Plin. scr.? — [f] '2' scr.? — [g] 'Plinium' Cod. — [h-h] sic ed. vulg. (exempli gratia Venet. 1499), 'tanquam' Cod. — [i] Dig., 'omnes' Cod.

inter manus hominum, sed Servius libros suos complevit, pro cuius scriptura ipsius quoque memoria habetur: l. 2 § post hos in fine ff. de origine iuris.[1] Et Marcus Tullius Cicero libro de claris oratoribus carta[a] 7.[2] peritissimum, doctum et eruditum dicit hominem. Floruit tempore supra dicti Aquilii Galli, Sexti Papirii et Gaii Iuventii et Servii Sulpicii Rome anno ante Christi adventum 99. et mundi 5100. Vide Aulum Gellium libro 4. noctium atticarum cap. 2.[3] Marcus Tullius Cicero libro 6. epistularum epistula 18.[4] refert se consuluisse Balbum iuris consultum, et in epistula 19.[5]: 'Balbus afficiebatur pedum dolore'; et in epistula 5. libro 7.[6]

SEXTUS PAPIRIUS, iuris consultorum maximus et auditor Quinti Mucii Scevole, his temporibus floruit, et ab isto etiam fuit institutus Servius Sulpicius et ipsum allegat in libris suis. Composuit plura in iure civili, que non exstant. Sua scripta inseruit Servius in suis libris, ex quibus ipsius memoria habetur: l. 2. § post hos in fine et § sequenti ff. de origine iuris.[7] De familia Papiriorum et eius origine vide Marcum Tullium Ciceronem libro 9. suarum epistularum epistula 20.[8], ubi longius repetens sumit a Lucio Papirio Mugillano usque ad tempora sua, ubi dicit, quod fuerunt patricii; quorum princeps Lucius Papirius Mugillanus, qui [b]consul cum Lucio Sempronio Atracio[c] fuit, cum antea censor[b] cum eodem fuisset annis post Romam conditam 312. Sed tum Papisii dicebantur. Post hunc tredecim fuerunt sella curuli ante Lucium Papirium Crassum, qui primus Papisius est vocari desitus. Is dictator cum Lucio Papirio censore magistro equitum factus est, annis post Romam conditam 415., et quadriennio post consul[d] cum Gaio Duilio. Hunc secutus est Cursor, valde honoratus, deinde Lucio Maso edilicius; cetera. De Lucio Papirio pretore Romano vide Plinium libro 7. naturalis historie cap. 5.[9]

GAIUS IUVENTIUS, doctor excellentissimus et orator supremus, eisdem temporibus floruit. Ab isto fuit instructus Servius Sulpicius et fuit auditor et discipulus Quinti Mucii Scevole. Composuit plures libros in iure civili, qui non exstant, et ab aliquo nulla fit memoria, nisi a Servio Sulpicio in libris suis, ex quibus habetur perfecta notitia et memoria, teste Pomponio in dicta l. 2. § post hos et § sequenti ff. de origine iuris.[10] Dicit

---

[1] D. (1, 2) 2, 41 et 42. — [2] Brut. 42, 154. — [3] § 5. — [4] Ad fam. l. c. — [5] Ad fam. l. c. — [6] Ad fam. l. c. — [7] D. (1, 2) 2, 42 et 43. — [8] Ad fam. 9, 21, 2 (!). — [9] § 40. — [10] D. (1, 2) 2, 42.

---

[a] 'c' Cod. — [b–b] sic et quid. cod. Cic. et ed. Venet. 1502. — [c] 'Atracino' cum ed. Venet. 1502 scr.? — [d] Cic., 'consulatum' Cod.

etiam Marcus Tullius Cicero libro de claris oratoribus carta[a] 8.[1]: 'In eodem genere multum erat Titus Iuventius, nimis ille quidem in dicendo lentus et pene frigidus, sed et callidus et in capiendo adversario versatus et preterea nec indoctus et magna cum iuris civilis intelligentia. Cuius auditor Publius Orbius meus fere equalis in dicendo non minus exercitatus, in iure autem civili non inferior quam magister fuit.' Cogita de isto Tito Iuventio. Floruit etiam iste temporibus supra dictorum Gaii Aquilii Galli, Gaii[b] Lucilii Balbi, Sexti[c] Papirii et Gaii Iuventii et infra scripti Servii Sulpicii anno mundi 5100. et ante Christi adventum 99.

POMPEIUS MAGNUS, Romanorum consul, his temporibus apud senatum clarissimus imperator habitus est, qui, ut Isidorus 5. etymologiarum[2] ait, transuntive[d] in c. fuerunt in fine 7. dist.[3], primus leges Romanas in scriptis instituere voluit, sed non perseveravit obtrectatorum metu. Leges etiam multas tulit, que[e] a nomine ipsius lex Pompeia appellata fuit, continens patrum premia pro suscipiendis liberis: c. quedam 2. dist.[4] Ponticis quoque, ut Celsus refert, concessit, ut, qui Pontica matre natus erat, et Ponticus esset: l. 1. ff. ad municipalem.[5] [6]Regni[f] autem [g]primo Cleopatre regine civile bellum ac lacrimabile surrexit, quo preter[h] calamitates, que in prelio accidere consuerunt, et populi Romani fortuna mutata est. Iulius enim Cesar e Gallia victor egrediens poposcit alterum consulatum absenti sibi a senatu decerni. Contradictum est a Marcello consule, adiuvante Pompeio, mandatumque est ei, ut non nisi dimisso exercitu urbem intraret, atque ex Marcelli consulis auctoritate Pompeius ad legiones, que ad Luceriam erant, missus est cum dignitate imperii. Qua iniuria commotus Cesar adversus patriam bellum induxit, propter quod veriti consules cum Pompeio senatusque omnis nec non et universa Romana nobilitas in Apuliam confugit. At Cesar, vacuam urbem ingressus, dictatorem sese constituens, Emilium Lepidum equitum magistrum dixit[i], cum quo statim Brundusium, ubi senatus omnis erat, processit. Qui timore concussi trans mare Ionium in Greciam confugere. Tunc Cesar, liberam omnem Italiam habens, Romam iterato ingressus est; ut populum sibi demulceretur, ex Sardinia Siciliaque insulis multum annone in urbem convexit, ibidemque rebus

[1] Brut. 48, 178. — [2] 5, 1, 5. — [3] Grat. I 7, 2. — [4] Grat. I 2, 6. — [5] D. (50, 1) 1, 2. — [6-6] Suppl. Chron. ad a. 5151.

[a] 'c.' Cod. — [b] del.? — [c] 'Qu.' Cod. — [d] 'transeuntive' scr.? — [e] neglegenter Dipl. descripsit Grat. — [f] Suppl. Chron., 'regnio' Cod. — [g] 'anno' sec. Suppl. Chron. ins.? — [h] Suppl. Chron., 'propter' Cod. — [i] Suppl. Chron., 'duxit' Cod.

bene ex sententia compositis, Cesar Hispanias petiit, ubi et Pompeianis exercitibus superatis Romam cum ingenti gloria regressus est. Cumque Cesar ita Europe quieto potiretur imperio, traiecit in Greciam, ubi Pompeius et omnis senatus pro rebus gerendis constiterant.[a] Ad quem universi reges orientales convenerant, ut eidem auxilio forent. Quo quum[b] Cesar venisset, statim Pompeium obsedit, ibique cum eodem dimicans[c] Cesar magna clade accepta cum omni exercitu fusus est et supervenientis noctis beneficio illesus evasit. Pompeius vero Cesaris testimonio victor factus, persequentem revocavit exercitum; [d]autem militum[d] Cesareorum quattuor milia, viginti et due centuriones equitesque Romani complurimi eo in bello occisi sunt. Cesar vero agmine[e] citato per Epirum in Thessaliam perrexit. Quem Pompeius [f]cum maximis[f] copiis insecutus, utrimque ibidem struxerunt acies. Pompeius autem octoginta et octo cohortes habens triplici ordine locavit: fuerunt quidem peditum quadraginta milia, equites Romani in sinistro cornu sescenti, in dextro vero quingenti. Aderant quoque reges multi et equites Romani plurimi absque levi armatura magna copia. Cesar similiter octoginta cohortes triplici ordine disposuit, cui fuerunt minus quam triginta peditum milia et equites mille. Pugnatum itaque est in campis Pharsalicis ingenti contentione. Cumque diu dubia f. 9 sorte utrimque cederetur[g], || tandem Pompeii fusus est exercitus et castra penitus direpta. Quo facto Pompeius statim Alexandriam petiit, ut a Ptolomeo auxilia acciperet, cui propter eius teneram etatem tutor a senatu datus fuerat. Verum Ptolomeus, vir ingratissimus, fortunam magis quam amicitiam sequens, Pompeium occidit et caput eius cum annulo Cesari transmisit, quibus visis Cesar confestim lacrimas effudit. Fertur a Plutarcho historico, qui vitam Pompeii descripsit, ipsius reliquias ad Corneliam postmodum delatas in Albano monte fuisse positas.[6] Mortuus est autem Pompeius magnus anno mundi 5153.[h] et anno ante Christi adventum 46.[i] teste Eusebio de temporibus.[1] De Pompeio Magno vide Plinium de viris illustribus cap. ultimo[2] et Valerium Maximum libro 4. de amicitia[3] et libro 5. de ingratitudine.[4] Franciscus Petrarca libro 4.[k]

---

[1] Chron. 2, 137 q. — [2] Ps. Plin. 77; vita Pomp. in quibusdam cod. ultima erat: vide ed. Pichlmay rp. XIII. — [3] Mem. 4, 7, 2. — [4] Mem. 5, 3, 5. — [6] vide p. 209, n. 6–6.

---

[a] Suppl. Chron., 'constituerant' Cod. — [b] Suppl. Chron., 'quando' Cod. vide supra p. 204, 23. — [c] Suppl. Chron., 'dimicatus' Cod. — [d–d] 'militum autem' cum Suppl. scr.? — [e] Suppl. Chron., om. Cod., ubi est lacuna quinque fere litterarum. — [f–f] Suppl. Chron., 'maximus' Cod. — [g] 'cederentur' Suppl. Chron., 'rederetur' Cod. — [h] sic et Euseb. ed. Mediol. — [i] '44' Cod. ('XXXXIV' pro 'XXXXVI'). — [k] '1.' Cod.

rerum memorandarum.[1] Ex libro 18. Raphaelis Voleterrani commentariorum urbanorum[2]: 'Quintus Pompeius, contra Numantinos[a] missus, ab eis superatus ignobilem pacem fecit. Florus libro 2.[3] Huius filius sive nepos Gneus Pompeius Strabo, magni Pompeii pater, Novum Comum coloniam deduxit. In bello sociali imperator delectus de Picentibus triumphavit, vir admodum dure discipline. Eius filius Gneus Pompeius Sylle partibus adhesit, ab eoque ad ulciscendos inimicos missus in Africam Domitium primus expugnavit, Iubam regem cepit, de quo triumphavit, nondum patientibus annis, quare ab exercitu Sylle 'Magnus' consalutatus est. Inde contra Sertorium in Hispaniam profectus Metelli copiis se coniungens eum cum tota factione sustulit. Mox delectus imperator ad bellum piraticum tribus mensibus id[b] confecit. De Mitridate triumphavit, Tigranem Armenie regem ei ad[c] genua procumbentem in regnum restituit. Inde Iberos, Albanos, Iudeos debellavit, capto eorum rege Aristobulo, in triumphum una cum filio Tigranis ducto. Extincta uxore Iulia, Cesaris filia, Corneliam Scipionis filiam a Publio Crasso Marci filio relictam viduam duxit. Neapoli demum gravissima correptus febri parum abfuit a morte, [d]que si[d] contigisset[e], melius cum eo actum fuisset ob insequentis belli civilis calamitatem. Nam Pharsalica pugna a Cesare copiis longe inferiore superatus in Egyptum fugiens ab Achilla prefecto[f] interfectus est' et reliqua. Vide Solinum de mirabilibus mundi cap. 6.[4]: 'Numerandos[g] inter eloquentes Gneus Pompeius Magnus'; et reliqua vide. Laudes Pompeii ponit Plinius libro 7. naturalis historie cap. 26[5]., ubi videas et ponas hic.

[6]GAIUS IULIUS CESAR, primus apud Romanos singulare obtinens imperium, a quo Cesares Romanorum appellati sunt[6], leges Romanas in libris redigere et facere cepit, sed ante interfectus est, teste Isidoro 5. etymologiarum[7] transuntive[h] in c. fuerunt 7. dist.[8] Huius divi Cesaris quanta in adepto imperio fuit modestia[9] et quanta in condendis legibus sanctitas Suetonius[10], Plutarchus[11] et Livius[12] ac Plinius[13] declarant, qui vitam ipsius scripserunt. Exstant plures leges et constitutiones in libris digestorum et precipue lex agraria, quam ipse tulit, teste Callistrato in l. fin. in princ. ff.

---

[1] 4, 5, 2 (Remex Rhodius). — [2] f. 191. — [3] Epit. 1 (!), 34, 4. — [4] Collect. rer. mem. p. 29 v. 11 (cap. 7!). — [5] § 95. — [6-6] Suppl. Chron. ad a. 5151. — [7] 5, 1, 5. — [8] Grat. I 7, 2. — [9] Suppl. Chron. l. c. — [10] Iul. 44. — [11] Caes. 57. — [12] 111, 116. — [13] Ps. Plin. de vir. ill. 78, 9.

---

[a] Raph. Vol., 'Miraurinos' Cod. — [b] Raph. Vol., 'sese' Cod. — [c] Raph. Vol., 'ante' Cod. — [d-d] Raph. Vol., 'quasi' Cod. — [e] Raph. Vol., om. Cod. — [f] Raph. Vol., 'profecto' Cod. — [g] sic et quid. Cod. Solin. — [h] 'transeuntive' scr.?

de termino amoto.[1] Mortuus est anno mundi 5157.[a] et anno ante Christi adventum 42.[b] Istum Cesarem 'Maximum et Augustum Pium' appellat Iustinianus in § 1. in auth. ut preponatur[c] nomen imperatoris[2], atque 'excellentis ingenii et prudentie virum'. Aulus Gellius libro 19.[d] noctium atticarum cap. 15.[3] Tranquillus Suetonius in vita Iulii Cesaris in cap. de festinatione eius in ornanda[e] urbe scribit[4]: 'Iulius Cesar destinabat ius civile ad certum modum redigere atque ex immensa diffusaque legum copia optima queque et necessaria in paucissimos conferre libros.' Laudes Iulii Cesaris ponit Plinius libro 7. naturalis historie cap. 25.[5]

MARCUS TULLIUS CICERO, oratorum sui temporis princeps, tempestate hac Rome floruit et multa composuit et maxime in legibus. Istum allegat Celsus in l. litus ff. de verborum significatione[6], et Triphonius in l. Cicero ff. de penis[7], et Pomponius in l. 2. § fuit[f] eodem tempore et § Servius autem et ibi § post hos Tubero quoque ff. de origine iuris.[8] Ulpianus in l. Fulcinius § quid sit latitare ff. de bonis auctoritate iudicis possidendis.[9] Et in l. in questionibus ad legem Iuliam maiestatis[10] Papinianus facit mentionem, quod Iulia mulier detexit coniurationem Lucii[g] Catiline et Marcum Tullium consulem in iudicium eius instruxit. De vita ipsius et libris eius omnes historiographi scribunt, et ipse: nota in suo opere de claris oratoribus folio penultimo.[11] Mortuus autem est secundo anno imperii Octaviani imperatoris anno mundi 5159.[h] et anno ante Christi adventum 38.[i] aug.[k] Popilio Lenate Picene regionis, anno etatis sue 64. De cuius morte scribit Valerius libro 5. de ingratitudine.[12] Et vide Aulum Gellium libro 15.[l] noctium atticarum cap. 28.[m][13], ubi dicit, quod in anno 26. [n]primam causam iudicii publici egisse[o] pro Publio Quintio apud Gallum Aquilium iuris consultum. Mortuus est anno etatis sue 64.[p] Composuit tres libros de legibus, incipit: 'Lucus quidem ille' cetera. Videas de Marco Tullio Iovanem Boccatium in libro de variis casibus fortune virorum illustrium[14] et Plinium libro 7. naturalis historie cap. 30.[15], ibi vide et accommoda; et Franciscum

[1] D. (47, 21) 3 pr. — [2] Nov. 47 pr. — [3] re vera 19, 14. — [4] c. 44. — [5] § 91—94. — [6] D. (50, 16) 96 pr. — [7] D. (48, 19) 39. — [8] D. (1, 2) 2, 40; 43; 46. — [9] re vera tit. praeeunte D. (42, 4) 7, 4. — [10] D. (48, 4) 8. — [11] Brut. 89 seq. — [12] Mem. 5, 3, 4. — [13] § 3. — [14] l. c. 6, 12. — [15] 7, 30, 116.

[a] sic et Euseb. ed. Mediol. — [b] '40' Cod. — [c] Nov., 'proponatur' Cod. — [d] '1' Cod. — [e] sic rubr. in ed. vulg., 'ordinanda' Cod. — [f] Dig., 'et' Cod. — [g] ita (pro 'Sergii') et Vulg. — [h] sic et Euseb. ed. Mediol. — [i] '40' scr.? — [k] 'auctore' scr.? — [l] '25.' Cod. — [m] '18' Cod. — [n] 'quod' ins. Cod. — [o] Dipl. scribere debuit 'egit', sed parum diligenter descripsit verba Gellii: 'causam iudicii publici egisse.' Vide etiam supra p. 207, 6. — [p] '63' Cod., vide v. 23.

Petrarcam in libro 1. rerum memorandarum[a] in tractatu de otio et solitudine cap. 4.[1] et in tractatu secundo [b]de studio et doctrina cap. 4.[2] ponit[b] et de laudibus.

[c]LUCINIUS RUFINUS, vir doctissimus, cum eodem Paulo iuris consulto floruit, prout est textus in l. Lucinius ff. quibus ad libertatem provocare licet.[3] Qui libros regularum in iure civili composuit, ex quibus est l. matrimonii causa ff. de ritu nuptiarum,[4] et ex libro 3. regularum l. penultima ff. de officio proconsulis et legati[5] et ex libro 4. l. quod legatur ff. de iudiciis[6] et l. idonei ff. de testibus[7] et ex libro 1. l. liberi hominis ff. de contrahenda emptione.[8] Et istius est etiam l. si ita quis heres ff. de heredibus instituendis[9] et l. [d]sine possessione[d] ff. de usucapionibus[10] et l. si victum ff. de re iudicata[11] et l. si alienus ff. de legatis 2.[12] et l. legatum ff. de adimendis legatis.[13] Fuit et Licinius Gaius, cuius est l. pupillus ff. de actionibus et obligationibus[14] et l. proximi et l. sequens ff. de verborum significatione[15] et l. si duobus ff. de statuliberis[16], licet sit Lucinii. Fuit et Iunius Rufinus, de quo in l. 3. ff. de testibus,[17] et vide in l. quamvis ff. ut in possessione legatorum.[18] Floruit tempore Adriani imperatoris. Fuit et Licinius dictus Gaius Licinius, vir praetorius, factus repetundarum reus: vide Valerium in rubrica de mortibus non vulgaribus.[19] Fuit et Gaius Licinius Stolo, de quo vide Livium libro 7. ab urbe[20] et Plinium de viris illustribus[21] et Valerium in rubrica qui[e] que in alios iudicaverunt, ipsi commiserunt.[22] Angelus Politianus in epistula, quam scripsit Iacobo Modesto Pratensi, sic scribit[23]: 'Rufinus fuit unus ex triginta septem conditoribus iuris velut centonibus[f], cuius libri videlicet regularum duodecim sunt positi per Iustinianum in suis quinquaginta libris digestorum'. Et vide infra in vita Triphonis sive etiam Fabii Sabini.[24]

---

[1] Opera p. 393. — [2] Opera p. 396. — [3] D. (40, 13) 4. — [4] D. (23, 2) 51. — [5] D. (1, 16) 15. — [6] D. (5, 1) 38. — [7] D. (22, 5) 6 (ex lib. 2!). — [8] D. (18, 1) 70 (ex lib. 8!). — [9] D. (28, 5) 75. — [10] D. (41, 3) 25. — [11] D. (42, 1) 34. — [12] D. (31) 62. — [13] D. (34, 4) 21. — [14] D. (44, 7) 59. — [15] D. (50, 16) 155 et 156. — [16] D. (40, 7) 32. — [17] D. (22, 5) 3, 3. — [18] D. (36, 4) 13, sed Iunius Rufinus hic non laudatur. — [19] Mem. 9, 12, 7. — [20] 7, 2 et 16. — [21] Ps. Plin. 20. — [22] Mem. 8, 63. — [23] Op. p. 70, 72. — [24] post vitam Fabii Sabini reperitur altera vita Rufini.

---

[a] 'et' ins Cod. — [b–b] 'c. 4 ponit de studio et doctrina' Cod., sed 'de studio et doctrina' rubrica est tractatus laudati. — [c] alteram vitam Rufini vide infra p. 299. Librarium hanc vitam male hic inseruisse apparet. — [d–d] Dig., 'sive proxime' Cod. — [e] Val., om. Cod. — [f] 'ceunonibus' Cod., vide supra p. 135.

SERVIUS SULPICIUS, patricius Romanus, nobilis orator et iuris consultus doctissimus, his temporibus floruisse Rome tradit Pomponius in l. 2. § Servius autem ff. de origine iuris.[1] Composuit centum et octuaginta prope libros; nam de dotibus librum unum, de nuptiis libros duos, de sacris detestandis libros duos, ad edictum duos libros subscriptos 'ad Brutum' perquam brevissimos post se reliquit et alia multa.[2] Ipsum allegat Varus in libro 1. digestorum in l. si is de testamentis[3] et in l. quod Servius ff. de condictione causa data[a] et Neratius allegat Servium in libro de dotibus.[4] Ipsum etiam allegat Alfenus libro 39. digestorum l. nam et Servius ff. de negotiis gestis.[5] Et Ulpianus in l. quicumque in princ. ff. de institoria[6] allegat Servium in libro 1. ad Brutum, et Marcus Tullius Cicero in suis epistulis et in suis libris de oratore et precipue libro de claris oratoribus carta[b] 9.[7], ubi de ipso sic scribit: 'Fuit enim Sulpicius vel maxime, [c]quos quidem ego audierim, grandis et, ut ita dicam, tragicus orator. Vox cum magna tum suavis et splendida; gestus et motus corporis ita venustus, ut tamen[d] ad forum non ad scenam institutus videretur.' Et Pomponius in dicta l. 2. § Servius[8] scribit: 'Servius Sulpicius, cum in causis orandis primum locum, aut pro certo post Marcum Tullium obtineret, traditur ad consulendum Quintum Mucium de re amici sui pervenisse, cumque sibi responderet de iure et Servius parum intellexisset, iterum Quintum Mucium interrogasse et a Quinto Mucio responsum esse nec tamen percepisse, et ita obiurgatum esse a Quinto Mucio: namque eum dixisse turpe esse patricio et nobili viro et causas oranti ius in quo versaretur ignorare. Ea vero contumelia Servius notatus operam dedit iuri civili, et Cuninam[e] profectus ibi doctissimus habitus est et libri complures exstant Cunine, alias Cercine, alias Corcine, alias Cretine, confecti': ita in quattuor libris antiquis inveni. Iste fuit auditor Quinti Mucii, Balbi Lucilii et Galli Aquilii. Ab hoc etiam plurimi et perfecti auditores profluxerunt: l. 1. § et apud ff. de aqua pluvia arcenda[9], l. quesitum in princ. ff. de fundo instructo[10]; et precipue Alfenus Varus et alii, de quibus infra dicetur, dicta l. 2. § ab hoc plurimi.[11] Iste Servius floruit temporibus supra dictorum Quinti Mucii, Balbi Lucilii, Sexti Papirii et Gaii Iuventii Rome ante Christi adventum 45. anno et anno mundi 5154. [12]Mortuus est in legatione[12] et Rome sepultus

---

[1] D. (1, 2) 2, 43. — [2] vide Suppl. Chron. ad a. 5158 et ad a. 5290. — [3] D. (28, 1) 25. — [4] D. (12, 4) 8. — [5] D. (3, 5) 20 pr. — [6] D. (14, 3) 5, 1. — [7] Brut. 55, 203. — [8] D. (1, 2) 2, 48. — [9] D. (39, 3) 1, 6. — [10] D. (33, 7) 12 pr. — [11] D. (1, 2) 2, 44. — [12–12] D. (1, 2) 2, 43.

---

[a] 'datorum' Cod. — [b] 'c.' Cod. — [c] 'omnium' ante 'quos' omittunt etiam quid. cod. Cic. et ed. Venet. 1485. — [d] Cic., 'cum' Cod. — [e] 'Cunine' Cod.

cum maximo honore, teste Eusebio de temporibus[1], qui dicit, quod Servius Sulpicius iuris consultus et Publius Servilius Isauricus publico funere elati sunt dicto tempore anno mundi 5158.[a] et anno ante Christi adventum 40.[b], licet aliqui[2] scribant floruisse anno Christi 91., quod nihil est. Et post mortem suam populus Romanus statuam eius pro rostris posuit, que exstabat tempore Pomponii iuris consulti, ut ipse refert in dicta l. 2. § Servius autem ff. de origine iuris.[3] [4]Adde quod 'rostra' fuerat locus in urbe, ubi forum erat videlicet in campo Martio, quod a rostris navium aureis, quas Romani ceperant, campus ille ornatus fuit, et que etiam ibi affixa erant in signum victoriarum. Fuit etiam propinqua rostris curia Hostilia secundum Valerium libro 9. cap. 5.[5], que erat curia, ubi tribuni plebis habuerunt concionem plebis et tractatus suos cum plebe. Principalis vero curia, scilicet patrum, fuit in Capitolio. Idem autem locus, qui dicitur 'pro rostris', aliquando dicitur 'rostra'.[4] [6]Excessit in legatione missus a senatu ad Marcum Antonium, quem Cicero in Philippicis magnopere laudat decernitque statuam pedestrem a senatu statuendam. Quintilianus ait eum tribus orationibus insignem gloriam meruisse.[6] [c]Vide dicta supra de Servio Sulpicio et adapta.[c] Aulus Gellius libro 4. noctium atticarum allegat Servium Sulpicium in libro, quem scripsit de dotibus, in cap. 3. et cap. 4.,[7] et libro[d] 6. cap.[e] 12.[8] scribit: 'Servius Sulpicius iuris consultus, vir etatis sue doctissimus libro de sacris detestandis 2.'; et in libro 2. cap. 10.[9]: 'Servius Sulpicius iuris civilis auctor, vir bene litteratus, scripsit ad Marcum Varronem rogavitque ut rescriberet.' Composuit etiam reprehensa Scevole capita, de quibus meminit Aulus Gellius libro 4. noctium atticarum cap. 1.[10]; Vallensis libro 6. suarum elegantiarum in proemio[11], ubi et [f]de notis[f] Scevole facit mentionem. De alio Servio Sulpicio Publii filio, qui fuit post exactos reges, vide Dionysium libro 6. antiquitatum Romanarum.[12] Laurentius Valla in dicto 6. libro elegantiarum lingue latine[13] dicit: 'Sulpicius ille Servius, cuius quanta in iure civili fuerit auctoritas plurimorum monumenta testantur, sive aliorum exemplo sive privato consilio fretus non existimavit turpe sibi ad famam fore, ut librum de notis Scevole conscriberet, non modo antistitis in ea facultate et omnium principis, verum etiam preceptoris sui. Cogitabat enim neque posse id

[1] Chron. 2, 137 d. — [2] vide Suppl. Chron. ad a. 5290. — [3] D. (1, 2) 2, 43. — [4-4] quo ex fonte haec sumpta sint ignoro. — [5] Mem. 9, 5, 2. — [6-6] Raph. Vol. f. 205b. — [7] 4, 3, 2; 4, 4, 1. — [8] 7 (!), 12, 1. — [9] § 1. — [10] § 20. — [11] Opera p. 196. — [12] 6, 20 et 69. — [13] Opera p. 196.

[a] Euseb. ed. Mediol., '5168' Cod. — [b] '41' scr. ? — [c–c] haec librarius falso hic inseruisse videtur. — [d] 'c.' Cod. — [e] 'et' Cod. — [f–f] sec. Laur. Vall., 'vocis' Cod.

sibi vitio dari quod publice utilitatis causa susciperet, neque iniuriam illi fieri qui reprehenderetur, si modo rite reprehendebatur, quod in se fuisset ipse facturus, si errata sua animadvertisset.' Et in libro 3.[a] in proemio[1] dicit de scriptis Servii Sulpicii nihil exstare. De Servio Sulpicio scribit Cicero in oratione pro Murena[2]: 'Servius hic nobiscum urbanam hanc militiam respondendi cavendi scribendi ac plenam sollicitudinis ac stomachi secutus est; ius civile didicit, multum vigilavit, laboravit, presto multis fuit, multorum stultitiam perpessus est, arrogantiam pertulit, difficultatem exorbuit, vixit ad aliorum arbitrium et non ad suum'; et infra in dicta oratione multa scripsit de ipso[b] cetera. 'Servius Sulpicius iuris consultus non facile dixerim quem[c]' cetera: vide Ciceronem in Bruto[3] et ponas hic. Ponit Aulus Gellius libro 6. noctium atticarum cap. 5.[4] ubi sic scribit: 'Alfenus iuris consultus Servii Sulpicii discipulus.'

CORNELIUS MAXIMUS fuit iuris consultus eximius Romanus, qui hoc tempore claruit, vir utique doctissimus, qui multos in iure civili scripsit libros et Rome legendo plures auditores habuit, precipue Trebatium: l. 2. § fuit eodem tempore ff. de origine iuris.[5] De alio Cornelio Maximo vide Plinium libro de viris illustribus.[6]

VOLUSIUS, legista laudatissimus, per hec tempora Rome in pretio habitus est. Et hic in iure civili plures libros composuit, quorum memoria nulla habetur. Fuit preceptor Auli Caselli[d] et Quinti Mucii, qui Quintus Mucius in honorem Volusii Publium nepotem heredem reliquit, teste Pomponio in l. 2. § fuit eodem tempore ff. de origine iuris[7] et Modesto de re militari cap. de iuris peritis.[8] [e]De Gaio[f] Visellio[g] vide Marcum Tullium libro de claris oratoribus carta[h] 12.[9], ubi dicit fuisse consobrinum ipsius; ut ibi per eum.[e] Inter epistulas Marci Tulii Ciceronis in 4. libro est epistula Publii Vatinii[10], in qua apparet Quintum Volusium fuisse discipulum Tullii, a quo Volusio fuit defensus. De Volusio Saturnino, urbis prefecto, ponit Plinius libro 7. naturalis historie cap. 48.[i] in fine.[11]

---

[1] Opera p. 80. — [2] 9, 19. — [3] Brut. 41, 151: de Servio Sulpicio autem et tu probe dicis et ego dicam quod sentio. Non enim facile quem dixerim plus studii quam illum . . , adhibuisse. — [4] 7 (!), 5, 1. — [5] D. (1, 2) 2, 45. — [6] l. c. nihil reperi, vide etiam Pauly-Wissowa, 4, 7 p. 1406. — [7] D. (1, 2) 2, 45. — [8] Ps. Modestus l. c. — [9] Brut. 76, 264. — [10] Ad fam. 5 (!), 10. — [11] 7, 48, 156, vide 7, 14, 62.

---

[a] '5' Cod. — [b] 'ipsorum' Cod. — [c] Cic., 'quantum' Cod. — [d] sic et Vulg. — [e-e] haec librarius falso hic inseruisse videtur; fortasse ad vitam Alfeni Vari (vide Cic. 'C. Visellius Varro') pertinent. — [f] 'Caio' Cod. — [g] 'Veselio' Cod. — [h] 'c.' Cod. — [i] '38' Cod.

GAIUS ALFENUS VARUS, iuris consultus eximius, [1]rerum antiquarum non incuriosus[1], istis temporibus Rome floruit. Qui cum esset Servii Sulpicii auditor, multos conscripsit libros digestorum, de quibus meminit Labeo in l. si is ff. de testamentis[2], in l. cum scriptum ff. de dote prelegata[3], et Papinianus in l. Titio ff. de legatis 2.[a][4], et Ulpianus in l. idem Pomponius ff. de rei vendicatione[5] et l. sicut § penultimo ff. si servitus vendicetur[6] post Aristonem, et Paulus in l. in summa § Varus[b] ff. de aqua pluvia arcenda[7], et Ulpianus in l. quod autem ff. de liberali causa.[8] Et Paulus in l. nam et Servius ff. de negotiis gestis[9] allegat Alfenum 39. libro digestorum. Et Aulus Gellius libro 6. noctium atticarum cap. 5.[10], ubi de ipso sic scribit: 'Alfenus iuris consultus Servii Sulpicii discipulus, rerumque antiquarum non incuriosus in libro digestorum tricesimo et quarto' et reliqua. Iste inter auditores Servii Sulpicii plurimum auctoritatis habuit et consul fuit Rome teste Pomponio in l. 2. § ab hoc plurimi ff. de origine iuris.[11] Floruit autem Rome anno mundi 5169.[c] et anno ante Christi adventum 29.[c], quo anno defecit principatus pontificum in Iudea, et primo anno regni Herodis Alienigene.[12] Et de eo mentionem facit etiam Ulpianus in l. idem Pomponius § de arbore ff. de rei vendicatione[13] ibi: 'Varus[d] et Nerva dabant.' Fuit Alfenus, de quo in vita Virgilii.[14] Fuit etiam Lucius Varrus[e] versutus poeta, de quo similiter in vita Virgilii[15] habetur mentio.

|| AULUS OFILIUS, iuris consultus celeberrimus, per hoc tempus f. 10
multa refulget doctrina. Qui existens scholaris Servii Sulpicii plurimum auctoritatis Rome habuit teste Pomponio in l. 2. § hoc plurimi ff. de origine iuris.[16] Qui ad Atticum[f] librum composuit teste Gaio in l. quos nos ff. de verborum significatione[17], et plures alios libros super iure partito[g] teste etiam Ulpiano in l. ligni appellatio § 1. et per totum de legatis 3.[18] Et alios plurimos libros de iure civili et qui omnem partem operis fundarent reliquit. Nam de legibus[h] vigesime partis dande fisco in testamento primus conscripsit; de iurisdictione idem edictum pretoris primus diligenter composuit, nam ante eum Servius duos libros ad Brutum perquam brevissimos ad edictum subscriptos reliquit, ut refert Pomponius in l. 2. § ab hoc

---

1–1 vide v. 12. — 2 D. (28, 1) 25. — 3 D. (33, 4) 6 pr. — 4 D. (31) 74. — 5 D. (6, 1) 5, 3. — 6 D. (8, 5) 8, 5. — 7 D. (39, 3) 2, 5. — 8 D. (40, 12) 10. — 9 D. (3, 5) 20 pr. — 10 7 (!) 5, 1. — 11 D. (1, 2) 2. 45. — 12 Suppl. Chron. l. c. — 13 D. (6, 1) 5, 3. — 14 Donat., Vita Verg. p. 5. — 15 Donat. Vita Verg. p. 9. — 16 D. (1, 2) 2, 44. — 17 D. (50, 16) 234. — 18 D. (32) 55, 1 et 4.

---

a 'p°' Cod. — b 'navis' Cod. — c c numeri annorum corr.? vide supra p. 202, 30. — d Dig., 'Varro' Cod. — e sic et vita Verg. ed. Ven. 1486. — f Dig. et Cod.[1], 'Acium' Cod.[2] in margine. — g Dig., 'patricio' Cod. — h 'et' ins. Cod.

plurimi ff. de origine iuris.[1] Ipsum etiam allegat Paulus in l. 2. ff. de eo per quem factum erit[2] et in l. item si obstetrix ff. ad legem Aquiliam.[3] Iste Ofilius, teste Pomponio ubi supra[4], fuit doctior et Trebatio et Casellio, et Tubero dedit operam Ofilio. Iste etiam, teste eodem Pomponio in dicta l. 2. § ab Aufidio[5] et Modesto de re militari et magistratibus urbis[6], fuit familiarissimus Cesaris et in equestri ordine perseveravit. Floruit temporibus [a]Gaii Iulii[a] Cesaris et Octaviani imperatoris, temporibus supra dicti Gaii Alfeni[b] Vari, ante Christi adventum anno 29.[c], quo anno colonias duxerunt Romani secundum fedus Marci Antonii et Octaviani Augusti[7]; et precipue per Marcum Antonium Pisaurum deducitur colonia, de qua meminit Plutarchus in vita Marci Antonii[8], dum scribit: 'Pisaurum urbem non longe ab Adria, in qua Marcus Antonius coloniam deduxit'. De Servio Ofilio vide per Labeonem in l. qui concubinam § 1. de legatis 3.[9]

[d]TITIUS CELSUS[d], orator ac iuris consultus supremus, per hoc tempus clarus existens. Qui insimul cum aliis auditoribus Servii Sulpicii decem et octo libros conscripsit in iure civili, teste Pomponio libro singulari enchiridion[e] l. 2. § ab hoc plurimi ff. de origine iuris.[10] Dicit Marcus Tullius Cicero libro de claris oratoribus carta[f] 8.[11]: 'Eiusdem fere temporis fuit eques Romanus Gaius Titius, qui meo iudicio eo pervenisse videtur, quo potuit fere latinus orator sine litteris grecis, sine multo usu pervenire. Huius tantum orationes argutiarum, tantum exemplorum, tantum urbanitatis habent, ut pene Attico stilo scripte esse videantur.' Tamen pondera, si ille Celsus Titius iuris consultus, de quo per Labeonem in l. Labeo ff. de testamentis[12], ibi: 'Labeo Celso suo salutem.' Floruit temporibus supra dictorum Gaii Alfeni et Auli Ofilii, anno mundi 5168.[g] et anno ante Christi adventum 29.[g]

AUFIDIUS TUCCA, orator, iuris consultus quidem acutissimus, his temporibus floruit. Qui existens auditor Servii Sulpicii insimul cum Alfeno Varo, Balbo, Ofilio, et Celso Titio et aliis auditoribus Servii decem et octo libros digestorum composuit: l. 2. § ab hoc plurimi ff. de origine iuris.[13]

---

[1] D. (1, 2) 2, 44. — [2] D. (2, 10) 2. — [3] D. (9, 2) 9 pr. (fr. Ulpiani!). — [4] D. (1, 2) 2, 45. — [5] D. (1, 2) 2, 44. — [6] Ps. Modestus l. c. — [7] Euseb. Chron. 2, 141 a et b. — [8] Anton. 60. Versio Lat. f. 109[b]. — [9] D. (32) 29, 1. '... putabant ... Servius Ofilius ...'. — [10] D. (1, 2) 2, 44. — [11] Brut. 45, 167. — [12] D. (28, 1) 27. — [13] D. (1, 2) 2, 44.

[a–a] 'Cn. Cu.' Cod. — [b] 'et' ins. Cod. — [c] corr.? '31.' Euseb. ed. Mediol, sed vide supra p. 217, 16. — [d–d] sic et Vulg. (pro 'Titus Caesius'). — [e] 'enchiridii' scr.? — [f] 'c.' Cod. — [g] numeri annorum corr.? vide supra p. 217, 15.

Dicit Cicero libro de claris oratoribus carta[a] 8.[1]: 'Nam Tullius Aufidius, qui vixit ad summam senectutem, volebat esse similis horum, scilicet Titi Iuventii et Publii Orbii, eratque et bonus vir et innocens, sed dicebat parum.' Tamen pondera, si est ille Tucca Aufidius. Floruit temporibus supra dictorum Gaii Alfeni, Auli Ofilii et Titii Celsi anno ante Christi adventum 29.[b] et anno mundi 5168.[b]

AUFIDIUM NAMUSAM, iuris consultum et oratorem celeberrimum, his temporibus Rome claruisse constat. De quo Pomponius in l. 2. § ab Aufidio ff. de origine iuris[2] dicit, quod centum et quadraginta[c] libros conscripsit. Et ipsum allegat Paulus in l. in summa § apud ff. de aqua pluvia arcenda.[3] Fuit et iste de auditoribus Servii Sulpicii et floruit tempore supra dictorum Gaii Alfeni, Auli Ofilii, Titii Celsi et Tucce Aufidii, cum quibus etiam composuit libros decem et octo digestorum Rome anno mundi 5168.[d] et ante Christi adventum 29.[d]

FLAVIUS PRISCUS et GAIUS ATEIUS et PROCULUS[e], iuris consulti peregregii, per hec tempora in pretio multo fuerunt. Qui fuerunt auditores Servii Sulpicii et insimul cum Alfeno et Ofilio, Celso, Aufidio Tucca et alio Aufidio Namusa decem et octo libros digestorum composuerunt: l. 2. § ab hoc plurimi ff. de origine iuris.[4] Floruerunt Rome tempore supra dictorum.

LABEO, iuris consultus et vir memorabilis, per ista tempora cum supra dictis Flavio Prisco, Gaio Ateio et Proculo floruit et ipse auditor Servii Sulpicii decem et octo libros digestorum cum aliis auditoribus composuit: dicta l. 2. § ab hoc plurimi.[5] Composuit multa in iure civili, que in usu non habentur. Quintus Mucius notat apud Labeonem l. [f]et eleganter[f] § idem Labeo ff. de dolo.[6] Ipsum allegat Iabolenus in l. vir mulieri ff. de donationibus inter virum et uxorem[7], ubi dicit Labeonem et Trebatium respondisse inter Terentiam et Mecenatem. Et ipsum etiam allegat Pomponius in l. fin. ff. de verborum significatione.[8] Et in l. Labeo ff. de testamentis[9] dicit Labeo Celso salutem. Et sic floruit tempore supra dictis[g]

[1] Brut. 48, 179. — [2] D. (1, 2) 2, 44. — [3] D. (39, 3) 2, 6. — [4] D. (1, 2) 2, 44. — [5] D. (1, 2) 2, 44. — [6] D. (4, 3) 7, 7. — [7] D. (24, 1) 64. — [8] D. (50, 16) 246. — [9] D. (28, 1) 27.

[a] 'c.' Cod. — [b] numeri annorum corr.? vide supra p. 218, 26. — [c] Dig., 'quinquaginta' Cod. — [d] numeri annorum corr.? vide supra p. 218, 26. — [e] Vulg. habent 'Proculus' pro 'Pacuvius' in D. (1, 2) 2, 44. — [f–f] Dig., 'ineleganter' Cod. — [g] 'et' ins. Cod.

Titii Celsi. Aulus Gellius libro 7.[a] noctium atticarum cap. 15.[1]: 'Labeo in libro 2. de duodecim tabulis.' Labeo, Romanus civis, sacrorumque peritissimus, frequenter allegatur ab Augustino. Scripsit enim libro 2. de civitate Dei[2]: 'Labeo, quem sacrarum et divinarum rerum peritissimum[b] predicant, numina bona a numinibus malis cultus diversitate distinguit, malosque propitiari cedibus et tristibus supplicationibus profitetur, bonos autem letis obsequiis atque iucundis, qualia sunt convivia, lectisternia.' Fuit et alter Labeo poeta, quem deridet Persius in 1. satira[3], missa ad Trebatium amicum suum.

[c]PUBLIUS CECILIUS[c], legista clarissimus, per hos dies Rome floruit et multa conscripsit et precipue libros decem et octo digestorum Servii Sulpicii cum aliis auditoribus ipsius Servii, teste Pomponio in l. 2. § ab hoc plurimi ff. de origine iuris.[4] Ipsum allegat Iabolenus in l. vir mulieri ff. de donationibus inter virum et uxorem[5], et Paulus in l. sed si non servus in fine ff. ad legem Falcidiam.[6] Istius Publii Cecilii est l. quantum ad iuris pertinet ff. de verborum significatione.[7] Macrobius libro 2. saturnaliorum cap. de moribus feminarum in fine[8] sic scribit: 'Cecilius[d] iuris consultus urbanitatis mire libertatisque habebatur, precipue tamen[e] is iocus innotuit.[f] Lapidatus a populo Vatinius, cum gladiatorum[g] munus ederet, obtinuerat, ut ediles edicerent, ne quis in arenam ni pomum misisse[h] vellet. Forte his diebus Casellius[i] consultus a quodam, an nux pinea pomum esset, respondit: si in Vatinium missurus es, pomum est.' De facetiis Lucii Cecilii iuris consulti vide Franciscum Petrarcam in libro memorandarum libro 2. tractatu 2. cap. 7. et 8.[9] Floruit tempore supra dictorum Gaii Alfeni, [k]Auli Ofilii[k], et Flavii et aliorum auditorum Servii Sulpicii.

GAIUS TREBATIUS, iuris consultus celeberrimus, hoc tempore floruit. Quem iuris consulti sepe commemorant, ut Iabolenus in l. fin. ff. de iure deliberandi[10] et in l. vir mulieri ff. de donationibus inter virum et uxorem[11], et Paulus in l. arbitrio § fin. ff. de dolo[12] et in l. servi elec-

---

[1] 6 (!) 15, 1. — [2] 2, 11; vide Raph. Volat. f. 171. — [3] v. 4. — [4] D. (1, 2) 2, 44. — [5] D. (24, 1) 64. — [6] D. (35, 2) 36, 4. — [7] D. (50, 16) 157. In ed. Venet. 1507 hoc fragmentum incipit ut supra et inscribitur 'Cecilius'. — [8] 2, 6, 1. — [9] re vera 2, 3, 7 p. 419. — [10] D. (28, 8) 11. — [11] D. (24, 1) 64. — [12] D. (4, 3) 18, 4.

---

[a] om. Cod. — [b] Aug., om. Cod. — [c–c] sic et Vulg. pro 'Publicius Gellius'. — [d] sic et quidam cod. Macrob. — [e] Macrob., 'cum' Cod. — [f] Macrob., 'movit' Cod. — [g] sic et quidam cod. Macrob. — [h] Macrob., 'misisset' Cod. — [i] sic et quidam cod. Macrob., qui paulo ante 'Cecilius' habent. — [k–k] 'Aulo Aufilio' Cod.

tione post Cassium ff. de legatis 1.[1] et in l. in agris ff. de acquirendo rerum dominio.[2] Iste Trebatius, teste Pomponio in l. 2. § fuit eodem tempore ff. de origine iuris[3], fuit auditor Cornelii Maximi et preceptor Antistii[a] Labeonis. [b]Complures libros[b] composuit, qui non frequentabantur et precipue libros de religione, de quibus meminit Aulus Gellius libro 6. noctium atticarum cap. 12.[4] [5]Et Casellius dicitur fuisse eloquentior Trebatio, sed Trebatius peritior.[5] Istum Iustinianus in § 1. Inst. de codicillis[6] appellat 'virum sapientem' et tempore suo fuisse in maxima auctoritate. Boethius etiam in suo opere de doctrina scholarium libro 1. cap. 4.[7] appellat Trebatium 'virum prudentem'. Huic etiam Gaio Trebatio intitulavit librum suum topicorum Marcus Tullius Cicero. Floruit et iste Trebatius tempore supra dictorum anno mundi 5173.[c] et anno ante Christi adventum 25.[d], quo anno Octavianus imperator Augustus plurimas leges statuit, quo etiam anno Marcus Terentius Varro prope nonagenarius mortuus est.[8] Et Iustinianus in § dicitur Inst. de codicillis[9] dicit, quod Augustus imperator convocavit sapientes viros, inter quos Trebatium quoque, cuius tunc auctoritas maxima erat, et quesivit de codicillis; cetera. Fuit et alter Trebatius Sergianus tempore Traiani imperatoris, de quo meminit Ulpianus in l. divus § sed[e] res et in l. si quis ff. de petitione hereditatis.[10] Et Trebatium allegat Pomponius in l. Trebatius ff. de heredibus instituendis[11] et Ulpianus in l. 1. ff. dę officio questoris[12] ac Iabolenus in l. quibus diebus § fin. ff. de condicionibus et demonstrationibus[13] et Aulus Gellius libro 4. noctium atticarum cap. 2.[14] et Sabinus[f] in l. is qui fundum ff. de usu fructu legato.[15] Macrobius libro 3. saturnaliorum[16] allegat Trebatium libro 10. sacrarum religionum; ubi dicit, quod sacrum est: quidquid est quod deorum habetur; et hoc dicit Macrobius in dicto libro 3. cap. quid sacrum[17]; et vide in cap. hostiarum[g] genera.[18] Et de isto Trebatio videbis dicta in ultimis paginis a carta 6.[19] et accomodabis hic.

CARTILIUM, legistam et rhetorem celeberrimum, temporibus Trebatii Rome claruisse nonnulli tradunt; de quo meminit Proculus iuris consultus in l. Cornelius ff. de heredibus instituendis.[20]

---

1 D. (30) 5, 1. — 2 D. (41, 1) 16. (fr. Florentini!). — 3 D. (1, 2) 2, 45. — 4 7 (!), 12, 5. — 5–5 Pomp. D. (1, 2) 2, 45. — 6 I. (2, 25) pr. — 7 Ps. Boeth. l. c. ed. Migne p. 1226. — 8 Euseb. Chron. 2, 141 o et s. — 9 I. (2, 25) pr. — 10 D. (5, 3) 5, 1 et 7. — 11 D. (28, 5) 21 pr. — 12 D. (1, 13) 1. 1. — 13 D. (35, 1) 40, 4 et 5. — 14 § 9 et 10. — 15 D. (33, 2) 31. — 16 3, 3, 5. — 17 3, 3, 2. — 18 3, 5, 1. — 19 in collectione manuscripta deperdita, ut videtur. — 20 D. (28, 5) 70.

---

a 'Auristi' Cod. — b–b Pomp., om. Cod. — c sic et Euseb. ed. Mediol., '1173' Cod. — d '26.' scr.? sed vide infra p. 223, 16; 226, 15. — e Dig., 'si' Cod. — f Vulg. attribuunt hanc legem Sabino. — g Macrob., 'historiarum' Cod.

AULUS CASELLIUS[a], Volusii et, secundum aliquos, Cornelii Maximi iuris consulti auditor, isdem temporibus, teste Pomponio in l. 2. § fuit eodem tempore ff. de origine iuris[1], maximo pretio Rome fuit. Qui in iure civili plures libros composuit, quorum copia rara est. Ipsum allegat Celsus in l. in usu ff. de verborum significatione.[2] De isto dicit Valerius Maximus libro 6. de libere dictis[3]: 'Age Casellius, vir iuris scientia civilis clarus, quam periculose contumax! Nullius enim aut gratia aut auctoritate compelli potuit, ut de aliqua earum rerum, quas triumviri dederant, formulam[b] componeret, hoc animi iudicio victorie[c] eorum beneficia extra omnem ordinem legum ponens. Idem cum multa de temporibus liberius loqueretur amicique ne id faceret monerent, duas res, que hominibus amarissime viderentur, magnam sibi licentiam prebere respondit[d], senectutem et orbitatem.' Hic floruit temporibus supra dictorum Trebatii et aliorum Rome, et tempore Quinti Mucii, teste Valerio libro 8. rubrica sue quemque artis[4], de quo infra[5] dicetur. Plinius libro 7. naturalis historie cap. 40.[6]: 'Apud nos Volcacium nobilem, qui Casellium ius civile docuit, asturcone e suburbano redeuntem[e] cum[f] advesperavisset, canis a grassatore defendit.' Macrobius libro 2. saturnaliorum cap. de moribus feminarum in fine[7] scribit: 'Cecilius iuris consultus urbanitatis mire libertatisque habebatur, precipue tamen is iocus eius innotuit. Lapidatus a populo Vatinius, cum gladiatorum munus ederet, [g]obtinuerat, ut ediles edicerent[g], ne quis in arenam nisi pomum misisse vellet. Forte iis diebus Casellius consultus a quodam, an nux pinea pomum, respondit: Si in Vatinium missurus es, pomum est. Mercatori deinde, quemadmodum cum socio navem divideret interroganti, respondisse traditur: Navem si dividis, nec tu nec socius habebitis.'

FURIUS, iuris consultus eximius his temporibus, videlicet Casellii et Quinti Mucii floruit, teste Valerio in libro 8. rubrica sue quemque artis.[8] Istius est l. si reus[h] ff. de pactis[i][9] et l. 2. ff. de re militari.[10] Et ipsum allegat Paulus in l. Aufidius ff. de bonis auctoritate iudicis possidendis[11] secundum glossam.[12] De quo etiam dicam infra in cap. de Quinto Mucio.[13]

---

[1] D. (1, 2) 2, 45. — [2] D. (50, 16) 158. — [3] Mem. 6, 2, 12. — [4] Mem. 8, 12, 1. — [5] infra p. 225. — [6] 8 (!), 40, 144. — [7] 2, 6, 1. Vide etiam supra p. 220, 17. — [8] Mem. 8, 12, 1. — [9] D. (2, 14) 62. — [10] D. (49, 16) 2. Vulg. attribuunt Furio hoc fragm. — [11] D. (42, 5) 29, in Vulg. incipit 'Aufidius'. — [12] Gl. 'Aufidius' ad h. l. 'alias Furius, alias Aufidius, alias Fulcinius'. — [13] vide infra p. 225, 29.

---

[a] sic et Vulg. Dig. (1, 2) 2, 45 (pro 'Cascellius'). — [b] Val., om. Cod. — [c] sic et ed. Ven. 1487. — [d] Val. Max., om. Cod. — [e] Plin., 'redemptum' Cod. — [f] Plin., om. Cod. — [g–g] Macrob. et supra p. 220, 17 Cod., om. Cod. hic. — [h] Dig., 'rem' Cod. — [i] 'petitione haereditatis' Cod.

TITUS ACCIUS, iuris consultus eximius et orator egregius, natione Pisaurensis, per hec tempora floruisse constat. Quem in iure civili nihil scripsisse reperio; de quo nullus iuris consultorum mentionem facit. Est bene verum, quod Accius iuris consultus doctissimus fuit, cuius est l. 1. ff. de privilegio veteranorum.[1] Hic Accius orator supremus transiens a causis agendis ad ius civile accusavit Aulum Cluentium et Marcus Tullius Cicero defendit, et exstat eius oratio satis pulcherrima, que inscribitur 'pro Aulo Cluentio'. De quo dicit Marcus Tullius Cicero libro de claris oratoribus carta[a] 12.[2]: 'Titum Accium Pisaurensem, cuius accusationi respondi pro Aulo Cluentio, qui et accurate dicebat et satis copiose eratque preterea doctus Hermagore[b] preceptis, quibus etsi ornamenta non satis opima[c] dicendi, tamen, ut haste velitibus amentate, sic apta quedam et parata singulis causarum generibus argumenta traduntur. Studio autem neminem nec industria maiorem cognovi.' Floruit autem dictus Titus Accius tempore supra dictorum Trebatii et aliorum anno mundi 5173. et anno ante Christi adventum 25.[d], quo tempore Gneus Pisaurensis mercator dives fuit, de quo meminit Plinius libro 7. naturalis historie cap. 39[3], ubi sic inquit: 'Pretium hominis in servitio geniti maximum ad hanc diem, quod equidem comperim, fuit grammatice artis Daphiridis[e] Gneo Pisaurense vendente et Marco Scauro principe civitatis IIIMDCC sestertiis licente.' Fuit et alter Actius Paulus orator facundissimus, de quo etiam meminit Marcus Tullius Cicero libro de claris oratoribus carta[f] 10.[4] Fuit et alter Lucius Accius poeta eximius, de quo Marcus Tullius Cicero eodem libro de claris oratoribus carta[g] 5.[5] sic inquit: 'Vester etiam Decimus Brutus Marci filius, ut ex familiari eius Lucio Accio poeta sum audire solitus, et dicere non inculte solebat et erat tum grecis litteris tum latinis, ut temporibus illis, satis eruditus. Que tribuerat idem Accius' cetera. Hic iam senex, ut Valerius Maximus libro 3. de fiducia[6] attestatur, in collegio poetarum sedens nunquam Gaio Iulio Cesari venienti assurgere voluit, [h]maiestatis eius immemor, sed et quia in comparatione omnium[i] studiorum aliquanto se superiorem esse confidebat. Propterea [k]insolentie crimen[k] incurrit[l] et in voluminum non[m] imaginum certamine[n]

---

[1] D. (49, 18) l. Dipl. legit 'Accius' pro 'Arrius'. — [2] Brut. 78, 271. — [3] § 128. — [4] Brut. 63, 227. In ed. Venet. 1485 legitur: 'Expedita autem erat et perfacile currens oratio (scil. P. Antistii) et erat eius quidem tanquam habitus non inurbanus. Actio paulo (!) quum initio vocis tum etiam ineptiis claudicabat.' — [5] Brut. 28, 107. — [6] Mem. 3, 7, 11; vide Supplement. Chron. ad a. 5072.

---

[a] 'c.' Cod. — [b] Cic., 'Hermogenis' Cod. — [c] Cic., 'optima' Cod. — [d] vide p.221,12 — [e] 'Daphnidis' ed. Venet. 1499. — [f] 'c.' Cod. — [g] 'c.' Cod. — [h] 'non' om. et Suppl. — [i] sic et Suppl. Chron. — [k–k] Suppl. Chron., 'solentie civium' Cod. — [l] sic et Suppl. Chron. — [m] Suppl., om. Cod. — [n] Suppl., certantium' Cod.

se exercebat. [a]Tandem a Iulio Cesare urbe pulsus, prout scribit Petrarca in 10. ecloga[1], migrare Pisaurum non veritus imperio agrestem preponere Musam. Raphael Voleterranus in suis commentariis urbanis libro 13.[2] refert[a]. Fuit et alter Lucius Accius tragicus scriptor Pisaurensis, de quo dicit Aulus Gellius libro 13. noctium atticarum cap. 2.[3]: 'Quum[b] Pacuvius grandi iam etate et diutino corporis morbo affectus Tarentum[c] ex urbe Roma concessisset, Lucius Accius, tunc haud parvo iunior proficiscens in Asiam cum in oppidum venisset, devertit ad Pacuvium, comiterque invitatus plusculisque[d] ab eo diebus retentus, tragediam suam, cui 'Atreus' nomen est, desideranti legit. Tum Pacuvium dixisse aiunt[e] sonora quidem esse que scripsisset et grandia, sed videri ea tamen duriora paulum et acerbiora. 'Ita est,' inquit Accius, 'uti dicis, neque [f]id sane[f] me penitet; meliora enim fore spero que deinceps scribam. Nam quod in pomis est, itidem', inquit, 'esse aiunt[g] in ingeniis; que dura et acerba nascuntur, post fiunt mitia et iucunda, [h]sed que gignuntur[h] statim vieta et mollia atque a principio sunt vivida[i], non matura mox fiunt, sed putrida. Relinquendum
f. 11 || igitur visum est ingenio, quod dies atque etas mitificet.[k]' Anno mundi 5062.[l], anno ante Christi adventum 137., ut Eusebius libro de temporibus[4] attestatur, Mancino et Serrano consulibus parentibus libertinis natus fuit et multa composuit, que Pacuvio iam senenti Tarenti recitavit; ab isto namque Accianus fundus iuxta Pisaurum constitutus dictus est, quod illic[m] inter colonos fuerat ex urbe deductus. Credimus fuisse, ubi nunc corrupte dicitur 'fundus montis Accii', ubi ecclesia fratrum sancti Bartoli congregationis beati Petri de Pisis est constructa, a qua fundus nunc sancti Bartoli dicitur. Et dicto tempore colonia in Pisaurum deducta fuit, teste Tito Livio Patavino libro 9. 4. decadis[5], ubi sic scribit: 'Colonie due, Potentia in Picenum et Pisaurum in Gallicum agrum deducte sunt; sena iugera in singulos data. Diviserunt agrum coloniasque deduxerunt [n]tres viri[n] Quintus Fabius Labeo et Marcus et Quintus Fulvii[o], Flaccus Nobiliorque.' Fuit anno mundi 5015. anno ante Christi adventum 184.[p], quo anno Lucius Accius infans inter colonos fuit deductus exsistentibus consulibus Publio Claudio Pulchro et Lucio Licinio Porcio. [q]Iacobus Philippus de Bergamo in suo

---

[1] v. 223 seq. — [2] f. 128. — [3] l. c. — [4] Chron. 2, 1299. Suppl. Chron. ad a. 5072. — [5] 39, 44, 10.

[a–a] in margine. — [b] Gell., 'Q. Mucius' Cod. — [c] Gell., 'tantum' Cod. — [d] Gell., 'paulusculis' Cod. — [e] Gell., 'ait' Cod. — [f–f] Gell., 'de sano' Cod. — [g] Gell., om. Cod. — [h–h] Gell., om. Cod. — [i] sic et ed. Venet. 1509. — [k] Gell., 'initi fieret' Cod. — [l] Euseb. ed. Mediol., '5067' Cod. — [m] sic et Suppl. — [n–n] Liv., 'ii viri' Cod. — [o] Liv., 'Iulii' Cod. — [p] '154' Cod. — [q–q] in margine.

7. libro supplementi chronicarum[1] equivocavit, quod L.[a] Accius poeta, qui noluit assurgere Cesari, quod[b] fuit ille, qui habebat fundum Accianum iuxta Pisaurum. Dominicus de Aretio in 4. libro de claris viris[2] equivocat etiam ipse de Accio isto, quod fuit ille, de quo per Valerium. Nam non est verum et tempora non patiuntur, sed fuit Lucius[c] Accius poeta, qui fuit tempore Marci Tullii Ciceronis, de quo supra, et de isto loquitur Valerius in libro de fiducia[q]. Fuit et alter Q. M. Accius Repens magister Accii, cuius figura et littere sunt in civitate Pisauri in pariete domus illorum de Pardis in contrada episcopatus.[3] Eutropius libro 3. cap. 3. de gestis Romanorum.[4] [5]Claruit apud Brundusium Pacuvius tragediarum scriptor eo tempore, quo apud Iudeos occiso Iuda Maccabeo frater eius Ionathas pontifex habebatur, anno ab urbe condita 617.[5] Plinius libro 34. naturalis historie cap. 5.[6] scribit: 'Lucium Accium poetam in Camenarum ede maxima forma statuam sibi posuisse, cum brevis admodum fuisset.' Accius in Bacchis, idem in Philoctete, idem in Minotauro, idem in Antigona, idem in Armorum Iudicio, idem in Telepho; multa de libris Accii ut supra libris suis Virgilius inseruit, quos versus ponit Macrobius libro 6. saturnaliorum.[7]

QUINTUS MUCIUS SCEVOLA, Volusii iuris consulti auditor, per hec quoque tempora claruit, ut Pomponius in l. 2. § fuit eodem tempore ff. de origine iuris[8] testatur. Qui in iure civili plures libros composuit, quorum copia rara est. Ipsum allegat Venuleius in l. quod ad ff. de evictionibus[9], et Paulus in l. qui plures ff. de vulgari et pupillari[10] et in l. si non expedierit ff. de bonis auctoritate iudicis possidendis.[11] Vidit etiam scripta Labeonis, ut in l. eleganter § idem Labeo ff. de dolo.[12] De quo etiam Valerius Maximus libro 8. rubrica sue quemque artis[13] attestatur in iure civili fuisse optimum auctorem et disputatorem et dicit, quod fuit clarissimus legum vates et certissimus, et quotienscumque[d] de iure pretorio[e] consuleretur, ad Furium et Casellium, quia huic scientiae dediti erant, consultores reiiciebat. Quo quidem facto moderationem suam magis commendabat quam auctoritatem minuebat, ab his id negotium aptius ex-

---

[1] ad a. 5072. — [2] Domin. Bandini supra p. 164 n. 6. — [3] C. I. L. 11, 2, 2 p. 956 no. 6359. — [4] qua ratione Eutropius hic laudetur, ignoro. — [5–5] Euseb. Chron. 2, 127 k, 129 a. — [6] § 19. — [7] 6, 5, 9 et 11 (in Bachis); 6, 1, 55; 6, 5, 2 et 14 (in Philoct.); 6, 5, 14 (in Minotauro); 6, 1, 59; 6, 2, 17 (in Antigona); 6, 1, 56 et 58 (in Arm. Iudic.); 6, 1, 57 (in Telepho). — [8] D. (1, 2) 2, 45. — [9] D. (21, 2) 75. — [10] D. (28, 6) 38, 3. — [11] D. (42, 5) 6, 2. — [12] D. (4, 3) 7, 7. — [13] Mem. 8, 12, 1.

---

[a] Suppl. Chron.. 'T' Cod. — [b] del.? — [c] 'C' Cod. — [d] Val., 'quoscumque' Cod. — [e] sic et quid. cod. Val. et ed. Ven. 1487. — [q] vide p. 224 n. q–q.

plicari posse confitendo, qui cotidiano eius usu callebant. Sapientissimi igitur artis professores sunt, a quibus et propria studia et aliena tam callide estimantur. Et Marcus Tullius Cicero libro 1. de oratore[1]: 'Quintus Mucius Scevola, equalis et collega meus, homo omnium doctissimus et disciplina iuris eruditissimus et ingenio prudentiaque acutissimus et oratione maxime [a]limatus atque suptilis[a], atque, ut ego soleo dicere, iuris peritorum eloquentissimus, eloquentium iuris peritissimus, ex scripto testamento ubi iura defenderet'. Aulus Gellius libro 7. noctium atticarum cap. 15[2]: 'Quintus Scevola in librorum 15.[b], quos de iure civili composuit.' Et Valerius libro 8. rubrica de otio[3] dicit: 'Scevola traditur lusisse pila; alveo quoque et [c]calculis vacasse[c] dicitur, cum bene ac diu iura civium et ceremonias deorum ordinasset: ut enim in rebus seriis Scevolam[d], ita in similibus[e] lusibus hominem agebat, quoniam rerum natura continui laboris patientem esse non sinit.' Floruit temporibus supra dictorum Trebatii, Auli Casellii et Furii anno ante Christi adventum 25.[f] et anno mundi 5173.[g] tempore Octaviani imperatoris Augusti. Et in testamento suo in honorem Volusii iuris consulti Publium Mucium nepotem eius reliquit heredem, ut dicit Pomponius in l. 2. libro enchiridii transuntive[h] in l. 2. § fuit eodem tempore ff. de origine iuris.[4] Vide textum in l. filium § sed si portio ff. de legatis prestandis[5] ibi 'honore'.

QUESTORIUS, ornatissimus iuris consultus et orator, tempestate hac floruit, prout attestatur Pomponius in l. 2. § fuit eodem tempore ff. de origine iuris.[6] Cum esset scientia clarissimus, [7]ultra in iure civili perficere[i] voluit. Huic Cesar Augustus Octavianus consulatum obtulit[7] [8]consulque effectus tanto cum moderamine se habuit, ut omnium patrum consensu pater appellatus fuerit.[8] Floruit temporibus Octaviani Augusti et supra dictorum Trebatii nec non et Quinti Mucii.

TUBERO, patricius Romanus et iuris consultus celeberrimus, hoc tempore floruit. Hic fuit auditor Auli Ofilii, iuris consulti celeberrimi. Hic, teste Pomponio in l. 2. § post quoque ff. de origine iuris[9], complures

[1] 1, 39, 180. — [2] 6 (!), 15, 2. — [3] Mem. 8, 8, 2. — [4] D. (1, 2) 2, 45. — [5] D. (37, 5) 5, 6. — [6] D. (1, 2) 2, 45. . . . fuit autem (scil. Cascellius) quaestorius . . . — [7–7] Pomp. Dig. (1, 2) 2, 45. — [8–8] fontem ignoro. — [9] D. (1, 2) 2, 46.

[a–a] Cic., 'limatusque sub aliis' Cod. — [b] '16' sec. Gell. scr.? — [c–c] Val., 'catulis nactasse' Cod. — [d] Val., 'Scevola et' Cod. — [e] 'scurrilibus' sec. quosdam codd. Val. Max. scr.? — [f] '26' scr.? sed vide supra p. 221, 12; 223, 16. — [g] '5171' Cod., sed vide supra p. 223, 15. et infra p. 227, 14. — [h] 'transeuntive' scr.? — [i] 'proficere' sec. Dig. scr.?

libros utriusque[a] operis, et etiam iuris publici et privati, reliquit et scribere affectavit usus[b] antiquo sermone, et ideo parum libri eius grati habentur. Hic etiam, cum esset patricius, transivit a causis agendis ad ius civile, maxime postquam Quintum Ligarium accusavit nec obtinuit apud Gaium Cesarem. Is est Quintus Ligarius, qui cum Africe oram teneret, infirmum Tuberonem applicare non permisit nec aquam haurire, quo nomine eum accusavit et Marcus Cicero defendit, et eius exstat oratio satis pulcherrima, que inscribitur 'pro Quinto Ligario'. Et post dictam accusationem Ofilio operam dedit et doctissimus habitus est in iure publico et privato; dicta l. 2. § post hos. De quo meminit Celsus libro 6. et libro 38. digestorum et Ulpianus in l. depositi et in l. definitio et in l. quam Tuberonis ff. de peculio[1], in l. stipulationes non dividuntur § 1. ff. de verborum obligationibus[2] et in l. 2. ff. de usu et habitatione post Paulum[c] in libro 8.[d] digestorum.[3] Floruit temporibus Octaviani imperatoris Augusti anno mundi 5173., ante Christi adventum 25.[e] Aulus Gellius libro 14. noctium atticarum[f] cap. 7.[4]: 'Ateius in coniectaneis scriptum reliquit; nam in libro 259.[g] Tuberonem dicere ait.'[h] Marinus Becichemius in collectaneis suis in primum Plinii, dum Plinius dicit 'Gaii Tuberonis'[5]: 'Quinti, non Gaii Tuberonis legendum est auctore Plinio, qui eum citat auctorem in multis locis. Et Aulus Gellius sepe de Tuberonis historiis mentionem facit, in 6.[6] ponit historiam sumptam ex historiis Tuberonis de serpente inusitate longitudinis. In 4. Titus Livius[7] Tuberonem antiquum annalium[i] scriptorem testatur his verbis: 'Valerius Antias et Quintus Tubero Manilium[k] et Quintum Sulpicium consules in eum annum edunt. Ceterum [l]in tam[l] discrepanti editione et Tubero et Macer libros linteos auctores profitentur; neuter tribunos militum eo anno fuisse traditum a scriptoribus antiquis dissimulat. Licinio libros haud dubie sequi linteos placet, et Tubero incertus veri est'. In Tusculanis questionibus[8] facit mentionem[m] non huius sed Quinti Elii Tuberonis iuris consulti philosophique, ad quem Panetius scripsit. Tuberonem etiam scripsisse annales testatur idem Cicero in epistula ad Quintum fratrem[9] his verbis: 'Tubero, quem ego arbitror presertim cum scribat historiam multos[n] posse ex suis anna-

[1] D. (15, 1) 5, 4—7 pr. — [2] D. (45, 1) 72 pr. — [3] D. (7, 8) 2, 1. — [4] § 12. — [5] Observationum Collectanea in primum natural. hist. librum f. 54[b]. — [6] 7 (!), 3. — [7] 4, 23. — [8] Cic. Tusc. 4, 2, 4. — [9] 1, 1, 3, 10.

[a] Dig., 'uniusque' Cod. — [b] Dig., 'usu' Cod. — [c] sic et ed. Venet. 1494. — [d] sic etiam Vulg. — [e] '26' scr.? sed vide supra p. 226, 15. — [f] om. Cod. — [g] sic etiam quidam cod. Gell. — [h] sequuntur in Cod. quaedam de Antistio Labeone, quae, cum aperte falso hic inserta sint, in fine vitae Labeonis (infra p. 232, 10) posui. — [i] Mar. Bec., 'Manilium' Cod. — [k] sic et Mar. Bec. — [l–l] Mar. Bec., 'iurum' Cod. — [m] 'Cicero' sec. Mar. Bec. ins.? — [n] Mar. Bec., 'multum' Cod.

libus deligere'. Fuit et Tubero iuris consultus, cuius Cicero sepe meminit et antiqui[a] iuris consulti, ex quibus Celsus de suppellectili legata[1] magnopere inquit se moveri Tuberonis auctoritate'.[2] Credo, quod ille Tubero iuris consultus, qui fuit Quintus Elius Tubero, sit ille, qui scripsit historias. Et vide Ciceronem ad Atticum.[3] Scevola[b] in l. Labeo § fin. ff. de suppellectili legata[1] dicit: 'Magnopere me Tuberonis et ratio et auctoritas movet.' Hunc Plinius libro 1. naturalis historie[4] ponit in auctores, qui de agricultura scripserunt, a quo et aliis 18. liber huius est compositus. Aulus Gellius libro 1. noctium atticarum cap. 22.[5] post Marcum Tullium Ciceronem in libro qui inscriptus est 'de iure civili': 'Nec vero scientia iuris maioribus suis Quintus Elius Tubero defuit, doctrina etiam superfuit. In quo loco 'superfuit' significare videtur 'supra fuit' et prestitit[c] superavitque maiores suos doctrina sua superfluenti tum[d] et nimis abundanti': disciplinas enim stoicas et dialecticas Tubero percalluerat.' Tubero in historiis: vide Aulum Gellium libro 6. cap. 3. et 4.[6], ubi allegat: 'Tubero in historiis ita scriptum reliquit', et in libro 10. cap. 28.[7]: 'Tubero libro 1. historiarum.'

ATEIUS CAPITO, iuris consultus disertissimus, per hec tempora in pretio multo fuit et multa eleganter graviterque in iure civili conscripsit. De quo meminit Paulus in l. quidam Hiberus ff. de servitutibus urbanorum prediorum[8], Ulpianus in l. quod et Ateius ff. de ritu nuptiarum[9], ubi dicit [e]'Ateio Capitone consul'[e]. Et ipsum allegat Paulus in l. Ateius ff. de aqua pluvia arcenda.[10] De isto dicit Aulus Gellius libro 10. noctium atticarum cap. 20.[11]: 'Ateius Capito publici privatique iuris peritissimus.' Composuit libros de pontificio iure, ubi tractat de feriis precidaneis: idem Aulus Gellius libro 4. cap. 6.[12]; item de officio senatorio composuit: idem Aulus Gellius libro 4. cap. 10.[13]; item et libros de publicis iudiciis: idem libro 10. cap. 19.[14] et libro 10. cap. 6.[15] Ipsum etiam allegat idem Aulus Gellius libro 14. cap. penultimo[16] et libro 1. cap. 12.[17], et Fenestella libro de Romanorum magistratibus cap. de Vestalibus virginibus et cap. de senatoribus.[18] Scripsit etiam plures epistulas, in quibus facit mentionem de Antistio Labeone, de quibus per Aulum Gellium libro 13. noctium atti-

---

[1] D. (33, 10) 7, 2. — [2] hucusque Mar. Bec. — [3] 13, 20, 2. — [4] Auctores lib. 18. — [5] § 7. — [6] 7 (!), 3 et 4, 2. — [7] l. c. — [8] D. (8, 2) 13, 1. — [9] D. (23, 2) 29. — [10] D. (39, 3) 14 pr.; in Vulg. fragm. incip. 'Ateius'. — [11] § 2. — [12] § 10. — [13] § 7. — [14] 10, 20 (!). — [15] § 4. — [16] 14, 7, 12. — [17] § 8. — [18] Ps. Fenestella l. c. 1, 6; 2, 1.

---

[a] Mar. Bec., 'qui' Cod. — [b] 'Celsus' scr. ? — [c] 'et' ins. Cod. — [d] sic et ed. Venet. 1509. — [e-e] 'Ateius Capito consulatu' cum Dig. scr. ?

carum cap. 12.[1], et libros coniectaneorum plus quam [a]ducentos quinquaginta novem[a]: Aulus Gellius libro 14. cap. ultimo.[2] De alio Gaio Capitone vide Marcum Tullium Ciceronem libro 13. epistularum epistula 29.[b] [3] Qui Ateius Capito sua doctrina eloquentiaque primus in iure civili sectas fecit, et in his, que sibi tradita fuerunt, circa textum[4] iuris, perseverabat contra Antistium Labeonem, quam ob rem maximam auctoritatem Rome habuit; ab Octaviano Augusto consulatum obtinuit: teste Pomponio in l. 2. § post hunc ff. de origine iuris.[5] Hic secutus fuit Aulum Ofilium et fuit preceptor Masurii Sabini. Floruit Rome tempore Octaviani imperatoris anno mundi 5190. et ante Christi adventum 9., quo anno Tiberius Cesar de captivis Pannoniis triumphavit.[6] [c]Ateius Capito: hunc Plinius libro naturalis historie libro 1. ponit inter auctores, qui de gentibus, maribus et oppidis cetera scripserunt, ex quo et aliis auctoribus 4. ipsius liber est compositus et etiam ipsius liber 15.[7] Idem in libro [d]14. cap. 13.[d] [8] allegat Ateium Capitonem et in libro 18. cap. 11.[9] Macrobius libro 1. saturnaliorum cap. de nonis[e] [10]: 'Ateius Capito annum a circuitu temporis putat dictum, quia veteres 'an' pro 'circum' ponere solebant.' Idem in libro 3. cap. que scientissime prolata[11]: 'Quod Ateius Capito comprehendit? Cuius verba ex libro 1. [f]de iure[f] sacrificiorum hec sunt: Itaque Iovi tauro, verre, ariete immolari non licet.' Suetonius Tranquillus in libro de illustribus grammaticis in cap. de Marco Pomponio Marcello[12]: 'Hic Marcus Pomponius, cum ex oratione Tiberium reprehendisset, affirmante Ateio Capitone, et esse illud latinum, et si non esset, futurum certe: Iam inde mentitur Capito; tu enim Cesar civitatem dare potes hominibus, verba non potes.' Raphael Voleterranus libro 13. commentariorum urbanorum[13]: 'Ateius philologus libertinus Athenis natus. Hunc Capito Ateius iuris consultus eius patronus inter grammaticos rhetorem et inter rhetores grammaticum fuisse ait. Iuvavit scripta Sallustii in componendo, ut auctor est Pollio. Quem coluit familiarissime, et Sallustio defuncto Pollionem; quos historias componere aggressos alterum breviario rerum Romanarum, alterum preceptis de ratione dicendi instruxit.' Et hec omnia refert Suetonius Tranquillus in libro de illustribus grammaticis in cap. de Ateio philologo.[14]

---

[1] l. c. — [2] 14, 7, 12. — [3] Ad fam. 13, 29. — [4] Cfr. Gl. 'tradita fuerant' ad D. (1, 2) 2, 47: 'ut circa textum'. — [5] D. (1, 2) 2, 47. — [6] Euseb. Chron. 2, 145 a. — [7] Lib. 1, auctores ad lib. 4. et 15. — [8] § 93. — [9] § 108. — [10] 1, 14, 5. — [11] 3, 10, 3. — [12] cap. 22. — [13] f. 143. — [14] cap. 10.

[a–a] sic quid. cod. Gell. et Cod. noster supra p. 227, 16; '159' hic Cod. — [b] '50' Cod. — [c] signum intercalat. ins. Cod. — [d–d] '4. c. 3' Cod. — [e] Macrob., 'novis' Cod. — [f–f] Macrob., om. Cod.

ANTISTIUM LABEONEM, iuris consultum et oratorem gravissimum, istis temporibus floruisse coniicimus ex libris Pomponii in l. 2. § post hunc ff. de origine iuris.[1] Qui plurimum studiis iuris civilis operam dedit et totum annum ita diviserat, ut sex mensibus cum studiosis esset, et secederet sex mensibus et in conscribendis liberis operam daret. Itaque reliquit quadraginta[a] volumina, ex quibus plurima inter manus versantur: dicta l. 2. § post hunc. Que Iabolenus in[b] l. fin. ff. de iure deliberandi[2] et in l. quibus diebus in fine ff. de condicionibus et demonstrationibus[3] et in l. si is ff. de testamentis[4], et Celsus libro 8. digestorum l. quod si uno ff. de in diem addictione[5], et Ulpianus post Pomponium[c] in l. utrum[d] ff. de constituta pecunia[6] commemorant; et Paulus in l. pediculis § Labeo[7] ponit de testamento. Hic, teste eodem Pomponio in dicta [e]l. 2.[e] § post hunc, fuit auditor Auli Ofilii, Gaii Trebatii et Quinti Mucii Scevole et Casellii, et preceptor Nerve, et primus cum Ateio Capitone sectas fecit et plurima innovare instituit, [f]quia pre ceteris operis sapientie operam daret propter sui ingenii qualitatem et fiduciam doctrine. Et cum offerretur[g] ab Octaviano Augusto consulatus, quo suffectus[h] fieret, et honorem suscipere noluit. Floruit temporibus Ateii Capitonis anno mundi 5190. et anno ante Christi adventum 9. [i]De isto Aulus Gellius libro 13. noctium atticarum cap. 10.[8] dicit: 'Labeo Antistius iuris quidem civilis disciplinam principali studio exercuit et consulentibus de iure publice responsitavit. Ceterarum quoque bonarum artium non expers fuit atque in grammaticam sese atque dialecticam litterasque antiquiores altioresque penetraverat latinarumque vocum origines et rationes percalluerat eaque precipue scientia ad enodandos plerosque iuris laqueos utebatur. Sunt adeo libri post mortem eius editi, qui 'posteriores' inscribuntur, quorum librorum tres continui[k] 38. et 39., f. 12 || et 40. pleni sunt id genus rerum ad enarrandam et illustrandam linguam latinam conducentium.' Hec Aulus ubi supra. Ex quibus libris posteriorum Labeonis a[l] Iaboleno epitomatorum sunt plures leges in libris digestorum et precipue ex libro 4. est l. insulam ff. locati[9] et l. penultima ff. de servitutibus tit. generali[10], l. penultima ff. depositi[11], l. bona fides et l. sequens ff. de actionibus empti[12], l. penultima ff. de distractione pig-

[1] D. (1, 2) 2, 47. — [2] D. (28, 8) 11. — [3] D. (35, 1) 40, 4 et 5. — [4] D. (28, 1) 25. — [5] D. (18, 2) 13 pr. — [6] D. (13, 5) 27. — [7] D. (34, 2) 32, 6. — [8] l. c. — [9] D. (19, 2) 58. — [10] D. (8, 1) 19. — [11] D. (16, 3) 33. — [12] D. (19, 1) 50 et 51.

[a] sic et Vulg. — [b] 'dicta' ins. Cod. — [c] Dig., 'Papinianum' Cod. — [d] 'unum' Cod. — [e–e] om. Cod. — [f] 'et' ins. Cod. — [g] Dig., 'offerente' Cod. — [h] Dig., 'fultus' Cod. — [i] signum intercalat. ins. Cod. — [k] Gell., om. Cod., ubi lacuna novem fere litterarum reperitur. — [l] om. Cod.

norum[1], l. avus ff. de iure dotium[2]; et ex libro 6.[a] posteriorum l. cum in plures ff. locati.[3] Libros etiam plures ad pretoris edictum scripsit, de quibus meminit idem Aulus Gellius dicto libro 13. cap. 10.[4] Commentaria etiam ad duodecim tabulas composuit, de quibus meminit idem Aulus Gellius libro 7. noctium atticarum cap. 15.[5] et libro 20.[b] cap. 1.[6] et libro 1. cap. 12.[7], ubi ita scriptum est: 'Preterea[c] in commentariis Labeonis, que ad duodecim tabulas composuit, ita scriptum est: Virgo Vestalis neque heres est cuiquam intestato, nec intestate quisquam, sed bona eius in publicum redigi aiunt.' Idem dicit Fenestella de Romanis magistratibus in cap. de Vestalibus virginibus[8], ubi allegat etiam Antistium Labeonem. Exstat epistula Ateii Capitonis scripta Labeoni Antistio, de qua meminit Aulus Gellius libro 13. noctium atticarum cap. 12.[9] ubi sic inquit: 'In quadam epistula Ateii Capitonis scriptum legimus Labeonem Antistium legum atque morum populi Romani iurisque civilis apprime doctum fuisse. Sed agitabat, inquit, hominem libertas quedam[d] nimia et vecors usque eo, ut divo Augusto iam principe et rem publicam obtinente ratum tamen pensumque nihil haberet, nisi quod iustum sanctumque esse in Romanis antiquitatibus legisset.' Hunc Plinius libro 1. naturalis historie[10] ponit inter auctores, qui de natura animalium scripserunt, ex quo[e] et ex aliis auctoribus 10. ipsius liber est compositus. Angelus Politianus libro 5. suarum epistularum in epistula, quam direxit Iacobo Modesto Pratensi[11] — et habuit ex libro pandectarum, qui est Florentie in princ., ubi Iustinianus nominat omnes iuris consultos et libros suos, quos inseruit in digestis[12] — ponit Labeonem unum ex triginta et septem conditoribus, quos velut centones[f][13] appellat. [14]Labeo composuit libros octo pithanon, id est credibilium seu verisimilium, item et decem libros posteriorum.[14] Fuit autem Labeo insanus, quod[g] notat Horatius libro 1. sermonum satira 3.[15], ubi Acronius[h] commentator[16] et alii. De cuius ingenio et doctrina multa scribit Aulus Gellius in noctibus atticis. [17]In libris suis 'sororis' etymologia reperitur quasi 'seorsum nata', quod in domo, in qua nata est separetur.[17]

[1] re vera tit. sequ. D. (20, 6) 14. — [2] D. (23, 3) 79. — [3] D. (19, 2) 60. — [4] § 3. — [5] 6 (!), 15, 1. — [6] § 13. — [7] § 18. — [8] Ps. Fenestella l. c. 1 cap. 6. — [9] § 1. — [10] Lib. 1. auctores ad lib. 10. — [11] Epist. lib. 5, epist. ult., Opera p. 69. — [12] Index Flor. VII. — [13] Pol. opera p. 70: 'Septem omnino et triginta fuere conditores iuris, quorum de verbis digestorum leges velut centones quidam consuuntur.' Dipl. v. 'cento' non intellexit. Vide supra p. 135. — [14–14] Polit. l. c. — [15] v. 82. — [16] Ps. Acron. ad Hor. l. c. — [17–17] Raph. Volat. f. 171.

[a] sic et Hal. — [b] '2' Cod. — [c] Gell., 'propterea' Cod. — [d] Gell., 'quidem' Cod. — [e] 'quibus' Cod. — [f] Polit., 'cenones' Cod. — [g] 'que' Cod. — [h] 'Asconsius' Cod.

Floruit sub Augusto imperatore, [1]sub quo iuris disciplinam exercuit et libertate fuit nimia, usque adeo, ut Augusto iam principe ratum tunc[a] pensumque nihil haberet, nisi quod iustum sanctumque in Romanis antiquitatibus legisset. Hec ex Aulo Gellio libro 13. cap. 12.[2] noctium atticarum. Augustinus vero de civitate Dei[3] dicit: 'Labeo, quem sacrarum divinarumque rerum predicant peritissimum, numina bona a numinibus malis cultus diversitate distinguit malosque propitiari cedibus et suppliciis fatetur, bonos autem letis obsequiis, qualia sunt convivia, lectisternia.'[1] Aulus Gellius libro 1. noctium atticarum cap. 12.[4]: 'Labeo in commentariis, que ad duodecim tabulas composuit.' [b]Iovanes Baptista Plautius[c] super[d] 1. satiram Persii in princ.[5]: 'Labeo, de quo iuris consulti libro 1. digestorum multa prodiderunt, quod ita annum diviserat, ut Rome sex mensibus cum studiosis esset et secederet sex mensibus, ubi conscribendis libris operam dabat, iuris civilis legumque populi Romani apprime doctus fuit. Sed agitabat hominem, ut inquit Gellius, libertas quedam nimia et vecors usque eo, ut divo Augusto iam principe et rem publicam obtinente ratum tamen pensumque nihil haberet, ni quod iustum sanctumque[e] esse[f] in Romanis antiquitatibus legisset. Scribit Porphyrio[6] Antistium Labeonem, — sic eum vocabat — cuius meminit et Suetonius[7], memorem libertatis, in qua natus erat, multa contumaciter adversus Augustum dixisse et fecisse, propter quod Horatius dixisse videtur:

'Labeone insanior inter
Sanos[g] dicatur.'

Fuit et alter Labeo, qui Accius cognomento dictus fuit, poeta celeberrimus, qui Ilienses res carminibus celebravit, de quo Persius poeta in 1. satira[8]:

'Ne mihi Polydamus et Troiades Labeonem.'[b]

MASURIUS SABINUS, legista permaximus, his temporibus fuit. Qui et nonnulla ingenii sui monumenta scripto mandavit et publice primus scripsit[h] in iure civili secundum Pomponium in l. 2. § post hunc de origine iuris.[9] Hic post mortem Ateii Capitonis sibi successit, qui dissensiones iam inventas inter predictum Capitonem et Antistium Labeonem auxit cum Nerva, iuris consulto facundissimo, et in equestri ordine fuit. Floruit

[1–1] Raph. Volat. l. c. — [2] l. c. — [3] 2, 11. — [4] § 18. — [5] f. 11[b]. — [6] ad Horat. Sat. 1, 3, 82. — [7] Aug. 54. — [8] 1, 4. — [9] D. (1, 2) 2, 48.

[a] sic et Raph. Vol. — [b–b] haec librarius male vitae Tuberonis (supra p. 227 n. h) inseruit. — [c] 'Plaurinus' Cod. — [d] 'supra' Cod. — [e] Io. Bapt. Plaut.; 'sanctum' Cod. — [f] Io. Bapt. Plaut., 'esset' Cod. — [g] Plaut., 'sacros' Cod. — [h] sic et Vulg.

tempore Octaviani imperatoris Augusti et post mortem suam tempore Tiberii Cesaris, a quo iuris auctoritatem habuit publice respondendi, et fuit primus, qui doctoratus dignitatem habuit inter nostros doctores legum. Et sic fuit primus, qui a Tiberio Cesare auctoritatem habuit, ut populo responderet. Qui in equestri ordine iam grandis natu et fere annorum quinquaginta receptus est. Huic nec ample facultates fuerunt, sed plurimum a suis auditoribus sustentatus fuit: secundum Pomponium in dicta l. 2. § posteaque[1] et Modestum de re militari et magistratibus urbis cap. de iuris peritis.[2] Et notandum secundum Pomponium et Modestum ubi supra, quod a principio ante tempora Octaviani Augusti publice respondendi ius a principibus non dabatur, sed qui fiduciam studiorum suorum habebant, consulentibus respondebant; neque responsa utique signata dabant, sed plerumque iudicibus ipsis scribebant aut testabantur, qui illos consulebant. Primus divus Augustus, ut maior iuris auctoritas haberetur, constituit, ut ex auctoritate eius responderent, et ex illo tempore peti hoc pro beneficio cepit. Et ideo optimus princeps Adrianus, cum ab eo viri pretorii peterent, ut sibi liceret respondere, rescripsit eis hoc non peti, sed prestari solere, et ideo, si quis fiduciam sui haberet[a], delectari se, populo ad respondendum se prepararet. Cum ergo Sabinus erat[b] aptus ad hoc, fuit sibi concessa auctoritas ad respondendum. Et Iustinianus in § responsa prudentum Inst. de iure naturali, gentium et civili[3] dicit, quod antiquitus constitutum erat, ut essent, qui publice iura responderent, quibus a Cesare ius respondendi datum est, qui iuris consulti appellabantur. Quorum omnium sententie et opiniones eam auctoritatem tenebant, ut iudici recedere a responso eorum non liceret, ut[c] est constitutum. Facit textus in c. responsa prudentum 2. dist.[4] Et dum dicit[5] 'a Cesare', intellige 'a Tiberio Cesare', et sic hoc beneficium doctoratus ab imperatoribus prestari[d] incepit. Facit textus in l. athletas § designatores ff. de his, qui notantur infamia.[6] Et primum fuit concessum dicto Masurio Sabino, qui pulchra composuit, videlicet libros de iure civili, de quibus meminit Aulus Gellius libro 4. noctium atticarum cap. 1.[7] et 2.[8] et libro 5. cap. 13.[9]; item et libros memoralium, de quibus idem Aulus Gellius libro 6. cap. 7.[10] et libro 5. cap. 6.[11] Item et commentaria de indigenis, de quibus idem Aulus Gellius meminit libro 4. noctium atticarum cap. 9.[12]; [e]et libro 4.

---

[1] D. (1, 2) 2, 48—50. — [2] Ps. Modestus l. c. — [3] I. (1, 2) 8. — [4] Grat. I. 2, 5. — [5] scil. Iustinianus loco v. 21. laudato. — [6] D. (3, 2) 4, 1. — [7] § 21. — [8] § 15. — [9] § 5. — [10] 7(!), 7, 8. — [11] § 13. — [12] § 8.

---

[a] 'et' ins. Cod. — [b] 'esset' scr. ? — [c] Inst., 'et' Cod. — [d] 'prestare' Cod. — [e] 'lib. 2°' ins. Cod.

cap. ultimo[1]: 'Masurius Sabinus in 7. memorali.' De quo Sabino meminit Paulus in l. 2. ff. de eo per quem factum est[2], et Triphonius in l. stipulatus sum Damam[a] ff. de verborum obligationibus[3], et Paulus in l. sive ff. de duobus reis[4], et Aulus Gellius libro 5. noctium atticarum cap. 19.[5] et libro 10. cap. 15.[6] et libro 11. cap. ultimo[7]; et Celsus libro 8. digestorum in l. quod si uno ff. de in diem addictione[8], et Gaius in l. si idem cum eodem ff. de iurisdictione omnium iudicum[9], in l. si plures ff. depositi[10], et Iulianus libro 7. digestorum l. verum[b] § si servo[c] ff. pro socio[11], et Aristo[d] apud Sabinum secundum Ulpianum in l. non solum ff. de usu et habitatione[12], et Iustinianus in l. penultima C. de impuberum et aliis substitutionibus[13] et in § cum ex aliena[e] Inst. de rerum divisione[14] et in § item pretium Inst. de contrahenda emptione[15] et in § item queritur Inst. locati[16] et § itaque[f] et § illud. Inst. mandati[17] et in § illud palam de lege Aquilia.[18] Iste fuit preceptor Gaii Cassii Longini, ut in dicta l. 2. § huic successit ff. de origine iuris[19], et dicit textus in l. qualem § fin. de arbitris[20], quod Gaius Cassius defendit sententiam Masurii Sabini preceptoris sui. Et vide Papinianum in l. servitutes la prima ff. de servitutibus tit. generali.[21] Floruit temporibus Tiberii Cesaris anno mundi 5216.[g] et anno a Christi nativitate 17., quo anno Livius Patavinus historiographus Padue mortuus est, et Ovidius in exilium missus diem obiit et iuxta oppidum Tomos fuit sepultus.[22] Fuit et alter Masurius Sabinus iuris consultus, cuius est l. 2. ff. si libertus ingenuus.[23] Composuit librum memoralium, de quo meminit Paulus in l. Masurius ff. de verborum significatione.[24] Floruit temporibus Adriani imperatoris: dicta l. 2. ff. si libertus ingenuus cetera.[25] [h]Plinius libro 1. naturalis historie[26] ponit dictum Masurium Sabinum inter auctores, qui de natura animalium scripserunt, ex quo et aliis auctoribus 10. ipsius liber est compositus et etiam ipsius liber 18. Iovanes Baptista Plautius super 5. satiram Persii poete[27]: 'Masurius Sabinus eques Romanus temporibus Tiberii Cesaris iuris consultus fuit, qui primus publice scripsit. Eius

[1] 4, 20, 11. — [2] D. (2, 10) 2. — [3] D. (45, 1) 105. — [4] D. (45, 2) 17. — [5] § 11. — [6] § 16. — [7] 11, 18, 11 seq. et 22 seq. — [8] D. (18, 2) 13. — [9] D. (1, 2) 11 pr. — [10] D. (16, 3) 14, 1. — [11] D. (17, 2) 63, 9. — [12] D. (7, 8) 6. — [13] C. (6, 26) 10. — [14] I. (2, 1) 25. — [15] I. (3, 23) 2. — [16] I. (3, 24) 4. — [17] I. (3, 26) 6–8. — [18] I. (4, 3) 14–15. — [19] D. (1, 2) 2, 51. — [20] D. (4, 8) 19, 2. — [21] D. (8, 1) 4 pr. — [22] Euseb. Chron. 2, 147 n et o. — [23] D. (40, 14) 2. Vulg. attribuunt h. l. Sabino. — [24] D. (50, 16) 144; in Vulg. hoc fr. incipit 'Masurius'. — [25] D. (40, 14) 2. — [26] Auctores ad libr. 10. et 18. — [27] l. c. f. 125b.

[a] Dig., 'domum' Cod. — [b] Dig., 'unum' Cod. — [c] Dig., 'vero' Cod. — [d] 'Aristonem' Cod. — [e] Inst., 'altera' Cod. — [f] Inst., 'item quia' Cod. — [g] '5116' Cod. — [h] signum intercalat. ins. Cod.

frequenter meminit Gellius, et habetur in digestis de origine iuris.' De isto etiam meminit etiam[a] Persius in dicta 5. satira[1]:

'Cur mihi non liceat iussit quodcumque voluntas
Excepto si quid Masurii rubrica vetavit.'

Fuit et alter Sabinus, qui scripsit fastorum et rerum memoralium libros.[2] De Masurio Sabino vide Raphaelem Voleterranum libro 17. commentariorum urbanorum[3] et ponas hic. Plinius libro 7. naturalis historie cap. 5.[b 4] allegat Masurium. Marinus Becichemius in suis collectaneis variarum observationum[5] non 'Masurium' sed 'Mansurium' dicit scribendum, cum enim ita dicat habere in suo antiquissimo codice digestorum manu scripto et dicit, quod huic lectioni Atheneus[6] suffragatur. Est ibi *μανσούριος* nomen legum interpretis. Fuit eques Romanus tempore Tiberii Cesaris, iuris consultus non incelebris fuit.[7] In libro antiquo dicitur 'Manssurius' cum duplici ss.

GAIUS[8] FLACCUS, iuris consultus eximius, scripsit in libro de iure Papiriano, ut refert Paulus in l. Masurius de verborum significatione.[8] Et de isto meminit iuris consultus in l. 2. § ab hoc plurimi ff. de origine iuris[9] ibi: 'Alfenus Varus Gaius' cetera. Quo autem tempore floruit ignoro. Gellius libro 11. noctium atticarum cap. 17.[10]: 'Gaius libro 7. de origine vocabulorum.'

NERVA PATER, iuris consultus memorabilis, quem Proculus et alii iuris consulti audiverunt, isdem temporibus floruit. Hic in iure civili plures libros composuit, de quo meminit Pomponius libro 6. digestorum l. si socer in princ. ff. soluto matrimonio[11], et Celsus in l. quod Nerva ff. depositi[12], et Ulpianus in l. idem Pomponius ff. de rei vendicatione.[13] Fuit auditor Labeonis et auxit dissensiones, que erant inter Ateium Capitonem et Antistium Labeonem contra Masurium Sabinum secundum Pomponium in l. 2. § post hunc maxime ff. de origine iuris.[14] Floruit temporibus supra dicti Masurii Sabini anno Christi 17. et mundi anno 5216., tempore Tiberii Cesaris imperatoris; et dicit Pomponius in dicta l. 2. § post hunc[15], quod fuit familiarissimus ipsius Cesaris.

[1] Sat. 5, 89. — [2] Raph. Volat. f. 199. — [3] l. c. f. 178. — [4] § 40. — [5] Lib. 1 f. 11.[b] — [6] Dipnosoph. I p. 1 c. — [7] hucusque Mar. Bec. — [8] D. (50, 16) 144; vide supra p. 170, 6. 'Gaius' pro 'Granius' et Hal. — [9] D. (1, 2) 2, 44 — [10] § 4. — [11] D. (24, 3) 44; Vulg.: 'apud Pomponium libro sexto digestorum.' — [12] D. (16, 3) 32. — [13] D. (6, 1) 5, 3. — [14] D. (1, 2) 2, 47. — [15] D. (1, 2) 2, 48.

[a] del.? — [b] '8' Cod.

FENESTELLAM quoque, historicum poetamque gravissimum et iuris consultum excellentissimum, iisdem temporibus fuisse ex libris Eusebii[1] invenimus. Qui cum doctissimus vir esset, in iure civili multa composuit, de quo meminit Ulpianus in l. 1. circa medium ff. de officio questoris[2], et Aulus Gellius libro 15.[a] noctium atticarum cap. 28.[3] Composuit etiam librum de Romanorum magistratibus; incipit: 'Omnium deorum.'[4] Floruit tempore supra dictorum Masurii Sabini et Nerve, et secundum Eusebium libro de temporibus[1] septuagenarius mortuus est anno Christi 22. et anno mundi 5220.[b] et sepultus fuit Cumis.

GAIUS CASSIUS LONGINUS, legista et orator luculentissimus, Rome clarus fuit et Tiberio Cesari carissimus, a quo consulatum cum Quartino[c] obtinuit et maximam auctoritatem habuit teste Pomponio in l. 2. § penultimo ff. de origine iuris.[5] Qui cum doctissimus vir esset et legum cognitione peritissimus haberetur, inter cetera sue virtutis monumenta de iure civili plures libros edidit in quibus vel omissum vel negatum[d] ius civile perpulchre restituit. Quos testatur Gaius in l. si idem cum eodem ff. de iurisdictione omnium iudicum[6], in l. si plures ff. depositi[7]; et Ulpianus in l. si quis mihi bona § iussum ff. de acquirenda hereditate[8], et in l. etiam ff. de petitione hereditatis[9], in l. legato ff. de legatis 1.[10] et in l. alio ff. de alimentis et cibariis legatis[11] et in l. librorum in princ. de legatis 3.[12] et in l. Iulianus et in l. quid ergo ff. de usufructu[13], ubi de 10. suo libro iuris civilis commemorat; et Celsus in l. hactenus ff. de usufructu[14], et Paulus in l. si tres[e] de collatione bonorum[15] et in l. sive[f] de duobus reis[16], et Marcianus in l. 2. de senatoribus[17]; et Iulianus in l. si servus § fin. ff. de actionibus empti.[18] Hic Cassius Longinus fuit nepos Tuberonis, natus ex filio, et pronepos Servii Sulpicii, quem proavum in suis libris appellat; fuit etiam auditor Masurii Sabini: secundum Pomponium in dicta l. 2. § penultimo ff. de origine iuris[19] et Paulum in l. dicere

---

[1] Chron. 2, 147 r. — [2] D. (1, 13) 1, 1. — [3] § 4. — [4] Ps. Fenestella l. c. — [5] D. (1, 2) 2, 51. — [6] D. (2, 1) 11. — [7] D. (16, 3) 14, 1. — [8] D. (29, 2) 25, 4. — [9] D. (5, 3) 13, 4 in Vulg. nova lex incipit verbis fin. § 3: 'Etiam si putavit'; Ulpiano attribuitur fr. in ed. Ven. 1494. — [10] D. (30) 37 pr. — [11] D. (34, 1) 9. C. Cassius in hac lege non laudatur; sed fortasse Dipl. legit 'Gaius Cassius' pro 'Gaius Seius'. Fragmentum Papiniani est, non Ulpiani. — [12] D. (32) 52 pr. — [13] D. (7, 1) 23, 1 (?) et 70 pr. — [14] D. (7, 1) 7, 2; in Vulg. nova lex incipit verb. 'Celsus libro 18. dig.' — [15] D. (37, 6) 2, 5. — [16] D. (45, 2) 17. — [17] D. (1, 9) 2. — [18] D. (19, 1) 24, 1. [19] D. (1, 2) 2, 51.

---

[a] '5.' Cod. — [b] '5020' Cod. — [c] Dig., 'Querino' (nomen patriarchae Venet. de quo supra p. 58.) Cod. — [d] 'neglectum' scr. ? — [e] 'res' Cod. — [f] Dig., 'sine' Cod.

de arbitris[1], ubi defendit, ut supra diximus[2], sententiam preceptoris sui. Et in l. servitutes la prima tit. generali ff. de servitutibus[3] Cassius refert Sabinum respondisse. Fuit etiam preceptor Celii Sabini et aliorum, ut dicto § penultimo[4], et Aristonis, ut dicit Pomponius in l. arbiter ff. de arbitris[5], ubi Aristo dicit audivisse Cassium dicentem.[a] Dissensiones etiam inter Labeonem et Capitonem auxit contra Proculum, hinc appellati sunt Cassiani ab ipso, Proculiani a Proculo: dicta l. 2. § penultimo.[4] De Cassianis vide in l. senatus § nec dubitavere ff. de donationibus causa mortis[6] et in § cum ex aliena Inst. de rerum divisione.[7] Floruit tempore Tiberii Cesaris anno mundi 5230.[b] et anno Christi 32., quo anno, cum esset in maxima auctoritate, Tiberius relegavit ipsum in exilium in Sardiniam et expulsit eum a civitate[8]; et relegavit etiam plures alios oratores et legistas et maxime [9]Vocienum[c] Montanum Narbonensem oratorem in Balearibus insulis, ubi mortuus fuit.[9] Et post mortem Tiberii, Gaii Caligule, Claudii et Neronis et aliorum imperatorum Vespasianus Magnus imperator anno 2. sui imperii, anno Christi 73. et anno mundi 5271. ab exilio revocavit et Rome diem suum obiit: secundum Pomponium in dicta l. 2. § penultimo ff. de origine iuris.[10] Suetonius autem Tranqúillus in vita duodecim Cesarum 6. libro in vita Neronis Claudii Cesaris[11] aliter loquitur; dicit enim, quod Cassio Longino iuris consulto ac luminibus orbato, quod in vetere gentili stemmate Gaii Cassii percussoris Cesaris retinuisset imagines, mori Nero iussit.[d] — ‖ De Cassio Severo Parmensi poeta f. 13 eximio vide Petrum Crinitum libro 3. de poetis latinis.[12] Fuit et Cassius Parmensis, qui de aquatilibus et aqua mirabiliter scripsit; fuit et Cassius Hemina, qui de eodem scripsit, ut per Plinium de naturali historia libro 1. et 12., 31., 32.[13]; scripsit libros historiarum, ut per Macrobium in libro 1. saturnaliorum in cap. de divisione dierum.[14] — De Cassio Longino an sit ille idem, de quo meminit Pomponius in l. 2. § penultimo ff. de origine iuris?[15] Cum quo videtur contrariari, quod scripsit Suetonius, de quo infra: Pomponius enim in dicta l. 2. § penultimo asserit ipsum Cassium fuisse relegatum a Tiberio in Sardiniam, deinde postea a Vespasiano revocatum

---

[1] D. (4, 8) 19, 2; v. dicere § 1. incipit nova lex in Vulg. — [2] supra p. 234, 15. — [3] D. (8, 1) 4 pr. — [4] D. (1, 2) 2, 51. — [5] D. (4, 8) 40. — [6] D. (39, 6) 35, 3 (!). — [7] I. (2, 1) 25. — [8] D. (1, 1) 2, 51 et 52. — [9-9] Euseb. Chron. 2, 149a. — [10] D. (1, 2) 2, 51. — [11] Nero 37. — [12] 3, 47 p. 115. — [13] Lib. 1. auctores ad lib. 12, 31, 32. — [14] 1, 16, 21. — [15] D. (1, 2) 2, 51.

---

[a] 'Et idem scribit Quintilianus libro 10. de institutione oratoria' hic male inseruit librarius, quae verba posui infra p. 240, 3, cum ad Cassium Severum pertineant. — [b] '5130' Cod. — [c] Euseb., 'Vocionum' Cod. — [d] in Cod. sequitur lacuna dimidii versus.

Rome diem supremum obiisse; Suetonius vero Tranquillus dicit de vita duodecim Cesarum in 6. libro in vita Neronis Claudii Cesaris, quod Cassio Longino iuris consulto ac luminibus orbato, quod in veteri gentili stemmate Gaii Cassii percussoris Cesaris imaginem[a] retinuisset, mori Nero iussit. Istud idem affirmat Iuvenalis in satira[b] 10.[1] dum dicit:

'Temporibus duris[c] igitur iussuque Neronis
Longinum per[d] magnos Senece[e] predivitis[f] hortos.[g]

Cornelius Tacitus libro 16. historie Augustane actionum diurnalium folio[h] 2.[2] dicit, quod Nero prohibuit Gaium Cassium officio exsequiarum coniugis Poppee, quod primum indicium mali fuit. Obiectumque[i] sibi fuit, quod inter imagines maiorum etiam Gaii Cassii effigiem coluisset ita inscriptam: 'duci partium', et ex senatus consulto Cassius in exilium damnatus deportatusque in insulam Sardiniam. Suetonius etiam in vita Gaii Caligule in cap. de libidine eius cum omnibus sororibus[3] refert Caligulam imperatorem Drusillam sororem virginem vitiasse eamque Lucio Cassio Longino consulari collocatam[k] abduxit. Et in tit. de prodigiis future[l] cedis eius[4] refert, quod monuerunt Fortune Antiatine, ut a Cassio[m] caveret. Qua causa ille Cassium Longinum Asie tum proconsulem occidendum delegaverat, immemor Chercam, a quo fuit interfectus, Cassium nominari. Adde, quod Philippus Beroaldus Bononiensis in commentariis Suetonii Tranquilli in vita Caligule[5] dicit, quod inter iuris consultos celebratur Cassius Longinus, natus ex filia Tuberonis, que fuit[n] Servii Sulpicii, quem Caligula a civitate expulit, qui mox revocatus a Vespasiano diem suum Rome obiit. Fuit[o] alter Lucius Cassius[p] Longinus, de quo loquitur Suetonius, quod [q]ex prenomine[q] liquet, nam ille iuris consultus 'Gaius' dictus est, cum in Suetonio 'Lucius' nuncuparetur. Istud idem firmat Beroaldus in vita Claudii Neronis in tit. de cede multorum.[6] Contrarium tamen firmat Raphael Voleterranus in libro 14. urbanorum commentariorum[r] ad Iulium II.[7], ubi dicit, quod Lucius Cassius Longinus iuris consultus, ut inquit Tranquillus, quod Gaii Cassii percussoris Cesaris nomen et stemmata haberet, iussus est a Nerone mori; pronepos fuit Servii Sulpicii et eques Romanus, ut scribit Pomponius; postea ad preturam venit. Adde etiam,

---

[1] v. 15. — [2] Ann. 16, 7 et 9, Beroaldus ad Sueton. Nero 37, f. 252. — [3] Cal. 24. — [4] Cal. 57. — [5] ad cap. 24 f. 175. — [6] ad cap. 37 f. 252. — [7] f. 146.

---

[a] Suet., om. Cod. — [b] 'libro' ins. Cod. — [c] 'diris' sec. Iuv. scr.? — [d] 'et' sec. Iuv. scr.? — [e] Iuv., 'severo' Cod. — [f] Iuv., 'prodiviu' Cod. — [g] Iuv., 'hornos' Cod. [h] 'lib.' Cod.; vide infra p. 239, 11. — [i] 'obiectum que' Cod. — [k] Suet., 'locatam' Cod. — [l] 'eius' ins. Cod. — [m] Suet., 'Crasso' Cod. — [n] 'neptis' om. et ed. comment. Beroaldi Venetiis 1506. f. 182. — [o] 'et' ins. Cod. — [p] 'Crassus' Cod. — [q–q] Berold., 'exprimendum' Cod. — [r] 'prediorum' Cod.

quod Cassius, de quo loquitur Suetonius, quod Gaii Cassii effigiem colebat, vocatur per Cornelium Tacitum in dicto libro 16. 'Gaius Cassius', et sic non est alter a Gaio iuris consulto, de quo loquitur Pomponius in dicta l. 2. § penultimo[1]; quare cogita. Adde, quod de Gaio Cassio scribit Cornelius in libro 12. historie Augustane actionum diurnalium folio 2.[2]: 'Post hec Gaio Cassio, qui Syrie preerat, deducere iuvenem ripam ad Euphratis iubet. Ea[a] tempestate Cassius ceteros preminebat peritia legum; nam militares artes ignote, industriosos ut ignavos pax in equo tenet' et reliqua. In libro 15.[b] folio 6.[3] dicit: 'Ceterum timore occulto ne[c] Lucius Silanus maxima nobilitate disciplinaque Gaii Cassii[d], apud quem educatus erat, ad omnem claritudinem sublatus.' Et in libro 16. folio 2.[4] dicit quod Gaius Cassius[e] opibus vetustis et gravitate morum precellebat. De quo etiam multa scribit in libro 13. in folio penultimo[5] et in libro 14. folio 6.[6] De Longino et Emilio Longino vide eundem Cornelium Tacitum in [f]2°. y et 10. libro.[f][7] — Fuit et alter Cassius Severus, de quo Seneca in declamationibus[8] dicit, quod fuit eloquentissimus in agendo, in declamationibus parum valebat. Oratio erat valde culta, ingentibus plena sententiis. Nemo minus passus est aliquid in oratione sua otiosum esse: nulla pars, que non sua virtute staret, nihil in quo auditor sine damno aliquid ageret, melius[g] semper de illo fortuna quam cura merebatur. De eodem etiam Cornelius Tacitus in dialogo 'an sui seculi oratores antiquioribus concedant et quare' in folio 6.[9]: 'Equidem non negaverim Cassium Severum, quem solum Aper noster nominare ausus est, si his comparetur, qui postea fuerunt, posse oratorem vocari, quamquam in magna parte librorum suorum plus vis[h] habeat quam sanguinis. Primus enim contexto[i] ordine rerum, omissa modestia ac pudore verborum, ipsis etiam quibus utimur[k] armis incompositus et studiis[l] feriendi[m] plerumque deiectus non [n]pugnat sed rixatur[n]. Ceterum, ut dixi, sequentibus comparatus ex varietate eruditionis et lepore urbanitatis et ipsarum virium et robore multos ceteros superavit.' Suetonius Tranquillus in vita Gaii Caligule imperatoris[10] sic scribit: 'Cassius Severus, si ceteris virtutibus colorem et gravitatem orationis adiecisset,

---

[1] D. (1, 2) 2, 51. — [2] Ann. 12, 11 et 12. — [3] Ann. 15, 52. — [4] Ann. 16, 7. — [5] Ann. 13, 48. — [6] Ann. 14, 42 et 45. — [7] Hist. 4, 62 (Longinus) et 59 (Aemilius Longinus). — [8] Lib. 3 praef. 2 et 5. — [9] De or. 26. — [10] re vera Quintil. Inst. orat. 10, 1, 116; vide infra p. 240, 3.

---

[a] Tac., 'et' Cod. — [b] '25' Cod. — [c] Tac., 'enim' Cod. — [d] Tac., 'Crassi' Cod. — [e] Tac., 'Crassus' Cod. — [f–f] corr., y = ystoriarum? — [g] Seneca, 'melior' Cod. — [h] sic etiam quid. cod. Tac. — [i] sic ed. Venet. 1512., 'contesto' Cod. — [k] sic et ed. Venet. — [l] sic et ed. Venet. — [m] Tac., om. Cod., in quo est lacuna quattuor fere litterarum. — [n–n] Tac. ed. Venet., 'pugnam sed rixam' Cod.

ponendus inter principes foret; nam et ingenii [a]plurimi et[a] in eo et acerbitas inerat et urbanitas eius summa, sed plus stomacho quam consilio dedit.' Hec ille. [b]Et idem scribit Quintilianus libro 10. de institutione oratoria.[b] Et huius Cassii scripta ex senatus consulto abolita et concremata fuisse iussu Caligule imperatoris, ut refert Suetonius in vita Caligule.[1] Et dicit Seneca in 6. controversiarum[2], quod Cassius, cum videret libros suos concremari: tunc[c], inquit, me vivum [d]uri oportet[d], qui[e] illos edidici. Floruit secundum Eusebium de temporibus anno Christi 34. et anno mundi 5232.[3]; de quo etiam scribit, quod Cassius Severus orator egregius, qui Quintianum illud proverbium luserat, 25. exilii sui anno et in summa inopia moritur et vix panno verenda contectus fuit. Et Solinus de mirabilibus mundi cap. 5.[f][4]: 'Armentarius mirmillo et Cassius Severus orator, qui se mutuo reddidere, ut, si quando pariter viderentur, dignosci non potuerint[g], ni discrepantiam habitus indicaret'. Cassius Severus scripsit de pictura; ipsum Plinius in libro 1. naturalis historie[5] inter auctores ponit. Macrobius libro 2. saturnaliorum[6]: 'Cum multi Severo Cassio[h] accusante absolverentur et architectus fori Augusti expectationem operis[i] diu traheret ita locutus est: vellem Cassius et meum forum accusasset.' Quintilianus libro 10. oratorie institutionis[7] ponit Cassium Severum inter illustres oratores et dicit: 'Multa si cum iudicio legatur, dabit imitatione digna Cassius Severus. Qui si ceteris virtutibus colorem et gravitatem orationis adiecisset, ponendus inter principes foret. Nam et ingenii plurimum in eo et acerbitas nimia et urbanitas eius summa, sed plus stomacho[k] quam consilio dedit.' Plinius libro 7. naturalis historie cap. 4.[8]: 'Ex feminis mutari in mares non est fabulosum. Invenimus[l] in annalibus Licinio Crasso Gaio Cassio Longino consulibus Casini puerum factum ex virgine sub parentibus iussuque haruspicum deportatum in insulam desertam.' Eutropius historiographus libro 4. cap. 4.[9] scribit: 'Anno 627. ab urbe condita Gaius Cassius Longinus et Sextus Domitius Calvinus consules Gallis transalpinis bellum intulerunt et de ipsis magna cum gloria triumpharunt.' Ex quo apparet, quod fuit alter Gaius Cassius Longinus ab isto iuris consulto. Iulius Obsequentissimus in libro de prodigiis[10]: 'Gaio

[1] c. 16, sed male Dipl. intellexit verba Suetonii. — [2] 10 (!), praef. 8. — [3] Chron. 2, 149 m. — [4] p. 20 v. 12. — [5] Auctores ad lib. 35. — [6] 2, 4, 9. — [7] § 116. — [8] § 36. — [9] Brev. 4, 22 (!). — [10] Iul. Obsequens, prodigiorum liber cap. 31.

[a–a] 'plurimum' ut infra v. 22. scr.? — [b–b] librarius haec verba inseruit supra p. 237 v. 5. — [c] 'nunc' sec. Sen. scrib.? — [d–d] Sen., 'reporter' Cod. — [e] Sen., om. Cod. — [f] '3' Cod. — [g] sic quid. cod. Sol., 'potuerunt' Cod. — [h] Macrob., 'Crasso' Cod. — [i] Macrob., om. Cod. — [k] Quint., 'stomachi' Cod. — [l] Plin., 'inversibus' Cod.

Cassio Longino et Gaio Sextilio consulibus lacte pluit; fulmine Crotone grex ovium cum cane et tribus pastoribus exanimatus; saturae vitulus biceps natus; tumultus in urbe Graccho leges ferente.'

[1]PROCULUS NEPOTIUS[1], iuris consultus facundissimus, Rome floruit. Qui Nerve patri successit et concurrens Gaii Cassii Longini, ex quo Proculiani appellati sunt, sicut a Cassio Cassiani, sed Proculi auctoritas maior fuit: secundum Pomponium in dicta l. 2. § penultimo.[2] Composuit in iure nostro plures libros et precipue librum epistularum, cuius est l. aquam ff. quemadmodum servitus amittatur[3], et ex libro 11. l. Atilicinus ff. de pactis dotalibus[4] et l. ancilla ff. de iure dotium[5] ibi: 'libro 7. epistularum Proculus Nepotius salutem.' Composuit in iure civili plures libros, cuius est l. fistulas ff. si servitus vendicetur.[6] Ipsum allegat Papinianus in l. si cum dies § fin. ff. de arbitris[7] et Neratius in l. nec haustum ff. de servitutibus rusticorum prediorum.[8] Et 'Neratius Proculum respondisse dicit': Paulus in l. pediculis § Neratius ff. de auro legato.[9] Paulus in l. si unus ff. de pactis[10], Gaius in l. si idem cum eodem ff. de iurisdictione omnium iudicum[11] et in l. [a]si diligenter[a] ff. mandati[12], [b]et Celsus in[b] l. quod Nerva ff. depositi[13], et Labeo in l. vir mulieri ff. de donationibus inter virum et uxorem[14], et Iustinianus in § item pretium Inst. de emptione et venditione.[15] Et Paulus in l. supra[c] § apud ff. de aqua pluvia arcenda[16] dicit: 'apud Ferocem Proculus ait.' Floruit temporibus Gaii Cassii Longini, quo tempore floruit Firmius[d] iuris consultus excellentissimus, ut coniici potest ex scriptis per Celsum in libro 9.[e] digestorum transuntive[f] in l. si venditor ff. de actionibus empti.[17]

ATILICINUS, legum doctor excellentissimus, Rome clarus fuit. Qui in iure nostro plura composuit, de quibus meminit Fufidius[g] in libro 2. questionum, ut per Papinianum in l. apud Fufidium[h] ff. de auro et argento legato[18] et idem Papinianus in l. si cum dies § fin. ff. de arbitris[19], Paulus

[1–1] Dipl. legit in D. (23, 3) 67 'Proculus Nepotius' pro 'Proculus nepoti suo'; vide infra v. 12. — [2] D. (1, 2) 2, 52. — [3] D. (8, 6) 16. — [4] D. (23, 4) 17. — [5] D. (23, 3) 67. — [6] D. (8, 5) 13. — [7] D. (4, 8) 21, 9; in Vulg. nova lex incipit verbis § 5. — [8] D. (8, 3) 5, 1 (!). — [9] D. (34, 2) 32, 5. — [10] D. (2, 14) 27 pr. — [11] D. (2, 1) 11. — [12] D. (17, 1) 4. — [13] D. (16, 3) 32. — [14] D. (24, 1) 64. — [15] I. (3, 23) 2. — [16] D. (39, 3) 11, 2. — [17] D. (19, 1) 38, 2. — [18] D. (34, 2) 5; sed fragm. est Africani, non Papiniani. — [19] D. (4, 8) 21, 9 (!); vide supra v. 14.

[a–a] re vera 'sed Proculus'; fortasse Dipl. scripsit 'sed diligenter' aberrans, postquam 'sed' scripsit, in initium insequentis legis, quae incipit 'diligenter'. — [b–b] 'et l. Celsus et' Cod. — [c] Dig., 'in summa' Cod. — [d] sic et Vulg. — [e] sic et Hal. — [f] 'transeuntive' scr.? — [g] 'Rufinus' Cod. — [h] 'Rufinum' Cod.

in l. sive a certis ff. de duobus reis[1] et in l. postquam[a] ff. de petitione hereditatis[2] et in l. Atilicinus ff. de servitutibus rusticorum prediorum[3], et Neratius in l. nec haustum ff. eodem[4], et Ulpianus in l. non solum § idemque ait ff. de iniuriis[b5] et in l. sed et si quis § quesitum ff. si quis cautionibus[6], et Iustinianus in § 1. Inst. de heredibus instituendis[7], ubi dicit: 'Placuisse Atilicino, prout Paulus suis libris, quos ad Masurium Sabinum quam ad Plautium scripsit', et Paulus in l. Plautius ff. ad legem Falcidiam.[8] Floruit tempore Proculi iuris consulti, ut coniici potest ex suis scriptis per Proculum libro 11. epistularum l. Atilicinus ff. de pactis dotalibus.[9] Fuit et Atilius, de quo per Pomponium libro 35. ad edictum l. quamvis ff. de pigneraticia actione.[10]

CELIUS[c] SABINUS, alias Cecilius Sabinus, legum doctor excellentissimus et Masurii Sabini auditor, Rome plurimum potuit secundum Pomponium in l. 2. circa fin. ff. de origine iuris.[11] Hic in iure civili plures libros conscripsit, quorum copia rara fuit. Quem allegat Ulpianus libro 1. ad edictum edilium curulium l. quis sit fugitivus ff. de edilicio edicto[12], Papinianus in l. ita stipulatus ff. de verborum obligationibus[13], et Paulus in l. non cogendum ff. de procuratoribus[14] et alibi sepe. Floruit temporibus imperatoris Vespasiani, dicta l. 2. circa fin. ff. de origine iuris, anno mundi 5171.[d] et anno Christi 77., quo anno Quirinus[e] Asconius scriptor et historicus celebratissimus teste Eusebio de temporibus[15] claruit et multum conscripsit; qui cum ad 73. etatis pervenisset annum, luminibus captus duodecim supervixit annis, in quibus in summo cum[f] omnium honore consenuit, quo in tempore historicos libros luculenter exscripsit. [g]Fuit et Celius Aromantus[h], cui divus Pius rescripsit secundum Callistratum in l. 1. § divus ff. de iure fisci.[16] Fuit et Gaius Cecilius consul secundum Plinium libro 4. epistularum epistula 17.[17] Aulus Gellius libro 4. noctium atticarum cap. 2.[18] allegat Cecilium Sabinum in libro de edilicio edicto curulium composito, et in libro 7. cap. 4.[19] dicit: 'Celius Sabinus iuris peritus scriptum reliquit.' Dominicus de Aretio libro 4. de claris viris[20]:

[1] D (45, 2) 17. — [2] D. (5, 3) 43. — [3] D. (8, 3) 35. — [4] D. (8, 3) 5, 1 (!). — [5] D. (47, 10) 11, 5 et 6. — [6] D. (2, 11) 4, 4. — [7] I. (2, 14) pr. (!). — [8] D. (35, 2) 49 pr. — [9] D. (23, 4) 17. — [10] D. (13, 7) 6 pr. Dipl. videtur legisse 'Atilius' pro 'Atilicinus'. — [11] D. (1, 2) 2, 53. — [12] D. (21, 1) 17 pass. — [13] D. (45, 1) 115, 2. — [14] D. (3, 3) 45 pr. — [15] Euseb. Chron. 2, 159 h. — [16] D. (49, 14) 1, 2. — [17] § 1. — [18] § 3. — [19] 6 (!), 4, 1. — [20] Domin. Bandini, vide supra p. 164 n. 6.

[a] Dig., 'plusquam' Cod. — [b] 'iureiurando' Cod. — [c] Dig., 'Celsus' Cod. — [d] '5275' scr.? vide p. 243, 19. — [e] sic et Euseb. ed. Mediol. — [f] del.?; deest apud Euseb. — [g] signum intercalat. ins. Cod. — [h] Dig. Vulg., 'Aromatus' Cod.

'Celius apud Romanos fuit historicus et orator magnus.' De quo scripsit Seneca libro 3. de ira[1]: 'Celium oratorem fuisse iracundissimum constat. Cum quo cenabat summe patientie cliens, cui tamen erat difficile fugere rixam Celii; ergo optimum iudicavit quidquid dixisset sequi et de omnibus grate agere. Non tulit Celius assentatorem, sed exclamavit: Dic aliquid contra, ut duo simus. Et quod tamen non irascetur, iratus cito sine adversario.' Hoc quidem sed strictius[a] Quintilianus ponit 10. libro de institutione oratoria[2] numerando Romanos oratores; dixit: 'Multum ingenii[b] fuit in Celio, et precipue in accusando, fuit et urbanitas multa dignusque [c]vir cui[c] et mens melior et vita longior contigisset[d].' Fuit et Celius Pontius, de quo per Tullium libro 2. de officiis[3] et Frontinum libro 4.[e] rubrica de constantia.[4] Aulus Gellius libro 11. noctium atticarum cap. ultimo allegat Sabinum in libro 2. iuris civilis.[5]

LONGINUS, orator et iuris consultus, Nerve auditor celeberrimus, alter a Gaio Cassio Longino, floruit Rome. Hic in equestri ordine fuit et postea ad preturam pervenit teste Pomponio in l. 2. circa fin. ff. de origine iuris.[6] Floruit temporibus Vespasiani cum Celio Sabino supra dicto anno Christi 77. et anno mundi 5275. Hoc tempore floruit et alter [7]Longinus, militaris discipline vir, qui fuit de numero equitum ex acie Romana Tito imperante contra Iudeos; et semel in mediam Iudeorum aciem instructam irruit hisque devictis hoc impetu duos fortissimos peremit, unius obviam tendentis ore percusso, alterius eodem telo, quod priori extraxerat, transfixo latere fugientis et ex mediis hostibus ad suos primum[f] cucurrit.[7]

PEGASUS[g], legista clarissimus et Proculi iuris consulti auditor, Rome in pretio multo existens in iure civili plures libros composuit. Quem Papinianus in l. ita stipulatus ff. de verborum obligationibus[8] et Pomponius in l. si || ita ff. de legatis 2.[9][h] Hic, teste Pomponio in l. 2. in fine ff. de f. 14
origine iuris[10], fuit prefectus urbi temporibus Vespasiani et sic floruit temporibus ipsius et supra dictorum Celii Sabini et Longini.

---

[1] Dialog. 5, 8, 6. — [2] 10, 1, 115. — [3] 2, 21, 75. — [4] Strategem. 4, 5, 14; vide Raph. Vol. f. 148. — [5] c. 18, 20. — [6] D. (1, 2) 2, 52. — [7-7] Iosephus, bell. Iud. 5, 7, 3, Vers. Ruf. 6, 8 i. f. p. 789. — [8] D. (45, 1) 115, 2. — [9] D. (31) 43, 2. — [10] D. (1, 2) 2, 53.

---

[a] tria puncta ins. Cod. — [b] Quint., 'ingenio' Cod. — [c-c] Quint., 'virtuti' Cod. — [d] Quint., 'contingisse' Cod. — [e] '10' Cod. — [f] 'primos' Vers Ruf. — [g] 'Pegasius' Cod. — [h] 'allegant' ins.?

NERVA, iuris consultus eximius et supra dicti Nerve filius et auditor, Rome clarus fuit. Hic, teste Ulpiano in l. 1. § initium ff. de postulando[1], in 17. anno aut paulo maiore publice respondit. Composuit in iure nostro civili plures libros, et Ulpianus sepe ipsum allegat, et maxime in l. 3. § si a filio ff. de peculio[2] et in l. 1. § sed pupillus[a] et in § fin. ff. de acquirenda possessione[3] et in l. 2. in fine ff. de infamibus[4]; et Paulus in l. possideri § Nerva et § aves ff. de acquirenda possessione[5], et Iulianus in l. 1. ff. de [b]usur. amut[b]. Floruit tempore supra dicti Proculi et Pegasi secundum Pomponium in dicta l. 2. circa fin. ff. de origine iuris[6] et probatur dicta l. 2. § fin. ff. de infamibus.[4] Qui etiam postea, mortuo Iaboleno, successit insimul cum Celso in locum ipsius, ut commemorat idem Pomponius in dicta l. 2. in fine ff. de origine iuris.[7]

PRISCUS IABOLENUS, insignis iuris consultus, Celii Sabini discipulus et auditor, Rome floruit. Hic, teste Pomponio in l. 2. circa fin. ff. de origine iuris[8], dicto Celio Sabino successit. Qui in iure civili plures libros composuit et precipue ex Cassio plures libros. Ex 1. et 2. libro est l. nuptura et l. post divortium ff. de iure dotium[9], et ex 6. libro l. adoptio ff. de adoptionibus[10] et l. 2. ff. de iurisdictione omnium iudicum[11] et l. si quis mandato ff. de negotiis gestis[12] et l. miles comeatu ff. ex quibus causis maiores[13]; ex 13.[c] libro l. si quis servum ff. de peculio[14], ex libro 15. l. civitates[d][15] et l. edificia ff. de servitutibus urbanorum prediorum.[16] Item ex posterioribus[e] Antistii Labeonis plures libros, ex quibus et precipue ex 4. 5. libro est l. penultima ff. de hereditate vel actione vendita[17], l. cum pecuniam ff. de negotiis gestis[18] et l. fin. de servitutibus tit. generali[19], [f]l. sed si ff. si quadrupes pauperiem fecisse dicatur[f], l. qui domum ff. locati[20], l. si debitor[g] ff. de iure dotium[21], l. fin. ff. de pactis dotalibus[22] et l. fin. de usuris[23] et l. cum usum fructum ff. quemadmodum ususfructus amittatur[24], ex libro 5.[h] l. Marcius[i] ff. locati.[25] Item composuit plures libros epistu-

---

[1] D. (3, 1) 1, 3. — [2] D. (15, 1) 3, 8 (!), cfr. § 7. — [3] D. (41, 2) 1, 3 (!) et 22. — [4] D. (3, 2) 2, 5. — [5] D. (41, 2) 3, 13 et 15. — [6] D. (1, 2) 2, 52. — [7] Pomp. D. (1, 2) 2, 51—53 hoc minime refert. — [8] D. (1, 2) 2, 53. — [9] D. (23, 3) 57 (ex Plautio!) et 64. — [10] D. (1, 7) 16. — [11] D. (2, 1) 2. — [12] D. (3, 5) 28 (lib. 8. ex Cass.!). — [13] D. (4, 6) 34 (lib. 15. ex Cass.!). — [14] D. (15, 1) 33. — [15] D. (3, 4) 8. — [16] D. (8, 2) 12 (lib. 10!). — [17] D. (18, 4) 24. — [18] D. (3, 5) 42 (lib. 6!). — [19] D. (8, 1) 20. — [20] D. (19, 2) 57. — [21] D. (23, 3) 80. — [22] D. (23, 4) 32. — [23] D. (22, 1) 49. — [24] D. (7, 4) 24. — [25] D. (19, 2) 59.

---

[a] 'populus' Cod. — [b–b] corr., 'rerum amotarum actione' (25, 2, 1) scr.? — [c] '12.' scr.? — [d] 'quod cuiuscumque civitatis' ins.? — [e] 'positionibus' Cod. — [f–f] corr.? — [g] 'debitum' Cod. — [h] '8' Cod. — [i] 'Marcus' Cod.

larum, ex quibus est l. non dubito ff. de servitutibus[1] et l. [a]si cui[a] et l. sequens ff. de usufructu[2], ex libro 13[b]. l. fin. ff. de constitutionibus principum.[3] Floruit temporibus Titi et Domitiani Augusti et filiorum Vespasiani imperatoris, anno Christi 94. et anno mundi 5292., [c]quo anno[c] Clemens I. post beatum Petrum fuit creatus pontifex maximus.[4] Vidit Iabolenus scripta Proculi et fuit tempore suo, ut apparet in l. quibus diebus § fin. ff. de condicionibus et demonstrationibus[5], dicit: 'ego Iabolenus et Proculus probavimus[d]' cetera.

SALVIUS ARISTO, insignis legista et orator, tempestate supra dicti floruit. Qui inter cetera sue doctrine opera volumen [e]quinque librorum[e] digestorum optimum a se compositum auditoribus suis reliquit, de quo meminit Scevola in l. si socer ff. soluto matrimonio.[6] Composuit etiam opus pulchrum in decretis Frontianis; allegat Pomponius in l. fin. ff. de acquirenda hereditate.[7] Plures notas apud Sabinum fecit, de quibus per Ulpianum in l. non solum ff. de usu et habitatione.[8] Istum etiam allegat Neratius libro[f] membranarum l. et ideo ff. de condictione furtiva[9] et in l. lege ff. de lege commissoria[10] et in l. et Aristoni ff. mandati[11] et in l. ab emptione ff. de pactis[12]; et Iulianus et Pomponius in l. apud Iulianum ff. de fideicommissariis libertatibus[13], et Iulianus in l. si pater meus ff. de solutionibus[14], et Iulianus et Ulpianus in l. certi condictio ff. si certum petatur § penultimo[15], et Ulpianus in l. si quando ff. si servitus vendicetur[16], et Paulus in l. sed si de fructu[g] ff. de usu et habitatione[17], et Pomponius in l. penultima ff. de rerum divisione.[18] Iste fuit discipulus Pegasi predicti et Prisci Iaboleni et audivit etiam Gaium Cassium secundum Pomponium in l. arbiter ff. de arbitris[19], ubi refert Aristonem se dicere audivisse Cassium dicentem. Fuit contemporaneus Neratii Prisci et Celsi patris. Exstat epistula Neratii ad Aristonem missa, de qua meminit Ulpianus in l. sed addes[h] § illud ff. locati.[20] Et vide Papinianum in l. fin. ff. si quis

---

[1] D. (8, 1) 12. — [2] D. (7, 1) 53, 54. — [3] D. (1, 4) 3. — [4] Euseb. Chron. 2, 161 u. — [5] D. (35, 1) 40, 5. — [6] D. (24, 3) 44 pr. (Scaevolae attribuit hoc fragm. et ed. Ven. 1506). — [7] D. (29, 2) 99. — [8] D. (7, 8) 6. — [9] D. (13, 1) 12, 2. — [10] D. (18, 3) 5. — [11] D. (17, 1) 39. — [12] D. (2, 14) 58. — [13] D. (40, 5) 20. — [14] D. (46, 3) 36. Dipl. legit 'Aristo' pro 'Aristoteles'. — [15] D. (12, 1) 9, 8. — [16] D. (8, 5) 17. Dipl. 'Aristo' pro 'Annio' videtur legisse. Ulpiano hoc fragm. attribuitur et in ed. Venet. 1494. — [17] D. (7, 8) 14, 1 (! vide Vulg.). — [18] D. (1, 8) 10. — [19] D. (4, 8) 40. — [20] D. (19, 2) 19, 2.

[a–a] 'sicuti' Cod. — [b] Cod. videtur habere '14.'. — [c–c] om. Cod. — [d] 'probamus' scr.? — [e–e] 'verborum' Cod.; Dipl. 'v. librorum' scripsisse videtur. — [f] om. Cod. — [g] 'usufructu' Cod. — [h] 'ad' Cod.

a parente fuerit manumissus.[1] Aristo etiam scripsit Celso secundum Ulpianum in l. iuris gentium ff. de pactis.[2] Et Pomponius in l. statuliberi[a] circa fin. ff. [b]de statuliberis[3] et l. Aristo ff.[b] de manumissis.[4] Vide in l. Salvius ff. de legatis prestandis[5], ubi exstat epistula Salvii Aristonis ad Iulianum. Floruit cum Neratio temporibus Traiani imperatoris, ut probatur ex verbis Papiniani in dicta l. fin. ff. si quis a parente fuerit manumissus[6]; qui floruit anno Christi 112. et anno mundi 5310, quo anno per Traianum fuit persecutio Christianorum.[7] Et quia floruit cum Neratio et Celso, et ipsi floruerunt tempore Adriani imperatoris secundum Elium Spartianum de vita Adriani imperatoris ad Diocletianum Augustum in penultimo folio[8], ubi dicit, quod Adrianus imperator, cum iudicaret, in consilio habuit Iulium Celsum, Salvium Iulianum et Neratium Priscum, quos senatus omnis approbavit, — et[c] sic Aristo floruit temporibus supra dictorum. Fuit etiam et Aristonius, de quo per Scevolam in l. si socer ff. soluto matrimonio.[9] [d]Gaius Plinius, qui[e] floruit tempore Traiani, in libro 1. epistularum in epistula ad Catilium Severum[10] multa scribit de laudibus Titi Aristonis, ubi sic scribit de ipso: 'Nihil est enim illo gravius, sanctius, doctius, ut mihi[f] non unus[g] homo, sed littere ipse omnesque bone artes in uno homine summum periculum adire videantur. Quam peritus ille et privati iuris et publici! Quantum rerum, quantum exemplorum, quantum antiquitatis tenet! Nihil est quod discere velis, quod ille docere non possit' et reliqua. Et pondera de isto: Aristo, de quo supra, est ille, de quo scribit Plinius? Aulus Gellius libro 11. noctium atticarum cap. ultimo[11]: 'Me memini legere in libris Aristonis iuris consulti, hautquaquam indocti viri.'

VALERIUS SEVERUS, orator et doctissimus iuris consultus, per tempus hoc Rome claruit. Qui plures libros in iure civili composuit, et ipsius est l. rogo ff. quando dies legatorum[12] et l. fin. ff. de iure immunitatis.[13] Ipsum etiam allegat Iulianus libro 3. digestorum l. ex facto ff. de negotiis gestis[14], et Ulpianus in l. 1. § quesitum ff. de aqua cottidiana et estiva[15] et in l. filius familias § si filia ff. de procuratoribus.[16] Floruit tem-

---

[1] D. (37, 12) 5. — [2] D. (2, 14) 7, 2. — [3] D. (40, 7) 29, 1. — [4] D. (40, 4) 46. — [5] D. (37, 5) 6. — [6] D. (37, 12) 5. — [7] Euseb. Chron. 2, 163 t, 165 a. — [8] Script. hist. Aug. Hadrian. 18, 1. — [9] D. (24, 3) 44 pr. — [10] Ep. 1, 22. — [11] c. 18, 16. — [12] D. (36, 2) 29: 'Valerius' et ed. Venet. 1506. — [13] D. (50, 6) 7. 'Vali.' et ed. Venetiis 1507. — [14] D. (3, 5) 29. — [15] D. (43, 20) 1, 21. — [16] D. (3, 3) 8 pr.

---

[a] 'statuliberis' Cod. — [b–b] om. Cod. — [c] del.? — [d] signum intercalat. ins. Cod. — [e] om. Cod. — [f] Plin., 'cum' Cod. — [g] Plin., 'minus' Cod.

poribus supra dictorum Prisci Iaboleni et Aristonis. — Fuit et Valerianus, iuris consultus eximius, cuius est l. [a]quod traditum[a] et l. non ad ea ff. de condicionibus et demonstrationibus.[1] Ipsum allegat Ulpianus in l. Valerianus ff. de pretoriis stipulationibus.[2] Quo tempore floruit, ignoro. — Fuit et alter Valerius iuris consultus, ad quem Marcus Tullius Cicero scribit epistulam in libro 1. in ultima epistula[3] et eum irridet. Quem Lentulum[b] Valerium commendat imperatori Appio in 3. libro epistularum.[4] — Valerium Soranum litteratissimum togatorum omnium appelat Marcus Tullius Cicero in libro 3. de oratore.[5] Et adde, quod [6]duo fuerunt Valerii Sorani, alter Quintus, alter Decius dictus, ambo et grecis et latinis eruditi.[6] Horum enim alterum subitanea morte corruisse ait Plinius[7], ut in superioribus[8] dictum fuit.

CELSUS, huius nominis primus, iuris consultus eximius, Rome clarus habitus fuit. Hic plures libros in iure civili composuit, et ipsum allegat Neratius in l. et[c] Aristoni ff. mandati.[9] Iste etiam successit Pegaso, ut refert Pomponius in l. 2. in fine ff. de origine iuris.[10] Floruit Rome temporibus Prisci Iaboleni. Iste habuit duos filios, summi ingenii iuris consultos: unum Celsum nomine, ad cuius differentiam allegatur Celsus pater et filius; [d]et alium nomine Marcellum, de quo infra dicetur[11], ut in l. Celsus ff. de legatis 2.[12], ubi dicit Marcellus[13]: 'Celsus pater meus referebat, cum esset in consilio [e]Lucenii Viri[e] consulis.'[d] Iste Celsus pater allegatur per Neratium in dicta l. et[f] Aristoni, et Celsus refert Celsum patrem suum in l. dedi § sed si servus ff. de condictione causa data[14], de quo Celso filio in suo loco dicetur.[15] [g]Et hic accommodari aliqua possunt[h] dicenda in loco de Celso filio.[g]

FULCINIUS, vir in legibus acutissimus, apud Romanos in pretio fuit. Hic cum doctissimus esset, pulchrum opus in iure civili reliquit, et

---

[1] D. (35, 1) 87 et 89. 'Valerianus' (pro 'Valens') et ed. Venet. 1506. — [2] D. (46, 5) 10; in Vulg. incipit ut supra. — [3] Ad fam. 1, 10. — [4] Ad fam. 3, 1. — [5] 3, 11, 43. — [6–6] Cic. Brut. 46, 169. — [7] Hist. nat. 3, 5, 65. — [8] in parte deperdita operis? — [9] D. (17, 1) 39. — [10] D. (1, 2) 2, 53. — [11] p. 257. — [12] D. (31) 29. In Vulg. haec lex incipit 'Celsus pater'. — [13] Marcello attribuit hoc fr. et ed. Ven. 1506. — [14] D. (12, 4) 37. — [15] p. 251.

[a–a] 'non auditum' Cod. — [b] 'Lentulus Valerius' pro 'L. Valerius' habet etiam Cod. Medic. Cic. ad fam. 1, 10. — [c] Dig., 'ut' Cod. — [d–d] Cod. ponit haec praemisso signo intercal. v. 25. post 'in suo loco dicetur'. — [e–e] sic ed. Ven. 1506, 'decauirij' Cod. — [f] Dig., 'ut' Cod. — [g–g] in margine. — [h] 'possent' Cod.

ipsum refert Neratius in l. penultima ff. de donationibus causa mortis[1], et Ulpianus in l. 1. ff. de impensis in rebus dotalibus factis[2] et in l. Fulcinius in princ. ff. ex quibus causis in possessionem eatur[3]; et Pomponius in l. si mulier ff. de donationibus inter virum et uxorem.[4] Ipsius est etiam l. libertates ff. de fideicommissaria libertate.[5] Floruit Rome temporibus Prisci Iaboleni nec non Celsi patris; et de isto facit mentionem Paulus in l. Fulcinius ff. de vi et vi armata.[6]

NERATIUS PRISCUS, orator atque legista celeberrimus, apud Romanos in pretio habitus fuit. Hic cum doctissimus fuit, plura in iure civili composuit. Ipsius est l. fin. ff. pro socio[7] et l. rei[a] maioris de exceptionibus[b][8], l. cum hoc ff. de exceptione[c] rei iudicate[9] et l.[d] si procurator ff. eodem tit.[10], l. servum et l. et[e] si duorum ff. de stipulationibus servorum[11], l. si procurator ff. de doli exceptione[12], l. si id quod ff. de [f]liberatione legata[f][13], l. hoc modo ff. de condicionibus et demonstrationibus[14], l. de evictione ff. ad Trebellianum[15], l. penultima de operis[g] servorum[16], l. si decem ff. de statuliberis[17], l. et eo modo de legatis 1.[18], l. ceptam et l. sequens de usucapionibus[19] et l. si heredes[h] de legatis 1.[20] et l. si mihi[i] de legatis 2.[21] Composuit etiam plures libros membranarum, ex quibus et maxime ex libro 4.[k] est et l. ideo ff. de legibus[22]; et l. penultima ff. si quis cautionibus[23] et l. fin. ff. de Publiciana[l][24] et l. usufructuarius de usufructu[25]; et ex libro 5. membranarum est l. 2. ff. de iuris et facti ignorantia[26]; ex libro 6. est l. quamvis ff. de in rem verso.[27] De quibus libris meminit Ulpianus in l. ex diverso ff. soluto matrimonio[28] et in l. dedi § si liber ff. de condictione ob causam[29] et in l. item sic[m] ff. de servitutibus

---

[1] D. (39, 6) 43. — [2] D. (25, 1) 1, 3. — [3] D. (42, 4) 7 pr. — [4] D. (24, 1) 29 pr. — [5] D. (40, 5) 16. Dipl. videtur in inscriptione huius legis 'Fulcinius' pro 'Lucinius' (sic vel 'Lucius' Vulg.) legisse. — [6] D. (43, 16) 8. — [7] D. (17, 2) 84; fragm. Labeonis, non Neratii est. — [8] D. (44, 1) 21. — [9] D. (44, 2) 27. — [10] re vera D. (44, 4) 11. — [11] D. (45, 3) 22 et 24. — [12] D. (44, 4) 11. — [13] D. (34, 3) 21. Vulg. attribuunt hoc fragm. Neratio. — [14] D. (35, 1) 64. 'Neratius' et in ed. Venet. 1506. — [15] D. (36, 1) 71. Vulg. attribuunt hoc fragm. Neratio. — [16] D. (7, 7) 5. Dipl. legit 'Neratius' pro 'Terentius'. — [17] D. (40, 7) 17. — [18] D. (30) 118. — [19] D. (41, 3) 40 et 41. — [20] D. (30) 124. — [21] D. (31) 59, fragm. in Vulg. inscribitur 'Neratius'. — [22] D. (1, 3) 21. — [23] D. (2, 11) 14. — [24] D. (6, 2) 17. — [25] D. (7, 1) 61. — [26] D. (22, 6) 2. — [27] D. (15, 3) 18. — [28] D. (24, 3) 17 pr. Dipl. in inscriptione huius fragm. 'Ulpianus' pro 'Paulus' legisse videtur. — [29] D. (12, 4) 3, 5.

---

[a] 'rem' Cod. — [b] 'executionibus' Cod. — [c] 'executione' Cod. — [d] om. Cod. [e] Dig., 'res' Cod. — [f-f] 'liberali causa' Cod. — [g] 'operibus' Cod. — [h] 'heredis' Cod. — [i] 'sine' Cod. — [k] '6' scr.? (VI pro IV). — [l] 'publicanis' Cod. — [m] 'sit' Cod.

rusticorum prediorum[1]; et Celsus in l. hactenus ff. de usufructu[2] et in l. qui fundum ff. quemadmodum servitus amittatur.[3] Composuit etiam libros de nuptiis, prout refert Aulus Gellius libro 4. noctium atticarum cap. 4.[4] Composuit etiam plures libros responsorum, et ex 3.[a] libro responsorum est l. usufructuarius ff. de usufructu[5], et librum 2. responsorum allegat Ulpianus in l. et[b] si damnum ff. de peculio[6] et Paulus in l. filius familias in princ. ff. de [c]in rem verso[c].[7] Neratium etiam allegat Gaius in l. Neratius ff. de condictione indebiti[8], et Papinianus in l. si unum § Neratii ff. de legatis 2.[9] et in l. fideiussor ff. de dolo[10]; et Ulpianus post Pomponium in l. si sponsus § si debitor ff. de donationibus inter virum et uxorem[11] et in l. si obstetrix[d] et in l. inde Neratius ff. ad legem Aquiliam[12], l. quotiens[e] § fin. de noxalibus actionibus.[13] Vidit etiam scripta Iuliani, ut apparet ex l. cum ex pluribus ff. de solutionibus.[14] Ipsum etiam Priscum allegat Ulpianus in l. 1. § si iusserim[f] ff. de acquirenda possessione.[15] Hic Neratius quandoque Priscus appellatur secundum Pomponium in l. tales condiciones § fin. ff. de condicionibus et demonstrationibus.[16] Hic sub Adriano principe carus et acceptus magne auctoritatis fuit, et cum iudicaret in consilio, ultra alios habuit predictum, quem senatus omnis approbavit, prout refert Elius Spartianus de vita Adriani imperatoris ad Diocletianum Augustum in penultimo folio[17], ubi etiam dicit in 1. folio[18], quod frequens sane[g] opinio fuit Traiano id animi fuisse, ut Neratium Priscum, non Adrianum successorem relinqueret multis amicis consentientibus, usque eo, ut Prisco aliquando dixerit: Commendo tibi provincias[h], si quid mihi fatale[i] contigerit.[k] Pomponius etiam in l. 2. in fine ff. de origine iuris[19] dicit, quod patri Celso successit Priscus Neratius et Celsus filius, qui utrique consules fuerunt. Floruit tempore Traiani imperatoris, l. fin. ff. si quis a patre fuerit manumissus[20], et Adriani imperatoris, teste Elio Spartiano ut supra, anno Christi 125. et anno mundi 5323., quo anno Adrianus Atheniensibus petentibus leges et iura ex Dra-

[1] D. (8, 3) 3 pr. — [2] D. (7, 1) 7, 3, verbo 'hactenus' § 2 in Vulg. incipit nova lex. — [3] D. (8, 6) 12. — [4] § 4. — [5] D. (7, 1) 61. — [6] D. (15, 1) 9, 1. — [7] D. (15, 3) 19. — [8] D. (12, 6) 63. — [9] D. (31) 67, 8, et apud Hal. hoc fragm. incipit 'si unum'. — [10] D. (4, 3) 19. — [11] D. (24, 1) 5, 5 (!), cfr. § 3. — [12] D. (9, 2) 9, 2 et 23 pr. — [13] D. (9, 4) 21, 6. — [14] D. (46, 3) 103. In Vulg. fragm. inscribitur 'Neratius'. — [15] D. (41, 2) 1, 21; fragm. est Pauli! — [16] D. (35, 1) 112, 3. — [17] Script. hist. Aug. Hadrian. 18, 1. — [18] 4, 8. — [19] D. (1, 2) 2, 53. — [20] D. (37, 12) 5.

[a] Hal., 'quinto' Cod. — [b] 'sed' scrib.? — [c–c] 'usufructu' Cod. — [d] 'obstetrici' Cod. — [e] 'quam' Cod. — [f] 'in senium' Cod. — [g] Spart., 'satis' Cod. — [h] 'ut' ins. Cod. — [i] Spart., 'natale' Cod. — [k] Spart., 'contingerit' Cod.

conis et Solonis reliquorumque libris composuit teste Eusebio de temporibus.[1] — Fuit Neratius Appianus, cui rescripsit Aristo teste Pomponio in l. Aristo ff. de manumissis testamento.[2]

TERTULLIANUS, legista atque historicus eloquentissimus, Rome et ingenio et auctoritate maximo in pretio habitus fuit. Qui cum vir eruditissimus esset, multos in iure civili libros et precipue plures libros questionum[a] composuit[b]; ex 1. libro est l. ideo quia de legibus[3], et ipsum in 4. libro questionum allegat Ulpianus in l. cum quidam § suum heredem ff. de acquirenda hereditate.[4] Edidit etiam librum de castrensi peculio, de quo Iustinianus imperator in l. cum furiosus § 1. C. de curatore furiosi[5] dicit: 'Tertullianus, iuris antiqui interpres, libro singulari, quem de castrensi peculio edidit' cetera. Sozomenus[c] Pistoriensis libro 2., suarum historiarum[6] sic scribit: 'Tertullianus, vir et legum et institutionum Romanorum peritissimus et inter scriptores admodum clarus, in apologetico suo, quem adversus gentes pro nostra fide scribit' cetera. Ipsius est etiam l. idem si pater et l. si filius familias ff. de militari testamento[7] et l. si servus ff. de acquirenda hereditate[8] et l. miles et l. sequens ff. de [d]castrensi peculio[d][9]. Floruit temporibus Adriani imperatoris, cuius tempore senatus consultum Tertullianum factum fuit teste Iustiniano in § 2. Inst. ad senatus consultum Tertullianum.[10] Et Eusebius de historia ecclesiastica[e] libro 2. cap. 2.[11]: 'Tertullianus vir et legum et institutionum Romanorum peritissimus et inter nostros scriptores admodum clarus, in apologetico suo, quem adversus gentes pro nostra fide scribit', et in libro 2. cap. 24.[12]: 'Tertullianus, vir scriptorum nobilissimus refert' cetera. Et sic fuit, ut colligitur ex dictis per Iustinianum, ubi supra, dicto 5. C. 7.[13][f], temporibus Neratii. — Fuit et alter Tertullianus presbyter, cuius vitam scribit sanctus Hieronymus libro de viris illustribus.[14] — Fuit et alter Iunius Tertullianus, qui floruit tempore Severi imperatoris, de quo per Ulpianum in l. 1. post princ. ff. ad Tertullianum.[15] — Angelus Politianus in suo 5. libro epistularum in epistula, quam direxit Iacobo Modesto Pratensi[16], sic scribit:

---

[1] Chron. 2, 167 c. — [2] D. (40, 4) 46. — [3] D. (1, 3) 27. — [4] D. (29, 2) 30, 6. — [5] C. (5, 70) 7, 1 a. — [6] Cod. Monac. f. 141. — [7] D. (29, 1) 23 et 33. — [8] D. (29, 2) 82; in Vulg. inscribitur 'Tertullianus'. — [9] D. (49, 17) 4 et 5; l. 5 in Vulg. inscribitur 'Idem'. — [10] I. (3, 3) 2. — [11] 2, 2, 4 (Rufin.) — [12] 2, 25 (!), 4 (Rufin.). — [13] vide supra not. 5. — [14] cap. 53. — [15] D. (38, 17) 1, 3. Vulg. habent 'Iunium Tertullianum'. — [16] Opera p. 70 et 72.

---

[a] 'quorum' Cod. Fortasse librarius male legit 'qōum'. — [b] om. Cod. — [c] 'Solobonus' Cod. — [d-d] 'militari testamento' Cod. — [e] 'scolastica' Cod. — [f] 'quod fuit' ins. Cod.

'Tertullianus unus ex[a] septem et triginta conditoribus iuris veluti centonibus[b]; huius libri sunt inserti[c] per Iustinianum imperatorem in suis quinquaginta libris digestorum. Composuit librum unum de castrensi peculio.' Adverte, quod Angelus predictus ponit ipsum post Florentinum in ordine, quare cogita. Nescio, an hic idem sit Tertullianus, cuius tempore fuit compositum senatus ‖ consultum Tertullianum, et vide infra, si debet f. 15.
esse post Florentinum. — Platina historicus in libro de vitis pontificum in vita Calixti I.[1] pape scribit, quod tempore ipsius pape Tertullianus Afer fuit[d], centurionis proconsularis[e] filius, quem Hieronymus primum post Victorem et Apollonium [f]inter doctos latinos commemorat. Acris[g] enim ingenii fuit, multa volumina scripsit. Vidi ego, Hieronymus inquit, Paulum quemdam Concordie, quod oppidum Italie est, qui se beati Cypriani notarium, cum ipse admodum adolescens esset, Rome vidisse diceret referretque Cyprianum nunquam absque Tertulliani lectione unam diem pretermisisse. Is vero, cum usque ad mediam etatem presbyter mansisset, invidia' et reliqua; videas Platinam.

URSEIUM[h], legistam celeberrimum, temporibus supra dictorum Neratii Prisci et Tertulliani [i]floruisse constat[i]. Qui in iure civili plures libros composuit. De quo meminit Ulpianus in l. si quis ff. communi dividundo[2], ubi apparet, quod Iulianus vidit scripta ipsius.

MENANDRUM etiam, in legibus eruditissimum, temporibus supra dictorum floruisse constat. Quem Marcellus in l. quedam ff. de penis[3] allegat. Qui in iure nostro multa composuit, quorum copia non habetur. Angelus Politianus in suo libro epistularum in dicta epistula, quam direxit Iacobo Modesto Pratensi[4]: 'Menander fuit unus de septem et triginta conditoribus iuris veluti centonibus[k], cuius libri militarium quattuor sunt inserti per Iustinianum in suis quinquaginta libris digestorum.' Nescio, an sit ille idem, quem allegat Marcellus in dicta l. quedam.

PUBLIUS IUBENTIUS IULIUS[5] CELSUS, Celsi supra dicti[6] filius et auditor, in iure civili eruditissimus, Rome in pretio fuit, et multa con-

[1] l. c. p. 24. — [2] D. (10, 3) 6, 12. — [3] D. (48, 19) 14. In Vulg. fragm. inscribitur 'Marcellus'. — [4] Opera p. 70 et 72. — [5] vide Spart. Hadrian. 18, 1, Krüger, Gesch. d. Quellen p. 181 n. 8. — [6] supra p. 247.

[a] 'et' Cod. — [b] Polit., 'cennonibus' Cod.; vide supra p. 231 n. 13. — [c] 'infrascripti' Cod. — [d] Plat., om. Cod. — [e] Plat., 'proconsulis' Cod. — [f] 'et' ins. Cod. — [g] Plat., 'aciens' Cod. — [h] 'Verteium' Cod. — [i–i] om. Cod. — [k] 'caenonibus' Cod., vide supra n. b.

scripsit et inter[a] cetera plures libros digestorum edidit. Ex libro 5. digestorum est l. ex his et l. sequens ff. de legibus[1], et ex libro 39.[b] est l. in ambigua ff. de legibus.[2] L. avus ff. de pactis[3], l. non est ferendus ff. de transactionibus[4], in l. in fundo ff. de rei vendicatione[5] Et librum 30.[c] digestorum ipsius allegat Papinianus in l. generaliter § si petitum ff. de fideicommissariis libertatibus[6] et meminit in l. si cum dies § fin. ff. de[d] arbitris.[7] Ipsum in predictis libris digestorum allegat Iulianus in l. usus[e] fructus § Celsus ff. de usufructu[8] et in l. 1. ff. de usufructu accrescendo[9], et Marcianus in l. talem[f] ff. de heredibus instituendis[10], et Ulpianus in l. etiam[g] in § penultimo et § fin.[11] et in l. item videndum ff. de petitione hereditatis[12] et in l. si sponsus § si quis rogatus ff. de donationibus inter virum et uxorem[13], l. cum duobus § 1. ff. pro socio[14] et in l. si remunerandi § si tibi ff. mandati[15] et in l. 1. ff. qui et a quibus[16] et in l. si habitatio[h] § 1. ff. de usu et habitatione[17] et in l. stipulationes non dividuntur § 1 ff. de verborum obligationibus[18] et in l. denique § unde illud ff. de minoribus[19] et in l. qui aliena § fin. ff. de acquirenda hereditate[20] et in l. 1. in fine ff. de dote prelegata[21] et in l. eius qui ad municipalem.[22] Et alios etiam composuit libros, quorum copia rara fuit. Iubentium Celsum eximium iuris consultum allegat Iustinianus imperator in l. discretis § penultimo C. qui testamenta facere possunt[23] et in § si rem Inst. de legatis[24], et Ulpianus in l. iusiurandi ff. de operis libertorum.[25] Vide in l. plenum § 1. ff. de usu et habitatione.[26] Ipsumque eleganter scripsisse dicit idem Ulpianus in l. 1. ff. de iustitia et iure.[27] Iste fuit filius Celsi iuris consulti eximii et ad differentiam patris allegabatur Celsus filius. Ita Celsum filium allegat Pomponius in l. ergo ff. de acquirendo rerum dominio[28] et in l. 2. in fine ff. de origine iuris[29], et Ulpianus in l. servum § sequitur

[1] D. (1, 3) 4 et 5. In l. 5. Dipl. videtur legisse 'idem libro 5. digestorum'. Hal. legit 'libro 15.'. — [2] D. (1, 3) 19. — [3] D. (2, 14) 33. — [4] D. (2, 15) 12. — [5] D. (6, 1) 38. — [6] D. (40, 5) 24, 8 (!), cfr. § 7. Dipl. aut in inscriptione huius legis legit 'idem' pro 'Ulpianus' aut aberravit in inscriptiones legum praecedentium. — [7] D. (4, 8) 21, 11 et 12; in Vulg. verb. § 5 incipit nova lex. — [8] l. ususfructus in Vulg. est D. (7, 1) 13 pr. in med. usque ad § 3 init.; Celsus hic non laudatur, sed in lege (sec. ord. Vulg.) sequ.: D. (7, 1) 13, 3. — [9] D. (7, 2) 1, 3. — [10] D. (28, 5) 52, 1. — [11] D. (5, 3) 13, 13; l. etiam in Vulg. incipit § 3 i. f. — [12] D. (5, 3) 18, 1. — [13] D. (24, 1) 5, 15. — [14] D. (17, 2) 52, 2 (!). — [15] D. (17, 1) 6, 4. — [16] D. (40, 9) 1. — [17] D. (7, 8) 10, 3 (!). — [18] D. (45, 1) 72 pr. (!). — [19] D. (4, 4) 3, 1 (!). — [20] D. (29, 2) 6, 7. — [21] D. (33, 4) 1, 9. — [22] D. (50, 1) 27, 2. — [23] C. (6, 22) 10, 3. — [24] I. (2, 20) 12. — [25] D. (38, 1) 7, 1. — [26] D. (7, 8) 12, 1. — [27] D. (1, 1) 1 pr. — [28] D. (41, 1) 30, 1. — [29] D. (1, 2) 2, 53.

[a] 'in iure' Cod. — [b] '33' scr.? — [c] '23' scr.? — [d] om. Cod. — [e] 'usu' Cod. — [f] 'tale' Cod. — [g] 'eam' Cod. — [h] 'habitationem' Cod.

ff. de verborum obligationibus[1] Celsum adolescentem scripsisse dicit. Iste Celsus, teste Pomponio in dicta l. 2. in fine ff. de origine iuris, successit patri Celso insimul cum Neratio Prisco, successit etiam Iaboleno Prisco cum Nerva filio iam sene. Fuit etiam consul Rome, ut in dicta l. 2. in fine. Et iste est ille Publius Iubentius consul tempore Adriani, de quo meminit Ulpianus in l. item veniunt § preterea ff. de petitione hereditatis[2], et Diocletianus et Maximianus imperatores in l. fin. C. de servis rei publice manumittendis.[3] Floruit Rome tempore Adriani imperatoris, dicta l. item veniunt § preter ff. de petitione hereditatis. Et dicit Elius Spartianus de vita Adriani imperatoris ad Diocletianum Augustum in folio penultimo[4], quod Adrianus predictus, cum iudicaret, in consilio habuit predictum Celsum et Salvium Iulianum et Neratium Priscum, quos senatus omnis approbavit, anno Christi 125. et mundi 5323.; et secundum historiam Martinianam[5] hoc tempore in Orientali ecclesia ministeria Christianorum greco more celebrata sunt, que prius hebraice celebrata fuerunt. Et Ulpianus in dicta l. dedi § sed si servus ff. de condictione causa data[6] dicit: 'Celsus refert patrem[a] suum Celsum existimasse' et corrigit opinionem patris sui. Et vide glossam in c. queritur[b] 2. q. 7.[7] Exstat supplicatio signata per Iubentium Celsum Rome, ut patet in 'fragmentis iuris civilis' et cetera.[8]

ABURNIUS VALENS, iuris civilis interpres et [c]doctissimus, Rome claruit et plures libros iuris civilis composuit et precipue libros fideicommissorum. Et ex libro 5.[d] fideicommissorum est l. si minor viginti quinque ff. de minoribus.[9] Vidit etiam scripta Iuliani, ut in dicta l. si minor viginti quinque annis. De isto dicit Pomponius in l. 2. in fine ff. de origine iuris[10], [e]quod post Celsum filium et Neratium Aburnius Valens floruit temporibus supra dictorum' et Adriani imperatoris. Iste Valens secundum Angelum Politianum in libro suo epistularum 5. in epistula, quam direxit Iacobo Modesto Pratensi[11], fuit unus ex septem et triginta conditoribus iuris, ex cuius libris Iustinianus fecit librum digestorum et ipsum velut

---

[1] D. (45, 1) 91, 3; fragm. est Pauli! — [2] D. (5, 3) 20, 6. — [3] C. (7, 9) 3, 1. — [4] Script. hist. Aug. Hadrian. 18, 1. — [5] Martin. Oppaviens. Chron. p. 446 (Imperatores v. Adrianus). — [6] D. (12, 4) 3, 7. — [7] Gl. 'non aequamus' ad Grat. II 2, 7, 36. — [8] vide C. I. L. 6, 1 no. 2120, Dessau, Inscr. Lat. 2, 2 no. 8380. — [9] D. (4, 4) 33. — [10] D. (1, 2) 2, 53. — [11] Opera p. 70.

---

[a] Dig., 'puerum' Cod. — [b] '7. distinct.' ins. Cod.[1], del. Cod[2]. — [c] 'orator' vel simile quid excidisse videtur. — [d] sic Hal., '25' Cod.: aberrasse videtur librarius in verb. seq. 'si minor 25'. — [e] 'dicit' ins. Cod.

centonem[a] appellat. Composuit secundum ipsum septem libros fideicommissorum.

TUSCIANUS, vir doctissimus et eruditissimus tempestate supra dictorum Neratii, Iubentii Celsi et Aburnii Valentis floruit teste Pomponio in dicta l. 2. in fine ff. de origine iuris[1]; qui plures libros in iure civili nostro composuit, quorum copia apud iuris consultos non exstabat, et eum non allegant.

SALVIUS IULIANUS, in iure civili doctissimus, Rome floruit et multa in iure nostro composuit, et inter cetera edictum perpetuum, teste Iustiniano in l. 2. § antique autem[b] sapientie C. de veteri iure enucleando[2] et Eutropio libro 8. de gestis Romanorum.[3] Alios quoque composuit libros super digesta, cuius est l. non omnium et l. [c]de his[c] ff. de legibus et l. si debitor de pactis[4] et l. qui absentem ff. de procuratoribus[5] et l. ex facto ff. de negotiis gestis.[6] Et ex eius libro 64. digestorum est l. si ipsa res ff. quod metus causa.[7] Ipsum etiam in libris digestorum allegat Ulpianus in l. 2. § fin. ff. soluto matrimonio[8] et l. 1. § Iulianus et l. sive contra § penultimo ff. de liberis agnoscendis[9] et l. quod si in diem ff. de petitione hereditatis[10], l. sed he[d] § defendere ff. de procuratoribus[11], et l. ubi autem ff. de in diem addictione[12] et in l. verum[e] ff. de minoribus[13] et in l. 1. § utrum[f] ff. si in fraudem patroni[14] et in l. pupillos[g] § si pluribus ff. de opere novo nuntiando[15] et in l. 2.[h] ff. de exceptione[i] rei iudicate[16] et in l. 2. ff. de donationibus causa mortis[17], l. ex facto in princ. ad Trebellianum[18], l. qui aliena § si is ff. de acquirenda hereditate[19] et in l. si sic[k] legatum § si quis ita de legatis 1.[20] et in l. 2. in fine de noxalibus actionibus[21], ubi allegat in libro 76.[l] digestorum, et in l. idem queritur § idem Iulianus ff. locati[22], ubi etiam allegat in libro 81.[m] digestorum; et Gaius in l. ex facto § Iulianus ff. ad Trebellianum.[23] Vide etiam in l. Iulianus

---

[1] D. (1, 2) 2, 53. — [2] C. (1, 17) 2, 18 (!), cfr. § 17. — [3] Brev. 8, 17. — [4] D. (2, 14) 55. — [5] D. (3, 3) 75. — [6] D. (3, 5) 29. — [7] D. (4, 2) 18. — [8] D. (24, 3) 2, 2. — [9] D. (25, 3) 1, 12 et 3, 5. — [10] D. (5, 3) 16. — [11] D. (3, 3) 35, 3. — [12] D. (18, 2) 4. — [13] D. (4, 4) 11, 5. — [14] D. (38, 5) 1, 6. — [15] D. (39, 1) 5, 16. — [16] D. (44, 2) 2. — [17] D. (39, 6) 2. — [18] D. (36, 1) 18, 1 (!). — [19] D. (29, 2) 6, 4. — [20] D. (30) 75, 4 (!), cfr. § 3. — [21] D. (9, 4) 2, 1. — [22] D. (19, 2) 13, 4. — [23] D. (36, 1) 18, 1, sed fr. est Ulpiani non Gaii.

---

[a] 'ceunonem' Cod., vide supra p. 231 n. 13. — [b] enim' Cod. — [c–c] aut' in his' (D. 1, 3, 15), aut 'de quibus' (D. 1, 3, 32) scr. — [d] 'haec' Cod. — [e] 'unum' Cod. — [f] 'si rem' Cod. — [g] 'p' Cod. — [h] '4' Cod. — [i] 'executione' Cod., vide supra p. 248, 12. — [k] 'id' Cod. — [l] '86.' sec. Hal. scr.? — [m] '86' scrib.?

ff. de in integrum restitutionibus[1], in l. sed si per pretorem § sollemnium[a] ff. ex quibus causis maiores[2] et in l. 2. in fine ff. si servitus vendicetur.[3] Super quos libros digestorum Iuliani Marcellus fecit quasdam notulas, de quibus meminit Iustinianus in l. 1. post princ. C. de communi servo manumisso[4], et Scevola in l. non utique ff. de eo quod certo loco[5], et Ulpianus in l. apud Iulianum ff. de heredibus instituendis[6] et in l. 1. ff. si usufructus petatur[7], l. loci corpus § si duorum ff. si servitus vendicetur[8] et in l. quam Tuberonis in princ. ff. de peculio[9] et in l. Marcellus in princ. ff. ad legem Falcidiam[10] et l. 1. in princ. ff. de penu legata[11] et in l. Marcellus ff. de verborum significatione[12] et in l. si quis testamento de legatis 1.[13], ubi dicit, quod apud Iulianum libro 32. digestorum Marcellus notat; et vide in l. metum § fin. ff. quod metus causa.[14] Istum Iulianum imperatores Leo[b] et Anthemius[c] in l. non sine C. de bonis quae liberis[15] appellant virum tante extimationis atque disertissimum iuris peritum, et Iustinianus in l. 2. § antique autem sapientie C. de veteri iure enucleando[16] appellat Iulianum 'legum et edicti perpetui subtilissimum conditorem', et in auth. quibus modis naturales efficiuntur legitimi in princ. collatione 5.[17] appellat 'sapientissimum'. De quo meminit idem Iustinianus in § si gregis Inst. de rerum divisione[18] et in § [d]si cui[d] et in § si vero et in § si grex Inst. de legatis[19] et in § suspectus autem Inst. de suspectis tutoribus[20] et in l. 1. § si que leges C. de veteri iure enucleando;[21] et Scevola in l. Gallus § fin. ff. de liberis et postumis[22] et in l. quidam ff. de iure codicillorum.[23] Et Paulus in l. si fideiussor de dolo[24] et in l. Iulianus ff. si quis omissa causa testamenti[25] et in l. non cogendum de procuratoribus[26] et in l. filius § sequens ff. de falsis[27] et in l. cum filio ff. de legatis 1.[28] Et Triphon[29] in l. penultima ff. de vi et vi armata[30] et in l. in bello § facti[e] ff. de captivis et postliminio reversis[31] et in l. in fundo § fin. ff. de iure dotium[32], ubi dicit opinionem

---

[1] D. (4, 1) 6; l. Iulianus in Vulg. incipit i. f. l. 6. — [2] D. (4, 6) 26, 7 (!). — [3] D. (8, 5) 2, 3. — [4] C. (7, 7) 1, 1a. — [5] D. (13, 4) 2, 7 (!), l. non utique in Vulg. incipit § 3. — [6] D. (28, 5) 5; in Vulg. inscribitur 'Idem' = Ulpianus. — [7] D. (7, 6) 1 pr. — [8] D. (8, 5) 4, 5 (!), cfr. § 4. — [9] D. (15, 1) 7, 1 (!). — [10] D. (35, 2) 34 (!). — [11] D. (33, 9) 1. — [12] D. (50, 17) 66. — [13] D. (30) 80 (!). — [14] D. (4, 2) 9, 8. — [15] C. (6, 61) 5, 1. — [16] C. (1, 17) 2, 18 (!), cfr. § 17 in med. — [17] Nov. 74 pr. (coll. 6!). — [18] I. (2, 1) 38. — [19] I. (2, 20) 9, 16 (!), 18. — [20] I. (1, 26) 5. — [21] C. (1, 17) 1, 10. — [22] D. (28, 2) 29, 15 et 16. — [23] D. (29, 7) 14. Vulg. habent 'Iulianum' pro 'Vivianum'. — [24] D. (4, 3) 19; fr. Papiniani non Pauli est, sed Pauli est fragm. praeced.! — [25] D. (29, 4) 26; fr. est Papiniani. — [26] D. (3, 3) 45, 2. — [27] D. (48, 10) 14, 1. — [28] D. (30) 11; fr. Papiniani est. — [29] vide infra p. 301, 8. — [30] D. (43, 16) 19. — [31] D. (49, 15) 12, 2. — [32] D. (23, 3) 78, 4 (!).

---

[a] 'sollemni' Cod. — [b] 'Seu.' Cod. — [c] 'Antoninus' Cod. — [d–d] 'sicuti' Cod. — [e] 'capte' Cod.

Iuliani approbare in auditorio. Et Marcianus in l. si cum prefinitione ff. quando dies legatorum cedat.[1] Et Pomponius in l. Iulianus ff. ad Macedonianum[2] et in l. proinde et l. si a furioso ff. si certum petatur.[3] Et Hermogenus[a] in l. [b]nam quod[b] ad Trebellianum.[4] Et Gaius in l. contra iuris § penultimo et in l. in persona[c] § 1. ff. de pactis[5] et in l. si pupillus ff. de arbitris[6] et in l. si per errorem ff. de iurisdictione omnium iudicum.[7] Et Modestinus in l. ius agnationis ff. de pactis.[8] Iste Iulianus floruit Rome temporibus Adriani[d] imperatoris, sub quo perpetuum composuit edictum teste Eutropio libro 8. de gestis Romanorum circa finem[9], et dicit Eusebius de temporibus[10], quod fuit tempore Adriani imperatoris 15. anno compositum perpetuum edictum a dicto Salvio Iuliano, anno mundi 5332. et anno Christi 134.[e] Et quod fuerit tempore Adriani imperatoris, attestatur Elius Spartianus de vita Adriani imperatoris ad Diocletianum Augustum in penultima carta[11], ubi dicit, quod Adrianus predictus cum iudicaret, in consilia[f] habuit Iulium Celsum, Neratium Priscum et Salvium Iulianum, quos senatus omnis approbavit. Et dicit Pomponius in l. 2. in fine ff. de origine iuris[12][g], quod Aburnius Valens, Tuscianus et Salvius Iulianus successerunt Iaboleno Prisco et sic floruit temporibus supra dictorum, ut supra[13] dixi. [14]Habuit filium Petronium[h] Didium Severum, ex quo natus fuit Salvius Iulianus Romanorum imperator[14], ut infra[15] dicetur. [i]Iste [k]secundum Angelum Politianum libro 5. epistularum in epistula, quam direxit Iacobo Modesto Pratensi[16], fuit unus ex septem et triginta conditoribus iuris, quos veluti centones[l] Iustinianus imperator in libris suis digestorum inseruit. Composuit secundum Iustinianum in princ. pandectarum, que sunt Florentie[17], libros nonaginta digestorum, item librum unum de ambiguitatibus, item ad Minucium[m] libros sex, item ad Urseium[n] libros quattuor. Et secundum Angelum Politianum, ubi supra, floruit Adriani temporibus et iudicanti in consilio fuit,

---

[1] D. (36, 2) 20. — [2] D. (14, 6) 19. — [3] D. (12, 1) 8 et 12. — [4] D. (36, 1) 14. — [5] D. (2, 14) 28, 2 (!) et 30, 1. — [6] D. (4, 8) 35. — [7] D. (2, 1) 15, fragm. est Ulpiani! — [8] D. (2, 14) 34. — [9] Brev. 8, 17. — [10] Chron. 2, 167 p. — [11] Script. hist. Aug. Hadrian. 18, 1. — [12] D. (1, 2) 2, 53. — [13] supra p. 253 seq. — [14–14] Eutrop. Brev. 8, 17. Script. hist. Aug. Did. Iulian. 1 et 2. — [15] infra p. 268. — [16] Opera p. 70. — [17] Ind. Flor. I.

---

[a] Hermogenes' vel 'Hermogenianus' scr. — [b–b] 'namque' Cod. — [c] 'personam' Cod. — [d] 'Traiani' Cod. — [e] '135' Cod. — [f] sic et ed. Venet. 1490. — [g] 'dicit' ins. Cod. — [h] Script. hist. Aug. Did. Iul. 2., 'yunonium' Cod. — [i] signum intercalat. ins. Cod. — [k] 'est' ins. Cod. — [l] Polit., 'uunones' Cod., vide supra p. 231 n. 13. — [m] sic et Polit. — [n] 'Biseyum' Cod.

vir magne auctoritatis, [a]avunculus etiam Didii Iuliani, deinde principis advocatus.[a] Fuit etiam doctissimus in greca lingua, ut apparet in digestis Iustiniani, ubi in legibus Iuliani ponuntur multa verba greca et maxime in l. observare § ingressus[b] ff. de officio proconsulis et legati[1] et in l. item pretor ff. de suis et legitimis.[2] — Fuit et Pompeius Iulianus, vir clarus et inter Syros[c] auctoritate[d] et opibus princeps, socer Euphratis philosophi, de quo meminit Plinius libro 1. epistularum epistula 10[3]; licet ibi Iovanes Maria Cataneus dicat[4], exstare in digestis frequentissime responsa Iuliani iuris consulti celeberrimi, tamen iste Iulianus iuris consultus credo, quod fuit alius a Pompeio Iuliano, cum eodem tempore fuerint. — Vide Elium Spartianum in vita Didii Iuliani[5], qui dicit fuisse Mediolanensem. [6]Iste Iulianus fuit filius Albii, bis consulis prefecti urbis et iuris consulti eximii[6]; iste Iulianus fuit Mediolanensis. [7]Scribit Benvenutus Imolensis in suo libello de vitis imperatorum, quem 'Augustalem' appellavit, cui papa Pius vitas imperatorum, qui[e] post obitum Benvenuti imperaverunt, addidit, ut[f] ipse in principio sue testatur Europe[8], — scribit ergo Benvenutus in vita Iuliani Didii 20. imperatoris Romani sic[9]: 'Iulianus Didius post Pertinacem assumpsit imperium, qui fuit nepos Iuliani magni iuris consulti, quod magis nobilitat eum, cuius antiqui fuerunt de Mediolano.' Adde etiam, quod sententia Iuliani rescripto Pii Antonini comprobata est in l. filium § sed si portio ff. de legatis prestandis.[10] Iustinianus in l. penultima C. de condictione indebiti[11] appellat Salvium Iulianum 'subtilissimum testem, summe auctoritatis hominem et pretoriani edicti ordinatorem'.

ULPIUS MARCELLUS, legista doctissimus et sue etatis singularissimus, Rome floruit et fuit Iubentii Celsi iuris consulti eximii filius. De se ipso ipsemet testatur in l. Celsus pater meus ff. de legatis 2.[12], de quo etiam meminit in l. quidam in testamento eodem tit.[13] Vir omnium eruditissimus fuit et in iure civili multos composuit libros et iura civilia miro explanavit ingenio, de quibus infra scriptos libros invenimus: ad

[1] D. (1, 16) 4, 5. Iuliano attribuit fr. et ed. Venet. 1494. — [2] D. (38, 16) 8 pr. — [3] § 8. — [4] ad Plin. ep. l. c. f. 10[v]. — [5] Script. hist. Aug. Did. Iulian. 2, — [6–6] Script. hist. Aug. l. c. Quid. cod. habent 'Albius' pro 'Salvius'. — [7] quae sequuntur reperiuntur et infra p. 268, 27. — [8] Aen. Syl. Praef. ad Europ. p. 83. — [9] p. 8. — [10] D. (37, 5) 5, 6. — [11] C. (4, 5) 10, 1. — [12] D. (31) 29 pr., vide Vulg. et supra p. 247, 20. — [13] D. (31) 30; Marcello attribuit fr. et ed. Venet. 1506.

[a–a] male Dipl. legisse videtur Politianum, qui scribit: 'avunculus etiam Didii Iuliani, deinde principis. Advocantur et Neratii Prisci Regularum quindecim.' — [b] vide Vulg. — [c] vide Plin., 'Scyros' Cod. — [d] 'auttoritatibus' Cod. — [e] locus gem., om. Cod. — [f] locus gem., 'et' Cod.

formulam hypothecariam librum singularem[1], de quo est l. cum secundus ff. de distractione pignorum[2] et l. sane de pigneraticia actione[3] et l. pecuniam et l. eadem ff. eodem tit.[4] et alie multe. Item ad legem vigesimam hereditatium plures libros, et ex 1. libro est l. funeris sumptus ff. de religiosis et sumptibus funerum.[5] Item ad legem Iuliam et Papiam plures libros, et ex 1. libro est l. observandum ff. de ritu nuptiarum.[6] Item et f. 16 plures libros responsorum, et ex 4. est l. mora fieri ‖ ff. de usuris[7] et ex libro singulari l. Lucius ff. mandati.[8] Item et plures libros fideicommissorum, et ex 4. est l. fideicommissum ff. de condictione indebiti.[9] Item et plures libros questionum, de quibus meminit Scevola secundum Ulpianum in l. si [a]aliena ff. de usurpationibus[b][10], et de libro 28.[c] meminit etiam Ulpianus in l. creditori ff. de legatis 1.[11] et Iulianus in l. quotiens § non tantum[d] ff. de administratione tutorum.[12] Item et de publicis iudiciis plures libros, et ex libro 2. est l. divus ff. de officio presidis.[13] Item de officio presidis, et ex 1. libro est l. de etate ff. de minoribus.[14] Item de appellationibus, et ex libro 2. est l. fin. ff. de in integrum restitutionibus.[15] Item et plures libros institutionum, et ex 3. libro est l. quod si donavero[e] ff. de usu fructu.[16] Item et libros publicorum[f], et ex 2. libro est l. ictus fustium ff. de infamis.[17] Item et plures libros digestorum, et ex 26. libro est l. non aliter ff. de adoptione[18] et l. hec[g] autem ff. eodem[19], et ex libro 17.[h] l. adoptio de adoptione.[20] Ipsum in predictis libris digestorum allegat Ulpianus in l. patris et filii ff. de vulgari et pupillari[21] et in l. quid ergo ff. de usu fructu[22] et in l. iuris gentium in princ., per totum et maxime [i]in §[i] sive[k] igitur et in § idem[l] Marcellus ff. de pactis[23] et in l. 2. § fin. ff.

---

[1] in inscriptionibus legum sequentium Dipl. 'Marcellus' pro 'Marcianus' legit. — [2] D. (20, 5) 5. — [3] D. (13, 7) 17. — [4] D. (13, 7) 33 et 19. — [5] D. (11, 7) 37; Vulg. attribuunt hanc legem Marcello. — [6] D. (23, 2) 49. — [7] D. (22, 1) 32. Dipl. legit 'Marcellus libro 4. responsorum' pro 'Marcianus libro 4. regularum'. — [8] D. (17, 1) 38. — [9] D. (12, 6) 62. Dipl. legit 'Marcellus' pro 'Maecianus'; 'Marcianus' ed. Venet. 1494. — [10] D. (41, 3) 10, 2. — [11] D. (30) 28, 1. Vulg. habent: 'Marcellus libro 28. quaestionum putat.' — [12] D. (26, 7) 9, 7. Dipl. 'quest.' pro 'digest.' legisse videtur. Vulg. incipiunt 5, 7 novam legem: 'Iulianus libro 21. dig.' et fr. sequ. inscribunt 'Idem'. — [13] D. (1, 18) 14; 'Marcellus' et ed. Ven. 1494. — [14] D. (4, 4) 43. — [15] D. (4, 1) 8. Et Vulg. habent 'Marcellus' pro 'Macer'. — [16] D. (7, 1) 40. Dipl. 'Marcellus' pro 'Marcianus' legit. — [17] D. (3, 2) 22. — [18] D. (1, 7) 18. — [19] D. (1, 7) 20. — [20] D. (1, 7) 38. — [21] D. (28, 6) 20. — [22] D. (7, 1) 70. Dipl. legit fr. 71 quasi partem fr. 70; sic et ed. Ven. 1494. — [23] D. (2, 14) 7, 16—18 (in Vulg. § 11. incipit 'sive igitur') et § 5 in med.

---

[a] 'in' ins. Cod. — [b] 'usuris' Cod. — [c] Dig., '18' Cod. — [d] 'tum' Cod. — [e] Dig., 'donatio' Cod. — [f] Dig., 'pubiecati' Cod. — [g] Dig., 'hae' Cod. — [h] '26' (sic Dig.) vel '27' scrib.? — [i—i] om. Cod. — [k] 'si' Cod. — [l] 'et' Cod.

de negotiis gestis[1] et in l. si fideiussor ff. qui satisdare cogantur[2] et l. ubi autem ff. de in diem addictione[3] et in l. [a]apud Marcellum[a] de rei vendicatione[4] et l. quod si deferente ff. de dolo[5] et in l. denique § fin. ff. de minoribus[6] et in l. Marcellus ff. de impensis in rebus dotalibus factas[7] et in l. 1. § eleganter ff. de liberis agnoscendis[8] et in l. sive contra in princ. ff. eodem tit.[9] et in l. [b]in his[b] § fin. ff. de solutionibus[10] et in l. 1. § inde queritur ff. de novi operis nuntiatione[11] et in l. non putavit § si ab uno et § si quis sua ff. ut in possessionem legatorum[12] et in l. non solum ff. de iniuriis.[13] Et Marcianus in l. filius familias § 1. de legatis 1.[14] Et Paulus in l. tutor ff. de pigneraticia actione[15] et in l. si ante[c] ff. de iudiciis et l. in eo ff. de acquirendo rerum dominio[16] et l. si heres ff. ad legem Falcidiam.[17] Et Gaius in l.[d] Et Iulianus in[e] l. si pretor ff. de iudiciis.[18] Pomponius l. si in venditione ff. communia prediorum.[19] Composuit etiam plures notulas super libros Iuliani, ut dixi supra in cap. de Iuliano.[20] Ipsum etiam allegat Triphonius in l. in bello § facte ff. de captivis.[21] Et l. quidam in princ. et in l. ita tamen[f] § quotiens et § sequenti et § ex Trebelliano ff. ad Trebellianum.[22] Et Iustinianus imperator in § sed si quis[g] Inst. de ingenuis.[23] Floruit temporibus Iuliani iuris consulti, — nam Marcellus allegat Iulianum, et Iulianus allegat Marcellum, ut dixi supra in cap.[h] de Iuliano[24], et dicit Ulpianus in l. metum § penultimo ff. quod metus causa[25], quod Iulianus fuit notatus a Marcello — anno Christi 151. et anno mundi 5349., temporibus Titi Antonini Pii, cuius fuit consiliarius, ut refert Iulius Capitolinus in vita Antonini Pii ad Diocletianum Augustum[26], ubi etiam dicit, quod predictus imperator multa de iure sanxit, usus consilio ipsius Ulpii Marcelli et aliorum iuris peritorum. Ipsum etiam divum Antoninum allegat Marcellus in l. divus ff. de in integrum restitutionibus[27] et in l. si

[1] D. (3, 5) 3, 11 (!). — [2] D. (2, 8) 7 pr. — [3] D. (18, 2) 4, 3. — [4] D. (6, 1) 3 pr. — [5] D. (4, 3) 21. — [6] D. (4, 4) 3, 11. — [7] re vera tit. sequ. D. (25, 2) 11 pr. — [8] D. (25, 3) 1, 10, cfr. § 11. — [9] D. (25, 3) 3 pr. — [10] D. (46, 3) 5, 3. — [11] D. (39, 1) 1, 10. Vulg. habent 'Marcellus' pro 'Celsus'. — [12] re vera tit. de bonorum possessione contra tabulas D. (37, 4) 8, 3 et 6. — [13] D. (47, 10) 11, 7. — [14] D. (30) 114, 3 (!). — [15] D. (13, 7) 16, 1. — [16] D. (41, 1) 33 pr. In Vulg. fragm. inscribitur 'Paulus'. — [17] D. (35, 2) 3, 2. — [18] D. (5, 1) 75. — [19] D. (8, 4) 6, 3a, ubi in Vulg. incipit nova lex. — [20] supra p. 255, 3. — [21] D. (49, 15) 12, 2, vide Vulg. — [22] D. (36, 1) 26 pr., 28, 6, 7 et 11, quae fragm. Iuliani sunt, non Tryphonini. — [23] I. (1, 4) pr. (!). — [24] supra p. 255, 3 seq. — [25] D. (4, 2) 9, 8. — [26] Script. hist. Aug. Ant. Pius 12, 1. — [27] D. (4, 1) 7 pr.

[a–a] 'Marcellus' scr. ? — [b–b] Dig., 'si is' Cod. — [c] 'a me' scrib. ? D. (5, 1) 11 ? — [d] exciderunt quaedam. Dipl. laudasse videtur D. (8, 2) 10, quae lex in Vulg. inscribitur 'Gaius'. — [e] 'et' Cod. — [f] 'cum' Cod. — [g] 'his' Cod. — [h] om. Cod.

fideiussor ff. qui satisdare cogantur.[1] — Fuit etiam Sulpicius Marcellus, quem allegat Marcianus in l. Sulpicius ff. de donationibus inter virum et uxorem[2], et etiam Amplius Marcellus, de quo meminit Ulpianus in l. 2. § fin. ff. de administratione tutorum[3]; de quibus vide in l. Antistius ff. de acquirenda hereditate[4], ubi Iabolenus: 'in libro regularum[a] singulari[b] Pomponii Marcellus notat'; et iste Marcellus allegat Scevolam in l. cum quo ff. ad legem Falcidiam.[5] Floruerunt temporibus Marci Commodi et Severi et Alexandri Severi imperatoris insimul cum Pomponio et Scevola. Et in l. quamvis allegat divum Severum et Antoninum ff. de iudiciis[6], et in l. divus ff. de officio presidis[7] allegat divum Marcum et Commodum Scapule[c] Tertullio[d] scripsisse, et in l. neque in fine ff. de militari testamento[8] allegat 'imperatorem nostrum cum divo Severo'. Fuit et alius Ulpius iuris consultus, cuius est suprascriptio[e] Gordiani imperatoris in l. si pater tuus C.[f] de heredibus instituendis[9] et Alexandri in l. 1. C. unde legitimi[10] et in l. si is C.[g] si pendente appellatione.[11] — Iste Marcellus composuit libros [h]unum et triginta[h] digestorum, item librum unum responsorum, item libros sex ad leges, et, secundum Angelum Politianum in libro 5. epistularum in epistula directa Iacobo Modesto[12], fuit unus ex septem et triginta conditoribus iuris, ex quibus libris[i] fecit apparatus digestorum. — Fuit et Marcellus Eprius[k] Capuanus[l], iuris consultus et orator eximius tempore Vespasiani imperatoris, de quo multa scribit Cornelius Tacitus in dialogo 'an sui seculi oratores antiquis concedant et quare' in 2. folio.[13] Fuit et Ulpius[m] Rufinus, qui de floribus et natura ipsorum et coronamentorum scripsit, de quo per Plinium libro 21.[n] naturalis historie precipue in libro 1.[14]; et Modestinus in l. divus ff. qui petant tutores[15] dicit: 'Divus Severus Ulpio[o] Rufino'; et sic fuit alter, quia Plinius fuit ante Severum.

VINDIUS VERUS[p], orator et iuris consultus celebratissimus, Rome clarus fuit et multa composuit. De quo meminit Ulpianus in l. iuris gentium

[1] D. (2, 8) 7 pr. — [2] D. (24, 1) 49. — [3] D. (26, 7) 2, 1: 'Amplius Marcellus libro vicesimo primo digestorum scribit.' (!). — [4] D. (29, 2) 62 et 63. — [5] D. (35, 2) 56, 2. — [6] D. (5, 1) 51. Dipl. 'Marcellus' pro 'Marcianus' legit. — [7] D. (1, 18) 14. 'Marcellus' et in ed. Venet. 1494. — [8] D. (29, 1) 13, 4, l. neque in Vulg. incipit § 1 i. f. — [9] C. (6, 24) 4. — [10] C. (6, 15) 1. — [11] C. (7, 66) 3. — [12] Opera p. 70. — [13] De orat. 8. — [14] Hist. nat. 1, auctores ad l. 21. — [15] D. (26, 6) 2, 2 (!).

[a] 'rerum' Cod. — [b] Dig., 'singularium' Cod. — [c] Dig., 'Scrapulo' Cod. — [d] sic et Vulg. — [e] 'l.' ins. Cod. — [f] 'ff.' Cod. — [g] 'ff.' Cod. — [h–h] Polit., '20.' Cod. — [i] 'Iustinianus' ins.? — [k] Tac., 'Epsius' Cod. — [l] vide Tac., 'Capurnus' Cod. — [m] Dipl. 'Vlbius' pro 'Vibius' legisse videtur. — [n] '4.' Cod. — [o] sic (pro 'Cuspio') et Hal. — [p] 'Nerus' hic et infra Cod.

in princ. et per totum ff. de pactis[1] et in l. si quis ex aliena ff. de iudiciis[2], et Paulus in l. 2. ff. si ex noxali causa agatur[3], et Mecianus in l. penales in fine ff. ad legem Falcidiam[4], ubi dicit 'Vindium nostrum.' Iste prestantissimus vir floruit temporibus imperatoris Antonini Pii, — prout refert Iulius Capitolinus in vita Antonini Pii ad Diocletianum Augustum[5], ubi dicit, quod Antoninus predictus multa de iure sanxit, usus consilio predicti Vindii Veri et Ulpii Marcelli et aliorum iuris peritorum, — anno Christi 151. et anno mundi 5349.

VOLUSIUS MECIANUS. Ipse ob doctrinam et iuris scientiam Rome per id tempus multo in pretio habitus fuit eo, quod de iure civili volumen egregium ediderit, quod Marco Antonino[a] obtulit[6], sed et alium librum ex lege Rhodia epitomarum scripsit, cuius est l. fin. ff. ad legem Rhodiam de iactu.[7] De Meciano meminit Ulpianus in l. sicut ff. quibus modis ususfructus amittatur[8], et per Iulianum in l. qui levande ff. ad legem Rhodiam de iactu.[9] Floruit tempore supra dicti Marcelli et Vindii, quem 'Vindium nostrum' appellat secundum Ulpianum[b] in l. penales in fine ff. ad legem Falcidiam.[10] Fuit etiam consiliarius Marci Antonini imperatoris[11], ut refert Iulius Capitolinus in vita Antonini Pii ad Diocletianum Augustum[12], ubi dicit, quod dictus imperator multa de iure sanxit, usus consilio supra dictorum Volusii Meciani, Vindii et Marcelli et aliorum iuris consultorum. Et leges ipsius Meciani sunt inserte in corpore iuris civilis, et ipsius est: l. si ita fuerit ff. de legatis 3.[13] et l. si sic locutus et l. etiam ff. eodem tit.[14] et l. vel ex parte ff. de rebus dubiis[15] et in l. filius familias et l. in ambiguis ff. de verborum significatione[16]. Iste Mecianus fuit preceptor in iure civili Marci Antonini philosophi imperatoris, cuius tempore multum floruit, ut refert idem Iulius Capitolinus in vita Antonini Pii ad Diocletianum Augustum[17], ubi dicit, quod predictus imperator studuit iuri audiens Lucium Rufinum iuris consultum, cuius est l. quod legatur de iudiciis[18], et Volusium Mecianum predictum. Pondera, quod Iulius Capitolinus dicit, quod Marcus Antoninus studuit[c] audiens Lucium Mecianum Volusium, et sic Lucius

---

[1] D. (2, 14) 7, vide § 18 et supra p. 258, 23. — [2] D. (5, 1) 5. — [3] D. (2, 9) 2, 1. — [4] D. (35, 2) 32, 4. — [5] Script. hist. Aug. Ant. Pius 12. — [6] scil. libellum, qui inscribitur 'assis distributio' rel. — [7] re vera l. penult. D. (14, 2) 9. — — [8] D. (7, 4) 3 pr. — [9] D. (14, 2) 8; et in ed. Ven. 1494 inscriptio fr. seq. 'Volusius Mecianus . . .' legitur quasi pars fr. 8. — [10] D. (35, 2) 32, 4. — [11] 'Antonini Pii' scribere debuit Dipl. — [12] Script. hist. Aug. Ant. Pius 12. — [13] D. (32) 9. — [14] D. (32) 13 et 17. — [15] D. (34, 5) 6. — [16] re vera tit. sequ. D. (50, 17) 93 et 96. — [17] re vera in vita Marci: Script. hist. Aug. M. Ant. Philos. 3, 6. — [18] D. (5, 1) 38.

---

[a] 'Antonio' Cod. — [b] 'Iulianum' scr.? — [c] 'et' ins. Cod.

Mecianus vocabatur et sic adapta. Angelus Politianus in libro 5. suarum epistularum in epistula, quam direxit Iacobo Modesto Pratensi[1], scribit, quod Volusius Mecianus fuit unus ex septem et triginta conditoribus iuris civilis, quos centones[a] appellat, quorum libros Iustinianus imperator in suis pandectis inseruit; qui Volusius composuit libros sexdecim fideicommissorum et libros quattuordecim publicorum secundum Iustinianum in princ. digestorum aut pandectarum, que sunt Florentie.[2] Isto, secundum Angelum Politianum, multum[b] usus est Adrianus imperator, et ipse Volusius docuit Marcum Antoninum cognomento philosophum; sed Meciani nomen in Marcianum depravatur a librariis.

CORNELIUS PRISCIANUS, orator et advocatus eximius, et ipse cum predictis his temporibus floruit; quem nihil scripsisse reperio. Ipsum allegat Marcianus in l. proxime ff. de his que in testamento delentur[3], ubi dicit fuisse advocatum contra advocatum fisci. Floruit temporibus Marci Antonini Cesaris, ut ibi probatur; quo tempore floruit Calpurnius, legista et advocatus egregius, qui fuit advocatus fisci temporibus dicti Marci Antonini, ut habetur per Marcianum in dicta l. proxime.

SALVIUS VALENS tempestate supra dictorum Rome floruit. Cuius tanta [c]scientia eloquentia industriaque[c] fuit, ut non solum cives Romani, verum etiam et Pius Antoninus imperator suis crediderunt[d] consiliis, ut refert Iulius Capitolinus in vita Antonini Pii ad Diocletianum Augustum[4], quod Antoninus predictus multa de iure sanxit, usus consilio predicti Salvii Valentis et aliorum iuris peritorum. Exstat etiam rescriptum dicti divi Pii Salvio Valenti, ut refert Ulpianus in l. si[e] cui § eisdem de accusationibus.[5] Multa in iure civili scripsit. Floruit temporibus supra dictorum Ulpii Marcelli, Vindii Veri et Volusii Meciani anno mundi 5349. et anno Christi 151. — Fuit et Salvius Liberalis advocatus et causidicus tempore Vespasiani imperatoris, de quo per Suetonium Tranquillum in vita ipsius Vespasiani.[6] [f]

---

[1] Opera p. 70. — [2] Index Flor. XIII., cfr. Polit. l. c. — [3] D. (28, 4) 3, pr. Dipl. legit 'Marcianus' pro 'Marcellus'. — [4] Script. hist. Aug. Ant. Pius 12. — [5] D. (48, 2) 7, 2. — [6] Vespas. 13.

---

[a] Polit., 'ceunones' Cod., vide supra p. 231 n. 13. — [b] Polit., 'multo' Cod. — scientie, eloquentie industrieque' Cod. — [d] 'crediderint' scr.? — [e] Dig., 'is' Cod. — [f] Cod.[1] addit: 'Ioannes Baptista Pius in suis commentariis c. 52.: Jabolenus iurisconsultus sublimis fuit', delevit Cod.[2] vide infra p. 263, 16.

IABOLENUS[1], iuris consultus et orator supremus, hac tempestate cum supra dictis Vindio Vero, Salvio Valente, Volusio Meciano et Ulpio Marcello floruit Rome, qui omnes consiliarii Antonini Pii fuerunt, ut refert Iulius Capitolinus in vita ipsius Antonini ad Diocletianum Augustum[2], ubi dicit, quod dictus imperator multa de iure scripsit, usus consilio supra dictorum iuris peritorum. Composuit in iure nostro multos libros questionum, et ex 6. libro est l. si bone fidei ff. de petitione hereditatis.[3] Item ex Plautio plures libros, et ex 3. libro est l. si in partem ff. quemadmodum servitutes amittuntur[4] et l. quod [a]si nulla[a] ff. de hereditate vel actione vendita.[5] Item librum pithanon[b], ex quo est l. si mercedem ff. de actionibus empti.[6] Floruit Iabolenus etiam post mortem Antonini Pii post multum tempus et preceptor fuit Pauli iuris consulti, quem ipsum Paulus in l. an manumittere ff. de manumissis vendicta[7] appellat preceptorem suum, ubi dicit, meminisse Iabolenum preceptorem suum in Africa et in Syria servos suos manumisisse, cum consilium preberet. Et sic Iabolenus floruit in Africa et Syria in consulatu. [c]Iovanes Baptista Pius in suis commentariis cap. 52.[8]: 'Iabolenus iuris consultus sublimis fuit, qui multa consultissime, multaque doctissime scripsit.' Iste Iabolenus secundum Angelum Politianum in 5. libro epistularum in epistula ultima[9][d] Iacobo Modesto, fuit unus ex septem et triginta conditoribus iuris et velut cento[e], ex cuius libris Iustinianus fecit librum digestorum; composuit libros quinque ad Cassium, item libros quattuordecim epistularum, item libros quinque ad Plautium.[c]

Hoc tempore secundum aliquos floruerunt infra scripti iuris consulti excellentissimi, videlicet:[f]

FUFIDIUS[g], qui[h] inter alia librum questionum composuit, de quo meminit Africanus in l. apud Fufidium[i] ff. de auro et argento legato.[10]

---

[1] vide supra p. 244. — [2] Script. hist. Aug. Ant. Pius 12. — [3] D. (5, 3) 49; fragm. Papiniani est, sed fr. 48 Iavoleni est. — [4] D. (8, 6) 9 (!). Vide Vulg. — [5] D. (18, 4) 8. — [6] D. (19, 1) 53. Dipl. 'Iab.' pro 'Lab.' legisse videtur. — [7] D. (40, 2) 5. Vulg. habent 'Paulus' pro 'Iulianus'. — [8] Annot. Linguae Lat. Graecaeque cap. 52, p. 461. — [9] Opera p. 70. — [10] D. (34, 2) 5.

[a–a] Dig., 'simul' Cod. — [b] 'pantonium' Cod. — [c–c] haec Dipl. in margine adnotavit (vide supra p. 262 n. f), librarius post 'si pars hereditatis petatur' (vide infra p. 264,18) inseruit praemisso signo intercalat.; scripserat enim vitas Fufidii, Arriani, Puteolani, Theophrasti quasi partem vitae Javoleni. — [d] 'quam direxit' ins.? — [e] Polit., 'ceno' Cod., vide supra p. 231 n. 13. — [f] in margine leguntur haec verba librarii: 'Suphius. Arianus, Puteolanus, Theophrastus'. — [g] 'Sufius' Cod. — [h] 'Apii' Cod. — [i] 'Suffium' Cod.

Item et ARRIANUS iuris consultus eximius, cuius est l. qui libertate ff. de liberali causa[1], l. qui cum uno et l. sequens ff. de re militari.[2] Scripsit et iste plura in iure civili. Ipsum allegat Paulus in l. Arrianus ff. de actionibus et obligationibus[3], et Ulpianus in l. ex facto ff. de heredibus instituendis[4] et in l. 1. § quia autem ff. quod[a] legatorum[5], ubi dicit Arrianum bellissime scripsisse. [b]Arrianus fuit etiam philosophus[c] Nicomedensis[d]; floruit anno Christi 149. tempore Antonini Pii imperatoris secundum Eusebium de temporibus.[6] Fuit etiam historicus; scripsit in octo libris gesta Alexandri magni: vide Raphaelem Voleterranum in v. 'Arrianus'[7] et pondera, quod secundum tempora potest esse iste, qui fuit iuris consultus.[8] Fuit et alter Arrianus poeta, de quo per Raphaelem Voleterranum. Plinius libro 2. epistularum[9] scribit plures epistulas Arriano.[b]

Item et PUTEOLANUS de assessoribus plures libros composuit, de quibus meminit Ulpianus in l. nam et nocere ff. de pactis.[10]

Item et THEOPHRASTUS, qui et ipse plures libros composuit; de ipso facit mentionem Paulus in l. antiqui § fin. ff. si pars hereditatis petatur.[11]

AUFIDIUS VICTORINUS fuit iuris consultus supremus, floruit temporibus Marci Antonini philosophi imperatoris. Ipsum allegat Paulus iuris consultus in l. Aufidius ff. de privilegiis creditorum[12] et in l. verum § 2. ff. de minoribus.[13] De ipso dicit Iulius Capitolinus in vita ipsius Marci Antonini[14], quod predictus imperator ex condiscipulis amavit precipue dictum Aufidium et quod fuit senatorii ordinis. Item fuit prefectus urbis et bis consul et fuit filius Marci Cornelii Frontonis oratoris supremi et consulis et etiam pater Cornelii Frontonis consulis et avus Marci Aufidii Frontonis, qui mortuus fuit Pisauri, et sepulcrum eius est [15]in abbatia sanctorum Decentii et Germani extra portam Phanestrem[e] in quodam tumulo marmoreo posito pro altare in confessione dicte ecclesie, videlicet in capella inferiori[15], ubi sunt quedam figure cum infra scriptis litteris[16]: 'Marco Aufidio Frontoni,

---

[1] D. (40, 12) 29. 'Arrianus' et in ed. Venet. 1507. — [2] D. (49, 16) 4 et 5. Vulg. habent 'Arrianus'. — [3] D. (44, 7) 47. — [4] D. (28, 5) 19. — [5] D. (43, 3) 1, 4. — [6] Chron. 2, 169 r. — [7] f. 141 b. — [8] vide supra p. 111. — [9] 2, 11, 12. — [10] D. (2, 14) 12. — [11] D. (5, 4) 3. — [12] D. (42, 5) 29. Vulg. habent 'Aufidius' pro 'Fufidius'. — [13] D. (4, 4) 11, 1. — [14] Script. hist. Aug. M. Antonin. 3, 8. — [15–15] verba Marcanovae, vide C. I. L. 11, 2 p. 949, no. 6334. — [16] vide C. I. L. l. c.

---

[a] Dig., 'quorum' Cod. — [b–b] in margine. — [c] 'fuit' ins. Cod. — [d] Euseb., 'Vicoendrensis' Cod. — [e] Marcanova, 'Ianestram' Cod.

pronepoti Marci Cornelii Frontonis oratoris, consulis et magistri[a] imperatorum Lucii et Antonini, nepotis Aufidii Victorini, prefecti urbis bis consulis Fronto consul filio dilectissimo.' Et adde, quod Marcus Cornelius Fronto fuit etiam magister Marci[b] Antonini Veri imperatoris, ut refert Iulius Capitolinus in vita Veri imperatoris ad Diocletianum[1], ubi dicit, quod Verus imperator audivit Cornelium Frontonem oratorem. De istis fuit etiam Papirius Fronto, qui plures libros responsorum composuit, et ipsum allegat Callistratus in l. liberorum ff. de verborum significatione.[2] Et Aufidium allegat Labeo in l. apud ff. de optione legata ibi[3]: 'apud Aufidium libro 1. [c]digestorum scriptum[c] est.

QUINTUS MUCIUS SCEVOLA[4], in omni doctrina scientissimus et in iure civili doctissimus, iisdem temporibus floruit secundum aliquos. Hic in iure civili plures libros composuit, inter quos librum questionum, ex quibus est l. Pomponius ff. de negotiis gestis[5] et l. divortio ff. eodem tit.[6], et ex 12. libro est l. qui familie ff. familie herciscunde.[7] Ipsum etiam allegat Ulpianus in l. Iulianus § si duos ff. de usufructu[8] et in l. verum ff. de minoribus[9], ubi allegat in libro 14. questionum. Item etiam libros digestorum, ex quibus est l. emptor ff. de pactis[10] et l. 2. et l. controversia ff. de transactionibus[11] et l. colonus ff. locati[12] et l. fin. ff. de iure dotium[13], l. qui testamentum et l. sequens ff. de probationibus[14], et ex libro 38.[d] l. quum[e] tabernam ff. [f]de pignoribus.[f][15] Item et libros responsorum, ex quibus est l. pater filio ff. de procuratoribus[16] et l. tutor ff. de minoribus[17] et l. defuncta[g] ff. de usu fructu[18] et l. tutores ff. de condictione indebiti[19], et ex libro 7. l. periculum cum legibus sequentibus ff. de pignoribus.[20] Item et libros regularum, ex quibus est l. usu[h] retinetur et l. denique[i] et l. penultima ff. quemadmodum servitus amittatur.[21] Item et libros responsorum, ex libro 2.[k] l. cum in eo ff. de pactis[22], super quos libros Claudius iuris consultus eximius fecit plures additiones et interpretationes et composuit etiam librum de notis Scevole, de quibus in l. fin. ff. de his

---

[1] Script. hist. Aug. Verus 2, 5. — [2] D. (50, 16) 220, 1. — [3] D. (33, 5) 20. — [4] re vera Q. Cervidius Scaevola. — [5] D. (3, 5) 8. — [6] D. (3, 5) 34. — [7] D. (10, 2) 37. — [8] D. (7, 1) 25, 6. — [9] D. (4, 4) 11, 1. — [10] D. (2, 14) 47. — [11] D. (2, 15) 3 (!) et 14; fr. 14 est ex lib. resp.! — [12] D. (19, 2) 61. — [13] D. (23, 3) 85. — [14] D. (22, 3) 27 et 29 (!). — [15] D. (20, 1) 34. — [16] D. (3, 3) 70. — [17] D. (4, 4) 47. — [18] D. (7, 1) 58. — [19] D. (12, 6), 61. — [20] D. (20, 1) 30—32 (ex lib. 8!). — [21] D. (8, 6) 20, 22, 24. — [22] D. (2, 14) 44.

---

[a] C. I. L., 'magistrum' Cod. — [b] 'Lucii' scrib. ? — [c–c] sic et Vulg. pro 'rescriptum'. — [d] '27' scr. ? — [e] Dig., 'qui' Cod. — [f–f] 'locati' Cod. — [g] Dig., 'finita' Cod. — [h] Dig., 'usui' Cod. — [i] Dig., 'idemque' Cod. — [k] '5' scr. ?

quibus ut indignis[1] et in l. [a]a filio[a] § Claudius ff. de alimentis et cibariis legatis[2] et in l. Aurelius § Sticho ff. de liberatione legata[3], et apud Scevolam libro 9.[b] digestorum Claudius notat vide in l. patronus § fin. de legatis 3.[4] Floruit Rome tempore Papiniani iuris consulti et Veri[c] et Antonini imperatorum, quos allegat in l. 2. ff. de transactionibus[5], et etiam tempore Aurelii Alexandri Severi imperatoris, quem allegat in l. imperator ff. de appellationibus[6] et sic anno Christi 229. et anno mundi 5427. tempore Ulpiani et Pauli et aliorum iuris consultorum, ut infra. Et ideo Triphonius in l. hereditate in princ. ff. de castrensi peculio[7] et in l. fin. ff. qui potiores in pignore habeantur[8] allegat Scevolam et dicit 'Scevola noster', et Paulus in l. [d]at qui[d] natura ff. de negotiis gestis[9] et in l. qui plures ff. de vulgari et pupillari[10] et in l. si minor § Scevola noster ff. de minoribus[11] et in l. cum dotis ff. de iure dotium[12] et in l. venditor ff. de iudiciis[13] et in l. si maritus ff. familie herciscunde[14] et l. fin. ff. de interrogatoriis actionibus[15] et l. penultima communi dividundo[16] et in l. respiciendum ff. si certum petatur[17] et l. cum de lanionis ff. de fundo instructo.[18] Et etiam per Marcianum in l. in pupillo ff. de solutionibus.[19] Licet aliquando Scevola allegaverit Pomponium in l. quoniam ff. de condictione furtiva[20] et in l. si socer soluto matrimonio[21] et etiam Claudium l. Lucius § fin. de legatis 2.[22] Dicit Laurentius f. 17 Vallensis in ‖ libro 3.[e] suarum elegantiarum in proemio[23], quod Servii Sulpicii ac Mucii Scevole nil exstat, sed alterius Mucii recentioris: iste est, de quo scripsimus. [f]Elius Spartianus in vita Antonini Caracalle imperatoris circa medium[24] scribit Papinianum iuris consultum cum Severo imperatore professum fuisse sub Scevola et Severo Scevole[g] successisse in advocatione fisci [h]idem Papinianus[h]. Iulius Capitolinus in vita Marci Antonini philosophi et imperatoris in 2. folio[25] dicit, quod Marcus Antoninus predictus imperator usus est Scevola precipue iuris perito. Adverte, quod iste Scevola fuit preceptor Emilii Papiniani et fuit advocatus fisci, cui in advoca-

---

[1] D. (34, 9) 26. — [2] D. (34, 1) 15, 1. — [3] D. (34, 3) 28, 7. — [4] D. (32) 36 (!), cfr. 35 pr. — [5] D. (2, 15) 3 (!). — [6] D. (49, 1) 25. Scaevolae attribuit hoc fr. et ed. Ven. 1507. — [7] D. (49, 17) 19 pr. — [8] re vera tit. sequenti D. (20, 5) 12. — [9] D. (3, 5) 18, 1. — [10] D. (28, 6) 38, 3. — [11] D. (4, 4) 24, 2. — [12] D. (23, 3) 55, sed laudare voluit Dipl. l. 56, 3. — [13] D. (5, 1) 49, 1. — [14] D. (10, 2) 46. — [15] D. (11, 1) 22, fr. est ipsius Scaevolae, non Pauli. — [16] D. (10, 3) 30, vide n. 15. — [17] D. (12, 1) 38, vide n. 15. — [18] D. (33, 7) 18, 4. — [19] D. (46, 3) 47, 1. — [20] D. (13, 1) 18. — [21] D. (24, 3) 44 pr. Scaevolae attribuit hoc fr. et ed. Ven. 1506. — [22] D. (31) 88, 12 (!). — [23] Opera p. 80. — [24] Script. hist. Aug. Car. 8, 2. — [25] Script. hist. Aug. M. Anton. 11, 10.

[a–a] Dig., si filius' Cod. — [b] '18' scr.? — [c] Dig., 'Severi' Cod. — [d–d] sic et Vulg. — [e] '5.' Cod. — [f] 'L.' (sign. intercal. ?) ins. Cod. — [g] om Spart. — [h–h] 'eundem Papinianum' scr.?

tione successit Papinianus, ut supra, et attestantur historie et precipue Raphael Voleterranus libro 18.[a] commentariorum urbanorum.[1] Baldus de Perusio in suo tractatu de commemorationibus famosissimorum doctorum in utroque iure[2] scribit, quod Bartolus dominus suus solebat dicere, quod non aderant in corpore iuris regulariter meliores leges ac magis rationabiles et melius composite quam leges Pauli, Scevole et Papiniani. Angelus Politianus libro 5. epistularum epistula ultima, quam direxit Iacobo Modesto Pratensi[3], sic scribit: 'Claruit temporibus Iulii Celsi, Marcelli et Iaboleni Serbidius Scevola, cui Marcus Antoninus philosophus operam dedit ac deinde factus imperator multum illo usus est. Hic et Severum docuit illum, qui sibi post Pertinacem magna virtute imperium paravit. Docuit et Papinianum. Sed Scevole huius libri deducuntur in Iustiniani pandectas: digestorum quadraginta, questionum viginti, responsorum sex, regularum quattuor, de questione familie unus, questionum publice tractatarum unus.' Adde, quod Iustinianus in libris digestorum, qui sunt Florentie, in princ. proemii[4] asserit Scevolam scripsisse dictos libros. Hic etiam Scevola scripsit grece plures libros, et ita greca lingua inseruit Iustinianus in suis digestis, ut patet maxime in l. Titium et[b] Mevium ff. de administratione tutorum[5] et in l. Titia de legatis 3.[6], de qua vide Angelum Politianum libro 7. epistularum in epistula, quam direxit domino Pandulfo Collenutio Pisaurensi[7], et probatur in l. dominus § servis ff. de peculio legato[8] et in l. alimenta § libertis[c] ff. de alimentis et cibariis legatis.[9] Istum etiam dicit Angelus Politianus ubi supra[10] fuisse unum ex septem et triginta conditoribus iuris veluti centonibus[d], ex cuius libris Iustianus composuit suos quinquaginta libros digestorum.

SEXTUS PEDIUS, legista et quidem excellentissimus, per hec tempora secundum aliquos maximo in pretio fuit. Qui in iure civili inter cetera plures libros de stipulationibus conscripsit, et de 1. libro meminit Paulus in l. certum ff. si certum petatur[11]; et plures etiam de allegationibus[e], et de 15.[f] libro scribit Ulpianus in l. 1. § licet ff. de tributoria.[12] Ipsum etiam allegat Paulus in l. Pedius ff. de incendio ruina et naufragio[13] et in l. de die ff. qui satisdare cogantur[14] et in l. non distinguemus § cum

[1] f. 186. — [2] in opere deperdito. — [3] Opera p. 70. — [4] Index Flor. XVIII. — [5] D. (26, 7) 47 pr. — [6] D. (32) 37, 6. — [7] Opera p. 99. — [8] D. (33, 8) 23, 2. — [9] D. (34, 1) 16, 1. — [10] vide v. 8. — [11] D. (12, 1) 6. — [12] D. (14, 4) 1, 1. — [13] D. (47, 9) 4 pr. — [14] D. (2, 8) 8 pr.

[a] '14.' Cod. — [b] Dig., om. Cod. — [c] Dig., 'liberis' Cod. — [d] 'cenonibus' Cod., vide supra p. 231 n. 13. — [e] 'appellationibus' scr.? vide Dig. — [f] Dig., '2.' Cod.

quidam ff. de arbitris[1] et in l. si servum ff. ad legem Aquiliam[2]; et Ulpianus in l. nam ut ait ff. de legibus[3] et in l. de pupillo[a] § Sextus ff. de novi operis nuntiatione.[4]

DIDIUS IULIANUS alias SALVIUS IULIANUS, iuris consultus eximius, Rome floruit in iure civili et multum claruit. Hic licet in iure civili doctissimus fuit, tamen[b] in armis multum valuit et [5]Pertinacem imperatorem Romanorum 6. imperii sui mense in palatio nemine contradicente interfecit, quo mortuo Iulianus ipse interemptor imperium occupavit et septem mensibus imperavit et postea a Severo apud Milvium pontem superatus et interfectus est anno Christi 195., mundi 5393.[5] [6]Huic proavus[c] fuit bis consul, prefectus urbis et iuris consultus, quod magis eum nobilem fecit, mater Clara Emilia, pater Petronius[d] Didius Severus, frater Didius Proculus et Nummius[e] Albinus, avunculus Salvius Iulianus, avus paternus.[f6] [7]Vixit annis[g] quinquaginta sex[h] et mensibus quattuor.[7] Dicit etiam Eutropius libro 8. de gestis Romanorum circa fin.[8], quod post Pertinacem Salvius Iulianus rem publicam invasit, vir nobilis et iuris peritissimus, nepos Salvii Iuliani, qui sub divo Adriano[i] perpetuum composuit edictum. Victus est[k] a Severo apud Milvium pontem, interfectus in palatio. Vixit mensibus septem, postquam ceperat imperare. Aliqui dicunt, quod imperavit mensibus duobus et diebus quinque[9] et quod propter brevitatem temporis[l] non ponitur in numero imperatorum.[10] Platina male sentit in libro de vitis pontificum in vita Victoris pontificis[11], ubi ait, quod Iulianus iuris peritus, qui occidit Helium Pertinacem, fuit ille, qui perpetuum edictum composuit. Venerabilis Beda in libro de temporibus seu de sex etatibus huius seculi[12] scribit: 'Helius Pertinax Iuliani iuris periti scelere occiditur in palatio, quem' et cetera. Benvenutus Imolensis in suo libello de vitis imperatorum quem 'Augustalem' appellavit, — cui Papa Pius vitas imperatorum, qui post obitum Benvenuti imperaverunt,

---

[1] D. (4, 8) 32, 16 (!), vide § 14. — [2] D. (9, 2) 33 pr. — [3] D. (1, 3) 13. — [4] D. (39, 1) 5, 9. — [5–5] Suppl. Chron. ad a. 5394. — [6–6] Script. hist. Aug. Did. Iul. 1, 1. — [7–7] Script. hist. Aug. l. c. 9, 3. — [8] Brev. 8, 17. — [9] Script. hist. Aug. l. c. 9, 3. — [10] Euseb. Chron. 2 p. 175 n. — [11] Vita Victor. I., p. 21. — [12] Chron. p. 288: 'quem mense septimo, postquam coeperit imperare, Severus apud pontem Mulvium bello civili victum interfecit.'

---

[a] Dig., 'populo' Cod. — [b] 'tum' Cod. — [c] Spart., 'produus' Cod.; 'proavus Albius' (vide supra p. 257, 12) scr.? — [d] Spart., 'Penonius' Cod. — [e] Spart., 'Iubius' Cod. — [f] addere debuit Dipl. 'Insubris Mediolanensis' (Spart.) — [g] Spart., 'anno' Cod. — [h] Spart., '66' Cod. — [i] Eutr., 'Trajano' Cod. — [k] Eutr., om. Cod. — [l] 'temporibus' Cod.

addidit, ut ipse in principio sue attestatur Europe[1] — in vita Iuliani Didii 20. imperatoris Romani[2] sic scribit ipse Benvenutus: 'Iulianus Didius post Pertinacem assumpsit imperium, qui fuit nepos Iuliani, magni iuris consulti, quod magis nobilitavit eum. Cuius antiqui fuerunt de Mediolano. Iulianus fuit parcissimus hominum, miserrime vivens, unde odiosus populo, desertus ab omnibus privatus est[a] imperio auctoritate senatus et in palatio occisus. Vixit annis quadraginta[b] sex et mensibus quattuor, imperavit sexaginta quinque[c] diebus.'

EMILIUS PAPINIANUS Rome in iure civili insignis habitus fuit eo quod multos composuit libros, quorum precipue de questionibus edidit libros, ex quibus est l. imperator ff. de statu hominum[3] et l. [d]si liber homo de procuratoribus[d] et l. divortio ff. soluto matrimonio.[4] Et ex libro 25.[e] l. in multis de statu hominum[5], et ex libro 36. l. in omni[f] ff. de adoptionibus.[6] Et vide in l. nonnumquam ff. eodem tit.[7], et l. venditor[g] de transactionibus[8] et l. imperator ff. de postulando[9] et l. si is qui de procuratoribus[10], l. si filius ff. de minoribus.[11] Et Papinianum in dictis libris questionum allegat Ulpianus in l. si pignore ff. de pigneraticia actione[12] et l. [h]sed si ex[h] ff. quod cum eo[13] et l. 3. § si filius ff. de peculio[14] et l. si pro[i] ff. de in[k] rem verso[15] et l. si fideiussor ff. qui satisdare cogantur[16], l. nam et si fur ff. si certum petatur[17] et l. si fideiussores et l. quamvis ff. ad Velleanum[18] et in l. Papinianus ff. mandati[19] et in l. 1. § fin. ff. si quid in fraudem patroni[20] et l. si patronus § si libertus ff. eodem tit.[21], et in l. non putavit § si quis sua ff. quando dies legatorum cedat[22] et l. itaque ff. de furtis[23], l. Papinianus ff. de his quibus ut indignis[24] et l. cum hic status § si quis sponsam ff. de donationibus inter virum et uxorem[25] et in libro 16.[l] in l. si mater ad Tertullianum[26] et in libro 19. in l. si ita scriptum et in l. legata ff. de

---

[1] Aen. Sylv. praef. ad Europ. p. 83. — [2] p. 8, vide supra p. 257, 13. — [3] D. (1, 5) 8. — [4] D. (24, 3) 7, 1, ubi in Vulg. incipit nova lex. — [5] D. (1, 5) 9. — [6] D. (1, 7) 13. — [7] D. (1, 7) 32. — [8] D. (2, 15) 17. — [9] D. (3, 1) 8. — [10] D. (3, 3) 66. — [11] D. (4, 4) 30. — [12] D. (13, 7) 22, 1. — [13] D. (14, 5) 4, 3. — [14] D. (15, 1) 3, 10 (!), vide § 5. — [15] D. (15, 3) 10, 1. — [16] D. (2, 8) 7 pr. — [17] D. (12, 1) 13, 1. — [18] D. (16, 1) 6 et 8, 1. — [19] D. (17, 1) 28. — [20] D. (38, 5) 1, 27 (!). — [21] D. (38, 5) 3, 5. — [22] re vera D. (37, 4) 8, 7 (!), vide § 6. — [23] D. (47, 2) 12, 2. — [24] D. (34, 9) 4. — [25] D. (24, 1) 32, 27. — [26] D. (38, 17) 1, 7.

---

[a] Benvenut., om. Cod. — [b] sic et Benvenut. — [c] 'sex' sec. Benvenut. scr.? — [d–d] 'liber homo de verborum obligationibus' (D. 45, 1, 118) scrib.? Fortasse librarius legit 'pro' pro 'ver. o.', vide infra n. i, ubi librarius legit 'vero' pro 'pro'. — [e] sic et Hal. — [f] Dig., 'omnium' Cod. — [g] Dig., 'vendite' Cod. — [h–h] Dig., 'sed hec' Cod. — [i] Dig., 'vero' Cod. — [k] om. Cod. — [l] Dig., '6' Cod.

legatis l.[1] et in l. ceterum[a] ff. de usu et habitatione[2], et in libro 17.[b] in l. sicut quibus modis usus fructus amittatur.[3] Composuit etiam libros responsorum, ex quibus est l. penultima ff. de officio presidis[4] et l. diem functo et l. fin. ff. de officio assessorum[5] et l. filiam[c] de senatoribus[6] et l. libertus ff. de in ius vocando[7] et l. maiorem ff. de pactis[8] et l. procurater cum l. sequenti ff. de procuratoribus[9] et l. ex ea causa[d] de postulando[10], l. fin. ff. de iuris et facti ignorantia[11], ex libro 10. l. maiorem ff. de pactis[12] et in l. 1. ff. in quibus casibus pignus vel hypotheca solvitur.[13] Et dicit Iustinianus in § in 3. anno et in § hos tres in proemio digestorum[14], quod responsa Papiniani in decem et novem libros concludebantur, et octo tantum libri legebantur. Quos libros responsorum allegat Ulpianus in l. si fundus ff. de lege[e] commissoria[15] et l. idemque[f] § si quis Titio ff. mandati[16] et in l. illud ff. de evictionibus[17], et librum 7. in l. quesitum § Celsus et § fin. ff. de fundo instructo[18] et in l. cum hic status § si[g] ambo ff. de donationibus inter virum et uxorem[19], et librum 8. in l. si quis rogatus la prima et secunda ff. ad Trebellianum[20] et in l. contra veterani § ceterum ff. de iudiciis.[21] Pomponius in l. et[h] sine circa medium et l. Papinianus ff. de minoribus[22] et in l. quidam decedens § Papinianus ff. de administratione tutorum[23], et librum 16. allegat etiam Marcianus in l. 1. ff. de requirendis reis[24] et vide in l. deferre § fin. ff. de iure fisci[25]; et de libro 17.[i] responsorum ipsius vide in l. cum illud ff. quando dies legatorum cedat.[26] Et vide Iustinianum imperatorem in § item[k] qui rei publice [l]Inst. de excusationibus[27][l] et § si quis autem Inst.[m] de suspectis tutoribus[28] et in l. cum acutissimi C. de fideicommissis.[29] Item etiam composuit plures libros digestorum, de quibus meminit Ulpianus in l. si quis ff. de donationibus inter virum et uxorem[30], et librum 16. digestorum allegat Marcianus in l. qui rei[n] ff. de bonis eorum[31], et librum 18.[o] Ulpianus in l. 3. § condicio ff. de adimendis

[1] D. (30) 14, 1 et 19 pr. — [2] D. (7, 8) 4, 1. — [3] D. (7, 4) 3, 1. — [4] D. (1, 18) 20. — [5] D. (1, 22) 4 et 6. — [6] D. (1, 9) 9. — [7] D. (2, 4) 14. — [8] D. (2, 14) 8. — [9] D. (3, 3) 67 et 68. — [10] D. (3, 1) 9. — [11] D. (22, 6) 10. — [12] D. (2, 14) 8. — [13] D. (20, 6) 1. — [14] Const. omnem 1 in med., 4 in med. (!). — [15] D. (18, 3) 4, 2. — [16] D. (17, 1) 10, 4. — [17] D. (21, 2) 4, 1. — [18] D. (33, 7) 12, 45 (!), vide § 44 et 47. — [19] D. (24, 1) 32, 16 (!), vide § 14. — [20] D. (36, 1) 18, 4 et 6 (!) — [21] re vera tit. sequ. D. (5, 2) 8, 3 et 14 (!) — [22] D. (4, 4) 7, 10! (vide § 7) et l. 20 pr. — [23] D. (26, 7) 5, 8 (!) vide § 7. — [24] D. (48, 17) 1, 4. — [25] D. (49, 14) 18, 10. — [26] D. (36, 2) 25; Dipl. 'resp.' pro 'quest.' legisse videtur. — [27] I. (1, 25) 2. — [28] I. (1, 26) 7. — [29] C. (6, 42) 30. — [30] D. (24, 1) 21 pr. (ex libris resp. Pap.!). — [31] D. (48, 21) 3 pr.

[a] Dig., 'certum' Cod. — [b] Dig., '27' Cod. — [c] Dig., 'Siliani' Cod. — [d] Dig., 'circa finem' Cod. — [e] 'legat.' Cod. — [f] Dig., 'denique' Cod. — [g] Dig., 'cum' Cod. — [h] Dig., 'sed et' Cod. — [i] sic et Hal. — [k] 'his' ins. Cod. — [l-l] om. Cod. — [m] 'ff.' Cod. — [n] Dig., 'res' Cod. — [o] sic et Hal.

legatis.[1] Item et composuit librum definitionum, de quibus dicit Iustinianus in § et hos tres in proemio digestorum[2], quod in libris septem[a] et triginta geminum volumen definitionum compositum erat, ex quibus est l. ius autem civile ff. de iustitia et iure[3] et l. 1. ff. de officio eius cui est mandata iurisdictio[4] et l. cum Aquiliana ff. de transactionibus[5] et l. 1. ff. de legibus[6], l. error ff. de iuris et facti ignorantia[7], et ex libro 2.[b] l. fin. ff. de usufructu.[8] Item et composuit libros lectionum, ut Ulpianus in l. sicut § fin. ff. si servitus vendicetur[9] allegat librum 41.[c] lectionum. Item et libros sententiarum, et ex libro 1. est l. litis contestate ff. de negotiis gestis.[10] Item et libros de adulteriis, et[d] de quibus vide etiam Iustinianum in § [e]et hos[e] tres in proemio digestorum.[11] Item et libros de omnibus tribunalibus, et ex 3. libro est l. fin. ff. si quis cautionibus.[12] De isto Papiniano dicunt Diocletianus et Maximianus imperatores in l. utere C. de prediis minorum[13]: 'utere viri prudentissimi Papiniani responso[f]', et sic appellat ipsum 'virum prudentissimum'; et idem dicit Alexander in l. cum responso C. de legatis.[14] Appellatur etiam per Iustinianum 'disertissimus' in l. fin. C. de institutionibus et substitutionibus sub condicione factis[15] et imperatores in l. cum virum C. de fideicommissis.[16] Item 'vir excelsi ingenii' appellatur per Iustinianum in § sed quia Inst. de fideicommissariis hereditatibus[g][17] et in l. 1. § omnibus auctoribus C. de veteri iure enucleando[18] et in l. generaliter C. de institutionibus et substitutionibus sub condicione factis[19], et in l. cum acutissimi C. de fideicommissis[20] dicit eum 'acutissimi ingenii vir et merito ante alios excellens Papinianus', et 'acutissima Papiniani lectura' in proemio digestorum in § hos tres.[21] Item appellatur 'splendidissimus' per Iustinianum in l. 1. § omnibus auctoribus C. de veteri iure enucleando[22], item 'vir consultissimus' per Decium imperatorem in l. donatarum[h] C. de acquirenda possessione.[23] Fuit etiam prefectus pretorio et iuris consultus, ut dicit Iustinianus in dicto § hos[i] tres[24] in proemio

[1] D. (34, 4) 3, 9 (ex libris quaestionum Pap.!). — [2] Const. omnem § 4 in med., quam Dipl. male legit. — [3] D. (1, 1) 7. — [4] D. (1, 21) 1 (ex libris quaestionum!). — [5] D. (2, 15) 5. — [6] D. (1, 3) 1. — [7] D. (22, 6) 8. — [8] re vera tit. sequ. D. (7, 2) 11. — [9] D. (8, 5) 8, 6 (!). Dipl. 'Pap.' pro 'Pomp.' legit. — [10] D. (3, 5) 36. Dipl. 'Pap.' pro 'Pau.' legit. — [11] Const. omnem 4 in med. — [12] D. (2, 11) 15. Hal. habet: 'Ulpianus lib. 3. de omnibus tribunalibus'! — [13] C. (5, 71) 14. — [14] C. (6, 37) 12 pr. — [15] C. (6, 25) 10 pr. — [16] C. (6, 42) 16 pr. — [17] I. (2, 23) 7. [18] C. (1, 17) 1, 6) (!), vide § 5 i. f. — [19] C. (6, 25) 7, 1. — [20] C. (6, 42) 30. — [21] C. omnem 4 i. med. — [22] C. (1, 17) 1, 6 (!). — [23] C. (7, 32) 3. — [24] Const. omnem 4 i. f.

[a] Const. omnem, 'sex' Cod. — [b] '3' Cod. — [c] Dig., 'IIII' Cod. — [d] 'ex 2. libro est l. fin. de decurionibus' ins. C.[1], del. C.[2]. — [e–e] C. omnem, 'post' Cod. — [f] C. Just. 'responsorum' Cod. — [g] 'liber'. Cod. — [h] C. Just., 'donationes' Cod. — [i] Const. omnem, 'post' Cod.

digestorum et Paulus in l. lecta ff. si certum petatur[1], ubi de auditorio Papiniani. Fuit etiam iuris asylum et doctrine legalis thesaurum[2] secundum Elium Spartianum de vita Severi imperatoris ad Diocletianum Augustum.[3] Istum etiam allegat Constantinus in l. fin. C. de sententiam passis[4], et Iustinianus in l. cum in adoptivis in princ. C. de adoptionibus[5] et in § locus autem Inst. de rerum divisione[6] et in § quid enim Inst. de testamentis[7] et § sed cum ante Inst. de codicillis[8] et in § quodsi vivo Inst. de legatis.[9] Dicit etiam Iustinianus in proemio digestorum § in tertio autem anno[10], quod scholares antiquitus in 3. anno ad subtilissimum Papinianum et eius responsa iter arripiebant[a] et in § et hos tres libros in dicto proemio digestorum[11], quod 3. anno auditores Papinianiste vocabantur, et eo anno, quo responsa eius legebantur, festum faciebant et celebrare solebant, et hodie festum fieri debet, ut in eternum memoria eius habeatur. Adde, quod Papinianus aliquando variavit secundum Iustinianum in l. fin. § [b]cum secundam[b] C. de furtis.[12] Paulus etiam et Ulpianus composuerunt libros de notis Papiniani, quas notas ad[c] Papiniani corpus factas Theodosius et Valentinianus[d] imperatores preceperunt infirmari et fecerunt legem, que antea erat in codice Theodosiano libro 1. in tit. de responsis prudentum[e] in l. Papiniani[13] et i.[f] Et ibi imperatores approbant universa scripta Papiniani, et si diverse iuris consultorum sententie proferuntur, et equalis sit numerus, eius partis precedat[g] auctoritas, in qua excellentis[h] ingenii Papinianus emineat[i], qui, ut singulos vincit, ita cedit duobus. Et licet note predicte Papiniani antea nullam vim obtinerent secundum Iustinianum in l. 1. § omnibus[k] auctoribus C. de veteri iure enucleando[14], ex quo Paulus, Ulpianus et Marcianus composuerunt libros de notis Papiniani, in quibus reprehendebatur Papinianus, qui libri nullam vim obtinebant, ut ibi et lege Theodosiana, — tamen hodie propter honorem splendidissimi Papiniani non debent respui propter novam compilationem digestorum per Iustinianum factam, in dicta l. 1. § omnibus. Iste Papi-

[1] D. (12, 1) 40. — [2] neglegenter Dipl. videtur Spart. descripsisse; vide infra p. 273, 27. — [3] Script. hist. Aug. Sever. 21, 8. — [4] C. (9, 51) 13 pr. — [5] C. (8, 47) 10 pr. — [6] I. (2, 1) 8 (!). — [7] I. (2, 10) 5 (!). Et Cod. Taurin. habet 'Papiniano' pro 'Pomponio'. — [8] I. (2, 25) 1 (!). — [9] I. (2, 20) 14 (!). — [10] Const. omnem 1 in med. — [11] Const. omnem 4 i. f. — [12] C. (6, 2) 22, 3 a. — [13] C. Th. (1, 4) 3 = Brev. (1, 4) 1. — [14] C. (1, 17) 1, 6 (!), vide § 5. i f.

[a] 'aperiebant' scrib.? (vide Const. omnem). — [b–b] C. Iust, 'cum eam' Cod. — [c] defuit in C.[1], C.[2] ins. 'a'. — [d] C. Th., 'Valerianus' Cod. — [e] 'et' ins. Cod. — [f] in Cod. sequuntur quinque puncti, 'et i.' (= 'et ibi'?) del.? — [g] C. Th., 'secedat' Cod. — [h] C. Th., 'excellenti' Cod. — [i] C. Th., 'immineat' Cod. — [k] 'autem' ins. Cod.

nianus fuit prefectus pretorio secundum Paulum in l. lecta ff. si certum petatur[1] et Iustinianum in § hos[a] tres in proemio digestorum.[2] Et habuit in consilium Ulpianum et Paulum, ut dicit Elius Spartianus in vita [b]Pescennii Nigri[b] imperatoris[3], ubi dicit: 'probant hoc anno Pauli et Ulpiani prefecture[c], qui Papiniano in consilio fuerunt.' Et secundum Elium Lampridium[d] in vita Alexandri Severi imperatoris in 3. folio[4] fuerunt assessores dicti Papiniani. Habuit etiam omnes infra scriptos eius discipulos et auditores secundum Elium Lampridium in vita Aurelii Alexandri imperatoris[5], videlicet Fabium Sabinum Catonem, Domitium Ulpianum, Elium Gordianum, Iulium Paulum, Claudium Venacum[e], Pomponium, Alfenum, Africanum, Florentinum, Marcianum, Callistratum, Hermogenem, Venuleium, Triphonium, Mecianum, Celsum, Proculum et Modestinum, licet quandoque Papinianus allegat Pomponium l. divortio § impendi ff. soluto matrimonio[6] et Paulum in l. [f]eos qui ducoetorum[g] numerum[f] et l. Paulus ff. de stipulationibus servorum[7] et in l. Clodius ff. de acquirenda hereditate[8], et Claudium in l. fin. ff.[h] de his quibus ut indignis.[9] Floruit Rome tempore Antonini Pii imperatoris et demum tempore Severi imperatoris anno mundi 5400. et anno Christi 202., quos aliquando rescripsisse refert; et in l. cum de in rem verso ff. de usuris[10] dicit 'dominus imperator noster Severus'; idem dicit in l. in honoribus in princ. ff. de vacatione munerum.[11] Qui ab ipso imperatore Severo maximo fuit in pretio ultra prefecturam, et de ipso dicit Triphonius in l. rescriptum ff. qui potiores in pignore habeantur[12]: 'Rescriptum est ab imperatore libellos agente Papiniano.' Et quia parricidium excusare noluit, Severus Antoninus Caracalla filius occidit Papinianum, teste Elio Spartiano de vita Severi imperatoris ad Diocletianum Augustum[13], ubi de eo sic scribit: 'Papinianum, iuris asylum et doctrine legalis thesaurum, qui parricidium excusare noluisset, Bassianus, id est Antoninus Caracalla imperator, filius Severi imperatoris, occidit'. Que nota ad ea, que notant moderni, precipue Paulus in l. fin. C. de institutionibus et substitutionibus[14]: dicit,

---

[1] D. (12, 1) 40. — [2] Const. omnem, 4 i. f. — [3] Script. hist. Aug. Pesc. Nig. 7, 4. — [4] Script. hist. Aug. Alex. 26, 6. — [5] Script. hist. Aug. Alex. 68, 1. — [6] D. (24, 3) 7, 16 (!), vide § 1. — [7] D. (46, 5) 8 ? (de stipul. praetor.!). — [8] D. (29, 2) 97. Sed in hac lege Paulus laudat Papinianum! — [9] D. (34, 9) 26, vide Vulg. — [10] D. (22, 1) 6, 1. — [11] D. (50, 5) 8 pr. — [12] re vera tit. sequ. D. (20, 5) 12 pr. — [13] Script. hist. Aug. Sev. 21, 8. — [14] Paulus Castrens. ad C. (6, 25) 10, Secunda super Cod. f. 64b.

---

[a] Const. omnem, 'post' Cod. — [b–b] 'Penserii Vegii' Cod. — [c] Spartian. et Cod.[1], 'prefecti' Cod.[2]. — [d] 'Lampadium' Cod. — [e] Lamprid., 'Neratium' Cod. — [f–f] corr. — [g] 'oe' certe legi non potest. — [h] 'C.' Cod.

quod fuit Papinianus mortuus tempore Marci Antonini imperatoris, quod
f. 18 non est verum, ut supra. In historia autem, que dicitur ‖ fasciculus temporum[1], sic scribitur: 'Antoninus Caracalla imperator patre asperior vixit, libidinis impatientissimus fuit, ita ut novercam suam duceret in uxorem. Papinianum iuris consultum et doctrine legalis thesaurum occidit, et sicut fecit, factum est ei, qui ab hostibus circumventus occisus est pessimus ipse cum gaudio multorum.' — Fuit et alter Papinianus Marcianus, qui composuit libros de adulteriis, de quo meminit Marcellus in l. qui pupillam ff. de adulteriis.[2] Fuit et alter Papinianus tempore Gordiani imperatoris, cuius est l. quotiens[a] suprascriptio C. de fideicommissis.[3] — Item Papinianus pulcherrimus appellatur, ut in § tertii insuper in proemio digestorum[4], et dicit ibi Iacobus de Arena[b] et Albericus[5], quod fuit pulcher scientia et non corpore, quia fuit pulcher dictator, ut patet in eius legibus. Dominicus de Aretio[6]: 'Papinianum eximium legum interpretem, sub Scevola eruditum, Antoninus Bassianus, Caracalla agnomento dictus, cui erat amicissimus, coram se a militibus cedi iussit. De quo dixit Boethius libro 3. de philosophica consolatione[7]: 'Papinianum inter aulicos diu potentem militum gladiis Antoninus obicit.' Causa necis fuit, ut scribit Ricobaldus[8] in Cesarino, quia cum Antoninus fratrem occidisset, Papiniano mandavit, ut in senatu pro se et apud populum dilueret facinus, cui respondit Papinianus: 'non est tam facile parricidium excusare, quam facere.' Ob quod turbatus Antoninus eum militum gladiis obiecit, ut Elius Spartianus in sua vita[9] dicit'. Angelus Politianus libro 5. epistularum epistula ultima directa Iacobo Modesto Pratensi[10] sic scribit: 'Papinianus, unus ex septem et triginta conditoribus iuris velut centonibus[c], auditor Serbidii[d] Scevole, libros ad pandectas Iustiniani affert questionum triginta septem, responsorum undeviginti, definitionum duos, de adulteriis unum, edilicium unum. Hic habitus omnium acutissimus est eumque vocant historie iuris asylum, doctrine legalis thesaurum, sic ut ab illo studiosi legum, qui profecissent, appellati Papinianiste quandoque fuerint. Amicus et Severo principi, sed a condiscipulatu neque non affinis propter secundam uxorem, successor eidem quoque in administratione fisci; deni-

[1] p. 483. — [2] D. (48, 5) 7. In Vulg. fr. inscribitur 'Marcellus', cuius pars est fr. sequ.; in fr. 8. Dipl. 'Papinianus Marcianus' pro 'Papiniani Marcianus' legit. — [3] C. (6, 42) 11. — [4] Const. omnem 4 in med. — [5] Alb. de Rosat. ad Const. omnem l. c., Super prima parte Dig. Vet. f. 7b, ubi Iac. de Ar. laudatur. — [6] Bandini, vide supra p. 164 n. 6. — [7] 3, 5. — [8] de Ricobaldo vide Potthast, Bibl. Hist. Med. Aevi 2, 972 (1896). — [9] Script. hist. Aug. Carac. 8, 5. — [10] Opera p. 70.

[a] C. Iust., 'quamvis' Cod. — [b] 'Aretio' Cod. — [c] Polit., 'ceunonibus' Cod., vide supra p. 231 n. 13. — [d] Polit., 'Serdibii' Cod.

que moriens Severus filios suos non alio[a] magis quam Papiniano commendavit. Erat autem Papinianus prefectus urbis ac plus potens in aula, quam volebat. Itaque sepe deponere nocivam[b] potentiam conatus est, tandem ab Antonino Caracalla, Severi filio, militum gladiis obiectus securi percussus est, quod excusare[c] parricidium noluisset. Huius assessores in prefectura Iulius Paulus et Domitius Ulpianus, quos quidam[d] ex vestris greco vocabulo 'corypheus[e]' appellant, quoniam quasi verticem legitime discipline cum Papiniano tenuerunt.' Hec Angelus ubi supra. Fuit etiam doctus in lingua greca, ut patet in l. cum pater § dotes[f] ff. de fundo instructo.[1] Bartholomeus Socinus in l. cum avus in 1. columna ff. de condicionibus et demonstrationibus[2]: 'Papiniani urna tempore genitoris mei, ut ipse referebat, argentea Rome reperta a quodam rustico[g], in qua erant[h] infra scripta[3]: 'Emilii Papiniani iuris consulti et prefecti pretorio requiescunt[i] hic ossa, cui infelix pater et mater sacrum fecerunt mortuo anno etatis sue 38.' Referebat etiam maledictum rusticum dixisse se tanti viri reliquias in Tiberim proiecisse.' In ecclesia sancti Severi exstat[k] epigramma Papiniani Rome[4]: 'D. M. Emilio Paulo Papiniano, prefecto pretorio iuris consulto, qui vixit annis sex et triginta, diebus[l] decem, mensibus[m] quattuor[n], Papinianus Hostilius Eugenia Gracilis turbato ordine in senio heu parentes fecerunt filio optimo.' Raphael Voleterranus libro 18. commentariorum urbanorum[5] sic scribit: 'Papinianus iuris consultus acceptissimus Severo imperatori, Scevole discipulus, cui in advocatione fisci successit; is est, cui filios suos Severus moriens commendavit, deinde ab Antonino Caracalla successore [o]securi percussus; causam necis tradit, quod Caracalla[o] interfecto fratre Geta ei mandaverit, ut et in senatu et apud populum facinus dilueret, ille autem respondisset, non tam facile parricidium excusari posse quam fieri.' Elius Spartianus in vita Antonini Caracalle imperatoris post princ.[6] sic scribit: 'In conspectu Antonini predicti Papinianus securi a militibus occisus est. Quo facto percussori dixit: gladio te exsequi oportuit meum iussum; tractumque est per plateam eius cadaver sine aliqua humanitatis reverentia.' Refert postea Elius Spartianus circa medium[7] infra scripta verba: 'Scio de Papiniani cede multos

[1] D. (33, 7) 2, 1. — [2] ad D. (35, 1) 102. Super Corpore Iuris Civilis f. 265. — [3] vide C. I. L. 6, 5 inscr. fals. no. 11 p. 10; Rybisch, Monumenta p. 12; Costa, Papiniano 1 (1894) p. 36. — [4] vide C. I. L. l. c. — [5] f. 186. — [6] Script. hist. Aug. Carac. 4, 1. — [7] Script. hist. Aug. Carac. 8, 1.

[a] 'alii' Polit. — [b] 'nocituram' Polit. — [c] Polit., 'excusari' Cod. — [d] Polit., 'quidem' Cod. — [e] sic et Polit. — [f] Dig., 'doctes' Cod. — [g] 'reperta' ins. Cod. — [h] 'verba' sec. Soc. ins.? — [i] Socin., 'requiescit' Cod. — [k] 'ex' Cod. — [l] C. I. L., 'die' Cod. — [m] 'mensis' Cod. — [n] 'tribus' sec. C. I. L. scr.? — [o-o] Raph. Volat., om. Cod.

ita in litteras rettulisse, ut cedis non adsciverint causam, aliis alia referentibus; sed ego malui virtutem[a] opinionum edere, quam de tanti viri cede[b] reticere. Papinianum amicissimum fuisse Severo imperatori et, ut aliqui loquuntur, affinem per secundam uxorem, memorie traditur. [c]Ad hoc[c] precipue utrumque filium a Severo commendatum eumque cum Severo professum sub Scevola et Severo in advocatione fisci successisse atque ob[d] hoc [e]concordiam fratrum Antoninorum[f] fuisse[e]; egisse quin eum, ne occideretur, cum iam de insidiis eius Bassianus quereretur, atque ideo una cum iis, qui fautores fuerunt Gete, a militibus non solum permittente, verum etiam suadente Antonino occisum. Multi dicunt Bassianum, occiso fratre, illi mandasse, ut in senatu pro se et apud populum facinus dilueret, illum autem respondisse, non tam facile parricidium excusari posse, quam fieri. Est etiam hec fabella, quod dictare noluerit orationem, qua invehendum erat in fratrem, ut causa eius melior fieret, qui occideret; illum autem negantem respondisse aliud in[g] parricidium, aliud accusare innocentem occisum. Sed hec[h] omnimode non convenit: nam neque prefectus[i] poterat dictare orationem et constat eum quasi fautorem Gete occisum. Et fertur quidem, cum Papinianus raptus a militibus ad palatium traheretur occidendus, predivinasse dicentem stultissimum fore, qui in suum subrogaretur locum, nisi appetitam crudeliter prefecturam vendicaret.'[k]

GAIUS CASSIUS[1], iuris consultus vir prestantissimus, Rome floruit. Hic cum in legibus doctissimus esset, plures libros composuit et precipue libros duos institutionum, ex quibus est l. omnes populi ff. de iustitia et iure[2] et l. 1. ff. de rerum divisione[3] et l. 2. ff. de adoptionibus[4] et l. 3. ff. de statu hominum.[5] Qui duo libri institutionum per scholares in studio audiebantur, ut per Iustinianum in § in his autem in proemio digestorum.[6] Et in § fin. in proemio[l] institutionum[7] dicit 'Gaius noster in commentariis super libros institutionum et rerum cottidianarum.' Et sic composuit

[1] vide supra p. 236. — [2] D. (1, 1) 9. — [3] D. (1, 8) 1. — [4] D. (1, 7) 2. — [5] D. (1, 5) 3. — [6] Const. omnem 1 init. — [7] Const. imperatoriam 6.

[a] 'veritatem' vel 'varietatem' (vide codd. Spart.) scrib.? — [b] Spart., 'laude' Cod. — [c–c] sic et ed. Venet. 1490. — [d] Spart., 'ab' Cod. — [e–e] sic et ed. Venet. 1490 (pro 'concordie ... favisse'). — [f] Spart., 'Antoni notam' Cod. — [g] 'esse' vel 'est' (sic ed. Ven.) sec. Spart. scr. — [h] sic et quid. cod. Spart. — [i] 'praefatus' Cod., 'praef.' Spart. — [k] sequitur in Cod. initium vitae Papirii Iusti usque ad verba 'ex libro octavo' (infra p. 295), ad quod in margine notatum est: 'non hic ponenda' et paulo inferius 'a car(ta) 40': scripta enim est vita Papirii fol. 20. — [l] 'ff.' ins. Cod.

etiam librum rerum cottidianarum sive aureorum, ex quibus est l. riparum[a] ff.[b] de rerum divisione[1] et l. 2. et 4. ff. mandati[2] et l. in pecudum ff. de usuris[3] et l. omnium ff. de usu fructu.[4] Item et plures libros ad legem duodecim tabularum, ex quibus est l. plerique et l. etiam de in ius vocando[5], l. fin. ff. finium regundorum[6] et l. traditionibus ff. de pactis[7], et ex libro 6.[c] l. videamus ff. de usuris.[8] Incipit liber: 'Facturus legum vetustarum[d] interpretationem' et cetera, l. 1. ff. de origine iuris.[9] De quibus meminit Iustinianus in Inst. de publicis iudiciis § telum[10], ubi dicit: 'Gaius noster ex interpretatione legum duodecim tabularum scriptum reliquit.' Item et libros ad Plautium, ex quibus est l. si extraneo ff. de usufructu.[11] Item et libros responsorum, et ex libro 2. est l. si mulieri ad senatus consultum Velleanum.[12] Item et librum singularem[e] regularum, ex quo[f] est l. nam et[g] femine ff. de adoptionibus.[13] Item et librum singularem de assignatione libertinorum[h], ex quo est l. senatus consulto[i] ff. de ritu nuptiarum.[14] Item et librum singularem ad orationem[k] divi Antonini et Commodi, ex quo est l. si quis tutor ff. de ritu nuptiarum.[15] Item et librum singularem de intercessionibus[l] feminarum, ex quo est l. debitrix mulier ff. ad senatus consultum Velleanum.[16] Item et librum singularem de casibus, ex quo[m] est l. Neratius ff. de condictione indebiti.[17] Item et librum singularem ad formulam hypothecariam, ex quo est l. [n]in re[n] hypothece de [o]fide instrumentorum[o] [18] et l. contrahitur et l. que nondum sunt ff. de pignoribus[19] et l. potior ff. qui potiores in pignore habeantur[20] et l. sicut ff. de distractione pignorum.[21] Item libros ad legem Iuliam et Papiam, ex quibus est l. sepe ff. de sponsalibus[22] et l. in legibus ff. de testibus[23], et ex libro 8. l. illud de ritu nuptiarum.[24] Item et libros de verborum obligationibus: ex libro 3. est l. solvendo ff. de negotiis gestis[25], l. sepe ff. com-

---

[1] D. (1, 8) 5. — [2] D. (17, 1) 2 et 4. — [3] D. (22, 1) 28. — [4] D. (7, 1) 3. — [5] D. (2, 4) 18 et 20. — [6] D. (10, 1) 13. — [7] D. (2, 14) 48. — [8] D. (22, 1) 19. — [9] D. (1, 2) 1. — [10] I. (4, 18) 5 (!). — [11] D. (7, 1) 46; fragm. Pauli est, sed fr. praec. Gai! — [12] D. (16, 1) 22; fragm. Pauli est, sed fr. praec. Ca[llistrati]. 'libro 2. responsorum' habet etiam Hal. — [13] D. (1, 7) 21. — [14] D. (23, 2) 59. Et Vulg. habent 'Gaius' pro 'Paulus'. — [15] D. (23, 2) 60. 'Gaius' pro 'Paulus' et Vulg. — [16] D. (16, 1) 24. fr. 22—24 Pauli sunt, fr. 21 Ca[llistrati]; vide n. 12. — [17] D. (12, 6) 63. — [18] D. (22, 4) 4. — [19] D. (20, 1) 4 et 15. — [20] D. (20, 4) 11. — [21] re vera tit. sequ. D. (20, 6) 8; sed Dipl. voluit laudare fragm. praec. — [22] D. (23, 1) 17. — [23] D. (22, 5) 5. — [24] D. (23, 2) 46. — [25] D. (3, 5) 38.

---

[a] Dig., 'si parum' Cod. — [b] 'Instit.' Cod. — [c] Dig., '16.' Cod. — [d] Dig., 'vetustati' Cod. — [e] 'singularium' Cod. — [f] 'quarto' Cod. — [g] Dig., 'de' Cod. — [h] sic et Hal. — [i] Dig., 'consulti' Cod. — [k] Dig., om. Cod., ubi est lacuna quinque litterarum. — [l] Dig., 'iure cessionis' Cod. — [m] 'quibus' Cod. — [n-n] Dig., 'iure' Cod. — [o-o] 'fundo instructo' Cod.

modati.[1] Item et libros fideicommissorum, et ex libro 2. est l. si ex asse ff. familie herciscunde.[2] Item et libros ad edictum provincie[a], ex quibus est l. fin. ff. quod quisque iuris[3] et l. si vero et l.[b] arbitro ff. qui satisdare cogantur[4] et l. adeo et l. si idem ff. de iurisdictione omnium iudicum[5] et l. 1. et l. si is qui et l. si post[c] ff. si quis cautionibus[6], l. de his ff. de transactionibus[7] et l. argentarius ff. de edendo[8] et l. de pretio de Publiciana[9] et l. sive hereditaria ff. de negotiis gestis[10] et ex libro 30. l. admonendi ff. de iureiurando[11] cum concordantiis. Item et libros ad edictum edilium curulium, ex quibus est l. protervi[d] et l. videamus et l. itaque ff. de edilicio edicto.[12] Item et libros ad edictum pretoris urbani tit. de damno infecto, ex quibus est l. in noxalibus ff. de noxalibus[13], et ad edictum pretoris urbani tit. de liberali causa, [e]ex quibus[e] est l. liber homo ff. ad exhibendum.[14] Ulpianus in l. si quis extraneus[f] ff. de acquirenda hereditate[15] allegat Cassium. Et Labeo in l. si quis legata ff. de condicionibus et demonstrationibus[16] allegat commentaria Gaii. Gaius etiam in l. [g]si ante[g] ff. iudicatum solvi[17] allegat Iulianum et sic vidit Iulianum et eius scripta; et idem in l. facta[h] § Iulianus ff. ad Trebellianum[18]; vide in dicta l. si quis extraneus[i] § fin.[19] Istum 'fidelissimum iuris interpretem' appellat Iacobus de Belvisio in proemio feudorum in princ.[20] Floruit tempore Alexandri imperatoris, de quo meminit in dicta l. facta §[k] rescripto ad Trebellianum[21], et anno Christi 228. et anno mundi 5426. Gaii scripta universa affirmavit Theodosius et Valentinianus imperatores l. 1. C. de responsis prudentum in codice Theodosiano libro 1.[22], statuentes et approbantes scripta universa Gaii, et ibi per eos. Angelus Politianus in suo libro epistularum in epistula, quam direxit Iacobo Modesto, ultima in 5. libro[23]: 'Gaius fuit unus ex septem et triginta conditoribus iuris velut centonibus[l]; cuius libri sunt positi per Iustinianum in suis libris digestorum, videlicet ad edictum provinciale libri duo et triginta[m], ad leges quindecim, ad edictum

[1] D. (13, 6) 4. — [2] D. (10, 2) 40. — [3] D. (2, 2) 4. — [4] D. (2,8) 5 et 9. — [5] D. (2, 1) 8 et 11. — [6] D. (2, 11) 6 et 8. — [7] D. (2, 15) 6. — [8] D. (2, 13) 10. — [9] D. (6, 2) 8. — [10] D. (3, 5) 21. — [11] D. (12, 2) 31. — [12] D. (21, 1) 3 et 26 et 32. — [13] D. (9, 4) 30. — [14] D. (10, 4) 13. — [15] D. (29, 2) 21, 3. — [16] D. (35, 1) 54 pr. 'Labeo' et in ed. Venet. 1506. — [17] D. (46, 7) 7. — [18] D. (36, 1) 65, 13. — [19] D. (29, 2) 21, 3. — [20] In us. feud. p. 1. — [21] D. (36, 1) 65, 5. — [22] C. Th. (1, 4) 3 = Brev. (1, 4) 1. — [23] Opera p. 72.

[a] 'provinciale' scrib. ? — [b] 'si' ins. Cod. — [c] Dig., 'pater' Cod. — [d] Dig., 'propter' Cod. — [e-e] om. Cod. — [f] Dig., 'extraneum' Cod. — [g-g] Dig., 'suum' Cod. — [h] Dig., 'facte' Cod. — [i] Dig., 'extraneum' Cod. — [k] 'in' ins. Cod. — [l] Polit., 'ceunonibus' Cod.; vide supra p. 231 n. 13. — [m] Polit., 'viginti' Cod.

publicum quindecim, qui soli tum[a] reperti fuerunt, aureorum septem, dodecadelti[b] hoc est de duodecim tabulis sex, institutionum tres, de manumissionibus tres, fideicommissorum duo, de casibus unus, regularum unus, hypothecarie unus. Ipsum etiam Gaium citat Boethius in Ciceronis topicam in commentariis[1].'

ULPIANUS ille magnus, natione Tyrus, provincie Syrie et Phenicis, iuris consultorum atque oratorum omnium sui temporis princeps, iisdem temporibus, ut tradit Eusebius de temporibus[2], floruit. Hic cum ab ipsis cunabulis Rome esset et eminentissimi ingenii adolescens evasisset, in iure civili perfectissimus habitus fuit et in iure civili plures libros composuit et precipue infra scriptos: In primis libros institutionum, et ex 1. libro est l. 1. ff. de constitutionibus[3] et l. fin. ff. de legibus[4] et l. manumissiones ff. de iustitia et iure.[5] Item et libros sententiarum, et ex libro 2. est l. 1. ff. ad legem Rhodiam de iactu.[6] Item et libros opinionum, ex quibus est l. fin. ff. de statu hominum[7], l. pretor ff. de iurisdictione omnium iudicum[8], l. illicitas[c] et l. sequens ff. de officio presidis[9], l. qui cum tutoribus de transactionibus[10], l. post mortem ff. de adoptionibus[11], et ex libro 6. opinionum l. inter officium ff. de rei vendicatione.[12] Item et libros responsorum, et ex libro 1. est l. de re filiorum de transactionibus.[13] Vide de responsis eius in l. Titius § lectum ff. de actionibus empti[14], et de libris eius responsorum Maximiano[d] respondit[e], videlicet de libro 50.[f] in l. si societatem cum l. sequenti ff. pro socio.[15] Item et libros disputationum, et ex libro 2. l. sed[g] cum ambo ff. naute caupones et stabularii.[16] Item et libros disputationum, ex quibus est l. neque ff. de adoptionibus[17] et l. [h]vel sit[h] longinquo de procuratoribus[18] et l. idem erit de statu hominum[19], l. post rem[i] ff. de transactionibus[20] et l. 1. ff. de officio proconsulis et legati[21] et ex libro 2.[k] l. minor ff. de evictionibus.[22] Et dicunt Diocletianus et Maximianus in l. divo Marco de questionibus[23] Ulpianum in publicarum

[1] p. 222, 3 (ed. Orelli-Baiter). — [2] Chron. 2, 179 n. — [3] D. (1, 4) 1. — [4] D. (1, 3) 41. — [5] D. (1, 1) 4. — [6] D. (14, 2) 1; sed fr. est Pauli! ('Papinianus' ed. Ven. 1494). — [7] D. (1, 5) 27. — [8] D. (2, 1) 17. — [9] D. (1, 18) 6 et 7. — [10] D. (2, 15) 9. — [11] D. (1, 7) 25. — [12] D. (6, 1) 54. — [13] D. (2, 15) 10. — [14] D. (19, 1) 43. — [15] D. (17, 2) 73; fr. in quibusd. codd. Vulg. scinditur in duas partes. — [16] re vera tit. seq., D. (5, 1) 14. — [17] D. (7, 1) 24. — [18] D. (3, 3) 44. — [19] D. (1, 5) 16. — [20] D. (2, 15) 7. — [21] D. (1, 16) 1. — [22] re vera l. praeced. D. (21, 2) 38. — [23] C. (9, 31) 11, 1.

[a] Polit., 'tamen' Cod. — [b] Polit., 'de decadelti' Cod. — [c] Dig., 'ni licitus' Cod. — [d] sic et quidam codd. Vulg. — [e] Dig., 'responsorum' Cod. — [f] '1.' scr.? ('I.' pro 'L.'). — [g] Dig., 'si' Cod. — [h–h] Dig., 'si cum' Cod. — [i] Dig., 'mortem' Cod. — [k] Dig., '20.' Cod.

disputationum libris[a] sic retulisse. Item et libros oppositarum[b], et ex libro 5. est l. penultima ff. de iudiciis[1], in quibus sunt note Ulpiani ad Papiniani corpus facte, quas allegat Constantinus in l. fin. C. de sententiam passis[2], et ipsas precepit infirmari Theodosius imperator in l. 1. C. de responsis prudentum in codice Theodosiano libro 1.[3], que etiam nullam auctoritatem obtinebant secundum Iustinianum in l. 1. § omnibus auctoribus C. de veteri iure enucleando.[4] Item et librum singularem regularum, ex quo est l. pater filius ff. de testibus[5], l. iustitia ff. de iustitia et iure.[6] Item et librum singularem pandectarum, ex quo est l. si quis certum ff. si certum petatur.[7] Item et libros plures digestorum, ex quibus sunt multe leges in corpore iuris inserte.[8] Item et plures libros ad Sabinum, ex quibus est l. queritur ff. de statu hominum[9], l. imperator ff. eodem tit.[10] et l. iura ff. de legibus[11] et l. 2. et l. de divisione ff. soluto matrimonio[12], et ex libro 38.[c] l. Barbarius[d] ff. de officio pretoris[13], l. nepotes[e] ff. de his, qui sunt sui vel alieni iuris[14], et ex libro 46. l. Aquiliana ff. de transactionibus.[15] De quibus meminit Iustinianus in § sed cum in fine C. de emendatione codicis Iustiniani[16] et in l. fin. C. de heredibus instituendis[17] et l. fin. C. de indicta viduitate tollenda[18] et l. penultima C. de condicionibus insertis.[19] Item et libros ex Minucio[f], et ex libro 6. est l. si[g] habitator ff. de rei vendicatione.[20] Item et libros ad edictum, ex quibus est l. post rem de transactionibus[21], l. in orbe[h] et l. qui furere[i] ff. de statu hominum[22] et l. fraus ff. de legibus[23] et l. quesitum ff. de pignoribus[24] et l. licet in quibus causis pignus vel hypotheca solvitur[25], et ex libro 52.[k] l. 1. ff. de operis novi nuntiatione[26], et ex libro 66.[l] l. fin. ff. de fideicommissaria hereditatis petitione.[27] De quibus etiam meminit Iustinianus in l. maximum vitium C. de liberis preteritis.[28] Et ex 1. libro ad edictum edilium curulium est l. nam ut ait ff. de legibus[29] et l. pacisci ff. de pactis[30] et l. si cui et l. qui cum

---

[1] D. (5, 1) 81 (ex libro 5. op[inionum]!). — [2] C. (9, 51) 13 pr. — [3] C. Th. (1, 4) 3 = Brev. (1, 4) 1. — [4] C. (1, 17) 1, 6 (!), vide § 5. i. f. — [5] D. (22, 5) 17. — [6] D. (1, 1) 10. — [7] D. (12, 1) 24. — [8] vide Lenel, Palingenesia 2 p. 386. — [9] D. (1, 5) 10. — [10] D. (1, 5) 18. — [11] D. (1, 3) 8. — [12] D. (24, 3) 2 et 5. — [13] D. (1, 14) 3. — [14] D. (1, 6) 5. — [15] D. (2, 15) 4. — [16] Const. cordi 3 (!), vide 2. — [17] re vera tit. praeeunte C. (6, 24) 14 pr. — [18] C. (6, 40) 3, 2. — [19] C. (6, 46) 7 (!); libri ad Sab. hic non laudantur. — [20] D. (6, 1) 59. Dipl. 'Ul.' pro 'Iul.' legisse videtur. — [21] D. (2, 15) 7. — [22] D. (1, 5) 17 et 20 (fr. 20 ex lib. ad Sab.!). — [23] D. (1, 3) 30. — [24] D. (20, 1) 14. — [25] re vera D. (20, 2) 6. — [26] D. (39, 1) 1. — [27] D. (5, 6) 3. — [28] C. (6, 28) 4, 3. — [29] D. (1, 3) 13. — [30] D. (2, 14) 31.

---

[a] C. Iust., om. Cod. — [b] 'oppositorum' scrib.? — [c] Dig., '30' Cod. — [d] Dig., 'Barbatius' Cod. — [e] Dig., 'nepote' Cod. — [f] sic et Hal. — [g] del.? — [h] Dig., 'urbe' Cod. — [i] Dig., 'fuere' Cod. — [k] Dig., '42' Cod. — [l] sic et Hal.

aliis sequentibus ff. de edilicio edicto.[1] Et ex libro 73.[a] ad edictum provinciale est l. si horreum ff. in quibus casibus pignus vel hypotheca solvitur.[2] Item et libros fideicommissorum, ex quibus est l. 2. ff. de constitutionibus principum[3], et ex libro 6. l. cum quedam ff. de iurisdictione omnium iudicum[4] et l. femine de senatoribus[5], et ex libro 7. l. fideicommissum ff. de iudiciis.[6] Et librum 6. fideicommissorum Ulpiani allegat Iustinianus || in l. 1. post princ. C. de communi servo manumisso.[7] Item libros ad f. 19.
legem Iuliam et Papiam, ex quibus est l. fin. de adoptionibus[8] et l. ingenuum ff. de statu hominum[9] et l. penultima ff. de his qui sunt sui vel alieni iuris[10] et l. princeps ff. de legibus[11], et ex libro 18. l. nec per liberos ff. de minoribus[12], l. nec supina ff. de iuris et facti ignorantia.[13] Item et librum singularem de sponsalibus, ex quo est l. 2. et l. sed ea[b] ff. de sponsalibus.[14] Item et librum finium regundorum, ex quo est l. 1. ff. de iurisdictione omnium iudicum.[15] Item et libros de censibus, ex quibus sunt multe leges ipsius in tit. ff. de censibus[16]; et ex libro 2. est l. fin. ff. de senatoribus.[17] Item et libros singulares de adulteriis, ex quibus est l. scio quidem ff. de testibus[18], et liber 5.[c] in l. 2. et l. sed nec ff. de fundo dotali.[19] Item et libros de omnibus[d] tribunalibus, ex quibus est l. cum hi de transactionibus[20] et l. si per errorem et l. solet ff. de iurisdictione omnium iudicum[21] et l. 2. ff. de officio eius, cui mandata est iurisdictio[22] et l. preses ff. de officio presidis[23] et l. fin. ff. de officio pretorum[24], et ex libro 8. l. si quis hominem ff. ad exhibendum.[25] Item et librum singularem de officio prefecti vigilum, ex quo est l. 2. et l. fin. ff. de officio prefecti vigilum.[26] Item et librum singularem de officio questoris, ex quo est l. 1. ff. de officio questoris[27] et l. imperium ff. de iurisdictione omnium iudicum.[28] Item et librum singularem de officio consularium, ex quo est l. creditor ff. si certum petatur.[29] Item et librum singularem de officio prefecti urbis, ex quo est l. 1. ff. de officio prefecti urbis.[30] Item et libros de officio consulis, et ex libro 2. est l. 1. ff. de officio consulis[31] et l. qui luminibus ff. de

---

[1] D. (21, 1) 8 et 12. — [2] re vera D. (20, 2) 3; vide supra p. 280 n. 25. — [3] D. (1, 4) 2. — [4] D. (2, 1) 19. — [5] D. (1, 9) 8. — [6] D. (5, 1) 50 (lib. 7. et Hal.!). — [7] C. (7, 7) 1, 1a. — [8] D. (1, 7) 46. — [9] D. (1, 5) 25. — [10] D. (1, 6) 10. — [11] D. (1, 3) 31. — [12] D. (4, 4) 2. (lib. 18. et Hal.!). — [13] D. (22, 6) 6. — [14] D. (23, 1) 2. et 12. — [15] D. (2, 1) 1 (ex libris regularum!). — [16] D. (50, 15) 1 et 3 et 4. — [17] D. (1, 9) 12. — [18] D. (22, 5) 14. Dipl. legit 'Ul.' pro 'Iul.' (sic Vulg.). — [19] D. (23, 5) 2 et 6. — [20] D. (2, 15) 8. — [21] D. (2, 1) 15 et 16. — [22] D. (1, 21) 2. — [23] D. (1, 18) 5. — [24] D. (1, 14) 4 (lib. 9!). — [25] D. (10, 4) 17. — [26] D. (1, 15) 2 et 5: 'vigilum' pro 'urbi' in fr. 5 et Hal. — [27] D. (1, 13) 1. — [28] D. (2, 1) 3. — [29] D. (12, 1) 25. — [30] D. (1, 12) 1. — [31] D. (1, 10) 1.

---

[a] Dig., '37' Cod. — [b] Dig. Vulg., 'eos' Cod. — [c] Dig., '9' Cod. — [d] 'oneribus' Cod.

servitutibus urbanorum prediorum.[1] Item et libros de officio proconsulis, ex quibus est l. nam ita de adoptionibus[2] et l. 3. et l. solent ff. de officio proconsulis et legati[3] et l. si iudex ff. de iudiciis[4] et l. diuturna et l. sequens ff. de legibus[5], et ex libro 8. l. inviti[a] ff. de testibus[b6], l. 2. ff. de his, qui sunt sui vel alieni iuris.[7] Ipsum etiam in libro 4. de officio proconsulis allegat Modestinus in l. si duas in fine ff. de excusationibus tutorum.[8] Item et librum singularem de officio curatoris rei publice, ex quo est l. si bene ff. de usuris.[9] Imperatores etiam Theodosius et Valentinianus in l. 1. C. de responsis prudentum libro 1. codicis Theodosiani[10] firmaverunt inter alia scripta iuris consultorum universa scripta Ulpiani, ita, ut auctoritas lectionis, que ex omni corpore recitetur, ceteris preferatur. Ulpianus appellatur per Iustinianum 'vir disertissimus' in l. fin. C. de institutionibus et substitutionibus[11]; et 'vir prudentissimus' appellatur per Diocletianum et Maximianum in l. divo Marco C. de questionibus[12] et per Iustinianum in § sed cum novelle in fine C. de emendatione codicis domini Iustiniani[13]; et 'vir nobilis' per Modestinum in l. 2. in fine ff. de excusationibus tutorum[14], et 'nobilissimus' in l. [c]diximus ff. eodem tit. de excusationibus tutorum[15]; et 'vir egregius' per Modestinum in l. divus ff. qui petant tutores[16], et in l. scire oportet § aliud ff. de excusationibus tutorum[17] idem Modestinus Domitium Ulpianum 'verticem legum prudentum' appellat.[d] Et in l. 1. § ne autem C. de caducis tollendis[18] Iustinianus appellat eum 'virum summi ingenii'. In l. et[e] divi Pii C. locati[19] Alexander imperator appellat Domitium Ulpianum 'prefectum pretorio parentem suum'; et in l. secundum C. de contrahenda stipulatione[20] et imperator Antoninus Heliogabalus dicit: 'secundum responsum Domitii Ulpiani prefecti annone, amici mei'. Ulpianum etiam allegat Iustinianus in l. fin. C. de impuberum[f] et aliis substitutionibus[21] et in l. si furiosi § 1. et l. fin. C. de nuptiis[22] et in l. penultima C. ad Trebellianum[23] et in aliis locis supra allegatis, ubi aliquando ipsum appellat Domitium Ulpianum. Ipsum etiam allegat Modestinus in locis supra

[1] D. (8, 2) 11. — [2] D. (1, 7) 39; 'proconsulis' et Hal. — [3] D. (1, 16) 4 (!) et 6. — [4] D. (5, 1) 32, vide Hal. — [5] D. (1, 3) 33 et 34. — [6] D. (22, 5) 19. — [7] D. (1, 6) 2. — [8] D. (27) 1, 6, 6. — [9] D. (22, 1) 33. — [10] C. Th. (1, 4) 3 = Brev. (1, 4) 1. — [11] C. (6, 25) 10. — [12] C. (9, 41) 11, 1. — [13] Const. cordi § 3 (!), vide § 2. — [14] D. (27, 1) 2, 9. — [15] D. (27, 1) 4, 1. — [16] D. (26, 6) 2, 5 (!), vide § 2. — [17] D. (27, 1) 13, 2. — [18] C. (6, 51) 9. — [19] C. (4, 65), 4. 1. — [20] C. (8, 37) 4; re vera rescriptum Alexandri! — [21] C. (6, 26) 11 pr. — [22] C. (5, 4) 25, 2(!) et 28 pr. (!). — [23] C. (6, 49) 7, 1 b.

[a] Dig., 'invicti' Cod. — [b] 'legibus' Cod. — [c] 'et' ins. Cod. — [d] om. Cod. — [e] C. Iust., 'ex' Cod. — [f] C. Iust., 'impuberibus' Cod.

allegatis et in l. si duas[a] in fine et in l. milites § scribit et in l. idem[b] Ulpianus ff. de excusationibus tutorum[1], et licet aliquando Ulpianus allegaverit Modestinum in l. Gaius ff. de excusationibus tutorum.[2] Ulpianum etiam allegat Marcianus in l. sciendum ff. qui satisdare cogantur[3] et in l. Aristo ff. de iure codicillorum[4] et l. servum in fine ff. de pignoribus[5] et in l. a decurionatu ff. de vacatione munerum[6] et l. tutor pro pupillo ff. de administratione tutorum.[7] Ipsum etiam allegat Pomponius in l. liberto ff. de negotiis gestis[8], licet aliquando Ulpianus allegaverit Pomponium l. 1. § fin. ff. si quid in fraudem patroni[9] et in l. clam possidere[c] princ. et in l. si quis et in l. [d]Pomponius ff. de acquirenda possessione[10] et in l. Marcellus § item[e] Pomponius ff. ad legem Falcidiam[11] et in l. nec[f] semel ff. quando dies legatorum cedat[12] et in l. itaque ff. de furtis[13] et in l. eum[g] qui § idem Pomponius ff. eodem tit.[14], l. cum aurum in fine[h] et in l. argumento ff. de auro et argento legato.[15] Hic Ulpianus fuit de Tyro, civitate antiquissima, Romanorum colonia in provincia Syrie et Phenices, prout ipse refert in l. 1. ff. de censibus[16]; que est insignis civitas, ut in l. 1. C. de metropoli Beryto libro 11.[17], que civitas et vetustate originis et magnitudine et claritate ante omnes eiusdem Syrie et Phenices regionum memoranda fuit. De qua vide Ovidium in libro 15. metamorphoseon[18] et Iosephum libro 3. de [i]Iudaicis antiquitatibus[i][19] et dicta l. 1. et l. fin. ff. de censibus.[20] Tamen floruit Rome, prout probatur ex dictis per ipsum in l. more ff. de acquirenda hereditate[21], ibi: 'more nostre civitatis' scilicet Romane secundum glossam.[22] Et fuit nobilis originis, ut per Raynerium et Nicolaum de Neapoli dicta l. 2. § fin. de excusationibus tutorum.[23] Iste

[1] D. (27, 1) 6, 13 et 8, 9 et 12 pr. — [2] D. (27, 1) 16, in Vulg. l. 15 § 16 incipit nova lex: 'Ulpianus libro singulari' rel., ita ut l. 16, quae inscribitur 'Idem', videatur esse Ulpiani. — [3] D. (2, 8) 15, 2. Dipl. legit 'Marc[ianus]' pro 'Mar[cellus]' (sic ed. Ven. 1494). — [4] D. (29, 7) 9. 'Marcianus' pro 'Marcellus' et Hal. — [5] D. (20, 1) 27. Et hic Dipl. legit 'Marcianus' pro 'Marcellus'. — [6] D. (50, 5) 5. Et Vulg. habent 'Marcianus' pro 'Macer'. — [7] D. (26, 7) 28, 1. Dipl. legit 'Marcianus' pro 'Marcellus'. — [8] D. (3, 5) 30, 2. Dipl. legit 'Pomp.' pro 'Pap.'. — [9] D. (38, 5) 1, 27 (!). — [10] D. (41, 2) 6 pr. et 10, 1 et 13 pr. — [11] re vera D. (36, 1) 3, 2. — [12] D. (36, 2) 12, 6. — [13] D. (47, 2) 12, 2. — [14] D. (47, 2) 14, 9. — [15] D. (34, 2) 19, 5 et 25, 9. — [16] D. (50, 15) 1 pr. — [17] C. (11, 22) 1. — [18] 15 v. 288. — [19] multis locis antiquitatum Iosephi 'Tyrus' laudatur, sed non lib. 3. — [20] D. (50, 15) 1 et 8. — [21] D. (29, 2) 8. — [22] Gl. 'civitatis' ad D. (29, 2) 8. — [23] Nic. Spinellus ad D. (27, 1) 2, 9, Lectur. apud Bartolum, In Infort. f. 207: 'nobilis: ratione scientiae, non ratione originis, secundum Raynerium. . . . Sed quidquid dicat Raynerius, dic quod Ulpianus fuit nobilis ratione originis. . . .'

[a] Dig., 'divus' Cod. — [b] Dig., 'item' Cod. — [c] '§ fin. et' ins. Cod. — [d] 'si' ins. Cod. — [e] Dig., 'idem' Cod. — [f] Dig., 'hoc' Cod. — [g] Dig., 'cum' Cod. — [h] 'princ.' scrib.? — [i–i] 'Iudaic. capti.' Cod. ut supra p. 154 n. i—i.

Ulpianus fuit discipulus Papiniani iuris consulti et floruit tempore Pescennii imperatoris Nigri. De quo dicit Elius Spartianus in vita Pescennii imperatoris predicti[1], quod Pescennius, ne novi ad regendam rem publicam accederent[a] preter[b] militares administrationes, intimavit, ut assessores, in quibus provinciis assedissent, in his administrarent, ut probant Pauli et Ulpiani prefecture, qui Papiniano in consilio fuerunt, ac postea, cum unus ad memoriam, alter ad libellos paruisset, statim prefecti[c] facti[d] sunt. Vide tamen in l. metum § sed quod pretor ff. quod metus causa[2], quod Ulpianus fuit assessor pretoris; et de auditorio Ulpiani vide in l. Titius § lectum ff. de actionibus empti.[3] Et multa dubia querebantur[e] in l. eleganter ff. de pigneraticia actione.[4] Floruit etiam tempore Antonini Heliogabali, qui[f] in l. secundum C. de contrahenda stipulatione[5] ipsum[g] appellat 'prefectum annone iuris consultum amicum suum'. Et dicit Elius Lampridius in vita ipsius Antonini Heliogabali[6], quod Heliogabalus Sabinum consularem virum, ad quem libros Ulpianus scripsit, [h]quod in urbe[h] remansisset[i], vocato centurione mollioribus verbis iussit occidi. Sed centurio aure surdior[k] imperari sibi credidit, ut urbe pelleretur itaque fecit. Sic vitium centurionis Sabino saluti fuit. Removit et Ulpianum iuris consultum ut bonum virum et[l] Silvinum rhetorem[m], quem magistrum Cesaris fecerat; et Silvinus quidem occisus est, Ulpianus vero reservatus. Floruit etiam secundum Eusebium libro de temporibus[7] tempore Alexandri Severi imperatoris anno mundi 5426. et anno Christi 228., tempore supra dictorum iuris consultorum et etiam infra scriptorum, quos etiam amicos appellat in l. divi fratres ff. de iure patronatus.[8] Ipsum etiam Alexander in l. ex[n] divi Pii C. locati et conducti[9] appellat 'patrem' et, quidquid dicat glossa[10], dicit, quod Alexander imperator habuit Ulpianum predictum pro tutore secundum Elium Lampridium in vita Aurelii Alexandri imperatoris in 3. folio[11], ubi dicit, quod Alexander Severus Ulpianum pro tutore habuit, primum repugnante matre, deinde gratias agente, atque ideo summus imperator fuit, quod eius consiliis precipue rem publicam

---

[1] Script. hist. Aug. Pesc. 7, 3. — [2] D. (4, 2) 9, 3. — [3] D. (19, 1) 43 pr. (!). — [4] D. (13, 7) 24. — [5] C. (8, 37) 4, vide supra p. 282 n. 20. — [6] Script. hist. Aug. Ant. Hel. 16, 2; vide infra p. 298, 19. — [7] Chron. 2, 179 n. — [8] D. (37, 14) 17 pr. — [9] C. (4, 65) 4, 1. — [10] Gl. 'parentem' ad C. (4, 65) 4: 'in scientia et etate'. — [11] Script. hist. Aug. Alex. 51, 4.

---

[a] Spart., 'accederetur' Cod. — [b] Spart., 'propter' Cod. — [c] Spart., 'perfecti' Cod. — [d] Spart., om. Cod. — [e] 'querebat' Cod. — [f] 'quem' Cod. — [g] 'ipse' Cod. — [h–h] Lamprid., om. Cod. — [i] Lamprid., 'remansisse' Cod. — [k] sic Lamprid. ed. Ven. 1490, 'sordior' Cod. — [l] Lamprid., om. Cod. — [m] Lamprid., 'rectorem' Cod. — [n] sic et Vulg.

rexit; et in 4. folio[1] dicit, quod Alexander predictos Paulum et Ulpianum in magno honore habuit, quos prefectos ab Heliogabalo alii dicunt factos, alii ab ipso; nam et consiliarius Alexandri et magister scrinii Ulpianus fuisse perhibetur[a], qui tamen ambo assessores Papiniani fuisse dicuntur. Et dicit Baldus de Perusio in dicta l. secundum responsum C. de contrahenda stipulatione[2], quod Ulpianus fuit tempore Alexandri imperatoris, et cum imperator gustasset suam virtutem, effectus est eius amicissimus et vocavit eum dominum. Dicit etiam Elius Lampridius predictus in vita Alexandri predicti in fine[3], quod Domitius Ulpianus, iuris peritissimus et discipulus splendidissimi Papiniani, fuit ipsius Alexandri imperatoris familiaris, suus socius et consiliarius. — Fuit et alter Ulpianus Rufinus, ut in l. divus ff. qui petant tutores.[4] Fuit et Ulpianus miles tempore Maximiani, de quo legitur suprascriptio l. portionem C. de communium rerum alienatione.[5] Fuit et alter Opilius[b] Ulpianus legatus temporibus Antonini, de quo in l. 1. C. de sententiam passis.[6] — [c]Sextus Rufus vir consularis in libello de historia Romana ad Valentinianum Augustum in ultimo cap.[7]: 'Aurelius Alexander sacrorum scriniorum magistrum habuit Ulpianum iuris consultum.' Ulpianus fuit doctus in greca lingua et scripsit in pandectis, ut patet l. sed et reprobari § de philosophis[d] cum l. sequenti de excusationibus tutorum[8] [e]sive de administratione tutorum.[e] Sunt aliqua verba greca in suis scriptis, ut patet in pandectis in l. ius civile ff. de iustitia et iure[9], in l. solent § quantum ff. de officio proconsulis[f] et legati[10] et in l. athletas[g] § designatores ff. de his, qui notantur infamia.[11] Elius Lampridius in vita Alexandri Severi imperatoris in 6. folio[12] dicit[h], quod Alexander predictus omnes amicos simul admisit, cum omnibus pariter est locutus nec unquam quemquam solum nisi prefectum suum vidit, et quidem Ulpianum et assessores semper suos, causa iustitie singularis; cum autem alterum adhibuit, et Ulpianum rogari iussit. Et in fine[13] dicit, quod illud insigne habuit Alexander, quod solum intra palatium preter prefectum Ulpianum quidem neminem vidit. Angelus Politianus libro 5. epistularum in ultima epistula, que est directa Iacobo Modesto Pratensi[14] sic scribit: 'Domitius Ulpianus, unus ex septem et triginta con-

[1] l. c. 26, 5. — [2] ad C. (8, 37) 4, In 7.—11. Codicis f. 179b. — [3] l. c. 67, 2; 68, 1. — [4] D. (26, 6) 2, 2 (!). 'Ulpio' pro 'Cuspio' Hal. — [5] C. (4, 52) 4. — [6] C. (9, 51) 1. — [7] Rufius Festus, Brev. 22, 1. — [8] D. (27, 1) 6, 7 (!) [vide § 6]; et § 14 (!) [vide § 13]. — [9] D. (1, 1) 6, 1. — [10] D. (1, 16) 6, 3 (!). — [11] D. (3, 2) 4, 1. — [12] l. c. 31, 2. — [13] l. c. 67, 2. — [14] Opera p. 71.

[a] Lamprid., 'perbetur' Cod. — [b] sic C. Iust. Vulg., 'Oppellus' Cod. — [c] 'l' ins. Cod., pro signo intercal. (∟), ut videtur. — [d] Dig. Vulg., 'philosophia' Cod. — [e–e] corr. ? — [f] Dig., 'consulis' Cod. — [g] Dig., 'athleta' Cod. — [h] om. Cod.

ditoribus iuris, velut centonibus[a] fuit, cuius libri deducuntur in Iustiniani pandectas: ad edictum tres et octuaginta, ad Sabinum vero unus et quinquaginta, ad leges viginti, pro tribunali decem, regularum septem, fideicommissorum sex, opinionum sex, de adulteriis quinque, de appellationibus quattuor, de officio consulis tres, institutionum duo, de censibus sex, responsorum duo. Tum singulares hi: regularum rursus, de sponsalibus, de officio prefecti urbis, de officio prefecti vigilum, de officio curatoris rei publice, de officio pretoris tutelaris, de officio questoris. Fuerunt autem Ulpianus et Paulus prefecti ambo, sed quidam factos ab Alexandro dicunt, quidam vero ab Heliogabalo, qui tamen Ulpianum removit ut virum bonum. Ceterum utrumque Alexander magno in honore habuit, maxime autem Ulpianum, qui consiliarius eius fuit et scrinii magister. Nec unquam ad eum solus admissus quisquam est ni prefectus atque Ulpianus. Tum, si quando alter adhibitus, semper tamen rogari iubebatur. Fuit et assessor Papiniani[b] in prefectura.' Lactantius Firmianus libro 5. cap. 11. divinarum institutionum adversus gentes[1] scribit: 'Domitius de officio proconsulis libro 7. rescripta principum nefaria recollegit, ut doceret, quibus penis affici deberet eos, qui se Dei cultores confiterentur', et vide ibidem Betuleium commentatorem[2] et ponas hic. Et non est ignorandum, quod tempore supra dicti Ulpiani et Alexandri et Urbani pape [3]ecclesia cepit predia possidere, de quibus clericis et notariis sumptus deputabat, qui gesta martyrum conscripserunt; antea vivebant more apostolico, qui in actis apostolorum scribitur.[3] Angelus de Aretio in § sed quod principi placuit Inst. de iure naturali gentium er civili in 2. columna[4] dicit, quod Ulpianus floruit temporibus Alexandri imperatoris, qui regnare cepit post annos ducentos et viginti duos Christi. Patriam ipsius Ulpiani Paulus Orosius libro 3. historiarum[5] dicit urbem antiquissimam et florentissimam fuisse. Iste Ulpianus, cum Galliam regeret, populi tumultu interfectus est secundum Raphaelem Voleterranum in suo 20. libro commentariorum urbanorum.[6] Adverte, quod Ulpianus, qui fuit familiaris Alexandri Severi imperatoris, et Alexander cum matre occisus fuit in Gallia in loco, cui Sicilia[c] nomen est[7]; potest esse, quod Ulpianus tunc temporis occisus fuisset; [d]aliter tamen ceteri[d], nec inventum habui nisi apud[e] Raphaelem Voleterranum; quare[f] cogita, ubi Voleterranus habuit.

[1] § 12. Lenel, Pal. 2, 975. — [2] Xystus Betuleius ad Lact. l. c. p. 302. — [3–3] Fasc. Temp. p. 484. — [4] ad I. (1, 2) 6 f. 25. — [5] 3, 16, 11. — [6] f. 213. — [7] Script. hist. Aug. Alex. 59, 6.

[a] Polit., 'cennonibus' Cod., vide supra p. 231 n. 13. — [b] Polit., 'Ulpiani' Cod. — [c] Lamprid., 'Cicilia' Cod. — [d–d] 'alter tamen certum' Cod. — [e] 'a' Cod. — [f] 'quia' Cod.

Collutius Florentinus in suo libro de nobilitate legum et medicine cap. 9. rubrica de inventoribus legum et medicine[1] dicit: 'Qualis et quantus vir fuit quanteque claritudinis atque peritie celeberrimus Ulpianus! profecto talis fuit, quod Elius Lampridius[2] scripsit Alexandrum Severum optimum quidem principum, qui rerum gubernacula tenuerunt, ideo summum imperatorem fuisse, quod Ulpiani precipue consiliis rem publicam rexit.' Et dicit Albericus de Rosato in suo dictionnario in v. 'Ulpianus'[3], quod Ulpianus fuit assessor Alexandri imperatoris. Paulus Orosius in suo 6. libro historiarum[4] dicit: 'Alexander imperator Ulpiano usus assessore summam sui moderationem rei publice exhibuit.' Scribit Elius Lampridius in vita Aurelii Alexandri in 5. folio[5], quod Alexander predictus negotia et causas prius a scriniorum principibus et doctissimis iuris peritis et sibi fidelibus, quorum primus erat Ulpianus, tractari ordinarique atque ita ad se referri precepit. Leges de iure [a]fisci et populi[a] moderatas et infinitas sanxit neque ullam constitutionem sacravit sine viginti iuris peritis doctissimis ac sapientibus viris iisdemque[b] disertissimis[c] non minus quinquaginta, ut non minus in consilio essent sententie, quam senatus consultum conficerent, et id quidem ita, ut iretur per sententias singulorum ac scriberetur, quid quisque dixisset, dato tamen spatio ad disquirendum [d]cogitandumque priusquam[d] dicerent, ne incogitate dicere cogerentur de rebus ingentibus. Ibidem etiam refert Elius Lampridius[6] Alexandrum predictum imperatorem, si unquam furem iudicem vidisset, paratum habuisse digitum, ut illi oculum erueret: tantum odium eum tenebat eorum, de quibus apud se probatum esset, quod fures fuissent. Et tanti stomachi eum fuisse in eos iudices, qui furtorum fama laborassent, etiamsi damnati non essent, ut, si eos casu aliquo videret, commotione animi stomachi choleram evomeret, toto vultu inardescente, ita ut nihil posset loqui. Ibidem Lampridius in 3. folio[7]: 'Alexander assessoribus salaria instituit, quamvis sepe dixerit, eos esse promovendos[e], qui per se rem publicam gerere possent, non per assessores.' Ibidem Lampridius[8]: sententiam hanc 'quod tibi[f] non vis, alteri non facias' Alexander predictus adeo dilexit, ita ut in palatio et publicis operibus prescribi iussit[g], idque per preconem, cum aliquem emendaret, dici iubebat: 'quod tibi non vis, alteri ne feceris.'

---

[1] Coll. Salutat. l. c. — [2] Script. hist. Aug. Alex. 51, 4. — [3] l. c. — [4] re vera 7 (!), 18, 8. — [5] l. c. 15, 6. — [6] l. c. 17, 1. — [7] l. c. 46, 1. — [8] l. c. 51, 8.

[a–a] haec habet Cod. post 'moderatas'. — [b] Lamprid., 'iis denique' Cod. — [c] Lamprid., 'dissentientibus' Cod. — [d–d] Lamprid., 'cogitandum quod prius' Cod. — [e] Lamprid., 'premovendos' Cod. — [f] 'fieri' om. et ed. Venet. 1490. — [g] 'iuberet' sec. Lampr. scr.?

IULIUS ille PAULUS magnus, natione Patavinus, philosophorum[1] atque legistarum omnium sui temporis princeps, Papiniani auditor, Rome floruit. Hic cum in iure civili doctissimus esset, plures libros composuit et precipue responsorum libros tres et viginti, ex quibus est l. Paulus alias l. eum qui et l. sequens ff. de statu hominum[2], l. quesitum ff. de in ius vocando[3], l. mandato[4] et l. [a]qui aliena et leges sequentes ff. de procuratoribus[a], l. per adoptionem et l. sequens ff. de adoptionibus.[5] Et de ipsis vide in c. responsa prudentum 1. dist.[6] Quos libros responsorum antiqui scholares et professores in quarto anno per semet ipsos legebant et recitabant et is erat omnis antique prudentie finis: secundum Iustinianum in § his igitur solis in proemio digestorum.[7] Idem Iustinianus in § sed quia solitum in proemio digestorum[8] dicit, quod predicti studiosi et scholares anni quarti greco vocabulo 'hircisides[b]' appellantur pro responsis prudentissimi Pauli, que antea ex libris viginti tribus in decem et octo recitabant. Quare autem quarti anni scholares 'hircisides' vocabantur, posui supra in 3. libro[9]: 'a greco vocabulo 'hircos' quasi subtiliter videntes'[10]; vel forte 'hircisides' appellabantur[c], quia legebant responsa Pauli et forte dicebant Paulum 'hircisis', et hoc subdit textus in dicto § sed quia solitum, quia appellabantur 'hircisides' pro responsis prudentissimi Pauli, sicut in tertio anno scholares vocabantur 'Papinianiste', quia legebant responsa Papiniani § et hos tres in proemio digestorum[11]; igitur et cetera. Quare cogita, quia non pone pro constanti. Composuit etiam plures libros ad Sabinum, ex quibus est l. ius[d] pluribus ff. de iustitia et iure[12], l. 3. ff. de adoptionibus[13], l. 2. ff. de officio pretorum[14] et ex libro 7. l. non solum ff. soluto matrimonio[15], et ex
f. 20 libro 3. l. si procurator ‖ [e]ff. de condictione indebiti[e].[16] Et vide Iustinianum de libris, quos ad Masurium Sabinum scripsit, in § 1. Inst. de heredibus instituendis.[17] Item libros ad palatium, et ex 4. libro est l. idem erit ff. de institoria.[f][18] Item libros ad Plautium, ex quibus est l. si fructus ff. quibus modis usus finiatur[19] et l. Plautius ff. de procuratoribus[20] et

---

[1] vide Suppl. Chron. ad a. 5429. — [2] D. (1, 5) 11 et 12. — [3] D. (2, 4) 16. — [4] D. (3, 3) 60. — [5] D. (1, 7) 35 et 36. — [6] Grat I. 1, 5. — [7] Const. omnem 1 i. med. (!). — [8] l. c. 5. — [9] in deperdita parte huius operis. — [10] cfr. Gl. 'Greco vocabulo hircos' ad C. omnem 5: quod idem est quod subtiliter videns. — [11] Const. omnem 4 i. f. — [12] D. (1, 1) 11. — [13] D. (1, 7) 3. — [14] D. (1, 14) 2. — [15] D. (24, 3) 3. — [16] D. (12, 6) 6. — [17] I. (2, 14) pr. (!). — [18] D. (14, 3) 14. Dipl. 'palatium' pro 'Plautium' legisse videtur. — [19] D. (7, 4) 28. — [20] D. (3, 3) 61.

[a-a] qui aliena [ff. de negotiis gestis, l. procurator] et leges sequentes ff. de procuratoribus scr.? (D. 3, 5, 30, 3, ubi Vulg. inc. nov. leg.; 3, 3, 67—69). — [b] om. Cod., ubi est lacuna quattuor litterarum. — [c] 'appellabimini' Cod. — [d] Dig., om. Cod. — [e-e] om. Cod. — [f] 'restitut.' Cod.

l. [a]quoniam et litem pater cum legibus sequentibus[a] ff. de iudiciis et l. si eum[b] iudicio ff. si quis cautionibus[1], l. minime[c] ff. de legibus[2], et ex libro 18. est l. fin. ff. de officio eius, cui mandata est iurisdictio.[3] Et de libris, quos scripsit ad Plautium, vide Iustinianum in § 1. Inst. de heredibus instituendis.[4] Item et libros ad Neratium, ex quibus est l. penultima ff. mandati[5], l. si ager ff. quibus modis ususfructus finiatur[6] et l. in stipulatione et l. ergo ff. de usufructu earum rerum[7] et l. fin. ff. de usu et habitatione.[8] Item et libros ad Nervam, et ex libro 2. est l. penultima ff. de peculio[9] et l. si mulier ff. ad senatus consultum Velleanum.[10] Item et librum ad Vitellium, ex quo est l. 1. et l. Titius Mevio ff. de usufructu[11] et l. 2. et l. usus ff. de usu et habitatione.[12] Item et libros sententiarum, ex quibus est l.[d] adoptare ff. de adoptionibus[13], l. non sunt ff. de statu hominum[14], l. parentes et l. eum qui ff. de in ius vocando[15], l. fin. ff. de feriis[16], l. absens ff. de procuratoribus[17] et l. penultima ff. de officio assessorum[18], ex libro 5. l. qui falso et l. fin. ff. de testibus[19] et l. 2. ff. de officio procuratoris Cesaris.[20] Item et libros decretorum, ex quibus est l. liberalitatis ff. de usuris[21] et l. quedam mulier ff. familie herciscunde[22] et l. Emilius ff. de minoribus.[23] Item et librum manualium, ex quo est l. si servus ff. quibus modis ususfructus amittatur[24], l. fin. ff. quod cuiuscumque universitatis nomine.[25] Item libros questionum, ex quibus est l. lecta ff. si certum petatur[26] et l. non est novum et l. de interpretatione ff. de legibus[27] et l. Nesennius ff. de procuratoribus[28], et l. libertus ff. de in ius vocando[29] et l. si tibi filius ff. de adoptionibus[30], et [e]ex libro 37. l. servum ff. quod metus causa[e]. Et vide Iustinianum in l. cum antiquioribus C. de iure deliberandi[31]; dicit: 'Cum antiquioribus legibus et precipue in questionibus Iulii Pauli.' Item et librum institutionum, ex quo est l. 1. ff. de statu hominum[32], licet in stampis sit Gaii. Item et libros ad legem Iuliam et Papiam, ex quibus est l. ideoque[f] ff. de ritu nuptiarum[33], l. lege Iulia ff.

---

[1] D. (2, 11) 10. — [2] D. (1, 3) 23. — [3] D. (1, 21) 5. — [4] I. (2, 14) pr. (!). — [5] D. (17, 1) 61. — [6] D. (7, 4) 26. — [7] D. (7, 5) 9 et 4. — [8] D. (7, 8) 23. — [9] re vera D. (15, 1) 56. Dipl. legit 'Nervam' pro 'Neratium'. — [10] D. (16, 1) 31, vide n. 9. — [11] D. (7, 1) 1 et 50. — [12] D. (7, 8) 3! et 19. — [13] D. (1, 7) 37. — [14] D. (1, 5) 14. — [15] D. (2, 4) 6 et 17. — [16] D. (2, 12) 10. — [17] D. (3, 3) 71. — [18] D. (1, 22) 5. — [19] D. (22, 5) 16 et 24 (!). — [20] D. (1, 19) 2. — [21] D. (22, 1) 16. — [22] D. (10, 2) 41. — [23] D. (4, 4) 38. — [24] D. (7, 4) 27. — [25] D. (3, 4) 10. — [26] D. (12, 1) 40. — [27] D. (1, 3) 26 et 37. — [28] re vera D. (3, 5) 33. — [29] D. (2, 4) 15. — [30] D. (1, 7) 34. Vide Vulg.! — [31] C. (6, 30) 19 pr. — [32] D. (1, 5) 1. — [33] D. (23, 2) 7. Et Hal. legit 'Iuliam' pro 'Falcidiam'.

[a–a] corr. Dipl. laudare voluit D. (5, 1) 22—24; 'qui non iudicium pati cum eg: seq.' scr.? — [b] 'cá in' Cod. — [c] Dig., 'minimum' Cod. — [d] 'non' ins. Cod. — [e–e] corr. — [f] Dig., 'ideo quis' Cod.

de testibus[1] et ex 5. libro l. sed et posteriores ff. de legibus.[2] Item et librum singularem ad legem Cinciam[a], ex quo est l. contra legem ff. de legibus.[3] Item et librum singularem de portionibus, que liberis damnatorum conceduntur, ex quo est l.[b] [c]Item et librum singularem de iure singulari, ex quo est l.[c] ius singulare ff. de legibus.[4] Item et librum singularem de iuris et facti ignorantia, ex quo est l. penultima ff. de iuris et facti ignorantia.[5] Item et librum singularem de inofficioso testamento, de quo est l. fin. ff. de inofficioso testamento.[6] Item et librum singularem ad orationem divi Severi et Commodi, ex quo est l. sciendum ff. de ritu nuptiarum.[7] Item et librum singularem de variis lectionibus, ex quo est l. institor ff. de institoria[8]; ipsum et allegat Ulpianus in l. 1. ff. de operis libertorum.[9] Item et librum singularem de usuris, ex quo est l. cum quidam de usuris.[10] Item et libros epitomarum Alfeni digestorum, ex quibus est l. cum multi ff. si pars hereditatis petatur[11], l. de[d] quo servus ff. de rei vendicatione[12], l. [e]sed si de usu fructu[e] [13], et ex 5.[f] libro l. lumen ff. de servitutibus urbanorum prediorum.[14] Item composuit notas super libros digestorum Iuliani, et ex libro 4. est l. [g]si quis alius[g] ff. quod metus causa.[15] Item et notas super libros Papiniani, de quibus notis meminit Constantinus in l. fin. C. de sententiam passis.[16] Que note nullam vim obtinebant secundum Iustinianum in l. 1. § omnibus auctoribus C. de veteri iure enucleando[17] et hoc, quia Theodosius et Valentinianus Augusti legem condiderunt, que est in l. 1. C. de responsis prudentum in libro 1. in codice Theodosiano[18], statuendo notas Pauli atque Ulpiani in Papiniani corpus factas nullius esse roboris, precipiendo eas infirmari. Item composuit librum singularem de liberalibus iudiciis, ex quo est l. cum mater et l. si is qui et l. quemadmodum ff. de inofficioso testamento.[19] Item et libros fideicommissorum, de quibus vide in l. 1. post princ. C. de communi servo manumisso.[20] Item et plures libros rerum cottidianarum sive aureorum, et ex libro 3.[h] est l. denique ff. de usu et habitatione.[21] Item et plures libros

[1] D. (22, 5) 4. — [2] D. (1, 3) 28. — [3] D. (1, 3) 29. — [4] D. 1, 3) 16. — [5] D. (22, 6) 9. — [6] D. (5, 2) 32. — [7] D. (23, 2) 20. — [8] D. (14, 3) 18. (— [9] D. (38, 1) 1; vide ed. Ven. 1506: 'Ulpianus: Paulus libro singulari de variis lectionibus' rel. — [10] D. (22, 1) 17. — [11] D. (5, 4) 9. — [12] D. (6, 1) 58. — [13] D. (7, 1) 11. — [14] D. (8, 2) 16. — [15] D. (4, 2) 11. — [16] C. (9, 51) 13 pr. — [17] C. (1, 17) 1, 6 (!), vide § 5 i. f. — [18] C. Th. (1, 4) 3 = Brev. (1, 4) 1. — [19] D. (5, 2) 28 et 31 et 7; vide Dig. ed. maior. ad fr. 7. — [20] C. (7, 7) 1, 1a. — [21] D. (7, 8) 11 (ex libris Gai!); in Vulg. incipit ut supra.

[a] 'uicariam' Cod. — [b] aut 'cum ratio ff. de bonis damnatorum' (D. 48, 20, 7) aut 'qui in utero ff. de statu hominum'(D. 1, 5, 7) ins. — [c–c] om. Cod. — [d] 'is[illegible]' scrib.? (sic Dig. Vulg.). — [e–e] 'sed si de usu fructu ff. eodem titulo' Cod. — [f] sic et Hal. — [g–g] Dig., 'si qui falsus' Cod. — [h] sic et Hal.

de publicis iudiciis et ex libro 1. l. meminisse C. ad legem Iuliam maiestatis[1] — [a]in codice non legitur alia lex iuris consultorum nisi illa et alia Marciani l. post divi C. eodem tit.[2a] — et ex libro 2. de adulteriis est l. penultima ff. de testibus[3] et l. si nuptura[b] ff. de fundo dotali.[4] Item et plures libros ad edictum, ex quibus est l. quod vero ff. de legibus[5], et ex libro 30. l. qui servum ff. de negotiis gestis[6], et ex libro 44. l. 1. ff. de iuris et facti ignorantia[7], et ex libro 7.[c] est l. ad rem mobilem ff. de procuratoribus[8], et ex libro 6. ad edictum provinciale l. 1. et l. sed ipsi[d] ff. de usu et habitatione[9], et ex libro 1. ad edictum edilium[e] curulium l. ob que ff. de edilicio edicto[10] et l. quia redhibito ff. de alienatione iudicii mutandi causa facta.[11] Item et librum singularem de officio prefecti vigilum, ex quo est l. penultima ff. in quibus causis pignora vel hypothece solvuntur[12] et l. 1. et l. 3. ff. de officio prefecti vigilum.[13] Item et librum singularem de officio assessorum, ex quo est l. si reus de procuratoribus[14] et l. fin. ff. de officio presidis[15] et l. 1. ff. de officio assessorum.[16] Item et librum singularem de officio prefecti vigilum, ex quo est l. cum domini[f] ff. locati.[17] Adde etiam, quod Theodosius et Valentinianus imperatores l. 1. C. de responsis prudentum in codice Theodosiano libro 1.[18] firmant et approbant universa scripta Pauli, et ubi sunt diverse sententie iuris consultorum et numerus est equalis, post Papinianum Pauli sententias semper valere precipiunt. Quem 'verticem legum' appellat Modestinus in l. scire oportet § aliud ff. de excusationibus tutorum[19]; et 'prudentissimum' appellat Iustinianus in dicto § sed quia solitum in proemio digestorum.[20] Paulum allegat Labeo in l. si qua pena ff. de verborum significatione[21], l. fin. ff. locati[22] et in l. si eius et in l. sequenti ff. de petitione hereditatis[23] et in l. penultima ff. de acquirendo rerum dominio.[24] Et Marcianus in l. fin. ff. de exceptione[g] rei iudicate[25], et vide in l. cum in adoptivis in princ. C. de adoptionibus.[26] Adde etiam, quod Paulus appellatur Iulius Paulus

---

[1] C. (9, 8) 6. — [2] C. (9, 8) 6, 2 (!). — [3] D. (22, 5) 24; sed laudare voluisse videtur 22, 5, 14. — [4] D. (23, 5) 14. — [5] D. (1, 3) 14. — [6] D. (3, 5) 40. — [7] D. (22, 6) 1. — [8] D. (3, 3) 56 (ex Ulpiani libro 66. ad ed.!). — [9] D. (7, 8) 1 et 13 (ex lib. 7 Gai!). — [10] D. (21, 1) 4 (ex libris Ulpiani!). — [11] D. (4, 7) 9. — [12] re vera D. (20, 2) 9, vide supra p. 281 n. 2. — [13] D. (1, 15) 1 et 3. — [14] D. (3, 3) 73. — [15] D. (1, 18) 21. — [16] D. (1, 22) 1. — [17] D. (19, 2) 56. — [18] C. Th. (1, 4) 3 = Brev. (1, 4) 1. — [19] D. (27, 1) 13, 2. — [20] Const. omnem 5. — [21] D. (50, 16) 244. — [22] D. (19, 2) 62. — [23] re vera D. (6, 1) 78 et 79. — [24] D. (41, 1) 65. — [25] D. (44, 2) 31 (ex libris Pauli!). — [26] C. (8, 47) 10 pr.

[a—a] 'in Codice non l. alia lex nisi illa et alia Marciani iurisconsultorum l. cum divi ff. eodem tit.' Cod. — [b] Dig., 'nupta' Cod. — [c] '66' scrib. ? — [d] Dig., 'ipsa' Cod. — [e] om. Cod. — [f] Dig., 'dominus' Cod. — [g] 'execut(ione)' Cod., vide supra p. 254 n. i.

in l. Nesennius ff. de negotiis gestis[1] et in l. Nesennius ff. de excusationibus tutorum[2] et in l. cum antiquioribus C. de iure deliberandi.[3] Et forte istum Iulium allegat Ulpianus in l. si Titio de legatis 2.[4] Iste Iulius fuit magister Africani iuris consulti, ut dicit Accursius in l. heres a debitore § servo tuo de fideiussoribus.[5] Quare cogita, si iste Iulius fuit alter a Iulio Paulo, maxime cum Paulus et Africanus fuerint eodem tempore auditores Papiniani. Fuit etiam Patavinus secundum Iovanem Firmianum in suo repertorio in v. 'Ulpianus'[6], ubi dicit[a] ita testari statuam eius in palatio potestatis Padue super ostio. Idem dicit frater Iacobus Philippus Bergomensis in suo supplemento chronicarum libro 8.[7], et ita firmant Patavini, et ego vidi statuam eius in ostio palatii potestatis.[8] Floruit Paulus temporibus Severi et Antonini imperatoris, quos allegat in l. qui liberos ff. de ritu nuptiarum[9] et in l. imperatores ff. de contrahenda emptione[10], et sic tempore Papiniani iuris consulti, ut probatur per ipsum in l.[b] lecta ff. si certum petatur[11] in v. 'dicebam'; et Papinianus aliquando allegat Paulum, ut l. Paulus ff. de pretoriis stipulationibus.[12] Et dicit Elius Spartianus in vita Pescennii Nigri imperatoris[13], quod Pescennius, ne novi ad regendam rem publicam accederent preter militares administrationes, intimavit, ut assessores in quibus provinciis assedissent, in his administrarent, ut probant Pauli et Ulpiani prefecture, qui Papiniano in consilio fuerunt ac postea, cum unus ad memoriam, alius ad libellos paruisset, statim prefecti facti sunt. Iste Paulus fuit discipulus Papiniani; iste fuit discipulus Iaboleni iuris consulti, ut ipse refert in l. an manumittere ff. de manumissis vindicta[14]: 'ego [c]quidem memini[c] Iabolenum preceptorem in Africa et Syria servos suos manumisisse, cum consilium preberet.' Floruit etiam in preturis et consulatu, ut ipse dicit in dicta l. an manumittere, ubi dicit: 'exemplum[d] eius secutus[e] et in pretura et consulatu meo quosdam ex servis meis vindicta liberavi et aliis[f] quibus-

---

[1] D. (3, 5) 33. — [2] D. (27, 1) 32. — [3] C. (6, 30) 19 pr. — [4] D. (31) 61, 1, ubi Dipl. legit 'Iulius' pro 'Iuliano'. — [5] Gl. 'ait' ad D. (46, 1) 21, 2: 'Africanus, vel Iulianus (!) magister Africani.' — [6] Ioh. Bertachinus l. c.: 'Ulpianus iuris consultus fuit de colonia Tyriorum ... Paulus vero fuit Paduanus, ut testatur eius statua' rel. — [7] l. c. ad a. 5429. — [8] vide P. Krüger, Gesch. d. Quellen u. Lit. des röm. Rechts, p. 227, N. 2; Berger, Pauly-Wissowa-Kroll, Real-Enzyklop. 10, 691. — [9] re vera lege sequenti D. (23, 2) 20. — [10] D. (18, 1) 71. 'Paulus' pro 'Papirius Iustus' et ed. Ven. 1494. 'Severus et Antoninus' habent et Vulg. — [11] D. (12, 1) 40. — [12] D. (46, 5) 8. — [13] Script. hist. Aug. Pesc. 7, 4. — [14] D. (40, 2) 5. In Vulg. h. fr. inscribitur 'Paulus'.

---

[a] carta Cod. h. l. perforata est sed textus deletus non est. — [b] 'verbo' Cod. — [c–c] sic et Vulg. — [d] Dig., 'ex.' Cod. — [e] Dig., 'senatus' Cod. — [f] sic et Hal.

dam pretoribus id[a] me consulentibus suasi.' Floruit etiam tempore Aurelii Alexandri imperatoris, quem ipse allegat in l. Titia § imperator[b] ff. de legatis 2.[1], anno mundi 5426. et anno Christi 228. Et dicit Elius Lampridius in vita Aurelii Alexandri imperatoris in 4. folio[2], quod Alexander predictus habuit Paulum et Ulpianum in maximo honore, quos prefectos ab Heliogabalo alii[c] dicunt factos[d], ab ipso tamen alii; ambo tamen assessores Papiniani fuerunt. Et in fine[3] dicit, quod Paulus fuit familiaris et socius ipsius Alexandri et eius consiliarius et discipulus splendidissimi Papiniani. Fuit contemporaneus Ulpiani et Pomponii, quem Pomponium[e] allegat in l. quod fructuarius[f] ff. de acquirendo rerum dominio[4], l. Pomponius ff. de negotiis gestis[5] et in l. 2. ff. si ex noxali causa agatur[6] et in l. quedam ff. de edendo[7] et in l. bone ff. [g]de acquirendo rerum dominio[8] et l. verum ff.[g] de compensationibus[9] et l. Pomponius ff. de rei vendicatione[10] et vide in l. si vero in fine eodem tit.[11] et in l. 1. in fine ff. de tutelis[12], l. 2. § Pomponius ff. pro emptore[13] et in l. Pomponius ff. de re iudicata.[14] Et dicam infra cap.[h] de Pomponio.[15] Item et Scevole[16], ut l. at qui[i] natura ff. de negotiis gestis[17] appellat Scevolam 'nostrum'. Item et Hermogenis, quem allegat in l. fin. ff. de iure patronatus[18]; et Marciani et aliorum iuris consultorum, ut infra dicam. Angelus Politianus in epistula pluries allegata[19] sic scribit: 'Iulius Paulus fuit unus ex septem et triginta iuris conditoribus, eius enim enumerantur hi libri: ad edictum[k] octuaginta, questionum viginti sex, responsorum viginti tres, brevium viginti tres, ad Plautium duo de viginti, ad Sabinum sexdecim, ad leges decem, regularum septem, sententiarum vel factorum sex, sententiarum iterum[l] quinque, ad Vitellium quattuor, ad Neratium quattuor, fideicommissorum tres, decretorum tres, de adulteriis tres, manualium tres, institutionum duo, de officio proconsulis duo, ad legem Iuliam, vel, ut aliter lego, ad legem Eliam duo, item ad legem Eliam Sentiam tres, de iure fisci duo. Monobiblos[m] autem [n]regularum, et rursus regularum tres[n], de penis paga-

---

[1] D. (31) 87, 3. — [2] Script. hist. Aug. Alex. 26, 5. — [3] l. c. 68, 1. — [4] D. (41, 2) 49. — [5] D. (3, 5) 14. — [6] D. (2, 9) 2, 1. — [7] D. (2, 13) 9, 2. — [8] D. (41, 1) 48, 1. — [9] D. (16, 2) 4. — [10] D. (6, 1) 8. — [11] D. (6, 1) 21 (!). — [12] D. (26, 1) 1, 3. — [13] D. (41, 4) 2, 12. — [14] D. (42, 1) 36. — [15] infra p. 302. — [16] scil. 'contemporaneus'. — [17] D. (3, 5) 18, 1. — [18] D. (37, 14) 24. — [19] Opera p. 70 et 71.

---

[a] 'idem' scrib. ? (sic Dig.). — [b] Dig., 'imperatores' Cod. — [c] Spart., 'alios' Cod. — [d] Spart., om. Cod. — [e] 'Pomponius' Cod. — [f] Dig., 'usufructuarius' Cod. — [g-g] om. Cod. — [h] om. Cod. — [i] sic et Vulg. — [k] Polit., 'elium' Cod. — [l] Polit., 'item' Cod. — [m] 'monobibli' sec. Polit. scr. ? — [n-n] 'regularum rursus, regularum tertio' scrib. sec. Polit. ?

norum, de penis militum, de penis omnium legum, de usuris, de gradibus ac affinibus, de iure codicillorum, de excusationibus tutelarum, ad regulam Catonianam, ad senatus consultum[a] Tertullianum, ad senatus consultum Silanianum, ad senatus consultum Velleanum, ad senatus consultum Libonianum seu Claudianum, de officio prefecti vigilum, de officio prefecti urbis, de officio pretoris tutelaris, de[b] extraordinariis criminibus, de hypotheca, ad municipalem, de publicis iudiciis, de inofficioso testamento, de septemviralibus iudiciis, de iure singulari, de secundis tabulis, ad orationem divi Severi[c], ad legem Velleam, ad l. Cinciam[d]; ad legem Falcidiam, de tacito fideicommisso, de portionibus, que liberis damnatorum conceduntur, de iuris et facti ignorantia, de adulteriis, de [e]instructo et instrumento[e], de appellationibus, de iure libellorum, de testamentis, de iure patronatus, qui[f] ex lege Iulia vel[g] Papia venit, de actionibus, de concurrentibus[h] actionibus, de intercessionibus[i] feminarum, de donationibus inter virum et uxorem, de legibus, de legitimis hereditatibus, de libertatibus dandis, de senatus consultis.' Per quos libros 'polegraphoteros'[k] appellat, quasi plus aliis scripserit. Fuit Paulus secundum quosdam factus prefectus ab Heliogabalo, et secundum alios ab Alexandro. Alexander tamen ipsum[l] magno in honore habuit; fuit et assessor Papiniani in prefectura. Hec Angelus ubi supra.[1] Hic Paulus scripsit grece plures libros, ut patet in pandectis Florentinis et maxime in l. pars ff. de iudiciis[2] et in l. qualitercumque ff. qui petant tutores[3] et in l. ex ea § ex his de testamentis[4] et probatur in l. 1. ff. de contrahenda emptione[5] et in l. veluti ff. de edendo.[6] Dicere solebat Bartolus, quod non erant in corpore iuris regulariter meliores leges nec magis rationabiles et melius composite, quam leges Pauli, Scevole et Papiniani, sed singulariter laudabat leges Pauli, unde dicebat: 'Leges Pauli fecerunt me. Tene ergo menti leges istorum, quando studebis' dicebat ipse Bartolus. Hec scribit Baldus de Perusio in suo tractatu de commemoratione famosissimorum doctorum in utroque iure in princ.[7] Item Paulus exercuit officium advocationis et petebat coram pretore: l. quesitum § cum vir ff. de legatis 3.[8]

---

[1] Opera p. 71. — [2] D. (5, 1) 48. — [3] D. (26, 6) 2, 6, ubi in Vulg. nova lex incipit. — [4] D. (28, 1) 29, 1. — [5] D. (18, 1) 1, 1. — [6] D. (2, 13) 7, 1. — [7] in opere deperdito. — [8] D. (32) 78, 6.

---

[a] 'Orfitianum, ad senatus consultum' ins. sec. Polit.? — [b] om. Cod. — [c] 'ad orationem divi Marci' ins. sec. Polit.? — [d] Polit., 'Curtiam' Cod. — [e-e] Polit., 'instructo testa' Cod. — [f] 'quod' sec. Polit .scrib.? — [g] 'et' sec. Polit. scr.? — [h] Polit., 'congruentibus' Cod. — [i] Polit., 'iure cessionibus' Cod. — [k] 'polegraphatejos' Cod., 'πολυγραφότορος' Polit. — [l] 'ipse' Cod.

PAPIRIUS IUSTUS[a], doctor, vir doctissimus, Rome per hoc ipsum tempus secundum aliquos floruit, [b]licet de tempore ipsius[b] claram notitiam non habemus. Composuit in iure libros de constitutionibus, ex 1. libro est l. imperatores ff. de servitutibus rusticorum prediorum[1] et l. imperatores ff. de servitutibus urbanorum prediorum[2], et ex libro 2. est l. imperatores ff. de pactis[3], ex libro 8. l. imperator ff. de pactis.[4] Ipsius est l. imperatores de re iudicata[5], l. imperatores de curatore bonis dando[6] et l. imperatores ff. de privilegiis creditorum[7], l. imperatores ff. de appellationibus cum legibus sequentibus[8] et l. penultima et l. fin. ff. ad municipalem[9], in quibus legibus semper allegat imperatores Antoninum et Severum. Composuit etiam in iure nostro multa alia. Fuit et Papirius Fronto, qui plures libros responsorum scripsit; ipsum allegat Callistratus in l. liberorum de verborum significatione.[10]

Floruerunt quam plurimi alii in iure doctissimi viri, quos hac tempestate arbitramur fuisse, licet clare non habeamus.

Quorum de numero FLAVIUS IANUARIUS[c] quidam fuit, qui tempore Papiniani supra dicti floruit; de quo in l. si is § fin. ff. de solutionibus[11], ubi 'Flavius Ianuarius[d] Papiniano salutem'.

Et MESSIUS, alius insignis doctor, quem allegat Paulus in l. fin. ff. de iure fisci.[12]

Item et QUINTUS SATURNINUS, qui ad edictum plures composuit libros. De quo per Pomponium in l. si non sunt in princ. ff. de auro et argento legato[13], quem etiam allegat Ulpianus in l. si duo § penultimo ff. de iureiurando[14], l. 1. in fine de effractoribus.[15]

Item et LATINUS[e] LARGUS, quem allegat Paulus in l. ex sextante[f] ff. de exceptione[g] rei iudicate[16] et in l. Latinus ff. de legatis 2.[17] et in l. Latinus ff. de edilicio edicto.[18]

---

[1] D. (8, 3) 17. — [2] D. (8, 2) 14. — [3] D. (2, 14) 37. — [4] D. (2, 14) 60. — [5] D. (42, 1) 35. — [6] D. (42, 7) 4. — [7] D. (42, 5) 30; tit. laud. in Vulg. incipit D. (42, 5) 16. — [8] D. (49, 1) 21; in l. 22 et 23. Dipl. videtur legisse 'Papirius' pro 'Papinianus'. — [9] D. (50, 1) 38; l. penult. est Callistrati! — [10] D. (50, 16) 220, 1. — [11] D. (46, 3) 94, 3. Vulg. habent 'Flavius' pro 'Fabius'. — [12] D. (49, 14) 50. — [13] D. (34, 2) 19, 7 (!), vide § 5. i. f. — [14] D. (12, 2) 13, 5. — [15] D. (47, 18) 1 pr. — [16] D. (44, 2) 30, 1. — [17] D. (31) 83. — [18] D. (21, 1) 56.

---

[a] huius vitae princ. legitur etiam post vitam Papiniani; vide supra p. 276 n. k. — [b–b] 'licet de tempore licet de eo' Cod.; 'licet de tempore ipsius' loc. gem. — [c] Dig. 'Tamarius' Cod. — [d] 'Tamarius' Cod. — [e] 'Sabinus' hic et infra Cod. — [f] Dig., 'eo stante' Cod. — [g] 'executione' Cod., vide supra p. 291 n. g.

[1]Fuit et CINEAS[a], ut Cicero in Catone maiore[2]; qui etiam, ut ait Solinus[3], tanta vi memorie fuit, quod Pyrrhi legatus Rome[b] missus postero[c] die quam ingressus Romam fuit, et equestrem ordinem et senatorium propriis nominibus salutavit. Fuit vir doctus et sapiens, qui libros de re militari scripsit.[4]

Fuit et GAIUS CORNELIUS CINNA, qui tulit perniciosas leges; de quo per Titum Livium libro 79.[5] et ibi per Lucium Florum in epitoma[d6]; de quo Cinna Ulpianus in l. denique ff. de ritu[e] nuptiarum.[7 1]

Item et GRACHANUS[f] IUNIUS, quem allegat Ulpianus in l. 1. ff. de officio questorum.[8]

Item et PACONIUS, quem allegat Paulus in l. Paconius ff. si quis[g] a parente fuerit[h] manumissus.[9]

Item et CAMPANUS, iuris consultus eximius, cuius est l. invitus ff. de fideicommissariis libertatibus.[10] Ipsum allegat Paulus in l. Campanus ff. de operis libertorum.[11] De alio Campano vide in § imperatores Inst. quibus modis testamenta infirmantur.[12]

Item et CHARIDEMUS doctissimus, quem allegat Ulpianus in l. Charidemus ff. de pollicitationibus.[13]

Item et PUBLICIUS, quem allegat Ulpianus in l. 2. § Africanus ff. ad Tertullianum.[14]

Item et ARRIANUS[i] eloquentissimus, qui inter alia multa de interdictis plures libros composuit; de quo per Ulpianum in l. pro herede ff. de petitione hereditatis.[15]

Item et BLESUS fuit inter iuris consultos eloquentissimus, quem allegat Sabinus in l. is qui fundum ff. de usufructu legato.[16]

[1–1] haec librarius male hic inseruit. — [2] 13, 43. — [3] 27, v. 18. — [4] Cic. ad fam. 9, 25, 1. — [5] Perioch. l. 79. — [6] 2, 9, 9. — [7] D. (23, 2) 6. — [8] D. (1, 13) 1 pr. — [9] D. (37, 12) 3 pr. — [10] D. (40, 5) 34, 1. — [11] D. (38, 1) 47; et Hal. attribuit hanc legem Paulo. — [12] I. (2, 17) 3 (!). — [13] D. (50, 12) 5. — [14] D. (38, 17) 2, 8 (!). — [15] D. (5, 3) 11. — [16] D. (33, 2) 31, Vulg. attribuunt hanc legem Sabino.

[a] 'Cinas' Cod. — [b] 'Romam' scrib. ? — [c] Solin., 'postremo' Cod. — [d] 'epitomata' Cod. — [e] 'ritibus' Cod. — [f] Dig., 'Gracianus' Cod. — [g] Dig., 'qui' Cod. — [h] sic et Hal. — [i] 'Adrianus' Cod.

Item et PACUVIUS[a] CLEMENS, de quo per Pomponium in l. Labeo in fine ff. de statuliberis.[1]

Item et BOLAS, quem Modestinus in l. scire oportet § aliud ff. de excusationibus tutorum[2] appellat 'verticem legum prudentum'.

Item et CHERIDIUS[b], quem et Modestinus in dicta l. scire oportet § aliud ff. de excusationibus tutorum[3] appellat 'verticem legum prudentum'.

Isti duo ponuntur in antiquioribus digestis, non autem in novis, quia in ipsis ponitur tantum Ulpianus, Paulus et Scevola.

Item et OCTAVENUS, legista maximus, quem allegat Paulus l. in rem ff. de rei vendicatione[4] et l. non distinguemus § liberali ff. de arbitris[5], et Ulpianus in l. item videndum ff. de petitione hereditatis[6], l. si servus ff. ad legem Aquiliam[7], et Pomponius in l. fin. ff. de actionibus empti[8] et in l. apud Iulianum ff. de fideicommissariis libertatibus[9], in l. fin. in fine ff. de manumissis testamento.[10]

|| Et TERENTIUS in l. quesitum et l. sequenti ff. qui et a quibus.[11] f. 21.

Nec non et MELA , vir egregius et eruditissimus, quem etiam allegat Ulpianus in l. 2. in fine de iudiciis[12] et in l. fundi[c] § si ruta[d] ff. de actionibus empti[13] et in l. si servus[e] ff. ad legem Aquiliam[14] et l. qui penum § esculenta ff. de penu legata[15], et Paulus in l. cum de servi[f] ff. de operis servorum.[16]

Item et PLAUTIUS, iuris consultus eximius, ad quem libros Ulpianus et Paulus scripserunt. Quem etiam allegat Paulus in l. si id ff. de donationibus inter virum et uxorem[17] et in l. Plautius ff. de procuratoribus[18] et in l. proprietarius § fin ff. de damno infecto[19], et vide in l. 1. in fine de usufructu[g] accrescendo.[20] —

---

[1] D. (40, 7) 21, 1. — [2] D. (27, 1) 13, 2. Vide Dig. ed. maior. Addit. p. 36 et 37. — [3] D. (27, 1) 13, 2. — [4] D. (6, 1) 6. — [5] D. (4, 8) 32, 8 (!), vide § 7. — [6] D. (5, 3) 18 pr. — [7] D. (9, 2) 27, 25—27. — [8] D. (19, 1) 55. — [9] D. (40, 5) 20. — [10] D. (40, 4) 61, 2. — [11] D. (40, 9) 31 et 32. — [12] D. (5, 1) 2, 6. — [13] D. (19, 1) 17, 6. — [14] D. (9, 2) 27, 34. — [15] D. (33, 9) 3, 10 (!), vide § 3. — [16] D. (7, 7) 6 pr.; et Hal. hanc legem attribuit Paulo. — [17] D. (24, 1) 28, 3. — [18] D. (3, 3) 61. — [19] D. (39, 2) 22, 1. — [20] D. (7, 2) 1, 3.

---

[a] sic (pro 'Pactumeius') et Vulg. — [b] sic et ed. Ven. 1506, 'Choeridius' Cod. — [c] Dig., 'secunda' Cod. — [d] Dig., 'rupta' Cod. — [e] Dig., 'sensus' Cod. — [f] Dig., 'servo' Cod. — [g] 'usu' Cod.

SABINUS[1], in omni doctrina excellentissimus. Qui plures libros ad Vitellium scripsit, de quibus per Ulpianum in l. quesitum § specularia ff. de fundo instructo.[2] Ipsum etiam allegat Ulpianus in l. nec[a] semel ff. quando dies legatorum cedat[3] et in l. [b]nec ullam[b] ff. de petitione hereditatis.[4] Et Paulus in l. Plautius ff. ad legem Falcidiam[5] et l. Sabinus ff. de dolo.[6] Et Celsus in l. si de communi ff. si servitus vendicetur.[7] Pomponius in l. si non sunt in fine ff. de auro et argento legato[8] et in l. hoc legatum ff. de legatis 3.[9] Vide in l. 1. circa medium ff. de contrahenda emptione.[10] Composuit etiam librum responsorum, et librum 2. allegat Callistratus in l. navis ff. ad legem Rhodiam de iactu.[11] Fuit etiam assessor pretoris Ulpiani, ut in l. lex Cornelia § hac lege ff. de iniuriis.[12] Et vide Paulum in l. 2. § idemque et § sequenti ff. pro emptore[13], ubi Sabinus semper secutus fuit veritatem et non opinionem. Adde, quod fuerunt plures Sabini eodem tempore, videlicet: Masurius Sabinus, cui scripsit Paulus; vide Iustinianum in § 1.[c] in Inst. de heredibus instituendis.[14] Et Pomponius Sabinus, de quo in l. verum[d] § si servo ff. pro socio[15], ubi Iulianus refert Pomponium Sabinum. Item et Sabinus vir consularis et clarissimus, ad quem libros Paulus et Ulpianus scripserunt; de quo dicit Elius Lampridius in vita Aurelii Antonini cognomento Heliogabali[16], quod predictus imperator iussit occidi, sed centurio aure surdior[e] imperari sibi credidit, ut urbe pelleretur itaque fecit et sic vitium centurionis saluti Sabino fuit. Fuit et Cassius Sabinus, de quo meminit Ulpianus in l. 1. § et constitutio ff. de calumniatoribus[17], ubi dicit, quod constitutio imperatoris Antonini scripta est ad dictum Cassium. Fuit et Sabinus, qui libros iuris civilis scripsit, quem allegat Aulus Gellius in libro 11. noctium atticarum cap. ultimo.[18] Fuit et Fabius Sabinus, Sabini predicti filius, iuris consultus eximius, qui in consilio Alexandri fuit insimul cum Ulpiano et Paulo secundum Elium Lampridium in vita Aurelii Alexandri Severi imperatoris in fine.[19] Et Papiniani auditor fuit Romeque floruit. Hic propter eximiam eius scientiam et doctrinam apud Aurelium Alexandrum imperatorem maximo in pretio habitus est; de quo dicit Elius Lampridius

[1] vide supra p. 232. — [2] D. (33, 7) 12, 27 (!), vide § 25. — [3] D. (36, 2) 12, 1. — [4] D. (5, 3) 13, 6. — [5] D. (35, 2) 49. — [6] D. (4, 3) 29. — [7] D. (8, 5) 19. — [8] D. (34, 2) 19, 13 (!), vide § 5 i. f. — [9] re vera fr. praeced. D. (32) 45. — [10] D. (18, 1) 1, 1. — [11] D. (14, 2) 4. — [12] D. (47, 10) 5, 8. — [13] D. (41, 4) 2, 2 (!) et 3. — [14] I. (2, 14) pr. — [15] D. (17, 2) 63, 9. Vulg. habent: 'Iulianus libro 6. Pomponium referre Sabinum.' — [16] Script. hist. Aug. Heliog. 16, 2; vide supra p. 284, 14. — [17] D. (3, 6) 1, 3. — [18] § 20. — [19] Script. hist. Aug. Alex. 68, 1.

[a] Dig., 'hoc' Cod. — [b–b] Dig., 'etiam' Cod. — [c] om. Cod. — [d] Dig., 'unum' Cod. — [e] vide supra p. 284 n. k.

in vita Aurelii Alexandri in fine, quod hic Sabinus Cato sui temporis fuit in[a] consilio Aurelii Alexandri imperatoris predicti et eiusdem familiaris et socius, et nimirum, quia [1]Alexander predictus, quartus et vigesimus Romanorum imperator, fuit unicum omnium virtutum exemplar. Qui iustitiam ita coluit, ut nemo unquam de illata ab eo iniuria conquestus sit. Procul enim a se omnem pompam et ambitionem abiecit, nec unquam toga picta[b] nisi semel tantum consul usus est. Tanta etiam prudentia fuit, ut a nemine unquam decipi potuerit. Virorum semper[c] illustrium et doctorum adeo amator fuit, ut eorum statuas ubique conquiri fecerit et in foro locari mandaverit. Unde sua prudentia suaque virtute innumerabiles precessorum suorum sordes lavit et dignitatem imperii Romani restituit.[1] In eius etiam consilio habuit Fabium Sabinum, Sabini insignis viri filium, Catonem sui temporis, Domitium Ulpianum, iuris peritissimum, Elium Gordianum, Gordiani imperatoris[d], ipsa[e] [f]re publica[f] [g]virum insignem[g], Iulium Paulum, iuris peritissimum, Claudium Venacum, oratorem amplissimum, Pomponium, legum peritissimum, Alfenum, Africanum, Florentinum, Marcianum, Callistratum, Hermogenem, Venuleium, Triphonium, Mecianum, Celsum, Proculum, Modestinum[h], quos omnes iuris professores familiares et socios suos habuit et rem publicam auxilio predictorum virorum doctissimorum collapsam reparavit, ut scribunt Acholius et Marius Maximus, Cartilius Severus, cognatus eius, vir omnium doctissimus, Elius Serenianus, Quintilius Gaius[i] Marcellus et Elius Lampridius in vita ipsius Aurelii Alexandri Severi imperatoris in fine.[2] Huius tempore scientia legalis adeo floruit propter predictos viros excellentes, qui illuminaverunt ius civile, quod a tempore Phoronei[k] regis usque ad nostra tempora per annos ter mille et tercentos non fuerunt eadem etate tot excellentes viri, et nedum supra nominati, sed alii plures a tempore Papiniani usque ad Modestinum[l] nominati; est bene verum, quod tempore Octaviani Augusti et Iustiniani imperatoris multum floruit.[3]

[m]LUCINIUS RVFINUS, vir doctissimus, cum eodem Paulo iuris consulto floruit, prout est textus in l. Lucinius ff., quibus ad libertatem

---

1–1 Suppl. Chron. ad a. 5423. — 2 Script. hist. Aug. Alex. 68. — 3 scil. 'scientia legalis.'

---

a Lamprid., om. Cod. — b Suppl. Chron., om. Cod. — c 'insuper' sec. Suppl. Chron. scr.? — d 'filium' om. et ed. Ven. 1490. — e Lamprid. ed. 1490; et Dipl. infra p. 309, 22, 'ipse' Cod. — f–f sic et Lamprid. ed. 1490, vide infra p. 309, 22, — g–g 'viri insignis' Lamprid. ed. 1490, sed vide infra p. 309, 22. — h Lamprid., 'Modestum' Cod. — i sic et ed. 1490. — k 'Aphoronei' Cod., vide supra p. 146 n. c. — l 'Modestum' Cod. — m alteram vitam Licinii Rufini vide supra p. 213.

proclamare licet.[1] Qui libros regularum in iure civili composuit, ex quibus est l. matrimonii causa ff. de ritu nuptiarum[2], et ex libro 3. regularum l. penultima ff. de officio legati et proconsulis[3], et ex libro 4. l. quod legatur ff. de iudiciis[4] et l. idonei ff. de testibus[5], et [a]ex libro 8.[a] l. liberi hominis ff. de contrahenda emptione.[6] Istius est etiam l. si ita quis heres ff. de heredibus instituendis[7], l. sine possessione ff.[b] de usucapionibus[8] et l. si victum ff. de re iudicata[9] et l. si alienus ff. de legatis 2.[10] et l. legatum ff. de adimendis legatis.[11] Fuit et Licinius, cuius est l. pupillus ff. de actionibus et obligationibus[12] et l. proximi et l. sequens ff. de verborum significatione[13] et l. penultima ff. de regulis iuris[14] et l. si duobus ff. de statuliberis[15], licet sit Lucinii. Fuit et Iunius Rufinus, de quo l. 3. ff. de testibus[16]; vide in l. quamvis ff. ut in possessione legatorum.[17] Floruit tempore Adriani imperatoris. Fuit et Licinius dictus Gaius Licinius, vir pretorius factus repetundarum reus: vide Valerium in rubrica de mortibus non vulgaribus.[18] [c]Fuit et Gaius Licinius Stolo, de quo vide Livium libro 7. ab urbe condita[19] et Plinium de viris illustribus[20] et Valerium in rubrica qui[d] super alios iudicaverunt ipsi commiserunt[21]; et ponas legem.[22c]

MAXIMUS, iuris consultus eximius, tempore supra dictorum floruit. Qui cum esset doctissimus, librum singularem ad legem Falcidiam composuit. Ipsum allegat Gaius in l. si societatem ff. pro socio[23], licet Maximi nomen in Maximianum depravatur a librariis. Hic secundum Angelum Politianum in 5. libro suarum epistularum in epistula, quam scripsit Iacobo Modesto Pratensi[24], fuit unus ex septem et triginta centonibus[e], conditoribus iuris, cuius liber, videlicet ad legem Falcidiam, est insertus per Iustinianum in quinquaginta libris digestorum.

NESENNIUM APOLLINAREM, in omni doctrina scientissimum, cum predictis Paulo et Lucinio Rufino floruisse constat. De quo in l. Nesennius ff. ad legem Falcidiam[25] et in l. Nesennius ff. de re iudicata[26] et in l.

---

[1] D. (40, 13) 4. — [2] D. (23, 2) 51. — [3] D. (1, 16) 15. — [4] D. (5, 1) 38. — [5] D. (22, 5) 6. — [6] D. (18, 1) 70. — [7] D. (28, 5) 75. — [8] D. (41, 3) 25. — [9] D. (42, 1) 34. — [10] D. (31) 62. — [11] D. (34, 4) 21. — [12] D. (44, 7) 59. — [13] D. (50, 16) 155 et 156. — [14] D. (50, 17) 210. — [15] D. (40, 7) 32. — [16] D. (22, 5) 3, 3. — [17] D. (36, 4) 13; sed Iunius Rufinus hic non laudatur. — [18] Mem. 9, 12, 7. — [19] 7, 2 et 16. — [20] Ps. Plin. 20. — [21] Mem. 8, 6, 3. — [22] vide Liv. 7, 16. — [23] D. (17, 2) 73; hoc fr. est Ulpiani, sed fr. praec. Gaii. — [24] Opera p. 70 et 72. — [25] D. (35, 2) 22. — [26] D. (42, 1) 41.

[a—a] om. Cod., 'ex libro 1.' supra l. c. — [b] 'et' Cod. — [c—c] in marg. — [d] 'que' sec. Val. ins.? — [e] 'ceunonibus' Cod., vide supra p. 231 n. 13.

Nesennius ff. de negotiis gestis[1] et in l. Nesennius ff. de excusationibus tutorum.[2] Et ipse multa composuit. De isto dicit Angelus de Perusio in dicta l. Nesennius ff. de negotiis gestis in princ.[3], quod Nesennius Apollinaris civis Romanus fuit et de magna familia et magne auctoritatis et valde amicus Pauli iuris consulti et sepe scribendo nomen suum eidem preponebat[a], ut ibi.

TRIPHONIUM, sive melius Triphonem, Papiniani auditorem et discipulum et Aurelii Alexandri imperatoris consiliarium familiarem et socium, his temporibus floruisse Elius Lampridius in vita Aurelii Alexandri Severi imperatoris in fine[4] scribit. Et cum in iure civili eruditissimus esset, plures libros composuit et precipue libros disputationum, ex quibus est l. si iuravi ff. de iureiurando[5] et l. nam[b] si ff. de in rem verso[6], et ex libro 8. disputationum l. is qui ff. de pignoribus[7], l. penultima ff. de ritu nuptiarum[8], l. pactum ff. de pactis[9], l. fin. ff. de postulando[10], l. qui sine[c] ff. de negotiis gestis[11], l. [d]usufructuarium ff. de usu fructu[12], l. si alienus ff. de noxalibus[13], et ex libro 10. l. Arethusa[e] ff. de statu hominum[14] et l. Bebius ff. de pactis dotalibus[15], et [f]ex libro[f] 11. l. cum in fundo ff. de iure dotium[16] et in l. si fundum ff. de fundo dotali.[17] Ipsius sunt multe leges inserte in libris digestorum et precipue l. si filius ff. de iure patronatus[18], l. penultima ff. de obsequiis[19] et l. idem ff. de bonis libertorum[20], l. nihil ff. eodem tit.[21] et l. ne[g] liberalitate[h] et l. si rerum[i] ff. de re iudicata[22] et l. [k]tutor ff. de fideiussoribus[23] et l. penultima ff. de novationibus[24] et l. videamus ff. de [l]liberatione legata[l][25], l. qui duos ff. de rebus dubiis[26], l. item et l. penultima et [m]l. nam[m] ff. de legatis prestandis.[27] Triphonium allegat Ulpianus in l. si pure[n] ff. de fideicommissariis libertatibus[28], et Hermogenes in l. fin. in fine ff. de iure fisci[29] allegat Triphonium consuluisse. Et de auditorio

---

[1] D. (3, 5) 33. — [2] D. (27, 1) 32. — [3] ad D. (3, 5) 33, Super prima parte Dig. Vet. f. 113v. — [4] Script. hist. Aug. 68. — [5] D. (12, 2) 29. — [6] D. (15, 3) 6. — [7] D. (20, 1) 33. — [8] D. (23, 2) 67. — [9] D. (2, 14) 46. — [10] D. (3, 1) 11. — [11] D. (3, 5) 37. — [12] D. (7, 1) 62. — [13] D. (9, 4) 37. — [14] D. (1, 5) 15. — [15] D. (23, 4) 30. — [16] D. (23, 3) 78. — [17] D. (23, 5) 16. — [18] D (37, 14) 23. — [19] D. (37, 15) 10. — [20] D. (38, 2) 15. — [21] D. (38, 2) 50. — [22] D. (42, 1) 50 et 52. — [23] D. (46, 1) 69. — [24] D. (46, 2) 33. — [25] D. (34, 3) 27. — [26] D. (34, 5) 9. — [27] D.(37, 5) 13 et 24 et 7. — [28] D. (40, 5) 37. Vulg. habent 'Triphonio' pro 'Trophimo'. — [29] D. (49, 14) 50; hoc fr. est Pauli; sed vide fr. 46.

---

[a] Angelus, 'proponebat' Cod. — [b] 'et' ins. Cod. — [c] Dig., 'sane' Cod. — [d] 'si' ins. Cod.. — [e] sic et Vulg. — [f–f] om. Cod. — [g] Dig., 'si de' Cod. — [h] Dig., 'libertate' Cod. — [i] Dig., 'unum' Cod. — [k] 'si' ins. Cod. — [l–l] 'liberali causa' Cod. — [m–m] om. Cod. — [n] Dig., 'possunt' Cod.

Triphonii vide in dicta l. cum in fundo in fine.[1] Floruit tempore Alexandri imperatoris, ut dixi supra[2] et probatur in l. cum [a]ex oratione[a] ff. de excusationibus tutorum[3], ubi dicit: 'imperator [b]noster cum[b] divo Severo' et cetera. Floruit tempore supra dictorum, precipue Scevole; vide in l. de[c] hereditate ff. de castrensi peculio[4] in princ., ubi dicit: 'Scevola noster.' — Divus etiam Hieronymus in libro de viris illustribus[5] istis temporibus floruisse scribit alium Triphonem, Origenis auditorem et discipulum, qui librum de vacca rufa super Deuteronomium et alia multa composuit; ad ipsum etiam Origenes ille magnus multas dedit epistulas.

POMPONIUS, Romanus iuris consultus atque orator eloquentissimus, Papiniani discipulus, per hoc tempus et ingenio et auctoritate maximo in pretio habitus est; de quo Elius Lampridius in vita Aurelii Alexandri Severi imperatoris in fine[6] sic scribit: 'Pomponius in consilio Alexandri imperatoris fuit et eius familiaris et socius et iuris professor et discipulus splendidissimi Papiniani.' Hic cum eruditissimus esset vir, multos edidit libros, videlicet de stipulationibus plures libros, et ipsum allegat Ulpianus in l. hoc senatus ff. de usu fructu earum rerum.[7] Item plures libros epistularum, et ex libro 8. est l. fin. ff. [d]de minoribus[d][8] et ex libro 18. l. fin. ff. de iureiurando[9]; et ipsum in libris epistularum allegat Scevola in l. quoniam ff. de condictione furtiva[10], et Ulpianus in l. si fideiussor ff. qui satisdare cogantur[11] et in l. sed[e] si servus et in l. procuratoris ff. de tributoria[12] et in l. [f]summa ff. de peculio[13]; et Marcianus in l. mora ff. de usuris[14], ubi allegat in libro 12. epistularum. Item et libros variarum lectionum, ex quibus est l. fin. ff. de rerum divisione[15], l. qui indignus de senatoribus[g][16], et l. in prediis ff. in quibus causis pignus vel hypotheca solvitur[17], l. penultima ff. quod cum eo[18], et ex libro 11. [h]variarum lectionum[h] l. arbiter ff. de arbitris[19], l. Labeo ff. quemadmodum servitus amittatur[20], l. placet ff. quibus modis usus fructus finiatur.[21] Ipsum etiam allegat Ulpianus in l. iuris gentium ff. de pactis[22] et in l. 1. ff. de rei ven-

[1] D. (23, 3) 78, 4. — [2] p. 301, 9. — [3] D. (27, 1) 44 pr. — [4] D. (49, 17) 19 pr. — [5] cap. 57. — [6] Script. hist. Aug. Alex. 68. — [7] D. (7, 5) 5, 2. — [8] D. (4, 4) 50 (ex lib. 9!). — [9] D. (12, 2) 42. — [10] D. (13, 1) 20. — [11] D. (2, 8) 7 pr. — [12] D. (14, 4) 3, 1 et 5, 1. — [13] D. (15, 1) 21, 1. — [14] D. (22, 1) 32 pr. — [15] D. (1, 8) 11. — [16] D. (1, 9) 4. — [17] re vera D. (20, 2) 7; vide supra p. 291 n. 12. — [18] re vera lege penult. tit. seq. D. (14, 6) 19. — [19] D. (4, 8) 40. — [20] D. (8, 6) 17. — [21] D. (7, 4) 25. — [22] D (2, 14) 7, 6.

[a–a] Dig., 'exonerationem' Cod. — [b–b] Dig., 'nostrum' Cod. — [c] Dig., 'in' Cod. — [d–d] 'dominor.' Cod. — [e] 'et' ins. Cod. — [f] 'in' ins. Cod. — [g] 'efract.' Cod. — [h–h] 'variis lectionibus' Cod.

dicatione[1], Paulus in l. quesitum ff. de distractione pignorum[2], et Marcianus in l. 2. ff. in quibus causis pignus vel hypotheca solvitur[3], ubi ipsum allegat in libro 40. variarum lectionum. Item et plures libros ad Plautium, ex quibus est l. ad legatum ff. de procuratoribus[4], et ex libro 7. l. si mihi et tibi ff. de usufructu[5], et ex libro 6. ex Plautio est l. Aristo ff. de rerum divisione[6], l. quod si heres ff. de usu fructu[7] et l. cum [a]fructuarius eodem tit.[8] Item et plures libros ad Sabinum, ex quibus est l. 3. ff. de legibus[9] et l. nemo ff. de pactis[10], et ex libro 31. l. si fundi ff. de rei vendicatione[11], ex libro 10. ad Sabinum l. 1. ff. soluto matrimonio[12], et ex libro 15. l. si pater eodem tit[13], ex libro 33. l. fin. ff. de condictione causa data[14] et l. si domus ff. de servitutibus urbanorum prediorum.[15] De quibus libris Pomponii ad Sabinum meminit Ulpianus in l. alia ff. soluto matrimonio[16] et in l. hereditas § 1. ff. de testamentaria tutela[17] et in l. librorum § penultimo ff. de legatis 3.[18] et l. eum qui § idem Pomponius ff. de furtis[19] et in l. servi et filii in fine eodem tit.[20] et in l. vitem[b] ff. de arboribus furtim cesarum[21] et in l. ubi autem ff. de in diem addictione[22] et in l. argumento § muliebri[c] ff. de auro et argento legato[23], ubi de libro 22. ad Sabinum; vide in l. qui servandarum ff. de prescriptis verbis.[24] Et Paulus[d] in l. [e]nam quod[e] liquide ff. de penu legata[25], ubi de libro 6.[f] ad Sabinum. Et de libris digestorum Pomponii vide Ulpianum in l. si socer in princ. ff. soluto matrimonio[26] et in l. si usus fructus ff. quando dies legatorum cedat[27], ubi de [g]libro 30. digestorum Pomponii.[g] Item et libros ad Quintum Mucium, ex quibus est l. si is ff. de adoptionibus[28] et l. si negotia ff. de negotiis gestis[29], l. nisi ff. de rei vendicatione[30] et in l. si infantis[h] ff. de usu fructu[31] et l. filius ff. de his qui sunt sui vel alieni iuris[32] et l. legati ff. de officio proconsulis et legati[33], et ex libro 38. l. quia ff. de rerum permuta-

---

[1] D. (6, 1) 1, 3. — [2] D. (20, 5) 9. — [3] re vera D. (20, 2) 2, vide supra p.302 n.17. — [4] D. (3, 3) 62. — [5] D. (7, 1) 49. — [6] D. (1, 8) 10. — [7] D. (7, 1) 47. — [8] D. (7, 1) 65. — [9] D. (1, 3) 3. — [10] D. (2, 14) 61. — [11] D. (6, 1) 53. — [12] D. (24, 3) 1 (ex lib. 15!). — [13] D. (24, 3) 4. — [14] re vera D. (12, 4) 15 (ex lib. 22!). — [15] D. (8, 2) 21. — [16] D. (24, 3) 14, 1. — [17] D. (26, 2) 10, 2. — [18] D. (32) 52, 8. — [19] D. (47, 2) 14, 8. — [20] D. (47, 2) 17, 3. — [21] D. (47, 7) 3, 4. — [22] D. (18, 2) 4, 6. — [23] D. (34, 2) 25, 9. — [24] D. (19, 5) 14, 2. — [25] D. (33, 9) 4, 6. — [26] D. (24, 3) 44 pr. re vera h. fr. est Pauli; sed in quibusdam ed. vulg. (e. g. Ven. 1506) inscriptio omnino deest. — [27] D. (36, 2) 14, 1; sed hic laudantur digesta Iuliani! — [28] re vera fr. praec. D. (1, 7) 43. — [29] D. (3, 5) 10. — [30] D. (6, 1) 29. — [31] D. (7, 1) 55. — [32] D. (1, 6) 9. — [33] D. (1, 16) 13.

---

[a] 'usus' ins. Cod. — [b] Dig., litem' Cod. — [c] Dig., 'mulieri' Cod. — [d] 'Paulum' Cod. — [e-e] Dig., 'namque' Cod. — [f] 'ff.' ins. Cod. — [g-g] sic et ed. Ven. 1506. — [h] Dig., 'infamis' Cod.

tione.[1] Item et plures libros ad edictum, de quibus meminit Ulpianus in l. iuris gentium ff. de pactis[2] et in l. non solum § alterius[a] ff. de procuratoribus[3], in l. 1. § quod[b] et si fiscus[c] ff. de Carboniano edicto[4], ubi de libro 79. ad edictum; Paulus in l. Pomponius ff. de re iudicata[5] et in l. 1. in fine de tutelis[6], ubi de libro 69. Item plures libros senatus consultorum; ex libro 7. est l. fin. ff. quod cum eo[7] et l. fin. ad senatus consultum Velleanum.[8] Item librum singularem enchiridion[d], ex quo est l. 2. ff. de origine iuris[9] et l. 2. ff. de iustitia et iure.[10] Item et librum singularem regularum, ex quo est l. penultima ff. de iure iurando[11] et l. vie itineris de servitutibus tit. generali[12]; et dicit Iabolenus in l. Antistius de acquirenda hereditate[13]: 'in libro singulari regularum Pomponii Marcellus notat.' Pomponius etiam interpretatur dicta Iuliani, ut habetur per Ulpianum in l. eum qui Ephesi § item si mihi ff. de constituta pecunia[14], et ipse[e] allegat Iulianum[f] in l. Iulianus ad Macedonianum[15], et Iulianus allegat Pomponium in l. si id § fin. ff. de donationibus inter virum et uxorem[16]; et in l. metum ff. quod metus causa.[17] Et Labeo etiam allegat Pomponium [g]in l.[g] quid[h] § fin. et in l. Labeo in fine ff. de arbitris[18], et Pomponius allegat Labeonem in l. nuper ff. de legatis 3.[19] Ulpianus etiam allegat Pomponium in l. ex facto ff. de heredibus instituendis[20] et in l. si quis ex aliena ff. de iudiciis[21] et in l. si ego § post mortem ff. de Publiciana[22] et in l. verum[i] ff. de minoribus[23] et in l. ceterum ff. de usu et habitatione[24] et in l. 1. § fin. ff. si quis in fraudem patroni[25] et in l. clam possidere § 1. et in l. si quis et in l.[k] Pomponius ff. de acquirenda possessione[26] et in l. apud Celsum § apud[l] et § sequenti ff. de doli exceptione[27] et in l. sequitur § accessiones de verborum obligationibus[28] et in l. nec semel ff. quando

[1] re vera tit. seq. D. (19, 5) 11 (ex 39. lib.). — [2] D. (2, 14) 7, 6. — [3] D. (3, 3) 39, 6 (!). — [4] D. (37, 10) 1, 8 (!), vide § 7. — [5] D. (42, 1) 36. — [6] D. (26, 1) 1, 3. — [7] re vera tit. seq. D. (14, 6) 20 (ex lib. 5). — [8] D. (16, 1) 32. — [9] D. (1, 2) 2. — [10] D. (1, 1) 2. — [11] D. (12, 2) 41. — [12] D. (8, 1) 17. — [13] D. (29, 2) 62 et 63. — [14] D. (13, 5) 5, 6 (!) vide § 5. — [15] D. (14, 6) 19. — [16] D. (24, 1) 28, 5. Dipl. male intellexit verba: Iul[ianum] putasse Pomp[onius] refert. — [17] D. (4, 2) 9. Dipl. legit 'Iulianus' pro 'Ulpianus'; vide etiam infra p. 306, 22. — [18] D. (4, 8) 21, 4 (quidam cod. vulg. legunt 'Labeo ait' pro 'habeo'!) et 25, 2 (Dipl. legisse videtur 'Labeo dicit: „sed Pomponius" rel.'). — [19] D. (32) 85. — [20] D. (28, 5) 19. — [21] D. (5, 1 5. — [22] D. (6, 2) 11, 5 (!). — [23] D. (4, 4) 11, 4. — [24] D. (7, 8) 4, 1. — [25] D. (38, 5) 1, 27 (!). — [26] D. (41, 2) 6 pr. (!) et 10 et 13 pr. — [27] D. (44, 4) 4, 29—31. — [28] D. (45, 1) 91, 4 (!), vide § 3.

[a] Dig., 'alius' Cod. — [b] sic et Vulg. — [c] Dig., 'filius' Cod. — [d] 'henchyrion' Cod. — [e] 'ipsum' Cod. — [f] 'Iulianus' Cod. — [g-g] om. Cod. — [h] Dig., 'quod' Cod. — [i] Dig., 'unum' Cod. — [k] 'si' ins. Cod. — [l] 'si quis' scrib. ?

dies legati cedit[1], et in l. eum qui ff. de furtis.[2] Paulus in l. quod fructuarius ff. de acquirendo rerum dominio[3] et l. in interdicto ff. de vi et vi armata[4] et in l. stipulationum § 1. ff. de verborum obligationibus[5] et in l. si commissa ff. rem ratam haberi.[6] Papinianus etiam allegat Pomponium, eius discipulum, in l. divortio § impendi ff. soluto matrimonio.[7] Pomponius etiam allegat Herennium in l. Herennius ff. de verborum significatione.[8] Scripsit et Pomponius alia multa, que videre et scire non merui. Iste Pomponius fuit Romanus, ut patet in l. fin. ff. de legationibus[9] et in l. 2. in princ. in v. 'civitatis nostre' ff. de origine iuris[10] iuncta glossa[11] et[a] in v. 'novissime' ibi 'in civitate nostra'.[12] Floruit Rome, ut habetur in dicta l. 2. § in initio civitatis huius[b] ff. de origine iuris, anno Christi 228. et anno mundi 5426., temporibus Alexandri imperatoris et aliorum iuris consultorum. Vixit plus quam octo et septuaginta annis, ut habetur per ipsum in l. apud Iulianum ff. de fideicommissariis libertatibus[13], ubi de se ipso sic scribit: 'Ego discendi cupiditate, quam solam vivendi rationem optimam in octavum et septuagesimum annum etatis duxi, memor sum eius sententie, quam dixisse fertur Iulianus: et si pedem in sepulchro haberem, adhuc discere vellem.' Fuerunt plures Pomponii: nam fuit Sextus Pomponius Opinatus, de quo dicit Ulpianus in l. cum quidam § suum heredem ff. de acquirenda hereditate[14], quod Tertullianus libro 4. questionum refert Sextum Pomponium Opinatum. Fuit et Pomponius Falco, de quo in l. si quis, § proinde[c] ff. de iniusto rupto testamento.[15] Fuit et Pomponius Sabinus, de quo meminit Iulianus[d] libro 7. digestorum et Ulpianus in l. verum § si servo ff. pro socio.[16] Et pondera, si fuit alter Pomponius iuris consultus eximius tempore Adriani imperatoris et Salvii Iuliani, qui edictum composuit perpetuum, qui scripsit l. 2. ff. de origine iuris[17] illum librum singularem enchiridion et librum singularem regularum; sed[e] id quod dicitur in l. Antistius ff. de acquirenda hereditate,[18] ubi Marcellus notat[f] in libro singulari regularum; quare cogita. Angelus Politianus in suo libro epistularum in epistula, quam direxit Iacobo Modesto Pratensi in 5. libro[19] sic scribit: 'Pomponius fuit unus ex septem

[1] D. (36, 2) 12, 6. — [2] D. (47, 2) 14, 6–9. — [3] D. (41, 1) 49. — [4] D. (43, 16) 6. — [5] D. (45, 1) 2, 2 (!). — [6] D. (46, 8) 13. — [7] D. (24, 3) 7, 16 (!), vide § 1. — [8] D. (50, 16) 122. Quidam cod. vulg. habent 'Herennius' pro 'Servius'. — [9] D. (50, 7) 18. — [10] D. (1, 2) 2, 1. — [11] Gl. 'civitatis nostrae' ad D. (1, 2) 2, 1. — [12] D. (1, 2) 2, 11 et 12. — [13] D. (40, 5) 20. — [14] D. (29, 2) 30, 6. — [15] D. (28, 3) 6, 7 (!). — [16] D. (17, 2) 63, 9. Vulg. habent: 'ait Iulianus libro 6 (!) Pomponium referre Sabinum'. — [17] D. (1, 2) 2. — [18] D. (29, 2) 62 et 63. — [19] Opera p. 70 et 72.

[a] om. Cod. — [b] 'nostre' scrib.? — [c] Dig., 'inde' Cod. — [d] om. Cod. — [e] 'secundum' scr.? — [f] 'non' Cod.

f. 22 et triginta con||ditoribus iuris, veluti centonibus[a], cuius libri collati sunt per Iustinianum in suis digestis, scilicet: ad Quintum Mucium, lectionum undequadraginta, ad Sabinum quinque et triginta, epistularum viginti, variarum lectionum quindecim, ad Plautium septem, fideicommissorum quinque, senatus consultorum quinque, regularum unus, enchiridion[b] duo.

[1]SALVIUS IULIANUS, orator et doctissimus iuris consultus, per hoc ipsum tempus Rome claruit. Qui inter cetera libros questionum[c] composuit et de 58.[d] meminit Ulpianus in l. sive in princ. ad Tertullianum.[e 2] Item et libros ad Curseium alias Urseium; ex libro 4. est l. qui duos ff. de procuratoribus[3], l. si usus fructus ff. de usu fructu[4], l. quotiens ff. de noxalibus[5], l. servus ff. eodem tit.[6], l. quidam fundum ff. de pactis dotalibus.[7] Item et libros ad Minucium; l. si convenerit ff. de pactis[8], est ex libro 6. et l. Titius ff. de procuratoribus[9], et l. edificium et l. qui duas ff. de servitutibus urbanorum prediorum.[10] Floruit Rome temporibus supra dictorum et maxime Ulpiani, — quem 'clarissimum virum' et 'amicum suum' nominat Ulpianus in l. divi fratres ff. de iure patronatus[11]; iste appellatur Iulianus 'sapientissimus' in auth. quibus modis naturales efficiuntur legitimi collatione 6.[12] et 'legum et edicti perpetui subtilissimus conditor' l. 2. § contrarium C. de veteri iure enucleando[13]— anno Christi 228. et anno mundi 5426. Et Iulianus allegat Pomponium in l. metum ff. quod metus causa[14]; Iulianus etiam allegat Paulum et Marcellum in l. si pretor ff. de iudiciis[15] et in l. non tantum ff. de administratione tutorum[16] et in l. quidam in princ. et in l. ita tamen[f] § [g]quotiens filius[g] cum aliis §§ sequentibus ff. ad Trebellianum.[17] Allegat etiam Africanum tractasse[18] et agitasse in l. denique[h] ff. de actionibus empti[19], et Africanus allegat Iulianum in l. apud Iulianum ff. de legatis 1.[20] Iste Iulianus floruit etiam in Egypto, ut habetur per ipsum in l. si pater meus in fine ff. de

[1] vide supra p. 254, 268. — [2] D. (38, 17) 2, 1. — [3] D. (3, 3) 47. — [4] D. (7, 1) 35. — [5] D. (9, 4) 34. — [6] D. (9, 4) 41. — [7] D. (23, 4) 22. — [8] D. (2, 14) 56. — [9] D. (3, 3) 76. — [10] D. (8, 2) 22 et 34. — [11] D. (37, 14) 17 pr. — [12] Nov. 74 praef. pr. — [13] C. (1, 17) 2, 18 (!), vide § 15. — [14] D. (4, 2) 9. Vide supra p. 304, 16. — [15] D. (5, 1) 75. — [16] D. (26, 7) 9, 7. In Vulg. l. 5 § 7 incipit nova lex 'Iulianus libro 21. digestorum': itaque leges sequentes, quae inscribuntur 'Idem' attribuuntur Iuliano. — [17] D. (36, 1) 26 pr. et 28, 6 et 7 et 11. — [18] cfr. Gl. 'idemque agitasse' ad D. (19, 1) 45: id est tractasse. — [19] D. (19, 1) 45 pr. Dipl. male intellexit verba: Iul[ianum] agitasse Afr[icanus] refert; vide supra p. 304, n. 16. — [20] D. (30) 39 pr.; v. 'apud Iul.' in Vulg. incipit nova lex.

[a] om. Cod., vide supra p. 286, 1. — [b] 'enchiridii' Polit. — [c] 'digestorum' scr.? — [d] sic et Hal. — [e] 'Trebellianum' Cod. — [f] Dig., 'cum' Cod. — [g–g] Dig., 'quantum aliis' Cod. — [h] 'idemque' sec. Vulg. scr.? sed vide infra p. 308, 6.

solutionibus.[1] Adde etiam, quod fuit alter et Aristo Iulianus, de quo in l. Salvius ff. de legatis prestandis[2] ibi:[a] 'Salvius Aristo Iuliano salutem.'[a] Et Aristo respondit Celso in l. iuris gentium ff. de pactis[3] et sic floruit tempore Celsi iuris consulti. Multa supra diximus de Salvio Iuliano in cap. de Salvio Iuliano.[4]

[5]ALFENUS, similiter iuris consultus disertissimus, tempore supra dictorum iuris consultorum in pretio habitus est. Hic cum Papiniani auditor esset, libros plures digestorum composuit, ex quibus est l. non vere ff. ex quibus causis maiores[6] et l. antepenultima ff. de arbitris[7] et l. si ex pluribus ff. de hereditate vel actione vendita[8] et l. si domi et l. sequens ff. locati[9], et ex libro 3. digestorum a[b] Paulo epitomatorum est l. duo de rerum permutatione[10] et l. aliud ff. de pactis dotalibus[11] et l. vir in fundo la prima ff. de fundo dotali.[12] Paulus etiam composuit libros digestorum Alfeni, ex quibus est l. duo ff. pro socio[13] cum similibus. Alfeni est l. Martius[c] ff. de acquirendo rerum dominio[14] et l. si servus ff. de usucapionibus[15], l. cum querebatur ff. de re iudicata[16], l. medicus[d] ff. de operis libertorum[17] et l. fin. ff. si quadrupes pauperiem fecisse[e] dicatur[18] et l. si ex plagis ff. ad legem Aquiliam[19] et l. communis servus ff. communi dividundo[20], l. penultima ff. de servo corrupto[21], l. in testamento ff. de legatis 1,[22] l. si quando ff. si servitus vendicetur[23], et notatur ibi secundum glossam Accursii[24], quod omnes iuris periti fuerunt consulti ab Alfeno. Floruit tempore supra dictorum iuris consultorum et tempore Aurelii Alexandri Severi imperatoris anno Christi 228. et anno mundi 5426. Et dicit Elius Lampridius in vita ipsius Alexandri imperatoris in fine[25], quod Alfenus fuit consiliarius familiaris et socius ipsius Alexandri imperatoris.

AFRICANUS, legistarum sui temporis doctissimus et subtilissimus, iisdem temporibus cum supra dictis floruit et de iure civili multa conscripsit et precipue plures libros questionum, ex quibus est l. si convenerit

---

[1] D. (46, 3) 36. — [2] D. (37, 5) 6. — [3] D. (2, 14) 7, 2. — [4] supra p. 254. — [5] vide supra p. 217. — [6] D. (4, 6) 42. — [7] D. (4, 8) 50. — [8] D. (18, 4) 18. Inscriptionem 'Alfenus' pro 'Iulianus' legit et Hal. — [9] D. (19, 2) 28 et 29. — [10] re vera tit. seq. D. (19, 5) 23. — [11] D. (23, 4) 19. — [12] D. (23, 5) 8. — [13] D. (17, 2) 71. — [14] D. (41, 1) 38. — [15] D. (41, 3) 34. — [16] D. (42, 1) 62. — [17] D. (38, 1) 26. — [18] D. (9, 1) 5. — [19] D. (9, 2) 52. — [20] D. (10, 3) 26. — [21] D. (11, 3) 16. — [22] D. (30) 106. — [23] D. (8, 5) 17. — [24] Gl. 'omnes iuris periti' ad D. (8, 5) 17. — [25] Script. hist. Aug. Alex. 68.

[a–a] sic et Vulg. — [b] om. Cod. — [c] sic et Vulg. — [d] Dig., 'melius' Cod. — [e] Dig., 'fecerique' Cod.

ff. de iurisdictione omnium iudicum[1] et l. fin. ff. de procuratoribus[2], l. etenim[a] ff. de minoribus[3], l. si stipulatus ff. ex quibus causis maiores[4], l. si proprietas[b] ff. de usu fructu[5], l. eius qui ff. si certum petatur[6], ex libro 8. l. Titius Sempronio ff. de rerum permutatione[7] et l. fin. ff. de negotiis gestis[8]; et ipsius est l. quod vulgo ff. pro emptore[9]; Iulianus etiam in l. denique[c] ff. de actionibus empti.[10] De isto dicit Bartolus de Saxoferrato in l. cum quis ff. de solutionibus[11]: 'Ista est lex Africana, ergo difficilis et suptilis', et idem dicit Angelus de Perusio in l. fin. ff. de negotiis gestis[12]; dicit idem Bartolus in l. Titius ff. de prescriptis verbis[13]: 'Ista est lex difficilis et est Africani, cuius leges ut plurimum sunt difficiliores valde in veritate.' Iste Africanus secundum Accursium in l. heres a debitore § servo tuo ff. de fideiussoribus[14] fuit discipulus Iulii iuris consulti, de quo forte meminit Ulpianus in l. si Titio[d] ff. de legatis 2.[15], ut[e] dixi supra in cap. de Iulio Paulo.[16] Floruit temporibus supra dictorum iuris consultorum et tempore Alexandri imperatoris anno Christi 228. et anno mundi 5426., et dixit Elius Lampridius in vita Aurelii Alexandri Severi imperatoris in fine[17], quod Africanus iuris professor et discipulus splendidissimi Papiniani fuit in consilio Alexandri predicti imperatoris et eius familiaris et socius. — Fuit et alius Africanus tempore Gordiani imperatoris, cuius est intitulata l. quod ex liberta C. de operis libertorum.[18] Fuit et alius [19]Iulius Africanus, inter scriptores sui temporis nobilissimus, tempore Alexandri predicti imperatoris et etiam Maximini, qui, ut divus Hieronymus in libro de viris illustribus[20] et Eusebius in libro 6.[21] referunt, inter cetera de Trinitate volumen pergrande conscripsit, item de pascha deque sabatto, de circumcisione, de Attalo, de temporibus libros quinque, ad magnum Originem epistulam, in qua ostendit Susanne fabulam apud Hebreos non haberi. Et cum litterarum amator et cultor exstitisset et divitiis floreret, apud Cesaream Palestine[f] urbem bibliothecam sibi insignem condidit; et cum honorabilis haberetur, dicente Hieronymo, lega-

[1] D. (2, 1) 18. — [2] D. (3, 3) 78. — [3] D. (4, 4) 4. — [4] D. (4, 6) 43. — [5] re vera tit. seq. D. (7, 2) 9. — [6] D. (12, 1) 41. — [7] re vera tit. seq. D. (19, 5) 24. — [8] D. (3, 5) 48. — [9] D. (41, 4) 11. — [10] D. (19, 1) 45. Vide supra p. 306, 26. — [11] ad D. (46, 3) 38, Comm. in Dig. Nov. f. 252. — [12] ad D. (3, 5) 48, Super prima parte Dig. Vet. p. 115. — [13] ad D. (19, 5) 24, sed hic (Super sec. p. Dig. Vet. f. 421) verba supra laudata non reperiuntur. — [14] Gl. 'ait' ad D. (46, 1) 21, 2. Vide supra p. 292 n. 5. — [15] D. (31) 61, 1. — [16] supra p. 292, 3. — [17] Script. hist. Aug. Alex. 68. — [18] C. (6, 3) 11. — [19–19] Suppl. Chron. ad a. 5438. — [20] cap. 63. — [21] vide infra p. 309, n. 3.

[a] Dig., 'et eum' Cod. — [b] Dig., 'petas' Cod. — [c] vide supra p. 306, 26. — [d] loc. gem., 'vino' Cod. — [e] 'et' Cod. — [f] Suppl. Chron., 'Palestinam' Cod.

tionem ad Maximinum Augustum Cesarem pro restauratione Emmaus suscepit, quod reedificans Nicopolim vocavit.[19] Item composuit librum Aristidem de concordantia evangeliorum. Tempore quo Antoninus Heliogabalus imperabat, legationem predictam pro restauratione Emmaus habuit, que postea, ut supra, Nicopolis dicta fuit: secundum Dominicum de Aretio in 4. libro de claris viris.[1] Eusebius de ecclesiastica historia libro 1. cap. 4.[2] 'Africanus, qui et ipse precipuus in historiis[a] habetur'; et in libro 6. cap. 23.[3]: 'Africanus vir inter scriptores ecclesiasticos nobilis.' Floruit tempore Alexandri et Maximini imperatorum, ut per Eusebium in dicto cap. 23. et tempore Originis. Fuit et alter Iulius Africanus orator concitatus et [b]in cura[b] verborum nimius et compositione nonnumquam longior et translationibus parum mediocris: refert Volcterranus in libro 15. commentariorum urbanorum.[4] Sub Antonino Augusto obdormivit in Domino Iulius Africanus; fuit historiographus precipuus: in catalogo sanctorum a cap.[c] 77. libro 11.[5] Et Africanum legistam allegat Ulpianus in l. 2. § Africanus ff. ad Tertullianum[6] et Angelus Politianus in suo libro epistularum in 5. libro in ultima epistula, quam direxit Iacobo Modesto Pratensi[7]: 'Africanus fuit unus ex septem et triginta conditoribus iuris veluti centonibus[d], cuius libri sunt inserti per Iustinianum in suis libris digestorum, videlicet questionum novem'.

ELIUS GORDIANUS, Gordiani [e]imperatoris, ipsa re publica vir[e] insignis et iuris consultus prestantissimus, Aurelii Alexandri Severi imperatoris consiliarius, familiaris et socius, iisdem temporibus, teste Elio Lampridio in vita Alexandri predicti imperatoris in fine[8], propter eximiam eius scientiam atque doctrinam apud eundem imperatorem maximo in pretio habitus est, et leges antiquas explanavit et alia multa scripta post se reliquit. De quo etiam meminit Paulus in l. postquam ff. de petitione hereditatis.[9] Et vide Paulum in l. antiqui § penult. ff. si pars hereditatis petatur[10]: est[f] omnino textus de alio Elio tempore Adriani imperatoris. Et vide Gaium in l. videamus de usuris[11], ubi allegat Gallum Elium.

---

[1] Bandini, vide supra p. 164 n. 6. — [2] 1, 6 (!) 2. — [3] 6, 31 (!) 1. — [4] f. 170v (lib. 16!). — [5] Petrus de Natalibus, Catalog. Sanct. 11, 77, f. 218b. — [6] D. (38, 17) 2, 8 (!). — [7] Opera p. 70 et 72. — [8] Script. hist. Aug. Alex. 68; vide supra p. 299, 14. — [9] D. (5, 3) 43. Vulg. habent 'Aelius' pro 'Laelius'. — [10] D. (5, 4) 3. Et hic Vulg. habent 'Aelius' pro 'Laelius'. — [11] D. (22, 1) 19 pr. — [19] vide p. 308 n. 19—19.

---

[a] 'historiographis' sec. Euseb. scr.? — [b–b] Raph. Vol., 'iniuria' Cod. — [c] 'carta' Cod. — [d] 'ccunonibus' Cod., vide supra p. 231 n. 13. — [e–e] 'imperatoris ipsa re publica viri' Lamprid. in ed. princ. et ed. Ven. 1490; vide supra p. 299, 14. — [f] 'et' Cod.

MARCIANUS, legista et quidem excollentissimus, Papiniani discipulus, qui per hec tempora in maximo pretio habitus fuit. Hic inter cetera libros questionum composuit — ex 5. libro est l. servum quen.[a] ff. de pignoribus[1] — et alia multa edidit et precipue libros regularum, ex quibus est l. penultima et l. fin ff. de arbitris[2] et l. sanctum[b] ff. de rerum divisione[3] et l. penultima ff. de rerum permutatione[4], et ex libro 5. l. non potest ff. de adoptionibus[5] et l. quia [c]in eum[c] ff. si quadrupes pauperiem fecisse dicatur[6], et in libro 3. regularum allegat[7] in l. in Faviana ff. si quis in fraudem patroni.[8] Item de penis censuum, et ex libro 2. est[d] l. ne quisquam ff. de edendo.[9] Item et libros de publicis iudiciis, et ex libro 1. est l. post[e] divi C. ad legem Iuliam maiestatis[10], ubi est suprascriptio 'Marciani', et ex libro 2. est l. illud ff. de officio presidis.[11] Item et librum singularem ad formulam hypothecariam, ex quo est l. si fundus ff. de pignoribus[12] et l. Pomponius ff. in quibus causis pignus vel hypotheca solvitur[13], l. 1. ff. que res pignori obligari possunt[14], l. creditor ff. qui potiores in pignore habeantur[15], l. solvitur et l. sicut re ff. de distractione pignorum[16], l. ante omnia de probationibus.[17] Item et libros membranarum, et ex libro 6. est l. cum idem[f] ff. de petitione hereditatis.[18] Item et libros institutionum, ex quibus est l. nam et ipsum et l. fin. ff. de iustitia et iure[19] et l. 2. et l. nemo et l. in tantum ff. de rerum divisione[20], l. communis ff. de in ius vocando[21], l. 2. ff. de legibus[22] et l. servorum ff. de statu hominum[23], l. verius de probationibus[24], l. fideicommissum ff. de iudiciis in fine[25] et ex libro 14. institutionum l. fin. de alienatione iudicii mutandi causa facta[26], et ex libro 16. institutionum cap. 35. legis Iulie l. qui liberos ff. de ritu nuptiarum.[27] Item et librum de appellationibus, ex quo est l. fin. ff. qui

---

[1] D. (20, 1) 27. Hal. legit 'Papinianus libro 5. quaestionum' (!), Dipl. 'Marcianus' pro 'Marcellus'. — [2] D. (4, 8) 51 et 52. — [3] D. (1, 8) 8. — [4] re vera tit. seq. D. (19, 5) 25. — [5] D. (1, 7) 31. — [6] re vera tit. seq. D. (9, 2) 16. — [7] scil. actionem Fav. et Calv. — [8] D. (38, 5) 2. — [9] D. (2, 13) 3. Hoc fr. in Vulg. inscribitur 'Martianus' et incipit 'ne quisquam' omissis verbis 'senatus censuit'; Dipl. legit inscriptionem legis fortasse sic: Marcianus lib. 2. de penis censu. Vide Dig. ed. maior. — [10] C. (9, 8) 6, 2. — [11] D. (1, 18) 15. Et Hal. habet 'libro 2.'. — [12] D. (20, 1) 16. — [13] re vera D. (20, 2) 5, vide p. 303 n. 5. — [14] D. (20, 3) 1. — [15] D. (20, 4) 12. — [16] re vera tit. seq. D. (20, 6) 5 et 8. — [17] D. (22, 3) 23. — [18] D. (5, 3) 57. Dipl. 'Mart.' pro 'Nerat.' legisse videtur; 'libro 6.' et Hal. — [19] D. (1, 1) 8 et 12. — [20] D. (1, 8) 2 et 4 et 6. — [21] D. (2, 4) 23. — [22] D. (1, 3) 2. — [23] D. (1, 5) 5. — [24] D. (22, 3) 21. — [25] D. (5, 1) 50 et 51. Dipl. l. 51. quasi partem legis 50. legisse videtur. — [26] D. (4, 7) 12. — [27] D. (23, 2) 19 (!).

---

[a] Dig., 'qui' Cod. — [b] Dig., 'sensum' Cod. — [c-c] Dig., 'meum' Cod. — [d] 'et' Cod. — [e] C. Iust., 'cum' Cod. — [f] Dig., 'uide' Cod.

satisdare cogantur.[1] Et libros de officio presidis, et ex libro 1. est l. 3.[a] ff. de officio assessorum[2] et l. 1. et l. senatus ff. de officio presidis.[3] Composuit etiam notas ad corpus Papiniani, que antea nullam vim obtinebant sicut note Pauli et Ulpiani secundum Iustinianum in l. 1. § omnibus auctoribus C. de veteri iure enucleando.[4] Marciani est etiam l. constitutionibus ff. de iniuriis[5] et l. sepulchri cum lege sequenti ff. de sepulchro violato[6] et l. sane ff. de pigneraticia actione[7] et l. municipio[b] ff. ut in possessionem legatorum[8] et l. adversus ff. de inofficioso testamento[9], ubi allegat divos Severum et Antoninum, et l. fin. § magnus Antoninus ff. de publicanis.[10] Ipsum etiam allegat Paulus in l. si tibi ff. de usu et habitatione[11] et Ulpianus in l. quid ergo in princ. ff. de usufructu.[12] Et aliquando ipse[c] allegat Ulpianum in l. servum in fine ff. de pignoribus[13] et in l. a decurionatu ff. de vacatione munerum[14] et Celsum[d] in l. si is qui ff. ad Trebellianum.[15] Floruit tempore supra dictorum iuris consultorum et Alexandri imperatoris anno Christi 228. et mundi 5426.; et dicit Elius Lampridius in vita predicti Aurelii Alexandri Severi imperatoris in fine[16], quod Marcianus fuit in consilio Alexandri predicti et eiusdem familiaris et socius. Fuit et Mauritianus[e], de quo vide Ulpianum in l. iuris gentium in princ. et per totum ff. de pactis.[17] Marcianus composuit libros sexdecim institutionum, quinque regularum, de appellationibus duos, publicorum duos. Item libros singulares, quos Greci[f] monobiblus, his titulis: de delatoribus, hypothecarie, ad senatus consultum Turpillianum. Quos libros Iustinianus inseruit in suis pandectis secundum Iustinianum in princ. suarum pandectarum, que sunt Florentie[18], et secundum Angelum Politianum libro 5. suarum epistularum in epistula ultima, quam direxit Iacobo Pratensi[19], fuit unus ex septem et triginta conditoribus iuris veluti centonibus.[g] Hic a Didio Iuliano principe fuit iussus occidi secundum Angelum Politianum ubi supra. Pondera tu, si est ille idem

[1] D. (2, 8) 15 (!). Dipl. legit 'Marc[ianus]' pro 'Mar[cellus]'. 'Marcellus' ed. Ven. 1494. — [2] D. (1, 22) 3. Et hic Dipl. legit 'Marc[ianus]' pro 'Marc[ellus]'. — [3] D. (1, 18) 1 et 16; 'Marcianus' et in ed. Ven. 1494. — [4] C. (1, 17) 1,6 (!), vide § 5 i. f. — [5] D. (47, 10) 37. — [6] D. (47, 12) 7 et 8; in fr. 8. Dipl. legit 'Marc[ianus]' pro 'Marc[ellus]'; 'Marcellus' ed. Ven. 1494. — [7] D. (13, 7) 17. — [8] D. (36, 4) 12. Dipl. legit 'Marcianus' pro 'Maecianus'. — [9] D. (5, 2) 30. — [10] D. (39, 4) 16, 11. — [11] re vera tit. seq. D. (7, 9) 8. — [12] D. (7, 1) 70; sed laudare voluisse videtur Dipl. l. 72. — [13] D. (20, 1) 27; vide supra p. 283, 5. — [14] D. (50, 5) 5. Vulg. habent 'Marcianus'. — [15] D. (36, 1) 34. In Vulg. h. fr. incipit ut supra. — [16] Script. hist. Aug. Alex. 68. — [17] D. (2, 14) 7, 2. — [18] Index Flor. XXIX. — [19] Opera p. 70.

[a] '1.' Cod. — [b] sic et Vulg. — [c] 'ipsum' Cod. — [d] 'Celsus' Cod. — [e] 'Mamicianus' Cod. — [f] Polit., 'grece' Cod. — [g] 'ceunonibus' Cod., vide supra p. 231 n. 13.

Marcianus hic. Libros institutionum maxime grece composuit, ut apparet ex legibus ipsius insertis per Iustinianum et maxime in l. 2. ff. de legibus[1] et in [a]l. 2. ff. de iudiciis[a]. Adde et pondera, quod Angelus Politianus in dicta epistula in fine[2] de septem et triginta conditoribus iuris velut centonibus[b] ponit Marcianum, qui floruit tempore Marci Antonini, qui composuit plures libros, ut dixi supra[c], et ponit Mauritianum post Venuleium, qui composuit ad leges libros sex. Et pondera, si iste Marcianus, de quo loquitur Elius Lampridius, qui fuit consiliarius Alexandri imperatoris, sit ille idem Mauritianus[d], de quo per Angelum Politianum; nam non potest esse qui fuit consiliarius Marci Antonini, quia tempora non patiuntur. — Dominicus de Arctio[3]: 'Fuit et Martianus dictus Capella. Scripsit de septem liberalibus artibus sub figmento nuptiarum Mercurii et Philologie. Fuit, teste Remigio[4], Afer genere, patria vero Carthaginiensis, sed dignitate Romanus. Quando autem floruerit, plena certitudo non est, apparet tamen fuisse post Virgilium propter Maronis carmen, quod inseruit suo operi scilicet[e]: 'Conticuere[f] omnes.'[5] Hic Romam veniens cum videret omnes eloquentie deditos sapientia derelicta, Grecos autem neglecta eloquentia sapientie intentos omnes, nullos ausus[g] reprehendere propter excellentiam ipsorum, sub poetico figmento tractando de nuptiis Mercurii et Philologie unumquemque[h] ad sapientiam de eloquentia invitavit sicque de septem liberalibus artibus laudabiliter volumen edidit, quas quidem Philologia Mercurio in dotem dedit.'

HERMOGENES sive HERMOGENIANUS, et iuris consultus celeberrimus et Papiniani auditor et discipulus, per hoc ipsum tempus clarissimus fuit. De quo nonnulla monumenta scripta habentur et precipue plures libros epitomarum, ex quibus est l. vitricus et l. ideo ff. de donationibus inter virum et uxorem[6] et l. sane ff. mandati[7] et l. si possessor ff. de petitione hereditatis[8] et l. minor et l. prefecti[i] ff. de minoribus[9], l. qui fidem de transactionibus[10], l. divisionis[k] ff. de pactis[11], l. [l]ex omnibus[l] ff. de officio presidis[12], l. sed et si ff. locati[13] et l. 2. et servus ff. de statu hominum[14], l. sed et ea ff. de legibus[15], l. ex hoc iure ff. de iustitia et iure[16],

[1] D. (1, 3) 2. — [2] Opera p. 72, cfr. 70. — [3] Bandini, vide supra p. 164 n. 6. — [4] de quo vide Manitium, Gesch. d. lat. Lit. d. M.-A. 1, 504, 513. — [5] Verg. Aen. 2, 1. — [6] D. (24, 1) 60 et 62. — [7] D. (17, 1) 23. — [8] D. (5, 3) 52. — [9] D. (4, 4) 8 et 17. — [10] D. (2, 15) 16. — [11] D. (2, 14) 45. — [12] D. (1, 18) 10. — [13] D. (19, 2) 12. — [14] D. (1, 5) 2 et 13. — [15] D. (1, 3) 35. — [16] D. (1, 1) 5.

[a—a] corr. — [b] 'ceunonibus' Cod. — [c] lacuna quinque fere litterarum. — [d] 'Mamitianus' Cod. — [e] 'sed' Cod. — [f] 'contiguer' (r' = re) Cod. — [g] 'aurus' Cod. — [h] 'unusque' Cod. — [i] Dig., 'perfecta' Cod. — [k] Dig., 'de divisione' Cod. — [l—l] Dig., 'executionibus' Cod.

et [a]ex libro 22. de deposit[a]. Ipsius est l. vectigalia ff. de publicanis[1] et l. lege ff. de manumissionibus[2] et l. penultima ff. ne quid in loco sacro[3] et l. sub condicione ff. de bonorum possessione contra tabulas[4] et l. hi quibus ff. de legatis prestandis[5] et l. sicut ff. de operis libertorum[6] et l. cum pacto ff. de liberali causa[7], l. 1. ff. pro emptore[8], l. ei qui ff. de his quibus ut indignis[9], l. cum ita[b] ff. de condicionibus et demonstrationibus[10] et l. statuliber cum lege sequenti ff. ad legem Falcidiam[11] et l. in metallum et l. [c]interpretatione ff. de penis.[12] Adde etiam, quod Paulus allegat Hermogenem in l. fin. ff. de iure patronatus.[13] Floruit tempore supra dictorum iuris consultorum et Aurelii Alexandri Severi imperatoris, cuius fuit familiaris, consiliarius et socius teste Elio Lampridio in vita Alexandri predicti imperatoris in fine[14], anno Christi 228. et anno mundi 5426. Angelus Politianus in sua epistula, quam direxit Iacobo Modesto Pratensi in 5. libro in ultima epistula[15] sic scribit: 'Hermogenianus fuit unus ex septem et triginta conditoribus iuris velut centonibus[d], cuius libri, videlicet epitomarum sex, sunt inserti per Iustinianum imperatorem in suis quinquaginta libris digestorum.'

VENULEIUM quoque, iuris consultum non ignobilem, cum predictis claruisse multaque scripsisse ferunt. Inter que plures libros stipulationum, ex quibus est l. si heres ff. familie herciscunde[16] et l. creditorem ff. quod cum eo[17], et ex libro 16. l. [e]quod ad servitutes[e] ff. de evictionibus[18] et l. sequens.[19] Item librum actionum, et ex libro 5. l. fin. ff. de edilicio edicto.[20] Item libros de iudiciis publicis, et ex libro 2. est l. in testimonium et l. penultima ff. de testibus.[21] ‖ Item et libros de officio proconsulis. f. 23.
Et ipsius est l. fin. ff. de acquirendo rerum dominio[22], l. si servus communis et l. si servus hereditarius ff. de stipulatione servorum[23], l. si rem ff. de novationibus[24], l. penultima de diversis temporalibus prescriptionibus[25], l. cum servus cum l. sequenti et l. continuus cum lege sequenti ff. de verborum obligationibus[26], l. si ex duobus ff. de duobus reis[27], l. cum

[1] D. (39, 4) 10. — [2] D. (40, 1) 24. — [3] D. (43, 6) 2. — [4] D. (37, 4) 18. — [5] D. (37, 5) 23. — [6] D. (38, 1) 48. — [7] D. (40, 12) 40. — [8] D. (41, 4) 1 (ex lib. Gai!). — [9] D. (34, 9) 20. — [10] D. (35, 1) 94. — [11] D. (35, 2) 38 et 40. — [12] D. (48, 19) 36 et 42. — [13] D. (37, 14) 24. — [14] Script. hist. Aug. Alex. 68. — [15] Opera p. 70 et 72. — [16] D. (10, 2) 7. — [17] re vera tit. seq. D. (14, 6) 18. — [18] D. (21, 2) 75. — [19] D. (21, 2) 76. — [20] D. (21, 1) 65. — [21] D. (22, 5) 20 et 23 (!). — [22] D. (41, 1) 66. — [23] D. (45, 3) 21 et 25. — [24] D. (46, 2) 31. — [25] D. (44, 3) 15. — [26] D. (45, 1) 104 et 105 (et Hal. et Cod. Rehd. inscribunt his legibus 'Venuleius') et 137. — [27] D. (45, 2) 12.

[a—a] corr. — [b] Dig., 'his' Cod. — [c] 'si de' ins. Cod. — [d] 'ceunonibus' Cod., vide supra p. 231 n. 13. — [e—e] Dig., 'quoad servitutem' Cod.

[a]precario ff. de precario[1], l. fin. ff. de liberis hominibus exhibendis[2], l. si vir ff. ad legem Falcidiam[3], l. veteres ff. de itinere actuque privato[4], l. Servius cum aliis legibus ff. quod vi aut clam[5], l. vestem et l. sequens ff. de iniuriis[6] et ibi allegat [b]divum Severum[b] [c]. Venuleius allegat Labeonem in l. procurator ff. rem ratam haberi.[7] [d]De Venuleio vide Politianum in predicta epistula[8], qui fuit unus ex conditoribus, et pone hic.[d] Floruit et ipse tempore supra dictorum iuris consultorum et Alexandri imperatoris, cuius fuit consiliarius, familiaris et socius secundum Lampridium in vita Aurelii Severi Alexandri imperatoris in fine[9], anno Christi 228., et anno mundi 5426. Fuit et ipse Venuleius discipulus splendidissimi Papiniani. Appellatur etiam Venuleius Saturninus in l. in cognitione ff. de senatus consulto Silaniano[10] et l. fin. ff. de adimendis legatis[11] et Venuleius in l. si filie ff. de legatis 3.[12] et l. fin. ff de usu legato.[13]

MECIANUS, iuris consultus eximius, Papiniani auditor et discipulus, per hoc idem tempus floruit, vir certe doctissimus. Qui, ut Ulpianus in l. divi fratres ff. de iure patronatus[14] scribit, fuit preter[e] veterem peritiam liberalium artium anxie diligens scientiam iuris; cuius verba sunt hec: 'cuius [f]sententiam nos quoque[f] secuti sumus cum rescriberemus ad libellum Cecidie Longine[g]: sed et Volusius Mecianus, amicus noster et ut iuris civilis preter veterem et bene fundatam peritiam anxie diligens, religione rescripti nostri ductus sit, ut coram nobis affirmaverit non arbitratum se aliter respondere; sed cum ipso Meciano et aliis amicis nostris iuris peritis adhibitis plenius tractaremus.' Scripsit et ipse multa in iure civili; ipsius est l. non solum ff. de actionibus et obligationibus.[15] Ipsum etiam allegat Ulpianus in l. cogi § Mecianus, § idem Mecianus ff. ad Trebellianum.[16] Floruit et ipse temporibus supra dictorum iuris consultorum et Ulpiani, ut dicta l. divi fratres, et tempore Aurelii Alexandri imperatoris, cuius fuit consiliarius, familiaris et socius, teste Lampridio in vita ipsius Alexandri Severi imperatoris in fine[17], anno Christi 228. et anno mundi 5426.

---

[1] D. (43, 26) 21. — [2] D. (43, 30) 5. — [3] D. (35, 2) 6. — [4] D. (43, 19) 4. — [5] D. (43, 24) 4, 8, 10, 12, 22 et 2. — [6] D. (47, 10) 39, et 40; et in ed. Ven. 1507 fr. 40 attribuitur Venuleio — [7] D. (46, 8) 8, 2. — [8] Opera p. 70 et 72. — [9] Script. hist. Aug. Alex. 68. — [10] D. (29, 5) 13. — [11] D. (34, 4) 32. — [12] D. (32) 43. Dipl. legit 'Venuleius' pro 'Celsus'. — [13] D. (33, 2) 43. — [14] D. (37, 14) 17. — [15] D. (44, 7) 31. — [16] D. (36, 1) 17, 8 et 9. — [17] Script. hist. Aug. Alex. 68.

---

[a] 'de' ins. Cod. — [b–b] 'divus Severus' Cod. — [c] 'cum aliis legibus' ins. Cod. vide v. 3. — [d–d] in margine. — [e] Dig., 'pretor' Cod. — [f–f] Dig., 'sententia namque' Cod. — [g] Dig., 'Longium' Cod.

CELSUS, legista, vir dicendi peritissimus, Papiniani discipulus et auditor, cum supra dictis iuris consultis clarus fuit. Qui inter cetera ingenii sui monumenta elegantissimos institutionum libros edidit, quos in libro 20. allegat Marcianus in l. si is qui quadringenta[a] ff. ad Trebellianum.[1] Item et libros questionum, et in libro 1. allegat Ulpianus in l. 1. ff. si certum petatur[2] et in libro 21. in l. cum aurum ff. de [b]auro argento legatis.[b][3] Item et libros digestorum, et librum 16. allegat Ulpianus in l. [c]item quod[c] ff. de heredibus instituendis.[4] Celsum libro 34.[d] ad Sabinum allegat Ulpianus in l. Celsus ff. de usucapionibus.[5] Floruit et ipse tempore supra dictorum iuris consultorum et Alexandri Severi imperatoris teste Elio Lampridio in vita Aurelii Alexandri Severi imperatoris in fine[6], ubi dicit, quod fuit in eius consilio et Alexandri predicti familiaris et socius, anno Christi 228. et anno mundi 5426. Fuit et Celsus Ofilius, quem allegat Pomponius in l. Celsus ff. de contrahenda emptione[7], et Iubentius Celsus, de quo per Ulpianum in l. Domitius ff. de testamentis[8], et in l. Plotiana ff. de iure codicillorum.[9] De Publio Iubentio vide in l. item veniunt § preter hec ff. de petitione hereditatis.[10] Et pondera, si supra dictus Celsus nominaretur Iubentius Celsus Ofilius. Et de Iubentio Celso plura dixi supra in cap. de Celso filio.[11] Dominus Andreas Thome de Fulignio, doctor singularis, in repetitione l. Celsus ff. de usucapionibus in princ.[12] scribit: 'Celsus fuit iuris consultus acutissimi ingenii'; et Baldus secundum eum alibi describebat: 'Celsus, id est celum tuens philosophanti ingenio.'

[13]DOMITIUS LABEO, vir eruditissimus, his temporibus quosdam edidit libros in iure civili et precipue libros pretoris peregrini, de quibus vide in l. si oleum § penult. ff. de dolo.[14] Et de 1. libro pretoris urbani vide Ulpianum in l. Labeo ff. de verborum significatione.[15] Item et libros posteriorum; de 2. libro meminit Pomponius in l. Labeo in princ. ff. de statuliberis[16], et ex libro 6. posteriorum Labeonis a[e] Iaboleno epitomatorum[f] est l. cum in plures ff. locati[17], et ex libro 4. l. insulam ff. eodem

[1] D. (36, 1) 34. In Vulg. haec lex incipit: 'si is qui'. Vulg. habent etiam 'institutionum' pro 'digestorum'. — [2] D. (12, 1) 1, 1. — [3] D. (34, 2) 19, 3. Vulg. habent '21' pro '19'! — [4] D. (28, 5) 17, 1. — [5] D. (41, 3) 27. — [6] Script. hist. Aug. Alex. 68. — [7] D. (18, 1) 6 pr. Vulg. habent 'Ofilius' pro 'filius'. — [8] D. (28, 1) 27; Dipl. legit in inscriptione 'Ulpianus', vide infra p. 316, 15. — [9] D. (29, 7) 18. — [10] D. (5, 3) 20, 6. — [11] supra p. 251. — [12] in repetitione nobis ignota D. (41, 3) 27. — [13] vide supra p. 230. — [14] D. (4, 3) 9, 4a (!), vide § 3. — [15] D. (50, 16) 19. — [16] D. (40, 7) 21 pr. Vulg. habent 'libro 2.'! — [17] D. (19, 2) 60.

[a] Dig., 'quadraginta' Cod. — [b–b] 'contrahenda emptione' Cod. — [c–c] Dig., 'itemque' Cod. — [d] sic et ed. Ven. 1507. — [e] om. Cod. — [f] 'epitomarum' Cod.

tit[1]. et l. penultima ff. de servitutibus tit. generali[2], l. penultima ff. depositi[3], l. bona fides et l. sequens ff. de actione empti[4], l. penultima ff. de distractione pignoris[5], l. avus ff. de iure dotium.[6] De quibus meminit Paulus in l. si procurator ff. de condictione indebiti[7] et in l. item quia § fin. et in l. tutoris et in l. heredi ff. de pactis[8] et in l. actione § Labeo ff. pro socio[9], in l. sacrilegii ff. ad legem Iuliam peculatus[10], ubi allegat Labeonem libro 38. posteriorum. Item et libros epistularum, de quibus meminit Pomponius in l. rerum[a] § 1. ff. de usucapionibus.[11] Item et libros epitomarum, et ex libro 1. est l. fin. ff. si servitus vendicetur[12] et l. fin. ff. de pignoribus[13], et ex libro 4. l. penultima et l. fin. ff. de rei vendicatione[14] et ex libro 8.[b] l. si arbiter ff. de probationibus[15] et l. penultima ff. de iure dotium.[16] Ipsum etiam allegat Venuleius in l. procurator ff. rem ratam haberi[17], et vide Iustinianum in § [c]post que[c] Inst. de codicillis.[18] Floruit temporibus supra dictorum iuris consultorum et precipue Iubenti Celsi secundum Ulpianum in l. Domitius Labeo ff. de testamentis[19], anno Christi 228. et anno mundi 5426. Fuit et Labeo Pithanus[d] secundum Pomponium in l. fin. ff. de verborum significatione.[20] Fuit et Domitius Salvianus[e], tempore divi Pii imperatoris, de quo per Ulpianum in l. et eum ff. ad legem Iuliam de vi publica.[21] Pondera, an[f] iste Domitius sit ille, qui fuit consiliarius Alexandri Severi, cui rescripsit Celsus in l. Domitius de testamentis; et pondera bene, quia in vita Alexandri ante Ulpianum est Domitius ex Elio Lampridio[22] et vide etiam supra.[23]

[24]PROCULUS, multe scientie et doctrine vir, Papiniani discipulus et auditor, tempestate supra dictorum iuris consultorum claruit et in divinis legibus multa commentatus est. Nam epistularum plures composuit libros, ex quibus est l. cum uxor ff. de iure dotium[25] et l. cum quis ff. quod metus causa[26], et l. sed licet ff. de officio presidis[27], l. si is qui ff. de adoptionibus[28], et ex libro 11. l. si vir ff. de rerum permutatione.[29] Item

---

[1] D. (19, 2) 58. — [2] D. (8, 1) 19. — [3] D. (16, 3) 33. — [4] D. (19, 1) 50 et 51. — [5] re vera tit. sequenti D. (20, 6) 14. — [6] D. (23, 3) 79. — [7] D. (12, 6) 6 pr. — [8] D. (2, 14) 4, 3 et 15 et 21, sed Labeo hic non laudatur! — [9] D. (17, 2) 65, 5. — [10] D. (48, 13) 11, 2. — [11] D. (41, 3) 30, 1. — [12] D. (8, 5) 21. — [13] D. (20, 1) 35. — [14] D. (6, 1) 78 et 79 (!). — [15] D. (22, 3) 28. — [16] D. (23. 3) 84. — [17] D. (46, 8) 8, 2. — [18] I. (2, 25) pr.(!) — [19] D. (28, 1) 27. — [20] D. (50, 16) 246: 'apud Labeonem pithanon'. — [21] D. (48, 6)6. — [22] Script. hist. Aug. Alex. 68. — [23] supra p. 299, 13? — [24] vide supra p. 241. — [25] D. (23, 3) 82. — [26] re vera tit. seq. D. (4, 3) 31. — [27] D. (1, 18) 12. — [28] D. (1, 7) 44. — [29] re vera tit. seq. D. (19, 5) 12.

---

[a] Dig., 'unum' Cod. — [b] sic et Hal. — [c–c] Inst., 'postquam' Cod. — [d] 'pictanus' Cod. — [e] sic (pro 'Silvano') et Vulg. — [f] 'si' ins. Cod.

et libros plures epitomarum, et ex libro 7. est l. dominus ff. de condictione indebiti.[1] Ipsum etiam allegat Paulus in l. supra[a] § apud ff. de aqua pluvia arcenda in fine[2], et Iustinianus in § cum ex aliena Inst. de rerum divisione[3], et Ulpianus in l. divi fratres ff. de iure patronatus[4], ubi de ipso dicit: 'Proculum non levem sane[b] iuris auctorem in hac opinione fuisse'. Floruit temporibus supra dictorum iuris consultorum et maxime tempore Alexandri Severi imperatoris, cuius fuit consiliarius, familiaris et socius secundum Elium Lampridium in vita ipsius Alexandri Severi in fine[5], anno Christi 228. et anno mundi 5426.

HERENNIUS MODESTINUS, clarissimus legista et orator disertissimus, natione, ut fertur, Grecus, Papiniani auditor, temporibus his in maximo pretio habitus est. Qui cum in iure doctissimus esset, plurima edidit in iure volumina, videlicet libros plures regularum, ex quibus est l. senatorem ff. de senatoribus[6], l. plebiscito ff. de officio presidis[7], l. liber homo ff. de statu hominum[8], l. legis virtus et l. penultima ff. de legibus[9] et l. 1. et l. magistratum et l. quod ne[c] et l. si pater ff. de adoptionibus[10], et ex libro 8. l. cum vitiose et l. creditor et l. in quorum ff. de pignoribus[11] et alibi sepe. Item et plures libros responsorum, ex quibus est l. ex duobus ff. de negotiis gestis[12], l. nulla ff. de legibus[13], l. exempla ff. de edendo[14], l. postquam ff. de pactis[15], l. tres fratres ff. eodem tit.[16], l. Herennius ff. de statu hominum[17], l. etiam ff. de inofficioso testamento[18], l. fundus ff. familie herciscunde[19], l. fideiussor ff. de pignoribus[20], et ex libro 18. l. Herennius ff. de usuris.[21] Item et libros de penis, ex quibus est l. fin. ff. de in ius vocando.[22] Item et librum singularem de enucleatis casibus; est ex eo l. tutor ff. de sponsalibus[23] et l. inter eos ff. ex quibus causis maiores.[24] Item et librum singularem de inofficioso testamento, ex quo est l. si autem[d] ff. de inofficioso testamento.[25] Item et libros pandectarum, ex quibus est l. vulgo concepti ff. de statu hominum[26], l. 1. ff. de compensationibus[27], l. omnes ff. de in integrum restitutionibus[28], l. hodie ff. de capitis diminu-

[1] D. (12, 6) 53 (ex lib. epistularum!). — [2] D. (39, 3) 11, 2 (!). — [3] I. (2, 1) 25. — [4] D. (37, 14) 17 pr. — [5] Script. hist. Aug. Alex. 68. — [6] D. (1, 9) 3. — [7] D. (1, 18) 18. — [8] D. (1, 5) 21. — [9] D. (1, 3) 7 et 40. — [10] D. (1, 7) 1 et 4 et 8 et 41. — [11] D. (20, 1) 25 et 23 et 24. — [12] D. (3, 5) 26. — [13] D. (1, 3) 25. — [14] D. (2, 13) 11 (ex lib. regularum!). — [15] D. (2, 14) 3 (ex lib. regularum). — [16] D. (2, 14) 35. — [17] D. (1, 5) 22. — [18] D. (5, 2) 11. — [19] D. (10, 2) 30. — [20] D. (20, 1) 26. — [21] D. (22, 1) 43. — [22] D. (2, 4) 25. — [23] D. (23, 1) 15. — [24] D. (4, 6) 33. — [25] D. (5, 2) 9. — [26] D. (1, 5) 23. — [27] D. (16, 2) 1. — [28] D. (4, 1) 3.

[a] Dig., 'in summa' Cod. — [b] Dig., 'satis' Cod. — [c] Dig., 'ait' Cod. — [d] Dig., 'pater' Cod.

tione[1], l. fin. ff. de his qui sui vel alieni iuris[2], et ex libro 10. l. modo ff. finium regundorum[3] et l. aut religionis ff. de procuratoribus[4], l. generaliter ff. de in ius vocando[5], l. penam ff. de usuris[6], et ex libro 11. l. 1. ff. de nautico fenore.[7] Item et librum singularem de heurematicis, ex quo est l. stipulatio ff. de iure dotium[8] et l. si procuratorem ff. de procuratoribus.[9] Item et librum singularem de prescriptionibus, ex quo est l. nihil interest ff. de inofficioso testamento.[10] Item et librum de excusationibus tutorum, quem composuit Ignatio Dextro in Grecorum voce; incipit: 'Herennius Modestinus Ignatio Dextro conscribens'; l. 1. ff. de excusationibus tutorum.[11] Item et librum singularem de ritu nuptiarum, ex quo est l. semper ff. de ritu nuptiarum.[12] Item et libros diffinitionum; ex libro 8.[a] est l. equis[b] per fideicommissum ff. de usuris.[13] Item et libros differentiarum, ex quibus est [c]l. predonis[c] ff. de petitione hereditatis[14], l. procurator ff. de procuratoribus[15], l. arrogato ff. de adoptionibus[16], et ex libro 8. l. quod si ff. de rei vendicatione[17], l. Titio cum morietur ff. de usu fructu[18], l. si usus fructus ff. quibus modis usus fructus finiatur[19]. l. penultima ff. de capitis deminutione.[20] Item et librum singularem [d]de iure mariti, ex quo est l. nihil interest ff. de inofficioso testamento[d]. Item et librum singularem de differentia dotium, ex quo est l. si mulier ff. de iure dotium.[21] Ipsius etiam sunt multe leges inserte per Iustinianum in libris digestorum et precipue in l. [e]si quis ff. de vulgari et pupillari[e], l. Herennius ff. de statu hominum[22], l. alimenta ff. de liberis agnoscendis.[23] Ulpianus etiam in l. Gaius ff. de excusationibus tutorum[24] allegat Modestinum, et Pomponius in l. Herennius ff. de verborum significatione[25], et Marcianus in l. Lucius ff. de fideicommissariis libertatibus[26], et Arcadius in l. munerum § mixta ff. de muneribus et honoribus[27], ubi de ipso scribit, quod disputando et notando bene et optima ratione decrevit Herennius Modestinus. Modestini etiam universa scripta firmarunt Theodosius et

---

[1] D. (4, 5) 4. — [2] D. (1, 6) 11. — [3] D. (10, 1) 7. — [4] D. (3, 3) 18. — [5] D. (2, 4) 13. — [6] D. (22, 1) 44. — [7] D. (22, 2) 1 (ex lib. 10.!). — [8] D. (23, 3) 63. — [9] D. (3, 3) 65. — [10] D. (5, 2) 12. — [11] D. (27, 1) 1. — [12] D. (23, 2) 42. — [13] D. (22, 1) 39 (ex lib. differentiarum!). — [14] D. (5, 3) 46. — [15] D. (3, 3) 63. — [16] D. (1, 7) 40. — [17] D. (6, 1) 32. — [18] D. (7, 1) 51. — [19] D. (7, 4) 21. — [20] D. (4, 5) 10. — [21] D. (23, 3) 13. — [22] D. (1, 5) 22. — [23] D. (25, 3) 6. — [24] D. (27, 1) 16 (!). — [25] D. (50, 16) 122 (!). Quid. cod. Vulg. habent 'Herennius' pro 'Servius'. — [26] D. (40, 5) 14; l. 9. in Vulg. inscribitur 'Marcianus', l. 10—14 'Idem'. — [27] D. (50, 4) 18, 26.

---

[a] sic et Hal. — [b] Dig., 'aquis' Cod. — [c—c] Dig., om. Cod. — [d—d] haec videntur corrupta esse; nam D. 5, 2, 12 est ex libro de praescriptionibus, ut ipse Dipl. paulo ante (v. 7) scripsit. Fortasse Dipl. laudavit fragm. aliquod ex libro singulari de manumissionibus. — [e—e] corr.

Valentinianus imperatores in l. 1. C. de responsis prudentum in codice Theodosiano.[1] Floruit temporibus supra dictorum iuris consultorum et Alexandri imperatoris, — quem allegat in l. si quis obrepserit[a] ff. de falsis[2], et dicit Elius Lampridius in vita ipsius Alexandri[3], quod habuit Modestinum in consiliarium familiarem et socium — anno Christi 228. et mundi 5426. Floruit etiam tempore Maximini imperatoris, cuius filii magister in legibus fuit, ut refert Iulius Capitolinus in vita duorum Maximinorum[4], ubi dicit, quod Maximinus usus fuit magistro greco litteratore Fabilio, cuius epigrammata greca multa exstant, grammatico latino usus est Philomene, iuris perito Modestino, oratore Titiano[b], filio Titiani seniore[c], qui provinciarum libros pulcherrime conscripsit; habuit et grecum rhetorem Eugamium[d], sui temporis clarum. Et sic Modestinus floruit tempore Maximini anno mundi 5438. et anno Christi 240. Et vide de ipso in l. spadonem § iam autem ff. de excusationibus tutorum[5], ex quo apparet ipsum fuisse Christianum. De eo dicit imperator Gordianus in l. exhibendum C.[e] ad [f]exhibendum[f] [6]: 'non contemnende auctoritatis Modestinus iuris consultus.' Fuit et alter Modestinus miles tempore Antonini imperatoris, cuius est suprascriptio l. sicut C. de repudianda hereditate.[7] De Modestino iuris consulto scribit Ulpianus in l. si quis uxori § si quis asinum ff. de furtis[8]: 'quod et Herennio Modestino consuli[g] nostro [h]de Dalmatia[h] consulenti rescripsi.[i]' Angelus Politianus in suo 5. libro epistularum in ultima epistula, quam direxit Iacobo Pratensi[9]: 'Modestinus fuit unus ex septem et triginta conditoribus iuris, velut centonibus[k], cuius libri sunt inserti per Iustinianum in suis digestorum libris, videlicet: libri responsorum undeviginti, pandectarum duodecim, regularum decem, differentiarum novem, excusationum sex, de penis quattuor. Item et eiusdem monobibli: de prescriptionibus, de inofficioso testamento, de manumissionibus, de legatis et fideicommissis, de testamentis, de heurematicis, de enucleatis casibus, de differentia dotis, de ritu nuptiarum.' Iste Modestinus scripsit in linguam grecam, quod aperte demonstratur ex pandectis Florentinis: nam ibi leges Modestini ut plurimum sunt in grecum scripte. Nam tit. de excusationibus tutorum[10], qui est Modestini, integre grece est editus,

[1] Brev. 1, 4, 1 = C. Th. (1, 4) 3. — [2] D. (48, 10) 29. — [3] Script. hist. Aug. Alex. 68. — [4] Script. hist. Aug. Max. duo 27, 3. — [5] D. (27, 1) 15, 6. — [6] C. (3, 42) 5. — [7] C. (6, 31) 4. — [8] D. (47, 2) 52, 20. — [9] Opera p. 70 et 72. — [10] D. 27, 1.

[a] Dig., 'obtexerit' Cod. — [b] Capit., 'Triciano' Cod. — [c] sic et quid. cod. Script. — [d] Capit., 'Fuganium' Cod. — [e] 'ff.' Cod. — [f–f] 'de exhibendo' Cod. — [g] sic et Dig. cod. Rehd. — [h–h] Dig., 'dalmatia dalmatia' Cod. — [i] Dig., 'rescripsit' Cod. — [k] 'ceunonibus' Cod., vide supra p. 231 n. 13.

et similiter l. fin. ff. de constitutionibus principum[1], l. 1. ff. de confirmando tutore[2], l. scire oportet cum lege sequenti ff. de tutoribus et curatoribus datis ab his[3] et quasi omnes leges Modestini.

TARUNTIUS[a] PATERNUS, clarissimus iuris consultus tempore Modestini et supra dictorum claruit. Hic secundum Angelum Politianum in libro 5. suarum epistularum in epistula, quam direxit Iacobo Modesto Pratensi[4], fuit unus ex septem et triginta conditoribus iuris, quem velut centonem[b] appellat. Huius libri, videlicet militarium quattuor, sunt inserti per Iustinianum in suis quinquaginta libris digestorum. Istum allegat Marcianus in l. officium in princ. ff. de re militari.[5]

CALLISTRATUS, Romanus iuris consultus et orator eminentissimus, Papiniani discipulus, iisdem temporibus cum supra dictis iuris consultis et magni pretii et nominis fuit. Qui ab Alexandro Augusto propter veritatis scientie magnitudinem vocatus in eius consilio fuit et predicti Alexandri imperatoris familiaris et socius, teste Elio Lampridio in vita ipsius Alexandri in fine.[6] Contulit etiam se ad componendum et scribendum libros, in qua quidem re multum valuit. Cuius libri sunt isti: videlicet de questionibus libros plures, et ex 2. libro questionum est l. cum plures ff. de evictionibus[7] et l. penultima ff. de fide instrumentorum.[8] Item ad Sabinum plures libros, et ex libro 3. est l. verum ff. de compensationibus.[9] Item de cognitionibus plures libros, ex quibus est l. testium ff. de testibus[10], l. generaliter et l. observandum ff. de officio presidis[11], et ex libro 6. cognitionum l. 3. ff. de officio procuratoris Cesaris[12], l. 2. ff. de in ius vocando[13], l. interdum ff. de iudiciis[14], l. nam imperator ff. de legibus[15], l. divus ff. de servitutibus rusticorum prediorum.[16] Item et libros plures institutionum, et ex libro 2. est l. si pater ff. de adoptionibus.[17] Item et plures libros edicti monitorii, ex quibus est l. penultima ff. de edendo[18], l. cum pater ff. de negotiis gestis[19], l. scio de in integrum restitutionibus[20], l. etiam ff. de minoribus[21], l. 2. et l. item[c] hi ff. ex quibus

---

[1] D. (1, 4) 4. — [2] D. (26, 3) 1. — [3] D. (26, 5) 21 et 22. — [4] Opera p. 72. — [5] D. (49, 16) 12, 1. Dipl. legit 'Marc[ianus' pro 'Marc[ellus]'; 'Mar.' ed. Ven. 1507. — [6] Script. hist. Aug. Alex. 68. — [7] D. (21, 2) 72. — [8] D. (22, 4) 5. — [9] D. (16, 2) 4 (ex lib. Pauli!). — [10] D. (22, 5) 3. — [11] D. (1, 18) 9 et 19. — [12] D. (1, 19) 3. — [13] D. (2, 4) 3 (!). — [14] D. (5, 1) 36. — [15] D. (1, 3) 38. — [16] D. (8, 3) 16. — [17] D. (1, 7) 29. — [18] D. (2, 13) 12. — [19] D. (3, 5) 28. — [20] D. (4, 1) 4. — [21] D. (4, 4) 45.

---

[a] sic (pro 'Taruntenus') et Polit. — [b] 'ceunonem' Cod., vide supra p. 231 n. 13. — [c] Dig., 'sed' Cod.

causis maiores.[1] Ipsius etiam sunt alie multe leges et precipue l. fin. ff. de suppellectile legata[2], l. conventio ff. de liberali causa[3], l. debitoribus cum legibus sequentibus ff. de re iudicata[4], l. quum[a] non facile ff. ad legem Falcidiam[5] et l. crimen cum legibus sequentibus ff. de penis[6]; et in dicta l. nam[b] imperator ff. de legibus[7], [c]ubi allegat etiam divum Severum[c] et in l. 1. cum lege sequenti ff. de bonis damnatorum[8], [d]ubi allegat divum Adrianum[d], et in l. divus ff. de falsis[9], ubi allegat divum Claudium. Floruit temporibus Alexandri imperatoris et Maximini anno mundi 5438. et anno Christi 240. Et fuit Romanus, ut probatur in l. semper ff. de iure immunitatis[10] ibi 'in civitate nostra' ‖ scilicet Romana. Fuit et Calistus iuris f. 24
consultus, cuius est l. eum ff. de minoribus[11], l. item la prima et secunda ff. ex quibus causis maiores.[12] Angelus Politianus in 5. libro suarum epistularum[e] in epistula ultima, quam direxit Iacobo Modesto Pratensi[13]: 'Callitratus fuit unus ex conditoribus iuris civilis, velut centonibus[f], cuius libri, videlicet de cognitionibus sex, edictorum monitoriorum sex, de iure fisci quattuor, institutionum tres, questionum tres, sunt inserti per Iustinianum in suis digestis.'

FLORENTINUS, vir quidem memoratu dignissimus, per hec tempora et ipse, cum multarum rerum peritus tum ingenio mirabili, et apud Alexandrum Severum imperatorem et apud omnes iuris professores precipuus et nobilissimus habitus est. Hic cum Papiniani discipulus fuisset et in iure civili doctissimus, plures libros in iure scripsit et precipue libros institutionum, ex quibus est l. ut vim ff. de iustitia et iure[14] et l. 3. ff. de sponsalibus[15] et l. si inter virum ff. de pactis dotalibus[16], [g]ex libro 8.[g] l. peculium ff. de peculio[17], l. qui in futurum ff. de pactis[18], l. lapilli ff. de rerum divisione.[19] Item et libros opinionum; ex libro 8.[h] est l. opus ff. locati.[20] Ipsius etiam sunt multe leges in libris digestorum et precipue l. unum testamentum ff. de testamentis[21], l. si plures ff. de condicionibus [i]institutionum[22], l. 2. et item ff. de acquirendo rerum dominio[23], l. ex duobus

---

[1] D. (4, 6) 2 et 4. — [2] D. (33, 10) 14. — [3] D. (40, 12) 37. — [4] D. (42, 1) 31—33. — [5] re vera tit. seq. D. (35, 3) 6. — [6] D. (48, 19) 26—28. — [7] D. (1, 3) 38. — [8] D. (48, 20) 1 et 2. — [9] D. (48, 10) 15. — [10] D. (50, 6) 6 pr. — [11] re vera fr. praec. D. (4, 4) 45. (fr. Callistrati!). — [12] D. (4, 6) 4 et 1 et 2; l. 1. est Ulpiani! — [13] Opera p. 70 et 72. — [14] D. (1, 1) 3. — [15] D. (23, 1) 3. — [16] D. (23, 4) 24. — [17] D. (15, 1) 39. — [18] D. (2, 14) 57. — [19] D. (1, 8) 3. — [20] D. (19, 2) 36 (ex libr. institutionum!). — [21] D. (28, 1) 24. — [22] D. (28, 7) 17. — [23] D. (41, 1) 2 et 6.

---

[a] Dig., 'qui' Cod. — [b] 'et' ins. Cod. — [c–c] Cod. habet haec infra post 'damnatorum'. — [d–d] om. Cod. — [e] om. Cod. — [f] 'ceunonibus' Cod., vide supra p. 231 n. 13. — [g–g] post 'peculio' pon.? — [h] sic et Hal. — [i] 'et' ins. Cod.

ff. de duobus reis[1], l. sive mihi ff. de stipulationibus servorum[2], l. servus ff. de novationibus[3], l. mortuo ff. de fideiussoribus[4], licet in aliquibus libris suprascriptio sit Floriani, tamen in libris antiquis pandectarum sunt suprascriptiones Florentini. De isto dicit Elius Lampridius in vita Aurelii Severi Alexandri imperatoris in fine[5], quod Alexander predictus imperator habuit Florentinum in eius consilio et fuit eius familiaris et socius. Floruit tempore Alexandri imperatoris et postea imperatoris Maximini, anno Christi 240. et anno mundi 5438.

CLAUDIUS, Grecus secundum quosdam, eloquentissimus vir et subtilissimi Papiniani discipulus, per hec tempora cum supra dictis iuris consultis floruit. Qui et ipse in iure civili nonnullos libros composuit et precipue quasdam notulas seu additionem ad librum Scevole. Hinc est, quod multotiens post legem Scevole apponitur interpretatio seu additio Claudii, prout apparet in l. filio § Claudius ff. de alimentis et cibariis legatis[6], l. Aurelius § Sticho ff. de liberatione legata[7], l. matrem ff. ad Trebellianum[8], et in l. Lucius § fin. ff. de legatis 2.[9] et l. pater § Claudius et l. uxorem § Scevola ff. de legatis 3.[10], l. generali § Claudius, [a]l. si sic legatus[a] ff. de usu fructu legato[11] et in l. [b]a testatore[b] ff. de condicionibus et demonstrationibus.[12] Ipsius Claudii est l. aut facta ff. de penis.[13] Floruit et ipse tempore Alexandri imperatoris, cuius fuit consiliarius, familiaris et socius: Acholius, Catilius Severus et Quintilius Gaius[c] et Elius Lampridius in vita Aurelii Alexandri imperatoris in fine.[14] Fuit et Claudius Iulianus prefectus urbis, cui scripsit idem imperator Alexander secundum Ulpianum in l. Titia § fin. ff. de legatis 2.[15] Fuit et alter Claudius, cognominatus Seleucus, qui fuit tempore Papiniani, de quo in l. Claudius ff. de his quibus ut indignis.[16] Fuit supra dictus Claudius etiam temporibus Maximini imperatoris anno Christi 240. et anno mundi 5438.

Fuerunt et alii iuris consulti doctissimi, quorum tempora precise ignoramus, qui in libris quinquaginta digestorum Iustiniani nominantur; et ideo infra scriptos clariores nominare censui.

---

[1] D. (45, 2) 7. — [2] D. (45, 3) 15. — [3] D. (46, 2)16. — [4] D. (46, 1) 22. — [5] l. c. 68. — [6] D. (34, 1) 15, 1. — [7] D. (34, 3) 28, 7. — [8] D. (36, 1) 82. — [9] D. (31) 88, 12 (!). — [10] D. (32) 38, 5 et 41, 13. — [11] D. (33, 2) 32, 1 (!). — [12] D. (35, 1) 109. — [13] D. (48, 19) 16. — [14] Script. hist. Aug. Alex. 68. — [15] D. (31) 87, 3 (ex lib. Pauli!). Vulg. habent 'Claudio' pro 'Claudiano'. — [16] D. (34, 9) 13.

[a—a] corr. — [b—b] Dig., 'attestante' Cod. — [c] 'Caius' Lamprid. ed. Ven. 1490 (vide etiam supra p. 299, 22), 'Carus' Cod.,

Et primo AURELIUS ARCADIUS, qui Charisius[a] appellatur, magister libellorum, iuris consultus doctissimus in iure civili multum floruit. Qui librum singularem de testibus composuit, ex quo est l. 1. et l. fin. et l. ob carmen ff. de testibus.[1] Item et librum singularem de officio prefecti pretorio, ex quo est l. 1. ff. de officio prefecti pretorio.[2] Ipsius etiam est l. de minore ff. de questionibus[3] et l. munerum ff. de muneribus et honoribus.[4] In § mixta[5] eadem lege allegat Herennium Modestinum. Et Aurelii est l. [b]cum quis legatus ff. de annuis legatis[b].

Item et TERENTIUS CLEMENS, legista et orator clarissimus, qui in iure civili plures libros edidit et precipue libros ad legem Iuliam et Papiam, ex quibus est l. sed et si constante ff. de donationibus inter virum et uxorem[6] et l. sive generalis ff. de iure dotium[7], l. [c]non cogitur[c] ff. de ritu nuptiarum[8], l. iniquissimum ff. de iuris et facti ignorantia[9], et ex libro 8. l. filio ff. de ritu nuptiarum[10], et ex libro 18. l. penultima ff. de operis servorum.[11] Ipsius etiam est l. si quis solidum ff. de heredibus instituendis[12] et l. 1. ff. de ademptione libertatis[13], l. operis ff. de operis servorum[14], l. queritur ff. de bonis libertorum[15], et l. si quis ff. qui et a quibus[16] et l. quesitum et l. sequens ff. eodem tit.[17] et l. creditori ff. de legatis 3.[18] et l. delata[d] et l. intellegendus ff. de verborum significatione[19], l. sed si hoc ff. de condicionibus et demonstrationibus[20], ubi allegat Iulianum iuris consultum.

Item et CELESTINUS[e] nobilissimus et iuris consultus eximius, cuius est l. si illud ff. de legatis 2.[21]

Item et HERCULEIUS, vir clarissimus, in legibus multum floruit. Composuit multa, ipsius est l. qui superstitis[f] et l. qui se pupillum ff. de acquirenda hereditate.[22]

Item et CALOPODIUS, vir eruditissimus, qui etiam ipse quedam edidit opuscula, et ipsius est l. quamvis ff. de solutionibus.[23]

---

[1] D. (22, 5) 1 et 25 et 21. — [2] D. (1, 11) 1. — [3] D. (48, 18) 10. — [4] D. (50, 4) 18. — [5] § 26. — [6] D. (24, 1) 25. — [7] D. (23, 3) 61. — [8] D. (23, 2) 21. — [9] D. (22, 6) 5. — [10] D. (23, 2) 48. — [11] D. (7, 7) 5. — [12] D. (28, 5) 73. — [13] D. (40, 6) 1. — [14] D. (7, 7) 5, vide not. 6. — [15] D. (38, 2) 38. — [16] D. (40, 9) 24. — [17] D. (40, 9) 31 et 32. — [18] D. (32) 24. Et Hal. habet 'Terentius' pro 'Neratius'. — [19] D. (50, 16) 151 et 153. — [20] D. (35, 1) 62. — [21] D. (31) 27. — [22] D. (29, 2) 94 et 96 (ex lib. Hermogeniani!). — [23] D. (46, 3) 45, in ed. Ven. 1507: 'Calipodius respondit Ulpiano.'

---

[a] 'Charistus' Cod. — [b–b] corr. — [c–c] Dig., 'cum cogimur' Cod. — [d] Dig., 'deleta' Cod. — [e] Dig. Vulg. ed. 1506 (pro 'Celsus'), 'Caelertinus' Cod. — [f] Dig., 'superstes' Cod.

Item et ALEXANDER, quidam legista, vir dicendi peritissimus, tempore Severi imperatoris in iure civili floruit. Et ex preclaris sui ingenii monumentis est l. si heres et l. si postulante ad Trebellianum[1] et in dicta l. si postulante allegat Octavenum.

Item et MARCUS, doctor celeberrimus, et ipse in iure plures libros composuit, quorum copia rara est. Et ipsius est l. sed si alienare[a] ff. de fideicommissariis libertatibus.[2] Et de alio Marco Silano vide in l. 2. in princ. ff. ad Velleanum.[3] Angelus Politianus libro 5. epistularum in epistula pluries allegata[4]: 'Macer[b] fuit unus ex septem et triginta conditoribus iuris velut centonibus[c], cuius libri, videlicet militarium duo, publicorum duo, de officio presidis duo, ikoston sive verius ikaston duo, de appellationibus duo, sunt positi per Iustinianum imperatorem in quinquaginta libris digestorum.' Sed Macri nomen in Marcum depravatum est[d] a librariis. L. senatus ff. de officio presidis est lex Marci in libro 2.[e] de officio presidis[5]; ita est suprascriptio digesti mei veteris antiqui, licet in aliis sit suprascriptio Marciani.

Item et MAGISTRATUS, vir sufficienter eruditus et in divinis legibus egregie doctus. Qui in iure civili plures libros et ipse composuit, de quibus informationem habere non potuimus. Ipsius tamen est l. sciendum ff. de actionibus et obligationibus.[6]

Item et FURIUS ANTHIANUS[f], vir doctissimus, qui ad edictum plures libros composuit, et ex 1. libro est l. fin. ff. de pactis[7] et l. 1. ff. de Publiciana.[g][8] Appellatur etiam Furius Amphiranus in suprascriptione l. fin. ff. quod metus causa[9], ubi dicit: 'Furius Amphiranus[h] libro 1. ad edictum.'

Item et FURIUS MARCIANUS, qui composuit pulchrum opus ad legem vicesimam hereditatum, et ex libro 1. est l. nulli ff. de transactionibus[10], licet in libro digestorum stampato illa lex sit Iuliani, tamen in

[1] D. (36, 1) 70 et 69. Dipl. legit 'Al[exander]' pro 'Val[ens]'. — [2] D. (40, 5) 32. Dipl. legit 'Marc[us]' pro 'Marc[ellus]'. ('Marcellus' pro 'Maecianus' Vulg.) — [3] D. (16, 1) 2, 1. — [4] Opera p. 70 et 72. — [5] D. (1, 18) 16 (ex lib. 1!). — [6] D. (44, 7) 59. Dipl. legit 'Magistratus' pro 'Callistratus'. — [7] D. (2, 14) 62. — [8] re vera l. fin. tit. praeeuntis D. (6, 1) 80. — [9] re vera tit. seq. D. (4, 3) 40. — [10] D. (2, 15) 13 re vera fr. Aemilii Macri.

[a] Dig., 'alienam' Cod. — [b] Polit., 'Marcus' Cod. — [c] 'ceunonibus' Cod., vide supra p. 231 n. 13. — [d] om. Cod. — [e] 'ff.' ins. Cod. — [f] 'Auchiriatus' Cod. — [g] 'publicanis' Cod. — [h] 'Amfrianus' Cod.

libris pandectarum antiquis est suprascriptio ipsius, videlicet 'Furius Marcianus libro 1. ad legem vicesimam hereditatum'.

[a]Hucusque de iuris consultis scripsimus, qui totum mundum eorum ingenio scientia et doctrina illuminarunt. Verum quia ab aliquibus contemnuntur et aspernantur et maxime a Laurentio Valensi suo libro elegantiarum lingue latine per totum et maxime in 3. libro in proemio[1], ubi de ipsis sic scribit: 'Relegi proxime quinquaginta libros digestorum ex plerisque iuris consultorum voluminibus excerptos et relegi cum[b] libenter tum[c] vero quadam cum admiratione. Primum quod nescias, utrum diligentia an gravitas, prudentia an equitas, scientia rerum an orationis dignitas prestet et maiori [d]laudi danda[d] esse videatur. Deinde quod hec ipsa ita in unoquoque illorum omnia sunt egregia et perfecta, ut vehementer dubites, quem[e] cui preferendum putes. Cui simile quiddam, ut de ultima parte tantum, que ad nos pertinet, dicam, in epistulis Ciceronis admirari solebam, que cum a pluribus scribantur, omnes tamen ab uno eodemque, audacius dixerim, si personas sustuleris, ab uno Cicerone scripte videntur. Ita verba et sententie characterque[f] ipse dicendi ubique sui est similis. Quod eo magis in iuris consultis est admirandum, quod illi eadem etate cuncti exstiterunt, in eodem quasi ludo ac schola instituti, hi vero inter se etiam seculis distant, licet omnes post Ciceronem, ideoque quibusdam in verbis ab eo differentes quales omnes [g]usque a Virgilio atque Livio[g] fuerunt. Nam Servii Sulpicii ac Mucii Scevole nil exstat, sed alterius Mucii recentioris. Et prisci quidem illi quidem iuris consulti quales quantique in eloquendo fuerint, iudicare non possumus, quippe quorum nihil legimus. His autem, qui inter manus versantur, nihil est mea sententia, quod addi vel adimi posse videatur, non tam eloquentie, quam quidem materia illa non magnopere patitur, quam latinitatis atque elegantie, sine qua omnis doctrina ceca est et illiberalis presertim in iure civili. Ut enim Quintilianus inquit,[2] omne ius aut in[h] verborum interpretatione positum est aut in equi pravique[i] discrimine. Et quantum momenti in verborum interpretatione sit, ipsi iuris consultorum libri maxime testantur in hoc precipue laborantes. Utinam integri forent aut[k] certe isti non forent, qui in locum illorum etiam Iustiniano vetante successerunt' et reliqua. Ideo ad excusationem ipsorum iuris consultorum[3] contra predictum Laurentium et ea que scribit in predictis suis libris elegantiarum venit mihi in mentem scribere ea, que de Laurentio Valla Poggius Florentinus in quadam invectiva[4] ait: 'Omnes illos priscos doctissimos viros, quorum memoria omnibus seculis summa[l] laudis veneratione celebrata est, fera quedam[m] et immani protervitate[n] contemnit,

[1] p. 79, Duker, De latinitate p. 2. — [2] Inst. 12, 3, 7, — [3] scil. temp. medii aevi! — [4] Inv. in Vall. 1 pr. Opera p. 189.

[a] hunc epilogum totius libri de claris iuris consultis librarius male hic (videlicet post veteres iuris consultos et ante auctores veterum codicum legum!) inseruit. vide supra p. 134, 137. — [b] Laur., 'tam' Cod. — [c] Laur., 'tamen' Cod. — [d–d] sic et Laur. ed. Duker. — [e] Laur., om. Cod. — [f] Laur., 'character quod' Cod. — [g–g] sic et Laur. ed. Duker. — [h] Laur., om. Cod. — [i] Laur., 'parvique' Cod. — [k] Laur., 'ut' Cod. — [l] Pogg., 'summe' Cod. — [m] sic et Pogg., ed. 1538. — [n] Pogg., om. Cod., ubi est lacuna octo punctorum.

reprehendit, culpat, aspernatur et tamquam fortune rotam in manu tenens sursum et deorsum volvit et versat omnia et ad suum arbitrium trahit. Ut vero a grammaticis incipiam: Priscianum in primis, Donatum, Servium[a], Pompeium Festum, Nonium Marcellum, ipsum denique Marcum Varronem in grammaticis arguit. In dialecticis ac philosophia Aristotelem et Boethium multis in locis errasse affirmat. Ciceronem ut eloquentie principem et preceptorem artis dicendi inscium predicat. Titum Livium, Sallustium, Lactantium ceterosque[b] egregios lingue latine auctores neque elegantes fuisse et plurimis in locis sensa verborum non recte posuisse testatur. Priscos iuris consultos plurimum verborum significationes ignorasse affirmat. Omnes damnat preter unum Quintilianum, quem doctissimum omnium, qui umquam fuerunt, etiam ipsi Ciceroni [c]eloquentia et docendi arte[c] prefert, homo fanaticus asseverat. Non legit non Quintilianum sed Ciceronem a beato Hieronymo aureum flumen eloquentie appellari, quamquam[d] et Hieronymum improbat[e], asserens multa ab eo perperam in sacra scriptura esse in latinum tradita, et beatum Augustinum de fato, de trinitate, de divina providentia non recte sensisse fatetur'. Hucusque Poggius. Et dicit Robertus de Licio[f] in suo sermone quadragesimali in sermone 19L[g],[1] quod ipse audivit semel Laurentium predictum in bibliotheca Minerve Rome proferentem cum quodam viro docto, et dum ille in quodam suo proposito allegasset Augustinum, indignanter respondit et temerarie Augustinum non fuisse nec doctum[h] nec loquentem[i] rite. Et ibi vide de quodam libello, quem composuit prefatus Laurentius, in quo damnat vota et iuramenta asseritque religiosos voto se ad continentiam obligantes vilem gestare mentem corque satis debile, cum maioris virtutis sit secundum eum, vivere caste sine vinculo voti quam cum eius obligatione. Contra quem arguit prefatus Robertus, ut ibi per eum, ubi omnino videas.

GREGORIUS, iuris consultus eximius, in iure civili doctissimus fuit. Qui cum esset in iure scientissimus, leges Gordiani[k] et Philippi I., imperatoris christiani[2], Valeriani[l] et Gallieni et Diocletiani et aliorum imperatorum in unum recollegit et codicem edidit, qui postea 'codex Gregorianus[m]' appellatus est. De quo meminit imperator Iustinianus in § 1 in proemio C.[3] et [n]in § sed cum sacratissimum per totum C. de[o] Iustiniano codice confirmando.[n] Sed quia constitutiones in dicto codice erant con-

[1] verba laudata in opere citato Roberti (Caravioli) non reperi. — [2] vide Suppl. Chron. ad a. 5445. — [3] Const. haec quae necessaria pr.

[a] Pogg., 'Nervium' Cod. — [b] Pogg., 'ceterumque' Cod. — [c–c] 'in eloquendi arte' Pogg., 'eloquentia et dicendi arte' scr.? — [d] Pogg., 'quod quam' Cod. — [e] Pogg., 'approbat' Cod. — [f] 'Liro' Cod. — [g] corr. — [h] 'docte' Cod. — [i] 'loquutum' Cod. — [k] 'Gordianorum' Cod. — [l] 'Valentiani' Cod. — [m] 'Gordianus' Cod. — [n–n] in § et cum sacratissimas in proemio Inst. [Const. imp. § 2] et in § 2 sed cum sit necessarium per totum C. de Iustiniano codice confirmando [Const. summa § 1] scr.?, sed vide infra p. 327, 19; 329, 12. — [o] om. Cod.

fuse, ut in dicto § sacratissimas[a] in proemio Inst., Iustinianus composuit suum codicem ex predicto et ex aliis codicibus veteribus. Quo autem tempore et qua auctoritate fuerit editus codex Gregorianus, compertum non habeo. Rome fuerunt inventa quedam fragmenta codicis Gregoriani in quodam libro antiquo cartis tribus, ut infra[1] dicam, ex quo nihil potuit percipi; erant autem solummodo leges supra dictorum imperatorum. Et Isidorus[b] 5. etymologiarum[2] et Gratianus c. fin. 7. dist.[3] [4]Adde, quod Constantino imperante anno salutis 300. et quod Romanorum ius latina lingua conscriptum esset, et quod librorum multitudo ut videtur confusionem adduceret, nove leges condi ceperunt duoque legum codices de conditorum nomine sunt editi, Gregorianus et Hermogenianus.[4] De Constantino vide Platinam in vita Sylvestri I. pontificis et Marci I. pontificis.[5]

HERMOGENES, vir iure civili et eloquentia insignis, et ipse constitutiones imperatorum Romanorum in unum recollegit et codicem edidit, quem 'Hermogenianum' appellavit. De quo meminit Iustinianus imperator § 1. et per totum in proemio C.[6] et in § sed cum sacratissimum[c] per totum C. de Iustiniano codice confirmando, § et[d] cum sacratissimas[e] in proemio Inst.[7] et Isidorus 5. etymologiarum[8] et Gratianus in § fuerunt 7. dist.[9] Hic secundum aliquos floruit tempore Constantini magni imperatoris, et cuius auctoritate codicem predictum composuit, in quo leges Constantini inseruit. Nam Constantinus inter imperatores Christiane fidei principatum auxit, in auth. de non alienandis collatione 1.[10], l. divi C. de naturalibus liberis.[11] Et 'religiosissimus' fuit, c. nos ad fidem 96.[f] dist.[12]; et 'pius', c. satis[g] 96. dist.[13]; et 'maximus et conditor civitatis Constantinopolitane', ut in fine in auth. ut liberti de cetero collatione 6.[14] et in § novimus in auth. de nuptiis collatione 3.[15]; et 'piissimus', c. sexta 16. dist.[16] Cuius tempore synodus sacra Nicena congregata, c. canones, c. sicut, c. sancta 15. dist.[17] et per totam dist. subsequentem.[18] Donavitque civitatem Romanam et multa alia Sylvestro summo pontifici, c. Constantinus et c. sequenti

---

[1] infra p. 330, 14? — [2] 5, 1, 7. — [3] Grat. I 7, 2. — [4–4] quo ex fonte haec sumpta sint ignoro. — [5] l. c. p. 37 et 41. — [6] Const. haec quae necessario pr. — [7] Const. imperatoriam § 2. — [8] 5, 1, 7. — [9] Grat. I 7, 2. — [10] Nov. 7 praef. (re vera coll. 2!). — [11] C. (5, 27) 5 pr. — [12] Grat. I 96, 2. — [13] Grat. I 96, 7. — [14] Nov. 78 cap. 5. — [15] Nov. 22 cap. 14. (re vera coll. 4!). — [16] Grat. I 16, 9. — [17] Grat. I 15, 2 et 3. — [18] Grat. I 16.

---

[a] 'sacratissimo' Cod. — [b] 'Isidori' Cod. — [c] 'sit necessarium' scr. [Const. summa § 1] sed vide supra p. 326, 33. — [d] 'sed' Cod. — [e] Const. imp., 'sacratissimus' Cod. — [f] '9' Cod. — [g] Grat., 'sacris' Cod.

f. 25 96. dist.[1] Cuius etiam tempore nove leges ceperunt ‖ dicto c. 2. 7. dist.[2] Ipse etiam voluit corrigere multitudinem legum, prout refert Iustinianus, sed impeditus non potuit, § omnes vero in proemio Inst.[3] Plura de Constantino vide per Albericum de Rosato in suo dictionario in v. Constantinus.[4] De Constantino vide Eusebium libro 9. historie ecclesiastice[5], ubi multa. [6]Constantinus cum adversus Parthos expeditionem pararet, qui Mesopotamiam fatigabant, anno imperii sui 30. et[a] etatis vero 66. apud Nicomaidam vita functus fuit.[6] Collutius in epigrammate[7] et ibi dicta pone hic:

'Me Constantinum' reliqua.

Et 'sacratissimus et divine memorie Constantinus' in § novimus in auth. de nuptiis collatione 3.[8] Et sanctus Augustinus libro 5. de civitate Dei cap. 25.[9] scribit: 'Bonus Deus Constantinum imperatorem non supplicantem demonibus sed ipsum verum Deum[b] colentem tantis terrenis implevit muneribus, quanta optare nullus auderet; cui etiam condere civitatem Romano[c] imperio sociam velut ipsius Rome filiam sed sine aliquo demonum templo simulacroque concessit. Diu imperavit, universum orbem Romanum unus Augustus tenuit, defendit; in administrandis et gerendis bellis victoriosissimus fuit, in tyrannis opprimendis per omnia prosperatus est; grandevus egritudine et senectute confectus defunctus est, filios imperantes reliquit' et reliqua. Ad palatium Lateranense fuit templum Constantini, anteaquam esset baptizatus, ubi studium sancti Gregorii fuit, camera propria dicti Constantini; (et ibi est conca, in qua Constantinus baptizatus fuit) stat adhuc, est et perangusta[d]; et fuit a beato Sylvestro baptizatus.[10]

---

[1] Grat. I 96, 13 et 14. — [2] Grat. I 7, 2. — [3] Const. imperatoriam pr. (!). — [4] l. c. — [5] 9, 9. — [6-6] Suppl. Chron. ad a. 5517. — [7] vide Silvestro Bargagnati, Lettera pel buoncapo dell' anno nuovo ... coll' aggiunta di alcuni versi Latini di Lino Coluccio Salutato publicati dell' autore della medesima lettera. In Roma MDCCCII p. XXXIX:

'Me Constantinum mergens celestibus undis
Claviger ethereus lepra simul atque reatu
Liberat. inde sacre merui crucis esse repertor
Imperiique throno statui decorare Bizantum'.

— [8] Nov. 22, 4, vide supra p. 327 n. 15. — [9] l. c. — [10] vide Nicolaus Muffels (saec. XV., Hegel, Chroniken der deutsch. Städte 11, 737 seq.) Beschreibung der Stadt Rom, herausg. von Wilhelm Voigt (Bibliothek des Litterarischen Vereins in Stuttgart, Bd. 128 (1876), p. 7: „Item eman in dy kirchen get zu der rechten seyten stet ein cappellen ... do stet der taufstein in do Constantinus der keyser von Silvestro getaufft ward ... und der stein ist als ein trog von rotem merbelstein, als yr dau vil do sind. .... Item daneben ist aber ein klein capellen, do sant Gregorius der

---

[a] del.? — [b] Augustin., om. Cod. — [c] Augustin., 'Romanam' Cod. — [d] 'perangonus' Cod.

Hermogenianus ergo ipse codicem composuit, ut supra, tempore Constantini, hoc tamen clarum non habeo; cogita.

[1]THEODOSIUS iunior, Arcadii imperatoris filius[a], 11. Constantinopolitanus imperator, septem et triginta annis imperavit, princeps quidem christianissimus atque perhumanus.[1] Qui constitutiones a Constantini temporibus in unum codicem reduxit ad similitudinem Gregoriani et Hermogeniani sub proprio cuiuscumque imperatoris titulo, quem a suo nomine 'Theodosianum' vocavit secundum Isidorum 5. etymologiarum[2] et refert Gratianus in § fuerunt in fine 7. dist.[3] De quo codice Theodosiano meminit Iustinianus in § 1. et 2. C. de Iustiniano codice confirmando[4] et in § sed cum sacratissimum[b] per totum. Item postea Iustinianus mutavit, ut ibi, et infra dicam.[5] Hic Theodosius privilegium studii concessit Bononie.[6] Editur autem codex Theodosianus anno Domini 444.[c] et anno mundi 5643.[d], qui omnium principum legitimorum habet fines secundum quod habetur in chronica, que dicitur fasciculus temporum in cap. de Theodosiano in 2. folio Arcadii.[7] De Theodosio predicto meminit Iustinianus in § fin. in auth. ut liberti de cetero collatione 6.[8] Et eius synodi meminit Gratianus in c. canones post princ. 15. dist.[9] et in c. sancta eadem dist.[10] et c. duo sunt 96. dist.[11] Iste regnare cepit anno Domini 431.[e] secundum chronicas[12] et ponit Iovanes Andree in regula non est sine in 3. columna[g] de regulis iuris in mercurialibus.[13] Adde, quod Gratianus in c. volumus [f]c. 11. q. 1.[f] [14], Gratianus in c. [h]quando propter[h] cum multis capitulis precipue c. ab eo 2. q. 6.[15] allegat in Theodosianis legibus ita statutum invenisse. [i]Petrus Colle[i]: 'Theodosio iuniore ad annum salutis ferme 374. est imperium assumptum[k]; tertius legum codex editus est, qui de principis nomine Theodosianus dictus est.' Et ponit plene Ludovicus Bologninus de prefato Theodosio in eius privilegio.[16] Archiepiscopus in 2. parte historiali tit. 11. cap. 2. in princ.[17]: 'Theodosius iunior

---

babst gestudirt hat, und wo die pucher gelegen sind, do ist noch der behaelter in der maur oben herumb."

[1] Suppl. Chron. ad a. 5630. — [2] 5, 1, 7. — [3] Grat. I 7, 2. — [4] Const. Summa §§ 1, 3. — [5] infra p. 332. — [6] Savigny 3, 164 n. a. — [7] p. 499. — [8] Nov. 78, 5. — [9] Grat. I 15, 1. — [10] Grat. I 15, 3. — [11] Grat. I 96, 10. — [12] Suppl. Chron. ad a. 5630. — [13] ad Bonif. (5, 12) 19, Quaest. Merc. f. 33. — [14] Grat. II 11, 1. 37. — [15] Grat. II 2, 6, 22, 24—27. — [16] Comment. ad priv. Theodos. de studio Bonon., ad v. Theodosius. — [17] Antonin. 2, 11, 2 pr. p. 47.

---

[a] Suppl., om. Cod. — [b] 'sit necessarium' scr. ? [Const. summa § 1], sed vide supra p. 326, 33. — [c] sic et Fasc. Temp. — [d] sic et Fasc. Temp. — [e] Suppl. Chron., '331' Cod. — [f–f] 'c. 1. q. 2.' Cod. — [g] 'ff.' ins Cod. — [h–h] 'unde et c. propter' scr. ? — [i–i] 'P[andulfus] Colle[nucius] scr. ? — [k] 'assumpto' Cod.

librum codicis edidit ex constitutionibus antiquorum principum in tribus codicibus redactis scilicet Hermogeniano, Theodosiano et Gregoriano et aliis constitutionibus extravagantibus, ut ait Prosper. Hic Theodosius adeo clementissimus fuit, ut nullus se ledentium[a] morti adiudicaret, dicens: Utinam esset possibile etiam mortuos ad vitam revocare. Eius curia monasterium videbatur. Matutinas laudes audiebat, codices sacros legebat, uxor eius Eudoxia ut doctissima poemata plura composuit.' Advertendum tamen est, quod post codicem Theodosianum, ut dicit Iustinianus in § 1. in proemio C.[1] et in § sed cum necessarium C. de Iustiniano codice confirmando[2] fuerunt facte plures constitutiones a Theodosio predicto aliisque post eum retro principibus, que omnes erant inserte post dictum codicem in uno volumine et precipue novelle constitutiones divi Valentiniani et divi Marciani et constitutiones Leonis et Maiorani et interpretationes super responsa Gaii et sententie Pauli, prout in vetustissimo codice Theodosiano[3] Rome nuper reperto anno salutis 1494. Alexandro summo pontifice maximo regnante.[b]

---

f. 26

IESUS.

[4]IUSTINIANUS magnus Augustus et 17. imperator Constantinopolitanus, Iustini senioris [c]ex sorore nepos[c][4], ut probat textus in l. fin. in princ. C. de advocatis diversorum iudiciorum[5], ubi appellat Iustinum patruum, quem patrem nominat Inst. de donationibus § est et aliud[6] et in auth. de privilegiis dotis in princ. collatione 8.[7] et Inst. quibus non est permissum facere testamenta § cecus autem.[8] Imperare incepit anno Domini 528. secundum Iovanem Andree in regula non est sine culpa in 3. columna de regulis iuris[9] et 6.[d] indictione et die 1. Aprilis, ut probatur in § si qua vero in auth. ut preponatur[e] nomen imperatoris collatione 5.[10] [11]Vir certe maximi et divini ingenii et ingentis doctrine[11], [12]nam in ipso concurrerunt omnia, que principem gloriosum faciunt: potentia, sapientia et religiosa mens[12], — c. 1. 7. dist. et ibi notatur[13], — quod

---

[1] Const. haec pr. — [2] Const. summa § 1. — [3] scil. in Brev. Alariciano; vide Savigny 3, 45 n. a. — [4–4] Suppl. Chron. ad. a. 5724. — [5] C. (2, 7) 29 pr. Dipl. legit 'patrui' pro 'patris'. — [6] I. (2, 7) 3. — [7] Nov. 109 praef. — [8] I. (2, 12) 4. — [9] ad Bonif. (5, 12) 19, Quaest. Merc. f. 33. — [10] Nov. 47, 1, 1. — [11–11] Suppl. Chron. l. c. — [12–12] Fasc. Temp. 504. — [13] Gl. 'Trimegistus' ad Grat. I 7, 1.

---

[a] Antonin., 'tedentium' Cod. — [b] sequitur in Cod. signum, quo finis partis significatur; reliqua pars fol. 25. vacua relicta est; vide supra p. 115. — [c–c] 'ex sorore nepos' Suppl. Chron., 'ex sorore filii nepos' Cod. — [d] 'l' Cod. — [e] Nov., 'proponatur' Cod.

[1]primum hostes superavit[1], § quorum utramque viam in proemio Inst.[2] et in l. 1. C. de officio prefecti pretorio Africe[3], primo applicando animum suum circa arma, § 1. ibi 'ad primam' C. de Iustiniano codice confirmando[a] [4], l. 2. C. de veteri iure enucleando[5], et [6]Belisarium[b] clarissimum et patricium virum, in armis strenuum[6], dicto § si qua vero, [7]belli ducem cum ingenti multitudine constituit, quo auxiliatore de Persis et Vandalis triumphavit. Nam Belisarius ipse, ut erat prestantissimi animi et singularis virtutis vir, in Africam traiiciens Vandalos superavit et eorum rege Gelismero capto prope delevit[7], ut probatur in l. 2.[c] et per totam legem C. de officio prefecti pretorio Africe.[8] [9]Sed et postquam de Vandalis triumphasset, per Mundum, alium sui exercitus ducem, Solonam urbem munitissimam a Gothis occupatam cepit et Gothos eo in prelio cum ingenti cede superavit, in quo quidem prelio et Mundus ipse occisus fuit. Inde quoque et Belisarium cum exercitu in Italiam misit eamque a Gothorum tyrannide liberavit. Nam et ipse Belisarius 5. anno, postquam in Italiam venisset, apud Ravennam Vitigium Ostregothorum regem cepit et eum cum omni familia et magna procerum suorum parte Constantinopolim duxit[9], per prius tamen Pisauri urbe restituta et refecta, quam Vitigis predictus incenderat ac menia usque dimidium[d] altitudinis destruxerat, Leonardo Aretino teste libro 3. de bello Gothorum.[10] [11]Quibus ita gestis Iustinianus per eundem Belisarium Mauros Africam vastantes perdomuit[11] et Persas[e] incredibili victoria vicit, et ipsius tempore bella Persica abolita sunt et quieti perpetue tradita. Et tertia pars totius mundi imperio ipsius accrevit: post Europam enim et Asiam tota Lybia[f] imperio adiuncta fuit, l. 2. in princ. et § fin. de veteri iure enucleando[12], et patet in suprascriptionibus domini Iustiniani in proemio C.[13], ff.[14] et Inst.[15], et ponit Albericus de Rosato in suo dictionario in v. 'Iustinianus'.[16]

[17]Secundum mundum iustis legibus ordinavit[17], § omnes vero in proemio [g]Inst.[18] et in proemio ff.[19] [g] et l. 2. C. de veteri iure enucleando.[20] [21]Erant autem leges Romane sparse et[h] incomposite[21] ab urbe condita

---

1–1 Fasc. Temp. l. c. — 2 Const. imperatoriam § 1. — 3 C. (1, 27) 1, 1. — 4 Const. summa rei publ. pr. — 5 C. (1, 17) 2 pr. — 6–6 Suppl. Chron. l. c. — 7–7 Suppl. Chron. l. c. — 8 C. (1, 27) 2. — 9–9 Suppl. Chron. l. c. — 10 Leonardo Bruni, De bello italico advers. Gothos gesto p. 678. — 11–11 Suppl. Chron. 175. — 12 C. (1, 17) 2 pr. et 23 (!). — 13 Const. cordi inscr. — 14 Const. imperat. maiestatem, inscr. — 15 Const. omnem rei publ. inscr. — 16 l. c. — 17–17 Fasc. Temp. 504. — 18 § 1 i. f. — 19 Const. omnem pr. — 20 C. (1, 17) 2 pr. — 21–21 Suppl. Chron. 175.

---

a 'componendo' Cod. — b 'Blevisarium' hic et ubique Cod. — c 'in princ.' ins. ? — d Bruni, om. Cod. — e 'Persos' Cod. — f C. Iust. et Alberic., 'Italia' Cod. — g–g 'ff. et Instit.' Cod. — h Suppl. Chron., om. Cod.

usque ad sui imperii tempora, que pene in[a] mille et quadringentos annos decurrerunt; [1]quas ex suo ingenio et doctrina in ordinem et utilitatem hominum redegit [b]eaque abscidit, que[b] supervacua et inutilia videbantur[1] l. 1. § quia autem[2] et l. 2. in princ. in v. 'erat enim mirabile' C. de veteri iure enucleando.[3]

Et [4]in primordio sui imperii[4], C. de emendatione codicis divi Iustiniani in princ.[5], [4]commisit Iovani, Leontio, Phoce, Basilidi[c], Thome, Tribuniano, Constantino, Theophilo, Dioscuro[d] atque Presentino, ut visis antiquis codicibus Hermogeniano, Gregoriano et Theodosiano et multis aliis constitutionibus postea factis, novum codicem Iustinianum ederent, ut[e] in 1. constitutione C. in princ. et per totum[6] et in 2. constitutione C. in § 1. et per totum[7] et in § [f]et cum sacratissimas[f] in proemio Inst.[8.4] Quem codicem supra dicti ediderunt anno Domini 529. 7. indictione anno 2. imperii Iustiniani, die [g]16. kalendas Maii[g] consulatu Decii viri clarissimi et 'Iustinianum codicem' appellaverunt, § fin. C. de Iustiniano codice confirmando.[9] De quo seniore codice vide textum in § ne igitur in auth. ut nove facte constitutiones collatione 5.[10]

[11]Post que[h] Iustinianus, vertens animum ad enucleandum infinita et immensa veterum prudentum volumina, commisit supra dictis decem viris et Stephano, Mene, Prosdocio, Eutolimio, Timotheo, Leonide[i] Leontio, Platone[k], Iacobo, Constantino et Iovani[11], viris prudentissimis patronis causarum, ut omnes in unum convenirent; et gubernante Tribuniano, viro excelso, dicta antiquitatis volumina et studiosissima opera iam prope confusa et dissoluta, que reperta fuerunt esse pene duo milia librorum et plus quam tricies centena milia versuum a[l] veteribus effusa, que necesse erat[m] omnia legi et perscrutari, in quinquaginta libros reduxerunt nomenque imposuerunt libris digestorum seu pandectarum: dicta l. 2. in princ. et per totum C. de veteri iure enucleando[12] et in § [n]et cum sacratissimas[n] in proemio Inst.[13] et in proemio ff. per totum[14]; et hoc anno 5. imperii

---

[1–1] Suppl. Chron. l. c. — [2] C. (1, 17) 1, 5 (!), vide 4 i. f. — [3] C. (1, 17) 2 pr. — [4–4] Caccialup., De modo stud. Append. col. 25. — [5] Const. cordi pr. — [6] Const. haec quae necessario. — [7] Const. summa rei publ. — [8] §2. — [9] Const. summa § 5. — [10] Nov. 66 1, 1. — [11–11] Caccialup. l. c. — [12] C. (1, 17) 2, 1. — [13] § 2. — [14] Const. omnem.

---

[a] C. Iust., om. Cod. — [b–b] vide Suppl. Chron., 'easque abscindit easque' Cod. — [c] C. Iust. et Caccialup., om. Cod. — [d] C. Iust., 'Dioscato' Cod. — [e] 'et' Cod., 'et hoc patet' Caccialup. — [f–f] Inst., 'sed cum sacratissimus' Cod. — [g–g] C. Iust., '13 Maii' Cod. — [h] 'hec' Caccialup., 'quam' Cod. — [i] 'Leoni de' (ut infra p. 375, 5) scr. ? — [k] sic et Caccialup. l. c. — [l] 'c.' Cod. — [m] 'erant' Cod. — [n–n] Inst., 'sed cum sacratissimus' Cod.

Iustiniani anno Christi 532. 10. indictione; § fin. in fine in proemio ff.[1] et dicta l. 2. § omni igitur C. de veteri iure enucleando.[2] Venerabilis Beda in libro de temporibus seu de sex etatibus huius seculi[3] scribit, quod anno Domini 532., qui est annus Diocletiani 248.[a], post consulatum Lampadii[b] et Orestis codex Iustinianus orbi promulgatus est. Opus digestorum Iustinianus direxit, et proemium suum, Theodoro, Dorotheo, Isidoro et Anatolio[c], Thaleleo et Cratino, viris illustribus et antecessoribus[d], et Salamino viro disertissimo, prout patet in archetypis Florentinis[4]: vide Angelum Politianum in libro miscellaneorum cap. 93[5]; tamen in nostris non est sic, et supra dicti non sunt de numero compositorum. — Circa iam dicta est advertendum:

primo, quod ideo appellantur libri digestorum, quia omnia ibi decidenda digeruntur et solvuntur, et pandectarum, quia ibi est doctrina omnium iuris consultorum, a 'pan', quod est totum, et 'dectem'[e], quod est doctrina: glossa in § igitur in proemio Inst.[6] et in proemio ff. in princ.[7], per textum in l. 2. § omni C. de veteri iure enucleando.[8] Vel ideo appellantur libri digestorum, quia bene ordinati et collocati et expositi erant a supra dictis consultis propter eorum interpretationem. [9]Nam 'digerere' est 'disponere', 'collocare et ordinare': Virgilius libro 2. georgicorum[10]:

'ubi prima paretur[f]
Arboribus seges et quo mox digesta feratur[g].'

'Digesta' ibi [h]id est[h] 'ordinata'[9]; et probatur textu in auth. de appellationibus § illud etiam collatione 4.[i] [11] [12]Aliquando tamen 'digerere' intellegitur: id est 'interpretari': Virgilius 2. Eneidos[13]:

'Improvisi aderunt, ita digerit omnia Calchas.'[k]

id est 'interpretatur'. — 'Pandecte' autem est nomen grecum: 'ΠΑΝΔΕΚΤΗ', id est 'Pandecte', a 'pan', quod est 'omne et totum', et[l] [m]'δεκομαι, decomai'[m], id est 'suscipio', unde 'Pandecte' id est 'omnia suscipientes'.[12] Et dicitur 'pan' id est 'totum' secundum Albericum de Rosato in dicta l. 2. in 2. columna C. de veteri iure enucleando[14], a quodam nomine Pan, quem[n]

---

[1] Const. omnem § 11. — [2] C. (1, 17) 2, 12. — [3] p. 307. — [4] Const. omnem, inscr. — [5] p. 305. — [6] Gl. 'Pandectarum' ad I. proem. § 4. — [7] Gl. 'Digestorum seu Pandectarum' ad Const. omnem pr. — [8] C. (1, 17) 2, 12. — [9–9] Sozomenus, Hist. 2, 345 b (Cod. Monac.). — [10] v. 266. — [11] Nov. 23, 3 pr. — [12–12] Sozom. l. c.; vide Antonin. 2, 12, 4, 1. — [13] v. 182. — [14] ad C. (1, 17) 2, Super prima Cod. f. 55.

---

[a] Beda, '48' Cod. — [b] Beda, 'Lampradii' Cod. — [c] C. Iust., 'Aucholio' Cod. — [d] 'ante censoribus' Cod. — [e] Glossa, 'deten' Cod. — [f] Verg., 'parent' Cod. — [g] Verg., 'fuerunt' Cod. — [h–h] Sozomenus, 'idem' Cod. — [i] '7.' Cod. — [k] Verg., 'cultus' Cod. — [l] om. Cod. — [m–m] 'δεκόπη decomor.' Cod.; in Cod. Monac. Sozomeni Graeca verba omissa sunta a librario, lacunis relictis. — [n] 'quod' Cod.

gentiles transtulerunt in numerum deorum et eum appellaverunt deum nature id est materiarum, ex quo cuncta generentur. Aulus etiam Gellius lib. 20 noctium atticarum cap. ultimo[1] appellat 'pandectas' id est 'omnium receptacula'; et libro 13. cap. 9.[a][2] scribit, quod Marcus Tiro, Marci Ciceronis alumnus et libertus, libros complures de usu et ratione lingue latine, item de variis et promiscuis questionibus composuit; in his esse precipue videntur, quos greco titulo 'Πανδέκτας[b]', id est 'promiscua[c] et omnimoda continentes libros', inscripsit, tamquam omne rerum atque doctrinarum genus[d] continentes.

Secundo est advertendum, quod liber digestorum scribitur per duplex ff. Nam debet scribi per DD[e], sed hodie mirabili errore apud omnes per duplex ff. scribitur, quasi per mysterium[f] dicatur, quia communis error facit legem. Causa est autem, quia DD antiquitus quandam similitudinem in scribendo habebant cum ff. duplicato: ita habetur in chronica moderna, que dicitur fasciculus temporum in cap. de Iustiniano imperatore.[3] Facit l. Barbarius cum aliis vulgaribus ff. de officio pretoris.[4] Aliqui etiam dicunt, quod [g]liber digestorum[g] scribitur per duplex ff incisum, quasi dicatur 'sanctio sancta'. Dico, quod antiquitus, ex quo [h]liber digestorum[h] incipit, a littera D scribebatur per dictam litteram D[i] incisam[k], que erat isto modo: 'Ð', que incisa D habet similitudinem cum ff. duplicato et ex communi errore modo scribitur per duplex ff. [5]Vel melius dico, quod hoc ideo est, quia leges iste fuerunt compilate in civitate Constantinopolitana, ut infra[6] dicam, et antiquitus scribebatur per litteram grecam incisam Δ[l], que incisa Δ[m] latine significat D, hodie autem in Italia corrupta littera scribitur per duplex ff, credentes quod illa littera Δ[n] esset duplex ff, cum sit Ð incisum latine. Archiepiscopus Florentinus in sua 2. parte historiali numero 12. c. 4. § 1.[7] dicit, quod [o]liber digestorum[o] scribitur per duplex ff, [p]quod ex[p] vitio scriptorum inductum est, quia debet esse duplex ff cum titulo[q] interciso in ipsis litteris sic: ff, et

---

[1] Praef. 7 (!), vide ed. Ven. 1509 f. 135. — [2] § 1—3. — [3] p. 505. — [4] D. (1, 14) 3. — [5] Vide Sozomenum l. c. p. 345[b].: 'Et quia leges prius etiam dicebantur digesta seu pandectae, unde dicantur, dicendum arbitror, si primum, qualiter scriptores moderni in abbreviando vocabulum scribunt, referam. Nam scribunt binum ff. et volunt significare digesta, ignorantes literam graecam; nam sic scribitur: Δ et latine significat D, credentes quod litera graeca esset duplex ff.' — [6] infra p. 354, 29. — [7] Antoninus l. c. p. 80.

---

[a] 'ult.' Cod. — [b] Gell., 'παρασκτας' Cod. — [c] Gell., 'promiscue' Cod. — [d] Gell., 'genere' Cod. — [e] 'dg' Fasc. Temp. — [f] Fasc. Temp., 'magisterium' Cod. — [g—g] 'ff.' Cod. — [h—h] 'ff.' Cod. — [i] 'f.' Cod. — [k] 'incisum' Cod. — [l] '·Λ·' Cod. — [m] '·A.' Cod. — [n] 'A' Cod. — [o—o] 'ff' Cod. — [p—p] Antonin., 'quia est' Cod. — [q] Antonin., in Cod. h. v. litterae fin. tantum (. . . tlo) clare legi possunt.

exponebatur sanctio sancta, id est firma constitutio; sed ille titulus est taliter[a] mutatus, quia formatur per litteram f et sic [b]significat ff.[b] Dicit Iacobus de Puteo in rubrica soluto matrimonio in 5. columna[1], quod liber pandectarum nunquam fuit amissus[c] in Italia, et quod semper pandecte fuerunt in civitate Romana; et postea fuerunt translate dicte pandecte in civitatem Pisarum et nunc sunt in civitate Florentie, et dicit sentire, quod continuo sunt lampades accense, ubi sunt dicte pandecte. Raphael Voleterranus libro 5. commentariorum urbanorum[2] similiter scribit et dixit, quod Pisani anno Domini 1148.[d] et Innocentium II. eiectum Pisas duxerunt ac eius causa cum imperatore Sicilie regnum Rogerio auferre contenderunt.[e] Quo tempore Neapolim [f]annis septem[f] simul cum oppidis circa multis presidio tenuerunt, inde iuris civilis pandectis, que nunc apud Florentinos sunt, Pisas traductis. In chronicis vero Pisane civitatis[3] sic repertum comperio, quod anno Domini 1136. et die 23.[g] Iunii fuit factum concilium in civitate Romana, et tunc temporis Pisani quadraginta[h] galeas armaverunt et iverunt ad Costam Malphicanam[i] et ceperunt civitatem Malphi et assachagiaverunt[k] et ibi invenerunt librum pandectarum iuris civilis, quem misit Iustinianus imperator in Italiam et posuerunt Pisis. Anno tamen Domini 1404.[l] Florentini ceperunt civitatem Pisarum, et dicto anno dictus liber fuit translatus in civitatem Florentie. Et de dicto libro multa scripsi in 3. libro, ubi scripsi de civitate Pisarum.[4] Bartolus dicebat, prout refert Baldus in tractatu de commemoratione famosissimorum doctorum in utroque iure in carta 1.[5], quod originalia legum sunt Pisis et ideo dicit in aliquibus lecturis: 'secundum lecturam Pisanam sic[m]', et habetur in rubrica ff. si certum petatur[6] et in pluribus aliis locis, quasi dicat, quod ita continetur in originalibus legibus, que sunt Pisis. Angelus Politianus in epistula ultima libri 11. quam scribit domino Ludovico Bolognino, equiti et iuris consulto Bononiensi[7]: 'Pandecte, que olim Pisane fuerunt, nunc Florentine. Ipsarum autem est liber caracteribus maiusculis sine ullis compendiariis[n] notis, sine ullis distinctionibus, non grecus sed latinus: videlicet ille ipse, quem inter ceteros publicavit Iusti-

[1] ad D. (24, 3) rubr., opus Iacobi nobis prae manibus non erat. — [2] f. 42b. — [3] Savigny 3, 95. — [4] in parte deperd. operis. — [5] in libro deperd. — [6] re vera Bartolus ad D. (12, 1) 1, In secund. Dig. vet. part. p. 3. — [7] p. 163.

[a] Antonin., 'aliter' Cod. — [b–b] 'signatur digestis ff.' Antonin. — [c] 'admissus' Cod., sed vide Bartolum ad rubr. Infort.: 'hoc volumen nunquam fuit amissum: semper enim fuit' etc. — [d] Raph., '1146' Cod. — [e] Raph., 'contenderetur' Cod. — [f–f] Raph., 'anno 7.' Cod. — [g] '3.' sec. chron. cit. scrib.? — [h] 'quadraginta sex' sec. chron. scrib.? — [i] 'Melphicanam' Cod. — [k] vide v. 'saccheggiare' ling. Ital. hod. — [l] '1405' Suppl. Chron. ad a. 6604. — [m] 'hic' Cod. — [n] Polit., 'comprehendiariis' Cod.

nianus, quod[a] et hoc pulcherrimum in fronte libri grecum epigramma ostendit', cuius verba hic inseres ; et quidam in latinum ita vertit:

'Hoc opus egregium exegit rex Iustinianus
Quodque Tribunianus regi confecit eidem
Ac veluti Alcide clipei quis cuderit orbem
Omnis quo legum sacrarum splendit imago.
Ast homines cuncti[b] Asie Lybieque subacte
Europeque parent Domino qui possidet orbem.'

De libro pandectarum, qui est Florentie, vide multa et ponas hic, que ponit Angelus Politianus in sua epistula 4. in 10. libro[1], quam scripsit Marquardo[c] Brisaccio Romanorum imperatori et in libro miscellaneorum centuria 1. cap. 41.[2] et ponas hic, et in cap. 93.[3] Vide de pandectis per Accursium in l. cum quis decedens § codicillis ff. de legatis 3.[4]

Tertio est advertendum, quod dicti libri quinquaginta digestorum sunt divisi in septem partes principales, prout patet in dicta l. 2. C. de veteri iure enucleando[5] et[d] in proemio ff.[6] Et sunt posita in tria volumina, videlicet digestum vetus, infortiatum et digestum novum. Et dicitur digestum novum ad differentiam veteris, et infortiatum, quia sunt fortes leges et ultime dispositiones, ut per glossam[7], Bartolum[8] et doctores in rubrica ff. soluto matrimonio. Unde versus:

'Sum liber fortis,
Disponens spolia mortis,
Et clausis portis
Me discat lector in hortis.'

Et hec sunt facta causa commodioris divisionis, cum quinquaginta libri digestorum erant in uno eodemque volumine[9]; et ego habeo predictos libros insimul in uno volumine, in quo distincte sequitur titulus soluto matrimonio sine principio libri. Digestum novum dicitur, quia ultimum, ut plenius probatur in rubrica ff. de novi operis nuntiatione[10] et per[e] doctores. Vel potest dici, quod predicta nomina, digestum vetus, infortiatum

---

[1] p. 140. Dipl. male intellexit initium epistulae: 'Principio igitur scire te illud oportet imperatorem Iustinianum postquam ius civile perpurgavit inque ordinem redegit, cavisse illud imprimis' rel. Dipl. iunxit 'te imperatorem'! — [2] p. 260. — [3] p. 305. — [4] Gl. 'codicillis' ad D. (32) 37, 5. — [5] C. (1, 17) 2, 1. — [6] Const. omnem 2. — [7] Gl. 'quemadmodum' in rubr. soluto matrimonio. D. 24, 3. — [8] ad D. (24, 3) rubr., In Infort. f. 2. — [9] Sozomenus l. c. p. 346: Quorum quinquaginta librorum Digestorum seu Pandectarum unum volumen existens . . . — [10] vide Additionem incerti auctoris recent. edd. insertam in rubr. de op. n. n. D. 39, 1.

---

[a] Polit., 'quia' Cod. — [b] 'cuncti que' Cod. — [c] Polit., 'Merquardo' Cod. — [d] om. Cod. — [e] om. Cod.

et digestum novum, sunt nomina magistralia, inventa ab auctoribus, que imposita fuerunt ad placitum, quorum disputatio pertinacibus relinquitur, l. 2. et ibi glossa C. de constituta pecunia[1], in glossa in rubricam soluto matrimonio.[2] — [3]Digestum vetus habet libros quattuor et viginti cum dimidio usque ad tit. ff. soluto matrimonio, et rubricas centum quinquaginta duas et leges duo milia quadringentas octodecim. Infortiatum habet de dictis quinquaginta libris libros quindecim usque ad tit. de operis novi nuntiatione, et rubricas [a]centum et decem[a] et leges duo milia ducentas triginta quattuor. Digestum novum habet residuum de dictis quinquaginta libris, videlicet libros undecim, et rubricas centum septuaginta duas et leges duo milia quadringentas octoginta tres.[3]

Quarto est advertendum, quod in legibus digestorum non attenditur ordo compilationis etiam in eodem titulo secundum Corneum in auth. ex causa in 34.[b] columna C. de liberis preteritis[4], quia videmus secundum ipsum in principio et fine tituli positas leges unius iuris consulti et in medio positas leges aliorum iuris consultorum priorum et posteriorum in tempore; quod etiam clarissime patet in tit. de excusationibus tutorum, ubi in l. 2.[5] et in l. 4.[6] in fine Modestinus refert Ulpianum, cum postea ponantur plures leges Ulpiani. Quod non est sic in legibus codicis et in libro decretalium, sexti et Clementinarum, ut suo loco et tempore dicetur.[7]

Quinto est advertendum, quod, [8]quando iuris consultus format questionem aliquam et ei expresse non respondet, presumitur, quod ei respondeat, prout questionem formavit: l. in rebus in princ. in v. 'videndum'[9] et ibi glossa ff. commodati[10]; l. quod sepe § si res in v. [c]'sed videamus'[c] ff. de [d]actionibus empti[d][11]; l. fin.[12], ubi Raphael Fulgosius ad hoc notat[13], ff. de eo quod certo loco; et l. fin. ff. de rusticorum prediorum[14]; et l. si indebitum in princ. ff. rem ratam haberi[15]; glossa in l. sed si quemcumque § magister, in glossa penultima, ff. ad legem Aquiliam[16.8] et l. servum tuum[17] et ibi Iason in 4. columna ff. si certum petatur.[18] Ubi limitat, quando iuris consultus format simpliciter questionem; secus si formaret

---

[1] Gl. 'vocabula' ad C. (1, 18) 2, 1d. — [2] Gl. 'quemadmodum' ad rubr. D. 24, 3. — [3-3] Caccialupus l. c. col. ult. et col. 26. — [4] ad auth. cit. C. 6, 28, In 6. lib. Cod. f. 90b. — [5] D. (27, 1) 2, 9. — [6] D. (27, 1) 4, 1. — [7] infra p. 345, 1 seq. et vol. 2. huius ed. — [8-8] Iason ad D. (12, 1) 31, 1, Super secunda Dig. vet. f. 46b. — [9] D. (13, 6) 18 pr. i. f. — [10] Gl. 'solet' ad l. c. — [11] re vera D. (18, 1) 35, 4. — [12] D. (13, 4) 10. — [13] ad D. (13, 4) 10, In secundam Dig. vet. part. f. 88b. — [14] D. (8, 3) 38. — [15] D. (46, 8) 16 pr. — [16] Gl. 'dubitat' ad D. (9, 2, 5) 3. — [17] re vera l. cum fundus § servum tuum D. (12, 1) 31, 1. — [18] Iason l. c.

[a-a] Caccialup., '100' Cod. — [b] '38' infra p. 345, 6 et p. 352, 4. — [c-c] sic et Iason. — [d-d] sic et Iason.

f. 27 questionem et argueret ad partes vel referret opiniones: ‖ tunc si postea nil determinat, intelligitur determinare pro opinione, que ultimo loco refertur, vel pro qua ultimo loco arguit, eo quia ultima opinio censetur approbari per iuris consultum; quod notabiliter probatur in l. bona fides, per illum textum, ff. depositi[1] cum concordantiis, de quibus ibi per eum; ubi dat duas limitationes, de quibus inferius dicam de Accursio glossatore.[2] — Adde etiam, quod in legibus non est ponenda syllaba supervacua secundum glossam singularem in l. 1. ff. quod metus causa[3], quam etiam pro singulari allegat Andreas Siculus in c. cum sit generale in 12. columna de foro competenti.[4]

[5]Est etiam advertendum ad unum, quod dixi supra[6], et dicit textus in l. 2. § que omnia C. de veteri iure enucleando[7], quod 'volumina veterum prudentie erant immensa' et 'reperta fuerunt pene [a]tricies centena[a] milia versuum et volumina duo milia librorum'. Nam liber digestorum, quem hodie habemus, continet pene centum et quinquaginta milia versuum et quinquaginta libros, et pulchrum est scire, quid voluit dicere Iustinianus. Glossa in dicta l. 2. in v. 'centena milia'[8] et ibi Albericus de Rosato[9] et Azo in proemio summe illius tit.[10] dicit, quod 'versus' appellat 'leges' vel 'paragraphos' vel 'responsa', quasi sentiant, quod liber digestorum, quem habemus, habeat[b] centum quinquaginta milia legum vel paragraphorum vel responsorum[5]; tamen omnes quinquaginta libri digestorum habent, ut supra dixi[11], rubricas [12]quadringentas triginta quattuor et leges [c]octo milia centum triginta quinque.[c][12] Vel melius est dicendum ex mente Iovanis Baptiste Severinatis in tractatu de modo studendi in 28. columna[13][d] exponi potuisse 'versuum' id est 'linearum'; ubi dicit se fecisse computum per numerum omnium quinquaginta digestorum et reperisse hoc esse verissimum. Nam secundum computum suorum textuum reperit digestum vetus constare ex [e]quinquaginta sex[e] milibus[f] versuum id est linearum;

---

[1] D. (16, 3) 31. — [2] vide vol. 2. huius editionis. — [3] Gl. 'causa' ad D. (4, 2) 1. — [4] Andreas de Barbatia ad Greg. (2, 2) 8, Comm. in tit. de foro comp. col. 10. — [5-5] vide Caccialup. col. 26. — [6] supra p. 332, 19. — [7] re vera C. (1, 17) 2, 1; hanc §, in qua leguntur verba 'quae necesse esset omnia et legere' confudisse Dipl. videtur cum § 9, quae incipit 'quae omnia'. — [8] Gl. 'centena milia versuum' ad C. (1, 17) 2, 1. — [9] ad C. (1, 17) 2, 1, Super prima Cod. f. 55. — [10] ad C. (1, 17) p. 35. — [11] supra p. 337, 4 seq. — [12-12] Caccialup. col. 26 et 32. Re vera numerus legum secundum computationem supra (p. 337, 4 seq.) relatam est '7135'; sed et apud Caccialupum legitur '8135'. — [13] col. 26.

[a-a] 'trecies trecenta' Cod. — [b] 'non habeat' Cod. — [c-c] Caccialup., '8136' Cod. — [d] signum quoddam, quod intelligi non potest, ins. Cod. — [e-e] Caccialup., '39' Cod. — [f] Caccialup., 'milia' Cod. —

et infortiatum ex [a]triginta novem[a] milibus et quingentis viginti lineis; digestum vero novum ex quadraginta quattuor milibus lineis; unde in summa dicti quinquaginta libri digestorum constant secundum volumina[b] eius ex centum triginta novem milibus versuum, id est linearum, et quingentis viginti. Opinatur autem hec probari posse, si quis computaret numerum linearum pandectarum, que sunt Florentie; quod facile fieret per numerationem quinternorum et numerum cartarum et lineas utriusque lateris. Inveniret illas constare ex centum et quinquaginta milia[c] versuum, id est linearum, et ad hoc antehac neminem reperit animadvertisse. Et hoc est, quod dicit textus in dicta l. 2. in fine princ.[1] ibi 'hoc[d] in sinus suos receperunt, in centum quinquaginta milia versuum totum opus consummantes[e].' Et ideo accuratius investigando querit[2], quid vult dicere textus, dum dicit, quod olim tricies centena milia versuum, hodie vero centum quinquaginta milia. Diceret fortasse quis, quod olim erant 'tricies centena milia' id est 'trecenta milia' versuum, hodie vero centum quinquaginta milia. Et circa hoc tamen est considerandum: nam cum olim essent duo milia librorum, hodie vero quinquaginta libri, et sic quadragesima pars, si inspiciatur ad computum librorum, respective vero ad numerum versuum erit dimidia pars. Et ideo exponendum est secundum eum 'tricies' id est 'trigenties', sicut 'vicies' id est 'vigenties'; et hoc ideo est, quia quedam nomina supra centum sincopantur, ut 'treceni' id est 'trecenteni', et 'duceni' id est 'ducenteni', 'quadrigeni'[f] id est 'quadrigenteni'[g]; et sic adverbia, tricies pro trigenties, et hec secundum Priscianum in opusculo de numero[3] et Laurentium Vallensem libro 3. elegantiarum lingue latine rubrica de numeris.[4] Olim ergo erant trigenties centena milia versuum, hodie centum et quinquaginta milia, et consequenter ex viginti partibus una est compendium libri digestorum, quem habemus, quoad numerum linearum. Et hec secundum eum sunt singulariter notanda, quia ab aliquo iurista non invenitur expressum. Cui expositioni concinit glossa in auth. ut omnes obediant iudicibus in princ. collatione 6.[5], ubi dicit 'decies' id est 'decies milies'. Et ideo Vallensis ubi supra inquit, quod illa verba 'plus quam

---

[1] C. (1, 17) 2, 1 (!). — [2] Caccialup. l. c. — [3] De figuris numerorum 7, 28. — [4] l. c. 3, 5 p. 84. — [5] Gl. 'decies' in Nov. 69 pr. (re vera coll. 5!).

[a–a] Caccialup., '34' Cod. — [b] 'secundum' ins. Cod. — [c] sic et Caccialup. — [d] C. Iust., 'hec' Cod. — [e] C. Iust., 'consumentes' Cod. — [f] Caccialup., 'quadrigenti' Cod. — [g] Post 'quadrigenteni' Caccialup. scribit: 'infra centum vero non sincopantur, sic et centeni et milleni non sincopantur. Adverbia vero infra centum sincopantur, ultra centum non sincopantur, ut vicies pro viginties, tricies pro trigin. ties.' Dipl. verba Caccialupi male abbreviavisse videtur.

tricies centena' cetera, et [a]illud verbum[a] 'pene' referuntur ad maximam quantitatem, et ideo cessant contraria de dictione. Et plus probatur per notam per Iacobum de Arena in l. ab hostibus § sed quod simpliciter ff. ex quibus causis maiores[1], Albericum et doctores in l. si post tres in 20. columna ff. si quis cautionibus.[2] De dictione 'pene' notatur per Albericum in auth. hoc ius C. de procuratoribus[3] et in dicta l. 2. in 1. columna C. de veteri iure enucleando in fine per notam[4], 3. q. 7. c. sine peccato[5] et 7. q. 1. c. factus[6], quasi numerus finitus pro numero infinito, quod probatur per illa verba superius[7] dicta 'ad immensa prudentie[b] veteris volumina'[8], quasi sine mensura. Vide etiam Collutium Florentinum in suo opere nobilitatis legum et medicine cap. 11. rubrica 'an progressus nobilitate sit medicina legibus preferenda'[9]. quod temporibus optimi principis Flavii Iustiniani, qui Romanas leges, quas habemus, reformavit et[c] edidit, multitudo librorum veteris iuris erat ad duo milia, quibus tricies centena milia versuum continebantur; non quod tot carminibus eam scientiam traditam fuisse credamus, sed quoniam tot responsa duobus milibus[d] illis voluminibus comprehenderentur, que omnia ad quinquaginta librorum numerum et centum quinquaginta milia versuum miro compendio sunt redacta. Et sic sentit, quod [e]illud verbum[e] 'versuum' in principio exponitur id est 'responsorum', in secundo casu exponitur id est 'carminum'; quasi sentiat, quod olim erant tricies centena milia versuum, id est responsorum, hodie autem centum et quinquaginta milia versuum, hoc est carminum. Quare cogita. —

Post ergo quinquaginta libros digestorum Iustinianus commisit tribus viris Theophilo, Tribuniano et Dorotheo, ut institutiones componerent ex institutionibus Gaii iuris consulti et [f]aliorum institutionibus[f], § igitur et § quas[g] in proemio Inst.[10], et qui composuerunt institutiones, quas habemus imperii Iustiniani anno 5. et anno Christi 532. 10. indictione: l. 2. § omni[h] igitur Romani C. de veteri iure enucleando[11], et ita fuit opus codicis, digestorum et institutionum consummatum, quam primum cepit separari, quod per decennium compleri non sperabatur, dicto § omni[i] igitur.

---

[1] ad D. (4, 6) 15, 3, sed in ed. Lugd. 1542 nihil ad h. l. reperitur. — [2] ad D. (2, 11) 8, Super prima parte Dig. Vet. f. 148. — [3] ad auth. cit. C. 2, 12; Super prima Cod. f. 99. — [4] ad C. (1, 17) 2, Super prima Cod. f. 55. — [5] Grat. II 3, 7, 3. — [6] Grat. II 7, 1, 5. — [7] supra p. 338, 13 — [8] Const. imperatoriam § 2. — [9] Salutati l. c. — [10] §§ 4, 6. — [11] C. (1, 17) 2, 12.

[a-a] 'illa verba' Cod. — [b] om. Cod. — [c] Salutati, om. Cod. — [d] Salutati, om. Cod. — [e-e] 'illa verba' Cod., vide supra v. 1. — [f-f] 'aliarum institutionum' Cod. — [g] Inst., 'quas autem' Cod. — [h] C. Iust., 'omnium' Cod. — [i] C. Iust., 'omnium' Cod.

Advertendum[a] primo, quod institutiones predicte sunt initium legalis scientie: § cumque[b] hoc Deo in proemio Inst.[1]; et vendicant sibi primum locum utpote prima vestigia totius legalis scientie: § sed cum vos[c] in proemio ff.[2]; que fuerunt conrivate[d] ab omnibus turbidis[e] fontibus in unum liquidum stagnum, quia sicut stagnum stabilem et temporalem aquam in se continet, l. 1. § stagnum ff. ut in flumine publico[3], ita predicte institutiones continent scientiam iuris civilis: § discipuli in proemio ff.[4] Et quia ad portandam tante[f] scientie molem non erant idonei homines rudes, qui in primis legum vestibulis stant et intrant ad arcana earum, ideo Iustinianus perpetravit aliam mediocrem eruditionem, id est predictas institutiones: l. 2. § sed cum prospeximus[g] C. de veteri iure enucleando.[5]

Secundo est advertendum, quod ideo sunt dicte institutiones, quia [h]in statum[h] Romani iuris nostram erigunt[i] intelligentiam: glossa in § cumque hoc Deo in v. 'institutiones' in proemio Inst.[6] Et vide Azonem in proemio Inst. in summa in 3. columna[7], ubi dicit, quod ideo est dictus liber institutionum vel elementorum de primo: 'institutionum' quasi 'instructionum', quia in his primis legum preceptis instruimur, ut possumus[k] percipere[l] maiora iura et ad iuris arcana[m] valeamus conscendere et ingredi legum penetralia. Vel dicitur 'institutionum', quasi in [n]statum Romani iuris nos erigit.[n] Cum enim tres sunt positiones corporis, statio, sessio et cubatio, plus[o] homo potest, cum stat[p], quam cum sedeat iaceatque, nam debilior est, — inde est, quod in liberalibus disciplinis in grammatica, dialectica iacemus atque sedemus[q], id est debiles sumus, easque disciplinas non discere sed didicisse debemus; per hanc autem disciplinam stantes efficimur[r], [s]id est[s] fortiores reddimur, quia moribus informamur.[t] 'Elementorum' autem dicitur liber per similitudinem quattuor elementorum. Sicut enim[u] in quattuor elementis totus mundus confectus est, sic ex hoc volumine in quattuor libros distinctos[v] omnia iuris arcana revelantur et totius Romani iuris scientia prelibatur. Vel 'elementorum' per similitudinem primarum litterarum, que vocantur elementa: sicut

---

[1] § 3. — [2] Const. omnem pr. (!) — [3] D. (43, 14) 1, 4. — [4] Const. omnem 2. — [5] C. (1, 17) 2, 11. — [6] Gl. 'institutiones' ad Const. imperatoriam. — [7] l. c. p. 6.

---

[a] 'advertendo' Cod. — [b] Inst., 'cum' Cod. — [c] Const. omnem, 'his' Cod. — [d] Const. omnem, 'concinate' Cod. — [e] Const. omnem, 'turpibus' Cod. — [f] C. Iust., 'tantam' Cod. — [g] C. Iust., 'perspeximus' Cod. — [h–h] Gloss., 'iustarum' Cod. — [i] Gloss., 'eripuit' Cod. — [k] 'possimus' sec. Az. scr. ? — [l] Azo, 'precipere' Cod. — [m] Azo, 'archam' Cod. — [n–n] Azo, 'statu Romanis iuris nos erit' Cod. — [o] Azo, 'plurimum' Cod. — [p] sic et Azo. — [q] Azo, 'sedeamus' Cod. — [r] Azo, 'efficiuntur' Cod. — [s–s] Azo, om. Cod. — [t] Azo, 'informantur' Cod. — [u] Azo, om. Cod. — [v] sic et Azo.

enim illa prima elementa primo pueris legenda traduntur, sic et hec legum initia primo iuvenibus vel legum tironibus exponuntur. Et dicuntur 'elementa' quasi 'elevamenta', quia in his quasi legum principiis suffulti iuvenes elevantur ad altissima legum scita. Et dicuntur 'elementa', quasi 'elimamenta', quia in his climatur, quidquid fuerat in veteri iure rubiginosum, elimatur quidquid hirsutum atque hispidum, complanatur[a] quidquid fuerat montuosum[b], fabricatur equitati palatium, erigitur iustitie solium. Hec Azo ubi supra. — [1]Et habet dictus liber institutionum rubricas nonaginta novem, non computato proemio.[1] —

Tertio est advertendum ex mente Iacobi de Ravano in § cumque hoc Deo in proemio Inst.[2], quod ideo in compilatione Inst. fuerunt electi tantummodo tres a Iustiniano et in compilatione digestorum et codicis fuerunt plures: propter magnitudinem et pondus rei commisse; quia codex factus fuit ex tribus, Gregoriano, Hermogeniano et Theodosiano; digesta ex duobus milibus librorum et tricesies centenis milia[c] versuum, ut supra[3] dixi; eed in compositione institutionum non fuit tantum pondus operis, ideo hoc opus fuit paucioribus commissum.

Quibus omnibus peractis et compositis, videlicet libris digestorum et codicis et institutionum post biennium, Iustinianus predictas leges omnes publicavit in prefatis codicibus generaliter et suum obtinere robur mandavit valituras in [d]omne evum[d] anno Christi 534. 12. indictione, 3. kalendas Ianuarias, sic die 30. decembris, anno 7. imperii et 3. felicissimo consulatu, ut in dicta l. 2. § fin. C. de veteri iure enucleando[4] et § fin. in fine in proemio ff. ibi 'ter consule'[5], § fin., iuncta glossa, C. de Iustiniano codice confirmando.[e] [6] Nec est mirandum, quod imperator assumat nomen consulatus, quia sibi sumebat aliquando ut quidam extraneus, et hoc erat, quando sibi placebat: § fin. in auth. de consulibus collatione 4.[7], glossa in dicto § fin. in proemio ff.[8]

Qua publicatione facta, advertens Iustinianus in primordio sui imperii compilasse post codicem Iustinianum aliquas constitutiones, in specie quinquaginta decisiones, [f]denuo devagabant extra corpus eiusdem codicis; et quia prefatus codex et predicte constitutiones desiderabant meliorem permutationem et emendationem, commisit predictis Tribuniano, Doro-

---

[1–1] Caccialupus col. 32. — [2] ad Const. imperat. maiest. § 3. Opus nobis prae manibus non erat. Vide Acher, Nouv. Rev. Hist. 30 (1906), 539. — [3] supra p. 338, 13. — [4] C. (1, 17) 2, 23 (!). — [5] Const. omnem 11. — [6] Const. summa § 5 et Gl. 'septimc indictionis'. — [7] Nov. 105, 2, 4. — [8] Gl. 'consule' ad Const. omnem § 11.

---

[a] Azo, 'complanavit' Cod. — [b] Azo, 'monstruosum' Cod. — [c] 'milibus' scr.? — [d–d] C. Iust., 'omnem eum' Cod. — [e] 'componendo' Cod. — [f] 'que' ins.?

theo, Mene, Constantino et Iovani, easdem constitutiones decerpere et in singula discreta capitula ad perfectarum constitutionum soliditatem competentibus supponere titulis et prioribus constitutionibus eas aggregare: C. de emendatione codicis domini Iustiniani l. 1., incipit: 'Cordi' per totum.[1] [2]Quem prefati viri compilaverunt et publicaverunt anno Domini 535., 13. indictione 8. anno imperii et consulatus Iustiniani anno 4., 4. kalendas Ianuarias et sic die 29. decembris: probatur in § his igitur C. de emendatione codicis Iustiniani.[3] Et est allegatus et appellatus 'Codex domini Iustiniani repetite prelectionis'.[2]

Advertendum primo, quod codex, quem habemus, fuit compositus post publicationem generalem factam per Iustinianum, secundum Odofredum[4], Cinum[5] et Albericum[6] in 2. constitutione C. 'ex precepto' in fine. [7]Et habet duodecim libros principales, de quibus novem sunt in codice, qui habet rubricas [b]triginta duas[b], leges vero [c]quattuor milia centum quinquaginta tres[c]. Tres vero libri sunt in volumine, de quo dicitur infra in cap. de Oberto de Orto[8]; et predicti tres ultimi libri habent rubricas [d]ducentas septemdecim[d], leges vero [e]trecentas quinquaginta quattuor[e].[7]

Secundo advertendum est, quod in libro codicis sunt constitutiones imperatorum ab Adriano imperatore usque ad tempora Iustiniani preter[f] l. meminisse C. ad legem Iuliam maiestatis[9], que est Pauli iuris consulti libro de publicis iudiciis tit. ad legem Iuliam maiestatis.

Tertio est advertendum, quod ideo dictus est 'codex' antonomatice[g] a 'cogendo' vel imperando, 'cogere' enim vel imperare proprium est imperatori, ut[h] eius nomen denotat, cuius est liber; et hec est precipua legis virtus, ut ff. de legibus l. legis.[10] Vel dicitur a 'cogendo' et 'componendo' vel 'congregando', sicut fructus dicuntur 'cogi' l. si a patre § ultimo ff. de petitione hereditatis[11]: secundum Azonem in proemio, rubrica C., in summa[12] et secundum Albericum de Rosato in proemio C. in fine.[13] Et ideo dictus est 'codex', quia continet multos libros. Codex multorum librorum est liber unius voluminis. Estque dictus a corticibus arborum, quod in se multitudinem librorum quasi ramorum contineat, unde alias vites codices[i]

---

[1] Const. Cordi § 2. — [2–2] Caccialup. l. c. col. 27. — [3] Const. Cordi 4. — [4] ad const. summa rei publicae, In primam Cod. part. f. 4. — [5] in ed. Francof. 1578 nihil ad l. c. reperi. — [6] Super prima Cod. f. 6. — [7–7] vide Caccialupum col. 31 et 32. — [8] vide vol. 2. huius ed. — [9] C. (9, 8) 6. — [10] D. (1, 3) 7. — [11] D. (5, 3) 36, 5 (!). — [12] p. 3. — [13] Super prima Cod. f. 3.

---

[a] Const. Cordi, 'perfectam' Cod. — [b–b] sic et Caccialup. ed. 1472, '331' ed. Bas. 1500. — [c–c] sic et Caccialup. — [d–d] sic et Caccialup. — [e–e] sic et Caccialup. — [f] 'propter' Cod. — [g] Azo, 'autonomatice' Cod. — [h] Azo, 'et' Cod. — [i] Guido, 'codicis' Cod.

appellantur: secundum Archidiaconum post Papiam in c. ego 9. dist.[1] Ita dictus est iste liber codex, quia continebat multos libros et hodie continet. Adde glossam in auth. de triente et semisse in princ. collatione 3.[a] [2] ubi vult, quod 'codex' generaliter omnis liber dicatur; vide textum in l. 2. § omnia et § sequenti C. de veteri iure enucleando.[3] Et debet scribi codex per ₵ intercisum[b], hodie autem scribitur hoc modo: C. — 'Iustiniani' dicitur ad differentiam trium veterum codicum [c]Hermogeniani, Gregoriani et Theodosiani[c]. [4]'Repetite prelectionis' dicitur, nam apud veteres, quando post primam editionem fiebat secunda editio, appellabatur repetita prelectio[d], ut colligitur ex libris Ulpiani ad Sabinum, et[e] exprimitur in dicta constitutione Cordi in v. 'antiquis etenim'.[5] Et ideo 'repetite prelectionis, id est 'secunde editionis', quia precedens lectio, id est prima[f] editio, fuit repetita[4]; et est figura prothesis secundum glossam in rubricam C. in v. 'repetite'[6] et sic exponitur ff. de dote prelegata per totum tit.[7]; et dicitur secundum glossam[8] ibi 'repetite prelectionis id est lectionis'.

Quarto advertendum, quod secunda compilatio codicis fuit facta post librum institutionum, sed prima compilatio codicis fuit ante: § [g]et cum sacratissimas[g] et ibi glossa in v. 'adimplevimus'[h] in proemio Inst.[9] Et est textus in l. meminimus in princ. C. de legitimis heredibus[10], ubi textus facit mentionem de libro institutionum. Facit l. 1. C. de veteri iure enucleando[11] et iura superius allegata, per que Iacobus de Ravano in dicto § [i]et cum sacratissimas[i] [12] probat secundam editionem codicis fuisse factam post institutiones, quia tempore compilationis institutionum et tempore editionis digestorum Iustinianus erat in 3. anno seu gradu sui consulatus, ut l. 2. C. de veteri iure enucleando[13], sed tempore secunde editionis codicis erat ipse in 4. anno sive gradu sui consulatus, ut C. de emendatione codicis in fine.[14] Quod est notandum, quod si adversantur ad invicem[15], debet
f. 28 magis stari[k] ‖ codici tamquam ultimo[l], quam libro institutionum, ni in illis legibus, de quibus in libro institutionum fieret mentio.

---

[1] Guido de Baysio ad Grat. I 9, 5 f. 10b, Papias, Vocab. v. Codex. — [2] Gl. 'codices' ad Nov. 18 pr. — [3] C. (1, 17) 2, 22 et 23. — [4–4] Caccialup. l. c. col. 28. — [5] § 3. — [6] Gl. 'repetitae' ad rubr. Cod. (= inscr. Const. haec quae necessario). — [7] D. (33, 4). — [8] l. c. — [9] Gl. 'adimplevimus' ad Const. imperatoriam 2. — [10] C. (6, 58) 15, 1 (!). — [11] C. (1, 17) 1. — [12] ad Const. imper. § 2 vide supra p. 342 n. 2. — [13] C. (1, 17) 2. — [14] Const. cordi fin. — [15] scil. 'Institutiones et Codex'.

---

[a] '8' Cod. — [b] 'incisum' scr. ? — [c–c] 'Hermogenianum, Gregorianum et Theodosianum' Cod. — [d] 'perlectio' Cod. — [e] Caccialup., 'ut' Cod. — [f] Caccialup., 'secunda' Cod. — [g–g] Const. imp., 'sed cum sacratissimus' Cod. — [h] Inst., 'adimpleverimus' Cod. — [i–i] 'sed cum sacratissimus' Cod. — [k] 'stare' Cod. — [l] 'ultime' Cod.

Quarto[a] advertendum, quod in legibus codicis attenditur ordo compilationis in uno codemque titulo. Itaque l. 1. huius tituli est anterior aliis legibus eiusdem tituli, sed non est anterior legibus sequentium titulorum. Et ideo non sequitur: lex in libri compilatione est posterior, ergo est posterior in tempore, saltem ubi sunt diversi tituli: secundum Petrum Corneum in auth. ex causa in 38.[b] columna C. de liberis preteritis[1]; probat per textum[2] et glossam[3] in § quibus in v. 'primo loco' in 1. constitutione C. Quod est notandum ad plura, ut ibi per eum. Addo glossam[4] et Bartolum[5] in l. 2. in princ. C. de iuramento calumnie et Albericum de Rosato in rubrica C. de novo codice componendo in 5. columna.[6] Hoc etiam probavit in l. fin. § 1. C. de curatore furiosi[7], que facit mentionem de l. fin. C. qui admitti.[8] Et est unus textus in l. fin. C. qui testamenta facere possunt[9], et ibi Iason notat[10]: nam illa lex est in tit. anteriore, tamen est facta post l. cum non solum vel l. fin. C. de bonis que liberis.[11] Et est textus in l. unica § in novissimo C. de caducis tollendis[12], ubi facit mentionem de l. unica C. de his qui ante apertas tabulas[13], et tamen ille titulus est inferior. Et sic, quando leges sunt in codice in eodem titulo, tunc apparet de prioritate et posteritate; sed quando sunt in diversis tituli codicis, istud non potest argui, id est, quod talis lex sit anterior eo, quia sit in titulo anteriori. Et continuatio titulorum an in codice consideretur, vide Decium in rubrica C. de bonorum possessione contra tabulas[14] et l. 1. notam 1. in fine eodem tit.[15]

Quinto advertendum, quod illa verba, que sunt in superioribus legibus codicis videlicet 'Imperatores Theodosius Gratianus AA. CC. proposito' dicunt 'Imperatores Theodosius[c] Gratianus Augusti et Cesares'. Ex quo nota, quod imperatores antea 'Cesares' dicebantur, quasi quidam principum filii [d]viri et[d] designati auguste maiestatis heredes: secundum Elium Spartianum in vita Elii Veri imperatoris in princ.[16]; postea vero creati imperatores 'Augusti et Cesares' dicebantur, sicut hodie imperator ante incoronationem vocatur 'Rex Romanorum', post coronationem 'Im-

[1] ad auth. cit. C. (6, 28). Comment. in sextum librum Cod. f. 90b. — [2] Const. haec quae nec. 2. — [3] Gl. 'compositione' ad l. c. — [4] Gl. 'propositis' ad C. (2, 58) 2. — [5] ad C. (2, 58) 2 f. 295. — [6] ad Const. haec quae, Super prima Cod. f. 4. — [7] C. (5, 70) 7, 3. — [8] C. (6, 9) 9. — [9] C. (6, 22) 12. — [10] ad C. (6, 22) 12, Super secunda Cod. fol. 77. — [11] C. (6, 61) 8. — [12] C. (6, 51) 1, 5. — [13] C. (6, 52) 1. — [14] ad rubr. C. 6, 13., Comment. in Cod. f. 125. — [15] ad C. (6, 13) 1, l. c. — [16] Scr. hist. Aug. Helius 2, 2.

[a] sic Cod.! — [b] vide supra p. 337, 14. — [c] 'Theodosianus' Cod. — [d–d] sic et Spart. ed. Ven. 1490 (pro 'virtute').

perator. Et 'A.' dicit 'Augustum' et 'C.' 'Cesarem', et si sunt plures littere A seu C, significant numerum imperatorum seu cesarum. —

[1]Suadente vero varia natura rerum[1], que multas formas edere novas deproperat[a] et sanctione imperiali indigeat, dicta l. 2. § antique C. de veteri iure enucleando[2], l. in princ. C. de caducis tollendis[3], § his igitur C. de emendatione codicis domini Iustiniani[4], c. non debet de consanguinitate et affinitate[5], idem [6]Iustinianus multas constitutiones fecit, numero[b] centum vel circa, quas hodie insertas habemus in libro authenticorum[6]. [7]De quibus Iustinianus fieri et compilari fecit librum authenticorum seu novellarum, prout protestatus fuit § his igitur predicto, quod si[c] in posterum alique constitutiones fierent, in aliam congregationem referantur[7]. Glossa in auth. de ecclesiasticis titulis in princ. in 1. glossa collatione 9.[8] dicit, quod leges inserte in authenticis sunt de ultimis legibus compositis per Iustinianum, que 'novellarum constitutionum' nomine significantur. Quo autem tempore fuerit factus liber predictus, ignoro; ex constitutione tamen, que est in dicto libro in auth. ut preponatur[d] nomen imperatoris in dicto § si qua vero[9], posse[e] intelligi apparet, quod illa constitutio fuit publicata indictione 1. anno 11. imperii et post consulatum Belisarii clarissimi viri anno 2. et 9. kalendas Iulias[f] et sic anno Christi 539. Vide Angelum in dicto § si qua vero[10] et glossam in auth. de [g]restitutionibus et ea que parit[g] § sed tamquam collatione 4. in v. 'longeva'.[11] Nec est mirandum, quod ponuntur anni imperii et consulatus, quia ita statutum fuit per Iustinianum in auth. de consulibus § penultimo collatione 4.[12] Et licet in auth. de nuptiis[13] fiat mentio de 6. consulatu Belisarii et sic de anno 543. [h]Et adverte, quod in auth. ut[i] fratrum filii in princ, collatione 9.[14] dicit[k]: '11. indictione [l]kalendis Ianuariis'[l]. In auth. de consulibus in princ. collatione 4.[15] dicit, quod fuit anno pene 1000., postquam res publica Romanorum pullulavit, quando nomen consulum habuit originem, et secundum computationem temporum et post exactos reges, quando consules ceperunt,[m]

[1–1] Caccialupus col. 28. — [2] C. (1, 17) 2, 18(!), vide 17 in medio. — [3] C. (6, 51) 1. — [4] Const. cordi 4. — [5] Greg. (4, 14) 8. — [6–6] Caccialupus l. c. — [7–7] Caccialup. l. c. — [8] Gl. 'observamus' ad Nov. 131 pr. — [9] Nov. 47, 1, 1. — [10] Angelus de Ubald. Super auth. f. 20b ad Nov. 47. — [11] Gl. 'longaeva est' ad Nov. 39 praef. — [12] Nov. 105, 2, 3. — [13] Nov. 22, epilog., Dipl. male intellexit verba 'Belisario vi(ce) cons.' (sic ed. Ven. 1502). — [14] Nov. 127, 1. — [15] Nov. 105 praef.

[a] C. Iust., 'non deperperat' Cod. — [b] Caccialupus, 'nam' Cod. — [c] vide infra p. 347, 22, 'ei' Cod. — [d] Nov., 'proponatur' Cod. — [e] 'potestate' Cod. — [f] Nov. Vulg., 'Iunias' Cod. — [g–g] Nov., 'test. et ea quae pariant' Cod. — [h–h] haec librarius praepostere inseruit infra p. 347, 12 post 'res que C. de fideicommissis'. — [i] Nov., 'quod' Cod. — [k] om. Cod. — [l–l] 'kalende Ianuarie' Cod. — [m] 'fuit' ins. ?

anno mundi 4737., annus[a] autem 11. imperii Iustiniani fuit 5734., et sic illud verbum 'pene' intellegitur per annos tres.[h]

Advertendum primo, quia [1]reperitur quidam liber, qui appellatur 'liber novellarum', qui continet easdem constitutiones, quas continet liber authenticorum, licet in aliquibus sit varietas. De quo libro novellarum facit[b] mentionem glossa in auth.[1] [2]sed novo iure C. de servis fugitivis[3] et in auth. novissima C. de inofficioso testamento in v. 'titulo' ad finem[4] et constitutione de emendatione codicis domini Iustiniani in v. 'aliam congregationem'[5] et in auth. de iureiurando a moriente prestito in v. 'iuraverit' in princ. collatione 5.[6]; et glossa decreti 23. q. 8. c. sancimus[c] in v. 'xenones' in fine[7] et Azo in proemio summe authenticorum[8] [2] [9]et doctores in auth. [d]res que[d] C. de fideicommissis.[10] [9] [e] [11]Item sunt quedam contenta in dicto libro novellarum, que sunt canonizata in decretis, ut patet 2. q. 7. c. si hereticus[12], 30. q. ultima c. si quis[13], alias est § sub[f] c. nec illud[14]; vide textum in c. 2. in princ. ibi[g] 'constitutionis novelle' [i]extra de testibus.[15] [11] Et dicit[i] Ugo, doctor antiquus et episcopus Ferrariensis, in c. de persona 11. q. 1.[16], quod ideo appellatur 'liber novellarum' respectu codicis et legum veterum; est et alius liber, qui appellatur 'novellarum' secundum ipsum, et est quoddam opus, quod dicitur factum a Iuliano apostata et monacho, nec est authenticum. De quo libro novellarum dicit Iustinianus in § his igitur de emendatione codicis domini Iustiniani[17], quod si in posterum alique constutiones ab ipso fierent, illas congregabit in libro, qui appellabitur 'liber novellarum constitutionum'. Vide mirabilem textum, de quo doctores non allegant, in § ne igitur importunitatem in auth. ut nove facte constitutiones collatione 5.[18] ibi 'alteram[k] vero novellam, que inter constitutiones post codicem posita est'; ubi con-

---

1–1 Caccialup. col. 28. — 2–2 Caepolla, Repet. super auth. sed novo iure f. 5. — 3 Gl. 'exigat' ad auth. cit. C. (6, 1). — 4 Gl. 'titulo' ad auth. cit. C. (3, 25). — 5 Gl. 'congregationem' ad Const. Cordi 4. — 6 Gl. 'et iuraverit' ad Nov. 48, 1 pr. — 7 Gl. 'xenones' ad Grat. II 23, 8, 23, 2; sed h. l. nihil de libro novellarum reperitur. — 8 Ps. Azo, Summa in auth. prooem. p. 236. — 9–9 Caccialup. l. c. — 10 re vera auth. cit. C. (6, 43) communia de legatis. Dipl. videtur aberrasse legens verba Caccialupi: 'De quo libro novellarum mentionem facit glossa in auth. hoc amplius de fideicommissis et doctores in auth. res que C. communia de legatis.' — 11–11 Caepolla l. c. — 12 Grat. II 2, 7, 26. — 13 Grat. II 30, 5, 9. — 14 Grat. II 30, 5, 8. — 15 Greg. (2, 20) 2. — 16 Huguccio, Summa ad Decr. f. 105v (Cod. Ms. 985. Lips. Univ. Bibl.) ad Grat. II 11, 1, 38. — 17 Const. cordi 4. — 18 Nov. 66, 1, 2.

---

a 'anno' Cod. — b 'faciat' Cod. — c Caepolla, 'statuimus' Cod. — d–d Nov., 'usque' Cod. — e hic inseruit librarius verba, quae posui supra p. 346, 24. — f sic et Caepolla. — g Caepolla, 'in' Cod. — h vide p. 446 n. h–h. — i–i 'et dicit extra de testibus' Cod. — k Nov., 'alterum' Cod.

stitutionem[a], que est in auth. de triente et semisse[1], appellat novellam; et ideo ille constitutiones appellantur constitutiones novelle. Hoc etiam nomine appellabantur extravagantes composite a pluribus imperatoribus post codicem Theodosianum, ut liber novellarum Marciani et liber novellarum Maioriani et liber novellarum divi Valentiniani, qui libri erant post codicem Theodosianum. Et Odofredus in dicta constitutione de emendatione codicis domini Iustiniani[2] tenet, quod liber novellarum sit approbatus et sit liber iuris civilis. Et dicit ibi Albericus de Rosato[3], quod quidam habent coniunctum librum novellarum cum libro authenticorum et ita ipse habebat, licet communiter non bene reperi.[b] Et ita videtur sentire Azo in proemio summe authenticorum[4] et glossa in supra[5] dictis locis, quod liber novellarum sit approbatus et fuerit compositus a Iustiniano, ut infra[6] etiam dicam. De quo meminit Gratianus dicto c. si quis[7] et c. de illicita 24. q. 3[8], in contrarium allegat in constitutione 128., quia in libro authenticorum non sunt nisi nonaginta novem constitutiones, et in c. de persona 11. q. 2.[9], ubi facit mentionem de libro novellarum constitutionum, que[c] est in auth. de sanctissimis episcopis collatione 9.[10] [11]Licet Goffredus[d] in suis libellis in libello de bonorum possessione que datur patri avo proavo in 2. columna in v. 'septimum' dicit, quod dictus liber novellarum non sit approbatus nec allegandus in causis.[11] [12]Dicit Raphael Fulgosius in auth. hoc amplius C. de fideicommissis[13] se nunquam[e] vidisse dictum librum novellarum.[12] Quid dicendum? Clarum est enim librum etiam authenticorum esse approbatum et ipsum fecit Iustinianus, ut probant [14]Iovanes et Azo, qui hoc tenent et pluribus rationibus in proemio summe authenticorum[15], et tangitur etiam[14] per glossam [f]hic sume[f] C. de emendatione codicis domini Iustiniani in fine[16], et [17]in summa codicis quod cum eo, qui in aliena potestate § quid si pater.[18] Hoc idem tenet[17] glossa[19], [20]Odofredus[21] et Cinus in l. humanum C. de legibus,[22] [20] glossa[23] et Albericus[24] post Odofredum post doctores in dicta constitutione

[1] Nov. 18. — [2] ad Const. cordi, Lect. in Cod. 1 f. 4v. — [3] ad const. Cordi, Super prima parte Cod. f. 6v. — [4] Ps. Azo, summa p. 236. — [5] supra p. 347, 5 seq. — [6] infra p. 350, 6 seq. — [7] Grat. II 30, 5, 9. — [8] Grat. II 24, 3, 6. — [9] Grat. II 11, 1, 38. — [10] Nov. 123. — [11–11] Alber. l. c., Roffred., Lib. iur. civ. 6, 4 p. 335. — [12–12] Caccialup., col. 29. — [13] ad auth. cit. Super secunda parte Cod. f. 101 b. — [14–14] Alber. l. c. — [15] Ps. Azo, Summa proem. — [16] Gl. 'hic summe' ad Const. cordi 4. — [17–17] Alber. l. c. — [18] Azo, Summa ad C. 4, 26 p. 472. — [19] Gl. promulgandum ad C. (1, 14) 8, 1. — [20–20] Alber. l. c.: 'hoc idem tenet hic (scil. ad const. cordi!) Odofredus et Cinus etc.' — [21] ad C. (1, 14) 8, Lect. super Cod. 1. f. 39. — [22] ad C. (1, 14) 8, f. 28 b. — [23] Gl. 'congregationem' ad Const. cordi. — [24] l. c.

[a] 'constitutionum' Cod. — [b] reperitur' Alber. — [c] 'quem' Cod. — [d] sic et Alber. — [e] Caccialup., 'iunctumque' Cod. — [f-f] 'in suum' Cod.

de emendatione codicis[a] domini Iustiniani in fine, et hoc totus mundus servat secundum Albericum ubi supra.[1] Idem tenet magister Ugo, doctor antiquus et episcopus Ferrariensis, in dicto c. de persona 11. q. 1.[2], quod liber authenticorum fuerit compositus a Iustiniano et quod est authenticus per illum textum. [3]Et probari potest per iura in auth. de iureiurando, quod prestatur ab his in princ. collatione 2.[b][4], ubi facit mentionem de Iustiniano et sua uxore. Et est expressum in auth. de non eligendo secundo nubentes § cum igitur circa finem collatione 1.[5], ibi 'nequaquam valere volumus neque in quinto libro codicis nostri positam constitutionem' cetera: ibi enim Iustinianus de codice suo facit mentionem, ex quo apparet, quod fecit illum librum authenticorum. Pro hoc etiam expresse facit in auth. ut sponsalicia largitas § quia vero[6] et loquitur de l. iubemus C. de testamentis[7], quam ipse Iustinianus fecit et eam[c] ibi quoad quid corrigit. Ad hoc etiam bene facit in auth. ut preponatur[d] nomen imperatoris circa medium[8] ibi 'imperii Iustiniani sacratissimi principis'.[3] Apparet etiam secundum Albericum ubi supra[9] per multos similes textus in ipso libro authenticorum, quos studiosus lector reperiet. [10]Et hoc etiam probatur iure canonico, ubi appellatur et approbatur liber constitutionum: 2. q. 1. in epitaphio[e] c. nemo[11]; 24. q. 3. c. de illicita[12]; et 11. q. 1. c. de persona.[13] [10] [14]Et illum librum authenticorum studia receperunt et glossavit Accursius et post eum plures doctores, et super illos fecit summam Iovanes Bossianus, et hos et alii plures doctores commentaverunt.[14] Et ita est tenendum[f], quidquid teneat Irnerius, qui [15]dicebat, predictum librum authenticorum non fuisse Iustiniani et adducebat rationes, quas ponit glossa in dicta l. humanum[16] et in dicta constitutione cordi in fine super v. 'congregationem'[17]; et idem dicebat Placentinus, ut refert Baldus in dicta l. humanum.[18] [15] Et idem sentiebat Odofredus in dicta constitutione cordi, ubi recitat, se vidisse librum authenticorum confectum fuisse a quodam monacho et non a Iustiniano; sed postea mutavit opinionem, ut supra dixi[19], quod etiam patet, quia ipse idem signavit authenticas[g] super leges codicis: secundum Albericum ibi.[20] [21]Nec ob-

[1] l. c. — [2] Huguccio, Summa ad Decret. f. 105b (Lips. Univ. Bibl. Cod. Ms. 985) ad Grat. II 11, 1, 38. — [3-3] Alber. l. c. — [4] Nov. 8 i. f. — [5] Nov. 2, 3, pr. — [6] Nov. 119, 9. — [7] C. (6, 23) 29. — [8] Nov. 47, 1, 1. — [9] l. c. — [10-10] Alber. l. c. — [11] Grat. II 2, 1, 11. — [12] Grat. II 24, 3, 6. — [13] Grat. II 11, 1, 38. — [14-14] Caccialup. col. 29. — [15-15] Caccialup., col. 28. — [16] Gl. 'promulgandam' ad C. (1, 14) 8, 1. — [17] Gl. 'congregationem' ad Const. cordi. — [18] ad C. (1, 14) 8, in 1. lib. Cod. f. 74b. — [19] supra p. 348, 28. — [20] l. c. — [21-21] Caccialup., col. 29.

[a] om. Cod. — [b] om. Cod. — [c] Alber., 'cum' Cod. — [d] Nov., 'proponatur' Cod. — [e] sic et Alber. — [f] 'quod' ins. Cod. — [g] 'autem' Cod.

stant rationes Irnerii et Placentini, quia dicta l. humanum fuit Valentiniani et non Iustiniani et ibi etiam glossa somniavit; nec curandum de varietate stili, quia non ipse, sed illi, quibus committebat, componebant, qui erant forte alii a supra dictis compositoribus.[21] — Et dicit Bartholomeus Veronensis in auth. sed novo iure in 3. columna C. de servis fugitivis[1], quod liber novellarum est quidam liber compositus, ut credit, per Iustinianum, qui extractus est a libro authenticorum, et in quolibet paragrapho tractatur diversa materia, fecit specialem titulum seu rubricam; et est liber brevis et magis clarus, quam sit liber authenticorum, et dicit ita se voce audivisse a Paulo de Castro legendo auth. novissima C. de inofficioso testamento.[2] Breviter in ista questione dic secundum Albericum de Rosato in dicta constitutione cordi circa finem[3] post Odofredum ibi, quod liber authenticorum[a] fuit ante compositus quam liber novellarum[b], et quod prefationes posite in libro authenticorum decise sunt in libro novellarum; et ita dicit se vidisse teneri communiter; in scriptis quibusdam tamen[c] antiquorum doctorum invenisse, quod liber novellarum primo compositus fuit et postea fuit correctus per librum authenticorum, et ideo fuit appellatus 'liber authenticorum', quia magis authenticus quam ille et magis completus; et dicit posse comprehendi et colligi per textum ibi, ut supra[4] dixi. Idem sentit Paulus de Castro in dicta auth. hoc amplius[5] et ibi sequitur Petrus Corneus in 6. columna[6] ubi voluit, quod liber novellarum fuit excerptus ex libro authenticorum per breviora verba et magis apta.[d] Et [7]idem Paulus de Castro in auth. res que[8] dicit non esse standum illi textui novellarum, quando textui authenticorum contradicit, quia de fide illius operis dubitatur. Baldus etiam in dicta auth. hoc amplius[9] dicit, quod prevalet textus[e] authenticorum, quia liber ille novellarum non legitur in scholis.[7] Idem sentit Azo in proemio summe authenticorum secundum Albericum de Rosato ubi supra.[10] Idem dicit Bartholomeus Veronensis in auth. sed novo iure in 4. columna C. de servis fugitivis[11] post Paulum de Castro in l.[f] mulier § cum proponeretur post princ. ff. ad Trebellianum[12], quod liber novellarum fuit compositus ante librum authenticorum et ideo

[1] Caepolla, Repet. super auth. cit. C. 6, 1 f. 5b. — [2] ad auth. cit. C. 3, 28. — [3] Super l. Cod. f. 6b ad Const. cordi. — [4] supra p. 348, 28 seq. — [5] ad auth. cit. C. (6, 42) 32, Secunda super Cod. f. 114, vide etiam Caccialup. col. 28 seq. — [6] Comment. in sextum lib. Cod. f. 140b ad auth. cit. — [7-7] Caccialup. col. 29. — [8] ad auth. cit. C. (6, 43) 3, Secunda super Cod. f. 116b. — [9] ad auth. cit. C. (6, 42) 32, In 6. lib. Cod. f. 166b. — [10] super l. Cod. f. 6 ad Const. cordi. — [11] Caepolla, Repetitio auth. cit. C. 6, 1 f. 5. — [12] ad D. (36, 1) 22, 4. Secunda super Inf. f. 134b. — [21] vide p. 349 n. 21–21.

[a] 'novellarum' Cod. — [b] 'authenticorum' Cod. — [c] Alber., om. Cod. — [d] 'arcta' Paul. — [e] 'textui' Cod. — [f] 'lib.' Cod.

standum est potius libro authenticorum tamquam posteriori; et dicto libro fuisse derogatum per dictum librum authenticorum, eo maxime, quia dictus liber novellarum non est in usu. Adde, quod dominus Iovanes Bossianus, antiquus doctor, in proemio summe authenticorum in primis verbis[1] dicit, quod liber authenticorum prius dicebatur liber novellarum, quia in eo omne id novum comprehendebatur, quod varia rerum natura creaverat, et nova negotia, que ante illius libri confectionem minime fuerant laqueis iuris introducta, in illius libri corpore clauduntur, sicut ipse dominus Iustinianus refert C. de emendatione codicis domini Iustiniani l. 1. § fin.[2] et C. de veteri iure enucleando l. tanta § sed quia.[3] Unde cum et alius liber sit hoc nomine vocatus, qui tractat super expositionem illius, propterea placuit, ut ad eius differentiam nomen illius libri mutaretur, ut 'authenticum' sive 'authentica' sive 'liber authenticorum' nominaretur, eo quod pre ceteris legum libris authorabilis haberetur, argumento sumpto ex nomine, cum debeant rebus nomina consonare, Inst. de donationibus § est et aliud[4] cum concordantiis; et quod auctor illius libri authenticorum fuit Iustinianus, sicut ex prefatis concordantiis patet, et sic hodiernus mundus observat et predicat ubique. Unde [a]est argumentum[a] ab opinione vel ex auctoritate, quia sic iudicant plures sapientes; et etiam, quia sic intitulantur constitutiones illius libri, quod multum facit, arg. l. quod meo ff. de acquirenda possessione.[5] Apparet, quod sit Iustiniani, licet, secundum ipsum, a quibusdam temere aliquando contrarium non solum dictum fuerit sed etiam [b]scriptum fuerit[b], quod scriptus[c] fuerit a monacho vel a quodam alio, ut ait Irnerius, quod apparet per suam notulam in C. de emendatione codicis domini Iustiniani circa finem positam.[6] Sed tamen, secundum Iovanem ubi supra, quod Irnerius voluit dicere, verum esse potest quoad dicta, sed tamen auctoritas a Iustiniano data fuit. Et ex predictis sequitur, quod Iustinianus componi fecit librum novellarum et postea per quendam monachum emendatus fuit dictus liber ex commissione Iustiniani imperatoris et compositus liber authenticorum, quem habemus; et ita [7]studia universalia receperunt et librum novellarum respuerunt[7] et ita est tenendum. —

Secundo advertendum, quod, licet in libris codicis attendatur ordo compilationis in legibus in quolibet titulo positis, ut dixi supra[8], tamen

[1] Io. Bass., l. c. p. 236. — [2] Const. cordi 4. — [3] C. (1, 17) 2, 18. — [4] I. (2, 7) 3. — [5] D. (41, 2) 18. — [6] Gl. 'congregationem' ad Const. cordi. — [7–7] Caccialup. col. 29. — [8] supra p. 345, 1.

[a–a] Iohannes, 'ex argumento' Cod. — [b–b] Iohannes, om. Cod. — [c] Iohannes, 'scriptum' Cod.

in authenticis attenditur potius ipse ordo compilationis ita, quod titulus posterior in compilatione et textus sub eo situatus est posterior in tempore titulis anterioribus in compilatione. Ita sentiunt omnes doctores in auth. ex causa C. de liberis preteritis[1] et in specie Corneus in 38. columna[2], quando vero dicunt, quod § aliud quoque capitulum in auth. ut cum de appellatione cognoscitur[3] corrigit § 1. in auth. de triente et semisse[4]; et dicit ibi Petrus Corneus se sibi[a] persuadere[b] esse verum, licet nusquam[c] reperiat dictum, quia videt, quod omnes alie rubrice iuris civilis a glossatoribus et a doctoribus continuantur, et rubrice authenticorum non
f. 29 continuantur, quod non putat ex ‖ alio factum, quia rubrice authenticorum non sunt posite alio ordine, nisi secundum ordinem temporis, ita quod frustratoria esset continuatio; et ideo in fine cuiuslibet rubrice ponitur, quota sit ipsa constitutio: nam in rubrica de heredibus et Falcidia dicitur 'constitutio 1.', et in sequenti rubrica dicitur '2.' et sic de singulis successive, quod est secundum eum notandum. Adde in quantum dicitur, quod rubrice authenticorum non sunt continuande, quod idem tenet Iacobus de Belvisio in auth. de non eligendo[d] secundo nubentes in princ. collatione 1.[5] et Andreas Siculus in rubrica extra de iudiciis in 6. columna[6], ex quo ille liber authenticorum non habet ordinem nec stilum aliorum librorum, tamen aliquando potest sumi aliqua continuatio, ut ibi per eum. Adde, quod hoc est de mente Iovanis Bossiani in proemio summe authenticorum in 2. columna[7], quod liber authenticorum nullum habet ordinem certum, ut sciamus, quid antea quidve postea factum sit, nisi quod credimus, quod primo loco fuerit posita prima constitutio, [e]secundo vero[e] loco, que secundo loco condita[f] fuit. Unde, sicubi contrarietatem in hoc corpore [g]priori loco constitutionis inveniamus[g] positam per eam[h], que posteriori loco ponitur, dicemus correctam[i], argumento eius, quod legitur in 1. constitutione C.[8] ibi 'primis[k] quidem primo loco, posterioribus vero posteriori loco ponendis'. Unum obstat, quia textus in auth. ut preponatur[l] nomen imperatoris § si qua vero collatione 6.[9] dicit, quod illa lex fuit facta et condita a Iustiniano anno secundo consulatus Belisarii clarissimi viri, et tamen textus in auth. de nuptiis in fine[10] dicit, quod illa lex fuit publicata

[1] C. 6, 28. — [2] Comment. in sext. libr. Cod. f. 90v ad auth. cit. — [3] Nov. 115, 3. — [4] Nov. 18, 1. — [5] Lectura summam auth. . . . elucidans f. 7 ad Nov. 2. — [6] And. de Barb. ad Greg. 2, 1, f. 5. — [7] Io. Bass., l. c. f. 237. — [8] Const. haec quae 2. — [9] Nov. 47, 1, 1 (re vera coll. 5!). — [10] Nov. 22 epil., vide supra p. 346, 24.

[a] 'se' Cod. — [b] 'persuasisse' scr. ? — [c] Corneus, 'nunquam' Cod. — [d] Nov., 'alienan.' Cod. — [e–e] Iohannes, 'secundove' Cod. — [f] Iohannes, 'posita' Cod. — [g–g] Iohannes, om. Cod. — [h] Iohannes, 'eum' Cod. — [i] Iohannes, 'correptam' Cod. — [k] C. Iust., 'prius' Cod. — [l] Nov., 'proponatur' Cod.

15. kalendas Aprilis Belisario sexto consule: ecce quod illa lex de nuptiis fuit facta postea et tamen in ordine est anteposita, quia est posita in 4. collatione, et nimirum, quia Iustinianus in auth. de consulibus collatione 4. § ideoque communem providentiam[1] vult, quod post imperium ponatur memoria consulum, ut etiam apparet in iuribus supra allegatis. Quare cogita.

Tertio advertendum secundum Iacobum de Belvisio in proemio authenticorum in 2. columna[2], quod liber authenticorum nec habet ordinem nec stilum aliorum librorum et dividitur per novem collationes. Et hoc non procedit ex ordine libri, sed magistraliter; nam natura rerum inductum est, ut plura sint negotia quam vocabula. Et dicit non posse reddi rationem, quare dictus liber dividatur per novem collationes, ni quia magistraliter factum est et ex libero arbitrio, sicut de aliis non potest reddi ratio, que in iure positivo consistunt, l. 1. § pueritiam ff. de postulando[3], § cum ergo Inst. quibus ex causis manumittere non possunt.[4] Adverte tamen secundum Albericum de Rosato in dicto § fin. in fine C. de emendatione codicis domini Iustiniani[5], quod olim dictus liber authenticorum solum dividebatur per tres collationes, quas dicit Iovanes se vidisse et allegat glossam in dicto c. de illicita[6] et ibi per Archidiaconum 24. q. 3.[7] Sed textus in dicto c. de illicita in concilio Parisiensi tempore Ludovici imperatoris allegatur[a] 'in constitutione 128. cap. 371.[b]', et hoc modo allegatur in c. de persona 11. q. 2.[8] per capitula et constitutiones et non per collationes. Et dicit Archidiaconus in dicto c. de illicita[9], quod capitulum vocat paragraphum. Et dicit plus Iovanes de Deo, quod ita dividebatur authenticum, anteaquam divideretur per collationes.[10] Tamen melius loquendo ibi textus loquitur de libro novellarum, quia, ut supra[11] dixi, liber authenticorum non habet tot constitutiones, et istud est quod voluit dicere Iovanes de Fantucciis in dicto c. de illicita.[12] Vide textum in c. ei qui appellat 2.[c] q. 6.[13] in suprascriptione et in § sed lis in princ., ubi Gratianus allegat librum authenticorum hoc modo: 'in authenticis constitutione 11. collatione 5. et constitutione 2. et collatione 4.' Quare autem appellentur collationes, respondet Iacobus de Belvisio loco supra[14] allegato, a colligendo sive con-

[1] Nov. 105, 2, 3 i. f. — [2] Lect. summam auth. . . . elucidans p. 2. — [3] D. (3, 1) 1, 3 (!). — [4] I. (1, 6) 7. — [5] Super prima Cod. f. 6[v]. — [6] Gl. 'CXXVIII' ad Grat. II 24, 3, 6 — [7] Guido de Baysio, ad l. c. f. 294[r]. — [8] re vera Grat. II 11, 1, 38. — [9] Guido l. c. f. 294. — [10] Guido l. c. f. 294[r]. — [11] supra p. 348, 15. — [12] Commentaria Ioh. Fant. super Decretum (de quibus vide Schulte 2, 266) nobis prae manibus non erant. — [13] Grat. II 2, 6, 41. — [14] supra v. 7.

[a] 'allegabatur' Cod. — [b] '7' delet. videtur, '5' scr.?. — [c] '6' Cod.

gregando, quia una collatio colligit et congregat in se plures titulos. Tamen secundum eum in quibusdam libris sunt plures tituli in una collatione quam in aliis, quia multe sunt constitutiones extravagantes, que hodie locum non videntur habere; et dicit ipse se omnes habere et habuisse a venerabili domino Petro de Ferrariis, utriusque iuris excellentissimo doctore, archiepiscopo Arelatensi[a] et regis Caroli II. cancellario[b]. Quas extravagantes allegat idem Iacobus de Belvisio in auth. iusiurandum, quod prestatur ab his in princ. in 2. collatione columna 2.[1] Adde idem tenere Iovanem Bossianum antiquum glossatorem in summa authenticorum in fine proemii[2], ubi dicit, quod cum nulla[c] esset antiquitus predicti libri per partes distributio, moderni adinventores in novem partes ipsum diviserunt, quas collationes vocaverunt[d], quia unaqueque collatio multos in se continet titulos. Et in quibusdam libris plures sunt tituli in una collatione quam in aliis, cum sint multe constitutiones extravagantes, que hodie locum non videntur habere et nullam afferunt utilitatem, unde desunt in multis authenticis.

Ultimo generaliter est advertendum, quia cadit pulchra dubitatio, an ista ultima compilatio, facta per Iustinianum sive eius compilatores, fuerit primo facta in grecam linguam vel latinam, maxime cum reperiuntur[e] omnia volumina in grecam linguam et maxime tempore imperii Grecorum, que magnificus eques dominus Matheus Spandolinus Constantinopolitanus affinis meus[3] promisit ex Grecia in Italiam transportare, sed morte preventus non potuit. Librum etiam authenticorum magnificus eques et iuris utriusque doctor dominus Pandulphus ex nobilibus de Collenutiis de Pisauro[4] litteris grecis vidit et legit et hoc est quod dicit Iustinianus in proemio ff. in § 1.[5] ibi 'post omnium consummationem libenter admittentes[f] definire iam per nostras orationes tam in greca lingua quam Romanorum, quas eternas fieri optamus'. Dubium facit, quia ista compilatio fuit facta in civitate Constantinopolitana, ut dixi supra[6] in iuribus allegatis, in qua leges[g] greca lingua et communi, ut omnibus essent note, scripte fuerunt: § alienationis in auth. de non alienandis collatione 2.[7]; facit textus in § sed nostra Inst. de successione libertorum[7] 'quam pro omnium notione[h] greca lingua composuimus' cetera;

[1] l. c. f. 20. ad Nov. 8 i. f. — [2] p. 237. — [3] vide supra p. 16. — [4] vide supra praef. p. 28 et 46. — [5] Const. omnem pr. (!). — [6] supra p. 334, 21. — [7] Nov. 7, 1 — [8] I. (3, 7) 3.

[a] Iacobus, 'Catlatensi' Cod. — [b] Iacobus, 'cancellarii' Cod. — [c] Iohannes, 'nonnulla' Cod. — [d] 'vocant et' Cod. — [e] 'reperiantur' scr.? — [f] Const. omnem, 'advertentes' Cod. — [g] om. Cod. — [h] Inst., 'ratione' Cod.

et l. ne in arbitris § si quis autem[a] C. de arbitriis[1] et in § ne igitur in v. 'propter frequentiam' in auth. ut nove facte constitutiones collatione 5.[2] et in auth. de defensoribus civitatum in princ.[3] in v. 'paterna voce[b]' et ibi glossa[4] collatione 2. Per hoc etiam est textus in l. 1. ff. de excusationibus tutorum[5], ubi Herennius transscribit de greco in latinum. In hac dubitatione glossa in l. 1. ff. de excusationibus tutorum in v. 'legalia[c]'[6] et in proemio ff. § 1. in v. 'greca[d]'[7] et in l. 2. § exactis in v. 'decem' ff. de origine iuris[8] post Azonem et Ugolinum vult, quod leges habuerunt originem a Grecis, Inst. de iure naturali, gentium et civili § et non ineleganter[9], sicut et quelibet ars, ut in princ. sui tractatus dicit Priscianus.[10] Tamen ista ultima compilatio Iustiniani primo fuit facta in latinum et postea in grecum, ut optime probatur C. de veteri iure enucleando l. 2. § hoc autem quod ab initio in fine 1. columne[11], ubi dicit textus: 'Nemo audeat commentarios his legibus annectere, ni tamen, si velit eas in grecam vocem transportare sub eodem ordine'. Ad argumenta in contrarium responde, quod ille constitutiones fuerunt facte ante presentem compilationem et etiam post compilationem, non tamen in tempore compilationis. Vel melius potest dici, quod prima compilatio fuit facta in latinum, prout dicit textus in dicta l. 2. § hoc autem[12], postea leges fuerunt tempore Iustiniani transformate in linguam grecam, quarum legum promulgationes et publicationes et predicte ultime compilationes fuerunt facte in linguam grecam et latinam, prout dicit textus in proemio ff. in princ.[13] Et quod leges possint promulgari partim litteris grecis et partim latinis, tenet Felinus in rubrica extra de constitutionibus columna 5.[14] per textum in l. 1. ff. de contrahenda emptione[15] et Inst. de emptione et venditione § pretium[16], prout per Baldum in l. iudices C. de sententiis et interlocutionibus omnium iudicum[17], in c. ad audientiam il primo[e] de rescriptis.[18] Sed melius facit textus in proemio ff. in princ.[19] et in c. septuaginta 15. dist.[20], et melior textus in § 1. in princ. in auth. de mandatis principum collatione 4.[21] ibi 'Romana'[f]; et vide textum in auth. ut nove facte con-

---

[1] C. (2, 55) 4, 6. — [2] Nov. 66, 1, 2. — [3] Nov. 15 pr. — [4] Gl. 'paterna' ad l. c. (re vera coll. 3!). — [5] D. (27, 1) 1. — [6] Gl. 'legalia' ad D. (27, 1) 1. — [7] Gl. 'Greca' ad c. omnem pr. — [8] Gl. 'constitui' ad D. (1, 2) 2, 4 (!). vide § 3. — [9] I. (1, 2) 10. — [10] Inst. Praef. 1. — [11] C. (1, 17) 2, 21. — [12] C. (1, 17) 2, 21. — [13] Const. omnem pr. — [14] Comment. in quinque lib. Decr. 1, 36 ad Greg. 1, 2 rubr. — [15] D. (18, 1) 1, 1. — [16] I. (3, 23) 2. — [17] ad C. (7, 45) 12, in 7. lib. Cod. f. 61. — [18] ad Greg. (1, 3) 11, l. c. f. 29. — [19] Const. omnem pr. — [20] Grat. I 16 (!), 12. — [21] Nov. 17 pr. (!), (coll. 3!).

---

[a] C. Iust., 'ita' Cod. — [b] 'lingua' Nov. — [c] Glossa, 'legalis' Cod. — [d] Glossa, 'Greci' Cod. — [e] '2.' Cod. — [f] Nov., 'Romanis' Cod.

stitutiones § ne igitur collatione 5[1]. Et hec nota, quia sic concordabuntur dicta l. 2. § hoc autem et textus in dicto proemio ff. in princ. hocque credo, quod sit ipsa veritas. Pondera etiam, et est ipsa veritas, prout potest percipi ex libro pandectarum, qui est Florentie, quod Iustinianus imperator [a]in ultima compilatione pandectarum et digestorum leges iuris consultorum antiquorum, qui litteris latinis scripserunt, in linguam latinam reduxit, qui autem in linguam grecam scripserunt, in linguam grecam posuit; quod apparet, quia Modestini et Marciani et aliorum iuris consultorum, qui in grecum scripserunt, eorum leges in linguam grecam sunt posite, adeo, quod totus tit. de excusationibus tutorum et alie leges sunt inserte n pandectis litteris grecis, et hoc est, quod dicit textus in dicto proemio ff.; et alie leges sunt scripte latinis litteris, quia ut plurimum iuris consulti scripserunt latinum, et hoc est, quod dicit Iustinianus in dicta l. 2. § hoc autem: 'si velit eas in grecam vocem transformare'; leges autem suas codicis quam authentici scripsit litteris grecis et hoc est, quod dicunt leges supra allegate. Liber authenticorum est Florentie litteris grecis scriptus[2], est etiam Bononie, traductus per dominum Ludovicum Bologninum[3], in bibliotheca fratrum minorum. Adde, quod dicit Marcus Tullius Cicero libro de finibus bonorum et malorum[4]: 'A Grecis philosophiam et omnes ingenuas disciplinas habemus'. Et dicit Speculator in suo rationali divinorum officiorum libro 6. cap. de sancto die Pasce[5], quod lingua greca antiquitus Rome et in Italia tante fuit auctoritatis, ut non solum dies sollemnes grecis nominibus nuncuparentur, ut Pasca, Pentecosta et Epiphania, verum etiam dignitates, ut apostolicus, patriarcha et archiepiscopus et similia. Et Cicero pro Archia poeta[6] dicit: 'Nam si quis minorem glorie famam[b] putat ex grecis versibus percipi quam ex latinis, vehementer errat, propterea quod greca leguntur in omnibus fere gentibus, latina suis finibus exiguis sane continentur'. Et sanctus Augustinus libro 8.[c] de civitate Dei cap. 10.[7] dicit: 'Sed ideo cum Platonicis magis agere placuit hanc causam, quia eorum sunt littere notiores; nam et Greci quorum lingua in gentilibus preminet.' — Posito, ergo, quod leges fuerint in linguam latinam compilate et maxime in ista ultima compilatione, insurgit alia dubitatio, utrum interpretationes grecorum, que sunt in libris digestorum et aliis libris, debeant haberi pro legibus. In qua Albericus in proemio ff. in princ. in 4. columna[8] et C. de emendatione codicis domini Iustiniani

[1] Nov. 66, 1, 1. — [2] vide Kroll, Praef. ad ed. Nov. p. X. — [3] vide Biener, Geschichte der Novellen Justinians, p. 562. — [4] 2, 21, 68. — [5] Guil. Dur. l. c. f. 51. — [6] 10, 23. — [7] l. c. — [8] ad const. omnem, Super prima parte Dig. Vet. f. 4v.

[a] 'quod' ins. Cod. — [b] Cic., 'fructum' Cod. — [c] '18.' Cod.

in constitutione cordi in 2. columna[1] dicit post multa, quod interpretatio doctorum in studiis ubique habetur, quod serventur, legantur et allegantur pro legibus et ideo minime mutande sunt, l. minime ff. de legibus[2], licet ignotus sit auctor, qui de greco in latinum transtulit, ut ibi per eum; ubi dicit ita respondisse cuidam magno doctori Papiensi, qui eum interrogaverat. Adde, quod glossa in l. fin. ff. finium regundorum[3] dicit, quod fuit Bulgarus, qui fecit interpretationes de greco in latinum, et idem dicit glossa in l. nam et Demosthenes in quadam glossa antiqua ff. de legibus.[4] Sed secundum Cinum in dicta l. nam et Demosthenes[5] post Odofredum[6] certe Bulgarus nihil scivit de lingua greca, sed ille, qui fecit interpretationes, fuit quidam de civitate Pistoria nomine Bergolinus, qui verba greca in libris nostris iuris[a] civilis inserta transtulit in latinum; unde in glossa antiqua dicebatur 'secundum Be.', sed vitio scriptorum dictum est 'secundum Bul.' et male. Adde glossam in dicta l. fin.

Secundo dubitatur, quia Iustinianus aliquando protulit legem in Grecia et in Italia, ut dixi supra[7], [8]an constitutio sit proferenda secundum idioma legislatoris, an vero locorum, quibus dirigitur.[b] In hoc Ludovicus Romanus in l. 1. § fin. in 5. columna ff. de verborum obligationibus[9] dicit, quod dictanda est secundum idioma usitatum inter eos, quibus dirigitur, per textum in dicto § alienationis in auth. de non alienandis[10] [8] cum concordantiis. De quibus per Felinum in rubrica extra de constitutionibus in 5. columna[11], ubi limitat in quattuor casibus: primo, quando ab illis, ad quos constitutio dirigitur, intellegitur idioma conditoris, quia potest[c] ex illo lex[d] dictari; secundo, quando lex indifferenter concernit omnes nationes[e], quia sufficit editio in lingua latina tamquam communiori; tertio, quando lex concernit certum genus hominum diversi idiomatis, qui tamen[f] habitant inter Latinos, quia sufficit eadem lingua latina; quarto, quando lex concernens certum genus hominum certi idiomatis promulgatur[g] in loco, in quo sit copia hominum utriusque lingue, ut puta in concilio generali; si autem ex curia mitteretur Grecis epistula decretalis, tunc danda esset litteris grecis, maxime ubi sunt in curia docti in utraque lingua, ut plenius ibi per Felinum. —

---

[1] Super prima Cod. f. 6v. ad Const. cordi. — [2] D. (1, 3) 23. — [3] Gl. 'ita est' ad D. (10, 1) 13. — [4] Glossa ante Accurs. scripta (vide Savigny 4, 405) ad D. (1, 3) 2. — [5] in opere deperd.; vide Savigny 4, 407 N. k., Chiappelli, Nuove ric. 1, 22 seq. — [6] Savigny 4, 404. — [7] supra p. 354, 29 seq.? — [8-8] Felinus, Comment. in quinque lib. Decret. 1 f. 35 ad Greg. (1, 2) rubr. — [9] ad D. (45, 1) 1, 6, super secund. Dig. Novi f. 117v. — [10] Nov. 7, 1. — [11] l. c. f. 36.

---

[a] om. Cod. — [b] 'dirigentur' Cod. — [c] Fel. 'patet' Cod. — [d] Fel., 'text.' Cod. — [e] Fel., 'generationes' Cod. — [f] Fel., 'tunc' Cod. — [g] Fel., 'promulgantur' Cod.

Tertio dubitatur, ex quo Iustinianus in l. 1. circa fin.[1] et in l. 2. § igitur[2] C. de veteri iure enucleando prohibet, quod nullus iuris peritus in posterum audeat commentarios legibus suis applicare et verbositate vel compendio confundere, et quemadmodum in antiquioribus temporibus factum fuit, cum per contrarias interpretantium sententias totum ius pene conturbatum fuit. Si quis autem talia ausus fuerit facere, ipse quidem falsarius reus constituatur, volumina autem omnia corrumpantur.
f. 30 Quomodo ergo imperatores, qui fuerunt post Iustinianum, passi sunt ‖ tot commentaria fuisse facta et glossas[a] in codicibus iuris civilis insertas, ex quibus vero potest[b] dici, quod propter verbositatem tantorum doctorum tota Iustiniana sanctio est confusa? Et ideo dicit Iovanes Faber, Inst. de obligationibus, que ex quasicontractu nascuntur in princ.[3]: 'O utinam quod omnes summe et scripta [c]nisi que vadunt[c] ad intellectum textuum essent deleta, quia per textus bene intellectos omnia habentur'. Glossa in dicta l. 1.[4] dicit, quod Iustinianus tantum prohibet commentarios facere addendo novas leges, non autem prohibet exponi ipsas; tamen postea concludit, quod verius est, quod prohibet et aliter non respondet. Dic melius ex mente Bartoli in l. omnes populi ff. de iustitia et iure[5] et sequitur Cardinalis Alexandrinus in c. 2. 4.[d] dist.[6] et est de mente Cardinalis in Clementina exivi in primis verbis de verborum significatione[7], quod leges non possunt adeo esse clare, quod dubitationem non contineant et ideo permissum est illas glossari. Nec hoc prohibet Iustinianus, sed de extraneis et impertinentibus commentariis. Per hoc est textus in Clementina [e]exivi[8], c.[e] exivit qui seminavit extra de verborum significatione libro 6.[9], quod super regulam fratrum minorum est editum: 'ne glossetur' debet intelligi de extranea glossa vel impertinenti ad litteram, non autem per hoc exclusa videantur ea, que commentaria sunt et ad litteram pertinent, et quod non debeat intelligi sublata nisi interpretatio ut supra impertinens et extranea fuit; [10]l. scire leges ff. de legibus.[11] Virtus enim legis consistit in substantia rationis, l. 2. C.[f] que sit longa consuetudo[12], quia mens legis idem est quod anima et spiritus ipsius scripture, nam scriptura sine mente

[1] C. (1, 17) 1, 12. — [2] C. (1, 17) 2, 21 (!), vide § 19. — [3] ad I. (3, 27) pr. p. 109. — [4] Gl. 'commentarios' ad C. (1, 17) 1, 12. — [5] ad D. (1, 1) 9, in 1. part. Dig. vet. f. 45 seq. — [6] Io. Anton de St. Georgio ad Grat. I 4, 2. — [7] Zabarella ad Clem. (5, 11) 1, Super Clem. f. 204[v]. — [8] Clem. (5, 11) 1. — [9] Bonifac. (5, 12) 3. — [10–10] Baldus ad Greg. (1, 2) 1, Ad tres priores lib. Decret. f. 8[v]. — [11] D. (1, 3) 17. — [12] C. (8, 52) 2.

[a] 'glossis' Cod. — [b] 'patet' Cod. — [c–c] sec. Fab., 'et que vadunt nisi' Cod. — [d] Io. Anton., '2.' Cod. — [e–e] om. Cod. — [f] Baldus, 'ff.' Cod.

nihil est; l. divus ff. de testamento militis.[1] Item per vivam rationem interpretamur scripturam[a], l. cum fundus § 1. ff. si certum petatur[2], l. 1. § veteres ff. de acquirenda possessione.[3] Unde omnes leges receperunt[b] interpretationem propriam[c] rationis, nam ratio non fallit nec fallitur, l. 1. C. de ponderatoribus[d] auri.[4] Item interpretantur per argumentum a paritate, l. fin. C. de indicta[e] viduitate tollenda.[5] Item per argumentum ab omnimoda similitudine, l.[f] non possunt ff. de legibus[6] et l. de quibus[7] et l. ideo quia.[8] Et patet per argumenta multa in iure, per que est commissum et prudentibus et magistratibus iura interpretari; propterea dicit l. 2. § his legibus ff. de origine iuris[9], quod leges late naturaliter desiderant interpretationem.[10] Ideo nimirum, si per glossatores et iuris consultos sunt facta commentaria. Quod est notandum pro statutis disponentibus, quod statuta non possint glossari, de quibus per Baldum in auth. si qua mulier in fine C. de sacrosanctis ecclesiis[11] et in l. 3. C. de liberis preteritis[12] et in l. non dubium C. de legibus[13] et in c. canonum statuta in 4. columna de constitutionibus[14] et Alexander consilio [g]211. ponderatis in 5. volumine[g] in princ. et in fine, et Iason in l. omnes populi ff. de iustitia et iure[15], et per Bartolum[16] et doctores in dicta l. omnes. — In materia dicte ultime compilationis Iustiniani adde etiam, quod Andreas de Irsenia in c. 1. in 1.[h] columna de statutis et consuetudinibus in usu feudorum[17] dicit, audivisse a magno viro iuris doctore antiquo dicente, quod leges iuris consultorum essent multum rationabiles, sed postquam Iustinianus fuit in oriente, fecit leges et alia minus rationabilia. [i]Dominicus de Aretio in 4. libro de viris illustribus[18] in v. 'Iustinianus' circa finem: 'Crescente malitia hominum sanctissimas leges correptione[k] Iustinianus[l] dissensionum[m] depravavit ad pessimum sensum trahens, adeo, quod non minus illa brevitas, quam sarcinosa prolixitas mala esset. [n]Novis ergo interpretibus opus erat[n], qui caligantia luminarent, inter quos fuit Accursius.'[i] Ultimo adde, quod publi-

---

[1] D. (29, 1) 24. — [2] D. (12, 1) 31, 1. — [3] D. (41, 2) 1, 16. — [4] C. (10, 73) 2. — [5] C. (6, 40) 3. — [6] D. (1, 3) 12. — [7] D. (1, 3) 32. — [8] D. (1, 3) 27. — [9] D. (1, 2) 2, 5. — [10] vide p. 358 n. 10—10. — [11] ad auth. cit. C. 1, 2; in 1. lib. Cod. f. 26. — [12] ad C. (6, 28) 3, ad 6. lib. Cod. f. 99[v]. — [13] ad C. (1, 14) 5 in 1. lib. Cod. p. 70. — [14] ad Greg. (1, 2) 1, l. c. f. 8[v]. — [15] Super 1. Dig. vet. f. 17 ad D. (1, 1) 9. — [16] ad D. (1, 1) 9, in 1. partem Dig. Vet. f. 45 seq. — [17] A. de Isernia, In usus feud. comm. p. 819. — [18] Bandini, vide supra p. 164 n. 6.

---

[a] 'scripturas' Bald. — [b] 'recipiunt' Bald. — [c] 'perpunctum' Bald. — [d] 'et' om. et Bald. — [e] Bald., 'in die' Cod. — [f] 'C.' Cod. — [g-g] corr.? Iason ad D. (1, 1) 9 f. 16 laudat Alexandri 'cons. LXXX in 4. col. in 1. vol.' et recte: vide Alex. Cons. lib. 1. f. 86. — [h] numerus columnae falsum esse apparet. — [i-i] in margine. — [k] 'coretionem' Cod., vide supra p. 252 n. i. — [l] 'Iustiniano' Cod. — [m] 'disesi hominum' Cod. — [n-n] 'Novi ergo interpretes opus opus erant' Cod.

catis libris codicis digestorum et institutionum ipsa volumnina in linguam latinam Iustinianus misit in Italiam. Et liber digestorum seu pandectarum semper fuit Pisis et nunc est Florentie, ut dixi supra in 3. libro de civitate Pisana.[1]

Per tertium[2] Iustinianus [3]ostendit religiosam mentem ad divinum cultum erga Deum gloriosum eiusque ministris ecclesias[a] edificando opes plures donavit[3], ex l. 1. C. de sacrosanctis ecclesiis.[4] [5]Et per Belisarium clarissimum virum duo hospitalia apud Romam erexit et monasterium apud Ortam[b] urbem condidit, cui fundos plurimos addidit, unde monachi vivere possent.[5] [6]Templum etiam toto orbe celeberrimum et maximum in Constantinopoli in honorem Dei patris et sancte Sophie sua impensa edificavit[6], [7]quod a conditione mundi non sit tale opus ita complete factum.[7] De sancta Sophia vide textum in c. Agatho 63. dist.[8] et Albericum de Rosato in suo dictionario in v. 'Iustinianus'.[9] [10]Misit etiam Iovani pontifici maximo Romam veneraturus sedem apostolicam Hypatium et Demetrium[c] episcopos cum muneribus, qui et Romanum pontificem suo nomine salutarent et epistulam, in qua fides sua in proprio[d] scripto chirographo erat, darent[10]: epistula inter claras in princ. et fine C. de summa trinitate et fide catholica.[11] [12]Et hec munera beati Petri templo obtulerunt: scyphum aureum circumdatum gemmis, prasinis[e] et albis, librarum sex, scyphos argenteos duos librarum duodecim, calices argenteos duos librarum quindecim, et pallia holivera auro texta quattuor.[12] Cui Iustiniano benedicens[f] rescripsit Iovanes summus pontifex voce prophetica: 'Tibi abundet celum desuper et effundant montes iucunditatem et colles letitia letabuntur[g]': dicta epistula inter claras § liquet igitur.[13] [14]Multos etiam hereticos prosecutus fuit, maxime Theodorum et Anthemum episcopos, qui affirmabant aliud esse Dei verbum et aliud Christum et sanctam Mariam virginem negabant Dei genitricem fuisse et solum hominem et non Deum et hominem peperisse[14], ut patet in dicta epistula inter claras per totum; quas hereses[h] condemnavit:

[1] in deperdita parte operis. — [2] vide supra p. 330, 30. — [3-3] Fasc. Temp. p. 504. — [4] C. (1, 2) 1. — [5-5] Supplem. Chron. ad a. 5724. — [6-6] Supplem. Chron. l. c. — [7-7] Fasc. Temp. p. 507. — [8] Grat. I 63, 21. — [9] l. c. — [10-10] Liber pontificalis 1, 285 (ed. Mommsen p. 141), Platina, de vitis pontif. p. 66 (Ioh. II.). — [11] C. (1, 1) 8. — [12-12] Lib. pontif. l. c., Platina l. c. — [13] C. (1, 1) 8, 26. — [14-14] Platina l. c. p. 67, Suppl. Chron. ad a. 5737.

[a] Fasc. Temp., 'ecclesiasticis' Cod. — [b] Suppl. Chron. ed. 1486, 'Romam' ed. Ven. 1513, 'oriam' Cod. — [c] Lib. pont. et Plat., 'Demonium' Cod. — [d] Lib. pont., 'prem.' Cod. — [e] Lib. pont., 'prasuris' Cod. — [f] 'benedicente' Cod. — [g] C. Iust., 'lectabunt' Cod. — [h] lacuna novem fere litterarum in Cod., 'Vigilius pontifex' ins. ?

24. q. 3. c. quidam in v. 'Nestoriani'.[1] [2]Qua de causa synodum incohare fecit, que fuit sancta synodus Constantinopolitana, que damnavit dictos hereticos; et ibidem declaratum fuit, quod beata Maria 'theotocos' diceretur, id est, quod Deum et hominem suo partu edidisset[2], ut in dicta l. inter claras et 15. dist. c. quoniam[3] et 24. q. 3. c. quidam heretici in ultima columna.[4] [5]Cui quidem synodo universalis ecclesia auctoritatem maximam contulit sicut et aliis quattuor synodibus, ut patet 15. et 16. dist.[6.5] per totum et iuribus supra allegatis. Quo tempore sunt, qui dicunt, ut [7]Gennadius[a 8], qui persecutus[b] fuit libellum sancti Hieronymi de viris illustribus, ponens Iustinianum inter viros illustres ecclesiasticos[7], et ipsum quosdam libros de incarnatione Domini eleganter scripsisse, quos etiam per diversas provincias misit. Condidit quoque et rescriptum contra Illyricianam synodum et adversus Africanos episcop s, in quo tria capitula damnare contendit, id est Theodori Mopsuesteni[c] episcopi dicta, sive [d]rescripta Theodoreti et epistulam[d], que dicitur [e]Ibe Edesseni[e] episcopi. Et tempore illius imperatoris fuit constituta sollemnitas purificationis beate Marie virginis in reverentiam eius propter magnam mortalitatem, que fuit Constantinopoli, ut refert Speculator in suo rationali divinorum officiorum libro 7. in cap. de purificatione sancte Marie.[9] Hic Iustinianus 'pius' appellatur per Nicolaum papam in c. quod suspecti in fine 3. q. 5.[10], Honorius in c. 1. de iuramento calumnie[11] allegat Iustinianum imperatorem. Xiccus Polentonus libro ultimo de viris illustribus scriptoribus latinis[12]: 'Iustinianus iuris civilis emendator atque legum pater.' Item 'sanctissimus' appellatur in auth. ius iurandum, quod prestatur ab his in princ. collatione 2.[f 13] Item 'catholicus' in concilio Parisiensi tempore Ludovici imperatoris, ut per Gratianum in c. de illicita in pr. 24. q. 3.[14] et magistrum Ugonem episcopum Ferrariensem in c. aperiant in ultimis verbis 31. q. 1.[15]

Iste Iustinianus fuit patria Constantinopolitana, quam 'primam Iustinianam patriam' vocat in auth. de ecclesiasticis titulis in princ. collatione 9.[16] Et est textus in auth. de defensoribus civitatum in princ. collatione 3.[g 17],

[1] Grat. II 24, 3, 39, 63. — [2–2] Suppl. Chron. l. c. — [3] Grat. I 15, 1 (!). — [4] Grat. II 24, 3, 39, 63. — [5–5] Suppl. Chron. l. c. — [6] Grat. I 15 et 16. — [7–7] Caccialup., De modo stud. col. 25. — [8] re vera Isidorus, De viris illustr. c. 31. — [9] Guil. Dur. l. c. f. 178v. — [10] Grat. II 3, 5, 15. — [11] Greg. (2, 7) 1. — [12] opus Polentoni h. l. non contulimus (sed vide supra p. 164, 9 et p. 171, 1). — [13] Nov. 8 i. f. — [14] Grat. II 24, 3, 6. — [15] Huguccio ad Grat. II 31, 1, 11, Cod. Bamberg. (Msc. Can. 41. P. II, 28) f. 355. — [16] Nov. 131, 3. — [17] Nov. 15 praef.

[a] Caccialupus, 'Gerardus' Cod. — [b] 'prosecutus' Cod. — [c] Isidor., 'Mons vesperii' Cod. — [d–d] Isidor., 'rescripta et Theodoreti epistolam' Cod. — [e–e] Isidor., 'Hypedeseni' Cod. — [f] '5' Cod. — [g] '1' Cod.

ubi grecam linguam appellat paternam. Et archiepiscopo et patriarche dicte civitatis Constantinopolitane Vigilius papa ad preces ipsius imperatoris sub plena iurisdictione concessit [a]episcopos sequentium provinciarum[a], videlicet Dacie mediterranee et Dacie Ripensis Privalis[b] et Dardanie et Mysie superioris et Pannonie: dicto tit. de ecclesiasticis titulis in princ., ubi Angelus[1] notat, et dicto[c] tit. de privilegiis archiepiscopi prime[d] Iustiniane in princ.[2] Iste Iustinianus habuit uxorem nomine Theodoram, quam 'sanctissimam' vocat auth. iusiurandum quod prestatur ab his circa princ. collatione 2.[3] Huius tempore floruit sanctus Benedictus pater maximus ac totius ecclesie fulcimentum et norma religionis secundum Iovanem Andree in additione Speculatoris in tit. de dispensatione v. 'nunc de episcoporum' v. '56.'[e4] Item sanctus Cassiodorus Ravenne senator, postea monachus, ornatus scientia et eloquio secundum Iovanem Fabrum in rubrica Inst. in v. 'in nomine Domini' in fine[5], et vide Albericum de Rosato in suo dictionario in v. 'Iustinianus'.[6] Item sanctus Herculanus episcopus Perusinus, qui a rege Gothorum capite truncato mortuus fuit.[7] Item sancta Genovefa in pago Parisiensi.[8] Item et Arator[f], [g]Romane ecclesie subdiaconus, poeta mirabilis, qui actus apostolorum metrice composuit.[9] Item et Priscianus grammaticus.[10] Item et Victor, episcopus Capuanus, qui cyclos pasquales scripsit[11] et alii plures doctissimi viri. Regnavit Iustinianus Constantinopoli tempore Bonifacii II. pontificis et Iovanis II., cui direxit epistulam inter claras C. de summa trinitate et fide catholica[12] et constitutionem in auth. ut ecclesia Romana centum annorum cetera[13]; vide textum in c. ecclesias de consecratione dist. 1.[14] Et[h] de tempore Agapiti I., de quo vide textum in c. Agapitus de consecratione dist. 1.[15] [16]Qui cum pacem impetrasset a Iustiniano et tentaretur[i], ut Eutychianam[k] opinionem confirmaret: 'Ego ad christianissimum principem venire optavi, sed Diocletianum inveni, quem christianorum hostem fuisse constat.' Qua libertate loquendi et Dei nutu Iustinianus permotus fidem[l] catholicam amplexus est et expulso Anthemio[m] Constantinopolitano episcopo[16], cui

---

[1] Ang. de Ubaldis ad l. c., Super authenticis f. 45[v]. — [2] Nov. 11 pr. — [3] Nov. 8 i. f. — [4] ad Dur. 1 p. 70. — [5] p. 3, vide Suppl. Chron. ad a. 5752. — [6] l. c. — [7] Albericus l. c., Fasc. Temp. p. 506. — [8] Io. Faber l. c. — [9] Suppl. Chron. l. c., Fasc. Temp. 105. — [10] Suppl. Chron. l. c., Fasc. Temp. l. c. — [11] Fasc. Temp. l. c. — [12] C.(1, 1) 8. — [13] Nov. 9. — [14] Grat. III 1, 21. — [15] Grat. III 1, 23. — [16-16] Platina p. 66 (Agapitus I).

[a-a] Angelus, 'episcopis sequentibus provincias' Cod. — [b] Nov. et Angelus, 'Principalis' Cod. — [c] del. ? — [d] Nov. 'provi' Cod. — [e] '46' Cod. — [f] Suppl. Chron., 'orator' Cod. — [g] 'et' ins. Cod. — [h] om. Cod. — [i] Platina, 'sentaretur' Cod. — [k] Platina, 'Erichlianam' Cod. — [l] Platina, 'sedem' Cod. — [m] Platina, 'Arihemio' Cod.

direxerat constitutionem in auth. de mensura ordinandorum clericorum collatione 3.[1] et [2]qui Eutychianam heresim tuebatur, Menam[a] catholicum in eius locum pontifice Agapito consecrante posuit.[2] Item et Silverii et Vigilii summorum pontificum; de Vigilio papa vide in auth. de ecclesiasticis titulis[b] tit. 15. collatione 9.[3] Item et Pelagii. Tandem prefatus Iustinianus postquam per annos octo et triginta regnaverat et menses quattuor, Constantinopoli[c] moritur die 1. Augusti et anno ab urbe condita 1400., ut in l. 2. in princ. C. de veteri iure enucleando[4], et anno Christi 566., et sepultus fuit in pace Christi in ecclesia sancte Sophie.[5] [6]Qui inter sanctos connumeratus fuit, ut dicit Bartolus in rubrica C. in 2. columna[7], se audivisse Iustinianum fuisse positum in catalogo[d] sanctorum; et insignis doctor Iovanes Faber super rubricam Inst. in v. 'in nomine Domini' in fine[8] dicit vidisse nomen Iustiniani scriptum in catalogo sanctorum kalendis Augusti.[6] Ipsum etiam ponit in Paradiso Dantes Aldighierius in 3. libro in Paradiso cap. 6.[9] Et dicit Azo in proemio summe Inst. in 3. columna[10], quod imperator Iustinianus ut christinianissimus et sanctissimus ab omnibus hominibus tam in operibus iuris civilis quam in ceteris debet commendari et venerari. Et sic sanctus Iustinianus sacratissimus princeps venerari debet in scholis die 1. Augusti, qua mortuus fuit, vel die 1. Aprilis, qua assumpsit imperium; et mirandum est profecto studia saltem universalia non celebrare festivitatem suam, sicut antiquitus de Papiniano fiebat. Et laus Deo amen.

TRIBUNIANUS, natione Grecus, patria Constantinopolitanus, in numero viginti duorum compilatorum legum primus et excellentissimus, apud Constantinopolim et Iustinianum imperatorem in pretio fuit. Qui ex precepto ipsius una cum aliis leges Romanas sparsas et incompositas in unam erexit consonantiam et codicem Iustinianum, videlicet primam compilationem, composuit, ut in proemio C. § ideoque[11] et § ad istum[e] enim laborem in 2. constitutione C.[12] Item et quinquaginta libros digestorum seu pandectarum etiam una cum aliis compilavit, ut in l. 2. § que omnia C. de veteri iure enucleando[13] et [f]libros institutionum[f], § cumque hoc Deo in proemio Inst.[14] et in l. 2. § sed cum prospeximus[g] C. de veteri

[1] Nov. 16. — [2–2] Platina l. c. — [3] Nov. 131, 3. — [4] C. (1, 17) 2 pr. — [5] Fasc. Temp. p. 507. — [6–6] Caccialup., De modo stud. col. 24, vide supra p. 140. — [7] l. c., in l. part. Cod. f. 2. — [8] p. 3. — [9] Parad. 6, 10. — [10] p. 5. — [11] Const. haec 1. — [12] Const. summa 2 (!). — [13] C. (1, 17) 2, 9. — [14] Const. imperatoriam 3.

[a] Platina, 'memoria' Cod. — [b] om. Cod. — [c] 'Constantinopolim' Cod. — [d] Caccialup., 'decalogo' Cod. — [e] C. Iust., 'infrascriptum' Cod. — [f–f] 'in l. institution.' Cod. — [g] C. Iust., 'perspeximus' Cod.

iure enucleando.[1] Item et codicem Iustinianum, id est secundam compilationem, quam habemus, l. 1. § sed cum novelle C. de emendatione codicis domini Iustiniani.[2] Hic ultra legum peritiam, quia doctissimus erat, et experientia rerum decoratus fuit et antique sapientie librorum copiam maxime prebuit, in dicto § que omnia[3] et § antique[a4] et ibi in § sed cum sit necessarium in 2. constitutione[b] C.[5] et in § cumque hoc Deo in proemio Inst.[c6] Fuit 'vir magnificus et magister et exquestor sacri palatii', in § cumque hoc Deo in proemio Inst. Qui fuit[d] 'decoratus magisteria dignitate inter eos, qui res imperiales administrabant et eos qui agebant et morabantur ad latus principis', ut in 1. constitutione C. § ideoque[7] et in 2. constitutione § ad istum enim laborem.[8] Qui fuit 'consul legitimus et minister operis Iustiniani', l. 1. § 1. C. de emendatione codicis domini Iustiniani[9], et 'exquestor prudentissimus et decoratus eloquentie et legitime scientie artibus[e] nihil maius nec carius umquam iussionibus Iustiniani duxit[f]', dicta l. 2. § que omnia[10]; et 'vir excelsus', in § discipuli in proemio ff.[11] et in § libertinorum Inst. de libertinis in fine[12] et in dicta l. 2. § sed cum prospeximus[g13]; et 'vir illustris', § 1. in auth. de mandatis principum[14], ibi 'illustris auctoritas' cetera, et in auth. de appellationibus collatione 4. in suprascriptione.[15] Et 'vir excellentissimus' appellatur et 'questor sacri palatii eminentissimus', dicta l. 2. § antique[h] sapientie columna penultima C. de veteri iure enucleando[16] et in § nuper et nos Inst. de fideicommissariis
f. 31 hereditatibus[i17] || et in § at ex contrario Inst. quibus licet alienare vel non.[18] Item et 'vir gloriosissimus', l. fin. circa medium C. de liberis preteritis[19], l. 1. § et ad C. de veteri iure enucleando.[20] Ipsi Tribuniano fuit directa constitutio l. 1. C. de veteri iure enucleando[21] et l. cum anterioribus[k] C. de temporibus appellationum[22] et [l]auth. de mandatis principum collatione 3.[23] et de appellationibus collatione 4.[24] Floruit temporibus Iustiniani Constantinopoli. — Mapheus[m] Vegius Laudensis in suo libro vocabulorum iuris consultorum excerptorum ad Bartholomeum presulem Mediolanensem

---

[1] C. (1, 17) 2, 11. — [2] Const. cordi 2. — [3] C. (1, 17) 2, 9. — [4] C. (1, 17) 2, 17. — [5] Const. summa 1. — [6] Const. imperator. 3. — [7] Const. haec 1. — [8] Const. summa 2. — [9] Const. cordi 2 (!). — [10] C. (1, 17) 2, 9. — [11] Const. omnem 6. — [12] I. (1, 5) 3. — [13] C. (1, 17) 2, 11. — [14] Nov. 17 pr. — [15] Nov. 23 inscr. — [16] C. (1, 17) 2, 17 (!). — [17] I. (2, 23) 12 (!). — [18] I. (2, 8) 2. — [19] C. (6, 28) 4, 3. — [20] C. (1, 17) 1, 3. — [21] C. (1, 17) 1. — [22] C. (7, 63) 5. — [23] Nov. 17. — [24] Nov. 23.

---

[a] C. Iust., 'antequam que' Cod. — [b] 'compilatione' Cod. — [c] 'C' Cod. — [d] om. Cod. — [e] C. Iust., om. Cod. — [f] C. Iust., om. Cod. — [g] C. Iust., 'perspeximus' Cod. — [h] C. Iust., 'antequam' Cod. — [i] 'libertatibus' Cod. — [k] C. Iust., 'antiquioribus' Cod. — [l] 'in' ins. Cod. — [m] 'Matheus' Cod.

in proemio[1]: 'Sane non possum non dolore et vehementer non excitari, pulcherrimam illam et admirabilem tot librorum suppellectilem, quot a sacratissimis legum conditoribus scripti erant, deperisse manu Tribuniani viri excelsi et exquestoris sacri palatii. Credidisti Tribuniane, ut ex omnibus collegis unum te appellem[a], credidistine tibi et posteritati consulere, dum obruisti tot illustrium scriptorum congestos labores, tot opera celitus demissa, tantam denique quam quanti nunc emeremus[b] elegantiam? Existimabas, ut opinor, plurimum conducere utilitati studentium, si, quod[c] antea multitudine tractatuum tardius efficerent, coangustatis postea libris citius assequi possent. Sed non animadvertebas, quod, dum lucem tenebris attulisse putas, luci tenebras intulisti. Persuadebas enim tibi, hoc facto tuo reddere ius totum planum dilucidum et ab omni contrarietate absolutum prorsus; exigere et insuper et in omnem etatem delere vilissimos commentariorum effractus[d] et ambages: sed longe secus ac persuadebas tibi cessit. Quis namque nesciet[e] infinitas et nonnumquam ineptas vanasque[f] interpretationes adversasque sententias, quibus nulla fere lex exempta est' et reliqua. Postea scribit: 'Tribuniani opera tantum damni[g], tantum infelicitatis accepimus, quantum nescio, an unquam lingue latine contigerit. [h]Quibus si renascendi datum[h] foret [i]dictis iuris consultis[i], quo dolore affici putares Servium Sulpicium et alios iuris consultos, quibus preterea verbis putares accusarent Tribunianum et nimium dolorent lacrimarentque sacratissimi legum latores.' Iste Tribunianus fuit deditus eloquentie et scientie, l. 2. § que omnia C. de veteri iure enucleando.[2]

THEOPHILUS, natione Grecus, patria Constantinopolitanus, in numero viginti duorum compilatorum legum secundus, in iure civili doctissimus, et ipse apud Iustinianum imperatorem in pretio habitus fuit et ex precepto ipsius institutiones, quas habemus, cum aliis composuit, § cumque hoc Deo Inst. proemio[3], dicta l. 2. § sed cum prospeximus[k] C. de veteri iure enucleando.[4] Item et primam compilationem codicis Iustiniani, § ideoque [l]in 1. constitutione[l][5] et § ad istum[m] enim laborem in 2. constitutione

[1] De verborum significatione, praef. (Saxius, Hist. lit.-typ. Mediolanensis in Argelati, Bibl. scriptor. Mediol. 1, 406; Savigny 6, 430). — [2] C. (1, 17) 2, 9. — [3] Const. imperatoriam 3. — [4] C. (1, 17) 2, 11. — [5] Const. haec 1.

[a] Vegius, 'appellari' Cod. — [b] Vegius, 'enumeremus' Cod. — [c] Vegius, 'quid' Cod. — [d] 'anfractus' sec Veg. scr.? — [e] 'nesciat' sec. Veg. scr.? — [f] Vegius, 'variasque' Cod. — [g] Vegius, 'damnum' Cod. — [h–h] 'Quod si renascendum foret' Vegius. — [i–i] Vegius, dictos iuris consultos' Cod. — [k] C. Inst., 'perspeximus' Cod. [l–l] om. Cod. — [m] C. Iust., 'infrascriptum' Cod.

C.[1] Item et quinquaginta libros digestorum, l. 2. § que omnia C. de veteri iure enucleando.[2] Et propterea Iustinianus ‘illustrem et antecessorem virum’ appellat § cumque hoc Deo in proemio Inst., et ‘non solum doctrina legum gloriosissimum, sed experientia rerum’, § sed cum sit necessarium in 2. constitutione C.[3] Fecit et ‘virum clarissimum et comitem sacri consistorii’ § ad istum[a] in 2. constitutione C.[4] Hic in civitate Constantinopolitana leges docuit et optimam legum gubernationem laudabiliter extendit, dicta l. 2. § que omnia C. de veteri iure enucleando[5], et propterea magnus iuris doctor in predicta civitate habitus est, § ideoque[b] in proemio C. et dicto § ad istum.[c6] Floruit Constantinopoli temporibus Iustiniani. Et isti et Dorotheo doctoribus legentibus Iustinianus direxit quinquaginta libros digestorum, ut in proemio ipsorum apparet et in suprascriptione[7]; et in § fin. in proemio ff.[8] dicit, quod inceperat legere et tradere legum doctrinam secundum leges suas. Hic non interfuit secunde compilationi.

CONSTANTINUS, tertius in numero compilatorum Iustiniani, natione Grecus, patria Constantinopolitanus, in litteris grecis et latinis eruditissimus, codicem antiquum Iustinianum cum aliis compilavit, § [d]ad istum[d] laborem in 2. constitutione C.[9] Item et quinquaginta libros digestorum, l. 2. §[e] que omnia C. de veteri iure enucleando.[10] Hic appellatur ‘vir illustris’ a Iustiniano et ‘comes largitionum id est donationum’, que fiebant in aula regia, et ‘magister scrinii libellorum sacrarumque cognitionum[f]’, § ideoque in proemio C.[11] et dicta l. 2. § que omnia. Res etiam imperiales administrabat et ad latus principis semper moratus, ideoque[g] inter agentes decoratus fuit, dicto § ideoque[h], fuitque ‘vir prudentissimus et gloriosissimus non solum doctrina legum sed experientia rerum’, § sed cum sit necessarium in 2. constitutione C.[12] Floruit temporibus Iustiniani et non interfuit compilationi institutionum et codicis Iustiniani ultimi et semper fuit in bona opinione et gloria apud Iustinianum, dicta l. 2. § que omnia.

IOVANES, quartus de numero compilatorum, vir prudentissimus et patronus causarum in orientalibus partibus[i] apud maximam sedem pre-

---

[1] Const. summa 2 (!). — [2] C. (1, 17) 2, 9. — [3] Const. summa 1. — [4] Const. summa 2., sed re vera Dipl. laudare voluit Const. haec 1. — [5] C. (1, 17) 2, 9. — [6] Const. haec 1, const. summa 2. — [7] Const. omnem 2. et inscr. — [8] Const. omnem 11. — [9] Const. summa 2. — [10] C. (1, 17) 2, 9. — [11] Const. haec 1. — [12] Const. summa 1.

---

[a] C. Iust., ‘infrascriptum’ Cod. — [b] C. Iust., ‘et ideo’ Cod. — [c] C. Iust., ‘infrascriptum’ Cod. — [d–d] C. Iust., ‘sed infrascriptum’ Cod. — [e] om. Cod. — [f] C. Iust., ‘constitutionum’ Cod. — [g] ‘adeoque’ Cod. — [h] ‘denique’ Cod. — [i] ‘pretoriis’ sec. C.Iust., ser.?

fecture presidentis, l. 2. § que omnia C. de veteri iure enucleando, composuit tum primam compilationem codicis Iustiniani tum secundam, quam quinquaginta libros digestorum insimul cum aliis ad predicta electis[a] a Iustiniano, § sed cum novelle C. de emendatione codicis domini Iustiniani[1] et dicta l. 2. § que omnia et § ideoque in proemio C.[2] et in § ad istum[b] laborem in 2. constitutione C.[3] Hic fuit 'vir gloriosissimus et prudentissimus tam doctrina legum quam experientia rerum', § sed cum sit necessarium C. de emendatione codicis domini Iustiniani[4]; et 'vir magnificus prudentissimus et eloquentissimus togatus fori amplissime sedis', dicto § sed cum novelle. Habuit se ipsum in testimonium[c] sue virtutis, dicta l. 2. § que omnia in v. 'omnes autem'. Fuit etiam 'vir eminentissimus exquestor sacri palatii Iustiniani patricius et consularis', dicto § ideoque in proemio C. et in § ad istum[d] laborem in 2. constitutione C. — Fuit et alter Iovanes Cappadox, prefectus pretorii, qui secundum Procopium Cesariensem in libro 1. de bello Persico[5] artium liberalium ac discipline omnis expers[e] fuit; nihil[f] enim e scholis nisi[g] litteras ab initio malas et has male scribere didicit. Nature tamen robore omnium[h] vehementissimus ac nosse opportuna[i] idoneus tum[k] rebus dubiis viam aperire. Cum his vitia miscuit ingentia. Nam in primis natura improbus ac maleficus neque Dei ratio neque hominum reverentie respectus ullus. Perdere[l] insuper hominum vitas urbesque delere ei cure fuit, ex quo brevi tempore multas opes consecutus est, quas undecumque rapere simul et perdere natus erat. Voluptatibus insuper deditus ebrietatique ac saturitati vomitibus occurrebat. — Et primo Iovani Iustinianus sibi[m] multas leges et constitutiones misit, et maxime l. maximum vitium C. de liberis preteritis[6], l. quotiens[n] C. de heredibus l. fin. eodem tit.[7], et l. penultima et l. fin. C.[o] pro socio[8], l. penultima et l. fin. C. de pactis[9], l. penultima et fin. C. de necessariis et[p] servis heredibus instituendis[10], et l. fin. C. de advocatis diversorum iudiciorum[11], et l. fin. C. de negotiis gestis[12], et l. cum quidam et l. fin. C. de impuberum et aliis substitutionibus[13], l. certi C. de here-

[1] Const. cordi 2. — [2] Const. haec 1. — [3] Const. summa 2. — [4] Const. summa 1. [5] l. c. 24, 11 seq., Vers. Lat. p. 147. — [6] C. (6, 28) 4. — [7] C. (6, 24) 13 et 14, in c. 13 Dipl. legit 'Iohanni' pro 'Mene'. — [8] C. (4, 37) 6 et 7. — [9] C. (2, 3) 29 et 30. — [10] C. (6, 27) 5 et 6. — [11] C. (2, 7) 29. — [12] C. (2, 18) 24; Vulg. habent 'Iohanni'. — [13] C. (6, 26) 10 et 11.

[a] 'elatis' Cod. — [b] C. Iust. 'infrascriptum' Cod. — [c] C. Iust., vide etam infra p. 373, 16, 'proemium' Cod. — [d] C. Iust. 'infrascriptum' Cod. — [e] Proc., 'expertus' Cod. — [f] Proc., 'nisi' Cod. — [g] Proc., om. Cod. — [h] 'ut' (a librario, ut videtur, del.) ins. Cod. — [i] Proc., 'opportunus' Cod. — [k] Proc., 'tamen' Cod. — [l] Proc., 'prodere' Cod. — [m] del.? — [n] 'quoniam' Cod. — [o] 'ff.' Cod. — [p] om. Cod.

ditate vel actione vendita[1], l. fin. C. de rebus alienis non alienandis[2], l. sancimus C. quibus in causis in integrum restitutio non est necessaria[3], l. si quis heredem et l. penultima et fin. C. de institutionibus et substitutionibus[4], et l. fin. C. de pactis inter emptorem et venditorem[5], l. penultima et fin. C. de testamentis[6], et l. fin. C. qui et adversus quos[7], et l. fin. C. ubi et apud quem[8], et l. fin. C. qui testamenta facere possunt et l. penultima C.[a] eodem tit.[9], l. cum multe C. de donationibus ante nuptias[10], et l. fin. C. de arbitris[11], et l. sancimus et l. fin. C. de nuptiis[12], et l. fin. C. de[b] collationibus[13], l. si quis servo C. de furtis[14], et l. fin. C. de dotis promissione[15], et l. fin. C. de pactis conventis[16], l. penultima et l. fin. C. de iudiciis[17], et l. si quis filium et l. si quando et l. sancimus et l. fin. C. de inofficioso testamento[18], et l. fin. C. de administratione tutorum, l. cum quedam et l. cum constitutione eodem tit.[19], et l. fin. C. de usu et habitatione[20], et l. fin. C. de naturalibus liberis[21], et l. fin. C. de rebus creditis[22], et l. 1. C. ut actiones ab heredibus[23], l. fin. C. de donationibus inter virum et uxorem[24], l. ab Anastasio C. mandati[25], l. fin. C. de constituta pecunia[26], l. supervacuam C. depositi[27], l. fin. C. de compensationibus[28], et l. quidam et l. cum aliquis C. de iure deliberandi[29], l. fin. C. de edificiis privatis[30], l. fin. C. de repudianda hereditate[31], l. fin. C. ad legem Iuliam de adulteriis[32], l. fin. C. unde vi[33], l. fin. C. de repudianda hereditate[34], l. penultima et l. fin. C. de his quibus ut indignis[35], l. penultima et fin. C. de donationibus[36], et cum apud veteres C. de bonis auctoritate iudicis possidendis[37], l. fin. C. qui bonis cedere possunt[38], l. fin. C. ne liceat in [c]una eademque[c] causa[39], l. fin. C. de usuris[40], l. cum in adoptivis et l. fin. C. de adoptionibus[41], et l. 1. C. de sententiis que pro eo, cetera[42], l. cum quidam et l. penultima et l. fin. C. de legatis[43], l. fin. et penultima C. de contrahenda stipulatione[44], l. 2. et l. fin. C. de annali exceptione[45], l. penultima et fin. C. de prescriptione longi temporis[46],

---

[1] C. (4, 39) 9. — [2] C. (4, 51) 7. — [3] C. (2, 40) 5. — [4] C. (6, 25) 8—10. — [5] C. (4, 54) 9. — [6] C. (6, 23) 30 et 31. — [7] C. (2, 40) 2. — [8] C. (2, 46) 3. — [9] C. (6, 22) 11 et 12. — [10] C. (5, 3) 20. — [11] C. (2, 55) 6. — [12] C. (5, 4) 27 et 28. — [13] C. (6, 20) 21. — [14] C. (6, 2) 20; 'Iohanni' et in ed. Ven. 1506. — [15] C. (5, 11) 7. — [16] C. (5, 14) 11. — [17] C. (3, 1) 17 et 18. — [18] C. (3, 28) 34—37. — [19] C. (5, 37) 28, 26 et 27. — [20] C. (3, 33) 17. — [21] C. (5, 27) 12. — [22] C. (4, 1) 13. — [23] C. (4, 11) 1. — [24] C. (5, 16) 27. — [25] C. (4, 35) 23. — [26] C. (4, 18) 3. — [27] C. (4, 34) 12. — [28] C. (4, 31) 14. — [29] C. (6, 30) 20 et 21. — [30] C. (8, 10) 14. — [31] C. (6, 31) 6. — [32] C. (9, 9) 35. — [33] C. (8, 4) 41. — [34] C. (6, 31) 6. — [35] C. (6, 35) 11 et 12. — [36] C. (8, 53) 36 et 37. — [37] C. (7, 72) 10. — [38] C. (7, 71) 8. — [39] C. (7, 70) 1 (re vera inscr. 'Menae'). — [40] C. (6, 47) 7. — [41] C. (8, 47) 10 et 11. — [42] C. (7, 47) 1. — [43] C. (6, 37) 24—26. — [44] C. (8, 37) 14 et 15. — [45] C. (7, 40) 2 et 3. — [46] C. (7, 33) 12.

---

[a] 'ff.' Cod. — [b] om. Cod. — [c—c] 'unaquaque' Cod.

l. fin. C. de acquirenda possessione[1], l. 1. C. de usucapione transformanda[2], l. ambiguitates et l. fin. C. de indicta viduitate tollenda[3], l. penultima et fin. C. de fideiussoribus[4], l. fin. C. communia[a] de manumissionibus[5], l. fin. C. qui potiores[b] in pignore habeantur[6], l. penultima et fin. C. communia legatorum[7], l. penultima et fin. C. de condicionalibus institutionibus[8], l. 1. C. de operis novi nuntiatione[9], l. fin. C. ad Trebellianum[10], l. fin. C. communia[c] de manumissionibus[11], l. 1. C. de latina libertate tollenda[12], l. penultima et fin. C. ad legem Falcidiam[13], l. si quis C. ad Tertullianum[14], l. si maior et l. [d]de emancipatis[d] et l. penultima et fin C. de suis et legitimis[15], l. fin. C. de testamentaria manumissione[16], l. cum multa et l. fin. C. de bonis maternis.[17] — Floruit iste Iovanes Constantinopoli temporibus Iustiniani imperatoris supra dicti.

LEONTIUS, quintus compilator librorum Iustiniani et legista maximus. Composuit cum aliis codicem Iustinianum antiquum, § ad istum[e] laborem in 2. constitutione C.[18], et quinquaginta libros digestorum l. 2. § que omnia C. de veteri iure enucleando.[19] Hic fuit 'vir subtilissimus[f], magister militum prefectus pretorio consularis atque patricius', § ideoque in proemio C.[20], et 'vir gloriosissimus et prudentissimus tam experientia rerum quam legum doctrina', § sed cum sit necessarium in 2. constitutione C.[21], et 'prudentissimus patronus causarum et presidens in orientalibus pretoriis apud maximam sedem prefecture', dicta l. 2. § que omnia C. de veteri iure enucleando. Floruit Constantinopoli tempore Iustiniani. Hic non interfuit secunde compilationi codicis et institutionum.

PHOCAS, in numero viginti duorum compilatorum legum sextus, vir eminentissimus, magister militum consularis atque patricius, § ideoque in proemio C.[22], composuit ex precepto Iustiniani imperatoris codicem Iustinianum antiquum, dicto § ideoque[g] in proemio C. et § ad istum[h] laborem C. de Iustiniano codice confirmando.[23] Et fuit 'vir prudentis-

[1] C. (7, 32) 12. — [2] C. (7, 31) 1. — [3] C. (6, 40) 3. — [4] C. (8, 40) 27 (Vulg. habent 'Iohanni') et 28. — [5] C. (7, 15) 3. — [6] C. (8, 17) 12. — [7] C. (6, 43) 3 et 4. — [8] C. (6, 25) 9 et 10. — [9] C. (8, 10) 14. — [10] C. (6, 49) 7. — [11] vide supra n. 5. — [12] C. (7, 6) 1. — [13] C. (6, 50) 18 et 19. — [14] C. (6, 56) 7; Dipl. 'Iohanni' pro 'Mene' legisse videtur. — [15] C. (6, 58) 12—15. — [16] C. (7, 2) 15 — [17] re vera C. (6, 61) 7 ('Iuliano'!)et 8. — [18] Const. summa 2. — [19] C. (1, 17) 2, 9. — [20] Const. haec 1. — [21] Const. summa 1. — [22] Const. haec 1. — [23] Const. summa 2.

[a] 'coram' Cod. — [b] 'potest' Cod. — [c] C. Iust., 'coram' Cod. — [d–d] C. Iust., 'emancipatione' Cod. — [e] C. Iust., 'infrascriptum' Cod. — [f] sic et quidam cod. vulg. — [g] C. Iust., 'sed ideoque' Cod. — [h] C. Iust., 'infrascriptum' Cod.

simus et religiosissimus non solum doctrina legum sed experientia rerum', § sed cum sit necessarium in 2. constitutione C.[1] De isto dicit Iustinianus in § eligere in auth. de iudicibus collatione 6. alias in § quia vero[2]: 'Et Phocam gloriosissimum inter nostros adnumerandos iudices, virum quem quecumque sedes noverit laudatum quam sibi prestantem, insuper et que legum sunt scientem." Hic non interfuit compilationi digestorum institutionum et secunde compilationi codicis Iustiniani. Floruit temporibus Iustiniani et supradictorum.

BASILIDES[a], septimus a Iustiniano electus, insimul cum aliis [b]composuit et ipse composuit[b] codicem Iustinianum scilicet primam compilationem, § ideoque in proemio C.[3] et § ad istum[c] enim laborem in 2. constitutione C.[4] Hic vir fuit 'prudentissimus et gloriosissimus et doctrina legum et experientia rerum', § sed cum sit necessarium C. de Iustiniano codice confirmando[5], et 'vir excellentissimus exprefectus pretorio orientis atque patricius', dicto § ideoque, et prefectus pretorio per Illyricum, dicto § ad istum[d] laborem, et 'magister officiorum', cui fuit missa per Iustinianum constitutio in auth. de armis collatione 6.[6] Floruit Constantinopoli temporibus supra dictorum et Iustiniani et non interfuit compilationi digestorum et institutionum et secunde compilationi codicis, quem habemus.

THOMAS, [e]huius nominis[e] primus, natione Grecus et patria Constantinopolitanus, octavus de numero viginti duorum compilatorum Iustiniani, et ipse apud Iustinianum imperatorem in pretio fuit. Qui de eius mandato composuit Iustinianum codicem, quem non habemus, ut in § 1. in proemio C.[7] et in l. 1. § [f]ad istum[f] laborem C. de Iustiniano codice confirmando.[8] Fuit iste 'gloriosissimus questor sacri palatii imperatoris et exconsul', ut in dicto § 1. et in dicto § ad istum[g], et 'prudentissimus et gloriosissimus in legibus', § sed cum necessarium in 2. constitutione C.[9] Hic non interfuit compilationi digestorum, institutionum et codicis, quem habemus. Floruit tempore Iustiniani et supra dictorum.

DOROTHEUS, natione Assyrius, patria Berythensis, homo illustris et antecessor, § cumque hoc Deo in proemio Inst.[10] Qui de mandato

---

[1] Const. summa 1. — [2] Nov. 82, 1, 1, vide 1 pr. — [3] Const. haec 1. — [4] Const. summa 2. — [5] Const. summa 1. — [6] Nov. 85. — [7] Const. haec 1. — [8] Const. summa 2. — [9] Const. summa 1. — [10] Const. imperatoriam 3.

---

[a] C. Iust., 'Basiliches' Cod. — [b-b] aut primum aut secundum 'composuit' del. — [c] C. Iust., 'infrascriptum' Cod. — [d] C. Iust., 'infrascriptum' Cod. — [e-e] 'hreius nomine' Cod. — [f-f] C. Iust., 'sed in infrascriptum' Cod. — [g] C. Iust., 'infrascriptum' Cod.

domini Iustiniani electus una cum aliis composuit librum[a] digestorum seu pandectarum, l. 2. § que omnia C. de veteri iure enucleando[1]; item et quattuor libros institutionum, dicto § cumque hoc Deo et l. 2. § sed cum prospeximus[b] C. de veteri iure enucleando[2]; item et codicem Iustinianum, quem habemus[c], l. 1. § sed cum novelle C. de emendatione codicis domini Iustiniani.[3] ‖ f. 32 Iste fuit 'vir magnificus et Berythensium doctor', l. 1. § penultima C. de emendatione codicis domini Iustiniani[4], et 'facundissimus questor, qui in[d] splendidissima civitate Berythensium leges discipulis tradidit, et propter eius scientiam opinionem et gloriam ad ipsum deduxit Iustinianus', ut dicta l. 2. § que omnia.[5] Iste non interfuit prime compilationi codicis, ut patet in l. 1. § ad istum[e] enim laborem C. de Iustiniano codice confirmando[6] et in proemio C. § ideoque.[7] Floruit temporibus Iustiniani; cui direxit et misit[f] insimul et Theophilo quinquaginta libros digestorum, ut[g] patet in proemio ff. in suprascriptione.[8] In fine proemii ff.[9] dicit Iustinianus, quod incepit legere et tradere legum doctrinam secundum leges suas. Fuit et alter Dorotheus vir illustris tempore Leonis imperatoris, cui et filiis et sue substantie concessit privilegium, ut l. neque Dorotheum C. de decurionibus libro 10.[10] — Fuit et alter Dorotheus Armenie pretor vir prudens, de quo per Procopium[h] libro 1. de bello Persico.[11]

DIOSCURUS, decimus de numero supra dictorum ab imperatore Iustiniano electus ad colligendas[i] imperiales constitutiones[k] tum librorum codicis Hermogeniani, Gregoriani et Theodosiani tum alias[l], novum codicem compilavit, qui Iustinianus appellatus est[m], § ideoque in proemio C.[12] et § ad istum[n] laborem C. de Iustiniano codice confirmando.[13] Hic fuit 'prudentissimus et gloriosissimus in legibus', § cum sit necessarium in 2. constitutione C.[14], et 'vir disertissimus togatus fori amplissimi pretoriani', § ideoque in fine. Floruit temporibus Iustiniani.

MENA, ex numero viginti duorum compilatorum novarum legum undecimus, vir magnificus et iuris consultus doctissimus, cum aliis a Iusti-

[1] C. (1, 17) 2, 9. — [2] C. (1, 17) 2, 11. — [3] Const. cordi 2. — [4] Const. cordi l. c. — [5] C. (1, 17) 2, 9. — [6] Const. summa 2. — [7] Const. haec 1. — [8] Const. omnem inscr. — [9] Const. omnem 11. — [10] C. (10, 32) 61. — [11] l. c. 152, Vers. Lat. p. 134. — [12] Const. haec 1. — [13] Const. summa 2. — [14] Const. summa 1.

[a] 'liber' Cod. — [b] C. Iust., 'perspeximus' Cod. — [c] 'non habemus' Cod. — [d] C. Iust., om. Cod. — [e] C. Iust., 'infrascriptum' Cod. — [f] 'missa' Cod. — [g] om. Cod. — [h] om. Cod., ubi loco nominis quinque puncti repperiuntur. — [i] 'comigeadas' Cod. — [k] 'institutiones' Cod. — [l] C. Iust., 'alii' Cod. — [m] om. Cod. — [n] C. Iust., 'infrascriptum' Cod.

niano imperatore electus composuit quinquaginta libros digestorum seu pandectarum l. 2. § que[a] omnia in v. 'qui omnes' C. de veteri iure enucleando.[1] Composuit etiam codicem Iustinianum, quem habemus, § sed cum novelle C. de emendatione codicis domini Iustiniani[2], et sibi fuit missa dicta l. de Iustiniano codice confirmando.[3] Hic fuit 'apud maximam sedem prefecture[b] orientalibus pretoriis presidens et patronus causarum prudentissimus', dicta l. 2. § que omnia in v. 'qui omnes ad predictum'; et 'vir magnificus prudentissimus et eloquentissimus togatus fori [c]amplissime sedis[c]', dicto § sed cum novelle. Hic fuit 'eloquentissimus advocatus et inter iudices fori orientalis electus a Iustiniano', § eligere in auth. de iudicibus collatione 6.[4], et prefectus pretorio. Cui missa fuit a Iustiniano l. illud C. de sacrosanctis ecclesiis[5], l. humanitatis C. de impuberum[6], et l. ambiguitates et l. preposteri[d] et l. in testamentis C. de testamentis[7], et l. illam et l. illud C. de collationibus[8], et l. fin. C. si maior factus alienationem ratam habuerit[9], et l. 1. C. de [e]contractibus iudicum[e][10], l. humanitatis et l. communium C. de naturalibus liberis[11], l. eos C. de his, qui veniam etatis impetraverunt[12], l. donationes et l. penultima C. de donationibus inter virum et uxorem[13], l. fin. C. de testamento militis[14], l. penultima C. de pactis conventis[15], l. fin. C. de dote cauta et non numerata[16], et l. ubi adhuc, C. de iure dotium[17], et l. quoniam et l. si quis prioris C. de secundis nuptiis[18], l. que nuper et l. quoniam C. de inofficioso testamento[19], l. eos et l. de usuris C. de usuris[20], l. in contractibus et l. [f]si cui[f] C. de non numerata pecunia[21], et l. contractus et l. iudices C. de fide instrumentorum[22], l. fin. C. si certum petatur[23], l. si quis et l. testium C. de testibus.[24] Advertendum tamen, quod Iustinianus generaliter omnes leges suas misit supra dictis Mene, Iovani, ut supra, et Demostheno[g] et Iuliano prefecto pretoriis. Sunt qui dicunt[25], quod iste Mena fuit effectus archiepiscopus Constantinopolitanus, expulso Anthemio archiepiscopo a Iustiniano propter Eutychianam heresim, et Agapitus papa maximus consecravit, ut dixi supra in cap. de Iustiniano.[26]

---

[1] C. (1, 17) 2, 9. — [2] Const. cordi 2. — [3] Const. summa inscr. — [4] Nov. 82, 1 pr. — [5] C. (1, 2) 19. — [6] C. (6, 26) 9. — [7] C. (6, 23) 24—26. — [8] C. (6, 20) 19 et 20. — [9] C. (5, 74) 3. — [10] C. (1, 53) 1. — [11] C. (5, 27) 8 et 9. — [12] C. (2, 44) 3. — [13] C. (5, 16) 26. — [14] C. (6, 21) 18, sed re vera Dipl. laudare voluit (6, 21) 17. — [15] C. (5, 14) 10. — [16] C. (5, 15) 3. — [17] C. (5, 12) 29. — [18] C. (5, 9) 8 et 9. — [19] C. (3, 88) 31 et 32. — [20] C. (4, 32) 26 et 27. — [21] C. (4, 30) 14 et 15. — [22] C. (4, 21) 17 et 18. — [23] C. (4, 2) 17. — [24] C. (4, 20) 17 et 18. — [25] Platina, De vitis pontif. in vita Agapeti I. — [26] supra p. 363, 2.

---

[a] C. Iust., 'sed cum' Cod. — [b] C. Iust., 'prefecturam' Cod. — [c—c] C. Iust., 'amplissimo sedes' Cod. — [d] C. Iust., 'posteri' Cod. — [e—e] 'condictione indebiti' Cod.; ('con. ind.' pro 'con. iud.'). — [f—f] 'sicuti' Cod. — [g] 'Demostheni' scr.?

Quem 'Deo amabilem et archiepiscopum felicissime civitatis' appellat Iustinianus in § 1. in auth. ut clerici apud proprios episcopos collatione 6.[1] Cui Mene archiepiscopo direxit Iustinianus constitutiones infra scriptas videlicet in[a] auth. ut de cetero cetera[2] et in[a] auth. ut ea que cetera[3] et in[a] auth. ut clerici qui cetera[4] et in[a] auth. ut nullus fabricet cetera[5] et in[a] auth. apud quos cetera.[6] Floruit Constantinopoli tempore Iustiniani et supra dictorum.

CONSTANTINUS, alter a superiore, ut patet in l. 2. § que[b] omnia C. de veteri iure enucleando[7], duodecimus a Iustiniano electus, cum aliis composuit quinquaginta libros digestorum, dicto § que omnia; item et secundam compilationem codicis Iustiniani, quem habemus, ut in § sed cum novelle C. de emendatione codicis domini Iustiniani.[8] Hic 'vir magnificus et prudentissimus fuit, eloquentissimus togatus amplissime sedis', dicto § sed cum novelle, et presidebat apud magnam sedem prefecture in orientalibus pretoriis, dicto § que omnia. Habuitque apud Iustinianum se ipsum in testimonium sue virtutis, dicto[c] § que omnia. Floruit temporibus supra dictorum doctorum et Iustiniani sacratissimi imperatoris. Iste non interfuit prime compilationi codicis, sed secunde; sic fuit alter a superiore, qui interfuit prime et non secunde, ut in iuribus supra allegatis patet et in dicto § que omnia.

ANATOLIUS, Assyrius natione, patria Berythensis, decimus tertius in numero compilatorum, insimul cum Dorotheo electus a Iustiniano imperatore, composuit cum aliis quinquaginta libros digestorum, §[d] que omnia in dicta l. 2. C. de veteri iure enucleando.[9] Hic fuit 'illustris magister, qui et ipse apud Berythenses inter interpretes constitutus fuit', dicto § que omnia. Qui ab antiqua stirpe legitima processit, cum ipso pater[e] eius Leontius et avus eius Eudoxius, qui et post Patricium inclite recordationis questorem et antecessorem et Leontium virum gloriosissimum prefectorium consularem atque patricium filium eius optimam sui memoriam in legibus reliquerunt, dicta l. 2. § que omnia v. 'sed Anatolium' C. de veteri iure enucleando. Anatolius fuit 'vir spectabilis' et iam advocatione completa inter spectabiles fisci advocatos deputatus propter suum bonum[f] testimonium fuit electus iudex et primus in ordine a Iustiniano, in § eli-

[1] Nov. 83 praef. — [2] Nov. 55. — [3] Nov. 56. — [4] Nov. 57. — [5] Nov. 67. — [6] Nov. 79. — [7] C. (1, 17) 2, 9. — [8] Const. cordi 2. — [9] C. (1, 17) 2, 9.

[a] del. ? — [b] 'in' Cod. — [c] '.s.' Cod. — [d] om. Cod. — [e] C. Iust., om. Cod. — [f] 'bonum et' Cod.

gere in auth. de iudicibus collatione 6.[1] Floruit[a] temporibus Iustiniani et supra dictorum.

CREATINUS[b], decimus quartus de numero electus a Iustiniano, vir illustris et comes sacrarum largitionum et optimus antecessor alme urbis Constantinopolitane, composuit cum aliis insimul quinquaginta libros digestorum seu pandectarum, l. 2. § que[c] omnia C. de veteri iure enucleando.[2] Floruit temporibus Iustiniani et supra dictorum.

STEPHANUS, decimus quintus et ipse compilationibus legum a Iustiniano electus, composuit quinquaginta libros digestorum seu pandectarum, l. 2. § que omnia C. de veteri iure enucleando. Hic fuit 'vir prudentissimus, patronus causarum in orientalibus pretoriis apud maximam sedem prefecture presidens', dicto § que[d] omnia[e] v. [f]qui omnes[f]. Floruit temporibus Iustiniani, ut supra. Hic Stephanus fuit eloquentissimus advocatus et inter iudices pedaneos fori orientalis electus a Iustiniano, § eligere in auth. de iudicibus collatione 6.[3] Fuit et alter Stephanus doctissimus, de quo 2. q. 1. c. in primis v. quia igitur[g][4] per totum et c. ad limina[h] 30. q. 1.[5]

PROSDOCIUS, decimus sextus a Iustiniano electus cum aliis composuit quinquaginta libros digestorum, l. 2. § que omnia C. de veteri iure enucleando.[6] Hic fuit 'vir prudentissimus, patronus causarum presidens apud maximam sedem prefecture in orientalibus pretoriis', dicta l. 2. § que omnia v. qui omnes. Floruit temporibus supra dictorum et Iustiniani.

SALAMINIUS, ISIDORUS[i], THALELEUS[k]. Isti sunt nominati in suprascriptione Iustiniani, que est in pandectis Florentinis[7], et ibi appellat Salaminium 'virum disertissimum'. Dicit Raynerius de Furlivio[l] in rubrica digestorum in 2. columna[8], quod Salaminius fuit disertissimus in scientia et habebat plus scientie quam eloquentie.

EUTOLIMIUS, decimus septimus ex viginti duorum a Iustiniano electus, vir prudentissimus et patronus causarum in orientalibus pretoriis

---

[1] Nov. 82, 1 pr. — [2] C. (1, 17) 2, 9. — [3] Nov. 82, 1 pr. — [4] Grat. II 2, 1, 7, 3. — [5] Grat. II 30, 1, 7. — [6] C. (1, 17) 2, 9. — [7] Const. omnem inscr. — [8] in op. deperd. (Savigny 6, 189, Fitting, Zeitschrift der Savignystiftung 26 (rom. Abt.) p. 63, Brando Brandi, Vita e dottrine di Raniero da Forlì, Torino 1885, p. 146.)

---

[a] 'floruerunt' Cod. — [b] sic et ed. Ven. 1506 (pro 'Cratinus'). 'Cratinus' Cod. supra p. 333, 7. — [c] C. Iust., 'sed cum' Cod. — [d] C. Iust., 'se cum' Cod. — [e] '§' ins. Cod. — [f–f] C. Iust., 'quod omnia' Cod. — [g] 'vero' sec. Grat. scr.? — [h] Grat., 'lumina' Cod. — [i] 'Isidocus' Cod. — [k] 'Thelesius' Cod. — [l] 'L' ins. Cod.

apud maximam sedem prefecture presidens, cum aliis electus a Iustiniano compilavit quinquaginta libros digestorum seu pandectarum, § que omnia C. de veteri iure enucleando in v. 'qui omnes'.[1] Floruit temporibus Iustiniani.

TIMOTHEUS, decimus octavus, [a]LEO DE LEONTIO[a], decimus nonus, PLATO, vicesimus, IACOBUS, vicesimus primus de numero viginti duorum fuerunt electorum a Iustiniano imperatore. Qui insimul cum aliis composuerunt quinquaginta libros digestorum, l. 2. § que omnia C. de veteri iure enucleando; viri quidem[b] prudentissimi et patroni[c] causarum in orientalibus pretoriis[d] presidentes apud maximam sedem prefecture. Et se ipsos in testimonium eorum virtutis habebant, dicta l. 2. § que omnia in v. 'omnes'. Hic Plato fuit electus a Iustiniano inter maiores iudices propter suam dignitatem et experientiam causarum multarum, ut § quia vero in auth. de iudicibus collatione 6.[2], ubi etiam [e]ipsum Platonem virum gloriosissimum patricium in urbana prefectura constituisse. Floruerunt omnes Constantinopoli tempore Iustiniani et supra dictorum.

PRESENTINUS[f], vicesimus secundus ex numero advocatorum electus a Iustiniano interfuit prime compilationi codicis, quam non habemus, § ideoque in proemio C.[3] et in § ad istum[g] laborem C. de Iustiniano codice confirmando.[4] Fuit 'vir disertissimus togatus fori amplissimi pretoriani', dicto § ideoque, 'prudentissimus et gloriosissimus doctrina legum et experientia rerum', § sed cum sit necessarium in 2. constitutione codicis.[5] Floruit et ipse temporibus Iustiniani. Quo tempore fuerunt Flavius advocatus fisci et Alexander eloquentissimus advocatus et alter Alexander, qui iudices constituti fuerunt, et Victor gloriosissimus, qui fuit ex Quizico[h] et [i]in Hellade quam in nobili Alexandrinorum civitate[i] administrator et prefecture urbanice tenuit presulatum; et Marcellus magnificentissimus, et Apio[k], vir spectabilis, qui cum aliis iudices electi fuerunt, § eligere et § quia vero in auth. de iudicibus.[6]

---

[1] C. (1, 17) 2, 9. — [2] Nov. 82, 1, 1. — [3] Const. haec 1. — [4] Const. summa 2. — [5] Const. summa 1. — [6] Nov. 82, 1 pr. et 1.

[a–a] 'Leonides Leontius' scr. ?, sed vide supra p. 332, 20. — [b] 'quidam' Cod. — [c] 'patronum' Cod. — [d] C. Iust., om. Cod. — [e] 'dicit' ins. ? — [f] C. Iust., 'Presentius' Cod. — [g] C. Iust., 'infrascriptum' Cod. — [h] Nov., 'Quirito' Cod. — [i–i] Nov., 'bellandam nobilem Alexand. civitatem' Cod. — [k] Nov., 'pio' Cod.

Verzeichnis zur Einleitung.

Aufgenommen sind die in der allgemeinen Geschichte hervorgetretenen Persönlichkeiten sowie die Schriftsteller, soweit sie nicht nur als Bestandteile von Buchtiteln angeführt wurden; geordnet wurde nach Familiennamen. Ferner sind einige für die Literaturgeschichte wichtige Sachen verzeichnet.

Abbas (Siculus) s. Tudeschis, N. de.
Accursius 21. 128.
Akademien 59. 70. 113.
Albericus de Porta Ravennate 123.
Albericus de Rosate 123.
Albertus Odofredi 122.
Alboin 17.
Alciatus, A. 14.
Alexander VI. 13. 22. 33. 37. 38. 51.
Almerici 50. 91. 104.
Altobello de' Averoldi 59. 66.
Angeli, Familie 3. 19. 41.
Angeli, Professoren in Padua 41. 59. 67.
Antaldi 104.
Antonello da San Severino 10. 87.
Antonius de Barchino (Bathimo) 11. 116.
Antonius de Croce 10.
Ardizio, G. 94—97. 112.
Aristoteles 21. 53.
Arrianus 50. 111.
Avicenna 21.
Azo 119.

Bachalaureus 16.
Baldus Novellus 20.
Balvino, Francesco de 11.
Bartolinis, Honofrius de 69.
Bartolinis, Marianus de 20.
Bartolus de Saxoferrato 19. 31. 47. 62. 63. 67—69. 72. 79. 87. 88. 106. 108.
Basiliken, älteste Erwähnung 12.
Beda 89.
Belisar 1. 17.
Bembo 4[6]. 79.
Benedikt XIV. 115. 118.
Bentivolis, J. de 72.
Bernardinus de Landriano 67. 70.
Besta, E., 93. 96. 97. 100. 116. 126. 131. 132.
Bibbiena 59.
Biographien, Zur Entwicklung der 64. 97. 100. 139.
Biscellia, A. 33.
Bologna, Rechtsschule 23. 118.
Bonaccursius de Saxoferrato 72. 88.
Bonifaz VIII. 141.
Borgia, Cesare 31. 33—38. 46. 50. 56.
Borgia, Lucrezia 22. 30. 33.
Bretholz 92[5].
Brinz, A. 127.
Buchhandel 50. 60.
Bulgarinis, Bulgarinus de 123.
Bulgarinus Bulgari 123.

Caccialupus 140.
Camilla d'Aragon 18. 19. 22. 31. 45. 56.
Campeggius, J. 12. 62.
Capograsso, N. 10.
Carlo v. Sorrent 9.
Carolus de Tocco (Beneventanus) 122.
Castellano, A. 65. 114.
Castiglione, B. 45.
Cavallucci, V. 118. 120. 121. 124. 128.
Chronologisches 44.
Cipelli s. Egnatius.
Claudio, M. 41. 42.
Collenuccio, P. 22. 23. 36. 37. 39.
Comnenen, Familie 19.
Contarini, A. 68.
Corneus, P. Ph. 20. 64.
Corsetus, A. 13.
Curte, de (Curtius) F. 67.

Dandolo 79. 81.
Decius, Ph. 40.
Diehl, Ch. 3[4].
Dinus de Mugello 119.
Diplobatatzes von Beroe 2.
Diplopaläologen (?) 3.
Diplovatatius, Georg 3—8.
Doctoribus, A. F. de 67.
Doktorprüfung 16. 20. 23—25. 29. 72.
„Dominus" nicht Lehrer 14.
Drivasten 2.
Ducange 3. 98.

Egidius, J. 108.
Egnatius 1. 54[1]. 59. 79. 80. 94–97 112. 114.
Este, Familie 23.

Fabricius, J. A. 99. 112.
Fantuzzi, G. 65[1]. 99. 116. 120. 121. 123–126. 142[1].
Fattorini, M. 99. 116. 121–124. 126. 129. 131. 142[1].
Fellinus Sandeus 63. 88. 108.
Feralbo s. Passeri.
Ferdinand I. von Neapel 8. 18.
Ferdinand II. v. Aragonien 8.
Ferrara, Rechtsschule 23.
Ferretti, G. 47.
Fichard, J. 95. 112. 126.
Fiesco, N. 66.
Förster, A. W. 116[1].
Foresti, J. Ph. 44.
Foscareno 59.
Foscari, M. 76. 77.
Francesca von Rimini 17.
Franciscus de Blutino 116. 132[2].
Franciscus Brunus 116.
Friedrich II. 3. 11.

Gaboardo, A. 43. 50. 65. 111. 112. 114. 126.
Gabotto 14[8].
Gambiglionibus, Angelus Aretinus de 59 67. 88. 106.
Gandinus, A. 106[4].
Gandulfus 122.
Garuffi, G. M. 7. 91. 98. 112. 113.
Gattilusi, Familie 5.
Gaudenzi, A. 129. 131. 132.
Gonzaga, Eleonore 44. 45.
Gonzaga, Kardinal 37. 41.
Gonzaga, Markgraf 37. 41.
Gratian 138. 141.
Gregor IX. 141.
Gritti, A. 73. 77.
Guidobaldo von Montefeltro 46.
Guido de Suzaria 122.

Heinrich IV. 91.
Heise, G. A. 125.
Henricus de Baila 123.
Hieronymus Trevisanus 59.
Hohenstaufen, Anna von 3.
Holste, L. 3. 91.
Honorius II. 123.
Honorius III. 122.
Hortis, A. 101. 110. 111.
Hostiensis 122.
Hufeland, G. 125[2].
Hugo (Glossator) 122.
Hugolinus 122.
Huguccio 122.

Humanismus 14. 21. 43. 50. 61. 79. 113. 134. 138.

Innocenz III. 17.
Innocenz IV. 66. 106. 122.
Irnerius 123.

Jacobus de Arena 71.
Jacobus Balduinus 122.
Jason de Maino 14. 15. 26. 40. 62. 63. 67. 88. 108.
Johannes Andree 10. 72.
Johannes Baptista de Sancto Blasio 13. 16.
Johannes de Deo 122.
Johannes Diaconus 89.
Johannes Hispanus 122.
Johannes de Monte Sperello 69.
Julius II. 38. 39[4]. 40. 41. 43–46. 51. 56.
Juristensiegel 47.
Justinian I. 36. 88. 128.

Karl der Große 78.
Konstantin der Große 1. 88.

Labbäus 112.
Lambertello, G. 36.
Lambertini, Familie 118.
Laskaris, Familie 3. 5. 19.
Laskaris, Johannes 98.
Laskaris, Konstantin 6–8. 18.
Laspeyres, E. A. 126.
Laudon, Familie 92.
Laurana 32. 48.
Leo X. 51–56. 83.
Loredan, L. 74.
Ludwig XIV. 91.

Macchiavelli, N. 51.
Malagola, C. 131.
Malatesta, Familie 18. 51.
Malatesta, Alessandro 18.
Malatesta, Galeazzo 18.
Malatesta, Giovanni 17.
Martinus, Glossator 122.
Martinus Sylimani 122.
Mattheus Blastanes 88. 89.
Medici, Lorenzo de' 51–56. 83
Michael der Palaiologe 2.
Michelangelo 51.
Mohamed II. 2[1].
Monti, C. 122.
Moustoxides 127.

Natta, G. 116.
Neander 112. 126.
Neapel, Rechtsschule 11.
Novellen Justinians, Hs. 36.

Oddo Mantuanus 123.
Odoaker 17.
Odofredus 119. 122.
Odo Senonensis 122. 123.
Olivieri, A. 3[1]. 16[6]. 65[1]. 90–93. 96. 99. 100. 102–104. 109. 113–116. 118. 124. 127. 142[1].

Padua, Rechtsschule 11–16. 59. 98.
Palaiologen, Familie 3. 19.
Palladio 58.
Palmieri, G. B. 129–133. 142[1].
Panormitanus s. Tudeschis.
Panzonus, G. 123.
Papadopoli, N. C. 98. 112.
Papinian 128.
Parisius, P. P. 14. 70. 107.
Passeri, G. 113–115.
Paulus de Castro 67. 88. 108.
Perugia, Rechtsschule 11. 19. 120.
Pesaro, G. 68.
Pescatore, G. 127–129. 131. 133. 142[1].
Petrus de Vineis 116.
Pigna, M. 7. 57. 93. 96. 97. 112.
Pincius, Ph. 60. 65.
Pippin 17.
Pontanus, J. 9.
Probus Grammaticus 50.

Querino, G. 58.

Ramponibus, A. de 71.
Renzini, S. 104.
Riccardi, F. 43.
Riminaldus, J. M. 6. 23. 24.
Roffredus 122.
Rogerius 122.
Rosenstock, E. 2[8]. 37[3]. 133.
Rovere, Familie 90.
Rovere, Francesco Maria della 28. 41. 44–46. 49–57. 69. 83–86.
Rovere, Guidobaldo II. della 86.
Ruggine, C. de 10.

Salerno, Rechtsschule 10.
Sallust 15.
Sarti, M. 99. 115. 118–122. 125. 126. 128. 129. 142[1].
Sathas 100. 127.
Savigny, C. F. v. 13. 100. 107. 116. 118. 123. 125. 126. 128. 130. 133. 140. 142[1].
Scarampo, L. 5.
Scholastik 15. 21. 29. 44. 61. 76. 78. 79. 81.
Schulte, J. F. v. 126. 140.
Schulz, F. 135[1].
Scialoja, V. 127.
Sforza, Familie 18. 33. 90.
Sforza, Alessandro 18.
Sforza, Costanzo I. 18.
Sforza, Costanzo II. 40. 41.
Sforza, Francesco 18.
Sforza, Galeazzo 40. 41. 51. 56.
Sforza, Giovanni 18. 19. 22. 23. 27–34. 37–40. 51. 56. 83. 115.
Simler 107[1].
Sixtus IV. 8.
Socinus, B. 25. 26.
Soncino, Familie 50.
Spandolini, Familie 57.
Spandolini, Demetrius 12. 19. 37.
Spandolini, Mattheus 12.
Spandolini, Sebastianus 12. 19.
Sylvester, Papst 88.

Tartagnus, A. 13. 62. 67. 88. 107. 117.
Theoderich 17.
Thomas von Aquino 21. 89.
Tiepolo, Ginevra 37.
Tiraboschi, G. 100. 127.
Tortis, B. de 68.
Tudeschis, N. de 14. 63. 88. 108.

Ubaldis, Familie 19.
Ubaldis, Angelus de 108.
Ubaldis, Baldus de 19. 47. 48. 88. 109. 126.
Ubaldis, Petrus de, d. J. 20.

Valentino s. Borgia, Cesare.
Vanzolini 109.
Vatatzes, Familie 2.
Vatatzes, Johannes 3. 58.
Virano, P. 129.

Weiß, Ph. F. 13.
Wolffhardt, P. P. 99. 112.

Zilettus, J. B. 67. 94. 95.
Zochis, A. de 6. 35.

Index nominum rerumque notabiliorum.

Attulimus I. veterum iurisconsultorum et legislatorum nomina, exceptis iis locis, ubi in fontibus tantum significandis leguntur. II. Auctores mediaevales a Diplovatatio laudatos exceptis auctoribus librorum corporis iuris canonici et glossae ad utrumque corpus iuris. III. Personas et res, quae ad ius pertinent. IV. Homines et res ad vitam Diplovatatii pertinentes.

Titus Accius **223, 1** seq.
Accursius 171, 24; 184, 27; 292, 4; 307, 22; 308, 11; 336, 13; 338, 6; 349, 21; 359, 28.
Aenaeas Sylvius (Pius Papa IV.) 257, 14; 268, 29.
Sextus Cecilius Africanus 183, 33; 273, 11; 292, 4, 6; 299, 16; **307, 28** seq.
Albericus de Rosato 157, 27; 173, 18; 179, 7; 187, 15; 274, 12; 287, 7; 328, 4; 331, 27; 333, 29; 338, 17; 340, 4, 5; 343, 12; 343, 28; 345, 9; 348, 8, 29; 349, 2, 16, 31; 350, 11, 28; 353, 16; 356, 34; 360, 13; 362, 14.
Alexander **324, 1** seq.
Alexander Tartagnus 359, 16.
Alfenus, auditor Papiniani (vide etiam 'Alfenus Varus') 273, 11; 299, 16; **307, 7** seq.
Furius Amphiranus 324, 26.
Anatolius 333, 6; **373, 23** seq.
Andreas de Irsenia (= A. de Isernia) 359, 19.
Andreas Siculus 338, 9; 352, 18.
Andreas Thome de Fulignio 315, 19.
Angelus de Aretio 286, 23.
Angelus de Perusio 301, 2; 308, 8. 346, 19; 362, 6.
Furius Anthianus **324, 24** seq.
Lucius Celius Antipater **198, 9** seq.; 200, 6.
Antoninus vide 'Archiepiscopus Florentinus'.
Archidiaconus (Guido de Baysio) 344, 1; 353, 19.
Archiepiscopus Florentinus 153, 17; 239, 28; 334, 25.
Salvius Aristo 237, 4; **245**, 10 seq.; 247, 1.
Aristonius (= Aristo) 246, 14.
Arrianus **264, 1** seq.
Arrianus (Adrianus Cod.) **296, 28** seq.
Gaius Ateius **219, 17** seq., 25.
Atilicinus **241, 27** seq.
Publius Attilius **184, 11, 19** seq.; 186, 8.
Atilius (= Atilicinus) 242, 10.
Azo 338, 18; 341, 15; 342, 8; 343, 27; 347, 11; 348, 11, 24; 350, 27; 355, 8; 363, 15.

Lucilius Balbus 203, 21; 205, 27, 30; **207, 30** seq.; 209, 7; 214, 27, 32; 218, 31.
Baldus 267, 2; 285, 5; 294, 28; 315, 21; 335, 22; 349, 27; 350, 25; 354, 26; 359, 13.
Bandini vide 'Dominicus de Aretio'.
Bartholomeus Socinus 275, 10.
Bartholomeus Veronensis (= Caepolla) 350, 4, 28.
Bartolus 267, 4; 294, 24, 28; 308, 6, 9; 335, 21; 336, 19; 345, 8; 358, 18; 359, 18; 363, 10.
Basilides 332, 7; **370, 10** seq.
Beda 176, 21; 268, 25.
Benvenutus Imolensis 257, 13; 268, 27.
Philippus Beroaldus 238, 20, 26.
Blesus **296, 32** seq.
Jovanes Boccatius 153, 19; 169, 13; 212, 28.
Bolas **297, 4** seq.
Breviarium Alaricianum 330, 15.
Marcus Brutus 188, 11; **190, 12** seq.; 191, 24; 195, 16, 26; 197, 22; 198, 31; 204, 30, 32.
Bulgarus 357, 6 seq.

Calistus 321, 10.
Callistratus 273, 11; 299, 17; **329, 13** seq.

Calopodius **323, 30.**
Calpurnius 262, 16.
Campanus **296, 17** seq.
Ateius Capito 177, 25; 227, 15; **228, 19** seq; 230, 14, 18; 231, 11, 13; 232, 32, 33; 235, 28; 237, 6.
Caravioli vide 'Robertus de Licio'
Cardinalis (= Zabarella) 358, 19.
Cardinalis Alexandrinus (= Jo. Anton. de St. Georgio) 158, 24; 358, 18.
Cartilius **221, 30** seq.
Aulus Casellius (= A. Cascellius) 216, 23; 218, 3; 220, 23; 221, 6; **222, 1** seq.; 222, 28; 225, 29; 226, 14; 230, 13.
Cassiani 237, 7, 8; 241, 7.
Gaius Cassius (= Gaius) **276, 23** seq.
Gaius Cassius Longinus 234, 14, 15; **236, 11** seq.; 241, 6, 22; 243, 16; 245, 25, 27.
Cato **185, 28** seq.
Marcus Porcius Cato 181, 27; **186, 5** seq.; 189, 17, 19; 193, 6.
Sextus Elius Catus 195, 30; 197, 14.
Lucius Cecilius 220, 24.
Publius Cecilius (= Publicius Gellius) **220, 11** seq.; 222, 19.
Sextus Cecilius **183, 23** seq.; 184, 20, 32; 185, 29; 186, 8.
Cecina 202, 21, 22, 24, 28, 29.
Celestinus **323, 23.**
Celsus Pater 244, 11; 245, 27; **247, 14** seq.; 248, 6; 249, 25; 251, 32; 252, 23; 253, 3, 17; 257, 26.
Publius Jubentius Julius Celsus (= Celsus filius) 246, 1, 9, 12; 247, 19, 24, 26; 249, 26; **251, 32** seq.; 253, 27; 254, 5; 256, 15; 267, 8; 315, 18, 19.
Celsus, Papiniani discipulus 273, 12; 299, 18; 307, 4; **315, 1** seq.; 316, 14.
Titius Celsus (= Titus Cesius) **218, 15** seq., 31; 219, 5, 13, 19; 220, 1.
Cepolla vide 'Bartholomeus Veronensis'.
Gaius Julius Cesar 201, 13; 202, 6; 209, 21 seq.; **211, 25** seq.; 218, 6, 7; 223, 28; 224, 1; 227, 4; 238, 4, 30.
Charidemus **296, 22** seq.
Aurelius Arcadius Charisius **323, 1** seq.
Charondas 163, 6, 9; **164, 19** seq.
Cheridius **297, 7** seq.
Christophorus Landinus 153, 15; 157, 1.
Marcus Tullius Cicero **212, 11** seq.; 214, 18; 223, 6; 334, 4.
Cineas **296, 1** seq.
Gaius Cornelius Cinna **296, 7** seq.
Cinus 343, 12; 348, 28; 357, 9.
Claudius (= Tryphoninus) 265, 29; **322, 10** seq.
Appius Claudius decemvir **171, 9** seq.; 174, 10, 25; 175, 1.
Appius Claudius Caecus **175, 10** seq.; 177, 29; 178, 28.
Pacuvius Clemens (= Pactumeius Clemens) **297, 1** seq.
Terentius Clemens **323, 10** seq.
Clementinae 337, 20.
Codex Florentinus 207, 12; 231, 22; 256, 25; 262, 7; 267, 15; 294, 21; 311, 24; 319, 30; 333, 8; **335, 2** seq.; 339, 6; 356, 4; 360, 3; 374, 27.
Codex Gregorianus 326, 31; 327, 3, 4; 330, 2; 332, 9; 342, 14; 344, 7; 371, 23.
Codex Hermogenianus 327, 11; 330, 2; 332, 9; 342, 14; 344, 7; 371, 23.
Codex Justinianus **332, 6** seq.; 342, 19.
Codex repetite prelectionis **342, 29** seq.
Codex Theodosianus **329, 7** seq.; 330, 2, 14; 332, 9; 342, 14; 344, 8; 348, 4, 6; 371, 23.
Colucius Salutati 186, 24; 287, 1; 328 8; 340, 10.
Commentarii ad libros Corporis iuris civilis 358, 1 seq.
Constantinus 332, 8, 21; 343, 1; **366, 17** seq.; **373, 9** seq.
Tiberius Coruncanus (= Coruncanius) **182, 28** seq.
Lucius Crassus 189, 13; 192, 24; 194, 33; **198, 16, 29** seq.; 203, 26; 204, 17; 205, 3, 8; 207, 19.
Publius Crassus 201, 10; 203, 30; 204, 17.
Creatinus (= Cratinus) 333, 7; **374, 4** seq.

Dantes Aldighierius 363, 14.
Decemviri 171, 10 seq.; **174, 7** seq.
Decius 345, 20.
Decretales (Gregorii IX.) 337, 19.
Digesta 332, 18 seq.; 342, 18.
Digestum Vetus, Infortiatum, Digestum Novum 336, 14 seq.
Dioscurus 332, 8; **371, 22** seq.
doctoratus, doctores: doctoratus dignitas **145, 8**; doctorum privilegia 145, 8; doctorum nomina **146, 2**; Gneus Flavius doctor legum 179, 2; doctorum cathedra 179, 5; Sabinus primus doctor legum 233, 3.
Dominicus de Aretio (Bandini) 164, 15; 225, 3; 242, 31; 274, 14; 309, 5; 312, 11; 359, 23.
Dorotheus 333, 6; 340, 25; 342, 34; 366, 11; **370, 33** seq.; 373, 24.
Draco **163, 15** seq.; 166, 25; 167, 20.
Durantis vide 'Speculator'.

Egnatius 194, 19; 197, 9; 202, 19.
Elii 183, 23; 184, 9, 19, 35; 185, 15; **195, 24** seq.
Sextus Elius **184, 11, 35** seq.; 186, 8; 191, 19.
Elius i. c. temporum Hadriani 309, 30.
Eutolimius 332, 20; **374, 32** seq.

Fasciculus temporum 151, 5; 153, 22; 274, 2; 329, 16.
Felinus 355, 24; 357, 21, 32.
Fenestella 228, 30; 231, 9; **236, 1** seq.
ff.: de origine huius sigli 334, 9 seq.
Marsilius Ficinus 149, 7; 150, 3.
Franciscus Filelfus 158, 31.
Firmius (= Firmus) 241, 24.
Gaius Flaccus (= Granius Flaccus) 170, 7; **235, 16** seq.
Gelius Gneus Flavius 175, 12; **177, 28** seq.
Florentinus 273, 11; 299, 17; **321, 19** seq.
forum 147, 14, 20.
Papirius Fronto 265, 7; 295, 11.
Fufidius **262, 28** seq.
Fulcinius **247, 28** seq.
Furius **222, 29** seq.; 225, 29; 226, 15.

Gaius (vide 'Gaius Cassius') 330, 14.
Gaius Aquilius Gallus 203, 21; **205, 22** seq.; 207, 7; 208, 4; 209, 7; 212, 26; 214, 27.
Cecilius Gallus 207, 3.
Gallus Elius 309, 31.
Genadius 361, 8.
Goffredus (= Roffredus) 348, 18.
Elius Gordianus 273, 10; 299, 14; **309, 22** seq.
Grachanus Junius **296, 11.**
Graecalinguainlibris Corporisiuris civilis 257, 3; 267, 17; 285, 19 seq.; 294, 20; 318, 8; 319, 30; **354, 17** seq.
Gregorius **326, 28** seq.

Herculeius **323, 26** seq.
Hermes Termegistus vide 'Mercurius Termegistus'.
Hermodorus **170, 19** seq.
Hermogenes sive Hermogenianus 273, 12; 293, 17; 299, 16; **312, 24** seq.
Hermogenes conditor codicis Hermogeniani **327, 10** seq.
Hircisides, hirci 288, 14.
Historiae (= Supplementum Chronicarum) 148, 18; 151, 8, 22.
Historia Martiana 253, 14.
Huguccio vide 'Ugo'.

Jabolenus (vide etiam 'Jabolenus Priscus' **263, 1** seq.; 267, 8; 292, 23, 24.
Jacobus 332, 21; **375, 6** seq.
Jacobus de Arena 274, 12; 340, 3.
Jacobus de Belvisio 352, 17; **353**, 7, 32; 354, 7.
Jacobus de Puteo 335, 3.
Jacobus de Ravano 342, 10; 344, 21.
Jacobus Philippus de Bergamo 224, 32; 292, 9.
Flavius Januarius **295, 17** seq.

Jason de Mayno 187, 20; 337, 29; 345, 13; 359, 17.
Institutiones **340, 24** seq.; 342, 19.
Jovanes 332, 7, 21; 343, 1; **366, 30** seq.; 372, 26.
Jovanes Andree 329, 21; 330, 26; 362, 11.
Jovanes Antonius de Sancto Georgio vide 'Cardinalis Alexandrinus'.
Jovanes Baptista Pius **263, 16.**
Jovanes Baptista Plautius 232, 10; 234, 27.
Jovanes Baptista Severinas 338, 24.
Jovanes Bossianus (= J. Bassianus) 160, 20; 348, 24; 349, 22; 351, 3, 26; 352, 21; 354, 8.
Jovanes de Deo 353, 18, 24.
Jovanes Faber 358, 11; 362, 13; 363, 12.
Jovanes de Fantucciis 353, 27.
Jovanes Firmianus (= Job. Bertachinus) 292, 7.
Jovanes Maria Cataneus 257, 7.
Johannes Sfortia 145, 7.
Irnerius 349, 23; 350, 1; 351, 26.
Isidorus 333, 6; **374, 26** seq.
Aristo Julianus 307, 1, 2.
Salvius Julianus 246, 12; 249, 13; 251, 21; 253, 13; **254, 10** seq.; 259, 19, 21; 268, 18; 269, 3; 305, 17, 25; 307, 4, 5.
Didius Julianus alias Salvius Julianus **268, 5** seq.; 311, 27.
Salvius Julianus i. e. temporum Ulpiani **306, 7** seq.
Papirius Justus **295, 1** seq.
Justinianus 299, 29; 325, 33; 327, 1; **330, 20** seq.
Gaius Juventius 203, 22; **208, 5, 29** seq.; 214, 32.

Labeo auditor Servii Sulpicii **219, 24** seq.; 225, 25.
Antistius Labeo 221, 3; 229, 6; **230, 1** seq.; 232, 33; 235, 28, 29; 237, 6.
Domitius Labeo (i. e. temporum Alexandri imperatoris) **315, 24** seq.
Labeo Pithanus 316, 16.
Latinus Largus **295, 30** seq.
Laurentius Valla 203, 15; 215, 25, 28; 266, 19; 325, 6, 34, 35; 326, 18, 22; 339, 24, 31.
leges: positivae 146, 18; regem obligant 146, 31; leges Lycurgi 158, 6; leges Solonis 166; lex duodecim tabularum 171, 9 seq.; leges Pompeiae 209, 15; leges Juliae 211, 31.
Leonardus Aretinus 331, 20.
Leonides Leontius (Leo de Leontio) 332, 20; **375, 5** seq.
Leontius 332, 7; **369, 14** seq.
Liber Sextus 337, 20.
Salvius Liberalis 262, 29.

Licinius Gaius 213, 14; 300, 8.
Longinus **243, 15** seq., 32.
Ludovicus Bologninus 329, 28; 335, 27; 356, 17.
Ludovicus Romanus 357, 17.
Lycurgus **157, 4** seq.; 164, 27; 165, 1; 168, 28, 29; 190, 26.
Lysannia 148, 18.

Macer 324, 10.
Magister historiarum (= Petrus Comestor) 147, 8, 17.
Magistratus **324, 19** seq.
Marcus Manilius (= Manius Manilius) **191, 11** seq.; 195, 16, 25; 197, 23; 198, 31; 204, 30, 32.
Titus Manilius (= T. Manlius) 192, 3.
Mapheus Vegius 364, 28.
Amplius Marcellus (= Ulpius Marcellus) **260, 3.**
Marcellus Eprius Capuanus 260, 20.
Ulpius Marcellus 247, 20; **257, 25** sq.; 261, 7, 16, 21; 262, 28; 263, 2; 267, 7.
Sulpicius Marcellus 260, 1.
Marcianus 272, 25; 273, 11; 293, 18; 299, 17; **310,** 1 seq.; 356, 8.
Furius Marcianus **324, 30** seq.
Papinianus Marcianus 274, 7.
Marcus **324, 6** seq.
Marinus Becichemius 227, 17; 235, 8.
Matheus Spandolinus 354, 21.
Mauritianus 311, 18; 312, 6.
Maximus **300, 19** seq.
Cornelius Maximus **216,** 15 seq.; 221, 3; 223, 1.
Mecianus 273, 12; 299, 18; **314, 15** seq.
Volusius Mecianus **261, 10** seq.; 262, 28; 263, 2.
Mela **297, 22** seq.
Mena 332, 20; 343, 1; **371, 29** seq.
Menander **251, 23** seq.
Mercurius Termegistus **149, 1** seq.; 160, 22.
Messius **295, 22.**
Methrodorus **192, 11** seq.; 201, 6.
Minos **155, 17** seq.; 159, 31.
Herennius Modestinus 273, 13; 299, 18, 28; **317, 11** seq.; 337, 18; 356, 8.
Modestus 175, 15; 180, 1, 11; 182, 13; 184, 21; 185, 31; 190, 15; 191, 14; 203, 3; 216, 25; 218, 5; 233, 8, 9.
Moyses 145, 16; 150, 4, 18; 151, 24, 31; 152, 2; **153, 27** seq.

Aufidius Namusa **219, 8** seq.; 219, 20.
Gaius Publius Scipio Nasica (de confusione Gai Scipionis cum Publio vide Krüger, Geschichte der Quellen p. 59 n. 8) **180, 11** seq.
Nerva Pater 217, 19, 230, 13, **235, 23** seq.; 236, 7; 243, 15.
Nerva filius **244, 1** seq.; 253, 4.
Nesennius Apollinaris **300, 28** seq.
Nicolaus de Neapoli 283, 24.
Novellae Justiniani **346, 3** seq.
Novellae Maioriani 348, 4.
Novellae Marciani 348, 4.
Novellae Valentiniani 348, 5.
Numa Pompilius **160, 10** seq.

Obertus de Orto 343, 16.
Octavenus **297, 13** seq.
Odofredus 343, 11; 348, 6, 28, 29; 349, 27; 350, 13; 357, 9.
Aulus Ofilius 202, 30; **217, 22** seq.; 218, 26, 31; 219, 5, 13, 19; 220, 26; 226, 31; 227, 8; 229, 8; 230, 13.
Celsus Ofilius 315, 13.
Servius Ofilius 218, 13.
Sextus Pomponius Opinatus 305, 19.
Onomacritus 165, 7.

Paconius **296, 14** seq.
Pandectae vide 'Digesta'.
Pandulfus Collenutius Pisaurensis 267, 20; 329, 25; 354, 24.
Papias 344, 1.
Papiensis magnus doctor anonymus ? 357, 5.
Papinianistae 272, 11; 288, 20.
Emilius Papinianus 266, 28; 267, 1, 6, 11; **269, 10** seq.; 284, 1, 6; 285, 10; 286, 15; 288, 2, 20; 290, 18, 23; 291, 19; 292, 7, 14, 20, 22; 293, 7, 9; 294, 19, 26; 295, 20; 298, 29; 299, 28; 301, 8; 302, 11, 16; 307, 8; 308, 18; 310, 1; 311, 3; 314, 15; 315, 1; 316, 24; 317, 12; 320, 14; 321, 22; 322, 12, 26; 363, 21.
Publius Papirius **169, 28** seq.
Sextus Papirius 203, 22; **208, 5, 11** seq.; 209, 8; 214, 32.
Antistius Patercina **201, 31** seq.
Taruntius Paternus (= Taruntenus Paternus) **320, 5** seq.
Paulus 267, 6; 272, 15, 25; 273, 3, 4, 10; 275, 6; 284, 5; 286, 9; **288, 1** seq.; 297, 11; 298, 28; 299, 15, 31; 300, 29; 301, 5; 308, 14; 311, 4; 330, 14; 343, 20.
Paulus Castrensis 273, 30; 350, 10, 20, 23, 29.
Sextus Pedius **267, 27** seq.
Pegasus **243, 27** seq.; 244, 8; **245**, 24; 247, 16.
Petrarca 162, 7; 169, 15; 173, 8; 210, 31; 212, 30; 224, 1.
Petrus Colle 329, 25.
Petrus Comestor vide 'Magister historiarum'.
Petrus Corneus 337, 13; 345, 5; 350, 21; 352, 4, 7.

Petrus Crinitus 201, 21; 207, 23; 237, 23.
Petrus de Ferrariis 354, 5.
Frater Petrus Hispanus 163, 10.
Phocas 332, 7; **369, 26** seq.
Phoroneus 145, 11; **146, 12** seq.; 299, 25.
Pisaurum: colonia deducitur Pisaurum per Marcum Antonium 218, 10; Accius poeta migravit Pisaurum 224, 2; Accianus fundus iuxta Pisaurum 224, 21; 225, 2; fundus montis Accii 224, 23; ecclesia fratrum sancti Bartoli 224, 23; fundus sancti Bartoli 224, 24; colonia deducta Pisaurum 224, 25; domus illorum de Pardis 225, 8; contrada episcopatus 225, 9; abbatia sanctorum Decentii et Germani 264, 28; Pisaurum a Belisario restitutum 331, 18.
Cives Pisaurenses 223, 1 seq.; 264, 25 seq.; 267, 20; 354, 24.
Placentinus 349, 26; 350, 1.
Platina 251, 7; 268, 3; 327, 12.
Platon 332, 21; **375, 6** seq.
Plautius **297, 28** seq.
Poggius Florentinus 325, 36; 326, 16.
Politianus 207, 7, 14; 213, 23; 231, 20; 250, 30; 251, 4, 26; 253, 28; 256, 21, 27; 260, 17; 262, 1, 8; 263, 19; 267, 6, 19, 23; 274, 23; 278, 24; 285, 30; 293, 19; 294, 20; 300, 22; 305, 29; 309, 16; 311, 24, 28; 312, 4, 9; 313, 12; 314, 5; 319, 21; 320, 6; 321, 12; 324, 9; 333, 8; 335, 27; 336, 10.
Pompeius magnus 197, 21; 201, 12; **209, 11** seq.
Sextus Pompeius **197, 20** seq.; 200, 6.
Pomponius 273, 10; 293, 9; 299, 16; **302, 11** seq.
Presentinus 332, 8; **375, 18** seq.
Cornelius Priscianus **262, 12** seq.
Flavius Priscus **219, 17** seq., 25; 220, 26.
Jabolenus Priscus **244**, 10, **14** seq.; 245, 25; 247, 1, 18; 248, 6; 253, 3; 256, 18.
Neratius Priscus 245, 27, 28; 246, 5, 8, 12; **248, 9** seq.; 250, 27; 253, 3, 12, 27; 254, 5; 256, 15.
Proculiani 237, 7; 241, 6.
Proculus (= Pacuvius) **219, 17** seq., 25.
Proculus Nepotius (= Proculus) 235, 23; **241, 5** seq.; 242, 8; 244, 8; 245, 6, 9.
Proculus Papiniani discipulus 273, 12; 299, 18; **316, 24** seq.
Prosdocius 332, 20; **374, 20** seq.
Prosper 330, 3.
Publicius **296, 25** seq.
Publicius Gellius vide 'Publius Cecilius'.
Puteolanus **264, 14** seq.

Questorius **226, 22** seq.

Raphael Fulgosius 337, 25; 348, 21.
Raphael Voleterranus 151, 2; 169, 9; 179, 27; 184, 8; 205, 11; 211, 1; 224, 3; 229, 24; 235, 6; 238, 28; 264, 9; 267, 2; 275, 20; 286, 29, 34; 309, 12.
Raynerius de Furlivio 283, 23; 374, 28.
Ricobaldus 274, 19.
Robertus de Licio 326, 16, 25.
Romulus 160, 15, 18, 20, 24; 161, 6, 9, 17, 22; 162, 1.
Rostra 215, 7.
Junius Rufinus 213, 17; 300, 11.
Lucinius Rufinus (= Licinius Rufinus) **213, 5** seq.; **299, 31** seq.; 300, 29.
Lucius Rufinus 261, 39.
Ulpianus Rufinus 285, 12.
Titus Publius Rutilius Rufus **193, 4** seq.; 195, 21; 196, 24; 198, 2, 23; 200, 7.
Sabinus: complures iurisconsulti huius nominis **298, 1** seq.
Celius Sabinus alias Cecilius Sabinus 237, 3; **242, 13** seq.; 243, 18, 32; 244, 14, 16.
Fabius Sabinus 213, 27; 273, 9; 298, 26 seq.
Masurius Sabinus 229, 9; **232, 29** seq.; 235, 29, 31; 236, 7, 28; 242, 14.
Masurius Sabinus i. c. temporibus Hadriani 234, 20.
Pomponius Sabinus 298, 15; 305, 23.
Salaminus 333, 7; **374, 26** seq.
Domitius Salvianus 316, 17.
Quintus Saturninus **295, 25** seq.
Publius Mucius Scevola **189, 7** seq.; 191, 20, 22; 193, 6; 195, 15, 26; 197, 22; 198, 30, 31, 32; 202, 32; 204, 16, 21.
Quintus Mucius legatus ad Carthaginienses missus **182, 7** seq.
Quintus Mucius Scevola 189, 14, 25; 190, 8, 27; 193, 30; 199, 4, 11, 12; 200, 22; 201, 20; **202, 32** seq.; 205, 22; 207, 30; 208, 12, 31; 214, 19, 21, 22, 27, 31; 215, 32; 325, 22.
Quintus Mucius Scevola Volusii auditor 190, 9; 216, 23; 222, 14, 29, 32; **225, 19** seq.; 226, 28; 230, 13.
Quintus Mucius Scevola (= Q. Cervidius Scevola) **265, 12** seq.; 276, 6; 293, 16, 17; 294, 25; 297, 11; 302, 4, 5; 325, 23.
Serbidius Scevola 267, 9; 274, 26.
Claudius Seleucus 322, 26.
Sempronius vide 'Simphonius'.
Siccus Polentonus 164, 9; 171, 1, 7; 361, 21.
Simphonius (= Sempronius) **179, 29** seq.; 184, 27, 31.
Solon 157, 9, 10; 159, 32; 160, 23; 163, 24; 164, 2, 29; **165, 18** seq.; 171, 15; 173, 22, 25.
Sozomenus Pistoriensis 250, 13.
Speculator 356, 20; 361, 18; 362, 11.

Stephanus 332, 20; **374, 10** seq.
Servius Sulpicius 202, 1, 4, 8; 203, 19, 22; 205, 20, 30; 206, 23; 207, 31; 208, 1, 5, 12, 14, 30, 32; 209, 8; **214, 1** seq.; 217, 3, 11, 13, 23, 31; 218, 16, 30; 219, 19, 26; 220, 13, 27; 236, 27; 238, 22, 31; 266, 20; 325, 22; 365, 20.

Terentius **297, 20.**
Tertullianus **250, 5** seq.
Thaleleus 333, 7; **374, 26** seq.
Theodorus 333, 6.
Theodosius **329, 4** seq.
Theodosianum privilegium studii Bononiensis 329, 13, 28.
Theophilus 332, 8; 340, 25; **365, 25** seq.; 371, 13.
Theophrastus **264, 17** seq.
Thomas 332, 7; **370, 22** seq.
Thomas Aquinas 146, 20.
Timotheus 332, 20; **375, 5** seq.
Gaius Trebatius 218, 3; 219, 30; 220, 9; **220, 31** seq.; 221, 30; 223, 15; 226, 14, 28; 230, 13.
Tres libri 343, 15.
Tribunianus 198, 11; 332, 7, 22; 336, 4; 340, 25; 342, 34; **363, 24** seq.
Triphon, Triphonius (= Tryphoninus) 213, 27; 275, 12; 299, 18; **301, 8** seq.
Tubero (Ofilii auditor; vide etiam 'Q. Elius Tubero') **226, 30** seq.; 236, 27; 238, 22.
Quintus Elius Tubero **195, 24** seq.; 198, 1, 23; 200, 6; 227, 28; 228, 4, 11.
Sextus Elius Tubero 195, 33; 218, 4.
Aufidius Tucca **218, 29** seq.; 219, 13, 19.
Tuscianus **254, 4** seq.; 256, 18.

Ugo (Huguccio) 347, 16; 349, 2; 361, 27.
Ugolinus 355, 8.
Domitius Ulpianus 272, 15, 25; 273, 3, 4, 9; 275, 6; **279, 7** seq.; 290, 23; 292, 20; 293, 5, 9; 297, 11; 298, 27; 299, 13; 306, 16, 17; 311, 4; 314, 28; 337, 17, 18; 316, 21; 344, 10.
Ulpius 260, 3.

Urseius ('Verteius' Cod.) **251, 18** seq.
Aufidius Victorinus **264, 20** seq.
Paulus Virginius **195, 15** seq.; 196, 23; 198, 1, 23; 200, 7.
Aburnius Valens **253, 22** seq.; 254, 5; 255, 17.
Salvius Valens **262, 20** seq.; 263, 2.
Valerianus (=Valens) 247, 1.
Lentulus Valerius (= L. Valerius) 247, 6.
Valerius Severus **246, 27** seq.
Gaius Alfenus Varus 202, 30; 216, 13; **217, 1** seq.; 218, 8, 26, 30; 219, 5, 13, 19; 220, 26; 235, 19.
Claudius Venacus 273, 10; 299, 15.
Venuleius 273, 12; 299, 17; 312, 7; **313, 19** seq.
Vindius Verus ('Vindius Nerus' Cod.) **260, 28** seq.; 261, 16, 21; 262, 28; 263, 2.
Vincentius 151, 4.
Volusius 190, 9; **216, 21** seq.; 222, 1; 225, 19.

Xamolsis (= Zamolxis) **165, 14.**
Xiccus Polentonus vide 'Siccus Polentonus'.
Xystus Betuleius 152, 28; 286, 19.

Zabarella vide 'Cardinalis'.
Zaleucus vide 'Zeleucus'.
Zamolxis vide 'Xamolsis'.
Zaneuspes **165, 14.**
Zeleucus **162, 22** seq.; 165, 4.

Tabulae.

Ia. Transscriptio tabulae primae, quam H. Kantorowicz legit atque edidit, interpunctionibus ut his temporibus fieri solet appositis, siglis solutis verborumque divisione emendata.

Ib. Codicis Oliveriani 1422 f. 1 pagina versa, ipsius auctoris manum exhibens; cf. de utilitate huius tabulae praef. p. 133.

II. Codicis Oliveriani 203 f. 2 paginae rectae pars superior, edita in hoc volumine p. 155 lin. 17 sequ.

III. Eiusdem codicis f. 87 paginae rectae pars superior, in volumine altero edenda, cum notis Vincentii Cavallutii, de quibus vide in huius volumine praef. p. 120.

Anno ante xpi aduentum

Isauria regio est in Cilicia et Ciuitas Licaonibus finitima, prope taurum sita montem, latrociniis et ipsa uacans; a p. seruilio congnomento Isaurico expugnata fuit.
Xius e contra opidum, derba et derbensses populi.

(3090)
paulus orosius libro 3° historiarum dicit quod romani dederunt gallis ut discederent ab obsidione Capitolii mille libras auri — Tranquillus suetonius in uita Tiberii cesaris, de qua stirpe tiberius: 'et traditur etiam drusum propreotorem ex prouimcia galiam rettulisse aurum Senonibbus olim in obsidione Capito — †

aliqui tamen dicunt 'pesaurum', quia in edificatione ciuitatis pes quidam auri inuentus fuit.

† lii datum, nec, ut fama est, extortum a Camillo'.

Plinius libro 3° natura
quod supra Umbriam
senones qui ceperant r
historicus libro primo
gallos habuisse mille li
obsiderent; sed camillu

libro 3° de bello gotho
dedisse portam romana
ria uocatur, totile regi
Alia uice stationem mil
disse portam romanam

Vrbem pisauri antiquis
ipsamque aliqui Siculos
existimant, alii Vmbror
quissimam Italie, habit
eorum oppida oppida a
fuisse. Alii eam condit
mundi 4809 et ante xpi
A. M. furio Camillo; c
libro 6° super Vergiliun
duce galli apud aliam f
delectis euerterunt rom
pro quo Inmensam pec
tunc Camillus absens d
cum diu apud ardeam
uenientanam predam no
et gallos Iam abeuntes
est, quibus interemptis
recepit et signa. quod
ciuitati nomen dedit: n
quod illic 'aurum' 'pens
saurum, quod penes Isa

Dionisius alicarnassius libro p
sio, per quam capta tun
et nonagesime olimpiad
Anno mundi 4905 secu
condite a romanis Arim
ariminum Ciuias est In
condita 470 qui fuit an
Iustinus historicus in po
Tuscorum populi qui o
a lidia uenerunt'. Ibide
ma, que adriatico mari

---

4 sss] cancellavit auctor. 5 ne] cancell
suppl. ex pag. sup. alia] 'omnia' scrib. cum Eutropio
cellavit auctor. 20 3090] 0 cancellavit auctor. 21 3°
uimcia] sic! 31 galiam] sic! omnem] sic! 32 Se
cum' scrib. cum Servio. 34 pesaurum] 'pisaurum' C¹.
'alicarnaseus' legere possis. 39 4905] 4915 Eusebius.
Ulia pate] 'ultima parte' scrib.? Ariminum Viae Flamin
44 Infe] cancellavit auctor. ~~ali di~~] cancellavit auctor.

1 Plinius l. c. (nobis c. XV.): 'in hoc tractu
historiae romanae l. c. (nobis c. XX.): 'accepto etiam au
Aretinus (Bruni) de bello Gothorum lib. 3 (Ed. Bell. 150
c. XIX (Ed. Par. 1506 f. XXV). 22 Servius in Vergili
26 Suetonius Caesares l. c. (Ed. Lugd. 1537 p. 139 sequ.)
l. c. cap. 74 (Ed. Bas. 1532 p. 44). 39 Eusebius l. c.
cognitum est. Re vera auctor, quoniam nullius libri titul
43 Iustinus Epitoma historiarum Philippicarum Pom

:. 14. reffert,
oii et
Eutropius
ıanorum ~~ass~~ c.° 13.° asserit,
ı ne Capitolium
ıs aurum quod

ites Isauros
o asina-
Et libro 4°:
rum de-
othorum.

credimus
tenuisse
anti-
intra trecentum
ellatam
icunt anno
390
t Seruius
rba sunt he: 'breno
nibus
Capitolio,
erunt.
actus,
io propter
: diuisam

m
isset,
n' dicitur,
Sed vere pi-
omen habet.

siue antiquitatum romanarum: 'gallorum Inua-

Anno mundi

acceperunt et alia militaria signa reuocauit anno 315 ab urbe condita.

(4809)

Eusebius de temporibus scribit, Camillum gallos qui bellum romanis intulerant superasse anno mundi 4838 olimphiada 104 et anno 8° ante natiuitatem alexandri magni Imperatoris.

Inperante athenis pirgyono, anno primo octaue

ium de temporibus: 'condite
eventum'. ∏dicit frater Leconinus:
aminee a romanis condita anno ab urbe
tum ~~292~~ ~~292~~ 292.
historias libro 20:
nferi maris possident ~~ali~~ ~~di~~
Illirico mari proxi-
t'.

6 sequtus] sic! 7 libro 3°] 'Leonardus Aretinus'
sa uacans] 'ipsa non uacans' scrib.? 19 ~~oppida~~] can-
' C², recte: '2°'. 23 he] sic! 30 preotorem] sic! pro-
b' propter maculam cartae iteratam censeo. quod] 'quod
carnassius] 'alicā.' Cod., quod etiam 'alicarnassensis' sive
adite] cancellavit auctor. 41 Ciuias] 'ciuitas' scrib.
m esse notum est. 42 ~~292~~ ~~292~~] cancellavit auctor.-

cet. (Ed. Par. 1514 f. XVIII.). 3 Eutropius Breviario
olium obsiderent' (Ed. Bas. 1546 p. 17). 4 Leonardus
5 Ibidem lib. 4 (f. 42). 21 Orosius Historiarum lib. 2
VI, 825 (Ed. s. l. et a. [1480?] Hain 14703 f. [106]).
sebius Chronicon (Ed. Par. 1512 f. 69). 36 Dionysius
40 Nomen fratris Leconini historiae litterariae plane in-
ermonem quendam litteris non traditum laudare videtur.
c. (Ed. Ven. 1507 f. 22).

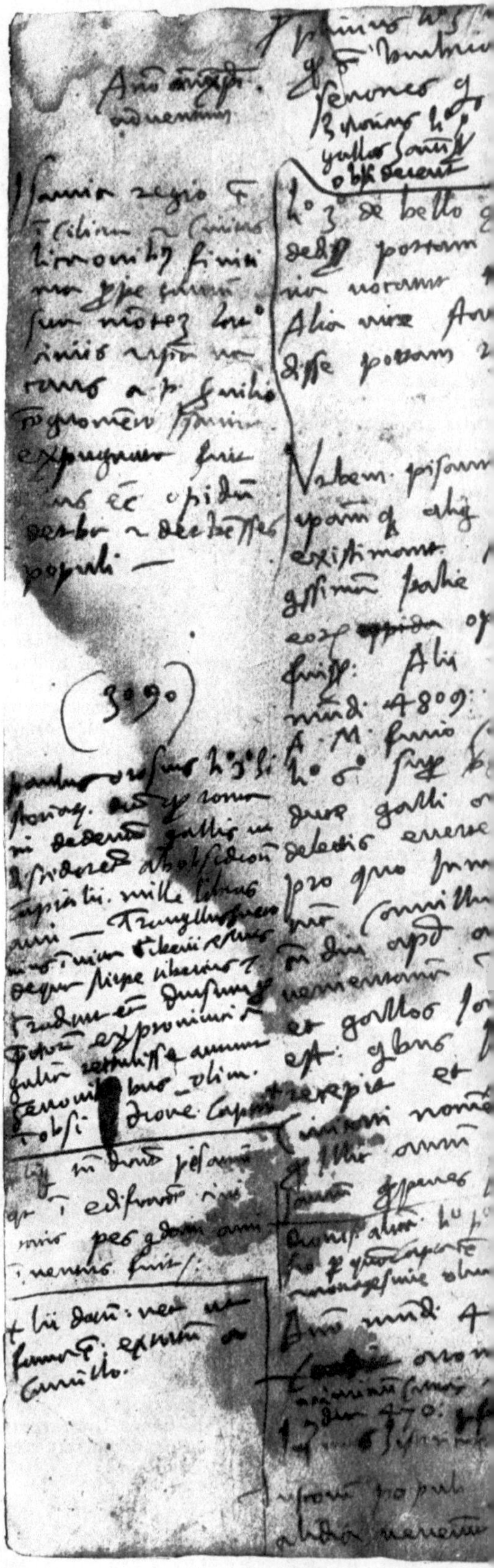

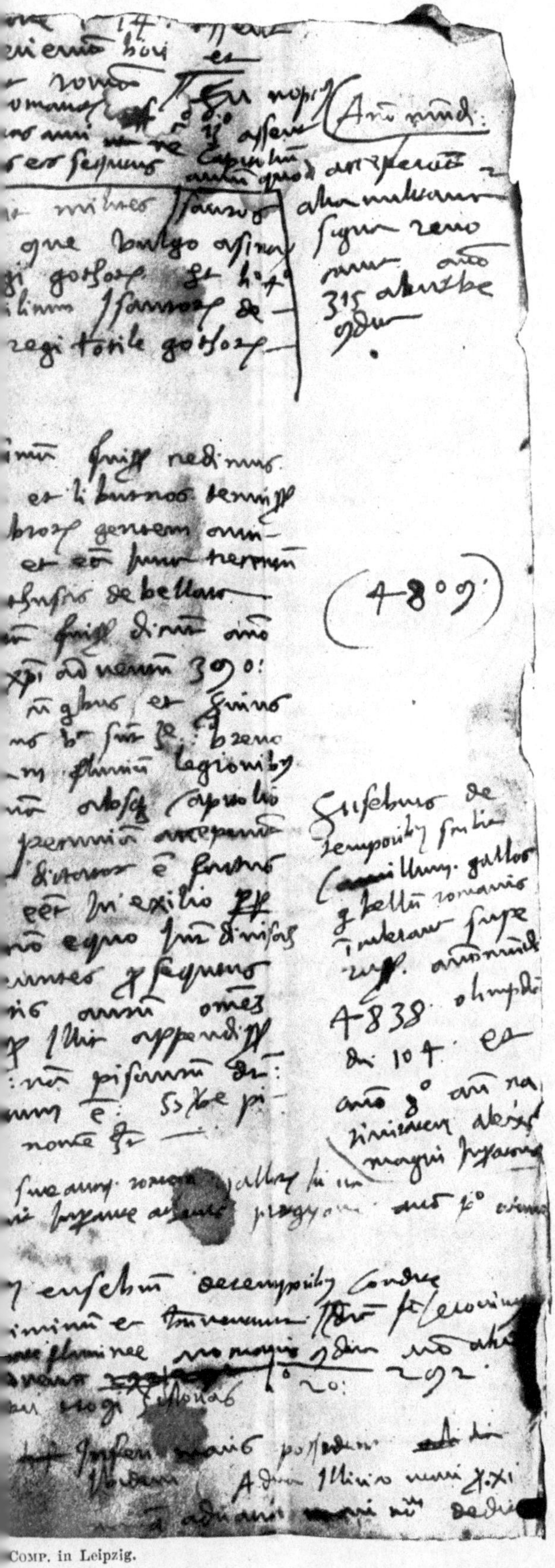
Anno mundi
4809
Eusebius de temporibus
gallorum
bellum romanis
4838

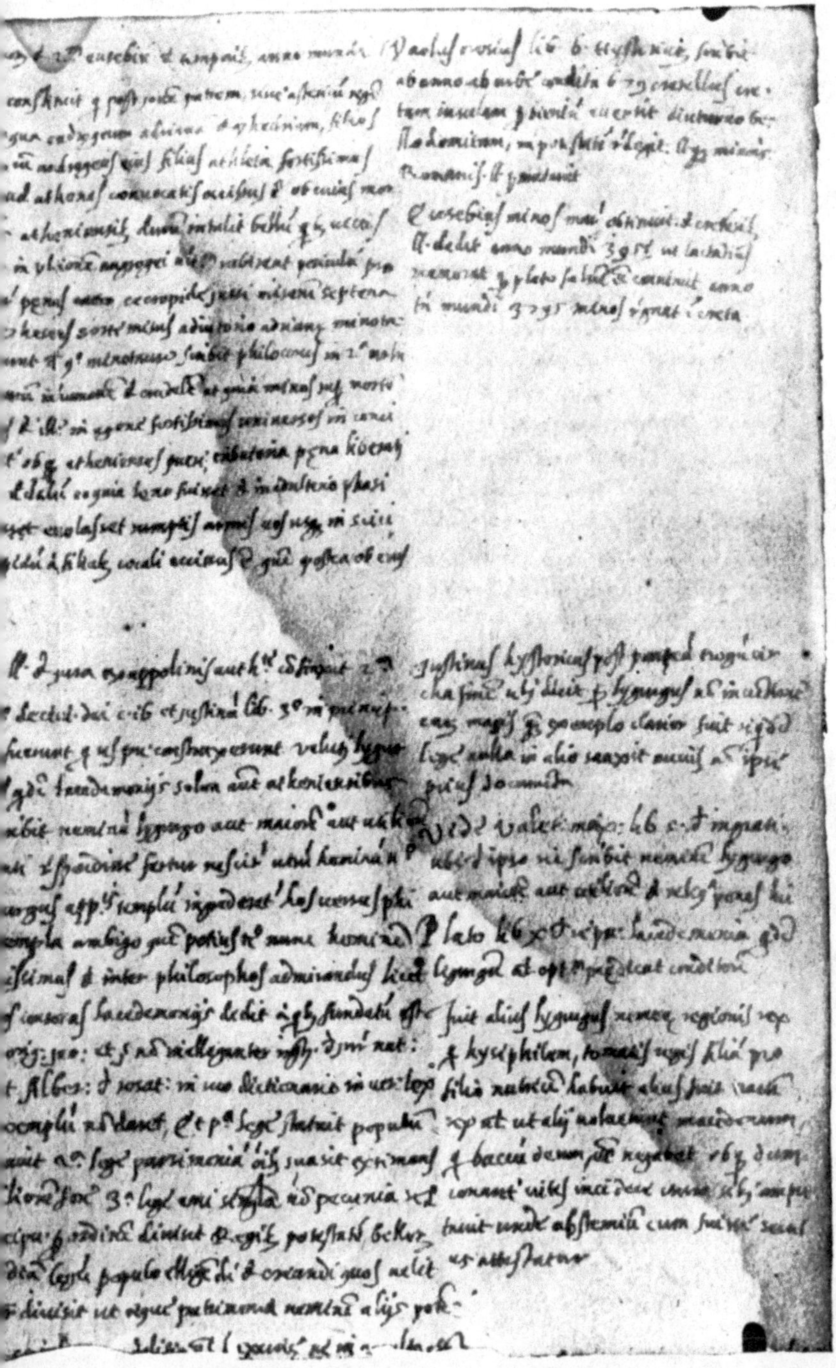

Verlag von

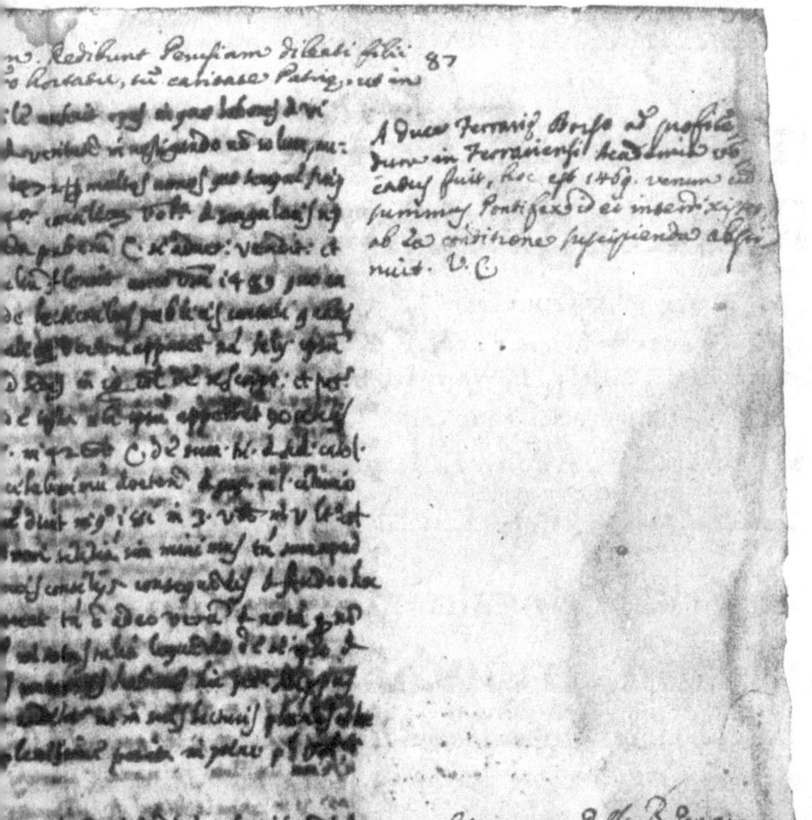
...m. Redibunt Perusiam dilecti filii 87
...o hortabe, tu cariorae Patriae, ut in

A Duce Ferrariae Brisso ad profite-
dum in Ferrariensi Academia vo-
catus fuit, hoc est 1469. verum ad
summus Pontifex id ei interdixisset
ab ea conditione suscipienda abstinuit. V.C

Obiit juxta Pellinum per 3 annos
1493. non ut alii solent, aut 1472
aut 1492 aut denique 1494: quia
propter si mortuus fuit tres et sexa-
ginta annos natus, necesse est ut
ortus sit circa annum 1420. V.C

..., in Leipzig.

Metzger & Wittig, Leipzig.

FSC
www.fsc.org
MIX
Papier | Fördert gute Waldnutzung
FSC® C083411

Kolibri 360 GmbH
Ferdinand-Jühlke-Straße 7
99095 Erfurt, Deutschland
produktsicherheit@kolibri360.de